AF524642

Nikolas Pravda

Der HOLLYWOOD-CODE 2

Prophetische Werke, Alien-Agenda, Neue Weltordnung und Pädophilie – sie sagen es uns durch Filme

Apricus Ltd
1st Floor Dekk House
Zippora Street, Providence Industrial Estate
Mahe
Seychelles

Druck:
Apricus Ltd
Satz und Layout:
Nikolas Pravda
Umschlaggestaltung:
Nikolas Pravda

ISBN 978-1638483670

Inhaltsverzeichnis

Vorwort

Wir sind mit dem Mythos Hollywood aufgewachsen, ob wir wollen oder nicht. Wir schwimmen in einem wahrhaftigen Äther aus Zelluloid-Synthetik, der in Massenproduktion am laufenden Band produziert und in jeden Winkel unseres Lebens gebeamt wird. Und während ich ihn verprügele und kritisiere und mich selbst zu einem Kritiker der anderen Art mache, liebe ich gleichzeitig den Film, wie Sie es wahrscheinlich auch tun.

Dieses Buch repräsentiert meinen eigenen Versuch, die Bilder und Symbole zu entschlüsseln und zu interpretieren, die über diese alles durchdringenden Bildschirme laufen, die unser tägliches Leben beherrschen. Es scheint, als ob Bildschirme jetzt die paradigmatischen Linsen wären, durch die wir die Außenwelt sowie uns selbst reflektieren, interpretieren und neu interpretieren und unsere Existenz mit den herrschenden Archetypen verborgener Kontrolle versorgen ... eine chaotische Erzählung, sowohl heilig als auch profan. Die Disziplin der Semiotik ist die Philosophie der Interpretation von Zeichen und Symbolen. Was den Leser also in dieser Arbeit erwarten kann, ist mein eigener Versuch zu entschlüsseln, was in unseren Massengeist eindringt, oder besser gesagt in das kollektive Unbewusste, eine Semiotik der Massenmedien.

Ich lade den Leser ein, über die existentielle Erfahrung der verschiedenen ausgewählten Filme nachzudenken und darüber, wie, obwohl es kontraintuitiv erscheinen mag, fiktive Filme mehr „Realität" darstellen können als die Mainstream-Medien. Wir wissen zum Beispiel, dass Kryptographie und Chiffren seit Jahrtausenden versteckte Botschaften in vielen Formen verschlüsselt haben, und so wird es auch mit diesem Buch sein. Betrachten Sie es als eine versteckte Botschaft, die verstanden werden soll, aber nicht sofort ersichtlich ist. Wie Sie jedoch, glaube ich, feststellen werden, wird die Popularität meiner Filmanalysen der Tatsache, dass ich etwas auf der Spur bin, einige Glaubwürdigkeit verleihen. So wird der Leser mit mir auf eine mentale Reise in die Psychosphäre gehen, das von mir verwendete semiotische System verstehen und wiederum in der Lage sein, Film in einem tieferen, esoterischen Sinne eigenständig zu interpretieren.

„Die Kamera ist viel mehr als ein Aufnahmegerät; es ist ein Medium, über das uns Botschaften aus einer anderen Welt erreichen, die nicht unsere ist, und die uns in das Herz eines großen Geheimnisses führt. Hier beginnt die Magie."

Meine These ist, dass, wie das obige Zitat des großen Orson Welles verdeutlicht, der Film und unser massenhafter Kinobesuch grundsätzlich religiösen Charakter haben. Es ist ein ritueller Prozess bei der Arbeit, und ich glaube, dass viele der „Hollywood-Insider", Produzenten und Regisseure, dieselbe Denkweise haben. Dies wird auch erklären, warum bestimmte Filme, die seltsam oder unerwartet erscheinen mögen, für die Analyse ausgewählt wurden. Einige wurden nur aufgrund meiner eigenen sentimentalen Gründe ausgewählt. Weitere Filme wurden aufgrund ihrer Symbolik und Massenpopularität ausgewählt und schließlich erweckten ein paar Filme aufgrund ihres ikonischen Status in der Filmgeschichte meine Aufmerksamkeit.

Jenseits der philosophischen und esoterischen Dimensionen des Films betone ich die Entstehung der Bildung des Massenbewusstseins durch Massenmedien aus ihren rituellen und kultischen Verbindungen, wobei ich dem populären Kontext der Symbologie besondere Aufmerksamkeit schenke. Wir reisen für einen Moment aus dem Medienzirkus heraus in den Bereich der Liturgie oder der gemeinschaftlichen rituellen Arbeit. Die vergleichende Religionskoryphäe Mircea Eliade wirft im folgenden Abschnitt seines „The Sacred and the Profane" Buches Licht auf diese ursprüngliche Kunst, ganz im Einklang mit Wells' obigem Kommentar:

„[Da] ein religiöser Mensch nur in einer Atmosphäre leben kann, die vom Heiligen durchdrungen ist, müssen wir damit rechnen, [eine] große Anzahl von Techniken zu finden, um den Raum zu weihen. Wie wir gesehen haben, ist das Heilige in erster Linie das Wirkliche, Kraft, Wirksamkeit, Quelle des Lebens und der Fruchtbarkeit zugleich. Der Wunsch des religiösen Menschen, im Heiligen zu leben, ist in Wirklichkeit sein Wunsch, sich in der objektiven Realität aufzuhalten, sich nicht von der unaufhörlichen Relativität rein subjektiver Erfahrungen lähmen zu lassen, in einer realen und wirksamen Welt zu leben, und nicht in einer Illusion ... Aber wir dürfen nicht annehmen, dass es sich hier um menschliche Arbeit handelt, dass der Mensch durch seine Bemühungen einen Raum weihen kann. In Wirklichkeit ist das Ritual, durch das er einen heiligen Raum errichtet, in dem Maße wirksam, in dem es das Werk der Götter reproduziert."

Eliade beschwört den ursprünglichen Drang im Menschen herauf, heiligen Raum zu weihen – einen Raum, in den die alten Götter kamen, um der Menschheit Bedeutung, Moral und Telos mitzuteilen, wo auf den hohen Plätzen das himmlische Reich der himmlischen Intelligenzen eine theophanische Manifestation zur Formung der Erde in die Form des Obigen verwandeln könnte, um dem widerspenstigen Chaos eine Ordnung aufzuerlegen.

Die meisten von uns suchen nicht den Dorfschamanen oder Hierophanten auf, um Botschaften aus dem Geisterreich zu erhalten, aber blicken wir nicht täglich in unsere tragbaren magischen Spiegel und Bildschirme, die die Botschaften der Priester, Schamanen und aufgestiegenen Medienmeister übermitteln, mit wenig, wenn überhaupt, kritischer Perspektive? Die alte liturgische Ikone ist jetzt zur bewegenden Ikone des lebhaften Info-Babes geworden, der heiligen Mütter des Klosters von n-tv und N24. Von den hoch aufragenden Kathedralen der großen Filmstudios in Tinsel Town bis hin zu CNN, Fox, ARD und ZDF ergeht das Wort der Götter, um uns flehenden Massen mit Geschichten über das Leben neuer bürgerlicher Schutzheiliger und Mythologien von Hollywood-Helden zu leiten, die im Bereich der unerreichbaren Formen existieren.

Eliade veranschaulicht dies gut an einem Beispiel aus der vergleichenden afrikanischen Religion:

„Unter den Mandja und den Banda von Afrika gibt es eine Geheimgesellschaft namens Ngakola. Nach dem Mythos, der den Kandidaten während ihrer Einweihung erzählt wurde, war Ngakola ein Monster, das die Macht hatte, Männer zu verschlingen und sie dann erneut auszuspucken. Der Kandidat wird in eine Hütte gesteckt, die den Körper des Monsters symbolisiert. Dort hört er Ngakolas unheimliche Stimme, dort wird er ausgepeitscht und gefoltert, denn ihm wird gesagt, dass er sich nun in Ngakolas Bauch befindet und verdaut wird. Weitere Prüfungen folgen; dann verkündet der Meister der Einweihung, dass Ngakola, der den Kandidaten verschlungen, ihn wieder ausgespuckt hatte." (1)

Es gibt keinen „Ngakola" – er ist die Erfindung der abartigen Priesterklasse, die durch das rituelle Psychodrama von Folter, Entbehrung und (da bin ich mir sicher) Betäubung die totale Gedankenkontrolle über ihren Kandidaten anstrebte. Die „Geheimgesellschaft" der Priester übt ihre Kontrolle über den Stamm aus, indem sie die Psyche ihrer Bittsteller und Anhänger mit genau dem gleichen rituellen Psychodrama teilt, das die Massenmedienexperten unserer Tage verwenden, nur unsere aufgestiegenen Hollywood-Hegumen sind technologisch anspruchsvoller. Für sie sind die Drähte und Wellen elektrischer Signale und Ströme das Medium für ihre Botschaft, und die Botschaft des Mediums ist das Medium – um seine eigene Existenz als Quelle der Bedeutung durch seine getreue Präsentation seines eigenen mystagogischen Psychodramas zu fördern.

Die Drogen der heutigen Obeah sind nicht das Gift eines Kugelfisches, sondern die Tinkturen und Tränke der großen pharmazeutischen Pharmakeia. Seine Heiligen und Ordensleute, die Anzüge und Krawatten tragen, singen den Choral des filmisch gewundenen toxikologischen Refrains. Seine Priester sind die dramaturgischen Akteure, die die Rolle der Inkarnation unserer Götter und Göttinnen spielen.

Während wir auf unsere Bildschirme blicken und auf den neuesten Download und das Update unserer Oberherren über die orthodoxe Konsensrealität warten, sollten wir nicht vergessen, dass es sich um ein rituelles Psychodrama handelt, das sich abspielt, damit wir in die religiöse Verzückung des glückseligen Fernsehzaubers hineingezogen werden.

Die Ikonographie des Bildschirms ist die kunstvolle Erzählung und Mythologie der Wahl des Establishments. Es ist der kakophonische Echoraum der heiligen Mammon-Stiftung und steht unter der Zuständigkeit der Think-Tank-Theologen. Sein Ritual ist dasjenige, bei dem wir täglich unsere Zeit, unsere Gedanken und unsere Aufmerksamkeit verzehrten, während wir mit mystischem Blick auf die neuen Enthüllungen warten, die der Olymp von seinen glänzenden Sternensatelliten diktieren wird. Sein gegenwärtiges wahrsagendes Wort aus dem Jenseits ist das der viralen Untergangs- und Zombieprogrammierung, eine geißelnde Folter und Geißel, während es die unheimliche Stimme von Ngakola heult.

Was ist die Lösung? Es ist die Erkenntnis der wirklichen Bedrohung: der tief verwurzelte Glaube, dass wir, um Wahrheit und Bedeutung zu erlangen, auf die Götter der Massenmedien blicken und als neugeborene Kommunikanten vor den techno-theatralischen Kathedralen des Telealtars knien müssen, wie Akolythen oder Zauberlehrlinge.

Der moderne Mensch ist weit davon entfernt, irreligiös zu sein, selbst in unserer wissenschaftsgetriebenen Ära. Er hat, wie Michel Foucault sagte, einfach seine alten Priester und Götter durch neue ersetzt.

1 Die Illuminati und die Neue Weltordnung in Hollywood

„Ich denke, jeder sollte reich und berühmt werden und alles tun, wovon er jemals geträumt hat, damit er sieht, dass es nicht die Lösung ist."

(Jim Carey)

Seit über zweihundert Jahren repräsentiert die berüchtigte Geheimgesellschaft, die als Illuminaten bekannt ist, die ultimative Macht in der Politik, daher scheint es nur natürlich, dass Hollywoods Elite-Prominente und -Produzenten irgendwann mit ihnen zusammentreffen würden.

Während früher nur angenommen wurde, dass sie in Politik, Bankwesen und Nachrichtenmedien involviert waren, wurde das Gerede über die Invasion der Illuminaten in die Unterhaltungsindustrie im 21. Jahrhundert ziemlich populär – in vielen Fällen überschatteten sie andere Aspekte ihrer angeblichen Aktivitäten.

Viele Menschen sehen die Illuminaten heute als eine geheime Gesellschaft von Prominenten und möchten selbst ein Teil davon sein, während andere Fernsehen, Filme und Musik als Methoden der Gedankenkontrolle betrachten, die die Gesellschaft versklaven, indem sie die Massen dazu ermutigen, parasitär, materialistisch, unvorsichtige Verbraucher zu sein – die Unsicherheiten der Menschen ausnutzen und sie wie Pawlowsche Marionetten manipulieren.

Khalfouni Siham und Bellabiod Amel schreiben in ihrer Dissertation für das Ministerium für Hochschulbildung und wissenschaftliche Forschung der Elfenbeinküste:

„Geheimgesellschaften beherrschen die Welt seit Jahrhunderten, und eine dieser Gesellschaften heißt Illuminaten. Das Wort ‚Illuminati' kommt vom lateinischen Wort Iluminatus und bedeutet Erleuchtung. Diese Gruppe von Eliten stammt aus einer anderen starken Vereinigung namens „Freimaurerei"

oder Maurerei; es handelt sich um eine brüderliche Organisation, deren Ursprünge auf die örtlichen Steinmetzbruderschaften zurückgehen, die die Qualifikationen der Steinmetze und deren Qualifikationen regelten, sowie Interaktion mit Behörden und Kunden seit Ende des 14. Jahrhunderts zeigen. Die häufigsten Symbole der Freimaurerei sind neben Winkel und Zirkel die Vergißmeinnicht-Blume und das alles sehende Auge, abgeleitet aus der ägyptischen Mythologie. …

Darüber hinaus sind die Illuminaten die stärkste Geheimorganisation, die die Welt je gekannt hat. Es wird von mächtigen und reichen Leuten verwaltet, die Konflikte schaffen, wie die dreizehn der reichsten Familien der Welt, welche sind: die Astors, die Bundys, die Collins, die DuPonts, die Freemans, die Kennedys, die Lis, die Onassis, die Reynolds, die Rockefellers, die Rothschilds, die Russells und die Van Duyns, die die Welt hinter den Kulissen regieren. Ihre Macht liegt in den okkulten, magischen Ritualen und in der Wirtschaft, da Geld Macht bildet, wie zum Beispiel die Rothschilds fünfhundert Billionen Dollar besitzen.

Die Illuminaten besitzen Banken, Ölgeschäfte, Industrie und Handel; sie dringen in Politik und Bildung ein, und sie besitzen und kontrollieren viele Regierungen, diese Mitglieder nutzen Einschüchterung, Infiltration und Manipulation in verschiedenen Bereichen, um ihre Ziele zu erreichen, und regieren somit die Welt ohne das Bewusstsein der Bevölkerung. Abgesehen von den Methoden, die sie verwenden, besitzen Illuminati-Mitglieder Hollywood…

Mit wenigen Worten, die Illuminaten werden die Strippen der Gesellschaft halten, und um die Wahrnehmung der Menschheit von der Welt zu verändern, nutzen sie die Musik- und Filmindustrie und sogar Zeichentrickfilme, um die Kinder und Jugendlichen zu manipulieren. Und da die Menschen sich der Politik der Illuminaten nicht bewusst sind, kontrolliert diese Gruppe von Eliten die Medien und manipuliert die Menschheit, daher glauben die Menschen alles, was sie hören und sehen.

So können die Illuminaten bestimmen, was wir genau als wahr akzeptieren sollen. Darüber hinaus glauben die Illuminaten, dass ihre Macht durch unbewusste Gehirnwäsche der Bevölkerung unter Verwendung attraktiver Lieder und Werbung erlangt wird. Indem sie die Gesellschaft dazu bringen, ihren Lügen zu glauben, können sie die Menschen dazu bringen, auf eine Weise zu denken und vorzugehen, die für sie von Vorteil ist…“ (2)

Während einst etwas nur in den entlegensten Ecken des Internets zu finden war, sprudelten die Illuminati in den Mainstream, beginnend in den frühen 2000er Jahren mit der Verfilmung von Dan Browns „Illuminati“, der 2009 in die Kinos kam und die Illuminati auf die große Leinwand brachte wie niemals zuvor. Ungefähr zu dieser Zeit begannen die sozialen Medien auch, fast jeden Aspekt des Lebens der Menschen zu infiltrieren und ermöglichten es jedem, sich an Internet-Chats und Kommentar-Threads über seine Facebook-, Twitter- und Instagram-Konten zu beteiligen.

Um 2010 und 2011, als die Meldungen über Illuminaten viral gingen, trat ein interessantes Phänomen auf. Der Fokus verlagerte sich von einer Geheimgesellschaft aus Politikern, Geschäftsleuten und Bankern zu einer Geheimgesellschaft mit Promis, von der viele glaubten, dass sie der Schlüssel zum Erfolg in der Unterhaltungsindustrie ist. Da die meisten Menschen von Prominenten und Ruhm mystifiziert und hypnotisiert sind – anstatt die Illuminati als politische Mafia zu verachten, die Kriege auf der Grundlage von Lügen und Ereignissen unter falscher Flagge beginnen und die Geldherren sind, welche die globale Wirtschaft steuern, persönliche Freiheiten beseitigen und die Neue Weltordnung finalisieren.

Hollywood ist Holly-ballaballa, und jeder weiß, dass es ein Ort ist, der nicht nur Narzissten, Freaks und Verrückte anzieht, sondern auch den größten Teil der Unterhaltung produziert, die die Welt konsumiert. Das San Francisco Valley ist die Pornohauptstadt der Welt, und die Stadt Los Angeles ist ein überfülltes Ödland aus Verkehrsstaus, Müll, Graffiti und Gangs.

Während viele Einwohner Hollywoods seltsam sind, sind die meisten Prominenten die seltsamsten Menschen von allen. Von Angelina Jolie, die eine Phiole mit Blut um den Hals trägt, über Lady Gaga, die einen Fleischanzug bei den MTV-VMAs trägt. Je ekelhafter und verdorbener man in Hollywood auftritt, desto besser scheint ihre Karriere zu werden. Die wohlhabenden und exzentrischen Stars und Filmmogule scheinen nie mit den fleischlichen Freuden der Welt zufrieden zu sein.

Der Kaninchenbau in Hollywood geht tief und in einige sehr, sehr dunkle Orte. Der Kinderstar Corey Feldman von *Goonies* und *Lost Boys* sagte einmal, dass mächtige Pädophile in Hollywood und der Unterhaltungsindustrie weit verbreitet sind. *„Ich kann Ihnen sagen, dass das größte Problem in Hollywood Pädophilie war, ist und immer sein wird. Das ist das größte Problem für Kinder in dieser Branche … es ist das große Geheimnis“*, sagte er ABCs Nightline.

Insider aus Washington und Hollywood pflegen eine sehr enge Beziehung zueinander. Spitzenpolitiker reiben sich regelmäßig die Ellbogen mit großen Produzenten und Prominenten, daher ist es kein Wunder, dass viele Menschen auf die Illuminaten als den Kitt hinweisen, der diese beiden Welten zusammenhält.

Ronald Reagan hat einmal gesagt, Politik sei wie Showbusiness – und er sollte es wissen. Er war nicht nur Präsident der Vereinigten Staaten, sondern auch ein berühmter Hollywood-Schauspieler, bevor er in die Politik ging, und sein Weg zur Präsidentschaft wurde tatsächlich vom Bohemian Grove aus gepflastert – dem geheimen Männerrefugium für die Elite, dass jeden Sommer in einem abgelegenen Redwood-Wald in Nordkalifornien stattfindet. Es gibt ein Foto aus dem Jahr 1967, das im Grove aufgenommen wurde und Reagan (damals Gouverneur von Kalifornien) und Richard Nixon (der im folgenden Jahr zum Präsidenten gewählt wurde) an einem Tisch sitzend zeigt, die Berichten zufolge ihre zukünftigen politischen Pläne koordinieren.

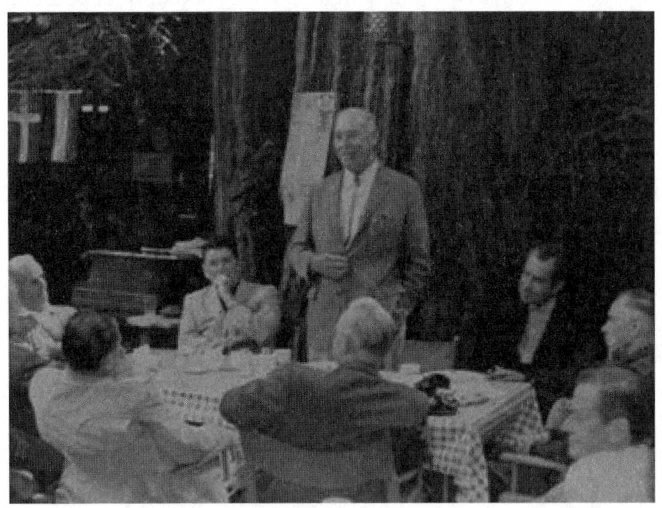

Abb. 1: Um den Tisch von links nach rechts: Preston Hotchkis, Ronald Reagan, Harvey Hancock (stehend), Richard Nixon, Glenn T. Seaborg, Jack Sparks, Kevin Winter, nicht identifizierte Person, Edwin W. Pauley

Der Bohemian Grove ist, wie Sie vielleicht wissen, eine Art Sommercamp für die Illuminaten und die Elite und dient als informelle Veranstaltung zur Konsensbildung und Netzwerkbildung für die herrschende Klasse. Ihr jährliches Lager beginnt mit einer aufwändigen Menschenopfer-Zeremonie, bei der ein lebensgroßes Abbild eines Menschen auf einem Altar zu Füßen eines 12 Meter hohen Steinmonuments verbrannt wird, was als „Einäscherung der Fürsorge" bezeichnet wird. Jedes Jahr zieht die Veranstaltung viele der mächtigsten Männer der Welt an.

Der „Terminator" Arnold Schwarzenegger, der wohl größte Actionheld der Geschichte, wurde 2003 Gouverneur von Kalifornien und gewann 2006 eine zweite Amtszeit – und soll seine politische Karriere geplant haben, während er sich im Bohemian Grove die Ellbogen mit der Elite rieb, um sich dort die Unterstützung des Establishments zu sichern, nur einen Monat bevor er seine Kandidatur in der „Tonight Show with Jay Leno" in echter Hollywood-Manier bekannt gab. Im Jahr 2013 wurde bestätigt, dass Conan O'Brien das Unterhaltungselement im Bohemian Grove war und regelmäßig eine intime Show für die Teilnehmer und verschiedene Hollywood-Mogule aufführte. [(3)]

Durch die Analyse der ausgewählten Filme veranschaulichen wir, wie die Eliten ihre Botschaften übermitteln, wie sie Menschen anziehen und manipulieren. Daher ist es unser Ziel zu zeigen, wie Hollywood-Filme helfen, um die Neue Weltordnung zu erreichen und die Menschheit darauf vorzubereiten.

1.1 Der Pate-Trilogie (1972, 1974 und 1993): Schattenregierungen – die globale Mafia

„Ich mache ihm ein Angebot, das er nicht ablehnen kann."
Don Corleone (*Der Pate-Trilogie*)

Der Pate ist ein US-amerikanischer Film aus dem Jahr 1972 von Francis Ford Coppola, der zusammen mit Mario Puzo das Drehbuch geschrieben hat, das auf Puzos gleichnamigem Bestseller von 1969 basiert. Die Hauptrollen spielen Marlon Brando, Al Pacino, James Caan, Richard Castellano, Robert Duvall, Sterling Hayden, John Marley, Richard Conte und Diane Keaton. Es ist der erste Teil *Der Pate-Trilogie.* Die Geschichte, die sich von 1945 bis 1955 erstreckt, zeichnet die Corleone-Familie unter Patriarch Vito Corleone (Brando), konzentriert sich auf die Transformation seines jüngsten Sohnes Michael Corleone (Pacino) vom widerspenstigen Familienaußenseiter zum skrupellosen Mafia-Boss. (4)

Der Pate Teil II ist ein 1974 amerikanisches Epos von Produzent und Regisseur Francis Ford Coppola, Drehbuch mitgeschrieben mit Mario Puzo, mit den Darstellern Al Pacino, Robert Duvall, Diane Keaton, Robert De Niro, Talia Shire, Morgana King, John Cazale, Mariana Hill und Lee Strasberg. Es ist der zweite Teil der Trilogie.

Der Film basiert teilweise auf Puzos Roman „Der Pate" aus dem Jahr 1969 und dient gleichzeitig als Fortsetzung und ein Prequel zu *Der Pate*, das parallele Dramen präsentiert: Eine greift die Geschichte von Michael Corleone (Pacino) von 1958 auf, dem neuen Don der Familie Corleone, der das Familienunternehmen nach einem Attentat auf sein Leben beschützt; das Prequel umfasst die Reise seines Vaters Vito Corleone (De Niro) von seiner sizilianischen Kindheit bis zur Gründung seines Familienunternehmens in New York City.(5)

Der Pate Teil III ist ein US-Film aus dem Jahre 1990, der von Francis Ford Coppola nach dem Drehbuch, zusammen mit Mario Puzo geschrieben, produziert und inszeniert wurde. Die Hauptrollen spielen Al Pacino, Diane Keaton, Talia Shire, Andy García, Eli Wallach, Joe Mantegna, Bridget Fonda, George Hamilton und Sofia Coppola.

Es ist der dritte und letzte Teil der Trilogie. Eine Fortsetzung von Der Pate (1972) und Der Pate Teil II (1974) schließt die fiktive Geschichte von Michael Corleone ab, dem Patriarchen der Familie Corleone, der versucht, sein kriminelles Imperium zu legitimieren. Der Film enthält auch fiktive Verknüpfungen über zwei reale Ereignisse: den Tod von Papst Johannes Paul I. 1978 und den päpstlichen Bankenskandal von 1981-1982, die beide mit den geschäftlichen Angelegenheiten von Michael Corleone in Verbindung stehen. [(6)]

Der Pate ist eine Familien-Operation und zeigt detailliert die wahren Verschwörungen. *Der Pate* von Regisseur Francis Ford Coppola, basierend auf Mario Puzzos gleichnamigem Roman, gilt als einer der größten Werke der Filmgeschichte. Obwohl der dritte Teil deutlich niedrigere kritische Bewertungen hat, ist die Trilogie als Ganzes höchst sehenswert.

Die Trilogie ist nicht nur ein angenehmes ästhetisches Erlebnis, wenn ich die Trilogie in letzter Zeit rezensierte, ich war darüber hinaus überrascht, so viele Parallelen zu realen Verschwörungen, Attentaten und Tiefe Staat-Agenden zu sehen, zu denen ich im letzten Jahrzehnt recherchiert habe.

Der Pate erhielt 1972 zahlreiche Auszeichnungen, darunter Bester Film und Bester Hauptdarsteller für Marlon Brando als Don Corleone, aber die eigentliche Botschaft der Trilogie ist den meisten unbemerkt geblieben – meine These ist, dass die Trilogie einen hervorragenden Einblick in das tatsächliche Management der Welt bietet. Nein, die Welt wird nicht von italienischen Mafiosi regiert, und es gibt Familien, die viel älter sind (wie der Schwarze Adel) und mit mehr Einfluss als die zusammengesetzte Corleone-Familie in der Erzählung ausgestattet sind, aber die Mittel, Methoden und Machenschaften der Familie bestimmen, wie die Welt wirklich regiert wird.

Die erste Erkenntnis ist das Interesse der Familie, ihre genetische Abstammung, Tradition und Kultur durch die Erhaltung ihrer Blutlinie zu erhalten. Eine Idee, die heutzutage in unserem postmodernen Nihilismus den meisten verloren geht, der Don und seine Brut interessieren sich nicht für Außenstehende. Tatsächlich verlangte die sizilianische Mafia schon immer einen „Made Man", also jemanden, der in das Familiennetzwerk aufgenommen wird, ein Vollblut-Italiener (obwohl diese Vorstellungen vielleicht heute locker gehandhabt wird). Einwandererfamilien erfuhren vor langer Zeit, dass die örtliche Polizei und die Strafverfolgungsbehörden oft korrupt und gekauft waren, sodass die Notwendigkeit einer inneren Gerechtigkeit unter Vertriebenen selbstverständlich war. Diese pragmatische Einsicht kommt im Film oft vor, wenn Michael (Al Pacino), Dons jüngster Sohn und Erbe der Familie, seiner verwirrten amerikanischen Frau Kay die Bedeutung der Familie zu erklären versucht.

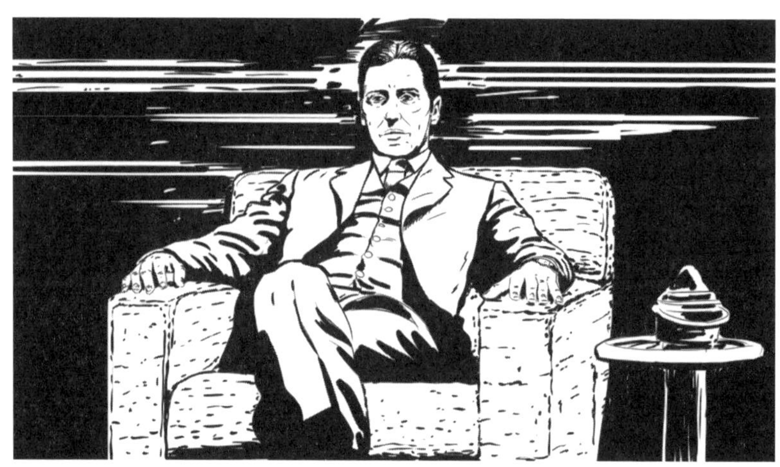

Abb. 2: Michael Corleone: *„Frag mich niemals nach meinen Geschäften, Kay"*

Beim Aufstieg der Corleones an die Macht ist es wichtig zu verstehen, dass dies nicht durch ehrliche, harte Arbeit erreicht wird, sondern durch Klugheit, Mut und das Beherrschen verschiedener Schwarzmärkte. Da Don Corleone nicht bereit ist, in den Drogenhandel einzusteigen, weigert er sich bei einem Treffen der Bosse ausdrücklich, in den Drogenhandel einzusteigen, es sei denn, die Vorgabe, in italienischen Vierteln nicht zu verkaufen, wird erfüllt. Die Farbigen, so behaupten die Bosse, seien dumm genug gewesen, Drogen in ihren Gegenden zuzulassen, ohne die Konsequenzen zu begreifen. Mit anderen Worten, in dieser Szene zeigt „der Pate", dass Prohibition, Kriminalität und der falsche „Drogenkrieg" und seine endlose Litanei staatlicher Programme wertlos sind. Das Verbot der Laster ermöglicht es den Schwarzmärkten, diese Geschäfte durch die Komplizenschaft der Regierung zu kontrollieren.

Obwohl ich hier keinen Anarchismus befürworte, versuche ich, die Denkweise der im Film dargestellten Einwandererbevölkerung und ihrer Mafia-Bosse zu veranschaulichen. Wenn die Polizei und das Rechtssystem notorisch korrupt sind, könnte Gerechtigkeit nur im Inneren gefunden werden. Aus der Sicht der Bosse unterscheidet sich der Krieg zwischen Gangstern und Polizisten oder Gangstern und Gangstern nicht von jedem anderen Krieg zwischen einer Nation und einer anderen Nation. Mit anderen Worten, die Mafia-Paten haben Augustins' Argument schon längst erkannt – „Regierung" ist oft nur eine weitere organisierte Gangsterbande, die Diebstahl und Kriminalität legalisiert. Es ist erwähnenswert, dass die Corleone-Familie schließlich vor Kongressanhörungen zur Verantwortung gezogen wird, um für ihre Operation Rechenschaft abzulegen, aber laut FBI-Direktor J. Edgar Hoover wurde die Mafia sogar 1951 ausdrücklich als nicht existent bezeichnet (was die öffentliche Naivität zeigt).

Die Corleones, die über die Grenzen von New York hinauswachsen, ziehen nach Las Vegas und prognostizieren die Zukunft der aufstrebenden Casino-Wirtschaft als Segen. Die Corleones verdrängen rivalisierende jüdische Mafia-Dons und stellen fest, dass Polizisten zu erschießen nicht die Lösung ist, um ihre Ziele zu erreichen, da sie für den Erwerb bestimmter Casinos die Stimme eines US-Senators benötigen.

Stattdessen finden sie Erpressung durch das Netzwerk ihrer Bordelle viel nützlicher (ähnlich wie die Erpressungsmasche von Jeffrey Epstein, pädophile Mitglieder der Elite bei ihren Sexspielchen zu filmen), um das Laster eines bereits korrupten und arroganten Senators Pat Geary auszunutzen.

Wir sehen daher, dass die Familie über lokale Unternehmen hinaus in nationale Firmen übergeht, da sie beginnen, Spionage im Stil eines Geheimdienstes einzusetzen – ein Schlüsselfaktor für ihren Aufstieg. Darüber hinaus hat Michael Corleone zu diesem Zeitpunkt alle seine Rivalen getötet und wird schnell zum Chef-Don, während andere nach und nach eliminiert werden. Aufschlussreich ist auch die tiefe Verbindung des Mobs mit dem Aufstieg von Las Vegas, was Coppola meisterhaft einfängt.

Der Aufstieg der Casino- und Glücksspielindustrie ist der Weg, auf dem Michael international tätig wird. In *Der Pate II* sind Michael und sein Bruder in Kuba, wo sie mit der lokalen Elite Essen und Trinken, genau wie Mafia-Pate Hyman Roth (ist Roth ein Symbol für Meyer Lansky?).

Der Hintergrund für dieses Szenario ist die Nutzung Kubas durch die westliche Wirtschaftselite für Geldwäscheoperationen, die mit Mafia-Organisationen vereint waren. „United Fruit Company,“, Telekommunikationsfirmen und Michaels Casinos haben alle ihre Pläne, Kuba zu einem wichtigen Urlaubsziel zu machen.

Stattdessen scheitert der Deal, als Michael sich zurückzieht und erkennt, dass Castros Revolution erfolgreich sein wird. Bemerkenswert ist auch die Verwendung von Exilkubanern durch die CIA, eine mit Drogengeldern unterstützte paramilitärische Kraft in dieser Region, während dieser Zeit.

Obwohl nicht direkt erwähnt, war JFK mit mehreren Sektoren der Mafia befreundet, und für die meisten Analytiker des JFK-Attentats gibt es eine Mafia-Verbindung, da Exilkubaner an der Verschwörung beteiligt waren.

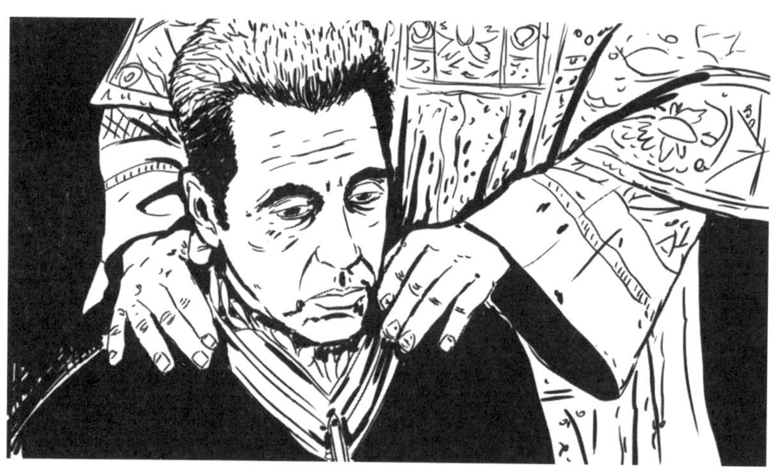

Abb. 3: Unter dem Deckmantel des St. Sebastian Ordens und seiner Stiftung wird Michael zum Global Player

Analyst Servando Gonzales kommentiert die labyrinthische Verwirrung um Castro, Kuba und die „United Fruit Company". (7)

Im nächsten Jahr (1954) waren die Rockefeller-Jungs wieder dabei, einen Putsch in Guatemala zu orchestrieren. Dies leitete Jahrzehnte faschistischer Militärregierungen ein, die Hunderttausende Unschuldige töteten. Doch das brachte der Rockefellers „United Fruit Co." große Profite ein, in die ihre Geheimagenten, die Dulles-Brüder, investiert hatten. CIA-Direktor Allen Dulles war auch Mitglied des Kuratoriums der „United Fruit Company". Die CIA begann Pläne zu schmieden, um Goulart zu stürzen. Ein vom CFR (Council on Foreign Relations) Agenten Henry Kissinger während seines Vorsitzes des 40-Komitees genehmigtes Programm zur psychologischen Kriegsführung entsandte Desinformationsteams von PsyOps, um fabrizierte Informationen über Goulart's kommunistische Verbindungen zu verbreiten.

Anfang 1964 eröffnete der CFR-Agent John J. McCloy einen Kommunikationskanal zwischen der CIA und Jack Burford, einem der leitenden Angestellten der „Hanna Mining Company". Im Februar 1964 reiste McCloy nach Brasilien und versuchte Goulart davon zu überzeugen, die Eisenerzindustrie nicht zu verstaatlichen, aber er wies McCloys Argumente zurück. In der Nacht zum 31. März 1964 stürzte ein von der CIA unterstützter Militärputsch Goulart. Ähnliche Anschuldigungen wurden über eine mögliche Rolle Rockefellers beim Putsch 1973 erhoben, der Chiles Salvador Allende stürzte – eigentlich eine gemeinsame Operation von Castro und CIA. Die Tatsache, dass Henry Kissinger, ein bekannter Rockefeller-Agent, eine Schlüsselrolle beim Sturz Allendes spielte, weist auf eine mögliche Rolle Rockefellers bei dem Ereignis hin." (8)

Wir fangen an zu sehen, wer die wahren „Gangster" sind, sie sind keine einzelne Ethnie. Die wahren Gangster sind private, steuerfreie Stiftungen und NGOs, die als Vermittler für „Nicht-in-den-Büchern"-Operationen und deren Einflussgeber fungieren. (9)

Apropos „United Fruit Co.", es gibt eine witzige Verbindung zum Film, denn es werden relativ oft Orangen in Szenen verwendet. Orangen haben eine goldene Farbe und stehen manchmal für Gold, Reichtum und damit auch Gier. (10)

Es gibt viele Spekulationen über die mögliche Symbolik von Orangen in *Der Pate*. Die primäre Interpretation ist, dass immer dann, wenn eine Orange gezeigt wird, entweder die Person, die die Orange handhabt, oder eine Orange, die in der Szene zu sehen ist, dieser Person der Untergang droht:

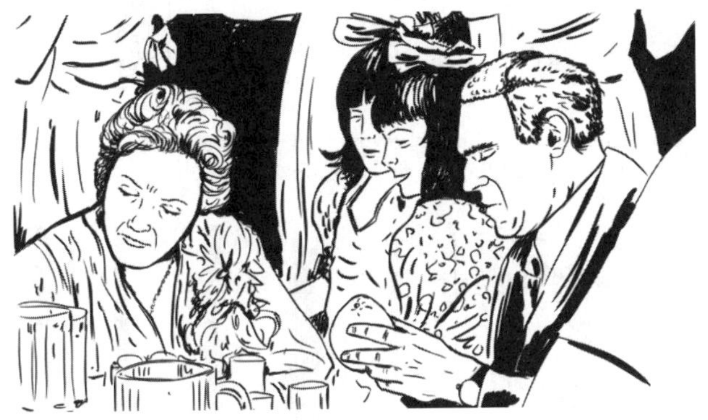

Abb. 4: Sal schnappt sich bei Connies Hochzeit eine Orange. Sal lieber verrät später die Familie und Michael lässt ihn töten

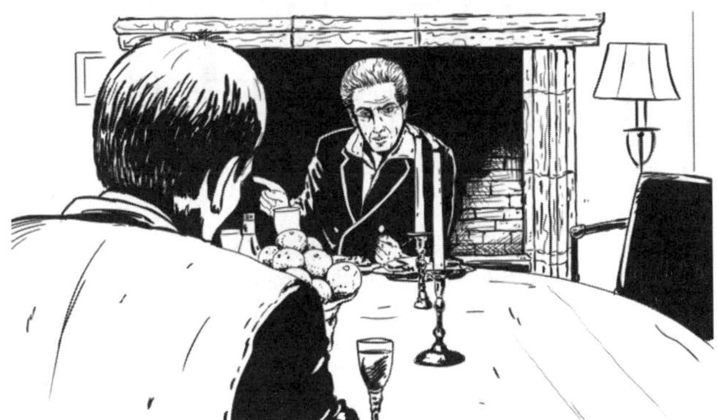

Abb. 5: Tom Hagens Dinner mit Jack Woltz zeigt eine Schale Orangen auf dem Tisch. Woltz wacht später mit dem abgetrennten Kopf seines preisgekrönten Rennpferdes am Fußende seines Bettes auf

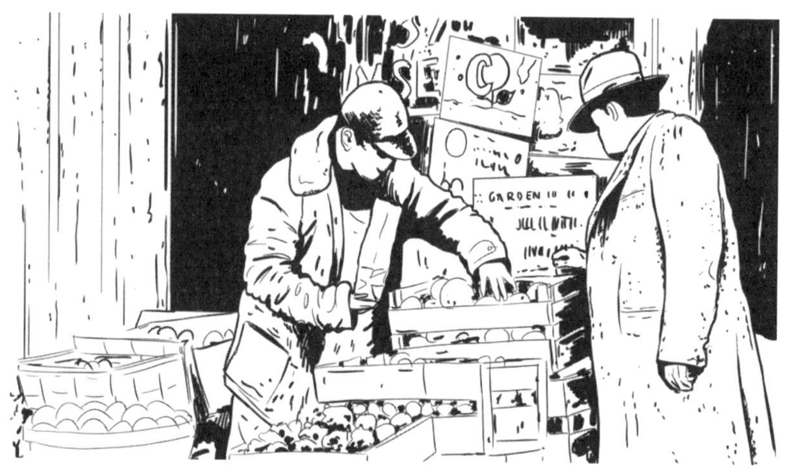

Abb. 6: Vito Corleone kauft Orangen, kurz bevor er auf der Straße angeschossen wird, und lässt später eine Tüte Orangen fallen, nachdem er getroffen wurde

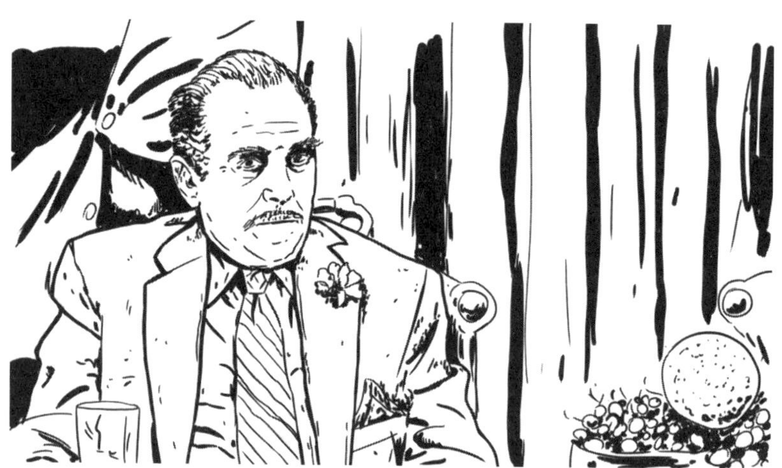

Abb. 7: Während des Treffens der fünf Familien wird eine Orange in einer Obstschale gezeigt. Michael lässt später die Köpfe der anderen Familien töten

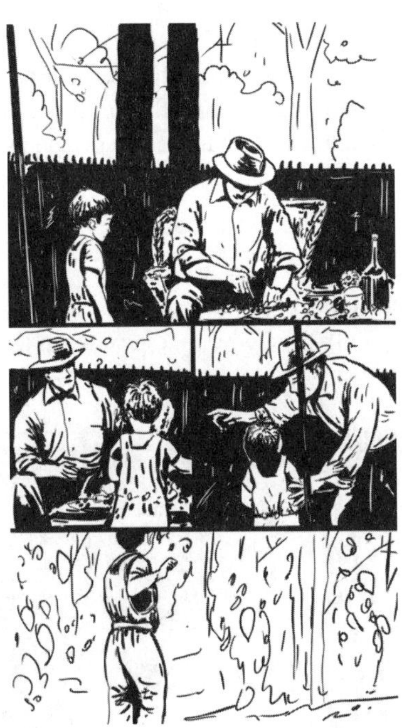

Abb. 8: Vito Corleone schneidet eine Orange und steckt sich eine Orangenschale in den Mund, um mit seinem Enkel zu spielen, Minuten bevor er umfällt und in seinem Garten stirbt

Es gibt mehr orangefarbene Referenzen im Film, aber dies sind die Hauptszenen, über die die Fans nachdenken.

Wurden die Orangen absichtlich als eine Art symbolische Darstellung des Untergangs von Filmemachern hinzugefügt? Mir ist klar, dass es in den Fortsetzungen auch mehrere Szenen mit Orangen oder der Farbe Orange gibt. Wenn dies im ersten Film nur ein Zufall war, gibt es dann Beweise dafür, dass Filmemacher aufgrund von Fan-Spekulationen weiterhin Orangen in die Fortsetzungen aufgenommen haben? (11)

Die weitere Symbolik im Film wird später im Kapitel besprochen, kommen wir zum Hauptstrang der Analyse zurück.

Aus der Sicht eines Tiefen Staates ist der dritte Teil am aufschlussreichsten. In *Der Pate III* sind Michael und die Familie Milliardäre geworden und jetzt international tätig. Auf globaler Ebene ist es interessant festzustellen, dass Michael die Bedeutung des Blutes für das Geschäft nie aus den Augen verliert. Nachdem er viele Male verraten wurde, sogar von Verwandten, diktiert Michaels Weisheit, dass die Blutlinie das ist, was Bestand hat. Obwohl sein Sohn jetzt wie die frühe Version seiner selbst ist und das Familienunternehmen meidet, hat Michael die harte Realität akzeptiert, die das Spiel erfordert, und nimmt es jetzt mit globalen Konkurrenten auf. Durch die Annahme einer hohen Auszeichnung vom Papsttum bedeutet Michaels strategische Allianz mit dem Papst, dass seine Stiftung (eine Front) in der Lage sein wird, einen der größten Landgeschäfte der Welt zu vermitteln.

Daraus können wir sehen, wie Michael auf dieser Ebene gelernt hat, dass das Spielen des alten Rockefeller-Spiels, eine steuerfreie Stiftung zu gründen und heilige Medaillen vom Erzbischof anzunehmen, der beste Weg ist, das System zu spielen – das System zu werden.

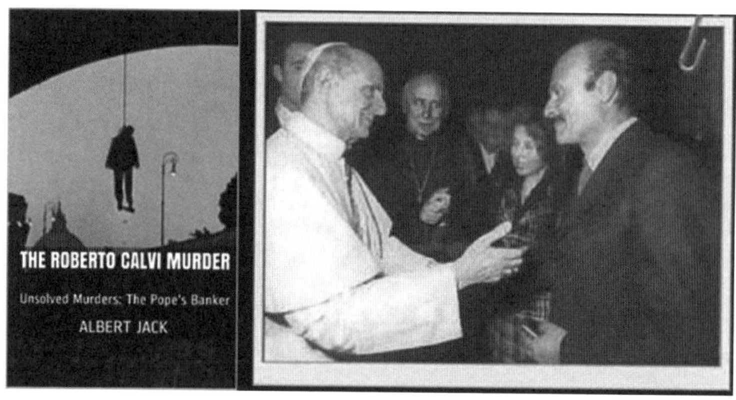

Abb. 9: Links: „The Roberto Calvi Murder" von Albert Jack. Rechts: Paul VI. mit Roberto Calvi, dem rituell ermordeten Bankier des Vatikans

Der aufschlussreichste Aspekt ist die Ermordung von Johannes Paul I. – eine markante Szene, die ich vergessen hatte und nicht erwartet hatte. Nachdem ich selbst tief in die Täuschungen der katholischen Welt eingetaucht war und *Der Pate III* das letzte Mal als Teenager gesehen hatte, war ich mir dessen offensichtlich nicht bewusst. Jahre später ist es offensichtlich, dass Puzo und Coppola die eigentliche Geschichte hinter dem Tod von Johannes Paul I. im Jahr 1978 enthüllen.

Als Spiegelbild des Todes in dem Theaterstück, das Michael und die Familie in einem Theater sehen, erfährt Michael gleichzeitig mit dem Attentat auf Michaels Leben, dass es ein Attentat auf das Leben des Papstes durch die P2 geben wird! Die P2 ist natürlich die italienische Freimaurer-Mafia, von der seit langem gemunkelt wird, dass sie in den Skandal der Vatikanbank verwickelt ist, der eng mit dem Tod von Roberto Calvi und Johannes Paul I. verbunden war. Als „Verschwörungstheorie" betrachtet, ist hier viel mehr am Werk, der rituelle Tod von Calvi und Johannes Paul I. (nach 33 Tagen als Papst

– eine bedeutende Freimaurerzahl) und beide werden am Ende der Trilogie ausdrücklich erwähnt. Es sollte auch beachtet werden, dass Berichte über Mafia-Initiationsrituale Blutschwüre und Symbolik erfordern, die an Freimaurerei erinnern.

Dies würde darauf hindeuten, dass die mögliche Kooptierung des Vatikans viel früher erfolgte als die Verschwörung des Zweiten Vatikanischen Konzils, an die sich die meisten traditionellen Katholiken halten. Die antirussische Haltung verrät somit eine spezifische antirussische Voreingenommenheit, die bis heute anhält, da die Mega-Bankhäuser unserer Tage immer noch in Skandale der Vatikanbank verwickelt sind, die an den rituellen Tod von Roberto Calvi und Johannes Paul I. erinnern, somit können wir Fatima innerhalb dieses Milieus betrachten und meine These lautet wie folgt: Die westatlantischen Mächte hatten den Ersten und den Zweiten Weltkrieg geplant, und somit zielen die „wundersamen Enthüllungen" von Fatima gezielt auf Russland als den Bösewicht, der „seine Irrtümer verbreiten" wird, über den Globus. Wie die beiden Professoren Antony Sutton und Carroll Quigley jedoch ausführlich darlegen, kam die Finanzierung des Weltkommunismus und des Faschismus aus der westlichen Industrie und dessen Kapital.

Ebenso entdeckt Michael Corleone (zu spät), dass, selbst wenn man die Gipfel des globalen Reichtums und der Macht erklimmt, immer andere Mafiosi in den Startlöchern warten, um einen anderen zu besiegen. Als die schöne italienische Hauptrolle in dem Stück ermordet wird, wird auch die meta-narrative Vorahnung real, als Michael das Theater verlässt, nur um Zeuge der Ermordung seiner Tochter zu werden. Die kalte, dunkle Beleuchtung, die Coppola für die Trilogie gewählt hat, spricht für die kalte, dunkle Realität der gefallenen Welt, in der irdischer Reichtum, Macht und Eitelkeit bald verblassen und wie Michael, die Tränen einer alten Reue zurückbleiben.

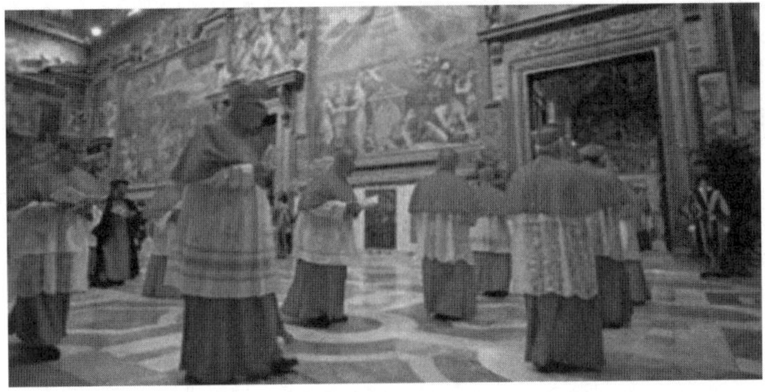

Abb. 10: „Der Rauch Satans ist ins Heiligtum eingedrungen" Papst Paul VI.

„Ich werde kommen, um die Weihe Russlands an mein unbeflecktes Herz zu erbitten. ... Wenn die Leute meiner Bitte nachkommen, wird Russland bekehrt und die Welt wird in Frieden sein“ so die Fatima-Erscheinung.

Was Fatima und die Bedeutung dieser vermeintlichen Offenbarung in der Geschichte der Weltkriege und der atlantischen Rivalität mit Russland anbelangt, sollte ihre geopolitische Bedeutung erwähnt werden, zumal Michaels Katholizismus in seinen letzten Tagen eine zentrale Rolle spielt (Folge drei der Trilogie).

„Unsere Liebe Frau“ von Fatima ist die herausragende Marienerscheinung um eine Reihe von angeblich prophetischen Offenbarungen im Jahr 1917. Diese Offenbarungen erreichen drei portugiesischen Bauernkindern und sagen bevorstehende Katastrophen voraus. Letztere ereignen sich aufgrund verschiedener Unsittlichkeiten und wegen des angeblichen Fehlens der Bekehrung Russlands zum „Unbefleckten Herz Mariens“ sowie zum römischen Katholizismus.Fatima.org fasst die Geschichte wie folgt zusammen (12):

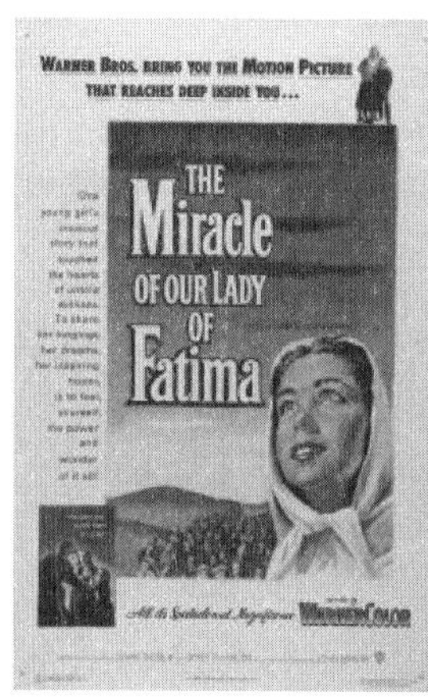

Abb. 11: Der Film aus dem Jahre 1952 *The Miracle of Our Lady of Fatima*

„In der Erscheinung vom 13. Juli warnte die Muttergottes die drei Seher, wenn die Menschen nicht aufhören würden, Gott zu beleidigen, würde er die Welt ‚durch Krieg, Hunger und Verfolgung der Kirche und des Heiligen Vaters‘ bestrafen, indem er Russland als sein gewähltes Züchtigungsinstrument betitelt. Sie sagte den Kindern, dass ‚um dies zu verhindern, ich kommen werde, um die Weihe Russlands an mein unbeflecktes Herz zu erbitten‘ und versprach, dass durch diese einzige öffentliche Handlung Russland bekehrt und der Welt Frieden geschenkt würde. Die Muttergottes warnte, dass ‚Russland seine Irrtümer in der ganzen Welt verbreiten und Kriege und Verfolgungen der Kirche auslösen wird, wenn ihrer Bitte nicht stattgegeben wird. Die Guten werden gemartert, der Heilige Vater wird viel zu leiden haben und verschiedene Nationen werden vernichtet.‘“ (13)

Meine Haltung zu diesem Ereignis soll nicht die standardmäßige, fundamentalistische evangelikale „Entlarvung“ sein, sondern eher den größeren geopolitischen Rahmen um „Out Lady of Fatima“ betrachten, der gut mit den Mafia-Unterwelt-Verbindungen verschmilzt, die in *Der Pate*-Trilogie in Bezug auf Rom gezeigt werden.

Obwohl ich kein römischer Katholik bin, ist mein Ziel hier nicht, den Rationalismus der Aufklärung zu fördern, sondern eine spionagebasierte These für die sogenannten „Offenbarungen“ vorzuschlagen.

Der erste Ort, an dem wir suchen möchten, sind Carroll Quigleys auf Enthüllungen basierende CFR-Privatarchive in Bezug auf die Bankhäuser von New York, London und Europa, die die Quelle der Weltkriege des 20. Jahrhunderts sind - Weltkriege sind Bankerkriege. (14) Quigley schreibt:

„Am Ende des Krieges 1914 wurde klar, dass die Organisation dieses Systems stark erweitert werden musste. Wieder einmal wurde die Aufgabe Lionel Curtis anvertraut, der in England und jedem andere Land eine Frontorganisation zu der bestehenden lokalen Round Table Group gründete. Diese Frontorganisation, genannt Royal Institute of International Affairs, hatte als Kern in jedem Bereich die bestehende untergetauchte Round Table Group.

In New York war es als Council on Foreign Relations bekannt und war eine Front für die Verbindung von ‚J.P. Morgan and Company' mit der sehr kleinen American Round Table Group. Die amerikanischen Organisatoren wurden von der großen Zahl der Morgan-‚Experten' dominiert, darunter Lamont und Beer, die zur Pariser Friedenskonferenz gegangen waren und sich dort mit der ähnlichen Gruppe eng anfreundeten. ‚J.P. Morgan and Company' war das Zentrum der Round Table Group in Amerika.

Auf dieser ursprünglich finanziellen Grundlage, die auf George Peabody zurückgeht, entstand im 20. Jahrhundert zwischen London und New York ein Machtgefüge, das tief in das Universitätsleben, die Presse und die außenpolitische Praxis eindrang. In England war das Zentrum die Round Table Group, während es in den Vereinigten Staaten ‚J.P. Morgan and Company' oder ihre lokalen Niederlassungen in Boston, Philadelphia und Cleveland waren." (15)

Diejenigen, die viel Zeit mit „Tragödie und Hoffnung" von Quigley verbracht haben, wissen, dass die ersten hundert Seiten ein gezielter Propagandaangriff auf Russlands üble Seite sind.

Quigley schreibt in der kalten Hitze des Kalten Krieges im klassischen „Großes Spiel"-Stil, wobei der ewige Feind des anglo-amerikanischen Establishments niemand geringerer als Deutschland und Russland sind. Die einzige Macht, die mit der Handelsseemacht (England) konkurrieren könnte, ist die große Landmacht Russland.

Wie Sutton und Quigley zeigen, hatten die New Yorker und Londoner Bankhäuser ein großes Interesse daran, sowohl den Bolschewismus als auch den Nationalsozialismus zu finanzieren, um die verschiedenen Kontinente in große Handelsblöcke umzustrukturieren, zunächst mit einem Völkerbund nach dem Ersten Weltkrieg und den Vereinten Nationen nach dem Zweiten Weltkrieg. Auch die Vatikanbank stand seit dem 19. Jahrhundert im Dienst der Rothschilds. (16)

Die „Jüdische Enzyklopädie“ erklärt zu den Rothschilds:

„Nach verschiedenen Wechselfällen, die Zola in seinem Roman „L'Argent“ anschaulich beschrieben hat, scheiterte die Gewerkschaft und brachte viele des katholischen Adels Frankreichs in den Ruin, die Rothschilds wurden noch absoluter die unbestrittenen Führer der französischen Finanzen, aber sie hinterließen auch ein Erbe des Hasses, das großen Einfluss auf das Wachstum der antisemitischen Bewegung in Frankreich hatte. Etwas Analoges geschah in England, als die jahrhundertelange Konkurrenz der Barings und der Rothschilds 1893 im Scheitern gipfelte; aber in diesem Fall kamen die Rothschilds zur Rettung ihrer Rivalen und verhinderten eine universelle Finanzkatastrophe. Es ist eine etwas kuriose Fortsetzung des Versuchs den Rothschilds einen katholischen Konkurrenten vorzusetzen, obwohl die Rothschilds derzeit der Hüter des päpstlichen Schatzes sind. In den letzten Jahren haben sich die Rothschilds aufgrund der antijüdischen Gesetzgebung dieses Reiches konsequent bestritten, mit Krediten an Russland zu tun zu haben, obwohl die Mitglieder des Pariser Hauses einmal einen Kredit aufgenommen hatten, um ihren Patriotismus als Franzosen zu demonstrieren.“ (17)

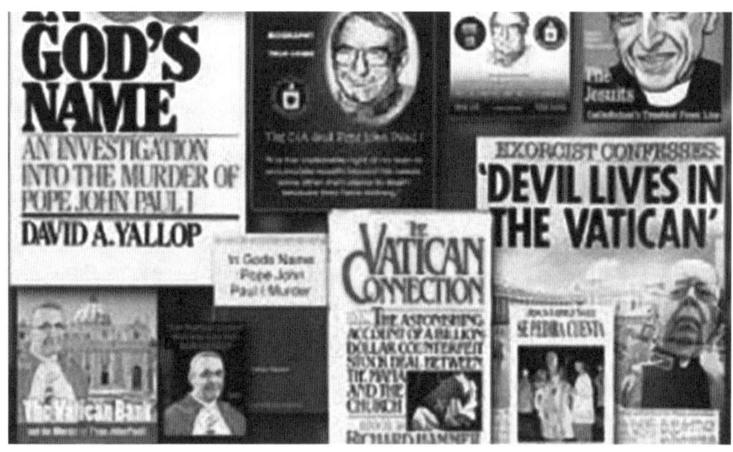

Abb. 12: Skandal! Intrige!

Die oft als „KGB-Verschwörung“ missverstandene anti-orthodoxe Haltung deutet somit auf eine spezifische antirussische Voreingenommenheit hin, die bis heute andauert, da die Mega-Bankhäuser unserer Tage immer noch in die Skandale der Vatikanbank verwickelt sind.

Die „Irrtümer“ hier sind die Verbreitung des Kommunismus, aber warum hat die prophetische Gabe den Kindern nicht ermöglicht zu verstehen, dass London den Marxismus nach Russland exportiert hat? Was ist mit London, das seine Irrtümer auf der ganzen Welt verbreitet, wenn internationale Finanz- und Industriemächte sowohl den Nazismus als auch den Kommunismus finanzieren? Nein, die Marionetten der Macht zielen speziell auf Russland als Bösewicht ab, praktischerweise den Atlantiker-Feind Nummer eins. Und welchen besseren Weg gibt es, eine Milliarde Katholiken zu mobilisieren, um Russland als den globalen Feind nach Mutter Maria ins Visier zu nehmen, mit Bolschewismus und Kommunismus Russland durch ein „großartiges Spiel"-Design zu ruinieren? Das soll nicht heißen, dass der Kalte Krieg und die Ost-West-Spionage nicht real waren – die Kriege und verdeckten Operationen sind sehr real, werden aber von mächtigen Internationalisten auf einer höheren Ebene kriegsgespielt.

Letzten Endes, meiner These nach dienen Fatima und andere Manifestationen den westlichen Geheimdiensten - eine lange Kathedrale aus Gerüchen, Glocken, Rauch und Spiegeln, die auch Hollywood (unsere neue Kathedrale) mit seinen anhaltenden antirussischen Erzähltiraden in Produktionen unterstützt hat, und zwar in Filmen wie *Jack Ryan: Shadow Recruit* und Fernsehsendungen wie *Blacklist.*

Damit wir uns nicht nur auf den italienischen oder vatikanischen Mob konzentrieren, können wir die Macht der jüdischen Mafia nicht auslassen, die auch in *Der Pate*-Trilogie eng mit Michaels Intrigen in Las Vegas und Kuba verbunden zu sein scheint.

Gus Russo schreibt in seinem berühmten Buch „Supermob" über den Aufstieg des jüdischen Mobs in bestimmten Sektoren Hollywoods, wobei er assimilierte und nicht assimilierte unterscheidet, wobei die assimilierten versuchen, in die Reihen der zuvor antijüdischen Machtelite aufzusteigen. (18)

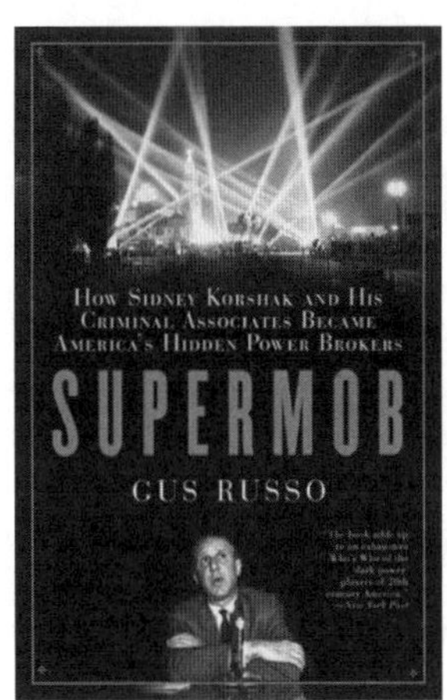

Abb. 13: Das Buch „Supermob" von Gus Russo

„Der Historiker Kevin Starr hat über das assimilierte ‚Mid-Wilshire Judentum' geschrieben, das den Bau des Wilshire B'nai B'rith Tempels in Wilshire und Hobart beaufsichtigte. Unter den Supermob-Mitarbeitern, die sich auch zu Wilshire hingezogen fühlen würden, waren Korshak, Hart, Ziffern und Glasser. Von da an hätten diese beiden L.A.-Gruppen - Downtown und West Side fast nichts mehr miteinander zu tun. In Los Angeles taten sie es ähnlich, mit einer tiefgreifenden Ergänzung: Sie übernahmen eine unerwünschte Ware, die ursprünglich ‚Flimmern' genannt wurde; wir nennen sie jetzt Kinofilme. Das einzige große Studio, das nicht von Juden gegründet wurde, war RKO, das in erster Linie ein britisches Unternehmen war." (19)

In diesem Zusammenhang können wir einen weiteren wichtigen Mob-Film verorten, Roman Polanskis 1974er Film *Chinatown.* Während die Filmerzählung von *Chinatown* die frühe katholische Elite von Los Angeles wie William Mulholland porträtiert, dreht sich die Mob-Verbindung in Bezug auf Polanski um Russos angedeutete Verbindung von Polanski zum Gangster Sidney Korshak.

Wie David Lynch in seinem *Mulholland Drive* Film andeutet, entscheidet oft die Mafia, wer welche Rolle spielt, und im Fall von Al Pacino als der Pate argumentiert Russo, dass es eine Kombination aus Korshak, DeNiro, Coppola und *MGM's* Eigentümer Kirk Kerkorian war, der Pacino die Rolle erlaubte. Tatsächlich war die italienische Mafia nicht glücklich über den Film, aber Russo merkt an, dass der Streifen ohne Korshaks Unterstützung nicht gemacht worden wäre. Das Polanski-Element zusammenfassend, das ironischerweise eine Anspielung auf Pädophilie beinhaltet, erklärt Russo [20]:

„Evans (ein Korshak-Mann) produzierte eine Reihe erfolgreicher Filme wie ‚Marathon Man' (1976) und ‚Urban Cowboy' (1980). Aber sein vielleicht größter Triumph nach ‚Der Pate' war ein Film voller Supermob-Ironie, ‚Chinatown' (1976). Unter der Regie eines brillanten polnischen Päderasten namens Roman Polanski, dem gleichen Mann, der Paramounts ‚Rosemary Baby' gedreht hat, fiktionalisiert der Film William Mulhollands „Rape of Owens Valley". Seit dem grausamen Mord an Polanskis schwangerer Frau Sharon Tate und vier ihrer Jet-Set-Freunde von Charles Masons „Familie" am 9. August 1969 hatte Polanski begonnen, seiner Vorliebe für Sex mit Kindern, vorzugsweise mit dreizehn- bis fünfzehnjährigen Mädchen, zu frönen, um seine Trauer zu lindern. Was ihn schließlich vor Korshaks großartigem Freund, Richter Laurence Rittenband, führen würde. In dem Film ‚Chinatown', der auch eine Anspielung auf sexuelle Perversion Polanskis enthielt, ersetzte Hollis Mulwray die Figur von William Mulholland. Es ist nicht bekannt, ob Evans sich der Ähnlichkeit zwischen den kalifornischen Land- und Wassergreifern wie Mulholland / Mulwray und von Korshaks Supermob-Partnern Greenberg/ Ziffren/ Bazelon bewusst war." [21]

Kommen wir zum Abschluss der Untersuchung des Films nun zu einigen Symbolen und Motiven.

Fenster

Fenster trennen die äußere, öffentliche Welt vom inneren Bereich des Hauses. Als Grenze ist das Fenster zerbrechlich und durchlässig, und zu oft werden Fenster zu einem leichten Eintrittspunkt für Kugeln. Eine Aufnahme eines flatternden Vorhangs, ein Zeichen dafür, dass die Außenwelt in den privaten Raum des Hauses eindringt, nimmt oft einen Ausbruch von Gewalt vorweg. In Teil II fallen die Fenstervorhänge von Michaels Schlafzimmer, und Augenblicke später regnet es eine Flut von Kugeln auf ihn und Kay.

Ein Fenster kann auch als Bildschirm fungieren, durch den ein Charakter die Welt sieht und auf den ein Charakter seine Gedanken projiziert. Als der junge Vito nach seiner Ankunft in Amerika auf Ellis Island unter Quarantäne gestellt wird, sitzt er auf dem kleinen Stuhl in seiner Zelle und blickt aus dem Fenster auf die Freiheitsstatue. Drei Monate lang ist seine Aussicht auf die amerikanische Freiheit zum Greifen nah.

Am Ende von Teil II, steht Michael unzählige Stunden in seinem verglasten Tahoe-Bootshaus vor den Mauern und schaut auf das Wasser, wie sein Bruder Fredo in einem

Boot erschossen wird. Beim jungen Vito blickt das Fenster auf das, was er begehrt, aber nicht haben kann. Im Fall des Bootshauses ist das Fenster eine unzureichende Wand, um Michael vor der hässlichen, schmerzhaften Realität zu schützen.

Türen

In der *Pate*-Trilogie trennen Türen Frauen von Männern. Die meisten Türen, die wir sehen, sind Innentüren in Häusern. Sie trennen einen Raum vom anderen, und sie teilen das Zuhause zwischen dem männlichen Bereich des Geschäfts und dem weiblichen Bereich der Familie auf. Immer wenn Männer Geschäfte zu besprechen haben, schließen sie die Tür zum Arbeitszimmer und schließen die Frauen aus. Haustüren, Hauseingänge werden selten gesehen, aber wenn sie es sind, sind sie noch stärkere Grenzen gegen die weibliche Freiheit.

Als Michael erfährt, dass Kay die Kinder besucht, nachdem sie ihn in Teil II verlassen hat, schließt er ihr die Tür vor der Nase zu. In ähnlicher Weise wird Kay in Teil II daran gehindert, das Gelände zu verlassen, als Michael sich versteckt. Während der ganzen *Pate*-Trilogie braucht eine Frau die Erlaubnis eines Mannes, um durch jede Tür zu gehen.

Stühle

Stühle dienen in der *Pate*-Trilogie vielen Zwecken, aber was sie alle vereint, ist die Einsamkeit des Dargestellten. Der Stuhl ist vor allem ein Symbol der Isolation. Die offensichtlichste Funktion eines Stuhls ist die eines Throns. Der Pate sitzt auf einem Stuhl, während die Bittsteller ihre Aufwartung machen und ihm die Hand küssen. Sitzen zu bleiben, während andere stehen, ist eine Möglichkeit, Macht zu behaupten. Stühle sind auch Orte der Besinnung.

Der junge Vito sitzt auf einem Stuhl, um von seiner Zelle auf Ellis Island aus, die Freiheitsstatue zu betrachten. Michael sitzt am Ende von Teil II auf dem Stuhl in seinem Bootshaus, denn seine Erinnerung führt ihn zurück zu dem Tag, an dem er sich für den Krieg einschrieb. In dieser Erinnerung bleibt er an seinem Stuhl gefesselt, während der Rest der Familie zur Tür geht, um Vito zu begrüßen. Stühle sind auch Orte des Todes.

Eine Reihe von Charakteren sterben im Sitzen, allen voran Michael, der tot von dem Stuhl fällt, auf dem er im Hof seiner sizilianischen Villa gesessen hatte. (22)

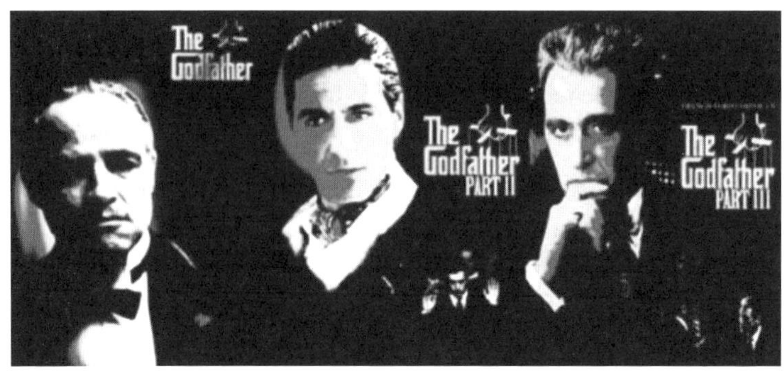

Abb. 14: Bildcollage von Filmpostern zu allen drei Teilen der Trilogie

Rückkehr nach Sizilien

In der Trilogie besteht eine direkte Beziehung zwischen der Anzahl der Filme, in denen eine Figur auftaucht, und ihrer zentralen Bedeutung für die Handlung. Michael, Connie und Kay, alle Hauptfiguren, sind in allen drei Filmen zu sehen, während Nebenfiguren wie Erzbischof Gliday oder Senator Geary nur in einem einzigen Film vorkommen. Natürlich ist eine solche Struktur sinnvoll. Die Handlung folgt den bedeutendsten Charakteren, während die weniger bedeutenden sterben oder vergessen werden. Aber jede Regel hat ihre Ausnahmen.

In der Trilogie ist eine solche Ausnahme der unbedeutende, wenig bekannte Don Tommasino. Tommasino taucht in jedem Film auf, weil er Vitos und Michaels Gastgeber und Freund auf Sizilien ist, der Insel von Vitos Geburt, auf die die Charaktere in jedem Film zurückkehren. In den *Pate*-Filmen mag Don Tommasino eine Nebenfigur sein, Sizilien jedoch nicht.

Die Odyssee

In *Der Pate* ist unser erster Blick auf Sizilien gerichtet, eine Weitwinkelaufnahme einer hügeligen Landschaft. Der Tag ist sonnig und schön, und die Landschaft, obwohl felsig, scheint von allen Anzeichen des modernen Lebens unberührt zu sein. Selbst die Charaktere, viele von ihnen wie Bauern gekleidet, wirken wie aus der Vergangenheit.

Der Eindruck, der sich durch die ersten Aufnahmen von Sizilien in *Der Pate II* und *Part III* wiederholt, ist der eines pastoralen Paradieses, in dem ein Leben in Unschuld möglich ist. Sizilien ist in der Tat immer mehr als nur eine malerische italienische Insel – es ist ein Symbol für ein anderes Leben, ein Ort der Flucht. In *Der Pate* reist Michael nach Sizilien, um dem Mafia-Krieg zu entkommen, um nach der Ermordung von Sollozzo zu verschwinden. In Teil II und Teil III ist die Rückkehr nach Sizilien mit eher metaphorischen Fluchtvorstellungen verbunden. In Teil II ist Sizilien der Ort von Vitos kurzer Unschuld, seiner Kindheit. In Teil III ist es ein Ort der Kunst, Ort des Opernhauses, in dem Sohn Anthony sein Debüt geben wird.

In allen drei Filmen wird das echte Sizilien diesem mythischen Bild nicht gerecht. Das wahre Sizilien ist kein Paradies, sondern ein Ort, der von Blutfehden und barbarischer Gewalt heimgesucht wird. Tatsächlich gipfelt jede sizilianische Reise in einem dramatischen Gewaltakt: die Ermordung von Apollonia in *Der Pate*, der Tod von Vitos gesamter Familie zu Beginn von Teil II, der anschließende Rachemord an Don Ciccio später im Film und der Mord von Maria in Teil III.

Ironischerweise ist es das Versagen der Corleones, aus Sizilien zu fliehen, dass sie daran hindert, ihre gewalttätige Vergangenheit hinter sich zu lassen. Schließlich ist Sizilien trotz seines ländlichen Charmes und seiner verlockenden Aussichten immer noch die Heimat der Mafia.

Familienfeiern

Bei Familientreffen in der *Pate*-Trilogie geht es ebenso um das Geschäftliche wie um das Vergnügen. In den Filmen bezieht sich das Wort „Familie“ auf Familie im traditionellen Sinne, aber auch auf Familie im einzigartigen Sinne der Mafia (d.h. kriminelle Familie). Aus diesem Grund gehört bei Mafia-Familientreffen, sei es für eine festliche Party oder eine feierliche Beerdigung, immer ein Hinterzimmer-Treffen dazu. Es werden Geschäfte gemacht, Morde angeordnet, Respekt ausgetauscht, Ehre gezeigt und Kämpfe eingeleitet oder entschieden. Alle drei Filme beginnen mit großen Versammlungen, die jeweils mit einer großen Versammlung zu einem formellen Anlass beginnen: *Der Pate* mit der Hochzeit von Connie und Carlo, *Der Pate Teil II* mit Anthonys Kommunion und *Der Pate Teil III* mit der Verleihung der Medaille des St.-Sebastian-Ordens. Auf den folgenden Partys wird immer viel ausgelassen getanzt, gesungen und getrunken, aber die Mafiosi scheinen am meisten daran interessiert zu sein, „Geschäfte“ zu machen.

Die Handlung jedes Films wird während dieser Hinterzimmer-Sitzungen im Rahmen der Party bestimmt. Später sind anschließende Familientreffen wichtige Gelegenheiten, Handlungsstränge zu lösen. In *Der Pate* zum Beispiel erfährt Michael bei Vitos Beerdigung, dass Tessio ein Verräter ist und die Oberhäupter der fünf Familien während der Taufe von Carlos und Connies Sohn getötet hat. In Teil II kommt es während der Beerdigung von Mama Corleone zwischen Michael und Fredo zu einer vorübergehenden Versöhnung. In Teil III werden der Papst und Erzbischof Gliday sowie seine Mitarbeiter getötet und Mary wird nach Anthonys Opernaufführung von einer für Michael bestimmten Kugel erschossen.

Motiv: Korruption ist allgegenwärtig

Michael, Vito und der Rest der Corleone-Familie mögen Kriminelle sein, aber sie scheinen sauberer zu sein als viele der Beamten, denen sie während der Trilogie begegnen. Jeder der Filme präsentiert mindestens eine Figur in einer Machtposition, die nicht nur durch und durch korrupt, sondern auch hässlich, krass und doppelzüngig ist. In *Der Pate* ist Sergeant McCluskey ein Polizist, der als Leibwächter für den Drogenhändler Sollozzo fungiert. In Teil II versucht Senator Pat Geary, Geld zu erpressen; spuckt bigotte, antiitalienische Beschimpfungen aus und besucht Hurenhäuser. In Teil III verwickelt sich Erzbischof Gliday als Chef der Vatikanbank in hinterhältige Geschäfte mit kriminellen Elementen und ist an deren korrupten, illegalen Aktivitäten beteiligt, einschließlich der Ermordung des Papstes.

Von einem Film zum nächsten nehmen diese Beamten mächtigere und scheinbar respektierte Rollen in der Gesellschaft ein und werden gleichzeitig widerwärtiger, korrupter und unheimlicher. Es gibt zwar einige Beispiele gut gemeinter Amtsträger, allen voran Kardinal Lamberto, der Papst Johannes Paul I. wird, doch die Beispiele korrupter Amtsträger sind mannigfaltiger.

Im Vergleich dazu treten die Protagonisten der *Pate*-Trilogie als moralisch komplexe Figuren auf. Neben Senator Geary in einer Linie aufgestellt, würde Michael selbst in seiner rücksichtslosesten Form eine sympathische Figur abgeben. (23)

1.2 Die Goonies: Die okkulten Verweise und der Klassenkampf gegen die Elite (1985)

„Drogendealer? Du spinnst doch! Hast du gesehen, was die anhaben? Drogendealer würden sich nicht mal als Leichen in diesen Lumpen erwischen lassen."

Data (*Goonies*)

Die Goonies ist eine amerikanische Abenteuerkomödie, koproduziert und in Regie von Richard Donner nach einem Drehbuch von Chris Columbus, basierend auf einer Geschichte von Produzent Steven Spielberg. In dem Film versuchen Kinder, die im Stadtteil „Goon Docks" von Astoria, Oregon, lebend ihre Häuser vor der Zwangsversteigerung zu retten. Sie entdecken dabei eine alte Schatzkarte, die sie auf ein Abenteuer mitnimmt, um das lange verlorene Vermögen des Einäugigen Willie zu finden, einem legendären Piraten aus dem 17. Jahrhundert. Während des Abenteuers werden sie von einer Familie von Kriminellen verfolgt, die den Schatz für sich haben wollen.

Produziert von Spielbergs *Amblin Entertainment*, brachte *Warner Bros.* den Film am 7. Juni 1985 in den Vereinigten Staaten in die Kinos. Der Film spielte weltweit 124 Millionen US-Dollar bei einem Budget von 19 Millionen US-Dollar ein und ist seitdem ein Kultfilm. (24)

Mit dem massiven Erfolg der Spielberg-Filme in den frühen 80er Jahren entstand eine Welle von „Produktionen", bei denen Spielbergs Namen immer fiel – *Twilight Zone: The Movie*, *Poltergeist* und sogar *Goonies* (mit einigen Spekulationen, dass Spielberg tatsächlich *Poltergeist* und nicht Tobe Hooper inszenierte). *Goonies* wurde von Richard Donner inszeniert, der zuvor für *Das Omen* und *Superman* berühmt war, sowie zahlreiche Fernsehshows der 50er und 60er Jahre, wie *The Fugitive*, *Get Smart!* und *The Man From U.N.C.L.E.*.

Angesichts der Kenntnisse Donners über okkulte Themen (*Das Omen*) sowie seines späteren Interesses an Verschwörungen (als Direktor von *Conspiracy Theory* mit Mel Gibson) können wir vernünftigerweise davon ausgehen, dass in einem so bescheidenen Film wie *Goonies* mehr am Werk sein könnte. Ich bin mit *Goonies* aufgewachsen, aber als ich es vor kurzem noch einmal sah, ist mir etwas Neues eingefallen – *Goonies* ist nicht nur eine Abenteuergeschichte über schurkische, ablehnende Kids und Teens, die sich mit einem Jugendlichen zusammentun, um die örtlichen Gangster zu stürzen. Goonies ist eine Rube-Goldberg-Maschine auf Film. Bevor Sie sagen, ich hätte endgültig den Faden verloren, hören Sie mir zu.

Rube Goldberg (1883-1970) war ein jüdischer politischer Karikaturist und Ingenieur, der für seine albernen, überkomplizierten und übertriebenen Maschinen bekannt war, die einfache Aufgaben verspotten sollten. Wenn Sie sich an die PeeWee Herman Show erinnern oder jemals Mousetrap gespielt haben, erinnern Sie sich an die absurden Maschinen, die zum Kochen von Frühstück, Zähneputzen usw. hergestellt wurden – das sind Rube-Goldberg-Maschinen.

Vor diesem Hintergrund sind Goldbergs Maschinen offensichtlich als Verkörperung des Golem-Prinzips zu verstehen, nämlich der Vorstellung aus der jüdischen Mystik, dass ein Maschinenmensch mit kabbalistischer Magie erschaffen werden kann, um die Handarbeit seines Schöpfers zu verrichten. Als rein determiniertes Ursache-Wirkungs-Instrument tut die Goldberg-Maschine wie der Golem nur das, worauf sie programmiert ist. Es handelt sich also um eine kausal bedingte Kettenreaktion, innerhalb des Plots von *Goonies*, denn die Ereignisse des gesamten Films werden durch die anfängliche Flucht der Fratellis aus dem Gefängnis verursacht.

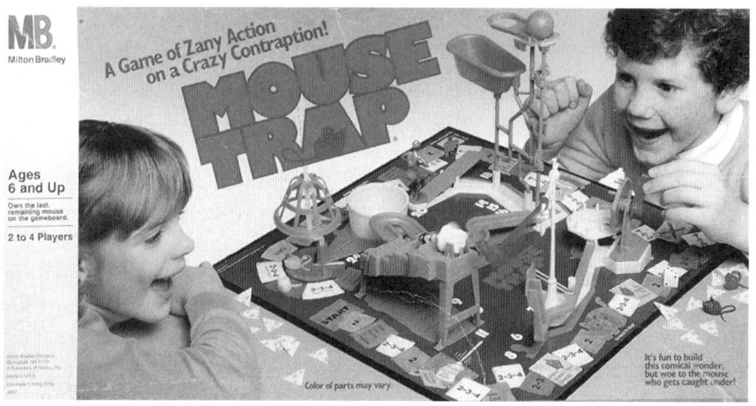

Abb. 15: Das Spiel Mousetrap und eine Rube-Goldberg-Maschine

Die Eröffnungssequenz von *Goonies* zeigt die Kamera, die in das linke Auge des Schädels eindringt, und wie Sie wahrscheinlich wissen, sind der Schädel und die Knochen der Jolly Roger, die Flagge der Piraterie und allgemein auch die Flagge der gesetzlosen Piraten, die als CIA bekannt sind, bei der Yales Skull and Bones Secret Society (Lodge 322) rekrutiert. Danach inszenierte ein Fratelli-Bruder (Robert Davi) die Flucht aus dem Gefängnis, wobei die Entzündung des Flammenkreises eine Reihe von Ereignissen in Gang setzte, die den Film bestimmen werden, wie die Zündung einer Sprengfalle.

Als die Fratellis vor den Cops wegrasen, fahren sie an jedem der Goonies vorbei, wobei es die meisten von ihnen bemerken und dies später erwähnen, als sie sich bei den Walshs treffen. Als die Fratellis davonkommen, indem sie sich in das Strandrennen einfügen (wie Mama Fratelli es zeitlich festgelegt hat), ist der Fratelli-SUV kurz zu sehen, wie er an den Walshs vorbeifährt. Mouth (Corey Feldman) und Chunk tauchen auf, wobei Chunks Wackelpudding-Tanz mit seiner Behauptung vorangestellt wird, er habe „die unglaublichste Sache" gesehen. Genau hier wird die Rube-Goldberg-Maschine von Walsh im Vorgarten aktiviert, die Chunk das Gartentor öffnet.

Nach einem lauten Austausch kommt Mouth auf die Idee, dass der Dachboden „was Wertvolles" enthalten könnte, dass ihre Häuser vor dem Abriss des Perkins Land Development bewahren könne. Hätte Chunk jedoch nicht den Penis der Statue gebrochen, der aus dem Material des Museums auf dem Dachboden stammte, wäre Mouth nicht auf die Idee gekommen, auf den Dachboden zu gehen. Ein weiterer Schlüssel zu dieser Ursache-Wirkungs-These ist das Timing von Rosalita, der angeheuerten Putzfrau, die mitten auf der Straße stand, als die Fratellis an ihr vorbeisausten, gerade rechtzeitig eintraf, um Mrs. Walsh zu treffen, damit sie den Goonies eine Stunde allein auf dem Dachboden (um die Schatzkarte zu finden) lässt. Um diese These weiter zu untermauern, wird der Ursprung der Rube-Goldberg-Maschine auch mit dem Aufstellen einer Sprengfalle in

Verbindung gebracht – der Zusammenhang ist offensichtlich, und „Beutefallen" werden im Film von Data und Mikey mehrfach erwähnt.

Die andere interessante Tatsache bei der Wahl von „Astoria" besteht darin, dass der Name auf die erste Multimillionärsfamilie der Vereinigten Staaten, genau genommen auf John Jacob Astor, zurück geht. Astor erlangte ein Monopol im Pelzhandel, aber hier war mehr am Werk: Astor war Meister der Loge Nr. 8, Astor war Freimaurer und diente 1788 als Meister der Holland Lodge Nr. 8 in New York City. Später diente er als Großschatzmeister der Großloge von New York. Mit anderen Worten, er war bereits vor seinem angeblichen Aufstieg zum Wohlstand gut vernetzt, und diese Verbindungen ermöglichten wahrscheinlich sein Monopol. Ein weiterer Weg zu seinem Reichtum war der Drogenhandel – insbesondere Opium, was seinen Stammbaum als Freimaurer noch wahrscheinlicher machen würde – also ein „Pirat".

In Anbetracht dessen, dass dies die gleichen Anglo-Eliten des östlichen Establishments sind (obwohl wir hier die Westküste meinen), erklärt John Coleman [(25)]:

„John Jacob Astor hat mit dem chinesischen Opiumhandel ein riesiges Vermögen gemacht. Es war das Komitee der 300, das auswählte, wer über seine monopolistische ‚British East India Company' an dem sagenhaft lukrativen Opiumhandel in China teilnehmen durfte, und die Nutznießer ihrer Freigebigkeit blieben für immer mit dem Komitee der 300 verbunden." [(26)]

Fritz Springmeier schreibt:

„Ein Ergebnis seiner Pelzfirma war die Gründung von ‚Astoria OR'. Heute, vielleicht zu Ehren der Familie, die sich ursprünglich dafür interessierte, ist Astoria eine Brutstätte für die geheimen satanischen Zirkel in Oregon. John Jacob Astor hatte ein paar hilfreiche Verbindungen. Drei seiner Verwandten waren Kapitäne auf Klipperschiffen, und er hatte in London Verbindungen zur Familie Blackhouse. Er heiratete eine Todd, eine Familie, die häufig mit Satanismus in Verbindung gebracht wird. Seine Frau, eine Todd, war ebenfalls mit der einflussreichen Familie Brevoort verbunden. Und schließlich unterhielt John Jacob Astor aus irgendeinem Grund gute Beziehungen zu den damaligen Politikern, vielleicht weil die meisten von ihnen auch Freimaurer waren." [(27)]

So sind die „Goonies" oder die „Abgelehnten", wie sie sich selbst nennen, scheinen eine bunt zusammengewürfelte Bande von Außenseitern zu sein, die die geheime, freimaurerische Geschichte von Astoria entdecken – ihre Gründer sind in Wirklichkeit Piraten, die auf libertäre Piratenart operieren, außerhalb jeglicher Zwänge der Gesetze. Es erinnert mich an die Handlung von *Das Vermächtnis der Tempelritter* (mehr dazu im Buch „Der Hollywood-Code) – wo Nicholas Cage ein ähnliches Geheimnis entdeckt. Tatsächlich spielen Elitefamilien wie die Astors in Carroll Quigleys „Tragödie und Hoffnung" eine herausragende Rolle, wo sie als Mitglieder der eigentlichen Illuminati – des

Cliveden Sets – für einen Großteil der Weltkriege des letzten Jahrhunderts verantwortlich waren.

Ein weiterer Schlüssel für diese Interpretation sind die beiläufigen Verweise auf Franklin D. Roosevelt (FDR) im Film. Wenn die „Goonies“ zum Beispiel auf dem Dachboden sind, wird ein alter Zeitungsausschnitt angezeigt, in dem FDR seinen sozialistischen „New Deal“ verkündet. Die merkwürdige Verbindung hierbei ist, dass die Astors auch eine Verbindung zu FDR und den amerikanischen Sozialisten pflegten. Dies könnte den Klassenkampfaspekt des Films erklären, da die „Goonies“ der Arbeiterklasse und ihre Familien gegen Troy und seinen Daddy, die adretten Country-Club-Eliten, gestellt werden. Tatsächlich heirateten die Roosevelts in die Astors ein (28):

„Fabianer wie H.G. Wells haben mit Büchern wie ‚The New World Order‘, ‚A Modern Utopia‘, ‚The Open Conspiracy Blue Prints For A World Revolution‘ sehr beredt über die Neue Weltordnung geschrieben. Wells war ein Wolf im Schafspelz, was die Neue Weltordnung zu etwas machte, das für alle vorteilhaft klang, eine Art Utopie... In den 1930er Jahren gründeten die Fabian Socialists die Political and Economic Planning Group (PEP). Mason Viscount Waldorf Astoria war ein Anführer von PEP, einem vertraulichen Programm, das die PEP durch die britische Regierung erstellt und umgesetzt hat und später in einem Buch „Principles of Economic Planning“ im Jahr 1935 beschrieben wurde. Das Buch erklärt nicht, warum auf dem Cover angeblich ein freimaurerisches Quadrat und ein Kompass abgebildet sind, aber George Bernard Shaw, ein Kommunist und Fabian Socialist, war der beste Freund von Lady Nancy Astor, die die erste weibliche Abgeordnete oder das Parlament wurde.

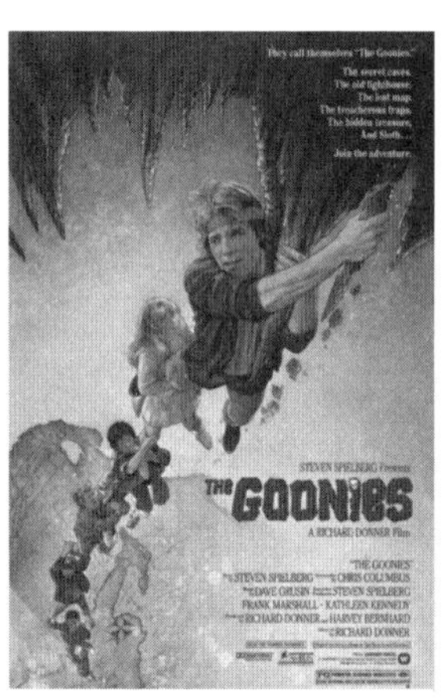

Abb. 16: Filmposter zu *Goonies*

Die Familie Roosevelt ist mit der Familie Delano verbunden, einer schwarzen venezianischen Adelsfamilie, die viele Jahrhunderte zurückreicht. Das Leben dieser Familien ist auch mit den Astors verflochten. Beispiele für die Verflechtung sind: Franklin Hughes Delano – Erbe eines riesigen Walölvermögens. Er heiratete Lavia Astor, die Tochter des ursprünglichen William Backhouse Astor. James R. Roosevelt heiratete Helen Astor, Tochter von William Backhouse, Jr., der Schwester von Vincent Astors Frau.“ (29)

Abgesehen von bizarren phallischen Referenzen wie dem „Copper Bone“-Schlüssel, der zufällig wie ein Penis aussieht, der „Einäugigen Willie“ (ein Hinweis auf das Freimaurer-Geheimnis), ist es ein Film über die „verborgene Geschichte“ von Astoria, einer auf der verborgenen Geschichte gebauten Stadt von Reichtum einer freimaurerischen Mafia-Familie, die schließlich „respektabel“ wurde.

Die sizilianische Mafia (die Fratellis) wird vertrieben und macht einer neuen Don-Familie Platz, die laut Dr. Carroll Quigley, dem Cliveden Set und der Royal Society tatsächlich Teil der echten Illuminaten sind. Bei dem „Geheimnis" der „Goonies" ist zu entdecken, dass ihre geheiligte Stadt von Schlägern gegründet wurde – Piraten und skrupellosen Mitgliedern von Geheimbünden, die sich durch den Opiumhandel einen Namen gemacht haben. Aufstieg und Fall verschiedener Dynastien (Mafia-Familien) sind lediglich eine bestimmte Ursache-Wirkungs-Beziehung, wie eine große, historische Rube-Goldberg-Maschine. (30)

1.3 Lost Boys: Alles Vampire, von vermissten Kindern und Pädophilenringen (1986)

„Du bist ein Vampir! Ja, mein eigener Bruder ist ein gottverdammter Blutsauger! Wart bis Mom das herausbekommt, dann gibt's ne Menge Ärger!"
Sam (*Lost Boys*)

The Lost Boys ist eine amerikanische Horror-Vampir-Komödie, führte Joel Schumacher Regie, produziert von Harvey Bernhard mit einem Drehbuch von Jeffrey Boam. Janice Fischer und James Jeremias haben die Geschichte des Films geschrieben. Zum Ensemble des Films gehören Corey Haim, Jason Patric, Kiefer Sutherland, Jami Gertz, Corey Feldman, Dianne Wiest, Edward Herrmann, Billy Wirth, Brooke McCarter, Alex Winter, Jamison Newlander und Barnard Hughes.

Der Titel bezieht sich auf die „Lost Boys" in J.M. Barries Geschichten über Peter Pan und Nimmerland, die wie die Vampire nie erwachsen werden wollen. (31)

Einer der klassischen Kultfilme der 80er Jahre, die ich übersehen und um eine Analyse verzögert habe, ist Joel Schumachers *The Lost Boys* von 1987. Während der Film zu dieser Zeit ein Kassenschlager war, ist er heute wohl populärer als zum Zeitpunkt seiner Veröffentlichung. Mit direkten DVD-Fortsetzungen und endlosen Referenzen in der Popkultur ist *Lost Boys* ein eigenes kleines Phänomen.

Wenn wir jedoch die Tatsache berücksichtigen, dass Schumacher ein Regisseur ist, der sich anscheinend tieferer Aspekte des Okkulten bewusst ist, wie Numerologie und Gedankenkontrolle, die in seinem Film *The Number 23* von 2007 zu sehen sind, sowie Enthüllungen über elitäre Pädophilenringe und rituellen Missbrauch, haben wir eine Rechtfertigung dafür, etwas tiefgründiger *Lost Boys* zu untersuchen.

Die Handlung dreht sich um eine frisch geschiedene Mutter namens Lucy (Diane Wiest) und ihre beiden Söhne Michael (Jason Patric) und Sam (Corey Haim), die gezwungen sind, von Phoenix in die Hütte von Lucys Betrüger-Vater, dem verrückten Pot-rauchenden Opa, zu ziehen.

Beim Betreten des fiktiven Santa Carla bemerkt Michael eine Warnung auf der Rückseite einer Werbetafel, dass es die „Mordhauptstadt der Welt" ist. David (Kiefer Sutherland) ist das Alphatier in einer Bande umherziehender, bösartiger arisch-anmutender Vampire, die Mitglieder eines geheimen Zirkels sind, der vom Kultführer Max (Edward Hermann) angeführt wird.

Ich bin mir sicher, dass die meisten Leser den Film gesehen haben, also werden wir uns nicht in Details der Handlung verzetteln, aber ich werde argumentieren, dass der Titel des Films selbst, *The Lost Boys*, ein Hinweis auf meine Interpretation sein wird.

Wie schon zu anfangs erwähnt, bezieht sich der Hinweis auf J. M. Barries verlorene Kinder von Peter Pan, aber er bezieht sich auch auf Menschenhandel und buchstäblich „verlorene Kinder", wie manchmal auf Aushängen in der Gemeinde Bilder von „vermissten Kindern" zu sehen sind. Santa Carla ist die Heimat von Vampirkulten, die Opfer essen, aber abgesehen von dem dicken Polizisten sind die meisten der zahlreichen „vermissten" Bilder im Film Kinder und Jugendliche.

Ein weiterer wichtiger Indikator ist das Dreieck mit einer Spirale auf der ersten Tafel, welches das FBI als Symbol für Pädophilenringe identifiziert.

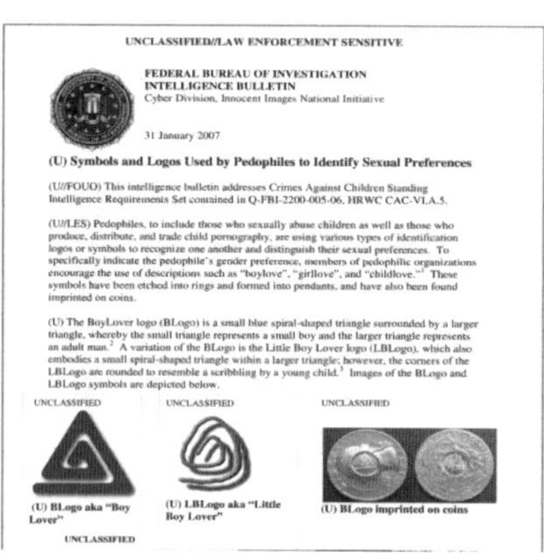

UNCLASSIFIED//LAW ENFORCEMENT SENSITIVE

FEDERAL BUREAU OF INVESTIGATION
INTELLIGENCE BULLETIN
Cyber Division, Innocent Images National Initiative

31 January 2007

(U) Symbols and Logos Used by Pedophiles to Identify Sexual Preferences

(U//FOUO) This intelligence bulletin addresses Crimes Against Children Standing Intelligence Requirements Set contained in Q-FBI-2200-005-06, HRWC CAC-VI.A.5.

(U//LES) Pedophiles, to include those who sexually abuse children as well as those who produce, distribute, and trade child pornography, are using various types of identification logos or symbols to recognize one another and distinguish their sexual preferences. To specifically indicate the pedophile's gender preference, members of pedophilic organizations encourage the use of descriptions such as "boylove", "girllove", and "childlove."[1] These symbols have been etched into rings and formed into pendants, and have also been found imprinted on coins.

(U) The BoyLover logo (BLogo) is a small blue spiral-shaped triangle surrounded by a larger triangle, whereby the small triangle represents a small boy and the larger triangle represents an adult man.[2] A variation of the BLogo is the Little Boy Lover logo (LBLogo), which also embodies a small spiral-shaped triangle within a larger triangle; however, the corners of the LBLogo are rounded to resemble a scribbling by a young child.[3] Images of the BLogo and LBLogo symbols are depicted below.

UNCLASSIFIED

(U) BLogo aka "Boy Lover"

UNCLASSIFIED

(U) LBLogo aka "Little Boy Lover"

UNCLASSIFIED

(U) BLogo imprinted on coins

UNCLASSIFIED

Abb. 17: FBI-Seite für Symbole von Pädophilen-Netzwerken

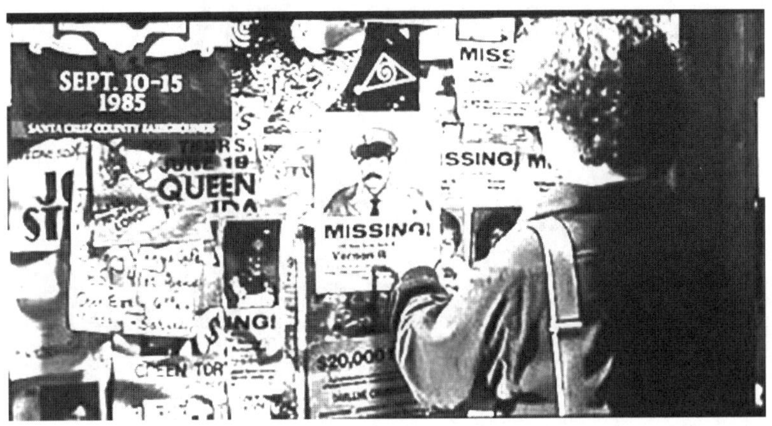

Abb. 18: Vermisste Kinder in Verbindung mit der Dreiecksspirale

Wir können auch in den Namen der Hauptfiguren eine Bedeutung erkennen, da Michael an St. Michael, den Schutzengel, Sam, Samael oder Satan, und Lucy, Luzifer, erinnert.

Als Michael den Namen seines Liebesinteresses „Star" (gespielt von Jami Gertz) erfährt, erklärt er, dass seine Eltern Hippies waren, die ihn fast „Moonchild" nannten. „Moonchild" ist der berühmte Roman von Aleister Crowley, der sich auf die Befruchtung durch ein Geistwesen bezieht – etwas, das okkulte Rituale seit langem heraufbeschwören wollten.

Tatsächlich porträtiert Lucys Erziehungsstil perfekt ein gescheitertes Elternteil, das versucht, der „Freund" ihrer Söhne zu sein. Mit einer zerbrochenen Familie und einer Babyboomer-Hippie-Erziehung wird Lucys Familie zu einem Modell amerikanischer Dysfunktionalität, während gleichzeitig die Zirkusatmosphäre von Santa Carla zum Sinnbild des von Unterhaltung dominierten Pop-Zirkus-Amerika wird.

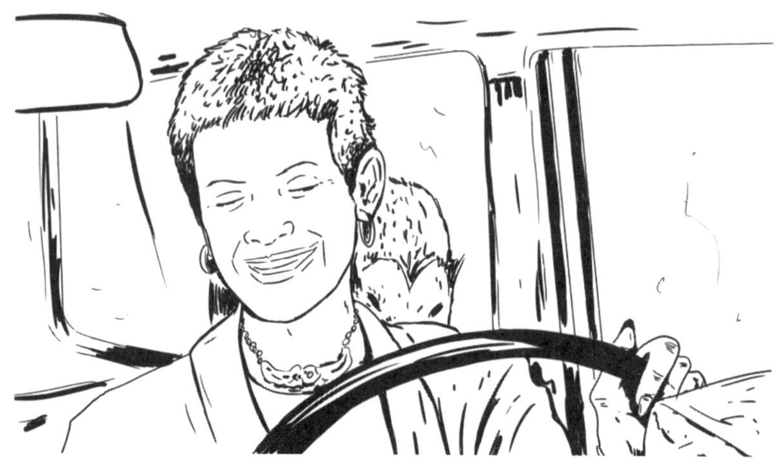

Abb. 19: Lucys Sonnenscheibe

Der Film wird seltsamerweise von zwei Symbolik-Strängen dominiert – den amerikanischen Ureinwohnern und den Ägyptern. Lucy trägt eine Sonnenscheiben-Halskette, Opas Hütte ist voll von Kunstwerken der amerikanischen Ureinwohner und „Phoenix" wird häufig erwähnt.

Hier gibt es viel zu entpacken, aber ich denke, die allgemeine Bedeutung besteht hier einfach in den dominanten okkulten Bildern. Wir sehen ein allsehendes Auge mit einem Ankh im Comicbuchladen, wo Sam die Frog Brothers trifft, was auf Freimaurerei oder Hexerei hindeutet.

Während die Frog Brothers „Wahrheit, Gerechtigkeit und den amerikanischen Weg" repräsentieren, beginnt Sam bizarre Synchronizitäten zwischen dem, was er in seinen Comics liest, und dem wirklichen Leben zu bemerken.

Tatsächlich scheint der Comicladen selbst ein Miniaturschauplatz aller Symboliken des Films zu sein, von den aufwärts gerichteten Pentagrammen über den Phönix bis zum allsehenden Auge.

Sogar das bekiffte Paar, das vom Fernsehen ohnmächtig wird, repräsentiert die destruktive, dysfunktionale Natur der Boomer-Generation nach den 60er Jahren.

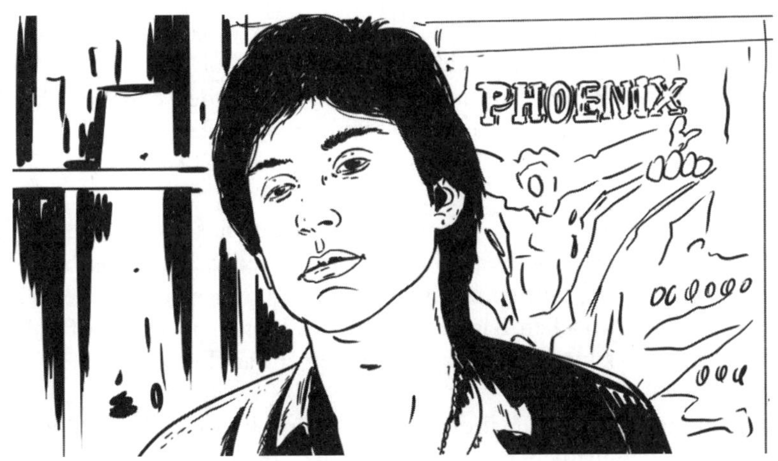

Abb. 20: Der Phönix steht für die alchemistische Wiedergeburt und Transformation

Michael, Lucys erstgeborener Sohn, ist Stars erstes Menschenopfer. Während es für die Leser neu sein mag, ist die Vorstellung von Menschenopfern in ernsthaften Sektengruppen sehr real. Tatsächlich beinhalten die jüngsten Enthüllungen der Elite-Pädophilie in Großbritannien in den Jimmy Savile-Kreisen das Opfern von Kindern sowie die Franklin-Vertuschung.

Sowohl die Franklin-Vertuschung als auch die Pädophilie im Vereinigten Königreich umfassen auch den Handel mit kleinen Jungen, und wenn wir die Enthüllungen der gleichen Entartung im römischen Katholizismus betrachten, können wir ein klares Muster dessen erkennen, was der ehemalige Jesuit und Exorzist Malachi Martin 1990 in seinem Buch „Keys of This Blood" schrieb:

„Für Papst Johannes Paul II. war es am erschreckendsten, dass er in seinem eigenen Vatikan und in den Kanzleien einiger Bischöfe auf die unwiderrufliche Präsenz einer bösartigen Kraft gestoßen war. Es war das, was sachkundige Kirchenmänner die ‚Superkraft' nannten. Gerüchte, die immer schwer zu überprüfen waren, verbanden seine Installation mit dem Beginn der Herrschaft von Papst Paul VI. im Jahr 1963. Tatsächlich hatte Paulus düster auf ‚den Rauch Satans, der in das Heiligtum eingedrungen ist' angespielt. . . ein schräger Hinweis auf eine Inthronisierungszeremonie von Satanisten im Vatikan. Außerdem wurde das Auftreten satanischer Pädophilie – Riten und Praktiken – bereits bei bestimmten Bischöfen und Priestern dokumentiert, die so weit verstreut waren wie nach Turin in Italien und South Carolina in den Vereinigten Staaten. Die kultischen Handlungen satanischer Pädophilie werden von Fachleuten als Höhepunkt der Riten des gefallenen Erzengels angesehen." (32)

Vor diesem Hintergrund nehmen die rituellen Aspekte des Zirkels von David und Max eine neue Perspektive ein. Michael wird durch Sex mit Star und die Teilnahme am Ritual des Trinkens von Blut und Halluzinogenen in den Kult gelockt. Als Michael aufgenommen wird, hat er einen schlimmen Trip, der zu einer Veränderung seiner Psyche führt, was die Anfänge von Besessenheit zur Folge hat.

Während er immer weiter in die Dunkelheit gerät, gipfelt seine alchemistische Verarbeitung im rituellen Sex mit Star. Mit anderen Worten, Sexmagie steht im Hintergrund von *Lost Boys* und gibt dem Begriff von Max „Jungs" eine neue Bedeutung. Sie sind nicht seine leiblichen Kinder, und in der Höhepunktszene offenbart Max seinen Wunsch, Lucys Jungen zu „einem Teil seiner Familie" zu machen.

Dies verleiht der Idee Glaubwürdigkeit, dass möglicherweise dunkle Mächte Lucy nach Santa Carla geführt haben, und die „Phönix"-Bilder sollen eine Wiedergeburt dämonischer Natur sein – Lucy und ihre Jungs werden in einer neuen „Familie wiedergeboren" werden.

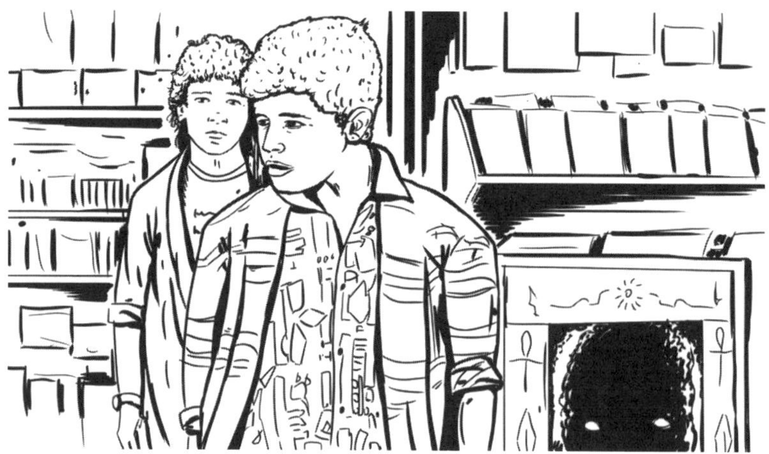

Abb. 21: Sam und die Frog Brothers passieren das Ankh und das allsehende Auge

Die „Familie" hört auch auf zwei verschiedene kalifornische Kulte, die „Familie" von Charles Manson und die Familie der „Children of God". Beide Kulte beinhalteten die Gehirnwäsche von Kindern und Jugendlichen wegen sexueller Sklaverei und okkulter Rituale sowie Mord.

Der Manson-Fall ist bekannt, aber der Children of God- oder Family International-Kult ist weniger bekannt, betraf jedoch den berühmten Fall River Phoenix, der tot endete, nachdem er dem Magazin „Vanity Fair“ die finsteren Elemente des Kults enthüllt hatte. Auch andere berühmte Persönlichkeiten hatten unglückliche Erfahrungen als Kinder, wie Rose McGowan.

Diese Sekten dienten als Fronten für Verrückte des Sexhandels und nutzten Techniken der Gedankenkontrolle und Gehirnwäsche. Interessante Randnotiz – Joaquin Phoenix spielte in dem auf Scientology basierenden Film *The Master* das Opfer einer Sekte.

Ein weiteres seltsames Element ist das The Doors-Thema, das im gesamten Film vorkommt, von der Credit-Sequenz-Version von „People are Strange“ bis hin zu den Jim Morrison-Plakaten in der Hotelhöhle des Vampirkults.

Dies könnte sich auf Jim Morrisons eigene Einführung in das Okkulte durch seine Affäre mit Patricia Kinnealy beziehen, wie sie in Oliver Stones Film *The Doors* anschaulich dargestellt wird. Die Szene von Michaels Einführung ist der Darstellung in Stones Film merklich ähnlich, aber noch interessanter ist die Zugehörigkeit zum militärisch-industriellen Komplex mit dem Aufstieg der Laurel Canyon-Musiker, wie sie in Dave McGowans Werk (einschließlich The Doors) aufgedeckt werden – mehr dazu im Buch „Der Musik-Code“.

Ich habe es schon einmal erwähnt, aber in Bezug auf *Lost Boys* sehen wir wieder die schrägen Hinweise auf diese dunklen Netzwerke und die Leser sollten das im Hinterkopf behalten.

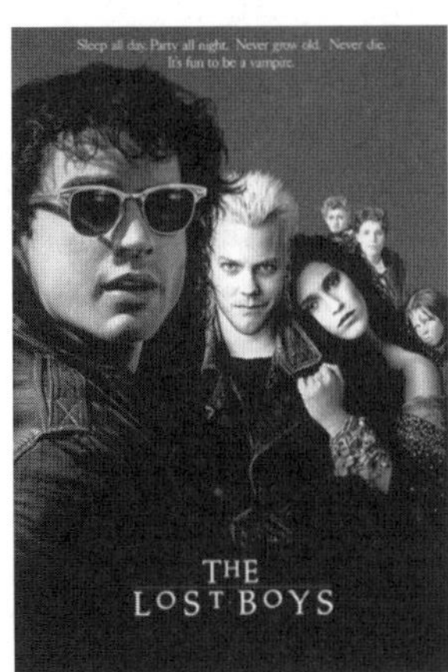

Abb. 22: Poster zum Film *The Lost Boys*

Zusammenfassend lässt sich sagen, dass das, was wir in solchen Filmen sehen, eine Offenbarung der dunklen Seite des Establishments ist, und obwohl *The Lost Boys* viele alberne, fantastische Elemente enthält, denke ich, dass im Hintergrund noch mehr lauert.

Beachten Sie, dass ich keine Anschuldigungen gegen Schumacher oder eine bestimmte Person erhebe – ich weiß nicht, von wem Feldman und Haim sagen, dass sie von ihnen missbraucht wurden. Nichtsdestotrotz werden Feldmans Behauptungen täglich sogar in den Mainstream-Medien bestätigt, da US- und britische Medien die Lawine von Missbräuchen durch das degenerierte Establishment, einschließlich satanischer ritueller Misshandlungen, nicht eindämmen können.

Während Skeptiker darüber spotten mögen, ist ein Freund von mir in einer amerikanischen Stadt aufgewachsen, die für ihren eigenen verurteilten Vampirmordkult berühmt ist – den von Rod Ferrell, dessen Teenager-Zirkel sich in einem alten, verlassenen Hotel traf. Was auch immer Ihre persönlichen Ansichten sind, es ist eine Tatsache, dass einige Leute dies trotz Ihrer Skepsis sehr ernst nehmen. (33)

1.4 Akte X – Der Film: Die Pläne der Illuminati aka des Syndikats (1998)

„Ich bin die Hauptfigur in einer Regierungsverschwörung, einem Komplott, das die Existenz von Außerirdischen verbergen soll. Eigentlich ist das eine weltweite Verschwörung mit Schlüsselfiguren auf den höchsten Machtebenen, die so weitreichend ist, dass sie das Leben aller Menschen auf der Erde bedroht."

(*Akte X – Der Film*)

Akte X: Fight the Future oder auch *Akte X – Der Film* wurde am 19. Juni 1998 veröffentlicht und spielt zwischen dem Ende der fünften Staffel (Episode mit dem Titel: „The End", ursprüngliche Ausstrahlung 17. Mai 1998) und dem Beginn der sechsten Staffel (Episode mit dem Titel „The Beginning", Originalausstrahlung 8. November 1998) der Fernsehserie und basiert auf der Verschwörungsmythologie der außerirdischen Regierung.

Fünf Hauptdarsteller der Fernsehserie treten in dem Film auf: David Duchovny, Gillian Anderson, Mitch Pileggi, John Neville und William B. Davis, die ihre jeweiligen Rollen als FBI-Agenten Fox Mulder, Dana Scully, FBI Assistant Director Walter Skinner, der gepflegte Mann und der Raucher. Das Bild ist gut gemacht, aber insgesamt fühlt es sich eher wie ein Fernsehfilm an als wie ein Hollywood-Sommer-Blockbuster. Der Film leidet auch darunter, dass er auf einer Fernsehsendung basierte, die zum Zeitpunkt seiner Veröffentlichung noch ausgestrahlt wurde. Wenn Sie also kein Fan waren oder mit der Überlieferung der TV-Show vertraut waren, hatten Sie wahrscheinlich kein Interesse an dem Film.

Autor Chris Carter konzipierte *Fight the Future* auf Druck der Produktionsfirma *20th Century Fox* in Hollywood, als Brücke zwischen den Staffeln fünf und sechs, weshalb der Film am Ende für viele enttäuschte Fans mehr Fragen als Antworten hinterließ.

Fight the Future beginnt in grauer Vorzeit: 35.000 vor Christus treffen im vereisten Nordosten im heutigen Texas zwei Urmenschen in einer Höhle auf Aliens. Zehntausend Jahre später finden Kinder die Höhle und öffnen die Büchse der Pandora, in dem ein für die Menschheit gefährliches Virus freigesetzt wird. Sogleich tauchen Wissenschaftler auf, als ob sie lange auf diese sensationelle Entdeckung gewartet hätten.

Da die X-Akten geschlossen wurden, sind Scully und Mulder wieder ganz gewöhnliche Bundesbeamte mit ganz gewöhnlichen Aufgaben. In Dallas kommt es nach einer Bombendrohung zu einer verheerenden Explosion in einem Bürokomplex und niemand ahnt auf Anhieb, dass es sehr wohl eine Verbindung zwischen dem Höhlenfund und dem Attentat gibt, für das Scully und Mulder ihren Kopf hinhalten müssen.

Wer als Zuschauer und Kenner der Serie darauf hofft, dass die düsteren Aussichten für das ungleiche Bundesbeamten-Paar bald schon eine glückliche Wende nimmt, wird enttäuscht. Spätestens wenn Scully ins Koma fällt und Fox Mulder angeschossen wird, haben eingefleischte Fans die Faxen endgültig dicke.

Ob es einen Zusammenhang zwischen den Knochenfunden im zerstörten Bürogebäude in Dallas gibt und weswegen FBI-Agent Michaud – charismatisch dargestellt von Terry O'Quinn – sich ins Jenseits bombte, erschließt sich dem Zuschauer erst nach mehrmaligem Ansehen. Das erste Drittel des Films lebt von einem atemberaubenden Tempo, was zwar für allerlei Verwirrung sorgt, aber doch durchaus auch Sinn macht, ebenso die Gesprächsfetzen der Hintermänner.

Die skeptische Scully und der parapsychologische Mulder kämpfen auch in *Fight the Future* unerbittlich für die Wahrheit - doch hinter jedem Komplott lauert nur noch ein viel Größeres. Die Zeit, die den Guten bleibt, um dem Bösen den Garaus zu machen und Untergang zu verhindern, ist knapp bemessen – viel zu knapp. Akte X-Schöpfer und Autor Chris Carter wurde in der Vergangenheit oft von Geheimdienstmitarbeitern angesprochen, die ihm gesagt haben: „Sie wissen ja gar nicht, wie nah Sie an der Wahrheit sind."

Wenn man *Fight the Future* heute sieht, ist der Film eine perfekte Zeitkapsel der Vor-9/11-und Vor-Internet-Soziale-Medien-Welt von 1998, in der der Film lebt. Abgesehen davon scheint die Idee, dass die FEAM (Federal Emergency Management Agency) die Regierung der Vereinigten Staaten übernimmt und die Verfassung in einer Welt nach dem 11. September außer Kraft setzt, abgedroschen, weit hergeholt [34] und könnte dennoch eines Tages wahr werden, wie wir im Zuge der Pandemie sehen, wenn Rechte in einem Grundgesetz oder einer Verfassung ausgehebelt werden – siehe das Infektionsschutzgesetz: Das regelt die bundeseinheitliche Notbremse, „Emergency" = Notfall. [35]

Die Illuminati der *X-Akten: Fight the Future* (und der Fernsehserie) werden Syndikat genannt und sind eine mächtige Bilderberg-ähnliche Schattenorganisation, die alle Regierungen auf höchster Ebene infiltriert hat. Andererseits lassen sich auch Parallelen zur Majestic 12 Gruppe erkennen, ebenfalls eine Vereinigung älterer Herren, die skrupellos die Fäden im Hintergrund ziehen.

Zwei ihrer führenden Mitglieder, sind der Raucher und der gepflegte Mann, zu denen der einflussreiche Conrad Strughold (Armin Mueller-Stahl) in *Fight the Future* gesellt ist. Der Modus Operandi des Syndikats' ist die Verheimlichung eines Programms, das von einer nicht identifizierten außerirdischen Spezies inszeniert wurde, um den Planeten zu kolonisieren und neu zu bevölkern, sowie ihre Pläne und Beteiligung an der Zukunft, welche sie für unvermeidlich halten.

Für Mord, ruchlose Vertuschungen, Sabotage und andere schmutzige Projekte (auch bekannt als Black Ops), die zum Schutz der Verschwörung notwendig sind, beschäftigt das Syndikat eine unbekannte Anzahl von Handlangern, die allgemein als die „Men in Black" bekannt sind. Die „Men in Black" sind gnadenlose Vollstrecker der Verschwörung, deren tatsächliche Namen, wie die der Mitglieder des Syndikats, selten bekannt sind.

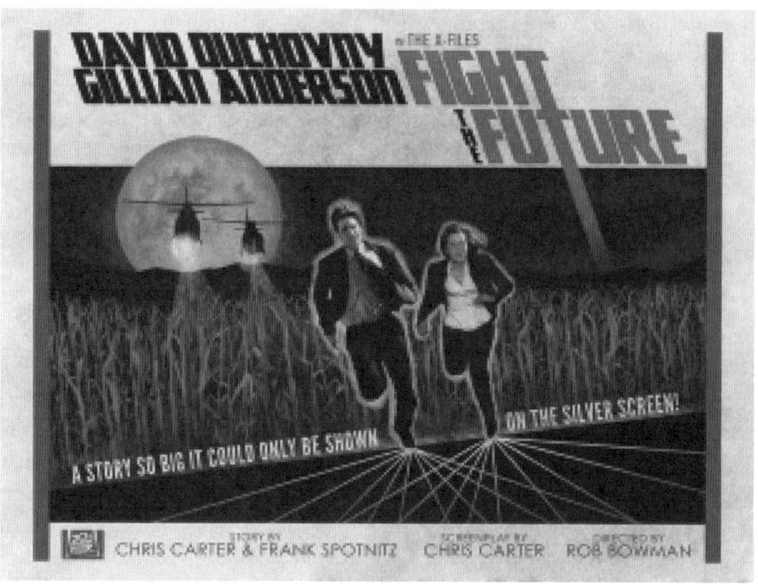

Abb. 23: Filmposter zu *Fight the Future*

Viele arbeiteten angeblich für das US-Verteidigungsministerium, die CIA, die NASA, das Außenministerium, das FBI, die NSA und andere Regierungsbehörden. Die „Men In Black" reisen zusammen mit dem Syndikat in schwarzen Hubschraubern, die ein Symbol und Warnzeichen für eine mutmaßliche konspirative Militärübernahme der Vereinigten Staaten sind.

Regisseur Rob Bowman vollzieht einen durchaus einfallsreichen Spagat zwischen Serie und Leinwand und liefert dazu flüssige Übergänge - so, als wäre *Akte X* schon immer auf die Leinwand zugeschnitten gewesen.

Verschwörungsautor Dr. Alvin Kurtzweil, gespielt von Martin Landau, versucht eine Verschwörung auffliegen zu lassen, indem er Mulder erzählt, dass das Syndikat heimlich plant, eine tödliche außerirdische Armageddon-Seuche freizulassen, um ihr hinterhältiges Kolonisierungsprojekt durchzuführen. Um zu erklären, dass die Zerstörung des Bürogebäudes in Dallas Teil dieser schnellen verschwörerischen Vertuschung war, bemerkt Kurtzweil, dass das Syndikat „sich in Dallas auskannte" und er deutet geschickt an, dass es für die Ermordung von Präsident Kennedy im November 1963 verantwortlich war.

Kurtzweil ist Autor von zwei Büchern, „Four Horseman of the Global Domination Conspiracy" und „Countdown to Apocalypse", die diese Verschwörung näher erläutern. Seine beiden biblischen Weltuntergang-Verschwörungsbände beschwören „Behold a Pale Horse" aus dem Jahr 1991 herauf, geschrieben vom auf die US Regierungs-Verschwörungen spezialisierten Autor und Radiosprecher William „Bill" Cooper. (36)

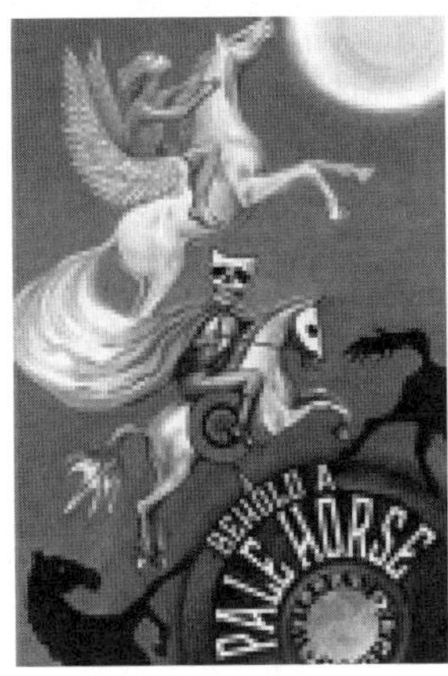

Abb. 24: Buchcover von Bill Cooper`s „Behold a Pale Horse"

Der fiktive Kurtzweil hat ein Pendat in der realen Welt, rein zufällig ist es der Verfechter der Künstlichen Intelligenz, nämlich Raymond Kurzweil, der als Leiter der technischen Entwicklung (Director of Engineering) bei *Google* arbeitet. Als Ray Kurzweil gefragt wird, ob es einen Gott gibt, ist seine Antwort kurz und knapp: „Noch nicht." Der Gott, den es noch nicht gibt, ist ein Computer und er soll schon in wenigen Jahrzehnten in Erscheinung treten.

Die Idee dahinter ist simpel: Eine intelligente Maschine entwickelt eine noch intelligentere Maschine, die wiederum eine noch intelligentere Maschine entwickelt und immer so weiter. Das Ergebnis wäre eine Intelligenz-Explosion und das Entstehen einer gottgleichen Hyper-Intelligenz weit jenseits des menschlichen Fassungsvermögens. Je nachdem, wen man fragt, wird dieser Computer-Gott das Paradies auf Erden bringen oder aber den Untergang der Menschheit einläuten. (37)

Bill Cooper, ehemaliges Mitglied des United States Naval Intelligence Briefing Teams, enthüllt in seinem Buch Informationen, die der Öffentlichkeit verborgen bleiben. Diese Informationen werden seit den 1940er Jahren in streng geheimen Regierungsakten aufbewahrt. Sein Publikum hört die Wahrheit, während er über die Ermordung von John F. Kennedy, den Krieg gegen die Drogen, die Geheimregierung und UFOs schreibt.

Bill ist ein klarer, rationaler und kraftvoller Redner, dessen Absicht es ist, sein Publikum zu informieren und zu stärken. Seine Präsentation und seine Informationen gehen über parteiliche Zugehörigkeiten hinaus, da er Themen klar und auf eine Weise anspricht, was einen bemerkenswerten Einfluss auf Hörer aller Hintergründe und Interessen ausübt. Er hat mit vielen Gruppen in den Vereinigten Staaten gesprochen und ist regelmäßig in vielen Radio-Talkshows und im Fernsehen aufgetreten.

Im Jahr 1988 beschloss Bill, aufgrund von Ereignissen, die damals weltweit stattfanden, zu „reden", Ereignisse im Übrigen, deren Pläne er Anfang der 1970er vorausgesehen hatte. Bill hat den Fall des Eisernen Vorhangs, den Fall der Berliner Mauer und die Invasion Panamas richtig vorhergesagt. Alle Vorhersagen von Bill waren lange vor den Ereignissen aktenkundig. Bill ist kein Hellseher. Seine Informationen stammen aus streng geheimen Dokumenten, die er während seiner Zeit beim Intelligence Briefing Team gelesen hat, und aus über 17 Jahren Forschung. (38)

In seinem Buch verknüpfte Cooper die Illuminati (das Syndikat) mit seiner Überzeugung, dass Außerirdische heimlich mit der US-Regierung verwickelt waren. Er beschrieb die Illuminati als eine geheime internationale Organisation, die von der Bilderberg-Gruppe kontrolliert wird und sich mit den Freimaurern, Skull and Bones, den Knights of Columbus und anderen geheimen Organisationen verschworen hat.

Laut Cooper haben die Illuminati-Verschwörer nicht nur außerirdische Bedrohungen zu ihrem Vorteil erfunden, sondern sich aktiv mit Außerirdischen verschworen, um die Welt zu erobern; das ultimative Ziel der Illumnati war die Errichtung einer Neuen Weltordnung. Sicherlich beeinflussten Coopers Theorien nicht nur den fiktiven Kurtzweil, sondern die gesamte Akte X-Fernsehserie und die filmischen Mythen; es ist offensichtlich, dass Coopers Einstellung zu den Illuminaten das Syndikat der *Akte X* wesentlich beeinflusst hat.

Man könnte argumentieren, dass Fox Mulder eine raffiniertere, kultivierteVersion von Cooper ist, die vielleicht sogar seinen Tod vorwegnimmt. Als Mulder von einem „Men In Black" als Sanitäter verkleideten erschossen wird, ist der Name Cooper in Großbuchstaben auf der Rückseite des Krankenwagens zu sehen, den die „Men In Black" fahren. Warum der Name da ist, ist ein Rätsel, aber Mulder wird erschossen und beinahe getötet, sobald der Name auf dem Bildschirm erscheint.

Könnte dies irgendwie den Tod von Bill Cooper am 6. November 2001 vorhersagen, etwas mehr als drei Jahre nach der Veröffentlichung von *Fight the Future*, als er bei einer Schießerei mit Polizisten aus Arizona getötet wurde, weil er einem Haftbefehl wegen Steuerhinterziehung entgangen war?

Ist dieser Teil Hollywoods finstere prädiktive Programmierungsagenda, oder ist dies die kollektive unbewusste prädiktive Programmierungsagenda, oder ist dies das kollektive Unbewusste, das zukünftige Ereignisse vorhersagt?

Stellt dieser Film nur die Illuminati dar oder ist *Akte X – Der Film* eine echte Illuminati-Produktion? Du entscheidest! (39)

Showdown in der Antarktis. Die Koordinaten führen Mulder ins ewige Eis zu einer Station in Wilkesland, unter der sich in unterirdischen Räumen sogenannte Kälteschlaftanks mit infizierten Menschen befinden. Nachdem es Mulder gelungen ist, seine Partnerin zu befreien und ihr den Impfstoff zu injizieren, wird das System kontaminiert und die bisher stabilen Umweltbedingungen kommen aus dem Gleichgewicht. Die Außerirdischen erwachen aus ihrem Kälteschlaf, und die unterirdischen Räume entpuppen sich als gewaltiges unter dem Eis gelegenes Raumschiff.

Glaubt man der UFO-Forscherin Linda Moulton Howe, könnten sich unter dem meterdicken Eis der Antarktis tatsächlich Anlagen dieser Art befinden, möglicherweise auch ein oder sogar mehrere riesige Mutterschiffe. Auf ihrem Blog „earthfiles.com" enthüllte Moulton Howe 2019 in einem Gespräch mit einem geheimen Whistleblower der US Navy, dass sich rund hundertfünfzig Kilometer von der US-amerikanischen McMurdo Station entfernt fünfzehn Meter unter dem Eis eine geheime Anlage befindet, von der man glaubt, dass sie einen außerirdischen Ursprung hat.

Laut Angaben sind die etwa zehn Meter dicken Wände aus schwarzem Basalt oder Marmor gefertigt. Die Temperaturen liegen bei zweiundzwanzig Grad Celsius, das Licht scheint aus einer hellgrünen bisher unbekannten Quelle zu kommen und an den Wänden sollen sich bisher nicht entzifferte unbekannte Hieroglyphen befinden. Diverse Whistleblower haben außerdem berichtet, dass sie Hybrid-Wesen, halb Mensch, halb außerirdisch, seien, als Teil eines genetischen Experimentes waren und das es einen riesigen Weltraumbahnhof am Südpol gibt.

Die Welt hat sich nach 1998 radikal verändert. Viele Whistleblower treten seither auf den Plan, um der Menschheit ein neues Weltbild zu vermitteln, das überhaupt nichts mehr mit der Realität gemeinsam hat. Die Frage lautet aber, welche Matrix entspricht tatsächlich der Wirklichkeit: unsere gelebte Realität, oder Hollywoods Science-Fiction-

Märchenwelt, die in den letzten Jahren im Netz peu à peu zur neuen Wirklichkeit erklärt wurde?

Viele alternative Wissenschaftler und natürlich auch „Verschwörungstheoretiker" glauben, dass sich die Menschheit in einer künstlich erschaffenen Matrix bewegt, die bereits vor Tausenden von Jahren von einer fortschrittlichen ET-Rasse erschaffen wurde, die wir als Realität anerkennen. Doch wird es schwierig sein, diese Theorie zu beweisen, was heißt, dass wir niemals erfahren werden, ob das, was wir Wirklichkeit nennen, nur Simulation in Form einer falschen Matrix ist.

Die Theorie, dass das UFO-Phänomen durchaus der Schlüssel zur Frage nach der Herkunft der Spezies Mensch sein könnte, ist nicht so weit hergeholt, wie vielfach behauptet wird, weil es ohne eine übergeordnete Kraft, die wir als Gott nennen, Leben in jeder Form nicht möglich wäre, ob auf der Erde oder auf anderen Planeten, ob gut oder böse.

Fight the Future endet mit vielen offenen Fragen – wenn auch weniger für Zuschauer, die Autoritäten in Frage stellen, als für Zuschauer, die gemeinhin zu den gutgläubigen Zeitgenossen gehören. Chris Carter legt sogar in einem Interview den Zuschauern nahe, Autoritäten grundsätzlich in Frage zu stellen und keiner Einrichtung zu vertrauen. Wörtlich sagt er:

„Ich bin ein sehr misstrauischer Mensch. Sehen Sie sich doch die Welt an, in der wir leben: Man muss auf der Hut sein, man weiß nie, wer einen gerade filmt, wer Telefonate mitschneidet, wer Nachforschungen anstellt. Ich kann mir nichts Verletzenderes vorstellen, als so verraten zu werden. Wir leben in einer Welt, in der man praktisch keine Privatsphäre mehr hat, ja, in der man das eigene Leben nicht mehr beherrscht. (…) Das System ist so entworfen, dass es einem die Sicherheit raubt."

Nachdem das Raumschiff die Erde wieder verlassen hat, werden sämtliche Hinweise vertuscht und Belege des Projekts vernichtet und die FBI-Kommission glaubt Scully natürlich keine einzige Silbe, den einzigen Beweis, den sie noch in den Händen hat, ist die tote Biene, die sie gestochen hat, jedoch hat das FBI zu dieser Zeit schon keine Abteilung mehr, die diesen Fall untersuchen könnte – doch braucht es das wirklich?

Stehen wir uns nicht selbst mit unserer Engstirnigkeit im Wege? Denn nur ein offener Geist bringt uns der Wahrheit näher.

Es gibt unzählige spannende und weniger prickelnde Folgen bei *Akte X*, hier noch ein kurzer Hinweis zu einer Folge, die ebenfalls 9/11 betrifft.

In der Serie *Die einsamen Schützen* (im Original: *The Lone Gunmen*) soll ein ferngesteuertes Flugzeug in das WTC fliegen, dahinter stehen Teile der US-Regierung, die Folge wurde in den USA am 4. März 2001 ausgestrahlt.

Die „Lone Gunmen“ sind ein Trio von fiktiven Charakteren, Richard „Ringo“ Langly, Melvin Frohike und John Fitzgerald Byers, die in wiederkehrenden Rollen in der amerikanischen TV-Serie *Akte X* erschienen und die Hauptrolle in dem kurzlebigen Spin-off sind. Ihr Name leitete sich aus der Schlussfolgerung der Warren Kommission ab, dass Lee Harvey Oswald allein für die Ermordung von John F. Kennedy verantwortlich war.

Als Patrioten der Gegenkultur beschrieben, sind sie leidenschaftliche Verschwörungstheoretiker, Wachhunde der Regierung und Computerhacker, die häufig die zentralen *X-Akte*-Charaktere Mulder und Scully unterstützen, obwohl sie manchmal ihre eigenen Abenteuer erleben. „The Lone Gunmen“ verfassen eine Nachrichtenpublikation mit dem Titel „The Lone Gunman“ (einst als „The Magic Bullet Newsletter“ bezeichnet; ein abwertender Hinweis auf die Eine-Kugel-Theorie) und, wie der Name der Gruppe, ein Hinweis auf die Ermordung von John F. Kennedy.

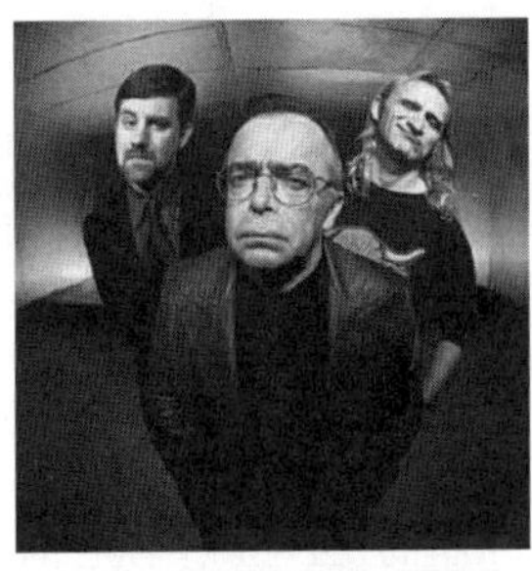

Abb. 25: Von links: Bruce Harwood (Byers) Tom Braidwood (Frohike) Dean Haglund (Langly)

Keiner von ihnen hat Tagesjobs; sie sind auf Geldgeber angewiesen, die an ihre Sache glauben, und auf die Einnahmen, die durch die Abonnements ihrer Zeitung erzielt werden. Sie teilen sich eine Wohnung, in der sie auch arbeiten. (40)

In der deutschen Version dieses Pilotfilms, *Die Verschwörung*, wurden alle auf das World Trade Center bezogenen Kommentare anders übersetzt. Dort heißt es dann, die Verschwörer hätten vor, eine Boeing 727 über der Stadt abstürzen zu lassen, während in der Originalfassung ausdrücklich von dem Plan die Rede ist, sie in einen Turm des WTC zu lenken. Alle Szenen, in denen dieses Vorhaben angesprochen wird, wurden entweder geschnitten oder so übersetzt, dass nicht ersichtlich ist, worum es im Original geht.

Zudem wurden in der deutschen Version fast alle Bilder herausgeschnitten, in denen das World Trade Center zu sehen ist. In einer kurzen Szene kann man in der Silhouette von New York das World Trade Center sehen.

Insgesamt wurden zirka fünf Szenen manipuliert, in denen es um den Anschlag geht oder in denen man sieht, wie das Flugzeug auf einen der Türme zufliegt. (41)

1.5 V wie Vendetta: Der inszenierte Revolutions-Terror hinter der Anonymous-Maske (2005)

„Menschen verleihen Symbolen Macht. Für sich betrachtet ist ein Symbol bedeutungslos. Aber wenn genügend Menschen dahinterstehen, kann die Sprengung eines Gebäudes die Welt verändern."
V (*V wie Vendetta*)

Der Film basiert auf der berühmten Graphic Novelle des Ritualmagiers und Crowley-Experten Alan Moore. Moore ist zweifellos ein talentierter Künstler und Geschichtenerzähler, die Vorstellung, seine Geschichte sei auf die menschliche Befreiung ausgerichtet, wie massenweise unwissende Fans annehmen, ist lächerlich. Fans und Rezensionen bieten eine breite Palette von Online-Spekulationen über ihre Bedeutung und Bildsprache, aber nur wenige werden in der Lage sein, sie zu dekodieren, ohne das rituelle Element zu verstehen – doch dazu später mehr.

Unter der Regie von James McTeigue, produziert von Joel Silver und dem Drehbuch der Wachowski-Brüder (*Matrix*) spielt *V for Vendetta* in einem dystopischen London der nahen Zukunft. Hugo Weaving (Agent Smith aus der Martrix-Trilogie und Lord Elrond in den Filmen *Der Herr der Ringe* und *Der Hobbit*) porträtiert V, einen anarchistischen Freiheitskämpfer, der versucht, eine Revolution gegen das brutale hegemoniale Regime von Nordfeuer anzuzetteln. Die Nordfeuer-Partei, die Großbritannien vollständig unterworfen hat, wird von dem gottgleichen Adam Butler (John Hurt) angeführt. Natalie Portman spielt Evey Hammond, ein Mädchen aus der Arbeiterklasse, das in V's nihilistische Mission verwickelt ist, und Stephen Rea porträtiert den Detektiv, der verzweifelt versucht, V aufzuhalten.

Der Film beginnt Ende der 2020er Jahre mit einer Welt in Aufruhr: Die Vereinigten Staaten sind als Folge eines anhaltenden Konflikts zerbrochen und eine Pandemie des St. Mary-Virus hat den europäischen Kontinent heimgesucht. Das Vereinigte Königreich bleibt das einzige stabile Land, das von der faschistischen und repressiven Nordfeuer-Partei regiert wird, die einfach als „Die Partei" bezeichnet wird. Die Nordfeuer-Partei verwendet wie die Nazis ein Rot-Schwarz-Weiß-Farbschema auf ihren Bannern und Flaggen. Unter dem Nordfeuer-Regime werden die gesellschaftlichen Bürgerrechte und Freiheiten stark unterdrückt.

V wie Vendettas Prolog ist eine Nachbildung des berüchtigten Gunpowder-Plots („Schießpulververschwörung") vom 5. November 1605, in dem Guy Fawkes (1570-1606), ein frommer römisch-katholischer und jesuitischer Agent, versuchte, den protestantischen König James I. von England durch das Platzieren von Schießpulver unter dem House of Lords während der Staatseröffnung des englischen Parlaments einen Anschlag auf ihn zu verüben. Der Schießpulververrat war allem Anschein nach eine von den Jesuiten inspirierte Gegenreformationsverschwörung, da der Attentatsversuch dem wichtigsten Jesuiten Englands, Pater Henry Garnet (1555-1605), bekannt war.

Obwohl er des Hochverrats für schuldig befunden und zum Tode verurteilt wurde, bestehen Zweifel daran, wie viel er über die Verschwörung wusste. Seine Existenz wurde ihm durch ein Geständnis bekannt gemacht, und so wurde Garnet durch die absolute Geheimhaltung des Beichtstuhls daran gehindert, die Behörden vorab zu informieren. Ungeachtet dessen riecht Fawkes' Schema nach Jesuiten-Täuschung und Totenschädel: Die Verschwörung hätte einen protestantischen König und sein Parlament getötet und gleichzeitig die protestantische Kirche Englands verwüstet. Wäre der Schießpulververrat erfolgreich gewesen, hätte er England wieder unter das Joch der römischen Kirche gestellt und dafür gesorgt, dass ein katholischer Monarch ewig auf dem britischen Thron sitzen würde. An die Vereitelung des Gunpowder Plots wurde noch viele Jahre später durch besondere Predigten und andere öffentliche Veranstaltungen gedacht, wie das Läuten von Kirchenglocken, das Anzünden von Feuerwerkskörpern, die sich zur heutigen Bonfire Night entwickelt haben. (42)

„Im Rahmen der Feierlichkeiten wird ein Strohmann, der Guy Fawkes vertritt, auf Lagerfeuern im ganzen Land verbrannt. Es ist auch sehr häufig, dass Feuerwerke in den Gärten und öffentlichen Parks stattfinden.“ (43)

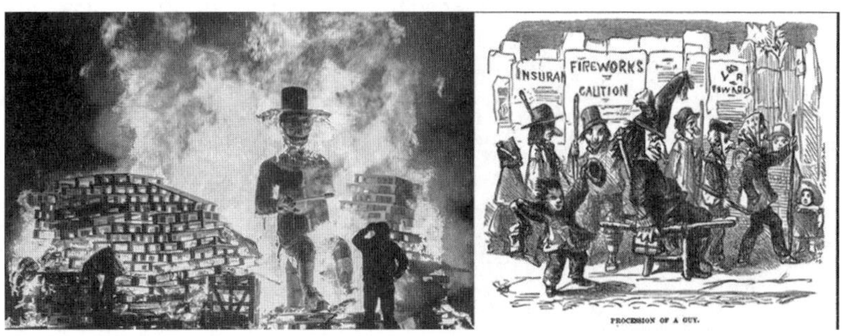

Abb. 26: Links: die Bonfire Night in West Sussex, England. Rechts: Eine Prozession von Kindern und einem „Guy", 1864

Die Eröffnungssequenz des Films ist historisch und filmisch korrekt: Man wird Fawkes (Clive Ashborn) sehen, der einen Karren mit einem fassförmigen Sprengstoff mit einer daran hängenden Laterne schiebt. Die Laterne, die der historische Guy Fawkes in dieser Nacht benutzte, ist eine antike, als „dunkle Reliquie" beschriebenes Objekt, in der Sammlung des Ashmolean Museums, University City of Oxford, England.

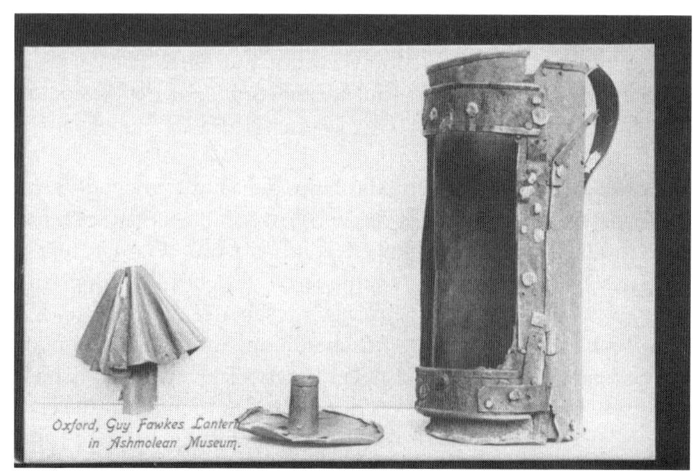

Abb. 27: Oxfordshire-Postkarte – Oxford, Guy Fawkes Laterne im Ashmolean Museum

Elias Ashmole (1617-1692), nach dem das Museum benannt ist, war ein berühmter englischer Antiquar, Politiker, Waffenoffizier, Astrologe und Student der Alchemie und der mystischen Künste. Ashmole unterstützte die Royalisten während des englischen Bürgerkriegs (1642-1651) und wurde nach der Restaurierung von Charles II (1630-1685) mit mehreren lukrativen Ämtern belohnt. Seine Bibliothek spiegelte seine intellektuelle Francis-Bacon-ähnliche Sichtweise wider, darunter Werke zur englischen Geschichte, Recht, Numismatik, Chorographie, Alchemie, Astrologie, Astronomie und Botanik.

Obwohl er eines der Gründungsmitglieder der Royal Society war, einer wichtigen Institution in der Entwicklung der experimentellen Wissenschaft, waren seine Interessen antiquarisch, mystisch und okkult sowie wissenschaftlich; er war ein früher Freimaurer, der mit Rosenkreuzertum in Verbindung steht. Zeit seines Lebens war er ein begeisterter Sammler von Kuriositäten und anderen Artefakten.

Das Ashmolean Museum beherbergt auch die Totenmaske und Taschenuhr von Oliver Cromwell (1599-1658), den Mantel von Chief Powhatan (gestorben 1618), den Falkenhandschuh von Heinrich VIII. (1491-1547) und den des vorsitzenden Richters Bradshaw (1602-1659) eisengefütterter kugelsicherer Hut, den er während des Prozesses gegen Charles I. (1600-1649) trug.

In dem Film sammelt V solche Kuriositäten und Qualitäten, die in seinem eigenen Musaeum Tradescantianum (44) (ein Kabinet der Kuriositäten, eine Wunderkammer, die ausgestellt sind, um ein enzyklopädisches Museum zu ermöglichen, dessen Ziel die Sammlung und Bewahrung des gesamten Wissens war) (45) präsentiert werden, welches V die Schattengalerie nennt.

Die Geschichte von *V wie Vendetta* ist voller okkulter Allegorien und verbindet erfolgreich Alchemie und Gnosis, etwas Seltenes im Kino. Evey Hammond verkörpert, wie ihr Vorname vermuten lässt, Eva, die biblische erste Frau. Sie ist symbolisch dem repressiven Staat untertan, der von seinem ruchlosen Großkanzler Adam Sutler repräsentiert wird. In Nordfeuer England ist Adam Sutler ein manipulativer, allgegenwärtiger Demiurg: Sutlers Vorname symbolisiert den ersten biblischen Mann Adam, während sein Nachname Sutler den Namen Hitler impliziert, der natürlich Reichskanzler und Führer von Nazi-Deutschland war.

Sutler ist wie Hitler ein totalitärer Führer, der mit eiserner Faust regiert; Englands Nordfeuer-Staat ist übergriffig, unterdrückerisch und faschistisch und repräsentiert eine extreme Form des fundamentalistischen Christentums. Der christlich anmutende Slogan von Nordfeuer lautet: „Stärke durch Einheit, Einheit durch Glauben", während sein Symbol ein doppeltes rotes Kreuz ist, besser bekannt als das lothringische Kreuz. Das rote Doppelkreuz von Lothringen erinnert an die Tempelritter, die nach Ansicht einiger Historiker übereifrige militante Christen waren, die im Namen Jesu Christi mutwillig getötet wurden. Die Templer kämpfen während der Kreuzzüge (1096-1285) im Heiligen Land gegen die Muslime, ihren erklärten Feind, während in Nordfeuer, England, der bloße Besitz einer Kopie des Koran, wie der Moderator der Talkshow Gordon Dietrich herausfindet, eine garantierte Todesstrafe darstellt. (46)

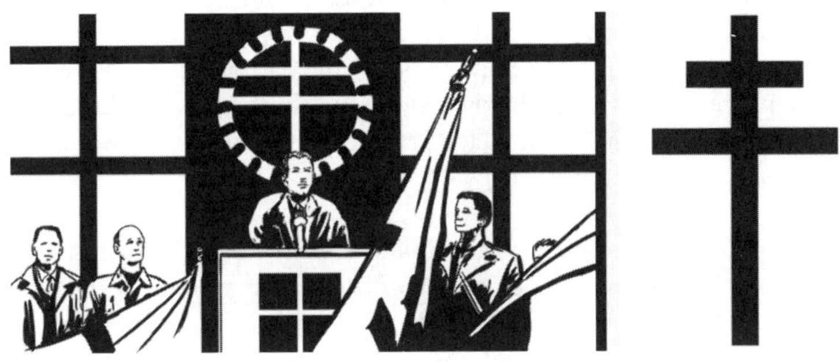

Abb. 28: Links im Bild spricht Adam Sutler zu der Menge. Rechts im Bild: Während der Kreuzzüge wurde das Lothringer Kreuz von den Templern adoptiert, die eine mittelalterliche Gruppe römisch-katholischer Kriegermönche waren

Bringe die gnostische Schlange in den Nordfeuer-Garten, wo V, der Luzifer der Träger des Lichts (Sonnenauferstehung, Wiedererwachen), Weisheit und okkult-spiritueller Offenbarung ist. Die Schlange ist ein Symbol dafür, und diese Bedeutung war den frühen Christen und der gnostischen Sekte namens Ophiten bekannt, die Christos mit der Schlange in Verbindung brachten. (47)

V begegnet Evey und versucht sie mit einem allegorischen Apfel zu verführen oder, in diesem Fall, mit einer spirituellen und esoterischen Gnosis, parallel zu Eva, die von der Schlange mit Wissen und Unsterblichkeit bedacht wird. V möchte Evey von den harten Konformitäten der Nordfeuer Partei befreien, die er für böse oder zumindest illegitim, illusionär und falsch hält. Für die Hardcore-Christen-Nordfeuer-Partei ist V der fleischgewordene Teufel und V's saturnische Persönlichkeit von satanischen Obertönen durchdrungen. Zum Beispiel beziehen sich zwei von V's Shakespeare-Zitaten auf den Teufel:
Zitat aus „Hamlet", 3:1, Polonius:

„Wir sind oft hierin zu tadeln –
– Gar viel erlebt man's – mit der Andacht Mienen
Und frommem Wesen überzuckern wir
Den Teufel selbst."

Zitat aus „Richard II"; 1.3, Gloucester:

„Und so bekleid' ich meine nackte Bosheit
Mit alten Fetzen, aus der Schrift gestohlen,
Und schein' ein Heil'ger, wo ich Teufel bin."

Der Hauptzweck dieses esoterischen Grades besteht darin, ein perfektes Verständnis des Universums zu erlangen und dadurch sein Meister des Eroberers zu werden. Crowley, obwohl kein Satanist per se, verbindete sich mit dämonischen Wesenheiten und praktizierte Satanismus durch seine Praxis der rabbinischen Zauberei, die in Werken wie „The Sacred Magic of Abramelin the Mage" und „Ars Goetia", auch bekannt als „The Lesser Key of Solomon", vorkommen.

Obwohl im Film nicht vorhanden, wiederholt V in dem Comic Crowleys Maxime „Tu was du willst, soll sein das Ganze des Gesetzes" und zitiert den Rolling Stones Song „Sympathy for the Devil", der sich mit dem Text „please allow me to introduce myself, I' am a man of wealth and taste"(„Gestatten Sie mir, mich vorzustellen, ich bin ein Mann mit Reichtum und Geschmack"). Der Buchstabe „V" ist die römische Zahl für die Fünf, die an die fünfte Karte der großen Arkana des Tarot erinnert: den Hierophanten.

V verkörpert diesen Tarot-Archetypen: Er ist ein lebhafter, exzentrischer gnostischer Meister, durch den Evey mithilfe V's dunklen Schikanen und Täuschung mystisches Wiedererwachen und alchemistische Veränderung erreicht; V strebt nur nach dem Unmöglichen und Unzugänglichen und erwartet „nur das, was nicht sein soll", was für ihn die Zerstörung von Nordfeuer-England bedeutet.

Evey geht stärker und klüger als je zuvor aus V's Pseudo-Gefangenschaft hervor. V, der einen christianisierten Teufel für Nordfeuer verkörpert, versucht, die fundamentalistische und unterdrückerische politische Partei zu zerstören und England in den Wunsch zu führen, das Christentum zu zerstören und das neue Aeon des Horus zu gebären. V's Gnosis kommt während der Zerstörung des Konzentrationslagers Larkhill, wo er schrecklichen staatlich-wissenschaftlichen Experimenten ausgesetzt ist. V wird im Feuer getauft oder wiedergeboren, was ihn auf eine gnostische, aber nihilistische Suche bringt, um das Bewusstsein des englischen Volkes wiederherzustellen und dabei Nordfeuer zu zerstören.

Diese gnostische Wiedergeburt wird in J.R.R. Tolkiens „Die Gefährten" und „Die zwei Türme" dargestellt, wenn Gandalf der Graue von einem feurigen dämonischen Monster, das als Balrog bekannt ist, herausgefordert und getestet wird. Dieser Vorgang ermöglicht ihm, kabbalistische Apotheose zu erreichen und so als wiedergeborener oder auferstandener göttlicher Gandalf der Weiße zurückzukehren.

Evey widersetzt sich zunächst den anarchistischen, schlangenartigen gnostischen Lehren von V; doch schließlich ist sie überzeugt, als sie ihren Chef Gordon Dietrich von Creeds Geheimpolizei abgeführt sieht. Jahre zuvor hatte Evey als kleines Mädchen erlebt, wie ihre Eltern von ähnlich schwarz gekleideten Männern mitgenommen wurden. Evey wird nun von V in die Mysterien eingeweiht: Mit kahlgeschorenem Kopf sieht sie dem sicheren Tod entgegen. Evey muss sich entscheiden, auf V zu verzichten oder sich der Hinrichtung durch ein Erschießungskommando zu stellen. Evey erliegt nicht ihren Gefängniswärtern und weigert sich, ihnen irgendwelche wichtigen Informationen zu geben.

Im Laufe der Zeit fürchtet sie den Tod nicht mehr und ist bereit, für ihre Überzeugungen und Überzeugungen einzustehen oder sogar zu sterben, was Eva widerspiegelt, die von der listigen Schlange im Garten Eden informiert wurde, dass sie nicht sterben würde, sobald sie von der verbotenen Frucht gegessen habe. Mit anderen Worten, Evey versteht, dass sie, wenn sie V aufgibt, den physischen Tod erleben würde, aber wenn sie schweigt, wird sie wahre spirituelle Offenbarung erhalten und esoterisch für immer leben.

In einem Zustand der Gefangenschaft und des Verfalls leidend, erhält Evey eine Gnosis: Sie ist sich jetzt bewusst, dass sie für ihre Erkenntnisse und Überzeugungen kämpfen muss, selbst wenn sie den Zorn des Staates auf sich ziehen. Als kriegerische Kämpferin hat sie ihre anfänglichen Prüfungen überstanden und steht kurz davor, aus der Dunkelheit ans Licht gebracht zu werden. An diesem Punkt erfährt sie, dass ihre Inhaftierung eine grausame List war, eine Illusion, die von V entworfen wurde, um dieses Erwachen (spirituelles und esoterisches Bewusstsein) mit ihrem jetzt entzündeten göttlichen Funken zu bewirken.

Mit anderen Worten, V ist Eveys persönlicher Weiser oder Hermes Trismegistos, ihr Tyler Durden (*Fight Club*), ihr alchemistischer Merkur, der sie ausgetrickst hat, aber dadurch positive Veränderungen in ihr bewirkt hat, sowie ihr „Dämon" oder Geistführer, alle in einem. V hat ihr eine Illusion präsentiert, ihre Gefangenschaft durch den Staat, was bedeutet, dass Nordfeuer eine falsche Realität ist; Sutler ist ein Demiurg und Nordfeuer kann nur existieren, solange sich die Leute unterwerfen und zustimmen. (48)

Wie Carl Gustav Jung sagte: „Man wird nicht dadurch erleuchtet, dass man sich Lichtgestalten vorstellt, sondern durch Bewusstmachung der Dunkelheit." (49) Nichts könnte für Evey Hammond wahrer sein.

Evey gewinnt nicht nur an Gnosis, sondern sie verwandelt sich auch alchemistisch vom schüchternen Nordfeuer-Fernsehbürokraten in eine selbstbewusste, nihilistische Revolutionärin; symbolisch ist sie von Eva, der zweiten Frau Adams, zu Lilith, seiner ersten, übergegangen. Lilith war laut hebräischer Folklore Adams erste Frau, die ihn verließ, weil sie sich weigerte, sich ihm unterzuordnen. So verlässt Evey Adam, die Personifikation des Nordfeuer-Englands, um Weisheit zu erlangen, „sich selbst zu kennen" und Befreiung zu erreichen. Sie hatte die Demiurgen-ähnlichen Konformitäten und Zwänge von Sutlers England abgeworfen und die offene Rebellion erklärt.

Alchemistisch gesehen ist die Nordfeuer-Partei „nigredo", die repressive Regierung, die ihre politischen Gegner und diejenigen, die als unerwünscht und Staatsfeinde gelten, verschleppt.

V ist esoterisches Licht, „citrinitas", während Evey die „Albedo" ist, die das Licht, die Erleuchtung oder die Weisheit der Sonne absorbiert. Der „Rubedo" wird durch V's Scarlet Carson symbolisiert, die die Vollendung des Magnum Opus, das Große Werk, darstellt. Für V ist es der Tod seiner Larkhill-Peiniger; für Evey ist es die Zerstörung des Parlaments qua Nordfeuer. Am Ende des Films ist V's Scheiterhaufen mit diesen Rosen geschmückt, die allegorisieren, dass V's Arbeit getan, seine Mission erfüllt und die alchemistische Veränderung abgeschlossen ist, als Evey beschließt, den explosiv geladenen Waggon ins Parlament zu fahren, um es zu zerstören, und gibt somit dem englischen Volk das Versprechen eines neuen Tages.

Evey erklärt Finch, „dass dieses Land jetzt mehr als ein Gebäude braucht. Es braucht Hoffnung". Inspektor Finch, der mit dem Stoppen von V beauftragt wurde, hindert Evey nicht daran, die Weiche des Zuges umzulegen, sondern lässt sie V's Arbeit beenden.

Dabei ähnelt Finch *Blade Runners* (1982) Rick Deckard, weil beide eine gnostische Offenbarung erfahren: Deckard erwacht mit der Erkenntnis, dass die Nexus-6 eine göttliche Seele haben, während Finch versteht, dass Nordfeuer-England böse ist. Finch erkennt, dass V und Evey Befreier und keine Zerstörer sind.

Obwohl V bedrohlich wirkt, er mit Messern tödlich ist und schwarz trägt, ist er weder Jack the Rippers mörderischer „Nigredo“, noch ist er Fäulnis. V ist vielmehr ein inspirierter Melancholiker oder ein in revolutionär-progressive Vorbilder versunkener Saturnier, der seine Anhänger in tiefe Einsichten führen kann.

V erreicht dies, als er Evey Gnosis liefert, die wiederum eine Revolte in der Bevölkerung auslöst, die zum Untergang von Nordfeuer-England führt. V verkörpert die Melancholie der Renaissance, die von schwarzem Humor, intensiver Inspiration personifiziert wird: also ein dämmernder Hierophant.

V bleibt gegen alle Widrigkeiten beharrlich; er erweist sich als befreiender, aber gefährlicher Gelehrter, ein Freidenker, eine dunkle launenhafte Figur, die sich im Schatten bewegt, um Gnosis nach England zu liefern, damit seine Menschen aus ihrer Stasis erwachen.

Gnostisch informiert und alchemistisch transformiert, steigt eine selbstbewusste und siegreiche Evey zusammen mit V auf ein Dach (wie *Blade Runner's* Deckard), wo sie im strömenden Regen allegorisch in Gnosis getauft wird. Sie hat das dunkle Licht von V's Luzifer transzendiert und ist jetzt spirituell gerüstet, um Nordfeuer in einem epischen Kampf um das Herz und die Seele Englands zu bekämpfen.

Sie ist bereit, ihre neu entdeckte Gnosis zu nutzen, um die Dunkelheit zu besiegen und Ordnung aus dem folgenden Chaos zu bringen. Evey ist das heilige Weibliche, das mit V, dem göttlichen Männlichen, verbunden ist und die alchemistische Hochzeit perfektioniert: Eveys Drang, Nordfeuer zu zerstören, ist einfach ihr dunkles Mondlicht, das V‘s schwarze nihilistische Sonne reflektiert.

Evey spricht von ihrer alchemistischen Ehe mit V, er sei ein Mann, ein Mann, der sie an den 5. November erinnere und den sie nicht vergessen werde. Evey hat die eintönige Konformität (den Staat) abgelehnt und V‘s Rebellion (Gnosis, Licht) akzeptiert, leidet dabei nun aber unter der saturninen Melancholie von V.

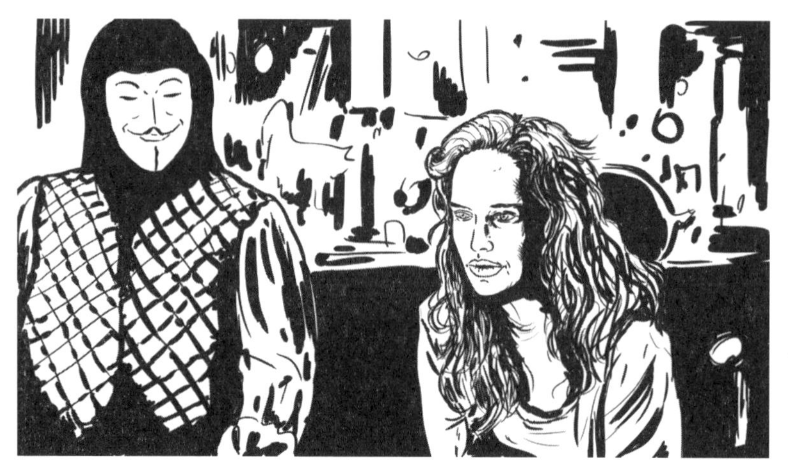

Abb. 29: Links V aka Luzifer und rechts Evey aka Eva

Moores Verachtung für das Judentum wird im Sendeturm des britischen Fernsehsenders, der nach dem Fluss Jordan „Jordan Tower“ genannt wird, verkörpert. Vom Jordan Tower aus verbreitet die Nordfeuer Partei ihre hasserfüllte, betrügerische Propaganda an das englische Volk, während der Fluss sowohl im Judentum als auch im Christentum von Bedeutung ist; es ist der Ort, an dem die Israeliten in das Gelobte Land einzogen und wo Jesus von Nazareth von Johannes dem Täufer getauft wurde.

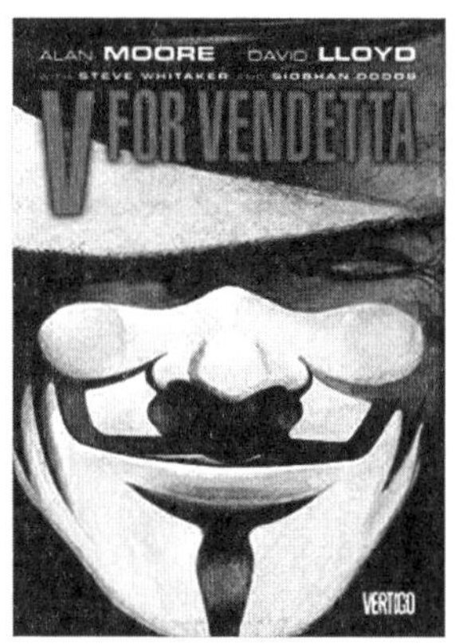

Abb. 30: Cover der Graphic Novelle von Alan Moore „V für Vendetta“(„Blutrache“) mit der typischen elitären Ein-Auge-Symbolik

V, der seine Peiniger aus der Larkhill-Einrichtung aufspürt, legt eine rote Rose auf ihre Körper, nachdem er sie getötet hat. Als scharlachrote Carson identifiziert (die fiktiv ist, es ist tatsächlich eine violette Carson (eine Rosenart), die umbenannt wurde), legt V sie auf die Leichen seiner Opfer und es wird zu seiner Visitenkarte. Abgesehen vom „Rubedo“ der Alchemie ist die rote Rose natürlich das wichtigste und bekannteste Emblem der Rosenkreuzer, die Proto-Freimaurer und Meister des Okkultismus, der Alchemie, der Symbolik und der Kabbala waren.

Die Verwendung der Rose durch V identifiziert ihn mit der Sonne, der esoterischen Erleuchtung, einem Restaurator (der englischen Nation) und einem Meister der gnostischen Mysterien. Zu dieser arkanen Philosophie erklärt der freimaurerische Magier Albert Pike (50):

„Die Rose war in alter Zeit Aurora und der Sonne heilig. Es ist ein Symbol der Morgenröte, der Auferstehung des Lichts und der Erneuerung des Lebens, und somit der Morgendämmerung der ersten Tage und insbesondere der Auferstehung: und das Kreuz und die Rose zusammen sind daher hieroglyphisch zu lesen, die Morgendämmerung des ewigen Lebens, auf die alle Nationen durch die Ankunft eines Erlösers gehofft haben.“ (51)

Esoterisch gesprochen ist der Erlöser von Nordfeuer-England V, der die Sonne verkörpert, das auferstandene Licht, die Gnosis-Schlange, die Nordfeuer-England verdunkelt. Bei der Rose und der Gnosis würden solche Leser bei ernsthafter Betrachtung der Symbole der Rose und des Kreuzes nicht nur wissen, was der Unsichtbare Orden ist, sondern auch genau, wo sich der Zugang zu ihm befindet. Sie würden es wissen... die Bedeutung des Rosenkreuzes sollte mehr als ausreichen, um darauf hinzuweisen, dass es der kürzeste und einfachste Weg zur Teilhabe am Schatz der Gnosis ist. (52)

Die Rose steht für V‘s Anarchismus, esoterisch gesehen, und identifiziert ihn als melancholischen gnostischen Lichtbringer, der der englischen Nation neues Leben einhauchen wird und sie und ihr Volk mit ihr wiedergeboren werden lässt. (53)

Dialektischer Anarchismus in Hollywood

V für Vendetta ist eine Manifestation von ausgeklügelter gesteuerter Dialektik und rituellem Psychodrama, die den rebellischen jungen Pop-Geist täuscht, zu glauben, dass er Teil der Anti-Establishment-Bewegung der „V-Maske“ ist, die als Anarchismus bekannt ist. Wahrer Satanismus ist anarchisch und angesichts der lächerlichen, rückständigen „Zivilisation“, in der wir leben, sicherlich verständlich. Doch die Lösung für 300 Jahre „Revolutionen“ und Vollspektrum-Subversion kann in keiner Weise mehr dieselbe sein.

Versuchte politische Lösungen für die Übel der Menschheit sind verständlich, wenn man bedenkt, dass wir die Versuche der Vergangenheit, die in einem kläglichen Scheitern endeten, überdrüssig sind – Kommunismus, Faschismus und jetzt Weltsozialismus/Egalitarismus. Aber die andere Option – Anarchismus – ist nicht anders, da sie denselben Ausgangspunkt hat – universelle menschliche Gleichmacherei. Ironischerweise neigen Anarchisten dazu, nach ein paar Jahren am elitärsten zu sein, da sie erkennen, dass ihre Zellengenossen Tölpel von größeren Stiftungsinteressen sind.

Es gibt ein Faible für den Anarchismus, da er der ultimative Höhepunkt der Linken ist – sie erkennen am ehesten die leere Natur der Moderne. Anarchismus ist jedoch eine Weltanschauung des ultimativen Atonismus, in der das Individuum in einem bedeutungslosen Universum selbst auferlegter Bedeutung die Oberhand hat. Diese atomisierte, Pseudo-Übermensch-Mentalität ist im Allgemeinen von kurzer Dauer, da die Gesamtheit der eigenen Erfahrung bald dazu beiträgt, diese jugendliche, mythologische

Fantasieweltsicht zu zerstreuen. Anarchismus ist die Weltanschauung der Elite schlechthin, da sie die destruktivste ist.

Anarchismus ist Chaosmagie, die darauf abzielt, die Kräfte der Zerstörung unter einem selbsttäuschenden Glauben freizusetzen, eine massenhafte „dunkle Nacht der Seele" zu erschaffen, um den „Neuen Menschen" zu kreieren. Es ist die letzte Manifestation des revolutionären Glaubens, der 1789 und 1776 begann.

Dies ist also die wahre freimaurerische Mystatogie von *V wie Vendetta*: V ist Satan, wie es sogar in der Graphic Novel heißt. V initiiert Evey als neue Eva in den Freiheitskult. V verwendet die gleichen Techniken der Gedankenkontrolle und Folter, die das System verwendet, um Eve zu „befreien". Aus diesem Grund wird Evey „eingesperrt" und lässt sich den Kopf rasieren, wie wir es bei vielen Hollywood- und Gehirnwäsche-Starlets gesehen haben. Der Freiheitskult ist jedoch ein strenger Meister, da die absolute Freiheit in Wirklichkeit die absolute Sklaverei der Leidenschaften ist.

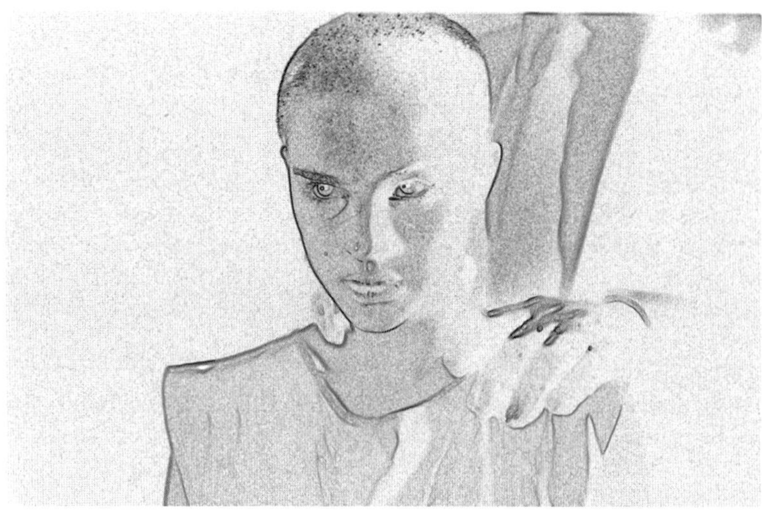

Abb. 31: Natalie Portman oder Britney Spears? Siehe das Buch „Die moderne Musik-Verschwörung"

Wie bei anderen Wachowski-Filmen wie *Matrix* oder *Cloud Atlas* wird die Botschaft vermittelt, dass alle Gesetze Sklaverei sind – auch das des Geschlechts. Männlich oder heterosexuell zu sein bedeutet, Sklave etablierter sozialer Konstrukte zu sein, nicht der Erfüllung natürlicher Ordnungen. Dieser Transformationsprozess wird dadurch symbolisiert, dass Evey mit Schmetterlingen gezeigt wird, die ihrer Folter zur Gedankenkontrolle folgen – mehr zu MKULTRA und der Symbolik der Schmetterlinge lesen Sie im Buch „Die moderne Musik-Verschwörung" von Nikolas Pravda.

Aus dieser Perspektive können wir auch Einblicke in das Thema der inszenierten Freisetzung eines Virus in Form einer Biowaffe gewinnen. Die Handlung dreht sich um ein pharmazeutisches Establishment und eine politische Elite, die einen Biowaffenangriff inszeniert haben, um politische Macht zu erlangen. Dieser Aspekt des Films hat eine zeitgenössische esoterische Bedeutung angesichts der „epidemischen" Propaganda des Establishments, die sich auf endlose Wiederholungen von Killer-Grippen bezieht (Ebola, Schweinegrippe, Corona), welche endlose Big-Pharma-Impfstoffe erfordern – mehr dazu später im Buch. (54)

Ironischerweise ist es auch möglich, dass Guy Fawkes selbst ein Agent des britischen Geheimdienstes war, der die berüchtigte, frühe „False Flag" Aktion durchführte, um Katholiken als „Terroristen" (55) zu bezeichnen. Dann, als Satan, ist das nur eine List einer gelenkten Anti-Establishment-Rebellion, die dem Establishment wie Kitt in die Hände spielt. Die Anforderung der V-Maske, von den Rebellen von „Anonymous", die Bevölkerung zu Terroranschlägen oder Hackerangriffen zu bewegen, befeuert nur die Pläne des Establishments. (56)

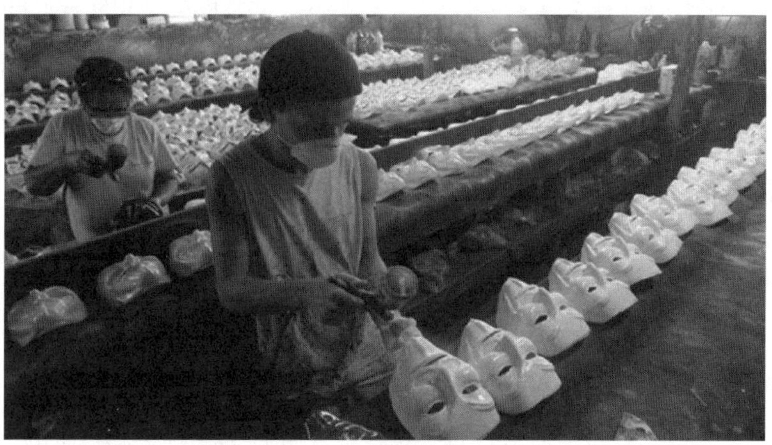

Abb. 32: Die Produktionsbedingungen für das Symbol der globalen Revolution!

„Pravda TV" berichtete am 19. November 2013:

„Die Anonymous-Maske zeigt das Gesicht von Guy Fawkes. Die einzige von Guy jemals eingeführte Revolution geht auf eine fürchterliche und korrupte Ursache zurück. Fawkes war ein Söldner, ein bezahlter Attentäter, der en masse Mordanschläge für gewissenlose, machthabende Männer ausführte.

Diese Männer an der Macht (Jesuiten) würden den Tod von vielen Menschen in Kauf nehmen, nur um die Dominanz des Vatikans (des Papstes) aufrechtzuerhalten.

England gedieh unter ihrem idealistischen und gelehrten König. Eine Gruppe von jesuitischen Edelmännern heuerte Guy Fawkes an, das Parlament in die Luft zu sprengen. Der Plan ging daneben und man erwischte die Verschwörer.

Guy Fawkes war also im Endeffekt nichts anderes als ein jesuitisch/katholischer Attentäter.

Wenn du der Meinung bist, dieses Gesicht als Symbol für „Revolution" gegen die „NWO", Bankerfamilien, globale Elite etc. benutzen zu wollen, ist es so, als würde ich mit einer Joseph Goebbels Maske auf einer Antifa Demo gegen Nazis protestieren...

Ergo: Hackfressenproduktion plus (+) Kinderarbeit mal (x) Ausbeutung der Dritten Welt minus (-) Skrupel geteilt durch (/) Menschenwürde gleich (=) globale Revolution. lächerlich @anonymous!

Wer jetzt noch nicht vom Glauben an eine anonyme Plastikmasken-Religion abgefallen ist, dem ist wirklich nicht zu helfen." (57)

*V wie Vendett*a hat einen Hauptpunkt - verwaltete, hegelsche dialektische künstliche Rebellion inmitten alchemistischer Transformationsbilder. Setzen Sie Ihre Maske auf und schnappen Sie sich Ihr Richard Dawkins-Buch und Ihre Comics, die Revolution wird im Fernsehen übertragen! V (ähnlich wie die PsyOp „Q") ist das heiße Thema einer Einkaufszentrum-Rebellion.

Ist der Hollywood-Anarchismus realistischer? Ist Hollywoods Darstellung der Erschaffung des Revolutionärs „Anonymous" ein echter Akt des Trotzes und der Rebellion? Oder füttert uns Hollywood mit einer weiteren vorgefertigten falschen Revolution, die nur die nächste Phase der „Revolutionen" des Establishments einleitet und auf Social Engineering abzielt?

Pravda TV schrieb dazu am 10. Dezember 2015:

„Für viele gilt das Hacker-Kollektiv Anonymous als Hoffnung im Kampf gegen die Auswüchse der Globalisierung und des Turbo-Kapitalimus, doch spätestens seit es nach den jüngsten Terroranschlägen von Paris dem IS den Krieg erklärt hat, stellt sich die Frage nach der Glaubwürdigkeit der Gruppierung – gibt es doch mittlerweile etliche ernstzunehmende Anhaltspunkte dafür, dass es sich hierbei wieder einmal um eine False-Flag-Operation der Geheimdienste gehandelt hat.

Außerdem sollte es auch Anonymous nicht entgangen sein, dass der IS genauso wie bereits Al Kaida von der US-Regierung geschaffen wurde, um durch den nie enden wollenden, weil nie zu gewinnenden ‚War on Terror' einen Freibrief zu bekommen, jedes beliebige muslimische Land in Nahost anzugreifen und eigenmächtig ‚Regime Changes' herbeizuführen, um USA-freundliche Marionettenregierungen zu installieren.

Kann es also sein, dass Anonymous mittlerweile ganz andere Ziele verfolgt, als es zunächst den Anschein hatte? Schließlich wäre es nicht das erste Mal, dass eine Organisation, die bei vielen große Erwartungen geweckt hat, von innen heraus zersetzt wird und innerhalb weniger Jahre sang- und klanglos in der Bedeutungslosigkeit verschwindet – oder noch schlimmer: die Fronten gewechselt hat.

Für dieses Phänomen hat sich die noch sehr schmeichelhafte Formulierung ‚gelenkte Demokratie' etabliert, wobei diese Lenkung offenbar nur eine Richtung zu kennen scheint, um den Karren blindwütig gegen die Wand zu fahren. Treffender könnte man auch von einer „postdemokratischen Gesellschaft" sprechen bzw. einer ‚Demokratur' – einer Demokratie also, die nur noch auf dem Papier existiert und in der das Volk in Wirklichkeit überhaupt nichts mehr zu melden hat, indem es alle vier Jahre seine Stimme in einer Urne „abgibt", anstatt sie zu erheben. Und so leben viele weiter beständig in der Illusion, dass „alle Macht vom Volke ausgeht", was sich immer mehr nur als schöne (Wahl-)Sonntagsrede entpuppt – und weiter nichts. …

Nachdem Anonymous in der Vergangenheit hauptsächlich dafür bekannt war, sich mit Gegnern wie Scientology, staatlichen Behörden, transnationalen Konzernen und Urheberrechtsgesellschaften anzulegen und früher selbst im Visier des FBI war, will ihm nun also eine Anonymous-Splittergruppe namens „Ghost Security Group" geheimes Material des IS zur Verfügung stellen. Bestätigt wird diese Information von Michael S. Smith, einem Berater des US-Kongresses, der als Vermittler fungiert.

Mittlerweile soll sich auch diese Splittergruppe weiter aufgespalten haben, indem ein Teil der Gruppe die Daten und Informationen weiter verkauft, anstatt sie frei und öffentlich zugänglich zu machen, wie es dem üblichen Hacker-Ethos entsprechen würde.

Nach eigenen Angaben ist das gesamte Anonymous-Kollektiv beim Sammeln von Daten so erfolgreich, dass es bislang 101.000 Twitter-Accounts und 5.900 Propagandavideos enttarnt haben soll. Dazu erklärt Smith: ‚Anti-Terror-Experten in den USA und in Übersee haben die Daten der Hacker alle als sehr hilfreich empfunden. Sie helfen den Beamten tatsächlich sehr, terroristische Aktivitäten zu erkennen, zu überwachen und zu verhindern, sowohl online als auch offline.'

Eine Gruppe, deren Tätigkeit in anderen Zusammenhängen noch als kriminell eingestuft wurde und noch 2012 zur Verhaftung einiger Aktivisten führte, soll nun also der „Staatssicherheit" dienen – allein bei diesem Begriff müssten bei dem einen oder anderen bereits die Alarmlampen angehen." (58)

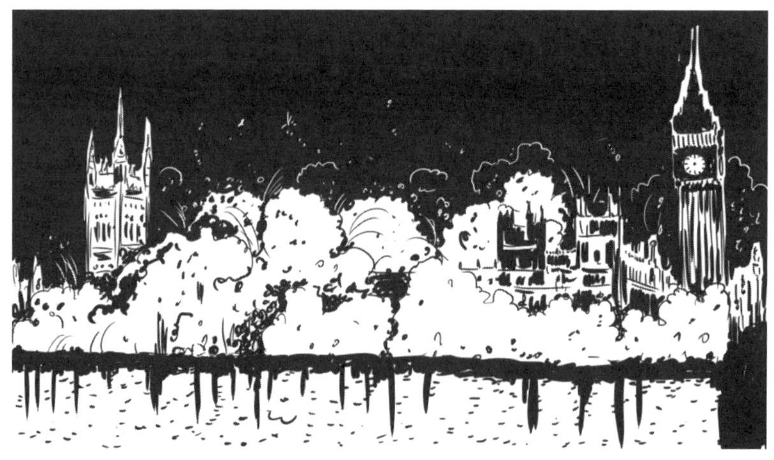

Abb. 33: Inszenierter „Revolutions-Terror“

Da der Online-Trend des „Anarchismus“ zuzunehmen scheint, können wir dies meiner Meinung nach direkt auf Propagandafilme wie *Matrix* und *V wie Vendetta* zurückführen.

Im Fall von *V wie Vendetta's* historischen Bezügen zum Anarchismus hat sich das „non serviam“-Prinzip damit als rein negatives Prinzip im extremsten Sinne im Weltgeschichtlichen herausgearbeitet.

Anarchismus ist eine leere Philosophie, die keine positive Aussagephilosophie der Anthropologie oder der menschlichen Psyche und des Nous (und als deren Voraussetzung Gott selbst), der menschlichen Ethik und Ästhetik (jenseits von leeren Phrasen wie „Freiheit“) bietet.

Es ist nicht nur leer, es ist auch historisch gesehen eine waffenähnliche Philosophie, zusammen mit ihren revolutionären Cousins (Kommunismus, Faschismus, etc.), die für die Schwächung eines rivalisierenden Staates durch eine ausländische Macht entwickelt wurde. (59)

1.6 Die Tribute von Panem: Willkommen in der Neue Weltordnung (2012)

„Hoffnung ist das Einzige, das stärker ist als Furcht. Ein bisschen Hoffnung ist nützlich. Zu viel davon, gefährlich."
Präsident Snow (*Die Tribute von Panem*)

Die Filmreihe *Tribute von Panem* ist eine Reihe von dystopischen Science-Fiction Abenteuerfilmen, die auf der Romantrilogie „The Hunger Games" der amerikanischen Autorin Suzanne Collins basieren. Die Filme werden von Lionsgate vertrieben und von Nina Jacobson und Jon Kilik produziert. Die Serie besteht aus einem Ensemble mit Jennifer Lawrence als Katniss Everdeen, Josh Hutcherson als Peeta Mellark, Liam Hemsworth als Gale Hawthorne, Woody Harrelson als Haymitch Abernathy, Elizabeth Banks als Effie Trinket, Stanley Tucci als Caesar Flickerman und Donald Sutherland als Präsident Snow. (60)

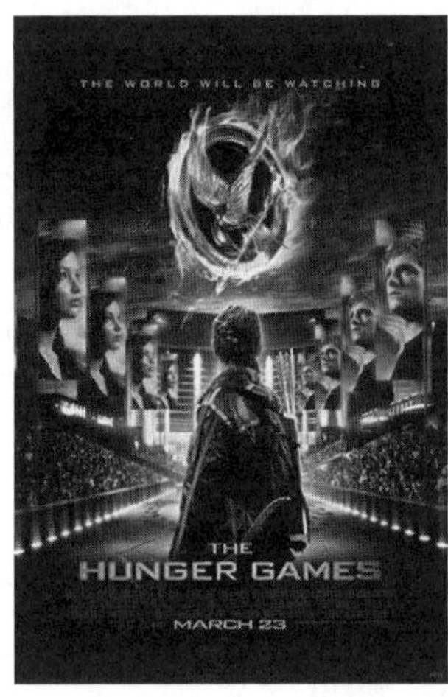

Abb. 34: Filmposter zum Film *Die Tribute von Panem*

Die Tribute von Panem: Ein Blick in die Zukunft? Der Erfolgsfilm *Die Tribute von Panem* spielt in einer dystopischen Zukunft, in der die armen und elenden Massen unter der Hightech-Tyrannei einer wohlhabenden Elite leben. Stellt der Film die Art von Gesellschaft dar, die die Elite für die Neue Weltordnung aufzubauen versucht? Wir werden uns die Merkmale der Welt ansehen, die in *Die Tribute von Panem* vorgestellt werden, und wie sie sich auf die Pläne für eine Neue Weltordnung beziehen.

Angetrieben durch eine gigantische Marketingkampagne wurden *Die Tribute von Panem* schnell zu einer weltweiten Sensation, vor allem bei Teenagern und jungen Erwachsenen. Manchmal auch als das neue *Twilight* bezeichnet, hat *Die Tribute von Panem* ähnliche Komponenten wie der vorherige Buch-zu-Film-Wahnsinn (d.h. ein junges Mädchen, das zwischen zwei Männern zerrissen wird), spielt er jedoch in einem ganz anderen Kontext.

In einer dystopischen Zukunft angesiedelt (warum ist die Zukunft immer „dystopisch"?) zeichnet *Die Tribute von Panem* ein eher düsteres Bild der Welt von morgen, sei es aus sozialer, wirtschaftlicher oder politischer Sicht. Kurz gesagt, es ist ein Albtraum, in dem eine reiche Elite auf dem Rücken einer hungernden Bevölkerung gedeiht. Unterdessen werden die Perversität und der Voyeurismus der Massenmedien auf ein absurdes Niveau getrieben und von der Regierung als Klebstoff verwendet, um ihre ungerechte

Gesellschaftsordnung intakt zu halten. Soll *Die Tribute von Panem* Teenagern einen Ausblick auf eine nicht allzu ferne Zukunft geben? Es braucht keine Kristallkugel, um zu sehen, dass die Elite versucht, die Welt in diese Richtung zu lenken. Vermittelt die Autorin Suzanne Collins der Jugend eine starke Anti-NWO-Botschaft, indem sie ihre Gefahren aufzeigt, oder gewöhnt sie die Jugend an die Idee? Schauen wir uns die fiktive, aber mögliche zukünftige Welt von *Die Tribute von Panem* an.

Hinweis: In diesem Kapitel geht es ausschließlich um den Film und nicht um die Buchreihe. Der Film ist anders formatiert und vermittelt eine etwas andere Botschaft.

Die NWO für Teenager

Die *Tribute von Panem* findet in einem Kontext statt, der den Beschreibungen der Neuen Weltordnung, wie sie von der heutigen globalen Elite geplant ist, auffallend gleichkommt. Eines der Hauptmerkmale der Neuen Weltordnung ist die Auflösung regulärer Nationalstaaten, um eine einzige Weltregierung zu bilden, die von einer Zentralmacht regiert wird.

In *Die Tribute von Panem* wird dieses Konzept vollständig repräsentiert, da die Handlung in Panem stattfindet, einer totalitären Nation, die das gesamte nordamerikanische Territorium umfasst. Die Vereinigten Staaten und Kanada haben sich daher zu einer einzigen Einheit zusammengeschlossen, ein Schritt, von dem viele voraussagen, dass er vor der vollständigen Gründung der NWO erfolgen wird.

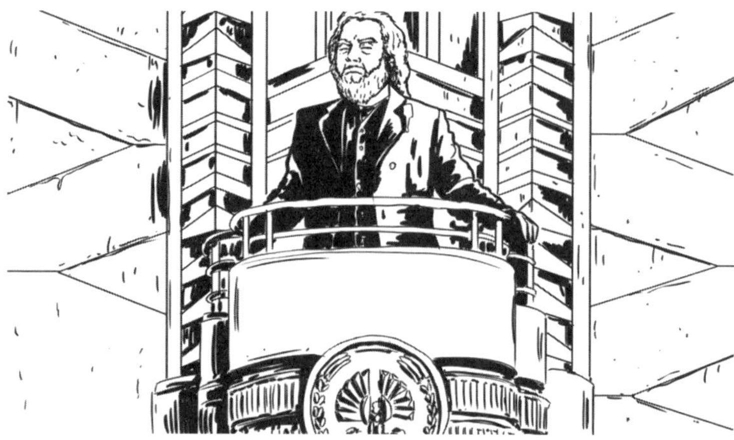

Abb. 35: Der Präsident von Panem wendet sich an die Nation

In Panem sind die Konzepte von Demokratie und Freiheit aus Amerika verschwunden und wurden durch eine Hightech-Diktatur ersetzt, die auf Überwachung, Kontrolle, massenmedialer Indoktrination, Polizeiunterdrückung und einer radikalen Spaltung der sozialen Klassen basiert. Die überwiegende Mehrheit der Bürger von Panem lebt in Ländern der Dritten Welt und ist ständig von Armut, Hungersnot und Krankheit ausgesetzt. Diese schwierigen Lebensbedingungen sind offenbar das Ergebnis eines verheerenden Ereignisses, das zum vollständigen wirtschaftlichen Zusammenbruch Nordamerikas führte. In Distrikt 12, der Heimat der Heldin Katniss Everdeen, leben die Einheimischen unter ähnlichen Bedingungen wie in der vorindustriellen Zeit, wo Familien von Bergarbeitern provisorisch in Hütten lebten und Nagetiere als Mahlzeiten zu sich nahmen.

Während die Massen aussehen, als ob sie im 19. Jahrhundert lebten, sind sie dennoch der High-Tech-Herrschaft des Kapitols unterworfen, die Technologie verwendet, um die Massen zu überwachen, zu kontrollieren und zu indoktrinieren. Überwachungskameras, RFID-Chips und 3D-Hologramme werden von der Regierung reichlich verwendet, um den Willen einer schwachen und ungebildeten Bevölkerung zu manipulieren (obwohl es Anzeichen von Solidarität und Rebellion unter den Bauern gibt). Um die fragile soziale Ordnung zu bewahren, ist das Kapitol auf eine massive Polizeipräsenz angewiesen, die jederzeit bereit ist, jede Art von Aufstand zu unterdrücken. Die Arbeiter werden oft in zivilen Lagern zusammengetrieben, wo ihnen staatlich geförderte Propagandavideos gezeigt werden. Panem ist daher ein Hightech-Polizeistaat, der von einer mächtigen Elite regiert wird, die versucht, die Massen in Armut und Unterwerfung zu halten.

In scharfem Gegensatz zum Proletariat lebt die Elite in *Die Tribute von Panem* in der glitzernden Hauptstadt und frönt allen möglichen Extravaganzen und Modetrends. Diese Oberschicht der Gesellschaft nimmt den Rest der Bevölkerung als minderwertige Rasse wahr, die verspottet, gezähmt und kontrolliert wird. Alle wertvollen Ressourcen wurden von den Menschen in den Distrikten abgesaugt, um dem Kapitol zu dienen, wodurch eine klare und unüberwindbare Kluft zwischen den gewöhnlichen Menschen und der Elite entsteht. Das Konzept einer opulenten Elite, die über die verdummten und verarmten Massen herrscht (und sie damit leicht handhabbar macht) ist ein wichtiger Aspekt der Neuen Weltordnung und wird in *Die Tribute von Panem* deutlich dargestellt. Dass sich die Regierung auf Hightech-Überwachung und Massenmedien verlässt, um die Bevölkerung in Schach zu halten, sehen wir bereits, und wenn wir weiter in diese Richtung gehen, wird die Welt der Tribute von Panem bald Realität. Es gibt jedoch noch ein anderes Konzept, das für die okkulte Elite wichtig ist und das im Mittelpunkt von *Die Tribute von Panem* steht: Blutopfer, um Angst zu erzeugen und Macht zu erlangen.

Blutopfer für die Elite

Die Regierung von Panem hat die Tribute von Panem ins Leben gerufen, um die Massen an den „großen Verrat“ zu erinnern, den sie mit einer Rebellion begangen haben. Als Strafe für ihre Ungehorsam müssen die zwölf Distrikte von Panem dem Kapitol einen Jungen und ein Mädchen im Alter zwischen 12 und 18 Jahren anbieten, um an den Tributen von Panem teilzunehmen. Die Teenager müssen in einer Outdoor-Arena in einem römischen Gladiatoren-ähnlichen Ereignis, das im ganzen Land übertragen wird, bis zum Tod kämpfen. Die Regeln der Spiele spiegeln die Verachtung und die totale Respektlosigkeit der Elite gegenüber den Massen wider. Der Name der Spiele selbst erinnert an den Zustand des ewigen Hungers, in dem die Unterschicht von den Herrschern absichtlich festgehalten wird, um sie besser kontrollieren zu können.

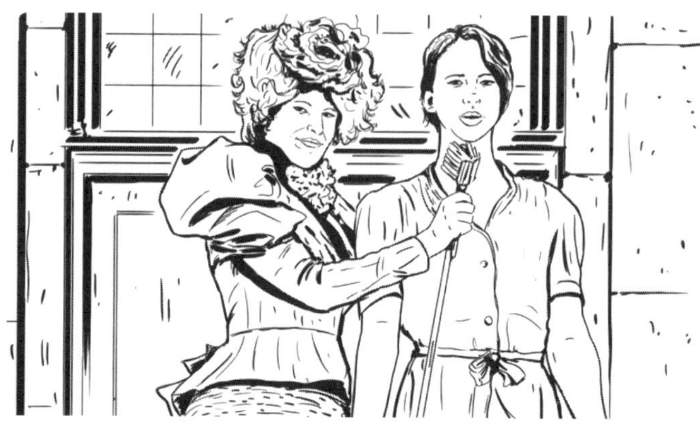

Abb. 36: Katniss wird als Tribut ihres Bezirks ausgewählt

Die Jungen und Mädchen, die für die Teilnahme an den Tributen von Panem ausgewählt werden, werden als „Tribute" bezeichnet, ein Begriff, der normalerweise eine Zahlung eines Vasallen an seinen Herrn beschreibt und damit sogar die Knechtschaft der Masse gegenüber ihren Herrschern widerspiegelt. Blutopfer galten seit jeher als höchste Form des „Tributs" an Götter und auf okkulter Ebene als die mächtigste Macht, die Herrscher und Zauberer anzapfen können. So wie die alten Karthager dem Gott Moloch Säuglinge opferten, opfern die Einwohner von Panem ihre Kinder dem Kapitol. Die Tribute von Panem sind daher eine moderne Version dieser uralten Rituale, an denen die Massen teilnehmen mussten, um dem Zorn ihrer Vorgesetzten zu entgehen. Die gesamte Nation von Panem ist gezwungen, dem Opferritual im Kapitol beizuwohnen, das Angst, Wut und Blutgier in ihnen schürt und die Kraft des Rituals verstärkt. Wir haben bei anderen berühmten Menschen gesehen, dass der Tod bestimmter Personen (Whitney Houston, Heath Ledger, Amy Winehouse, Lady Diana) zu einem solchen Medienereignis werden kann, dass sie tatsächlich Mega-Rituale sind, an denen ganze Nationen teilnehmen. *Die Tribute von Panem* spiegeln dieses Konzept der vielbeachteten Mega-Rituale wider.

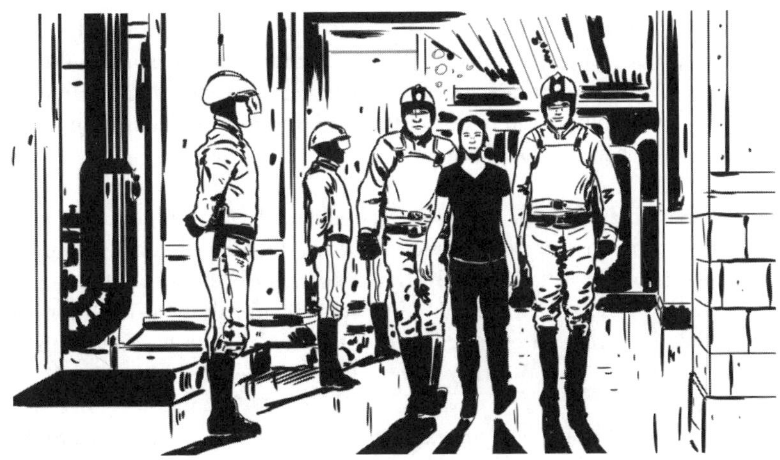

Abb. 37: Die „Tribute“ für *Die Tribute von Panem* werden Eigentum des Staates und werden all ihrer Rechte beraubt

In *Die Tribute von Panem* wird der rituelle Tod von aus der Masse ausgewählten Jugendlichen als Sportereignis verkauft, ein landesweites Fest, das als Reality-Show verpackt wird. Die armen Leute beteiligen sich nicht nur an diesen erniedrigenden Ereignissen, sie jubeln sogar ihren Lieblingen zu. Warum akzeptieren sie das alles? Einer der Gründe ist, dass Massenmedien die Leute dazu bringen können, alles zu akzeptieren … wenn es unterhaltsam ist.

Appell an die niedrigsten Instinkte

Die Spiele werden in Form einer Reality-Show in die Nation übertragen, komplett mit TV-Moderatoren kommentiert, die das Geschehen analysieren, die Tribute interviewen und ihre Leistung beurteilen. Die Tribute sind in dieser Kultur so indoktriniert, dass sie die Spielregeln bereitwillig akzeptieren und bereit sind, mit dem Töten zu beginnen, um die Spiele zu gewinnen.

Auch die Massen beteiligen sich aktiv an der Veranstaltung und jubeln ihren Bezirksvertretern zu, obwohl die gesamte Veranstaltung ihr eigenes Opfer feiert. Dies spiegelt eine traurige, aber wahre Tatsache in Bezug auf die Massenmedien wider: Jede Art von Botschaft kann Menschen erreichen, wenn sie es schafft, ihre Aufmerksamkeit zu erregen. Es gibt zwei Dinge, die automatisch, fast unwiderstehlich, unsere Aufmerksamkeit auf sich ziehen: Blut und Sex, die Überbleibsel unserer Urinstinkte. Die schiere Gewalt der Veranstaltung erregt die Aufmerksamkeit der Massen, die vergessen, dass die Spiele als Erinnerung an die Knechtschaft des Volkes gegenüber seiner Elite dienen.

Dieses Konzept ist in den heutigen Massenmedien bereits bekannt und wird voll ausgeschöpft, da von der Elite gesponserte Botschaften ständig als „Unterhaltung“ an die Verbraucher verkauft werden. *Die Tribute von Panem* schildern daher treffend die Rolle der Medien bei der Manipulation der öffentlichen Meinung. Wird der Film jungen Menschen helfen, diese Tatsache zu erkennen?

An einem Punkt in *Die Tribute von Panem*, schockiert der Tod eines kleinen Mädchens die Menschen so sehr, dass es einen kurzen Moment der Klarheit und Solidarität bedeutete, als der Mord die Gräueltaten der Spiele hervorhebt. Die Live-Übertragung des Todes führt zu einem gewaltsamen Aufstand in ihrem Bezirk, als die Einheimischen erkennen, dass sie bereit waren, an etwas Schrecklichem teilzunehmen. Der Aufstand wird jedoch schnell von der allgegenwärtigen Polizei des Staates niedergeschlagen.

Um weitere soziale Probleme zu vermeiden, führen die Produzenten der Show außerdem ein neues Element in die Show ein: Die Liebe zwischen Katniss Everdeen und Peeta Mellark, dem Mädchen und dem Jungen aus Distrikt 12. Durch die Einführung von Liebe (und damit auch Sex) in die Show gelingt es den Produzenten, die Massen zu unterdrücken und sie in ihren üblichen Zustand der stummen Betäubung zurückzubringen.

Dieser Teil des Films spiegelt wider, wie die Massenmedien heute von den Mächtigen genutzt werden. Die weltweite Reichweite von *Die Tribute von Panem* selbst beweist, dass Geschichten, die geschickt die Ingredienzien von Sex und Gewalt beinhalten, Menschen süchtig machen. Und obwohl *Die Tribute von Panem* die Perversität der Gewalt in den Massenmedien anzuprangern scheint, bringt es sicherlich mehr davon in die Kinos.

Desensibilisierung gegenüber einer neuen Art von Gewalt

Während es in Hollywood keinen Mangel an Gewalt gibt, überschreitet der Film *Die Tribute von Panem* eine Grenze, die in Filmen selten zu sehen ist: Gewalt von Minderjährigen und gegenüber Minderjährigen. In diesem PG-13-Film sehen wir Kinder im Alter zwischen 12 und 18 Jahren, die anderen Kindern gewaltsam in das Genick stechen, sie aufschlitzen, erwürgen, erschießen und ihnen das Genick brechen – Szenen, die in Hollywood-Filmen selten zu sehen sind.

Während es sicherlich eine Möglichkeit für den Film ist, die Aufmerksamkeit des Zielpublikums des Films zu erregen (das zufällig Teenager im Alter von 12 bis 18 Jahren sind), rückt *Die Tribute von Panem* eine neue Form von Gewalt in den Vordergrund, die zuvor als zu verstörend angesehen wurde, um sie in Filmen darzustellen. Aber in dem speziellen töte-oder-werde-getötet-Szenario von *Die Tribute von Panem* gehen die Zuschauer leicht über diese psychologische Barriere hinaus und finden sich wieder dabei, wie sie dem Film Sachen entgegenschreien wie „Komm schon, Katniss, verneige dich und schieß diesem bösartigen kleinen Deppen in den Kopf!“.

Die Tribute von Panem spielt in einer Welt, die genau das ist, was als Neue Weltordnung bezeichnet wird: Eine reiche und mächtige Elite, eine ausgebeutete und verdummte Menschenmasse, die Auflösung von Demokratien in polizeistaatliche Einheiten, Hightech-Überwachung, Massenmedien für Propaganda und jede Menge Blutrituale.

In der dystopischen Zukunft, die in *Die Tribute von Panem* beschrieben wird, gibt es in der Tat nichts Optimistisches. Sogar die Menschenwürde wird entzogen, da die Massen gezwungen sind, zuzusehen, wie ihre eigenen Kinder sich gegenseitig töten, als wären sie eingesperrte Tiere. Davon abgesehen gibt es kaum einen Unterschied zwischen Kinobesuchern, die den Film *Die Tribute von Panem* sehen und den Massen im Film, die Zeugen der Grausamkeit der Spiele sind. Beide sind willige Teilnehmer an einer Veranstaltung, die das eigene Opfer unter den amüsierten Augen der Elite darstellt. Darüber hinaus kann man argumentieren, dass der Film die gleichen Funktionen erfüllt wie die Spiele im Film: Die Massen mit Blut und Sex abzulenken und gleichzeitig an die Macht der Elite zu erinnern. [(61)]

Die Symbolik in den Filmen

Panem – die Hauptstadt des Saturn

Die Hauptstadt des „neuen Amerika“ oder Panem ist ein eindeutiger Hinweis sowohl auf Arkadien als auch auf den griechischen Gott der Küche – Pan (Witz). Im Ernst, Arkadien war der Ort, von dem man seine Inspiration schöpfen sollte, und beide sind Symbole der ungezügelten, oft verschwenderischen, wilden Partys usw.

Aber der griechischen Mythologie zufolge war Arkadien auf dem Peloponnes die Domäne von Pan, einer unberührten Wildnis, in der der Gott des Waldes und sein Hof aus Dryaden, Nymphen und anderen Naturgeistern hausten.

Das *Tribute von Panem* Kapitol ist ein „städtischer“ Wald der „Götter“ und in seiner klassischen „symbolischen Umkehrung“ der wahren Bedeutung wird es zu einer Stadt, die all dem gewidmet ist, was das Gegenteil von wahrer Freiheit wäre.

Saturn wird oft als Ziege oder Ziegenkopf symbolisiert, weil sein astrologisches Zeichen Steinbock ist – die Ziege. Pan ist die Ziege und daher ist die Saturn-Symbolik in der zusammengesetzten Darstellung des Teufelsbildes oder Baphomet offensichtlich. Sowohl Steinbock als auch Wassermann werden von Saturn und seiner „verborgenen Schwingungs“-Wirkung von „seinen Mächtigen“, das Bankwesen, das Gesetz, die Bildung usw. regiert, daher ist Pan„e“m die ultimative Saturn-Stadt der Zukunft.

Tatsächlich ist der Grundriss und die „Vision“ der Hauptstadt Panem sehr viel die typische totalitäre zukünftige Nazi-ähnliche Stadt. Es ist auch ein Wort, das sich auf „Pandämonium“ in Form einer Pandemie bezieht und wiederum auf Chaos abhebt, oder genauer gesagt „Ordnung aus dem Pandämonium“. Bereiten *Die Tribute von Panem* die Jugend von heute auf eine Art tyrannische Zukunft vor, die aus den Ereignissen des nächsten Jahrzehnts hervorgegangen ist, die zu einem globalen Pandemonium führen?

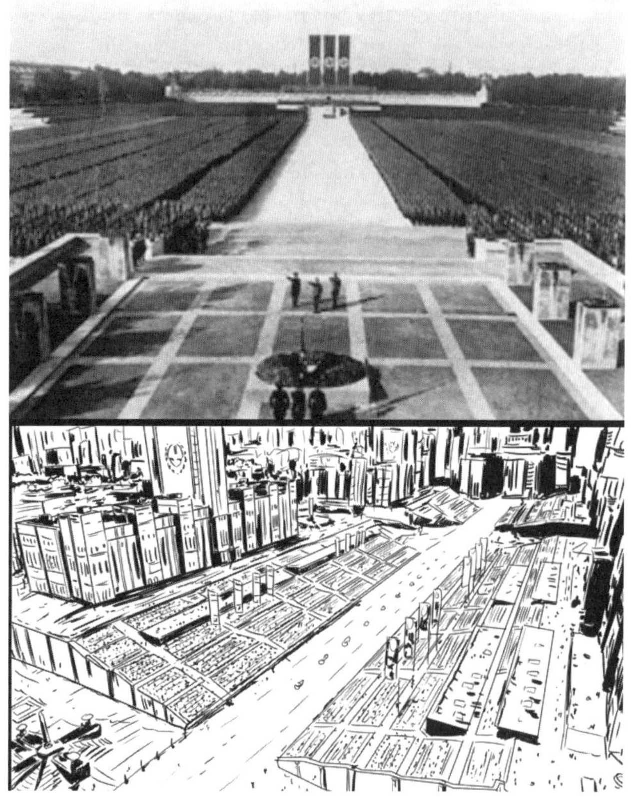

Abb. 38: Erkenne den Unterschied? Die Geschichte könnte sich wiederholen

Im ersten Film gab es sogar einen „schwarzen Saturn-Kubus“ im Zentrum der Hauptstadt (der mich, wenn auch nur symbolisch, an die NSA-Zentrale erinnerte), ein weiteres Symbol für totale Überwachung für totale Überwachung, Vergötterung und Informationsunterdrückung. Panem hat die „ultimative Stadt“, die ein zukünftiges Amerika regiert, und sie besteht aus zwölf Bezirken. So wie unsere Zeitwahrnehmung von 12 Stunden, Monaten usw. bestimmt wird, ist Panems Hauptstadt eine weitere „Zeitherrenstadt", die „symbolisch" über ihre Segmente, Bezirke oder Regionen herrscht.

Damit verbunden ist das „e" von Pan „e" m, ein häufig verwendeter Buchstabe mit numerologischen Assoziationen in vielen Logos oder Unternehmen, nicht zuletzt in den Intel- und Saturn-ähnlichen Explorer-Logos.

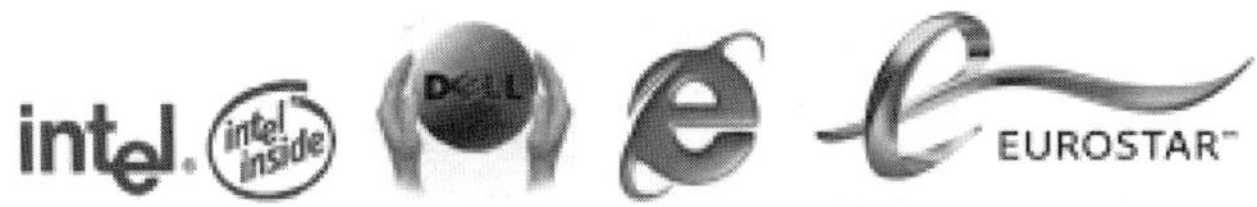

Abb. 39: Ein „e" geht um die Welt

Nach Ansicht einiger Forscher ist der Buchstabe „e" ein sehr wichtiger Buchstabe / eine sehr wichtige Zahl, da er die fünfte Essenz (Element) oder die „Kraft der Transzendenz" darstellt, die genau der Ort (die Hauptstadt von Pan „e" m) ist, an dem die Macht und die Spiele ausgespielt werden. „E" wird immer in Logos und Symbolik hervorgehoben oder weggelassen, um diese Kraft der Transzendenz zu verstärken.

„M" ist auch ein weiterer wichtiger Buchstabe für die Mysterienschulen der Antike, da er das numerologische Äquivalent von „13" ist. Wir haben den Aufstieg und Fall von Amerika in den „Tributen von Panem"-Bücher, und das bezieht sich natürlich auf die ursprünglichen 13 Bezirke oder die 12 Sektoren plus 1 (das Kapitol).

Es gibt natürlich 12 Juroren und 1 Richter. „M" oder der 13. Buchstabe im Alphabet ist der Meister mit 12 Schülern und 13 ist esoterisch gesprochen der „Erfahrer" der 12 Tierkreiszeichen. Es gibt nur 12 Monate im Gregorianischen Sonnenkalender, aber 13 Monate im Mondkalender, es gab 13 Bezirke, aber jetzt sind nur noch 12 übrig usw. Zahlen (und Buchstaben) sind Schwingungscodes, die das Unterbewusstsein beeinflussen. Wie David Icke einmal in „The Biggest Secret" schrieb:

„Diese Zahlencodes haben noch tiefere Bedeutungen als die offensichtlicheren von Tagen, Monaten und dem Tierkreis. Zahlen repräsentieren auch Schwingungsfrequenzen. Jede Frequenz schwingt mit einer bestimmten Zahl, Farbe und einem Klang. Einige Frequenzen, dargestellt durch Zahlen, Farben und Töne, sind besonders stark. Symbole repräsentieren auch Frequenzen und wirken auf das Unterbewusstsein, ohne dass die Person es merkt. Dies ist ein weiterer Grund, warum bestimmte Symbole in Geheimbünden, Nationalflaggen, Firmenlogos, Werbung usw. zu sehen sind."

Und ich würde vorschlagen, dass die sorgfältig ausgewählten Details in solchen Filmen Teil dieser Begründung sind.

Der Freimaurer-Adler, der im Logo für *Die Tribute von Panem* und das Kapitol verwendet wird, ist eindeutig eine Wiedergabe des antiken römischen Adlers und ist auf dem Großen Siegel von Amerika und auf vielen Nazi-Insignien zu finden.

Es ist der Phönix, der aus dem Chaos aufsteigt, der Vogel der Veränderung und Auferstehung. Das gleiche Symbol wurde auch in anderen Filmen oft verwendet.

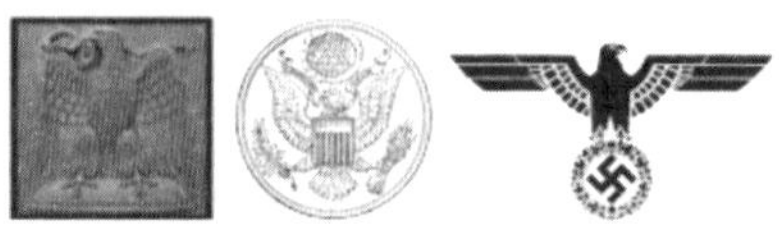

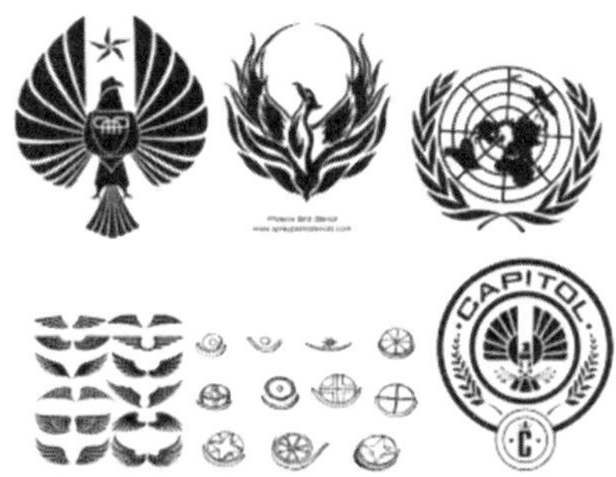

Abb. 40: Wiederkehrende Symbolik in der Geschichte und im Film. Zeichen und Symbole regieren die Welt, keine Gesetze

Die geflügelte Scheibe oder das Schwert mit Flügeln ist auch ein klassisches altes Saturnsymbol und bezieht sich auf den jetzt gasförmigen Riesen als Herr der Ringe, der über eine goldene Ära auf einer ganz anderen Erde herrscht. Je mehr ich mir die Saturn-Symbolik ansehe, desto mehr sehe ich eine „Gedankenform" (Wellenform) oder eine Schwingung, die das kollektive Denken der Menschheit durchdringt.

Die 12 Distrikte / Agenda 21

Man muss kein Experte sein, um die Zusammenhänge zwischen der sogenannten Agenda 21 und der möglichen (eventuellen) Umgestaltung des Landes im heutigen Amerika zu etwas zu werden, das dem der Bezirke in den Filmen von *Die Tribute von Panem* ähnlich ist.

Agenda 21 wurde 1992 auf der Konferenz der Vereinten Nationen für Umwelt und Entwicklung in Rio de Janeiro, Brasilien, gegründet, die von Maurice Strong, einem kanadischen Öl- und Wirtschaftsmilliardär und langjährigen Frontmann der Rothschilds und Rockefellers, veranstaltet wurde. Strong war einer der Anführer des Programms „Die Umwelt ausnutzen, um die Menschen zu betrügen", das heute von fast allen Ländern weltweit als Standardrichtlinie angenommen wird. (62) Die durchgesickerten Karten der neuen EU-„Regionen" zeigen auch „Bezirke" oder Regionen, (63) die letztendlich das Land, die Grenzen und damit die „Realität" für die Menschen über das hinweg verändern würden, was einst als nationale Souveränität galt.

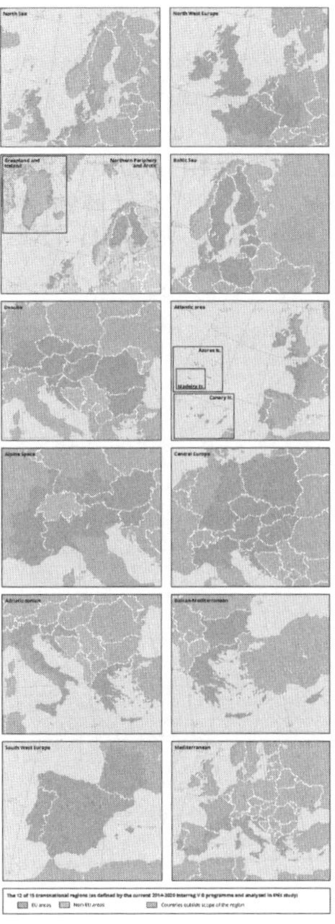

Abb. 41: Laut der EU-Website „eea.europe.eu: „Die transnationale Zusammenarbeit umfasst Regionen aus mehreren Ländern der EU, die größere Gebiete bilden. Es zielt darauf ab, eine bessere Zusammenarbeit und regionale Entwicklung innerhalb der Union durch einen gemeinsamen Ansatz zur Lösung gemeinsamer Probleme zu fördern." Im englischen Text ist von einer „union" die Rede, einer „Einheit", wie es Joe Biden 2021 verwendete, dazu später mehr im Kapitel

Agenda 21 ist im Grunde genommen die Beschlagnahme der amerikanischen Landmasse (zusammen mit dem Volk) für wenig und stark regulierten Gebrauch. Es ist eine glorifizierte „Einschließungsbewegung" in „sehr großem Maßstab".

Die Masse der Bevölkerung würde sich in hoch aufragenden, dicht gepackten „menschlichen Siedlungszonen" konzentrieren und ihnen den Zugang zu etwa 80 Prozent des heutigen Amerikas verwehren. Agenda 21 ist ohne Frage die Welt der *Tribute von Panem* mit einer global durchgesetzten von-oben-nach-unten-Hierarchie, in der eine Weltregierung ihre Weltarmee und -polizei einsetzt, um ihren Willen auf regionaler und lokaler Ebene (den Bezirken im Film) durchzusetzen.

Das von Rockefeller finanzierte Amerika 2050 hat auch eine Karte der neuen Vereinigten Staaten erstellt, die in „elf" „Megaregionen" unterteilt ist, die Teile Kanadas umfassen. Die Karte zeigt den Nordwesten der USA und Kanada als Megaregion, bekannt als „Cascadia", und dieses Regionalsystem kommt unter dem Sammelnamen „Megalopolis" zusammen, was griechisch für Großstadt steht. Sie hätten es einfach Panem nennen sollen! Denken Sie nicht eine Minute lang, dass das Drehbuch für die Bücher von *Die Tribute von Panem* reine „Fiktion" ist.

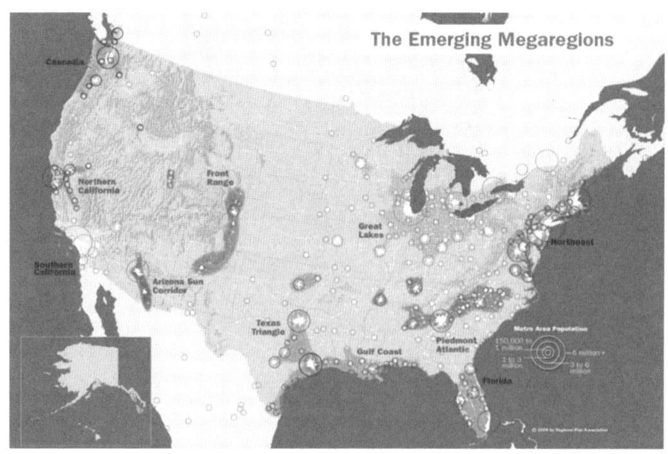

Abb. 42: Panem ist in Arbeit

Sowohl die Reduzierung der Nutzung von CO2-Kraftstoffen als auch die Reduzierung der Bevölkerung, damit diese im Namen der „Rettung des Planeten" leichter „gemanaged" werden kann, ist Teil der Agenda 21. Sogar das Global Biodiversity Assessment der Vereinten Nationen fordert, die Weltbevölkerung auf eine Milliarde zu reduzieren, und „elitäre" Frontmänner wie der Microsoft-Milliardär Bill Gates und der CNN-Gründer Ted Turner haben sich für eine solche Ausrottung ausgesprochen. Turner gab den Vereinten Nationen mehr als eine Milliarde Dollar für die Bevölkerungsreduzierung und sagte, die ideale Zahl liege zwischen 200 und 300 Millionen – eine Reduzierung von 95 Prozent.

Präsidenten Snow ist eine klassische Cronos (Saturn)-Figur. Der Weihnachtsmann-Look ist eine Sache, aber die „Vaterfigur" und der tyrannische Präsident, der über Panem (Saturns Hauptstadt) residiert, ist ein kleines Werbegeschenk. Saturn war der Gott der Zeit, oft dargestellt als Baby in einer Krippe und als alter weißbärtiger Mann, den wir heute „Alte Vaterzeit" nennen, und Snow präsidiert natürlich als „Vaterzeit" über die 12 Bezirke.

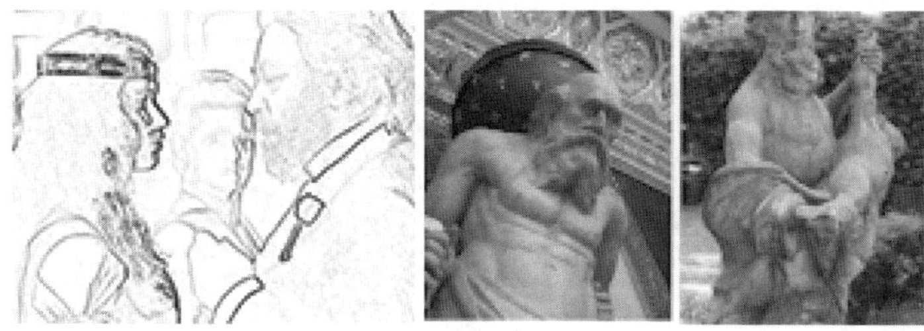

Abb. 43: Cronos in verschiedenen Kunstformen

Der Name „Cronos" bedeutet eigentlich „Zeit" und als Gottheit, die seine Kinder verschlingen soll, genießt auch Snow symbolisch die Spiele, die den „auserwählten" Kindern (Tribute) den Tod bringen soll. Dem Mythos nach verschlang Saturn seine Kinder, damit sie ihn nicht stürzen würden, daher die Logik hinter den Tributen von Panem. Es ist die satanische (saturnische) Denkweise der Illuminati-Blutlinie zum freimaurerischen „T". Snow veranstaltet sogar rauschende Präsidentenpartys in der Hauptstadt, während die Bevölkerung der 12 Bezirke in ihren Freiluftgefängnissen verhungert. Klingt das zu bekannt, um es in der Zukunft zu sehen?

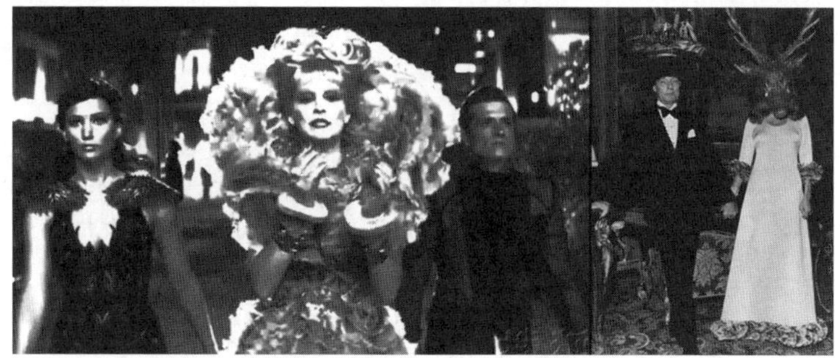

Abb. 44: Großzügige Partys der Elite von Panem – Großzügige Partys der Rothschilds und anderer Elite-Familien

Katniss ist Artemis - die Göttin

Laut Wikipedia diente der griechische Mythos von Theseus als wichtige Grundlage für die Geschichte von *Die Tribute von Panem*, aber diejenigen, die meine Bücher lesen, werden nicht überrascht sein, dass Katniss eher eine Darstellung von Artemis, Diana und sogar Europa ist.

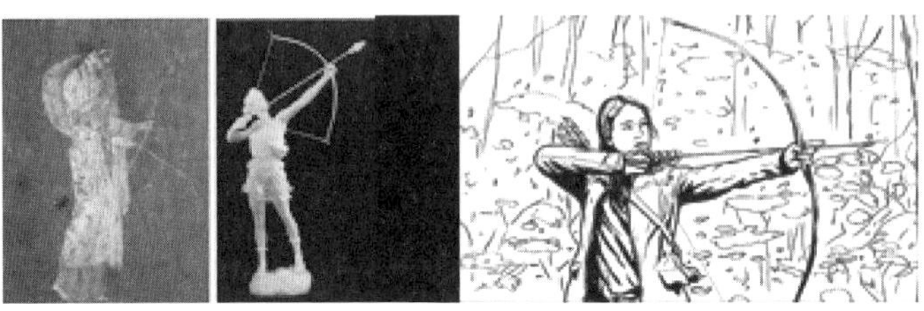

Abb. 45: Diana, Artemis, Katniss – immer der gleiche Archetyp

In der klassischen Periode der griechischen Mythologie wurde Artemis oft als Tochter von Zeus und Leto und Zwillingsschwester von Apollo (daher in Brand geraten) beschrieben. Sie war die hellenische Göttin der Jagd (der Hunger Games) und die Göttin der wilden Tiere, der Wildnis, der Geburt, der Jungfräulichkeit und der Beschützerin junger Mädchen (Prem und ihre Schwester im Film). Oft wurde sie als Jägerin mit Pfeil und Bogen dargestellt, und Artemis wurde von den Panarkadern des antiken Griechenlands als Tochter von Demeter angesehen – den Matriarchinnen, die dem olympischen Pantheon vorausgingen. Ich kann nicht bestätigen, dass Collins den Archetyp der Artemis für ihren Charakter Katniss verwendet hat, aber was zu beobachten ist, ist, dass diese weibliche Schlüsselrolle ein Symbol für „Revolution", eine neue Ordnung und vor allem ein neues Weltsystem zu sehen ist. Zurück zur Symbolik. Hier zwei Szenen aus dem 2. Film „Carching Fire".

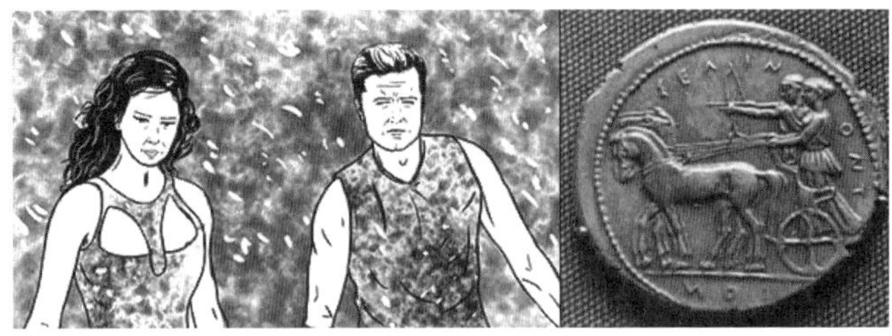

Abb. 46: Katniss und Peeta in Flammen, sie sind Apollo und Artemis, die wie auf einem Streitwagen auf einer griechischen Münze abgebildet sind

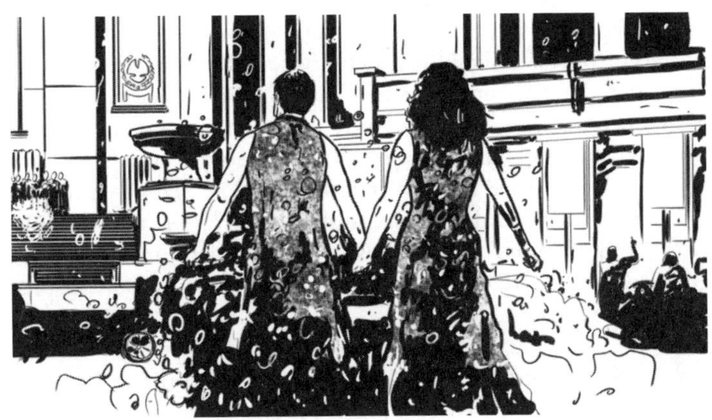

Abb. 47: Burn baby, burn

Sowohl Katniss als auch Peetas Kostüme entzünden sich, wenn sie die Arena vor dem Turnier betreten, und da Katniss zum brennenden Vogel wird, ist sie eine Verkörperung der kommenden Transformation – des Anfangs und des Endes. Katniss und Peeta sind Symbole von Artemis und Apollo (Zwillinge) und Kinder der Neuen Weltordnung der Götter. Rauchloses Feuer ist auch ein wichtiges Symbol der Illuminaten und ihr Vehikel, um mit den Archonten zu kommunizieren.

Katniss ist die mit der Sonne (Feuer) bekleidete Frau im Buch der Offenbarung, und die EU, die UNO und der UN-Sicherheitsrat replizieren diese Symbolik als Phoenix, der sich aus Tyrannei und Krieg erhebt.

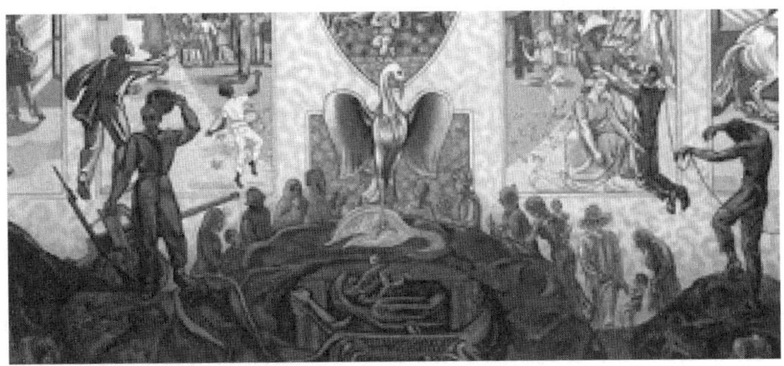

Abb. 48: Per Krohgs Gemälde im Sicherheitsrat der Vereinten Nationen. Die Ikonologie einer neuen Weltordnung

Ein zentrales Element des UN-Sicherheitsratssaals ist das Ölgemälde auf Leinwand des norwegischen Künstlers Per Krogh. Es zeigt auch einen Phönix (Bennu Vogel), der aus seiner Asche aufsteigt, als Symbol für den Wiederaufbau der Welt nach dem Zweiten Weltkrieg. Über den dunklen, unheimlichen Farben unten sollen verschiedene Bilder in helleren Farben die Hoffnung auf eine bessere Zukunft symbolisieren. Hoffnung ist das, was Miss Everdeen in der Handlung darstellen soll, so dass die „Symbolik der Hoffnung" und einer besseren Welt erneut verstärkt wird. Die Hauptverantwortung des Sicherheitsrats liegt natürlich in der Wahrung des Weltfriedens und der internationalen Sicherheit. Als „Notaufnahme" (in der dieses Wandbild lebt) muss die UNO laut ihrer Direktive jederzeit einsatzbereit sein, wenn der Frieden bedroht ist. Es ist natürlich vollkommen umgekehrte Symbolik.

Da die Artemis-Symbolik in den Büchern und Filmen von *Die Tribute von Panem* so offensichtlich ist, ist es erwähnenswert, dass die EU ein Projekt namens „Artemis Joint Undertaking" hat, dass genau die technologische Hard- und Software bereitstellt, die leicht Teil dieser dystopischen Zukunft sein könnte. Nach 9/11 gab es die Tochtergesellschaft der Carlyle Group namens „Matrics", die einen Hakenkreuz-förmigen Tracker-Chip vorantrieb, der in der globalen zukünftigen RFID-Infrastruktur verwendet werden würde. Aufbauend auf der Rückseite der IBM-Technologie wurden die Artemis-Systeme nicht nur entwickelt und als Mittel verkauft, um die Bekämpfung und Erkennung von Infektionen bei Säuglingen vermeintlich zu ermöglichen, sondern auch dazu, um Daten bis hin zu „Echtzeit-Sensoren" wie die Fütterung zu kreieren, was man wohl die „Maschinenwelt" nennen würde. Auf der Artemis-Website heißt es dort zunächst fast schönfärberisch:

„Artemis arbeitet daran, eingebettete Computersysteme zu schaffen, die zwar unsichtbar sind, aber einen wesentlichen Beitrag zur Verbesserung unseres täglichen Lebens leisten. Diese Vorgehensweise ist neu, denn Artemis bietet state-of-the-art industrielle Anwendungen an, die ein wesentlicher Bestandteil der europäischen Wirtschaft sind und einer elektronischen Währung (Weltwährung) ähneln.

Um Volkswirtschaften zu fördern, zu skalieren, Kosten zu senken und die Vermarktung von auf diesen Technologien basierenden Produkten zu fördern, startet die Europäische Union (EU) eine öffentlich-private Partnerschaft im Bereich der Forschung zu eingebetteten Computersystemen in Form einer gemeinsamen Technologieinitiative, der von ARTEMIS."

Mit anderen Worten, die massive Integration von Chips in Bankkarten, Autos und Flugzeuge (alle Transportmittel), in alle Computergeräte würde 98% der gesamten Nutzung weltweit abdecken. Der Markt dafür ist unbeschreiblich, mit über 4 Milliarden verkauften Embedded-Systemen im Jahr 2007 und einem Weltmarktwert von 60 Milliarden Euro und einem Anstieg von 14 % pro Jahr im Jahr 2010!

Sprechen Sie darüber, von der „glücklichen" Knechtschaft anderer zu profitieren? Panem, wir kommen!

Computer entfernen sich vom Schreibtisch und sind in „Alltagsgeräten" aller Art zu finden, vom Telefon bis zum Smart Meter. Durch eingebettete Systeme werden Innovationen ermöglicht, unser Leben gesünder und interessanter (so sagen sie uns), Verkehr wird sicherer und unser Energieverbrauch nachhaltiger. Sie sind das Herzstück industrieller Innovation und Wettbewerbsfähigkeit, schaffen und erhalten Arbeitsplätze und wirtschaftliches Wohlergehen, oh ja?

Im Film und wie in anderen Filmen dieses Genres wird die Welt von Mikrochips, holographischen Schnittstellen gesteuert und am Ende werden Computer und das World Wide Web zu einem „lebendigen Maschinenbewusstsein". Das Internet ist ein künstliches Bewusstsein und könnte ohne Vorstellungskraft zu einem Lebewesen werden. Ein Himmelsnetz zur totalen Überwachung, wenn Sie möchten.

Laut ARTEMIS-Website würden bis 2020 über 40 Milliarden Embedded Computer im Umlauf sein, und natürlich wird 2022 aus meiner Sicht ein entscheidendes Jahr für die Wende in Bezug auf die Weltveränderungen sein. Wie auch immer die Welt aussehen mag, sie wird von Technologien gesteuert, mit denen man die Reste der Freiheit zerstören könnte. In welchem Bezirk wirst du sein?

Willkommen in der Neuen Weltordnung

Die Welt, in die Katniss hineingeboren wurde, ist der „Himmel" der Illuminaten, ein Ort der totalen Knechtschaft und „Ordnung" – eine „neue Weltordnung", die wieder am Rande des Wandels steht. Es ist ein Polizeistaat der ultimativen Art, der seltsamerweise dem im Film Equilibrium und THX 1138 nicht unähnlich ist, letzteres war der erste offizielle Film von George Lucas.

Alle diese Filme zeigen einen Militärpolizeistaat, der einer Sklavenrasse totale Gewalt und Brutalität zufügt. Ein Zukunftsszenario, das vielleicht nicht so weit entfernt ist, es sei denn, die Leute beginnen das Gefängnis zu sehen, das heute um ihre Sinne herum gebaut wird, in dieser Zeitrahmen-Realität!

Passend zum geschmacklosen Nazi-Deutschland-Thema sieht der Stadtplatz des Kapitols in mehreren der Bezirke und in der Hauptstadt den Kundgebungen des Nazi-Deutschlands vor dem Krieg nur allzu ähnlich, mit seinen Tribünen, vor denen Tausende von Zuschauern und Unterstützern standen, drapierte Insignien und ein Podium, von dem aus der Diktator seine Propaganda unter die Massen bringt.

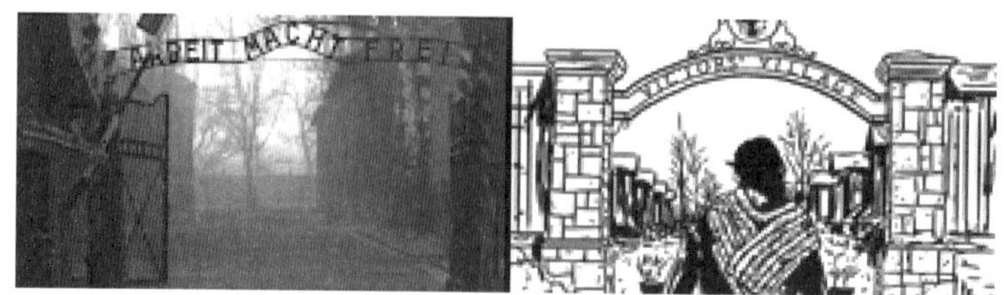

Abb. 49: Die Unterdrückung macht frei

In einer anderen Szene wird der Eingang zum „Dorf der Sieger" gezeigt, der auf unheimliche Weise an den Eingang des berüchtigten NS-Konzentrationslagers Auschwitz erinnert.

Mit seinem unverwechselbaren Schild mit der Aufschrift „Arbeit macht frei" oder „Arbeit wird euch frei machen", wird ein Gefühl von der Art der Welt erzeugt, wie das futuristische Amerika / Europa werden (könnte) – ein riesiges Arbeitslager.

Laut der Autorin ist der stumme Gruß von Katniss „eine alte und selten verwendete Geste unseres Bezirks, die gelegentlich bei Beerdigungen zu sehen ist. Es bedeutet Dank, es bedeutet Bewunderung, es bedeutet auf Wiedersehen von einem geliebten Menschen".

Aber es ist interessant, wenn Sie etwas tiefer graben und feststellen, dass der Gruß an bestimmte Nazi-Jugendgrüße erinnert, die in den späten 1930er Jahren in ganz Osteuropa gemacht wurden!

Das Bild oben links ist eine moderne ukrainische Pfadfinderin und ein verziertes Bild, das den Eindruck der Hitlerjugend-Propaganda von damals vermittelt.

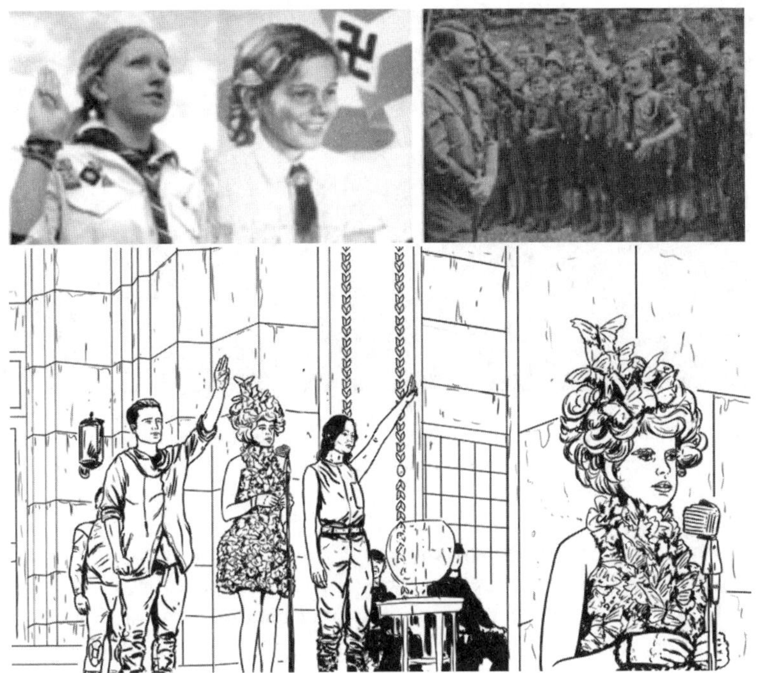

Abb. 50: Bilder sagen mehr als tausend Worte

Welche Art von Revolution symbolisiert Katniss? Wird die Jugend von heute auf eine weitere Revolution vorbereitet, der eine weitere Diktatur folgt?

Wie viele „Prominente“ werden wir noch als Sprachrohr der Revolution „benutzt“ sehen?

Ich bin für eine friedliche Revolution, basierend auf Respekt und Liebe, aber die Filme porträtieren diese Art von „Revolution“ nie. Eine friedliche Revolution ist „inspiriert von der inneren Welt“ der Vorstellungskraft und nicht unbedingt von der äußeren Welt der fünf Sinne.

Die Art von Revolution, die die „Elite“ uns hier entfalten möchte, wäre eine, die aus dem „Pandämonium“ hervorgegangen ist.

Keine gute Wahl, nicht einmal für einen Pan-ähnlichen Mann.

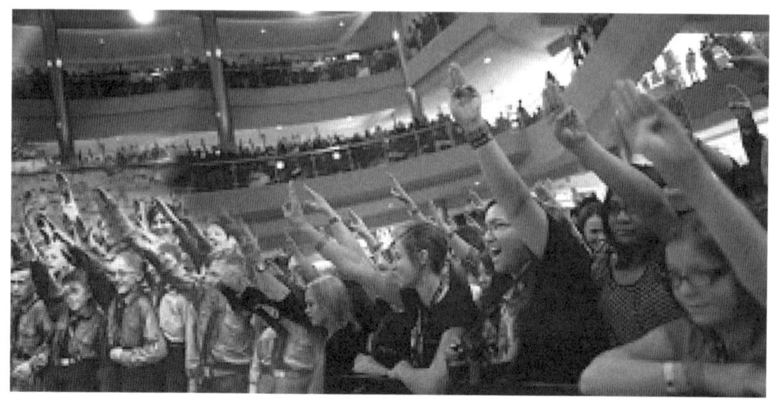

Abb. 51: Ein Kult im Entstehen, als junge Fans den Stars des Films während eines Auftritts im Microsoft Store in der Mall of America in Bloomington, Minnesota, einen symbolischen Gruß darbringen

Die Girl Scouts of America übernahmen auch den Drei-Finger-Gruß, bei dem sich Daumen und kleiner Finger mit drei ausgestreckten Fingern berühren. Katniss Everdeen zollt ihren Kollegen den Respekt und wird zu einer Heldin, wenn sie Panems Zuschauern auf der Siegestour salutiert. Anders als der empfohlene Pfadfindergruß, streckt (oben) Katniss den Arm aus, wie es Nazi-Sympathisanten während des Zweiten Weltkriegs taten. Haben wir es hier mit der Entstehung eines kleinen (oder gar neuen großen) Kultes zu tun? Beachten Sie die Lady Gaga-ähnliche Effie Trinket im Monarchfalter-Outfit (oben rechts), ein klassisches Symbol für das Projekt Monarch (MKULTRA Gehirnwäsche), die nach dem Zweiten Weltkrieg nicht zuletzt durch die Aktivitäten des wahnsinnigen Todesengels Joseph Mengele entstanden ist. (64)

Dass die Fiktion des Films gar nicht so weit weg von der Realität ist, zeigen einige Ereignisse aus der Gegenwart:

Joe Bidens Amtseinführungszeremonie am 20. Januar 2021 wurde mit *Die Tribute von Panem* verglichen, da viele seltsame Parallelen zu dem dystopischen Science-Fiction-Film fanden, dessen Themen alles andere als „Einheit“ beinhalten, von denen der neue US-Präsident sprach.

Zur Feier von „Amerikas Tag … dem Tag der Demokratie“ betrat Lady Gaga mit einer Aufführung der Nationalhymne die Stufen des Kapitols, bevor Biden und Vizepräsidentin Kamala Harris im Amt vereidigt wurden. Die Zuschauer schienen jedoch von Lady Gagas Outfit fasziniert zu sein, vor allem von ihrer übergroßen Brosche, die mit dem „Mockingjay“-Symbol aus den Tributen von Panem verglichen wurde. Das im Film enthaltene Symbol ist das einer fiktiven Rebellion gegen das despotische „Kapitol“.

Also… symbolisiert Lady Gagas „Mockingjay“ („Spotttölpel“) den Beginn unserer eigenen Tribute von Panem? In den Büchern sind die Spiele im Grunde eine Strafe für die Bezirke, nachdem sie einst das Kapitol angegriffen haben. Das kommt einem seltsam bekannt vor, was zwei Wochen zuvor in Amerika passiert ist – ein Sturm auf das Kapitol. (65)

„RT America“ berichtet: *„Die unheimliche Ähnlichkeit ging auf dem offiziellen Twitter-Kanal des Films nicht verloren, auf dem man scherzte: ‚Wir vermissen eine unserer Mockingjay-Anstecknadeln, hat sie jemand gesehen?‘“* (66)

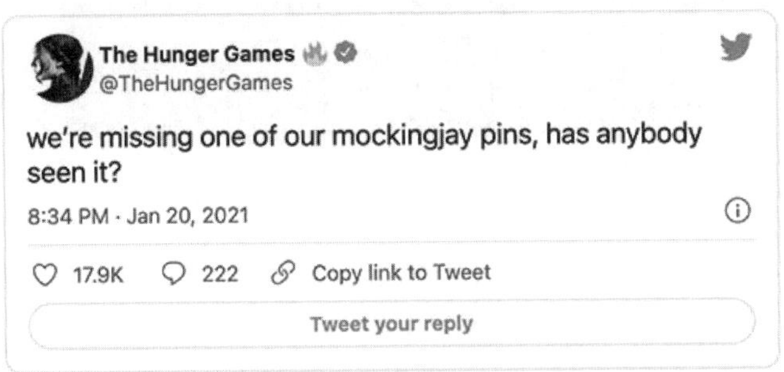

Abb. 52: Tweet auf dem offiziellen Kanal des Film's

Obwohl die Sängerin zuvor klarstellte, dass es sich bei der Anstecknadel tatsächlich um eine „Taube mit einem Olivenzweig“ handelt, drängten sich die Vergleiche mit dem Film, in dem das regierende Kapitol jedes Jahr die Jugendlichen zwingt, in einem blutigen Kampf bis zum Tode zu kämpfen, nur so auf.

Die Ähnlichkeiten endeten nicht mit Gaga. Während seiner Antrittsrede bezeichnete Biden die „Einheit“ als „das schlagende Herz“ der amerikanischen Demokratie und wiederholte damit eine Rede des fiktiven Präsidenten von Panem, Coriolanus Snow, der das autoritäre Kapitol als „das schlagende Herz“ der Nation charakterisiert.

„Eure Distrikte sind der lebendige Leib dieser Nation, das Kapitol ist das schlagende Herz. Eure harte Arbeit ernährt uns, und im Gegenzug ernähren und schützen wir euch“, warnt Snow im dritten Teil der Filmreihe vor der Rebellion – im Film auch als „dunkle Tage“ bezeichnet, vielleicht nicht weit weg von Bidens Vorhersage eines „dunklen Winters“ inmitten der Covid-19-Pandemie. (67)

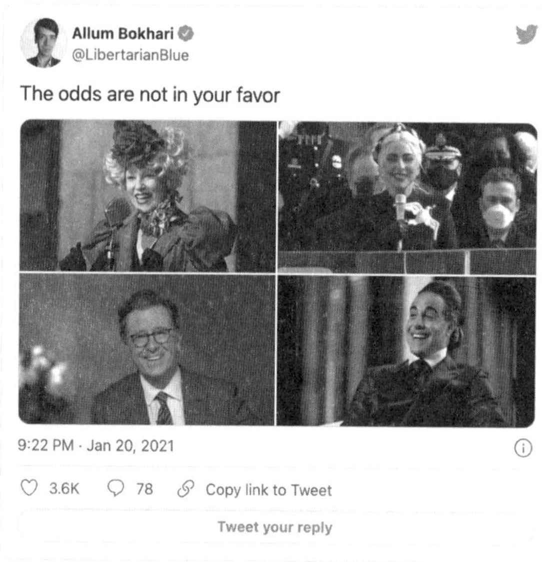

Abb. 53: „Die Chancen stehen nicht zu Ihren Gunsten."

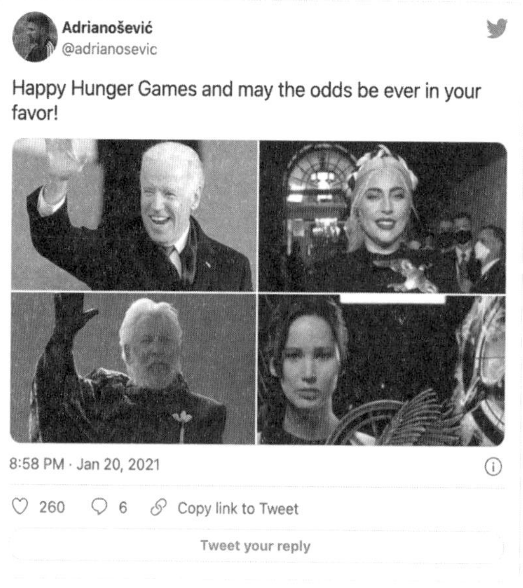

Abb. 54: Kopiert der Film die Realität oder ist die Fiktion bereits Realität?

Hier eine Meldung aus dem Oktober 2021:

Chicagos wichtigste Polizeigewerkschaft fordert die Beamten weiterhin auf, die Linie zu halten, während das Polizeihauptquartier weiterhin Beamte auffordert, ihren Covid-Impfstatus offenzulegen, und diejenigen, die sich nicht an den „No-Pay-Status“ halten, nach Hause zu schicken.

Kurz vor einer wichtigen Stadtratssitzung für Montag verglich der erste Vizepräsident der Brüderlichen Ordnung der Polizei, Michael Mette, die anhaltende Pattsituation mit *Die Tribute von Panem.* Mette bezog sich in einem Social-Media-Video, das vor dem Wochenende gepostet wurde, auf die beliebten dystopischen Romanserien und -filme und sagte: *„Willkommen zum dritten Tag von ‚The Hunger Games‘, an dem wir herausfinden, wen die Stadt als Tribut anbieten wird.“*

Bis zum Wochenende ist noch nicht genau bekannt, wie viele Dutzend oder möglicherweise noch viele weitere Beamte vorübergehend entlassen wurden, aber es war klar, dass die Stadtbehörden angesichts der ohnehin unterbesetzten Polizei zutiefst zögerlich waren, den Abzug zu drücken, wenn Massenentlassungen drohten, und Ersthelfer-Einheiten sehen sich Wochenende für Wochenende mit hoher Kriminalität und gewalttätigen Vorfällen konfrontiert, darunter Dutzende von Schießereien pro Woche.

Aktuellen lokalen Berichten zufolge haben zu diesem Zeitpunkt bis zu 70 % der rund 12.000 Polizeibeamten den Impfstatus bekannt gegeben.

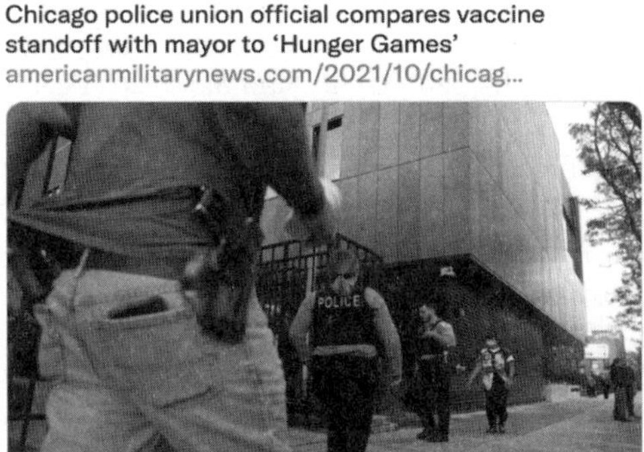

American Military News
@AmerMilNews

Chicago police union official compares vaccine standoff with mayor to 'Hunger Games'
americanmilitarynews.com/2021/10/chicag...

9:28 nachm. · 22. Okt. 2021 · American Military News

Abb. 55: Beamter der Polizeigewerkschaft von Chicago vergleicht die Impfstoff-Pattsituation mit dem Bürgermeister mit dem Film *Tribute von Panem*

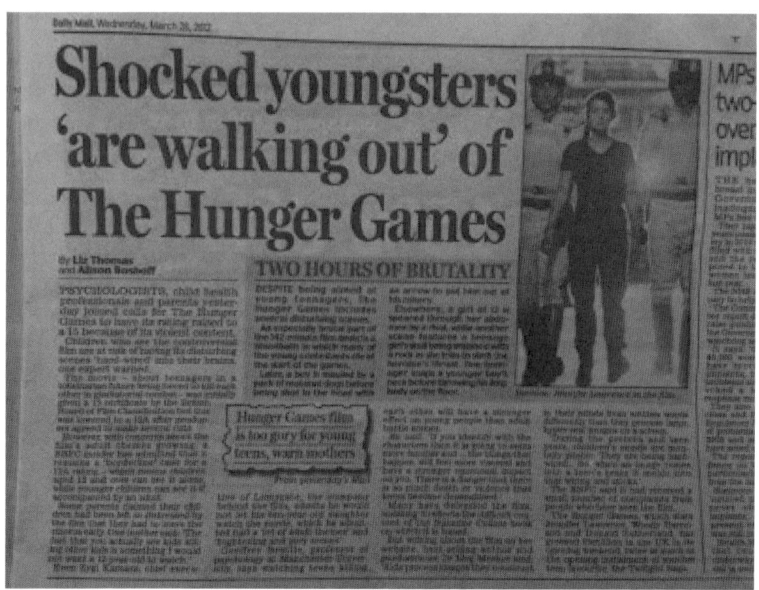

Daily Mail, Wednesday, March 28, 2012

Shocked youngsters 'are walking out' of The Hunger Games

By Liz Thomas and Alison Boshoff

TWO HOURS OF BRUTALITY

Hunger Games film is too gory for young teens, warn mothers

Abb. 56: Nicht die Welt, der ich die zukünftigen Generationen ausgesetzt sehen möchte, daher der Grund, warum so viele Jugendliche die Vorführung in der ersten Kino-Woche verließen

Versucht *Die Tribute von Panem*, einen apathischen Jugendlichen vor der Gefahr zu warnen, dass das derzeitige System zu einem totalitären Albtraum wird? Oder ist es einfach nur so programmiert, dass das Kommen einer Neuen Weltordnung als unvermeidlich wahrgenommen werden soll. Diese Frage steht zur Debatte. Aber wenn man liest, was in den Massenmedien über *Die Tribute von Panem* gesagt wird, scheint es eine noch wichtigere Frage zu geben, die zur Debatte steht: Sind Sie Team Peeta oder Team Gale? (68)

Die Illuminati und diejenigen, die das aktuelle „globale Imperium im Entstehen" kontrollieren, lieben es, ihre Agenda in kommerziellen „sogenannten" fiktiven Filmen und der Medienindustrie im Allgemeinen offen zu verbergen. Die *Tribute von Panem* ist das „Drehbuch" für den von einer totalitären Elite regierten brutalen Polizeistaat. Und wenn ich ein solches zugrunde liegendes Thema in einem der größten Filmveröffentlichungen des Jahres sehe, die Dutzende, wenn nicht sogar Hunderte von Millionen Dollar wert ist, darf es nicht nur als Märchen abgetan werden. Dies ist eindeutig die Blaupause für ein neues Amerika bzw. Europa.

Die Agenda wird immer wieder direkt vor unseren Augen ausgelegt, sowohl im echten Alltag als auch in den Dingen, denen wir uns in der sogenannten Unterhaltungsindustrie aussetzen, aber natürlich weisen einige Leute darauf hin (sogar jetzt) und Sie werden wahrscheinlich lächerlich gemacht, weil das, worüber Sie sprechen, nur „fiktiv" sei. (69)

1.7 Produzent von „Hunger Games" entlarvt alles über Hollywood-Pädophile und die globalen Netzwerke

Hiermit schließt sich der Kreis zu dem, was in besonderer Weise mit den Eliten verbunden ist: das weltweite höchst korrupte Netzwerk krimineller Pädophilie, wie von einem angesehenen Hollywood-Insider beschrieben wird.

Der Hollywood-Produzent, Regisseur und Schauspieler John Paul Rice bestätigt in diesem Video, dass die jüngsten Berichte über Pädophilie und Menschenhandel glaubwürdig seien. Seine Erfahrungen und Forschungen weisen auch auf ernsthafte Probleme in Hollywood hin, zu denen bekannte Stars, Regisseure und Hollywood-Mogule gehören. Sein neuester Film *A Child's Voice*, den Sie derzeit auf Vimeo und Amazon sehen können, zeigt einen Ring des Kinderhandels, der in Hollywood betrieben wird, mit Transkript aus einer Internet-Live-Übertragung.

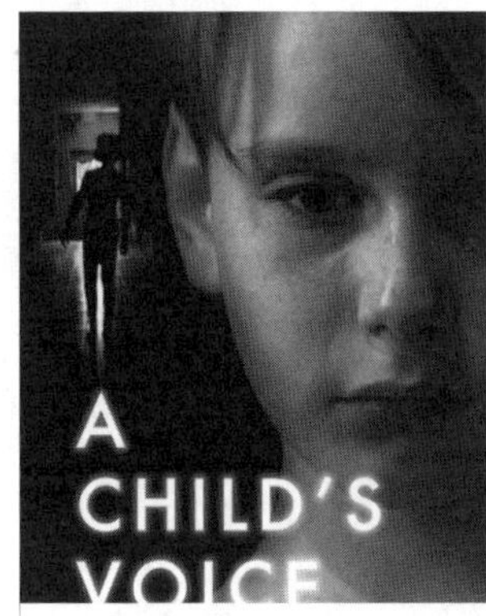

Abb. 57: Cover von *A Child`s Choice*

„Ich warte noch einen Moment, falls noch jemand dazukommen möchte. Ich wollte nur mit ein paar von euch reden. Mein Name ist John Paul Rice, für die Leute, die zuschauen und vielleicht nicht wissen, wer ich bin. Meine Freunde kennen mich. Ich bin ein unabhängiger Filmproduzent. Seit ungefähr 20 Jahren bin ich in Hollywood, habe meine Filmkarriere begonnen und erinnere mich an die ‚Titans', ich habe bei ‚Senator International' gearbeitet, die später zu ‚Mandate Pictures' wurden, unter den Produzenten, die ‚Juno', ‚The Grudge', ‚Harold und Kumar', ‚Stranger Than Fiction' und schließlich ‚Die Tribute von Panem' gemacht haben, als sie zurück zu ‚Lionsgate' gingen.

Der Grund, warum ich mich heute an die Öffentlichkeit wende, ist, weil wir im Laufe der letzten ein oder zwei Wochen herausgefunden haben, dass Amazon.com, in deren Angebot sechs unserer Filme laufen, ohne dass wir zuvor benachrichtigt wurden, unseren Film ‚A Child's Voice', der dort seit über anderthalb Jahren in Großbritannien, den USA und mittlerweile in 70 anderen Ländern zu finden war, plötzlich und ohne Vorankündigung von ihrer Plattform entfernt hat.

Sie haben die Veröffentlichung zurückgezogen und ihn auf den meisten Websites unauffindbar gemacht. Wir haben nur ein paar außerhalb der USA getestet, aber wenn man in den USA ‚A Child's Voice' und ‚amazon.com' eingibt, kann man es nicht auf den 1100 Seiten finden, die sie einem bei der Suche anzeigen.

Der einzige Weg, wie man drankommt, ist über einen direkten Link, und wir haben das entdeckt, weil die Tochter des Regisseurs die Links an mehrere ihrer Freunde geschickt hatte, als der ‚Wayfair'-Skandal bekannt wurde und auch die Maxwell-Akten in den letzten 48 Stunden veröffentlicht wurden.

Und Amazon reagierte und gab uns eine sehr standardisierte, unverbindliche Antwort, die besagte in etwa, ‚Wir nehmen eine Menge Änderungen vor, wir tun dies und das und noch etwas anderes, wir beurteilen Dinge nach ihrer Performance', aber sie konnten uns keine wirklich konkrete Antwort geben, im Grunde kennen wir die ja eigentlich auch schon.

Was unser Film getan hat, bevor Epstein und Maxwell in der Öffentlichkeit bekannt wurden, ist, dass wir ein Netzwerk von Pädophilen in einem globalen Netzwerk von Leuten gefunden haben, die Kinder hin und her verkauften und sie wie Süßigkeiten tauschten, es geht direkt durch Hollywood.

Wenn Sie den ‚Daily Beast'-Artikel lesen, werden Sie sehen, dass Jeffrey Epstein über Harvey Weinstein eine Pipeline nach Hollywood hatte. Das war letztes Jahr. Ich bin da tief eingetaucht und habe viel darüber recherchiert, und es gibt ein sehr satanisches Element, das wir auch in unseren Film eingebaut haben.

Unser Film ist ein Spielfilm, in dem es um zwei Teenager geht. Einer ist ein obdachloser, heroinabhängiger Teenager, der die Stimme eines Kindes hörte, das am Anfang des Films getötet wurde und vorher um Hilfe geschrien hatte. Er macht es zu seiner Mission, ein Mädchen vor diesen Menschenhändlern zu retten. Sie kommen zusammen und stellen sich gegen dieses Netzwerk im Geiste der Liebe und des Mutes, stellvertretend für all diese Kinder. Es ist ein sehr schöner Film. Er wurde gut angenommen, gut rezensiert; gelobt von den Leuten, die ihn rezensiert haben, ebenso wie von vielen der Nutzer der Tausenden, der Zehntausenden, der Millionen auf der ganzen Welt, die ihn gesehen haben.

Als wir damit durchstarteten, gingen wir umgehend auf Twitter viral und es explodierte, weil wir hier in den Vereinigten Staaten noch eine Plattform haben und das ist ‚Vimeo On Demand': https://vimeo.com/ondemand/achildsvoice/274146192

Was ich mir von jedem wünsche, ist, dass ich nicht auf Amazon zurückgreifen muss. Ich weiß schon, was sie tun werden und sie haben einen Haufen von Anwälten. Darum suchen wir nach alternativen Plattformen, auf denen wir diesen Film veröffentlichen können und ihn so vielen Menschen wie möglich zugänglich machen können.

Unser Film ist kein Dokumentarfilm, sondern ein Spielfilm und wir haben ihn auf der Grundlage aller Beweise und Fakten gemacht, von denen wir Kenntnis erhielten, die wir in eine Geschichte eingebaut haben, in die man durch die Reise des Helden hineingezogen wird. Ihr Weg zur Erlösung führt über die Liebe. Und das Thema Menschenhandel, das viele Menschen heute aus den verschiedensten Gründen wachrüttelt, ist das Thema, das uns alle in unserer Zeit bestimmt.

Die Medienkonzerne, die mächtigsten sechs Konzerne des Landes und der Welt, sind alle in den Menschenhandel mit Kindern verwickelt, und ich würde jeden, der mehr darüber wissen möchte, auf Project Veritas und die unveröffentlichten Aufnahmen von Amy Robach von ABC News verweisen, die herausfand und 2016 darüber diskutierte, dass sie alles von Virginia Giuffrey hatten, alles von jedem, der involviert war. Sie hatten alle Beweise. Ihre eigenen Anwälte sagten, dass Jeffrey Epstein, wenn alles gesagt und getan ist, als einer der produktivsten Pädophilen in die Geschichte eingehen wird. Und sie haben diese Geschichte begraben, in die, wie wir jetzt wissen, Prinz Andrew verwickelt war, um Zugang zur königlichen Familie zu bekommen. Sie haben keine Reue für die Opfer in diesem Video gezeigt.

Das ist ein größeres Problem, weil die meisten Leute in diesen Kreisen und in der Welt, aus der ich komme, in Hollywood wissen, dass es eine versteckte Schicht ist, von der jeder weiß, dass sie da ist.

Als die Me too-Bewegung 2017 begann, habe ich mich an mehrere meiner befreundeten Schauspielerinnen gewandt, die in L.A. prominent waren. Viele von ihnen kennen sie dem Namen nach, manche kennen viele von ihnen nur vom Sehen. Dann heißt es: ‚Oh, das war in diesem oder jenem Film', und ich fragte: ‚Was ist mit den Kindern? … Was ist mit den Kindern?' Und die Antwort war: ‚Wissen wir, wissen wir.' Aber gesagt haben sie nichts.

Und es zerriss mich, weil es meine Illusion darüber zerstörte, was Menschenrechte sind, was Kinderrechte sind. Dies ist ein System des Kindesmissbrauchs, in dem wir seit sehr langer Zeit leben, und es wurde zugelassen, dass es weitergeht, und ich werde dazu nicht schweigen, weil es jeden Einzelnen von uns betrifft.

Die Leute im Fernsehen, die dich anlächeln, die dir Geschichten erzählen, die dir Nachrichten geben, sind diejenigen, die all dies vor uns verbergen. Sie reden nicht über die wirklichen Themen, sie lenken Sie mit spaltenden Themen ab. Dies ist ein verbindendes Thema. Als die Maxwell-Dateien vor 48 Stunden herauskamen, ging ich auf MSNBC. Ich ging auf CNN.com und ich habe mir jede einzelne ihrer Schlagzeilen angesehen und es wurde in keiner Weise erwähnt.

Sie sprachen über die Beerdigung von John Lewis, sie sprachen über Obama gegen Trump, all den Scheißdreck, den Sie und ich jeden einzelnen Tag hören. Und es spielt keine Rolle, auf welcher Seite Sie politisch stehen, hier geht es um die Frage nach den Kindern, das ist eine menschliche Frage und keine politische Frage!

Es hat nichts zu tun mit Links gegen Rechts, demokratisch gegen republikanisch, liberal gegen konservativ oder irgendetwas, mit dem man sich in dieser Weise identifiziert. Wir befinden uns in einer Bewusstseinskrise unter der Führung unserer Bankinstitute, unserer Medienkonzerne, der Hollywood-Unterhaltungsindustrie, der Musikindustrie. Es geht nicht um einen Haufen junger Frauen, die Sex mit älteren Männern hatten und sich mit einem Haufen Perverser einlassen. Sie vergewaltigten und quälten diese Mädchen gegen ihren freien Willen, egal ob sie sie bezahlten oder nicht.

Lesen Sie die Artikel und hören sie sich an, was Ghislaine Maxwell über die Mädchen sagte, die sie in den Trailerparks von West Palm Beach aufgesammelt hatte! Sie wurde gefragt, was mit den jungen Mädchen sei, was man mit ihnen vorhatte, was mit ihnen passieren würde. Sie sagte, sie wären Abfall, sie wären nichts. Das ist ein Originalzitat aus dem New Yorker.

Als ich mir edge.org anschaute, was, wie man herausfinden kann, ein Multi-Milliardärs-Club von Leuten ist, der von Jeffrey Epstein finanziert wurde, …

Sie können immer noch auf edge.org gehen und nach Leuten unter ‚G' suchen. Sie werden Bill Gates dort als zahlendes Mitglied dieser Organisation sehen.

Und Sie müssen in die Wayback Machine und die Internetarchive gehen, um all die anderen Leute zu sehen. Jeffrey Epstein war drin, Marina Abramovich ist drin, Paul Allen war drin, alle Leiter der großen Industrien waren dabei, und wenn Sie anfangen, einige Artikel zu lesen – einen davon habe ich als Direktlink und den werde ich mit jedem teilen, der mir eine E-Mail schickt, – dann finden Sie dort ein direktes Zitat, das besagt, dass der Mensch in seinen jüngsten Jahren zu den nutzlosesten Kreaturen im gesamten Tierreich gehört.

So betrachten sie Kinder. Wissenschaftlich. Das ist ihr Ausdruck.

Das sind Leute, die keinen Basis haben, Ihnen zu sagen, was Sie denken oder tun sollen.

Wenn sie sich also da oben hinstellen und anfangen, ihre Ansichten über soziale Gerechtigkeit oder was auch immer zu verkünden, sollten Sie wissen, dass Sie einen kontrollierten und vorgeschriebenen Dialog hören, der durch einen Filter von sehr mächtigen Leuten lief, die viel Geld besitzen, und sie kontrollieren und konditionieren all diese Leute durch Pädophilie.

Und es gibt noch eine weitere Ebene, aber es ist zu unglaublich, als dass man glauben könnte, dass sie Kinder auch opfern würden. Ich gebe Ihnen eine Statistik, die Sie selbst nachschlagen und überprüfen können. Wenn Sie zu Unicef gehen und nach ‚child sex trafficking' oder ‚human trafficking' suchen, dann werden Sie eine Statistik finden, die besagt, dass laut den Vereinten Nationen weltweit 40 Millionen Menschen pro Jahr verschleppt werden.

Es ist eine Industrie, die 150 Milliarden Dollar pro Jahr macht und die sehr dunkle und hässliche Verbindungen hat, und das geht bis zur Wall Street und darüber hinaus. Aber ich werde eines verraten: 5,5 Millionen Kinder werden jedes Jahr auf der ganzen Welt gehandelt, 5,5 Millionen, von denen die meisten nicht älter als sieben oder acht Jahre werden. Was bedeutet, dass sie diese Versorgungskette wieder auffüllen müssen. Sie ernten Organe von Kindern auf dem Schwarzmarkt. In China gibt es gegenwärtig Konzentrationslager für junge Muslime im Umfang von einer Million Menschen. Niemand spricht darüber, das ist moderne Sklaverei.

Sie schlagen diese Menschen, sie re-indoktrinieren sie und sie vergewaltigen ihre Frauen, um eine neue Blutlinie zu gründen. Das passiert augenblicklich in China. Sie können das in der ‚Washington Post' oder in der ‚New York Times' finden. Niemand sonst sagt etwas darüber, in unserer Politik, in unseren Mainstream-Nachrichten, niemand redet darüber.

Die Sklaverei von Menschen findet heute statt und sie muss aufhören, und es ist ein Problem des Kindesmissbrauchs. All diese Kinder, die ausgebeutet wurden, viele von ihnen kamen aus schlechten Elternhäusern, das ist aber nicht ihre Schuld. Diese Raubtiere haben es auf unsere Kinder abgesehen, weil sie ihnen Dinge anbieten können, sie können ihnen Alkohol anbieten, sie können ihnen Geld anbieten, sie können ihnen Drogen anbieten, um sie anzulocken, und plötzlich, wie Sie herausfinden werden, wenn Sie die Maxwell-Aussagen lesen …

Sie werden feststellen, dass sie Ghislaine Maxwell gefragt haben, ob sie jemals mit ihr über Geld geredet hat, das sie verdienen könnte, wenn sie Epstein einen Handjob oder sexuelle Gefälligkeiten gibt, und sie hat diese lange Erklärung abgegeben, ‚wir haben über Karriereratschläge gesprochen, und ich habe sie beraten und ihr möglicherweise gesagt, dass sie ihre Karriere vorantreiben könnte.' So weit hat sie sich eingelassen und dann hat ihr Anwalt sie unterbrochen.

Diese Leute scheren sich einen Dreck um irgendjemanden, sie stehen da oben und lächeln vor dir, und sie sind in alle unsere Institutionen eingedrungen, einschließlich der Regierung. Sie besitzen die Politiker - rechts und links. Was wir sehr bald herausfinden werden, ist, dass es keine Demokraten und Republikaner in der Regierung der Vereinigten Staaten gibt. Es ist eine einheitliche Kabale von kontrollierten Menschen, die diesen Mächten dienen und sie halten das Theater aufrecht, damit Sie und ich auf Trab bleiben und alle vier Jahre wählen.

Ich habe Horrorgeschichte nach Horrorgeschichte beobachtet und ich verspreche Ihnen, es ist wahr. Gehen Sie auf ‚Youtube' und finden Sie Anneke Lucas, die im Alter von sechs Jahren eine Kindersexsklavin für die Elite war. Und sie wird Ihnen beschreiben, (sie hat auch einen Ted Talk darüber gehalten, aber das war 2016), sie sprach über den Holzblock, den sie sah mit den Blutflecken der Kinder darauf. Die Raubtiere vergewaltigen nicht nur und haben Sex und foltern und schlagen diese Kinder, sie ermorden sie zum Vergnügen.

Das ist nicht ein Pädophiler, das sind Psychopathen und die haben keinerlei Reue bei dem, was sie tun.

Wir müssen uns in dieser Welt zusammenschließen, um alles Leben auf diesem Planeten und die Heiligkeit der Kinder zu schützen, denn wenn wir diese Zeit mit all den Umwälzungen, die kommen werden, überstehen wollen, sozioökonomisch, rassenbezogen, wie auch immer man es erfassen will, das ist das verbindende Thema, für das das Establishment Ihnen keine Bewegung organisieren wird. Sie werden es selbst tun müssen. Sie werden Ihnen die Me too-Bewegung geben, weil es dort über den Hass auf Männer läuft. Das läßt sich als Waffe einsetzen und politisieren.

Sie werden ihnen die Black-Lives-Matter-Bewegung geben, weil sie die als Waffe einsetzen und politisieren können. Sie können Colin Kaepernick nehmen, der sich hinkniet und das Land spaltet und dann mit einem Scheck von Nike weggeht, mit einem Deal von mehreren zehn Millionen Dollar auf NFL-Star-Niveau, während Nike Konzentrationslager hat, Sklavenarbeiter, die in China in ihren

Fabriken arbeiten, damit auch unsere Kinder ihre Air Jordans haben können. Dazu sagt Colin Kaepernick nichts. Wo sind unsere Martin Luther King Juniors und unsere Malcolm X's, sie sind in der Promi-Kultur.

All diese Leute, die aufstehen und sagen, dass wir in einem unterdrückerischen System leben, nehmen Schecks von weißen Männern, die sie bezahlen. Und das sage ich, da ich sehr wütend bin, weil das alles mit diesem Missbrauch der Menschenrechte zusammenhängt. Wir müssen aufhören, uns gegenseitig zu bekämpfen und uns für dieses Land und diese Welt für unsere Kinder vereinen. Es ist mir egal, dass Amazon meinen Film heruntergenommen hat, denn es sagt mir, dass wir besser vorankommen als je zuvor. Und dass dieses Thema sich ausbreitet.

80 Millionen Impressionen allein im letzten Monat auf Tick-Tock für Pizzagate. Wenn sich jemand damit beschäftigt, sage ich ihm, er soll sich die New York Times ansehen. Sehen Sie die Berichterstattung der New York Times im Jahr 2016 an und sehen Sie sich an, wie sie darüber berichtet haben! Und dann sehen Sie sich die Instagram-Bilder von James Alefantis an, die sie komplett weggelassen haben! Das ist der Besitzer des Familienrestaurants, der Bilder von Kindern in kompromittierenden Positionen postet, und alle Freunde, die James Alefantis hat, sprachen darüber, wie köstlich diese Kinder aussahen.

Würden Sie Ihr Kind in ein Restaurant schicken, dessen Besitzer solche Dinge öffentlich in den sozialen Medien, in einem öffentlichen Forum tut? Schauen Sie sich Pädogate 2020 an, schauen Sie sich ‚Out of Shadows' an, um eine Vorstellung davon zu bekommen, wie ekelhaft diese Leute sind. Und die haben die Frechheit, Sie einen Rechtslastigen oder Verschwörungstheoretiker zu nennen oder einen weißen Rassisten oder einen Neonazi zu nennen, das machen sie mit jedem, egal ob man Demokrat oder Republikaner ist, sie machen es mit jedem.

Ich wurde mit allen möglichen Namen beschimpft. Und ich sage Ihnen Folgendes: Ich bin aufgewacht, weil ich zugehört habe, wenn andere Leute etwas gesagt haben und ich habe gewartet und ich habe die Wahrheit für mich selbst herausgefunden. Ich habe nicht darauf gewartet, dass die Mainstream-Medien mir jedes einzelne Mal sagen, dass es eine Enthüllung in Hollywood gibt - all diese Kinder - ich habe dort zwanzig Jahre lang gearbeitet, ich habe die ganze Scheiße gesehen, die niemals jemand sehen sollte. Ich habe mich nicht daran beteiligt, es war einfach direkt vor mir, in aller Öffentlichkeit.

Diese Kinder, wenn man Britney Spears sieht, wenn man Amanda Bynes sieht, wenn man sieht, dass einer dieser jungen Popstars einen Nervenzusammenbruch hat, dann liegt das nicht daran, dass sie berühmt sind, es liegt nicht an dem Druck, den der Ruhm und das Geld auf sie ausüben. Das liegt daran, dass sie sexuell missbraucht werden und herumgereicht werden wie Süßigkeiten. Sie erleben verrückte Tage und Nächte. Gehen Sie auf den ‚Tracy Beanz Kanal' und schauen Sie sich das Video, das sie am Ende des Jahres 2019 gemacht hat, an, es wird Sie umhauen: https://www.youtube.com/c/tracybeanz/videos

Sie haben Kinder in der Pipeline, die von Haiti den ganzen Weg zum Vatikan in Booten gebracht werden.

Und es gibt Leute in Hollywood, die es all diesen Stars ermöglichen, sich mit reichen Männern zu verabreden. Sie können das nachlesen, diese Geschichten sind in der Presse, sie sind verklausuliert wie, ‚sie reisen' und ‚sie kommen hier rüber', sie hängen mit milliardenschweren Männern im Mittleren Osten ab. Das hat nichts mit der Tatsache zu tun, dass sie Moslems sind. Das sind Könige, das sind Prinzen, das sind Staatsoberhäupter, Würdenträger, Milliardäre, Mogule, die alle bei Khan rumhängen, und es ist legitim, es ist völlig legitim.

Sie nennen es Yachting, und das ist nur der Dating-Teil davon, und Sex für Geld zu haben, wofür sie einigen dieser Mädchen Hunderttausende von Dollar zuwerfen. Je nachdem, wie lange sie bei ihnen bleiben und sie zum Essen begleiten und mit ihnen Sex haben und alles tun, was sie wollen, in ihren Orgien oder was auch immer für sexuelle Perversionen sie haben. Das geht schon seit Jahrzehnten so, seit Ewigkeiten. In Hollywood ist es nur am öffentlichsten sichtbar, weil es vor unseren Gesichtern läuft, es ist auf unseren Kanälen, es ist die ganze Zeit in unserem Fernsehen, es ist in unserer Musikindustrie. Sie würden nicht glauben, was für ein satanischer Mist da drin steckt.

Und wenn Sie mir das vor drei Jahren gesagt hätten, hätte ich gesagt, Sie sind verrückt. Ich dachte, wissen Sie, dass das ein bisschen zu weit geht, nein, nein, nein, nein. Diese satanische Scheiße, die da abläuft! In unserer Musikindustrie, auch in Hollywood, aber vor allem in der Musikindustrie ist so viel da draußen, wenn man sich das anschaut und die okkulte Symbolik sieht, die verwenden sie ja überall.

Baphomet ist überall.

‚Das ‚umgedrehte' (Anm. des Autors) Pentagramm ist überall und sie nähen es in das Bewusstsein dieser jungen Kids durch Hexerei und alle möglichen spaßigen Sachen. Sie machen es lustig und lassen es lustig klingen und es ist sexy. Aber ich verrate Ihnen was, einfach auf der praktischen Ebene: Schauen Sie sich jeden Popstar der letzten zwanzig Jahre an und besonders der letzten zehn Jahre: Ariana Grande, Miley Cyrus. Wo haben sie angefangen? Bei der Unschuld. Miley Cyrus war Hannah Montana. Unschuld. Sie brachte letztes Jahr ein Musikvideo heraus, – was soll das? –, in dem sie Krallen und Zähne an ihrer Vagina hatte. Sie promoten Vielfalt, Toleranz, all das, um die Leute zu verwirren und erkennen es nicht einmal.'

Ariana Grande, leider – ich bedaure diese Kinder sehr, weil sie Kinder sind und sie schreckliche Dinge tun müssen - Kaya Jones, die ich persönlich kenne, ein ehemaliges Mitglied der Pussycat Dolls und sie hat 2017 direkt nach dieser Schießerei in Las Vegas eine Aussage gemacht, weil sie anwesend war. Und sie hat angefangen, so weit wie möglich darüber zu reden, was diese Kinder durchmachen, und sie hat einen Moment lang klar gesehen, was alle anderen um sie herum in der Gruppe angefangen hatten. Sex war nichts. Aber andere Leute ausnutzen und keine Reue dafür empfinden.

Sie hat eine andere Ebene gesehen und es war der Moment, als sie im MGM Grand Hotel stand und sang und diese jungen Mädchen zu ihr aufschauten und diese Frauen anhimmelten, ‚Ihr seid die Pussycat Dolls, ich will so sein wie ihr!'. Sie konnte es nicht mehr tun und ging weg. Wir können wahrhaftige Kunst in dieser Welt haben, wir brauchen keine Propaganda. Wahrhaftige Kunst beginnt mit der Vielfalt von Ideen und wahrhaftigen Informationen, die offengelegt werden. Wir können wunderschöne Filme haben, wir können darin ehrliche Ausdrücke dessen haben, was aus unserem Innersten kommt. Die Reise der Kunst besteht darin, zu entdecken, was in einem steckt, das ist das Unbekannte, dem man folgt, um es zu finden, aber in dieser Entdeckung gibt es das Transzendente, da geht es darum, womit ich gekämpft habe und womit ich mich in mir selbst konfrontiert habe, das ich loslassen und teilen musste und das Sie entscheiden lässt, was real ist, was für Sie wahr ist, in diesem ehrlichen Ausdruck.

Aber das andere Zeug, das ist, dass ich Ihnen sage, was Sie denken sollen und das sind die schlechten Menschen und das sind die guten Menschen und das ist, was Sie denken müssen und das ist, was Sie tun müssen, und jeder regt sich darüber auf, das ist das gleiche Zeug, das wir schon immer gemacht haben. Und Hollywood, das sage ich Ihnen, wenn Sie zurückblicken, warum es Reboots, Remakes, Prequels und Sequels gibt, ich habe das mit vielen meiner Schriftstellerfreunde in Hollywood besprochen, die tief drin steckten, und die die Wahrheit in ihren Filmen offenlegen wollten. Sie haben mir alle gesagt, was die „Torwächter" ganz oben wissen, nicht die Führungskräfte darunter, nicht die Agenten, nicht die Manager, es ist wie bei einer Bank.

Die Person an der Kasse, die mit dem Kunden arbeitet, ist nicht in das Wissen des CEO und des Vorstandsvorsitzenden eingeweiht und weiß nicht, was die am Vortag besprochen haben. Sie machen einfach nur ihren Job, nicht wahr? Also jeder macht seinen Job entsprechend dem, was er weiß.

Genauso gibt Hollywood durch die Studios die Order heraus, das ist die Art von Inhalten, nach denen wir suchen. Aber die Gatekeeper an der Spitze sind Manager, die sicherstellen, dass wir nicht aufwachen.

Sie kontrollieren alles, was wir sehen, und das ist sehr wichtig für sie, weil sie nicht wollen, dass du und ich neue Ideen über Dinge entwickeln, die außerhalb der orthodoxen Bahnen liegen, die wir durchschauen sollen. Die Reboots, Remakes, Prequels und Sequels sind wie eine Warteschleife, so dass wir immer wieder dieselben Ideen durchgehen, obwohl wir als Menschen unseren Geist erweitern sollen, um zu wachsen, um uns zu strecken, um uns auszubreiten. Und wir sind in einer Zeit, in der wir zwischen allem, was wir tun sollen, gefangen sind, es gibt so viel kognitive Dissonanz, es ist eine Reflexion dieses ganzen Systems, das Kinder ausnutzt, das ist die Achillesferse Nummer eins dieser ganzen Zeit.

Diese Leute wollen nicht, dass Sie das wissen. Sie wollen, dass Sie denken, dass wir selbst das Problem sind und nicht das eine Zehntel von einem Prozent derer, die alles kontrollieren und die Frechheit haben, sich umzudrehen und uns allen zu sagen, dass wir das Problem sind. Oder dass Weiße das Problem sind oder dass Schwarze das Problem sind oder dass Braune das Problem sind.

Ich lebe jetzt hier draußen außerhalb der Stadt und ich bin in einer Gemeinde, die ungefähr halb schwarz halb weiß ist. Wir hatten vor etwa anderthalb Monaten einen Black Lives Matter-Protest, eine recht große Menschenmenge. Wir hatten weiße und schwarze Polizisten dort stehen, während sie friedlich protestierten, es wurde Essen für alle, einschließlich der Polizisten serviert, neben einer Konföderierten-Statue. Niemand hat sie abgerissen, niemand hat geschrien, niemand hat gestritten, alle haben sich vertragen. Auf der anderen Straßenseite hatten wir Restaurants, die bis zum Rand gefüllt waren mit Leuten, die Spaß hatten, Kinder und Eltern, die draußen zusammen Eis aßen, keine Masken, und allen ging es gut.

Diese Spaltung, die sie aufrühren, ich sage Ihnen das, weil Sie verstehen müssen, dass sie alles tun werden, was sie können, um dieses Land aus den Fugen zu reißen, und sie werden alles, was sie haben, darauf ausrichten, zu verhindern, dass diese Wahrheit ans Licht kommt. Sie alle müssen Ihre eigene Arbeit machen, wenn Sie die Dinge unterstützen wollen, die Ihnen am meisten bedeuten, wenn dieses Thema Menschenhandel Sie so bewegt und aufwühlt, dass Sie etwas dagegen tun wollen, dann engagieren Sie sich vor Ort! Ihr Sheriff, Ihr Sheriff in Ihrer Stadt, das ist die erste Anlaufstelle, denn das ist die Person, die das Gesetz vor Ort durchsetzt.

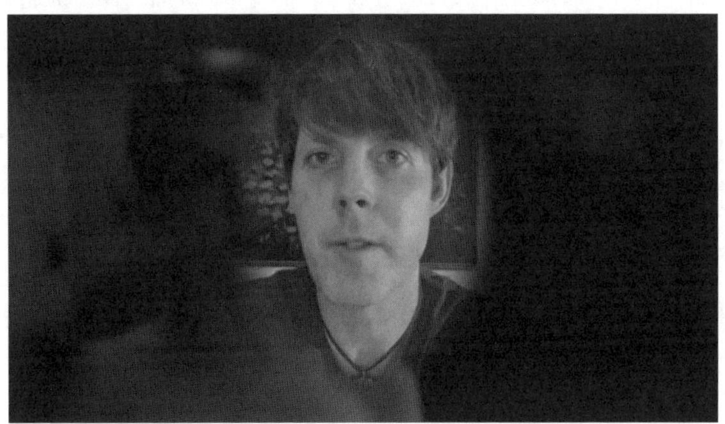

Abb. 58: John Paul Rice

Ihre lokalen Vertreter und Beamten müssen sich nicht nur dessen bewusst werden, sondern es zur Priorität machen, dass es nicht in Ihre Nachbarschaft kommt.

Was wir letztendlich tun müssen, ist nach innen zu gehen. Denn, wie ich vorhin gesagt habe, es ist kein politisches Problem und kein Unternehmensproblem, es ist ein menschliches Problem, es ist eine Herzensbewegung der Liebe. Das ist es, was uns den Mut gibt, im Angesicht solcher Schrecken aufzustehen.

Ich weiß das aus eigener Erfahrung, denn ich habe meine eigene Entdeckung des Missbrauchs durchgemacht und musste mich damit abfinden, aber was noch wichtiger ist, ich musste mich davon heilen.

Es war die innere Heilung, die mir die Kraft und die Stärke gab, meinem Vater und meiner Mutter zu verzeihen, und zwar nicht fälschlicherweise, sondern weil ich sie liebte, weil ich sah, dass mein Leiden ihr Leiden war und ihr Leiden mein Leiden war und ich mich um sie kümmern konnte. Ich konnte mich bedingungslos um sie kümmern, trotz allem, was ich ertragen hatte, weil ich erkannte, dass das Böse in der Welt durch die Dunkelheit entsteht, die Unbewusstheit, die sich nicht bewusst ist, was sie mit ihren besten Absichten taten, aber lassen Sie mich das Gegenteil davon sagen, die Kehrseite dieser Gleichung ist, dass jedes einzelne Kind, das auf dieser Welt geboren wird, mit Liebe in seinem Herzen geboren wird, jeder einzelne von Ihnen mag vielleicht ein oder zwei Prozent herauspicken, mag sein.

98 bis 99 Prozent aller Kinder, siebeneinhalb bis sieben Milliarden von uns auf diesem Planeten. Und was passiert, wenn Sie ein Kind verletzen, wenn Sie das Kind demütigen, wenn Sie das Kind Ihren eigenen Bedürfnissen unterordnen, wenn Sie das Kind schlagen, wenn Sie dem Kind den Hintern versohlen, wenn Sie Angst in das Herz und den Verstand des Kindes pflanzen, dann wird das Kind Sie immer noch lieben, egal was passiert, weil es sich nicht vorstellen kann, dass die beiden Menschen, die es lieben sollten, jemals etwas tun würden, das es verletzen würde, und es wird sich selbst die Schuld geben.

Und es wird sein ganzes Leben lang damit aufwachsen, die Häufigkeit und die Beständigkeit dessen kann es schlimmer machen.

Wenn kein Erwachsener in der Nähe ist, dem es vertrauen kann, kann es zu einem Pädophilen heranwachsen, wenn es sexuell missbraucht wurde. Das ist es, was passiert. Es gibt einige, die sexuell missbraucht wurden, die das nicht mitbekommen, aber sie hatten irgendwo ein Ventil, jemand hat sich auf dem Weg um sie gekümmert, der sie genug geliebt hat, um sie zu retten und ihnen Liebe und Fürsorge zu geben.

Dies sind die Art von Gesprächen, die wir in unseren eigenen Häusern, in unseren eigenen Herzen führen müssen, denn wenn wir diese Zeit jemals ändern wollen, damit wir nie wieder in eine Zeit zurückkehren, in der unsere Führer, die wir wählen, Leute, die in Vorstände berufen werden, und die Leiter von Industrien Kindern so eine Scheiße antun, müssen wir uns dessen bewusst werden. Diese Leute beuten missbrauchte Kinder aus, weil sie ihnen etwas bieten können, das sie zu Hause nicht haben.

Es ist das Gleiche mit Gangs, sie haben keine Familie, die sie liebt, also gehen sie und machen ihre eigene Familie irgendwo anders in einer Gruppe, die genauso ist wie sie, das ist ihre Identifikation. Wir alle suchen nach Liebe, mit einem Schleier über uns, wenn wir als Kinder beschädigt wurden, und wir finden sie auf unterschiedliche Weise, wir finden sie bei unseren Partnern, wir finden sie bei den Menschen, die uns missbrauchen, wir wollen geliebt werden, jedes Kind wird mit dieser Liebe in sich geboren. Sie gibt ihm die Kraft, weiterzumachen und sich nicht umzubringen. Aber wenn man sie bis zu einem solchen Punkt beschädigt und zerstört, wird es zu schrecklichen Ergebnissen kommen.

Man wird Menschen bekommen, die sich gegenseitig schlagen, man wird Menschen bekommen, die sich gegenseitig blutig schlagen, man wird Menschen bekommen, die sich gegenseitig ermorden, weil sie so wütend sind, und ich glaube nicht, dass wir darauf vorbereitet sind, damit in großem Umfang umzugehen...

Das Problem des Kindersexhandels ist etwas, über das wir in den nächsten Monaten und Jahren viele Dinge lernen werden, und es wird viele Menschen entsetzen, es wird viele Menschen traumatisieren, weil es unbewusste Traumata gibt, die in jedem von uns zu verschiedenen Zeiten und auf verschiedenen Ebenen ablaufen. (70)

2 Symbolismus und das verborgene Narrativ

Man sieht jeden Tag arkane Embleme, aber denkt vielleicht nicht an sie. Zum Beispiel ist das zentrale Bild des legendären *Starbucks* Kaffee-Logos der legendäre weibliche Geist Melusine. Melusine, oder Melusina, war eine Figur europäischer Legenden und Folklore, ein weiblicher Elfen-ähnlicher Geist aus Süßwasser und heiligen Quellen und Flüssen. Sie wird am häufigsten als eine Frau dargestellt, die von der Hüfte abwärts eine Fischschlange ist, ähnlich wie eine Meerjungfrau. Melusine wird manchmal mit Flügeln, zwei Schwänzen oder beidem dargestellt. *Starbucks* nimmt sie in ihr Logo auf, da Melusine ein mächtiges und höchst auffälliges okkultes Siegel ist, das an das Wasserzeitalter der Fische (Fische ist ein Wasserzeichen), numinöse Folklore, das Übernatürliche und das heilige Weibliche erinnert.

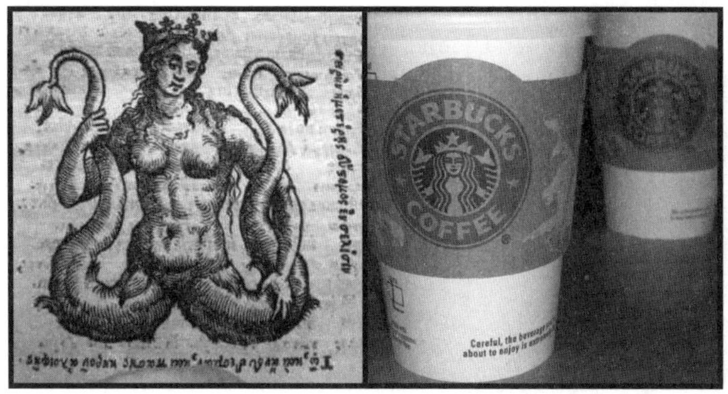

Abb. 59: Melusine wird zu einer Kaffeemarke

Zunächst einmal enthalten einige Filme Metaphern, die nicht so versteckt sind. Es ist bekannt, dass die Figur des Charles Foster Kane, gespielt von Orson Wells (1915-1985) in *Citizen Kane* von 1941, ein Konglomerat des amerikanischen Zeitungsmagnaten William Randolph Hearst (1863-1951), des Chicagoer Magnaten Samuel Insull (1859 -1938) und Harold McCormick (1872-1941) sowie Aspekte aus Welles eigenem Leben sind. (71)

Ebenso ist die Figur von Quint (Robert Shaw, 1927-1978) aus *Der weiße Hai* (1975) eine natürliche Parallele zu Herman Melvilles Captain Ahab aus dem Buch „Moby Dick", der erstmals 1851 veröffentlicht wurde. Sowohl Quint als auch Ahab verfolgen ein wildes Meerestier (Hai und Wal) aus persönlichen Gründen und kommen dabei ums Leben. Melvilles Roman wurde erstmals 1956 für die große Leinwand adaptiert, mit Gregory Peck (1916-2003) in der Rolle des legendären Kapitäns zur See.

Etwas geschickter versteckte Symbolik findet sich rund um den Mythos der Schlümpfe. Die kleinen blauen Wesen repräsentieren die kommunistisch-sozialistische Gesellschaft; unentgeltliche Arbeit bei gemeinschaftlicher Lebensführung oder „Jedem nach seinen Fähigkeiten, jedem nach seinen Leistungen", populär gemacht von Karl Marx in seiner „Kritik des Gothaer Programms" von 1875. Papa Smurf trägt kommunistisches Rot und ähnelt auf unheimliche Weise Karl Marx (1818-1883), der als de facto gütiger stalinistischer Herrscher der Schlümpfe fungiert.

Papa Schlumpf trägt auch eine rote phrygische Mütze, die den proto-marxischen revolutionären Eifer der Sansculotten während der Französischen Revolution (1789-1799) symbolisiert. Die Schlümpfe kämpfen gegen den bösen Zauberer Gargamel und seine Katze Azrael, die allgemein den Materialismus der westlichen Kultur symbolisieren. Gargamels Cartoon-Katze Azrael ist nach Azrael benannt, der in einigen Traditionen der Erzengel des Todes und in der islamischen Theologie und im Sikhismus der Engel der Vergeltung ist. Der Name Azrael ist eine englische Form des arabischen Namens Azra'eil, der Name, der traditionell dem Todesengel in einigen Sekten des Islam und Sikhismus sowie in hebräischen Überlieferungen zugeschrieben wird. So versetzt Gargamels Katze die Schlümpfe in Todesangst.

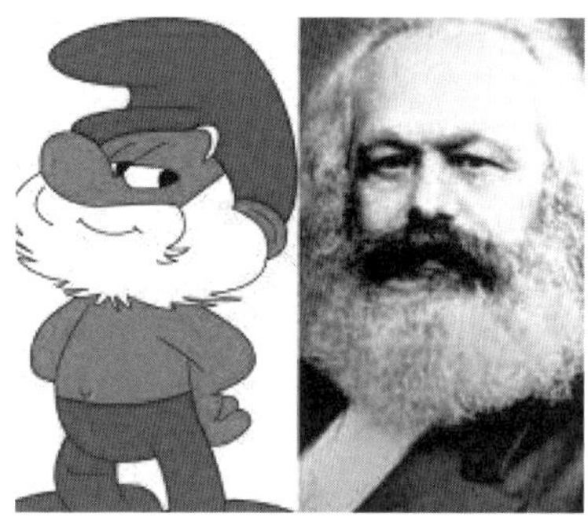

Abb. 60: Bei der Geburt getrennt? Papa Schlumpf und Karl Marx

Eines der dominantesten und übergreifendsten Motive im Film ist der „Sonnenheld" oder der sterbende und auferstandene Sonnenmensch oder allegorische Sonnengott. Der Held, der das Licht verkörpert, besiegt einen Bösewicht, der die Dunkelheit repräsentiert.

Sonnensymbolik ist in Willkommen Mr. Chance von 1979 zu sehen. Chance, oder „Chauncey Gardiner" (Peter Sellers) ist ein solarer Fische-Held, der in Parabeln über die Tagundnachtgleiche und Sonnenwende spricht und wie sich das Pflanzenleben und die Ernte um die auf- und untergehende Sonne drehen. Als numinoser „Sonnenmann" ist Chauncey Gardiner von biblischen Ikonen umgeben, die die alten Mysterien symbolisieren. Zum Beispiel ist die Figur von Shirley MacLaine, Eve Rand, nach der ersten Frau, Eva aus dem Buch der Genesis, benannt, während ihr Ehemann Benjamin Rand (Melvyn Douglas, 1901-1981) im Film in ein ägyptisch-freimaurerisches Pyramidengrab am Ende beigesetzt wird; dies deutet auf die Geheimnisse Ägyptens um die sterbende und auferstandene Sonnengottheit Osiris hin.

Das All-sehende Auge auf der Spitze der Pyramide repräsentiert den ägyptischen Sonnengott Amun Re/Ra, der die spirituelle Kraft hinter der Sonne ist. Die Legende der sterbenden und auferstandenen Sonne wird in der Freimaurerei der Blauen Loge dritten Grades symbolisch dupliziert, wo der Kandidat den Architekten Hiram Abif porträtiert, der ermordet und wiederbelebt wird und den Eingeweihten in eine osirische Sonnenfigur verwandelt. Hiram Abif ist von Sonnenmystik durchdrungen: Er ist westlich von Solomons Tempel begraben, der die sterbende oder untergehende Sonne darstellt, sein Grab ist mit einem Akazienzweig bedeckt, der eine Blume ist, die dem Sonnengott Apollo geweiht ist, der in Ägypten vergleichsweise Horus ist. Hiram wird mit dem „starken Griff der Löwenpfote" auferweckt, was ein esoterischer Hinweis auf das Haus von Leo dem Löwen ist; das Sternbild Löwe wird von der Sonne regiert.

Die Idee des esoterischen Sonnenmenschen oder des auferstandenen New-Age-Sonnengottes wird von Hollywood gut verkauft. Dieser Charakter verweilt im Allgemeinen in Unwissenheit oder Dunkelheit, nur um zur Erleuchtung oder Gnosis (erhabene Weisheit und Offenbarung) gebracht zu werden, wodurch Aufstieg (aristokratische und rechtmäßige Führung) und Apotheose (göttliche Zustimmung) ermöglicht werden, um das Pleroma zu erreichen. Pleroma bezieht sich auf die Gesamtheit der göttlichen mystischen Kräfte und des Geistes Gottes. Diese Philosophie spiegelt sich am besten in den Lehren des Gnostizismus wider. Gnostizismus (von gnostikos, gelehrt; aus dem Altgriechischen: gnosis, Wissen) ist der Glaube, dass die materielle Welt, die vom Demiurgen, einem geringeren Gott, geschaffen wurde, gemieden werden sollte und das spirituelle Reich als Gottes wahre Welt angenommen werden sollte. Der Handwerkergott oder Demiurg wurde und wird immer noch von einer Gruppe von Vollstreckern unterstützt, die als Archons bekannt sind und sowohl engelhaft als auch dämonisch sind. (72)

Das verborgene Narrativ

Viele Leute sagen: „Ich verfolge keine Politik", aber die Realität ist, dass Popkultur Politik ist. Es ist in das Gewebe von Filmen, Fernsehsendungen, Musik und jetzt sogar von Profisportarten eingewebt. So wie die Kunst das Leben imitiert, imitiert das Leben die Kunst, und was oft als bloße „Unterhaltung" angesehen wird, fungiert tatsächlich als Behälter für sorgfältig ausgearbeitete Propagandastücke, die das Publikum ebenso beeinflussen wie unterhalten sollen.

Millionen von Menschen beten praktisch Berühmtheiten an und folgen ihnen blindlings, indem sie die Frisuren, die Art und Weise, wie sie sich kleiden, und sogar ihre Einstellungen und Verhaltensweisen nachahmen. Menschen nehmen Ideen und Handlungen, die sie in den Medien sehen, unbewusst auf und regurgitieren sie als Teil ihrer eigenen Persönlichkeit.

Während viele Prominente sich in ihrer Freizeit mit politischem Aktivismus als Hobby beschäftigen, nutzt die subtilere Macht Hollywoods die Unterhaltung selbst, um Einfluss zu nehmen. Die Fähigkeit zu beeinflussen ist ein Werkzeug, und Werkzeuge können große Dinge für die Menschheit tun, aber in den falschen Händen werden sie leicht zu Waffen.

In den 1980er Jahren brachte *Die Cosby Show* eine nette schwarze Familie der oberen Mittelklasse in die Häuser von Millionen von Amerikanern, die den Ehemann als Arzt und die Ehefrau als Anwältin darstellte, was die Art und Weise veränderte, wie viele Zuschauer die Möglichkeit für Schwarze sahen, eine höhere Bildung zu erreichen und sich ein besseres Leben zu schaffen. (73)

Und obwohl es heute noch viele nette Familiensendungen im Fernsehen gibt, sind sie von Landminen umgeben, die aus den degeneriertesten Charakteren und perversesten Handlungen bestehen, die man sich vorstellen kann - Shows, die vor einer Generation so abscheulich waren, dass es undenkbar gewesen wäre, dass große Sender solche Inhalte ausstrahlen würden.

Eine strategische und unerbittliche Kampagne von LGBT-Aktivisten hat Fernsehsendungen, Filme und sogar Werbespots mit schwulen, lesbischen und transsexuellen Charakteren gesättigt, was der einzige Grund dafür ist, dass sie sich in den Köpfen der Massen normalisiert haben. Amerika hatte in den 1950er Jahren einen Fernseher pro Haushalt – prominent im Familienzimmer platziert – und nun tragen Kinder im Alter von sieben oder acht Jahren ihren eigenen Fernseher in der Tasche herum und können dabei praktisch alles ohne Aufsicht von Erwachsenen sehen. In den letzten Jahren ist also nicht nur die moralische Qualität von Inhalten verblüffend gesunken, auch die Sicherheitsvorkehrungen, die verhindern sollen, dass Kinder sie konsumieren, sind so gut wie verschwunden.

Joshua Meyrowitz, Professor für Medienwissenschaft an der Universität von New Hampshire, USA, weist darauf hin, *„das Fernsehen verwässert die Unschuld der Kindheit und die Autorität der Erwachsenen, indem es das System der Informationskontrolle untergräbt, das sie unterstützt hat. Das Fernsehen umgeht die den Kindern Jahr für Jahr vermittelten Wissensschnipsel. Es bietet Erwachsenen und Kindern jeden Alters die gleichen allgemeinen Erfahrungen. Kinder verstehen* *vielleicht nicht alles, was sie im Fernsehen sehen, aber sie sind vielen Aspekten des Erwachsenenlebens ausgesetzt, vor denen ihre Eltern (und traditionelle Kinderbücher) sie früher abgeschirmt hätten."* (74)

Vor etwa 100 Jahren schrieb ein britisches Filmindustrieblatt namens „Bioscope" einmal, dass Filme der *„legitime Konkurrent der christlichen Kirche bei der Formung des Charakters der Nation"* seien. (75)

Edward Bernays (1891-1995), der Mann, der als Vater der Öffentlichkeitsarbeit gilt, war ein Genie des 20. Jahrhunderts, das wusste, wie man die Medien manipuliert, um die öffentliche Meinung zu praktisch jedem Thema zu formen. Er wurde von Werbeagenturen und sogar von der US-Regierung angeheuert, um seine Methoden für eine Vielzahl von Zielen einzusetzen. Er ist der Mann, der dafür verantwortlich ist, dass Diamant-Verlobungsringe zum kulturellen Standard geworden sind, und hat sogar Frauen davon überzeugt, dass das Rauchen von Zigaretten ein Akt des Widerstands gegen das Patriarchat ist.

Das Diamantenmonopol von *De Beers* und die Tabakindustrie bezahlten ihn gut für seinen Einfallsreichtum, und aufgrund seines Wissens über Psychologie und Massenmedien war er in der Lage, die Öffentlichkeit wie eine Geige durch eine Reihe von clever gestalteten Pressemitteilungen und Werbekampagnen zu spielen.

In seinem Buch „Propaganda" von 1928 gab er zu: *„Unser Geist wird geformt, unser Geschmack geformt, unsere Ideen vorgeschlagen, größtenteils von Männern, von denen wir noch nie gehört haben … in fast jeder Handlung unseres Lebens, ob in der Sphäre der Politik oder der Wirtschaft unser soziales Verhalten oder unser ethisches Denken, wir werden von der relativ kleinen Zahl von Personen dominiert, die die mentalen Prozesse und sozialen Muster der Massen verstehen. Sie sind es, die an den Drähten ziehen, die die öffentliche Meinung kontrollieren, die alte soziale Kräfte nutzen und neue Wege erfinden, um die Welt zu binden und zu führen."*

Er ging sogar so weit zu sagen, dass diejenigen, die die Kontrolle über die Medien und das Narrativ haben, *„eine unsichtbare Regierung bilden, die die herrschende Macht unseres Landes ist"*.

Die Mehrheit der Medien fungiert heute als modernes Äquivalent zu „Brot und Spielen" des antiken Roms, wo die Menschen durch Spiele und Essen im Kolosseum beruhigt wurden, sodass sie dem zusammenbrechenden Imperium um sie herum keine Aufmerksamkeit schenkten. Karl Marx sagte bekanntlich, dass Religion das „Opium der Massen" sei, in Wirklichkeit ist es die Unterhaltung durch Hollywood. (76)

2.1 Monty Python: Die Ritter der Kokosnuss und die esoterische Astralsymbolik

„Ich habe den Sachsen das Angeln beigebracht. Seitdem heißen sie Angelsachsen. Ich bin der König aller Angler."

König Arthus (Ritter der Kokosnuss)

Die Ritter der Kokosnuss ist eine britische Filmkomödie aus dem Jahr 1975, die von der Arthurianischen Legende inspiriert wurde und von der Monty Python-Comedy-Gruppe (Chapman, Cleese, Gilliam, Idle, Jones und Palin) unter der Regie von Terry Gilliam und Terry Jones in ihrer Regie debütiert. Es wurde während der Pause zwischen der dritten und vierten Serie ihrer BBC-Fernsehserie *Monty Python's Flying Circus* konzipiert. *Monty Python: Die Ritter der Kokosnuss* spielte mehr ein als jeder britische Film, der 1975 in den USA gezeigt wurde. (77)

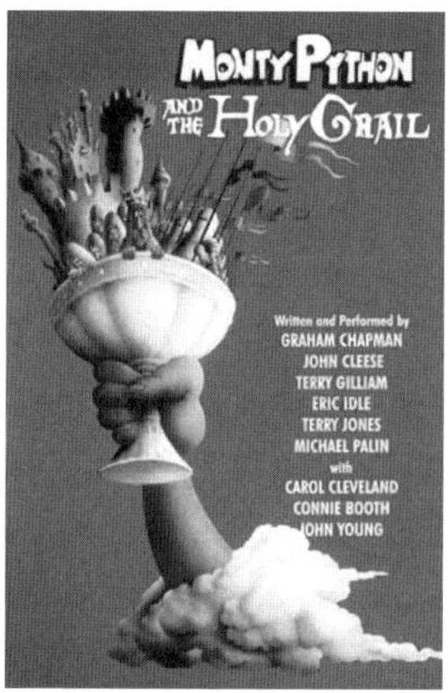

Abb. 61: Filmposter zu *Monty Python and the Holy Grail*

Wenn man die Idee des kollektiven Unbewussten von Carl Gustav Jungs bei der Arbeit im Film sehen möchte, dann ist Monty Pythons *Die Ritter der Kokosnuss* (Originaltitel: *Monty Python and the Holy Grail*) genau das Richtige für Sie. Obgleich die esoterische Symbolik in diesem Film höchstwahrscheinlich unbeabsichtigt und ein Produkt des kollektiven Unbewussten ist, scheinen einige Mitglieder der Python-Truppe sehr gut mit Gnostizismus und Okkultismus vertraut zu sein.

Die Filme von der Python-Gruppe sind eingebettet in gnostische, übernatürliche, astrologische Elemente, kombiniert mit mystischen Motiven, Handlungen und Charakteren. Die Artuslegende ist im Wesentlichen eine solar-astrologische Parabel.

Erstens ist König Arthur, wie Apollo, Dionysos, Jesus Christus, Bacchus, Mithras, Osiris, Amun Ra/Re und Horus, eine Metapher für die Sonne und ihre jährlichen Reisen zwischen den Häusern des Tierkreises, basierend auf der Erdumlaufbahn um sie herum. Einige Autoren behaupten, dass der Charakter von König Arthur auf dem realen Leben von Kaiser Karl dem Großen oder sogar seinem Großvater Karl Martell beruht.

Zweitens schlagen einige Historiker vor, dass die Geschichte von König Arthur die gleiche ist wie die von Jesus Christus. Es wird weiter argumentiert, dass die Geschichte von Christus im ersten Jahrhundert von Joseph von Arimathäa nach England gebracht wurde und sich in die Artuslegende verwandelt hat. Einige behaupten sogar, dass Josef von Arimathäa, nachdem er die Christus-Legende nach England importiert hatte, wie Henoch vor ihm, in körperlicher Form in den Himmel gebracht wurde. In einigen weiteren Fällen wird behauptet, Joseph von Arimathea sei mit dem Heiligen Gral in Glastonbury in einem derzeit unentdeckten Grabgewölbe beigesetzt worden.

Die Figuren in der Arthur-Legende scheinen wie die in christlichen Lehren, die Planeten und/oder ihr entsprechendes Sternzeichen als Überbleibsel der ägyptischen Mittelmeer-Mysterienschulen zu sein. Wie bereits erwähnt, ist der Durchgang der Sonne durch diese Häuser (entweder durch Präzession der Äquinoktien oder durch die Erdumlaufbahn um die Sonne) die Grundlage für viele Religionen. Es ist auch die Basis für viele Märchen, Kinderreime, Legenden und Mythen. König Arthur und die Ritter der Tafelrunde ist eine davon.

Schauen wir uns die Esoterik und Mystik im Film Die Ritter der Kokosnuss en detail an.

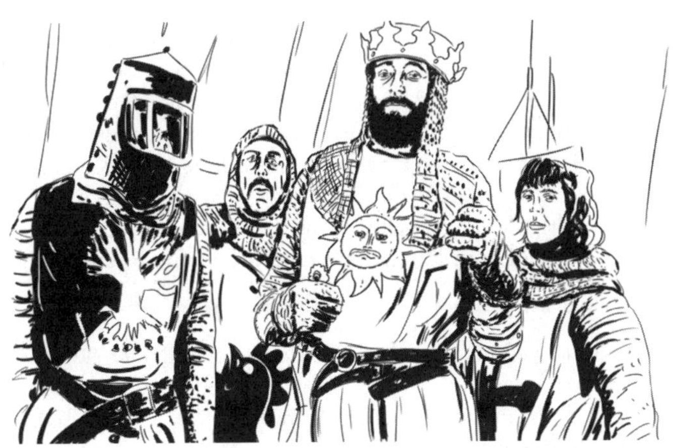

Abb. 62: Links: Sir Bedevere und der Baum der Weisheit, in der Mitte: König Arthur und die Sonne

König Arthur, dargestellt von Graham Chapman, verkörpert die Sonne, sichtbar als das Emblem auf dem Schild, der Tunika und der Flagge. Der Schwarze Ritter, den König Arthur auf komische Weise bekämpft, repräsentiert den Teufel oder den Nachthimmel, der immer im Konflikt mit der Sonne steht. Licht kann nicht mit Dunkelheit existieren und umgekehrt, also beschließen Arthur und der Schwarze Ritter, ihr Duell zu beenden, indem sie es als unentschieden werten. Während dieser Szene möchte Arthur eine winzige Brücke überqueren, um die andere Seite eines unbedeutenden Baches zu erreichen. Der kleine Fluss bezeichnet das Sternbild Eridanus, den Astralfluss oder die Milchstraße, die die astronomischen und solaren Motive der Arthur-Legende widerspiegeln.

Sir Galahad wird von Michael Palin gespielt und ist das Zeichen des Wassermanns. Sir Percival ist das Haus des Wassermanns in der traditionellen Artusgeschichte, denn er ist es, der den Heiligen Gral sucht und letztendlich findet. Nach außen betrachtet (exoterisch), war der Heilige Gral der Kelch, den Christus beim letzten Abendmahl benutzte und der während der Kreuzigung etwas von seinem Blut auffing. Esoterisch gesehen ist der Heilige Gral, den Percival sucht, der Wasserkrug, den der Wassermann im Himmel ausschüttet und der den Frühlingsregen des Frühlingsäquinoktiums ankündigt, wenn die Sonne aus dem Gewölbe des Winters auftaucht und das Land getauft oder wiedergeboren wird. Galahad macht vor nichts halt, um seinen verlorenen Krug zu finden; nicht einmal die Verführerinnen von Schloss Dosenschreck können ihn aufhalten. Galahad wird in Schloss Dosenschreck gelockt, als er ein solarähnliches "Grals Lichtsignal" über der Burg schweben sieht. Diese Verführerinnen, Zoot und Dingo (beide gespielt von Carol Cleveland), bedeuten das Zeichen der Waage, die in der vormaligen Arthurlegende die weibliche Zauberin Morgana le Fay ist, die wie Merlin und Mordred nicht im Film auftaucht.

In der Mythologie von Samson und Delilah spielt sich der Archetyp der weiblichen Waage im Vergleich zum Solarheldenmotiv deutlicher ab. Samsons langes Haar, das mächtige Sonnenstrahlen darstellt, wird allegorisch von Libra qua Delilah bei der herbstlichen Tagundnachtgleiche abgeschnitten, die am 23. September, dem ersten Tag der Waage, stattfindet. Das Ergebnis ist, dass Samson, qua Sonne seine Kraft verliert. Es ist das herbstliche Äquinoktium, bei dem die Nacht länger wird als der Tag, so dass die Sonnenstrahlen abgeschnitten oder „abgekürzt“ werden, wenn die Sonnenenergie nachlässt. Das herbstliche Äquinoktium kündigt an, dass die Sonne in einen symbolischen „Tod“ oder Winter fällt.

Sir Bedevere entlarvt die weibliche Trickserin, eine Hexe, indem er sie auf übergroßen Waagen balanciert, die das Sternbild Waage darstellen. Bedevere, Inbegriff eines Hermes-Trismegistos oder eines Merlin-ähnlichen Archetyps, trägt ein Symbol, das sowohl verbirgt als auch enthüllt. Bedeveres Schild, Tunika und Wappen oder Wappenküste, ist ein Baum, der den sephirotischen Baum der Weisheit der Kabbala symbolisiert und ihn als den Besitzer arkanen (geheim haltenden) Wissens identifiziert.

Obwohl er im Film nicht zu sehen ist, wird Mordred der Verräter fälschlicherweise durch Sir Lancelot ersetzt. In dem Film ist Lancelot (John Cleese) ein kriegsgeiler Schwachkopf, um alles zu zerstören, was er vor sich hat. Die Wechselwirkung zwischen den Häusern vom Skorpion, Schützen und Zwilling wird in der Szene, in der der Erbe des Sumpfschlosses, Prinz Herbert (Terry Jones), dargestellt wird, geschickt umgesetzt. Herbert symbolisiert den Schützen, Lancelot repräsentiert den Skorpion und die zwei Wachen sind die Zwillinge. Wenn in der Mythologie ein Tierkreiszeichen heldenhaft dargestellt wird, wird das entgegengesetzte Zeichen negativ dargestellt. Wenn beispielsweise der Archetyp Krebs positiv ist, wird das gegenüberliegende Haus des Steinbocks zum Negativen oder Bösewicht.

Ein Beispiel dafür ist im Neuen Testament zu sehen, wo Jesus Christus vierzig Tage lang in der Wüste getestet wird. Die „vierzig Tage“ beziehen sich auf die Sonne im Zeichen des Krebses; es gibt keine hellen Sterne im Krebs, daher wurde es von den alten Magiern so gehalten, dass die Sonne vierzig Tage darin verbrachte, im Gegensatz zu den typischen dreißig Tagen der anderen Tierkreise. So stellt die Wüste, in der Christus sich befindet, die Sonne im Zeichen des Krebses dar; Christus wird dann vom Teufel oder dem bösen, gehörnten Steinbock, dem personifizierten Feind, in Versuchung geführt.

Mit anderen Worten, die positiven Krebsattribute werden in dieser besonderen biblischen Erzählung zu den negativen Merkmalen des Steinbocks. Der Einfluss der Zeichen, die auf ihrer Seite eines Tierkreishauses sitzen, ist ebenfalls wichtig. Diese Allegorie wurde früher in Bezug auf Lancelot als Leo (Sonne) und Guinevere als Krebs (Mond) dargestellt.

Esoterische und astrologische Zusammenhänge können auch in der Figur von Tim dem Zauberer (John Cleese) auftauchen. Tim ist nicht Merlin der Magier, sondern er ist das Sternbild Widder, der anthropomorphisiert wurde (bezeichnet das Zusprechen menschlicher Eigenschaften auf Tiere, Götter, Naturgewalten und Ähnliches (Vermenschlichung). Die menschlichen Eigenschaften können sich dabei sowohl in der Gestalt als auch im Verhalten zeigen. Es ist am ersten Tag des Widders, dem ersten Haus des Tierkreises, in dem die Frühlingsgleichheit auftritt, die die Sonne auf ihren jährlichen Lauf setzt, nachdem sie aus dem dreimonatigen Gewölbe des Winters hervorgegangen ist.

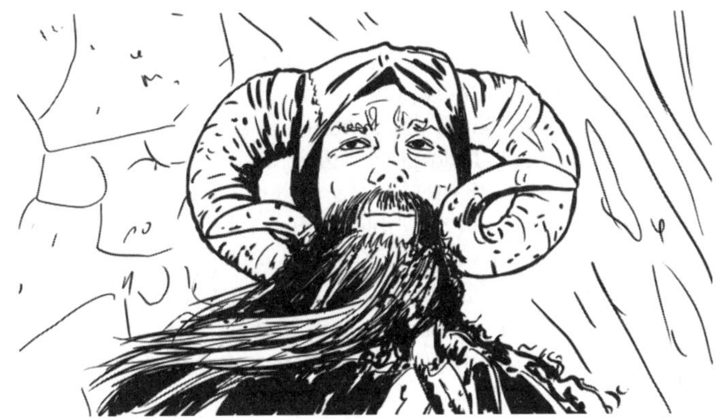

Abb. 63: Der gehörnte Zauberer

Tim verkörpert den Widder und damit den Frühlingspunkt und ist in der Lage, die nötigen Informationen zur Erleuchtung zu liefern, die Arthur (Sonne) und seine Ritter auf den richtigen Weg bringen, um den Heiligen Gral zu finden. Widder ist ein Feuerzeichen, welches das Feuer den Zauberer besessen macht. Tim entzündet überall um ihn herum Feuer und Explosionen. Tims Kopfschmuck hat auf beiden Seiten zwei Widderhörner, die auf das Widderzeichen hinweisen. Das astrologische Motiv geht weiter: Der Wächter der Höhle von Caerbannog ist eine Darstellung des Sternbildes Lepus, der Hase.

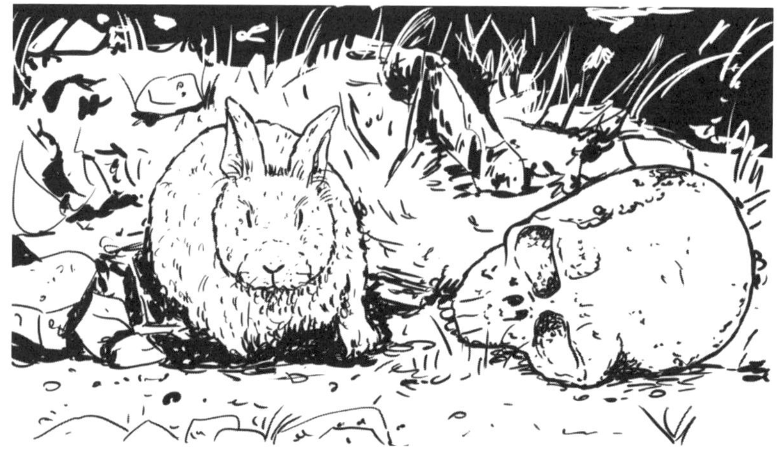

Abb. 64: Ein Hase auf Abwegen

In Afrika und Amerika galt das Kaninchen als Trickkünstler, der seinen überlegenen Intellekt zur Verteidigung einsetzte. Der Wächter-Hase täuscht Arthur und seine Ritter vor, es sei harmlos. Arthur und seine Gruppe stellen bald fest, dass der Hase eine tödliche Bedrohung ist, mit der man sich nicht herumärgern darf. Tim und der Hase sind miteinander verflochten, weil die Sternbilder Widder und Lepus beide mit der Osterfeier verbunden sind. Der Osterhase oder das Kaninchen ist ein höchst okkultes und mystisches Symbol für die Frühlings-Tagundnachtgleiche wie Ostern oder Pessach. Die europäische Frühlingsgöttin Eastre hatte den Kopf eines Hasen, und das Osterdatum wird durch den Mond bestimmt, dessen Symbolik stark an die des Hasen gebunden ist.

Seit dem Konzil von Nicea im Jahre 325 n. Chr. wurde Ostern am ersten Sonntag nach dem ersten Vollmond nach dem Frühlingspunkt gefeiert, an dem der christliche Feiertag im Zeichen des Widders stand. Aufgrund dieser frühen Assoziationen war die Hasenjagd einst eine häufige Osteraktivität in England, und auch heute feiern oder beten Kinder symbolisch den Mond zu Ostern an. Der Osterhase liefert den Kindern am Ostermorgen Eier, was den „Eiermond" bedeutet, oder den Namen, der dem ersten Vollmond nach dem Frühlingspunkt und dem ersten Vollmond vor Ostern gegeben wurde, das Passahfest, da die Sonne auf dem Weg zur Sommersonnenwende in der nördlichen Hemisphäre über die Äquinoktien hinweggeht. Bei der Sommersonnenwende fährt Apollo stolz mit seinem Sonnenwagen über den Wendekreis des Krebses. In den christlichen Mysterien wird die Sonne, die im Haus des Krebses ihre volle Kraft entfaltet, dadurch symbolisiert, dass Jesus Christus triumphierend einen Esel nach Jerusalem reitet.

Die mittelalterlichen Rosenkreuzer waren zweifellos im Besitz der wahren Geheimnisse des König Arthur Zyklus und der Gralslegende, da ein Großteil ihrer Symbolik in deren Ordnung eingearbeitet worden war. Obwohl der offensichtlichste aller Schlüssel das Mysterium von Cristos (Jesus) ist, hat die Gralslegende die geringste Berücksichtigung erhalten. Zusammenfassend ist es offensichtlich, dass die Artuslegende eine solare, astrotheologische Allegorie ist. König Arthur ist die Sonne, die Ritter der Tafelrunde sind die Häuser des Tierkreises und ihr runder Tisch repräsentiert das kreisförmige Rad des Tierkreises. In der Legende gibt es gewöhnlich zwölf Ritter, die die zwölf Häuser des Tierkreises bezeichnen, oder vierundzwanzig Ritter, die die Tages- und Nachtphase des Tierkreises darstellen. Dieser Autor ist der festen Überzeugung, dass diese esoterische Astralsymbolik im Film auftauchen würde, unabhängig davon, ob die Filmemacher beabsichtigten oder nicht, sie einzubeziehen.

Der Tierkreis, die Sonne und die Astrologie im Allgemeinen sind alle Teil des kollektiven Unbewussten, das Arthur und seine Ritter in Jung's Archetypen zerlegt. [(78)]

2.2 Time Bandits: Im Gefängnis-Labyrinth zwischen Gut und Böse (1981)

„Bitte seid vorsichtig. Lasst bloß nichts davon liegen. Es ist konzentriertes Böses. Ein Körnchen davon würde euch töten“

Oberstes Wesen (*Time Bandits*)

Time Bandits ist ein britischer Fantasy-Abenteuerfilm aus dem Jahr 1981, der von Terry Gilliam mitgeschrieben, produziert und inszeniert wurde. Es spielen Sean Connery, John Cleese, Shelley Duvall, Ralph Richardson, Katherine Helmond, Ian Holm, Michael Palin, Peter Vaughan und David Warner mit.

Gilliam hat *Time Bandits* als den ersten seiner „Trilogie der Imagination“ bezeichnet, gefolgt von *Brazil* (1985) und endend mit *Die Abenteuer des Baron Münchhausen* (1988). Alles dreht sich um die „Verrücktheit unserer ungeschickt geordneten Gesellschaft und den Wunsch, ihr mit allen Mitteln zu entkommen“, so der Autor Jack Matthews in „Dreaming Brazil“. Alle drei Filme konzentrieren sich auf diese Kämpfe und versuchen, ihnen durch Fantasie zu entkommen: *Time Bandits* aus den Augen eines Kindes, *Brazil* aus den Augen eines Mannes in den Dreißigern und Münchhausen aus den Augen eines älteren Mannes. (79)

In einer langen Reihe seltsamer Kinderfilme aus den 80er Jahren, die wir detailliert beschrieben haben, war es ein wichtiger fehlender Teil der To-Do-Liste – Terry Gilliams *Time Bandits.* Ich bin mit diesem Film aufgewachsen, aber die Gesamtphilosophie des Films hat mich immer ein wenig angeekelt – noch bevor ich etwas über Philosophie wusste. Das eher satirische Ende schien immer unerklärlich, aber in dieser Analyse werden wir versuchen, seine wahre Bedeutung zu ergründen.

Wie in anderen Gilliam-Filmen sehen wir konsistente Muster wie in *Zero Theorum*, *Brazil* oder *12 Monkeys*, in denen Fantasie und Realität aufeinanderprallen, uns die dystopische Moderne mit ihrer inhaltslosen Dummheit und Konsumsucht und oft offen gelassenen Höhepunkten erdrückt.

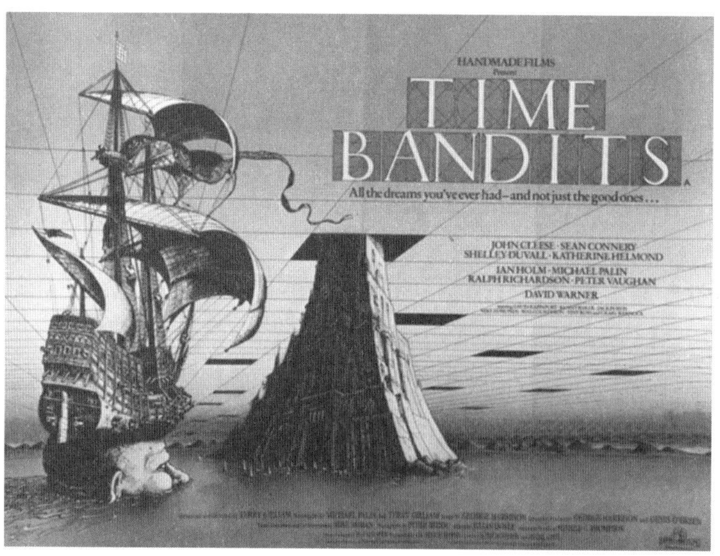

Abb. 65: Filmposter zu *Time Bandits*

Um den Film zu verstehen, brauchen wir meiner Meinung nach nicht weiter (zunächst) als zur Freimaurerei zu schauen. Ich erinnere mich, dass ich einmal ein altes Interview mit den Monty Python-Mitgliedern gesehen habe, und die „Philosophie" der Truppe wurde laut John Cleese als mehr oder weniger freimaurerisch erklärt. Angesichts der komödiantischen Darstellungen von *Das Leben des Bryan* und *Die Ritter der Kokosnuss* erscheint dies logisch – die Art von Jesus, die im Westen präsentiert und gelehrt wird, ist ziemlich komisch. Das heißt nicht, dass die Freimaurerei gerechtfertigt ist, sondern die

Logik der westlichen Abkehr vom christlichen Dogma führt unweigerlich zu einem riesigen „Mega-Kirchenzirkus", der zur „Atheismus-Fabrik" wurde.

Aus diesem Blickwinkel können wir sehen, warum die Fake-Freiheit-Revolution des Lichts der Vernunft, die Freimaurer an ihre äußeren Portikusmitglieder verkaufen, attraktiv ist. „Wissenschaft" hat iPhones und Darwin gegeben, während Religion alles Dogma und Aberglaube ist, die verwendet werden, um die Menschheit auszubeuten. Die müden, alten Mythen von Voltaire und Kant scheinen nie zu sterben, doch genau dieses Ethos hat die Freimaurerei hervorgebracht, und es ist in diesem Zusammenhang selbstverständlich, dass die Künste diese Position widerspiegeln – beides organisch aus der Massenakzeptanz ungeprüfter Aufklärungsvoraussetzungen sowie durch staatlich finanzierte Propagandamittel. Dies ist die Kulisse für viele Gilliam-Filme – sogar *Die Abenteuer des Barons von Münchhausen* – die Welt, in der wir leben, ist die gescheiterte Abtreibungs-Erschaffung eines bösen Tyrannen-Demiurgen, der das Vorbild für das Panoptikum-Überwachungsgitter ist (beide Filme, *12 Monkeys* und *Brazil* bestätigen dies).

Ich bin sicher, Sie haben es satt, dass ich ständig den Gnostizismus erwähne, aber dies ist die ewige Lehre dieser pseudo-esoterischen Gesellschaften, Kulte und falschen Religionen. Ob Sie Platon oder das alte Ägypten untersuchen, ob die Systeme letztendlich dualistisch oder monistisch sind, dies sind die einzigen beiden Optionen. Im wahrsten Sinne des Wortes – alle Philosophien und Religionen außerhalb der orthodoxen Konzeption lösen sich im Monismus auf. Manche mögen eine Art ewigen Dualismus vortäuschen, aber diese können auch aufgrund der ewigen Notwendigkeit, die sich daraus entwickelt, dass die gegensätzlichen Kräfte gleich ewig und damit notwendig sind, zum Monismus zusammenbrechen. Daher wird das Böse zum Grund, auf dem das Gute entsteht, und das Gute wird zum Grund, auf dem das Böse notwendigerweise entsteht, sogar als „Substanz" eine wirkliche Existenz annimmt. Daher, das Böse hat sein Sein und ist in Bezug auf das „Gute" letztendlich relativiert und bedeutungslos, und wir sind wieder beim Monismus (da die Manifestation von beiden relativ ist, lösen sich beide in rein subjektive Manifestationen einer ewigen „Substanz" oder des Monismus auf). Genau das ist das Weltbild, das von *Time Bandits* gezeigt wird.

Zeit, unter der Herrschaft von Saturn-Chronos (in diesem Schema), ist der einsperrende Demiurg. Als kinderfressender kannibalischer Tyrann muss seinem „Gefängnis-Labyrinth" auf irgendeine Weise entkommen werden. Für die Hermetiker, Gnostiker und Ketzer wird diese Wesenheit mit Jehova, dem biblischen Schöpfergott, identifiziert. Die Wesen, die gegen diesen Tyrannen rebellierten, sind somit die revolutionären Helden, was erklärt, warum die meisten Revolutionäre entweder Satan oder Luzifer eine gewisse Ehrerbietung erwiesen haben (unabhängig von den äußeren Drehungen und Insignien, die sie ihrem Mythos aufsetzen, um dies zu rechtfertigen).

Der Schöpfergott in diesen Schemata ist im Allgemeinen deistisch, er ist distanziert und von seiner gescheiterten Schöpfung entfernt. Aus irgendeinem mysteriösen, unbekannten Grund enthält seine abgebrochene Welt der Basismaterie jedoch Geheimnisse, die eine Art Technologie sind. „Wissenschaft“ in diesem Modell ist die Explikation der Funktionsweise des Kosmos aus den trägen Codes und Kräften, die ungenutzt in „toter Materie“ lagen und die letztendlich zu einer Form von teleologischer Transzendenz oder Flucht führen sollen. Das „Rad der Zeit“ ist daher ein unpersönlicher, chaotischer alchemistisch-chemischer Prozess von Schöpfung-Zerfall-Zerstörung (spülen, wiederholen), symbolisiert durch die Ouroboros.

Wenn man diese mystisch in der Basismaterie verborgenen Geheimnisse verstehen kann, dann ist die Transzendierung von Zeit und Raum durch Technologie möglich (so die Argumentation). Dies ist die Bedeutung der „Karte“ in *Time Bandits*, die die architektonischen Pläne und Designs symbolisiert, die das „Oberste Wesen“ eifersüchtig vor seinen verhassten Kreationen schützt.

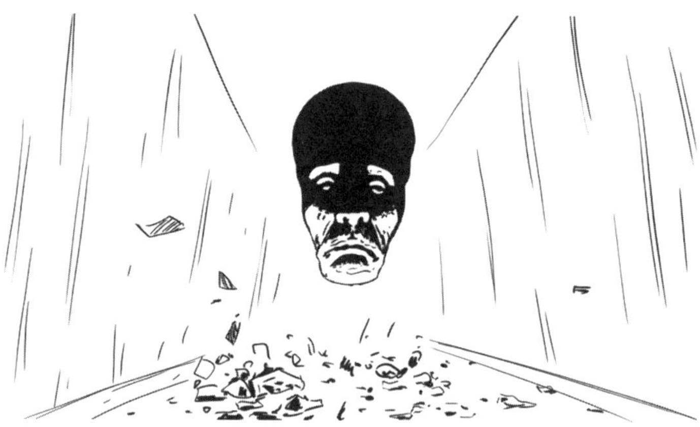

Abb. 66: Das „Oberste Wesen“ scheint in dieser Aufnahme wie von der Pyramidenspitze nach unten zu schauen

Ist es nicht interessant, dass die ewige Präsentation der Gnostiker und Hermetiker buchstäblich dasselbe ist, was Satan im Garten verspricht? Gemäß der Verheißung, die durch die Gnosis vom Baum der Erkenntnis zustande kommt, könnte der Mensch zu Gott werden, und Gott hortet heimlich diese Geheimnisse, um „den Menschen klein zu halten“. Das „Oberste Wesen“ ist eine freimaurerische Vorstellung eines generischen „Gotts“, der der vermeintliche „Architekt“ oder Archon hinter dem Design der gegenwärtigen Welt ist. Ein Architekt arbeitet mit bereits vorhandener Materie und ist in keiner Weise ein Schöpfer.

Unsere Gruppe kleiner Leute, die rebellischen Zwerge, sind sowohl komische als auch genaue Darstellungen der gefallenen Engel. Ehemalige Diener des Demiurgen, diese Bande von süßen und niederen Einfaltspinseln hat es geschafft, die „Karte“ des „Obersten Wesens“ zu stehlen und ist seitdem zu Zeitflüchtlingen geworden.

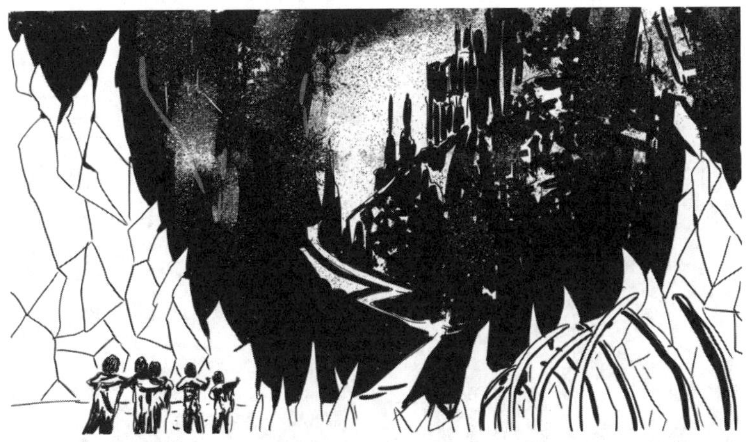

Abb. 67: Am Rand von der Realität zu der Imagination

Wir sind angekommen, um darüber nachzudenken, was „real“ in einem sehr begrenzten Entweder-Oder-Sinn ist, basierend auf Newtonschen Modellen von „Realität“ gleich der Körperlichkeit. Dieses lächerliche Paradigma, das die Existenz des „Selbst“ negiert, das vorgibt, seine „Wahrheit“ zu entdecken, stirbt einen sehr harten Tod. Ganz gleich, wie unsinnig und selbstwiderlegend der Materialismus auch sein mag, er hat immer noch einen mächtigen Einfluss auf den Geist des modernen Menschen. In diesem Sinne können wir in gewisser Weise die – wenn auch zufälligen – Versuche eines Terry Gilliam anerkennen, an dem Punkt anzusetzen, an dem etwas Großes in der Konsum-Moderne verloren geht, nämlich das Imaginäre. Beachten Sie, dass ich nicht sage, dass alles in der eigenen Vorstellung „real“ oder den Phänomenen der wachen Welt gleichgestellt ist. Der Sündenfall hat viele Dinge bewirkt, aber ich vermute eines davon ist eine Trennung der inneren Welt der Psyche von der äußeren Welt des Kosmos. Aus diesem Grund fällt es dem Menschen so schwer, die Welt nach dem Sündenfall zu interpretieren, und er sieht nicht die Präsenz des Logos in allen logoi, wie viele Theologen festgestellt haben. Aus diesem Grund wird Kevin deutlich beim Einschlafen gezeigt, als die Bandits eintreffen.

Der Besuch von Kevin und den kleinen Jungen ist auch aus Sicht der Freimaurer bedeutsam, da es sich um Äonen handelt, auf die Freimaurer und Gnostiker einen hohen Wert legen. Die Tyrannei Napoleons wird beispielsweise aufgrund seiner geringen

Größe als psychologisches Problem dargestellt, aber bedenken Sie, dass Kaiser Napoleon Freimaurer war (wie Dr. Quigley bemerkte, war er ein Werkzeug der Bankiers). So wie das Zeitalter Napoleons von diesem fast freudianischen psychologischen Thema geprägt ist, werden seine hirnlosen Eltern zu Kevins Zeiten als Spitzenprodukt des westlichen Physikomaterialismus angesehen, der in einen leeren Konsumismus zerfällt.

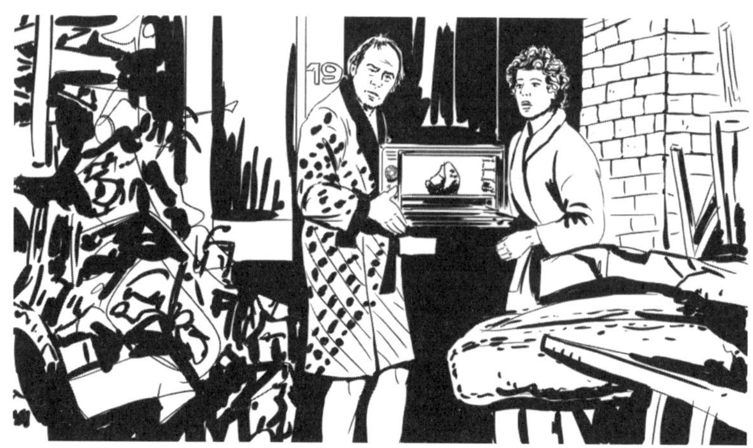

Abb. 68: „Böse" ist „Materie" und gedankenloser Konsum

Ihre Besessenheit mit den neuesten Mixern und Haushaltsgeräten bildet ironischerweise einen Aspekt von Kevins Albtraum über die Zukunft oder sein eigenes Erwachsensein. Die Besessenheit vom „Imperium" wird verspottet, um den Versuch des Menschen, ein Imperium zu schaffen, persifliert, und reicht zurück bis zu Alexander dem Großen, dem Mittelalter, den Titanen und schließlich bis zum Demiurg.

Auf der Flucht vor Napoleon treffen die Bandits auf Robin Hood, den archetypischen Kommunisten. Wie gesagt, alle Revolutionäre werden aus einem bestimmten Grund als Ikonen und Reinkarnationen des Geistes Luzifers oder Satans gefeiert – die vermeintlich „ungerechte" Welt ist der Gefängniskomplex des Demiurgen. Selbst wenn sie atheistisch ist, muss die Logik des Revolutionären immer in irgendeiner Form des Krieges gegen die Welt als Ganzes und damit auch ihren Schöpfer enden – denken Sie an Saul Alinsky, der sein Buch Satan widmet. Dies ist auch der Grund, warum die Freimaurerei (immer das Werkzeug einer Bankenmacht) immer die Brutstätte der Revolution in jeder Nation war. Die „Arbeiterrevolution" von Marx war eine Freimaurerrevolution mit Sitz in London. Apropos freimaurerische Kuriositäten: Sean Connery spielt die Rolle des Agamemnon. Der Mann, der König werden würde.

Die Relevanz der Titanic-Sequenz ähnelt der Botschaft von James Camerons *Titanic* – die alte Welt des Adels und des alten Geldes geht zu Ende. Es gibt zahlreiche Theorien über die verschwörerische Natur der Titanic, von Versicherungsbetrug bis hin zu einem Angriff anderer Eliten auf Astors und Guggenheims bezüglich der Gründung der Federal Reserve Bank. Ich behaupte nicht, zu wissen, was richtig ist, aber so oder so ist die Bedeutung des Untergangs der Titanic das Ende dieses Befehls – eine symbolische Form einer neuen Phase der anhaltenden „Revolution". „Das Böse" wird dann gezeigt, wie es die Bandits in die Zeit der Legende transportiert, dem Goldenen Zeitalter der antiken Mythologie, voller Oger und Titanen.

Die Banditen erreichen den Rand des Bewusstseins und der Realität und suchen die „Barriere der Unsichtbarkeit", die den Übergang von unserer Ebene in die Astralebene bedeutet. Jenseits dieser Barriere und über dem Abgrund liegt die „Festung des unendlichen Bösen".

Das Böse wohnt in den niedrigsten Werten des Unterbewusstseins, der Astralebene. Dies ist vergleichbar mit der biblischen Vorstellung von der äußeren Dunkelheit, der Leere oder des Abgrunds. Das heißt nicht, dass das Böse ein Wesen mit Substanz ist, sondern dass die Seelen oder Psychen des Menschen die Tore für Geister sind. Während das alles in einer großen, galaktischen Irrtumskomödie verspottet wird, erscheint das „Oberste Wesen" beim Auftauchen als spießiger alter englischer Gentleman – also wie ein alter Freimaurer.

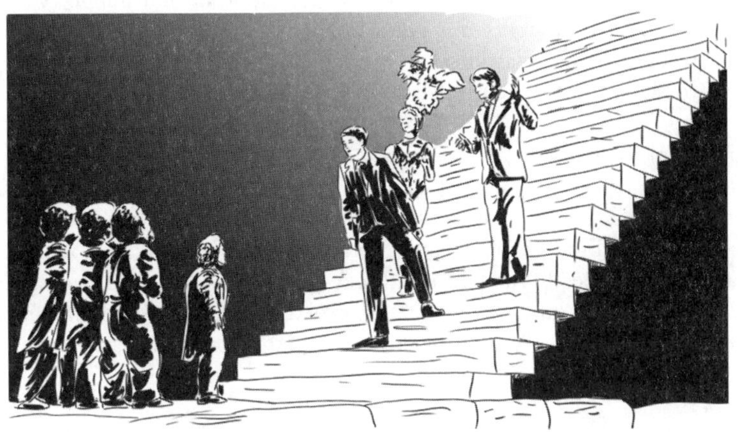

Abb. 69: Vor der Freimaurer-Treppe

Die Geschichte wird erzählt, als wäre der universelle Kampf von Gut gegen Böse eine absurde Kinderfantasie, in der die rebellischen Engel als heroische Revolutionäre verstanden werden, die sich zu göttlichen Löhnen zurückschleichen. Schließlich ist das Böse nur das Werk Gottes. Als die Geschichte zu Ende geht, beginnen wir zu vermuten, dass dies alles Kevins Traum war, als Feuerwehrleute (einer von ihnen ist Agamemnon) hereinstürmten, um ihn aus einem Feuer zu retten. Das Böse, von dem wir dachten, es sei in eine Art Kohlenstoff-Holzkohle-Substanz verwandelt und damit mit Materie identifiziert worden, hält sich immer noch zurück, da ein Brocken, nach der Explosion des Bösen, übersehen wurde. Wie Gott im Garten sagt Kevin seiner Mutter und seinem Vater, dass sie das „Böse" nicht berühren sollen, das auf mysteriöse Weise in dem Toaster aufgetaucht ist, von dem seine Eltern besessen sind.

Der Baum der Erkenntnis von Gut und Böse, der hier das Böse mit Materie, Materialismus und Konsum identifiziert, endet in der Vernichtung von Kevins wertlosen Baby-Boomer-Eltern. Wir könnten versucht sein zu sagen, der Zweck des Films war eine komische, atheistische Verhöhnung einer scheinbar absurden und „kindlichen" Geschichte von Gut gegen Böse. Die Geschichte scheint dies zunächst zu tun, enthüllt jedoch eine tiefere, eher esoterische Auffassung, dass die Realität tatsächlich aus verschiedenen Ebenen und spirituellen Ebenen besteht, von der gegenwärtigen Welt über die Psychosphäre bis hin zum Spirituellen.

Beim Versuch, eine freimaurerische Spottfabel zu präsentieren, ist es auch möglich, dass Gilliam (bewusst oder unbewusst) auf eine viel genauere Architektur des Kosmos stößt als er erwartet hatte. Das heißt, Gott ist kein stämmiger alter britischer Mann, noch ist das Böse eine Substanz. Während Gilliam Recht hat, die unsinnige Absurdität des Transhumanismus als Ergebnis des grassierenden Konsums und des Technologiefetischs zu kritisieren, ist das dialektische Doppeldenken der Freimaurer, die er zu vertreten scheint, die Ursache für die Modernität, die er als absurd kritisiert. (80)

Obwohl Ralph Richardson in *Time Bandits* als das „Oberstes Wesen" bezeichnet wird, verhält sich dieser Gott eher wie ein Demiurg. Diese Gottheit belästigt die Protagonisten endlos und ist nur daran interessiert, seine geheime Karte zurückzuerobern. Die Karte bietet materielle Reichtümer für diejenigen, die wissen, wie man ihre Geheimnisse entschlüsselt. Am Ende des Films hat das „Oberstes Wesen" kein Problem damit, Kevin (Craig Warnock) in sein langweiliges Dasein und zu seinen apathischen Eltern zurückzuschicken. Das „Oberstes Wesen" bringt Kevin auch in Gefahr, als er in sein Haus zurückkehrt, das in Flammen steht.

Das Böse (David Warner) hingegen hinterfragt ständig die wahren Motive und Entscheidungsprozesse des „Oberstes Wesens". Das Böse scheint mehr daran interessiert zu sein, die Menschheit voranzubringen, als sein Gegenstück, das die Menschheit in einem Zustand der ewigen Knechtschaft schal halten will. Gnostische Ideen beeinflussten viele alte Religionen, die lehren, dass Gnosis, die unterschiedlich als Wissen, Erleuchtung, Erlösung, Emanzipation oder Eins mit Gott interpretiert wird, durch Philanthropie bis hin zu persönlicher Armut, sexueller Abstinenz und fleißiger Suche nach Weisheit durch Hilfe für andere erreicht werden kann.

Der gnostische Glaube hielt die lichttragende Schlange im Garten Eden nicht für böse, sondern sie öffnete Adam und Eva die Augen für die Realität, gut und böse, richtig und falsch, ein bewusstes Erwachen, Gnosis. Für die Gnostiker ist die auferstandene Sonne ein Sinnbild des göttlichen Funkens, „wiedergeboren" und auferstanden war die Sonne oder das göttliche Licht. Solares Licht symbolisiert wahre göttliche esoterische Offenbarung, wenn man wirklich in eine wahre Hermetik „geboren" wird, und in einigen Fällen eine kabbalistisch-alchemistischen „Aufstieg" oder Apotheose erreicht. (81)

2.3 Der Exorzist: Per okkultem Wissen zur Dämonenaustreibung (1973)

„Besonders wichtig ist die Warnung, Gespräche mit dem Dämon zu vermeiden. Wir können fragen, was relevant ist, aber alles darüber hinaus ist gefährlich. Er ist ein Lügner. Der Dämon ist ein Lügner. Er wird lügen, um uns zu verwirren. Aber er wird auch Lügen mit der Wahrheit mischen, um uns anzugreifen. Der Angriff ist psychologisch, Damien, und mächtig. Also hör nicht auf ihn. Denken Sie daran - hören Sie nicht zu."

Pater Lankester Merrin (*Der Exorzist*)

Der Exorzist ist ein amerikanischer übernatürlicher Horrorfilm aus dem Jahr 1973, der von William Friedkin inszeniert und von William Peter Blatty für die Leinwand geschrieben wurde und auf seinem gleichnamigen Roman von 1971 basiert. Die Filmstars sind Ellen Burstyn, Max von Sydow, Lee J. Cobb, Kitty Winn, Jack MacGowran (in seiner letzten Filmrolle), Jason Miller und Linda Blair. Der erste Teil der Filmreihe *Der Exorzist* folgt der dämonischen Besessenheit eines jungen Mädchens und dem Versuch ihrer Mutter, sie durch einen Exorzismus zu retten, der von zwei katholischen Priestern durchgeführt wird.

Der Exorzist wurde Ende Dezember 1973 in 24 Kinos in den Vereinigten Staaten und Kanada veröffentlicht. Trotz anfänglich gemischter kritischer Kritiken strömten die Zuschauer dorthin und warteten bei Winterwetter in langen Schlangen, und viele taten dies mehr als einmal. Bei Szenen, in denen sich die Protagonistin einer realistischen zerebralen Angiographie unterzieht und später heftig mit einem Kruzifix masturbiert, erlitten einige Zuschauer nachteilige körperliche Reaktionen, Ohnmacht oder Erbrechen. Herzinfarkte und eine Fehlgeburt wurden gemeldet.

Eine psychiatrische Zeitschrift veröffentlichte einen Artikel über „filmische Neurosen", die durch den Film ausgelöst wurden. Viele Kinder durften den Film sehen, was zu Anklagen führte, dass das MPAA-Bewertungsgremium *Warner Bros* entgegengekommen sei, indem es dem Film eine R-Bewertung anstelle der X-Bewertung gegeben habe, die der Film ihrer Meinung nach verdient hätte, um seinen kommerziellen Erfolg sicherzustellen. Mehrere Städte versuchten den Filmstreifen ganz zu verbieten oder Kinder daran zu hindern, diesen zu sehen.

Die kulturelle Diskussion rund um den Film, die auch seine Behandlung des Katholizismus umfasste, trug dazu bei, dass er als erster Horrorfilm für den Oscar als bester Film nominiert wurde, einer von zehn Oscars, für die er nominiert wurde. Er war Gewinner für das beste adaptierte Drehbuch und den besten Ton.

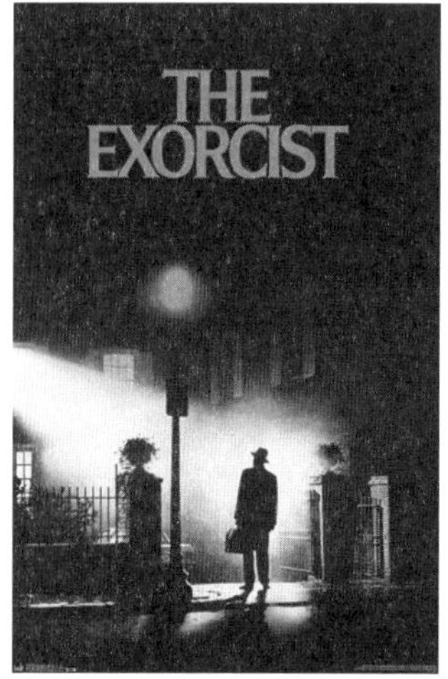

Abb. 70: Das Filmposter zeigt einen Mann in Erwartung eines Ereignisses

Der Exorzist hatte einen bedeutenden Einfluss auf die Populärkultur und wurde von der Kritik hoch gelobt, mit mehreren Kritiken, die ihn als einen der größten Horrorfilme aller Zeiten bezeichnen.

Der englische Filmkritiker Mark Kermode nannte ihn seinen „Lieblingsfilm aller Zeiten".

Im Jahr 2010 wählte die „Library of Congress" den Film aus, der in ihrem „National Film Registry" aufbewahrt werden soll, und bezeichnete ihn als „kulturell, historisch oder ästhetisch bedeutsam." (82)

Der Film zeigt eine unschuldige Jugendliche, Regan Teresa MacNeil, die von einem Dämon aus dem Nahen Osten namens Pazuzu qua der Teufel oder Satan besessen wird; Satan bedeutet auf Hebräisch „Gegner". Unfähig, ein wissenschaftlich-medizinisches Heilmittel für ihre Tochter zu finden, engagiert Chris MacNeil zwei Jesuitenpriester, Vater Damian Karras und Vater Lankester Merrin, die es unter Einsatz ihres eigenen Lebens schaffen, den Dämon aus Regan zu vertreiben, indem sie den katholischen Ritus des Exorzismus durchführen.

Zu Beginn von *Der Exorzist* gräbt der Jesuit Lankester Merrin (Max von Sydow) einen heidnischen Tempel aus, der Teil einer archäologischen Ausgrabung im Nordirak ist; dies spiegelt die Untersuchung der ägyptisch-heidnischen Ursprünge des Christentums durch den Jesuiten Athanasius Kircher im 17. Jahrhundert wider. Merrin ist, wie Kircher vor ihm, ein Archäologe, der daran interessiert ist, heidnische Stätten und Ruinen auszugraben, um höhere, spirituelle christliche Wahrheiten aufzudecken. Für Kircher war die Sonne ein heiliger Vater, der im Morgengrauen auferstand und so die Dunkelheit der Nacht besiegte. Die Sonne steht am Mittag in voller Stärke, wenn die Sonne jugendlich energetisiert ist, und am Abend steigt die Sonne in die gespenstische Unterwelt unter dem westlichen Horizont hinab und wird zu einem heiligen Geist. Die Sonne hat also drei Phasen: Wachstum, Reife-Stärke und Verfall. Für die Ägypter war die Sonne ein Symbol der Unsterblichkeit, die jede Nacht starb, nur um am Morgen wiedergeboren zu werden, und am Höhepunkt des Tages steht die Sonne in voller Stärke oben.

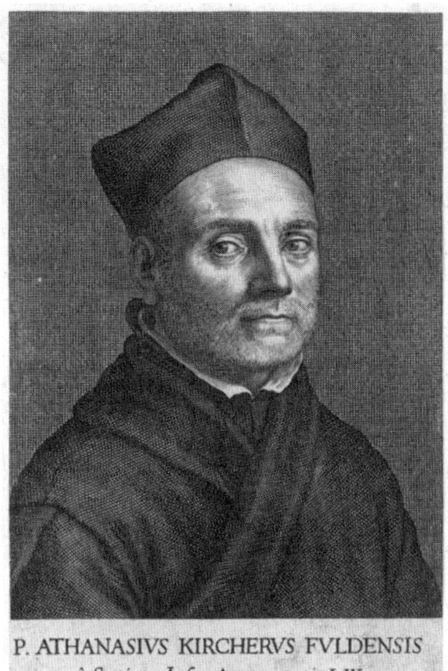

Abb. 71: Der mit dem Titel „Meister der hundert Künste“ geehrte Jesuit Athanasius Kircher (1601/02-1680) veröffentlichte zahlreiche Werke zur Orientalistik, Geologie und Medizin. Kircher, ein Hermetiker-Kabbalist, setzte die Renaissance-Tradition fort: die Interpretation ägyptischer Hieroglyphen als Symbole, die göttliche Wahrheiten enthalten. Obwohl man häufige Bezugnahmen sowohl auf die hebräische Kabbala, der Sephirot, als auch auf seine Werke der christlichen Kabbala findet, verurteilte Kircher die Praxis der kabbalistischen Magie

Aus der Bewegung der Sonne leitet sich das göttliche Konzept der heiligen Dreifaltigkeit „Vater, Sohn und Heiliger Geist“ aus dem Christentum ab, das aus dem Ägyptischen übernommen wurde und von Kircher akzeptiert und verstanden wurde. Aspekte von Pater Merrin basierten auch auf dem britischen Archäologen Gerald Lankester Harding, der die Höhlen ausgegraben hatte, in denen die Schriftrollen vom Toten Meer gefunden worden waren, und den Blatty in Beirut getroffen hatte; beide haben den gleichen Namen „Lankester“. Merrin entdeckt ein kleines Bronzeamulett, das den Kopf des Dämons Pazuzu darstellt, ein Wesen, mit dem Merrin nicht nur vertraut ist, sondern dem er zuvor bereits begegnet ist. Pazuzu ist die Personifikation des sengenden Wüstenwinds, der Sturm, Verletzungen und Fieber bringt. Merrin, der die Mystik von Kircher widerspiegelt, ist gut geeignet für die Gesellschaft Jesu. Der Jesuitenorden,

„…wurde 1534 von Iguntins Loyoln gegründet, einem Spanier mit glühender Phantasie und unerschütterlichen Geist und wurde 1540 von Pius III bestätigt.

Es kann wenig Zweifel geben, dass er beabsichtigte, dass es eine mystische und kontemplative Assoziation gab, ähnlich in vielen Dingen, die Kollegien der ägyptischen Priester nachahmte; die Jesuiten scheinen die ägyptischen Priester als ihr Modell genommen zu haben.

Die Gelübde, die sie ausgesprochen haben, band sie als unauflöslich an ihre Gesellschaft, wie das Interesse und die Politik der ägyptischen Priester sie an die Lehranstalt von Memphis festlegte.

Nachdem der Orden Jesu von seinem hohen Sockel gefallen und nur noch eine Geheimgesellschaft geworden war, voller politischer Agitatoren und Intriganten, kamen einige leidenschaftlich und begeisterte Männer auf die Idee, es durch eine neue Ordnung zu ersetzen, die alles Gute des Alten bewahren soll, besser an die Gegebenheiten der modernen Zeit angepasst ist, und die Bedürfnisse der modernen Gesellschaft wiedergibt. Die Gesellschaft der Illuminaten und die der Rosenkreuzer wurden mit diesem Ziel gegründet. Die Adepten der Illuminaten wurden von Regeln regiert, die fast identisch mit denen der Jesuiten waren, und die ganze Maschinerie der beiden Orden wurden nach der gleichen Idee konstruiert.“ (83)

Als Merrin sofort erkennt, dass der Dämonenkopf-Talisman ein schlechtes Omen ist, nimmt er eine Pille, die seinen Herzzustand verbessert. Merrin weiß, dass das Relikt eine Konfrontation mit dem Dämon ankündigt. Merrin wird von Vorahnungen der Verzweiflung und Bosheit heimgesucht, als er sieht, was der Blinde zu sein scheint, der die Blinden führt. Als nächstes trifft er auf einen einäugigen Mann, der ihn anstarrt, symbolisch für den „bösen Blick“, der ein unbeabsichtigter, verweilender Blick eines Fremden ist, der Krankheit, Tod und allgemeines Unglück verursacht. Es gibt zwei Arten von „bösen Augen“: unfreiwillig und freiwillig, letzteres ist ein Teil der Hexerei. (84)

Der „böse Blick“ existiert in praktisch jeder Kultur auf der ganzen Welt und reicht bis in die Antike zurück. Merrin wird als nächstes gesehen, wie er andere Gegenstände aus der Ausgrabung in einem islamischen Museum untersucht; die Uhr an der Wand hört auf mysteriöse Weise mitten im Schlag auf zu ticken, was bedeutet, dass seine Zeit um ist. Merrin verlässt das Museum und teilt dem Kurator mit, dass er den Irak verlassen muss, weil er etwas tun muss, was seinen letzten Kampf mit dem Dämon ankündigt. Kurz darauf wird Merrin fast von einer Kutsche überfahren, die eine trauernde Witwe in schwarzer Trauerkleidung transportiert. Diese Symbolik scheint anzudeuten, dass Merrins nächster Exorzismus sein letzter sein wird. Schließlich konfrontiert Merrin eine lebensgroße Sandsteinstatue des Dämons Pazuzu. Während die Sonne im Hintergrund untergeht, kämpfen in der Ferne zwei Hunde, die den bevorstehenden Kampf zwischen den Mächten von Licht und Dunkelheit darstellen. Die untergehende Sonne repräsentiert den vorübergehenden Triumph des Bösen oder der Dunkelheit über das göttliche Sonnenlicht.

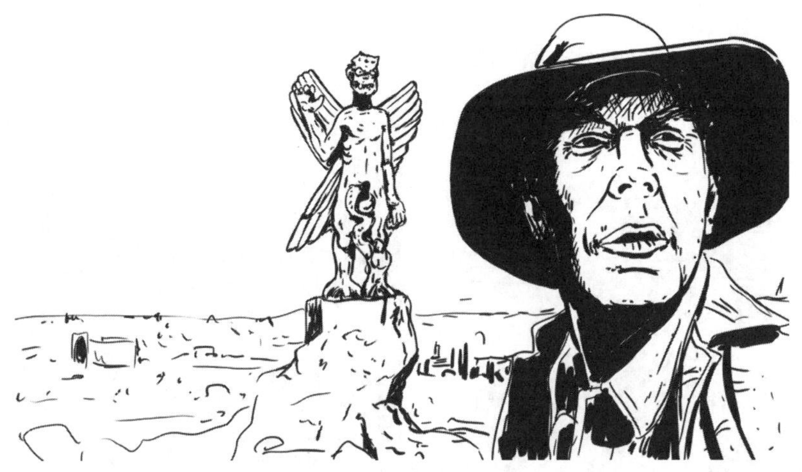

Abb. 72: Die Pazuzu-Statue im Hintergrund, während Merrin fragend in die Ferne schaut

Der Film wechselt in das wohlhabende Viertel Georgetown, Washington. Dem Publikum werden die Filmschauspielerin Chris MacNeil, ihre zwölfjährige Tochter Regan, Chris' Kammerdiener Sharon Spencer, MacNeils Dienstmädchen Willi und Karl der Butler vorgestellt. Chris MacNeil spielt die Hauptrolle in einem Film mit dem Titel „Crash Course", der an der Jesuit University of Georgetown produziert wird. Sein britischer Regisseur ist der unerträgliche und dem Untergang geweihte Alkoholiker Burke Dennings, dargestellt von Jack McGowan. *Der Exorzist* war MacGowans letzter Film, der kurz verstarb, als es zum Grippeausbruch in London kam.

Chris verlässt das Filmset und sagt ihrem Limousinenfahrer, dass sie an diesem Abend nach Hause zu Fuß gehen wird. Ihr vorübergehender Wohnsitz befindet sich an der Kreuzung von Prospect und 36th Street. Als Chris durch das bürgerliche Viertel Georgetown geht, trifft er auf eine Gruppe junger Trick-or-Treater, die somit das Datum als den 31. Oktober oder Halloween identifizieren.

Halloween ist ein jährlicher Feiertag, der in der Nacht vor Allerheiligen stattfindet. Halloween beinhaltet Traditionen von alten heidnischen Erntefesten und Feiern zu Ehren der Toten, insbesondere der keltischen Samhain. Das mittelalterliche Goidelic-Fest von Samhain markierte das Ende der Ernte, das Ende der hellen Hälfte des Jahres (Frühling/Sommer) und den Beginn der dunkleren Hälfte (Herbst/Winter).

Am häufigsten wird es vom 31. Oktober bis zum 1. November abgehalten, um die Halbzeit zwischen dem Herbstäquinoktium und der Wintersonnenwende zu markieren, wenn die Tage merklich kürzer werden und die Dunkelheit oder Nacht verlängert wird, um das Böse symbolisch zu verherrlichen. Daher kann man schlussfolgern, dass die Identifizierung von Halloween und der sterbenden oder abnehmenden Sonne das Kommen des Bösen und der Dunkelheit in den Haushalt von MacNeil und nach Georgetown im Allgemeinen bedeutet. Der Dämon greift nicht nur Regan an, er entstellt auch eine Statue der Jungfrau Maria in der Dahlgren-Kapelle der Universität von Georgetown.

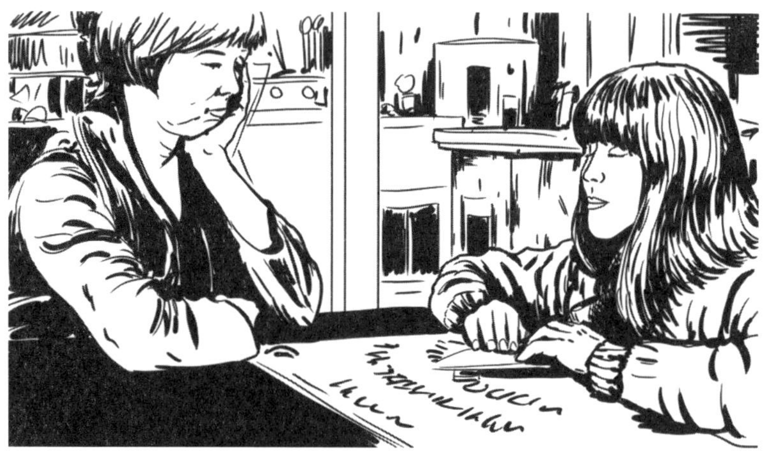

Abb. 73: Warum gibt es beim Ouija keine Altersfreigabe?

Der Dämon Pazuzu besetzt Regan durch ihre alleinige Verwendung eines Ouija-Bretts, einer William Flud Edition. Zunächst nennt sich Pazuzu wohlwollend unter dem Decknamen „Captain Howdy“. Das William Flud Talking Board, das zum berühmten Ouija wird, wurde erstmals in den frühen 1890er Jahren in Baltimore, Maryland, von Charles W. Kennard von der *Kennard Novelty Company* vermarktet. Kennard gab dem Brett den Namen Ouija, von dem angenommen wird, dass es das ägyptische Wort für Glück ist. Das ist es nicht; das Wort Ouija ist eine Kombination aus den französischen und deutschen Wörtern für „ja“: „oui" und „ja". Das Ouija-Brett, als Werkzeug, um mit Engeln und Dämonen zu sprechen oder die Zukunft vorauszusehen, stammt von Wahrsagegeräten wie schwarzen Spiegeln, die von Kabbalisten, Okkultisten, Zauberern und Magiern der Renaissance wie Edward Kelley und Dr. John Dee verwendet wurde, letzterer, der als Königin Elizabeth I. Hofastrologe und Wahrsager diente.

Regans Zustand verschlechtert sich und der Dämon beginnt sich zu manifestieren, sie wird von Dr. Klein und Dr. Taney diagnostiziert. Ihre Schlussfolgerung ist, dass Regan sich einer Reihe von Spinalpunktionen unterziehen muss, um Gehirndefekte oder Narben zu lokalisieren, die ihr bizarres und zunehmend destruktives Verhalten verursachen könnten. Die Ergebnisse der Untersuchung erweisen sich als negativ, und es wird nun nach einer psychologischen Erklärung gesucht, um aufzudecken, was mit Regan nicht stimmt.

Regan MacNeil, die nun vollständig von dem Dämon besessen ist, wird zur Beobachtung und Diagnose in die „Barringer Clinic and Foundation" gebracht. Chris wird bei einem Treffen darüber informiert, dass Regan unter somnambuler Besessenheit leidet. Besessenheit in somnambuler Form ist eine seltene Form der Angststörung, bei der das Opfer glaubt, dass sein Körper von einem bösen Geist bewohnt wurde. Dr. Barringer, der Leiter der Klinik, sagt, dass sie nichts tun können. Bei diesem Treffen sitzt Chris (qua Christus) am Kopfende des von den zwölf Aposteln umhüllten Tisches. Visuell spiegelt dies Leonard Da Vincis (1452-1519) Gemälde des „letzten Abendmahls" wider, auf dem Christus in der Mitte des Tisches sitzt, umgeben von seinen zwölf Anhängern auf beiden Seiten. Diese Ikonographie legt nahe, dass Regan eine spirituelle, keine medizinische Heilung benötigt.

Jesus Christus wird von Chris erneut esoterisch erwähnt, als sie hört, wie Dr. Barringer ihr sagt, dass er und seine Kollegen machtlos sind, ihre Tochter zu behandeln. Eine frustrierte und verzweifelte Chris schreit sie an: *„Es tut euch leid! Jesus Christ, 88 Ärzte und alles, was Sie mir mit all Ihrem Bullshit erzählen können."* Die Zahl „88" bildet einen geheimnisvollen Zusammenhang mit der griechischen Gematria, einer Form der praktischen Kabbala, die Zahlenwerte von Buchstaben und Analogien zwischen Wörtern und Phrasen zuweist, denn die Zahl 888 entspricht numerisch dem Namen Jesus.

Jesus, Iesous oder Iēsous, beinhaltet die Buchstaben: (I) 10 + (e) 8 + (s) 200 + (o) 70 + (u) 400 + (s) 200 gleich 888, was darauf hindeutet, dass eine spirituelle und numinose Heilung für Regan benötigt wird. Daher bedeutet die von Chris gesprochene Zahl 88, dass Jesus Christus oder das göttliche Sonnenlicht notwendig ist, um die Dunkelheit oder das Böse aus der jungen Regan zu vertreiben. Die Zahl 88 erscheint in *Zurück in die Zukunft*, obwohl die Zahl die Sonne in einem anderen numerologischen Kontext bezeichnet. (siehe mein Buch „Der Hollywood-Code") Dr. Barringer empfiehlt, dass Regan vielleicht einen Exorzismus braucht.

Als Chris Regan nach Hause bringt, wird sie von Polizeidetektiv Lt. William Kinderman besucht, der den mysteriösen Tod des Filmregisseurs Burke Dennings untersucht. Dennings wurde am Fuß einer imposanten Treppe gefunden, die von der Prospect Street zur M Street führte, mit vollständig nach hinten gedrehtem Kopf. Regans Schlafzimmerfenster überblickt diese Stufen und Kinderman sucht nach einer möglichen Verbindung zwischen Dennings' Todessturz und Regans Schlafzimmer: Kinderman ist überzeugt, dass Dennings' Verletzungen vor seinem Sturz die Stufen passiert sind. Kinderman geht unbefriedigt davon und Chris sieht sich Pazuzu in all seiner entsetzlichen Pracht ausgesetzt: Es ereignet sich eine widerliche und beängstigende Szene, die darin gipfelt, dass Regans Kopf sich um 180 Grad dreht und sie Dennings Tod verspottet, während Regan ihre Mutter mit seinem unverkennbaren britischen Akzent verflucht. Chris MacNeil versteht jetzt, dass ihre Tochter unter der Kontrolle dämonischer Kräfte steht und die einzige Lösung ein Exorzismus ist.

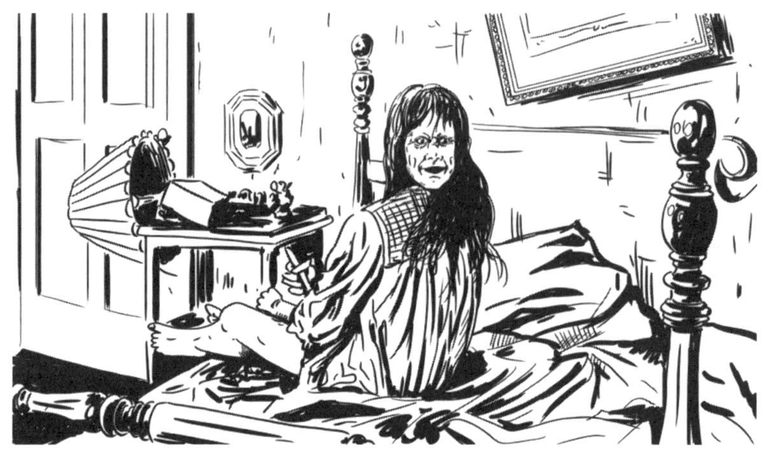

Abb. 74: Eine Besessene mit einem Rundumblick

Exorzismus ist keine mittelalterliche Erfindung. Im zweiten Jahrhundert schrieb der christliche Philosoph Justin der Märtyrer (ca. 100-165 n. Chr.) von vielen „Besessenen auf der ganzen Welt... , die kein anderer Exorzist, Beschwörer oder Zauberer geheilt hat, dies hat viele unserer Christen geheilt… und heilt trotzdem."

Origenes (184/185-253/254 n. Chr.), der im 3. Jahrhundert schrieb, sagt, dass schon das einfache Aussprechen des Namens Jesus die Macht hatte, Teufel und Dämonen auszutreiben. (85)

Chris sucht zunächst die Hilfe eines Jesuiten namens Damien Karras, Pater Karras beginnt mit der Untersuchung von Regans umnachtetem Zustand und wird zunehmend davon überzeugt, dass sie von mehreren, insbesondere drei, bösen Manifestationen besessen ist, und bittet die katholische Kirche um Erlaubnis, einen Exorzismus durchzuführen. Er ist überzeugt, nachdem er Regan in Fremdsprachen sprechen hört, die sie nicht gelernt hat, telekinetische Kunststücke wie das Öffnen einer Schublade vollbringt und rückwärts Englisch spricht. Die katholische Kirche erteilt die Erlaubnis unter der Bedingung, dass Karras assistiert, während der Exorzist Pater Lankester Merrin sein wird, der kürzlich aus dem Irak in die Vereinigten Staaten zurückgekehrt ist. Merrin befindet sich derzeit am Jesuitenseminar in Woodstock, Maryland, und arbeitet an einem weiteren Buch. Merrin läuft durch die Wälder von Maryland, als ein junger Priester Merrin einen Brief überreicht, in dem er aufgefordert wird, den Exorzismus durchzuführen.

Beachten Sie, dass er den Umschlag nicht öffnet; vielmehr steckt er ihn ruhig in seine Tasche und spürt gespenstisch, was das darin enthaltene Dokument von ihm verlangt.

Der Exorzismus wird unter der Leitung von Merrin und der Unterstützung von Karras fortgesetzt. Die einzige etablierte Form des Exorzismus findet sich im „Rituale Romanum", einem Gottesdienstbuch, das von römisch-katholischen Priestern verwendet wird. Der Exorzismus entstand aus den neutestamentlichen Berichten; „In meinem Namen sollen sie Teufel austreiben." (Lukas). Während des Rituals wird den Dämonen befohlen, im Namen Jesu Christi zu verschwinden und sie in die Hölle zurückzubringen. Wie mächtig der Dämon auch sein mag, er muss sich letztendlich der Macht des Herrn beugen. Der Exorzist ruft auch die Heiligen, die Jungfrau Maria, die Engel an, besonders den Erzengel Michael, der ein uralter Feind des Teufels ist. Merrins okkulte Formel beinhaltet die Anrufung des Christus, der solaren Dreifaltigkeit, und das Kreuzzeichen, um Pazuzu oder die Werke der Dunkelheit zu vertreiben.

Pater Merrin beschwört diese astrotheologischen, solaren Ikonen, um den Dämon zu ermahnen, *„es ist Gott, er selbst, der euch befiehlt! Der majestätische Christus befiehlt dir! Gott der Vater befiehlt dir! Gott der Sohn befiehlt dir! Gott der heilige Geist befiehlt dir! Das Geheimnis des Kreuzes befiehlt dir! Das Blut der Märtyrer befiehlt dir!"* Um den Dämon zu vertreiben, verwendet Merrin während des Rituals auch eine lila Stola, Weihwasser und ein Kruzifix. Diese jesuitischen Riten, Zauber und Beschwörungsformeln drücken symbolisch Merrins Versuch aus, das dämonische Wesen zu kontrollieren, das jetzt Regan und die materielle Welt befällt. Zur Symbolik merkt C.G. Jung an, dass sie ständig verwendet wird, „um Konzepte zu präsentieren, die wir nicht definieren oder vollständig verstehen können". Jung fügt hinzu, dass dies der Grund sei, warum alle Religionen symbolische Sprache oder Bilder verwendeten und dass dies deshalb gleichsam in der zeremoniellen Magie vorkomme.

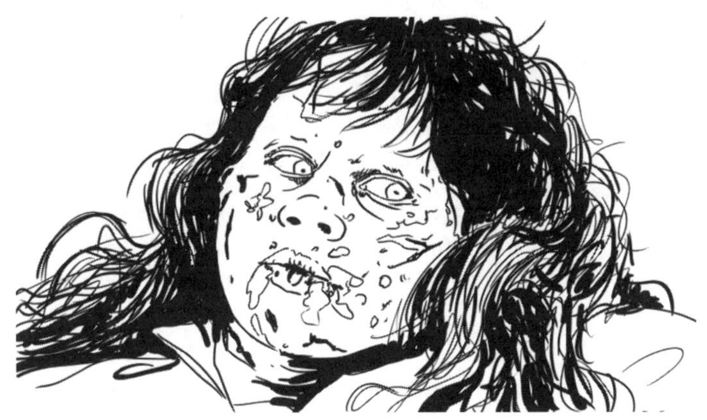

Abb. 75: Regan ist vom Dämon Pazuzu, dem Teufel, besetzt

Während des Exorzismus kann man deutlich den Atem der beiden Jesuiten und Regan MacNeils sehen. Dies zeigt, dass Regans Schlafzimmer aufgrund der Anwesenheit des teuflischen Pazuzu eiskalt ist.

Innerhalb des christlichen Mythos erinnert die Vorstellung, dass die Hölle ein Ort extremer Kälte ist, an Dante Alighieris (1265-1321) „Inferno“ (Göttliche Komödie), wo Satan im untersten (neunten) Kreis der Hölle wohnt, der ein gefrorenes, kaltes Ödland „Cocytus-See“ genannt wird.

Dies kann auch in der Religion des Islam gefunden werden, die über eine Hölle aus Eis, unerträglichen Schneestürmen und Schnee namens „Zamhareer“ verfügt. Alighieris Satan weist drei Gesichter auf, die symbolisch für die drei darstellt.

Es wurde argumentiert, dass Dantes „Inferno“ kabbalistisch und gnostisch sei, seine Reise durch die Unterwelt ein Echo der Initiationsriten der Mysterien von Eleusis und Theben. Dante verkörpert auch eine Henoch-ähnliche Figur, die das Jenseits besucht und dabei seine Geheimnisse erfährt.

Um Pazuzu zu vertreiben, rufen die beiden Jesuiten Sonnenikonen an, nämlich Jesus Christus, die Heilige Dreifaltigkeit und das astrologische Kreuz, welches das numinos göttliche Licht symbolisiert, um die unheilige Dunkelheit zu bekämpfen.

Mit anderen Worten, sie bekräftigen auf mysteriöse Weise den Namen Christi als Repräsentation des göttlichen Sonnenlichts, um den dunklen bösen Dämon zu zwingen, Regan zu verlassen.

Der Dämon verlässt schließlich Regan auf Kosten von Merrins’ und Karras’ Leben. Karras wird von dem Dämon besessen, stürzt sich aber aus Regans Fenster und fällt die gleiche Treppe hinunter, die Dennings hinunter stürzte.

Karras wird im Gegensatz zu Dennings durch den Fall getötet. Karras liegt sterbend am Fuß der Treppe, man sieht das Wort „PIGS“ („Schwein“) auf die Wand links neben der Treppe gesprüht.

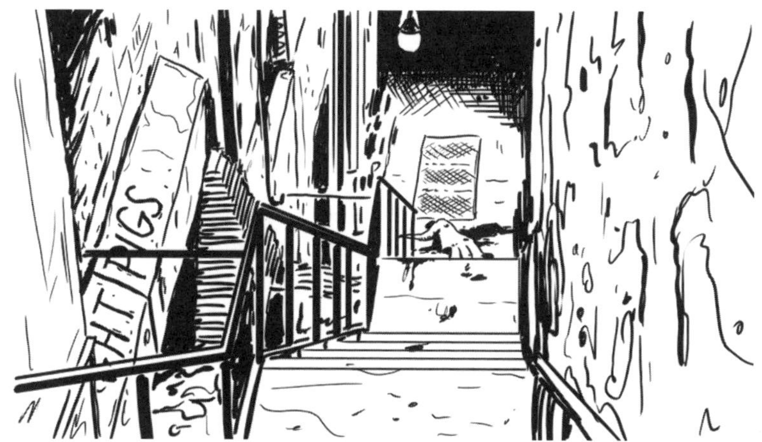

Abb. 76: „PIGS“ sind allgegenwärtig. Das erinnert an die Manson-Morde 1969, im Hause Sharon Tates fand man bei den Leichen das Wort „Pigs“ („Schweine“, wie bei dem Beatles-Lied „Piggies“) mit Blut an die Wand geschrieben (mehr dazu im Buch „Der Musik-Code“)

Dies deutet Markus 5:1-20 und Lukas 8:26-39 an, die den Bericht dokumentieren, wie Jesus erfolgreich einen Mann, der von einer Schar dämonischer Geister besessen war, in eine Herde von Schweinen exorzierte, die schnell ertrinken. Das Wort „PIGS“ identifiziert Karras als einen Christus-Archetyp, der Regan triumphal rettet, indem er Pazuzu exorziert. Nachdem Pazuz besiegt ist, verlassen Chris und Regan die Residenz in Georgetown in der Hoffnung, wieder Normalität in ihr Leben zu bringen. (86)

2.4 Poltergeist: Die Altersfreigabe ist ein Verbrechen an den Kindern – frag Steven Spielberg, warum ein Kind starb (1982)

„Ich möchte Sie bitten zurückzubleiben, Sie stören meine Frequenzen.“
Tangina Barrons (*Poltergeist*)

Poltergeist ist ein US-amerikanischer Horrorfilm aus dem Jahr 1982, bei dem Tobe Hooper Regie führte und das Drehbuch Steven Spielberg, Michael Grais und Mark Victor nach einer Geschichte von Spielberg geschrieben wurde. Es spielen JoBeth Williams, Craig T. Nelson, Heather O'Rourke und Beatrice Straight mit und wurde von Spielberg und Frank Marshall produziert. (87)

Der Film ist voller patriotischer Themen und Bilder aus den USA mit Schauplatz in einer archetypischen Vorstadt der Mittelklasse der 1980er, verkörpert in der Wohnsiedlung Cuesta Verde. Auf dem Höhepunkt der Reagan-Ära wird Amerikanismus mit „Trickle-Down"-Wirtschaft, Fußball und dem grassierenden Konsum gleichgesetzt, der in den endlosen Firmenlogos verkörpert wird, die praktisch jede Szene übersäen.

Das Mittelklasse-Amerika in den 80er Jahren macht sich Sorgen um das „gottlose Sowjetimperium", während es gleichzeitig von Pepsi, Bud Light und Eggo Waffles gesättigt ist, genau wie mit NFL, Popmusik und Filmen, Postern und Figuren für jedes filmbasierte Spielzeug.

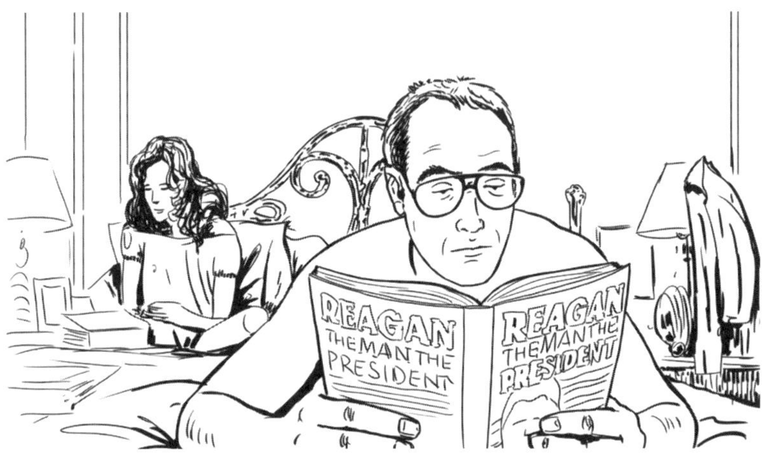

Abb. 77: Baby-Boomer-Reaganismus

Die Besessenheit vom Fernsehen steht im Mittelpunkt des gesamten Films und ist wohl einer der aufschlussreichsten selbstbewussten und selbstkritischsten Filme, die ich mir vorstellen kann. Bei Streitigkeiten zwischen Nachbarn, auf welchen Kanal sie einstellen (wegen Überkreuzung von Signalen), entsteht sofort der Eindruck, dass das synthetische Unterhaltungsspektakel die Familie als Lebensmittelpunkt auch mitten im Familienleben abgelöst hat. Der Cuesta Verde-Architekt Steven Freeling (Craig T. Nelson) hat es sogar geschafft, das amerikanische 80er-Jahre-Ziel der gehobenen Mittelklasse – einen Fernseher in jedem Zimmer – zu erreichen, und ist, wie wir bald erfahren, auf dem besten Weg, durch den Erfolg des Projekts zur Oberklasse zu gehören, mit dem Versprechen, Partner der Kanzlei zu werden.

Das Versprechen eines besseren „Lebens", das durch den Monopolkapitalismus (und genauer gesagt die *Rand Corporation*) geschaffen wurde, hat die radikale Umkehrung, die extremste Form des Bösen und Anti-Lebens, des Dämonischen, hervorgebracht. Begraben in ihrem falschen Eden materieller Freuden, sind die Freelings als archetypische

Amerikaner, die die weltliche Mittelklasse und das dekadente Kleinbürgertum verkörpern, in Wirklichkeit die wahren Deformierten, und somit offen für den Einfluss und den Kontakt mit dem Dämonischen. Dem Namen nach christlich, sind sich die Freelings erstaunlicherweise der grundlegendsten theologischen Vorstellungen nicht bewusst. Für sie, wie für die meisten amerikanisierten Religiösen, ist Theologie ein unbekannter Begriff, und geistige Dinge sind von Psycho-Gelaber nicht zu unterscheiden. Das Böse manifestiert sich sicherlich nicht als echte, bösartige Kraft, die versucht, den Menschen das Leben zu rauben.

Die Freeling-Eltern sind ehemalige Hippies der Weird-Scenes-Generation, die immer noch (freizeitlich) Gras rauchen, dies aber bis zur Reife mittleren Alters mit ihrer konservativen Reaganomics-typischen Boomer-Geschichte kombiniert haben. Sogar Stevens Männlichkeit ist synthetisch, denn seine Sportbesessenheit, sein schwaches Interesse an seinen Kindern und der blasse Versuch, Liegestütze zu machen, offenbaren fast alles, was für die Freelings ein alltäglicher, flüchtiger Blick ist – wie das Durchklicken von Fernsehsendern. Sie haben jedoch in jedem Zimmer einen Fernseher, und die Kinder haben jedes erdenkliche Spielzeug der 80er Jahre – was darauf hindeutet, dass Steven versucht hat, seine mangelnde Präsenz im Haus mit Geschenken auszugleichen. Tatsächlich diskutiert Diane (JoBeth Williams) in dieser Szene das Problem des „Schlafwandelns“, das eindeutig eine Metapher für den spirituellen Zustand der Familie und Amerikas insgesamt ist.

Als eine seltsame Randnotiz ist Hoopers Ansicht des Fernsehens als Portal zum Bösen merkwürdig, da William Crookes, einer der Pioniere der Kathodenstrahlröhre (Crookes Röhre), die für die Entwicklung des Fernsehens maßgeblich sein sollte, Mitglied des hermetischen Ordens der Goldenen Morgenröte war. Crooke war ein begeisterter Spiritualist, der sehr daran interessiert war, mit der anderen Seite in Kontakt zu treten, und wurde in den 1890er Jahren sogar Präsident der Society for Psychical Research. Die SPR würde die Idee der „Geisterjagd“ voranbringen, ähnlich wie Poltergeist den Weg für „Geisterjagd“-Shows in der Popkultur ebnete. (88)

Der Film gilt weithin als Horrorklassiker, dessen Einfluss noch heute nachwirkt. In der Tat, wenn bis heute niemand in der Nähe einer alten Begräbnisstätte leben möchte, liegt es an diesem Film. Während in den letzten Jahrzehnten tonnenweise Horrorfilme veröffentlicht wurden, hebt sich Poltergeist von der Masse ab. Es ist sicherlich einer dieser Filme, an die sich die Leute lebhafter erinnern als an andere. Warum ist das so?

Zum einen ist Poltergeist kein typischer Horrorfilm mit dunkler Atmosphäre und Erwachsenenthema. Geschrieben und inszeniert wurde er von Spielberg, der zu dieser Zeit gleichzeitig an *E.T. – Der Außerirdische* arbeitete. Tatsächlich wurde der Sommer 1982 als „Der Spielberg-Sommer“ bezeichnet, weil *E.T.* und *Poltergeist* im Abstand von einer Woche veröffentlicht wurden.

Auf den ersten Blick hat *Poltergeist* ein ähnliches Look-and-Feel wie *E.T.*, *Poltergeist* wird jedoch schnell zu purem Albtraumfutter für Kinder. Tatsächlich scheint der Film speziell gemacht worden zu sein, um junge Zuschauer zu erschrecken. Und Millionen von Kindern sahen sich diesen Film an, weil er erstaunlicherweise mit PG bewertet wurde – obwohl es eine Szene gibt, in der sich ein Typ buchstäblich das Gesicht abzieht. Wie ist das passiert? War es ein grobes Versehen? Keineswegs.

Ein Artikel im „New Yorker" aus dem Jahr 2001 enthüllte, dass *Poltergeist* zunächst einstimmig von der „Motion Picture Association of America" (MPAA) ein R-Rating erhalten hatte. Nach intensivem Druck der Filmemacher (einschließlich Spielberg selbst) erhielt der Film jedoch eine PG-Bewertung … durch einstimmige Abstimmung. Mit anderen Worten, das System wurde beschädigt. Dies veranlasste unzählige Eltern zu der Annahme, dass der Film für Kinder in Ordnung sei. Er ist es nicht.

Poltergeist's PG rating was a crime against kids of the '80s

I haven't seen a horror film since I was 9 years old. I blame Steven Spielberg.

Abb. 78: Die Überschrift eines Artikels aus dem Jahr 2020 bei „Polygon.com": „Die PG-Bewertung (Altersfreigabe) von Poltergeist war ein Verbrechen gegen Kinder der 80er Jahre"

Der Autor dieses Artikels geht sogar so weit, *Poltergeist* als „Verrat an Spielbergs Publikum" zu bezeichnen. Er argumentiert [(89)]:

„Dieser Film ist vollgepackt mit Sachen, um Kinder gezielt und absichtlich zu erschrecken. Es beschränkt sich nicht nur auf den Clown, den Baum (Spielberg soll sich von einem inspirieren lassen, der ihn als Kind erschreckt hat) und dem Schlafzimmerschrank. Das Böse liegt im Fernsehen! Es gibt einen in jedem Raum, der dich direkt in die Hölle bringt! Sie sind in Ihrem eigenen Zuhause nicht sicher, besonders nachts (das immer beleuchtet wird)." [(90)]

Kurz gesagt, *Poltergeist* enthält Szenen, die sadistisch in den tiefsten Furch, Ängsten und Unsicherheiten von Kindern herumstochern. Tatsächlich lehnte Star-Schauspielerin

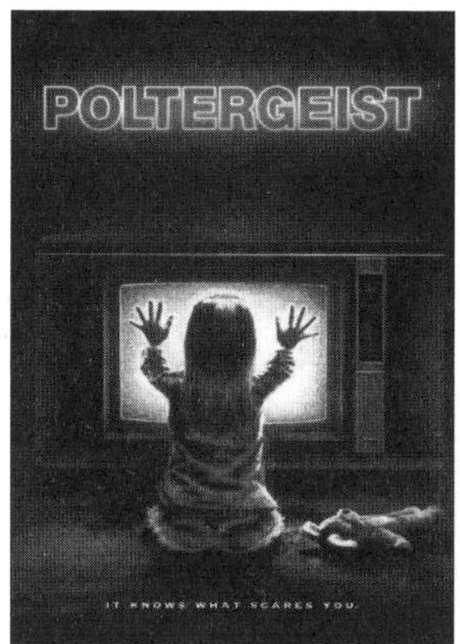

Abb. 79: Der Slogan dieses *Poltergeist*-Posters lautet „Es weiß, was Dich erschreckt". Ja, sie wissen, was dir Angst macht und sie benutzen es gegen dich

Shirley MacLaine laut „IMDB" die Rolle der Mutter in Poltergeist tatsächlich ab, weil sie „gegen die Terrorisierung von Kindern protestierte". (91) Sie sagte das wirklich.

MacLaine erkannte eindeutig, dass mit diesem Film etwas nicht stimmte. Und, Junge, hatte sie recht. Es hat nicht nur Kinder heimtückisch ausgebeutet, sondern eine bizarre Anzahl von Schauspielern, die an den drei Poltergeist- Filmen gearbeitet haben, starben. Diese bizarren Ereignisse führen zu einer urbanen Legende über den Fluch des Poltergeists.

Entweder das oder die Filmindustrie ist krank.

Poltergeist handelt von einem 5-jährigen Mädchen namens Carol Anne Freeling (gespielt von Heather O'Rourke), das von dämonischen Geistern entführt wird, die über den Fernseher mit ihr kommunizieren. Carol Anne nennt sie „die Leute aus dem Fernsehen".

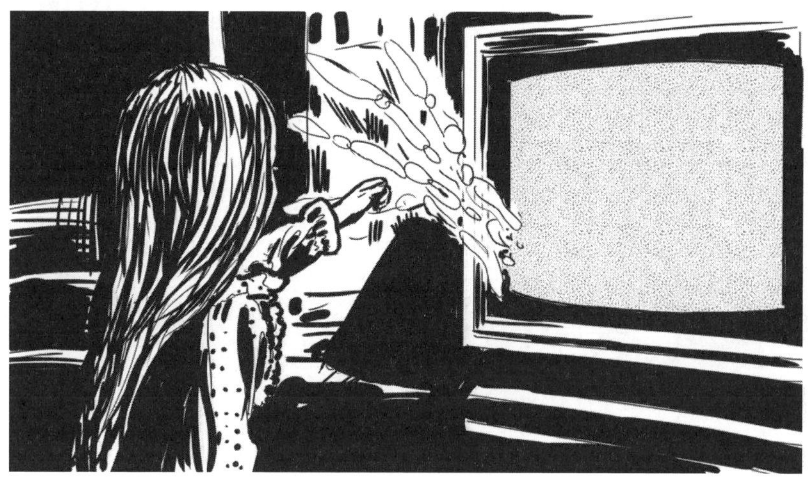

Abb. 80: Die Filmindustrie sagt Ihnen, dass sie Kinder ausbeutet

Die „aus dem Fernsehen" existieren in einem bösen Wesen namens „die Bestie".

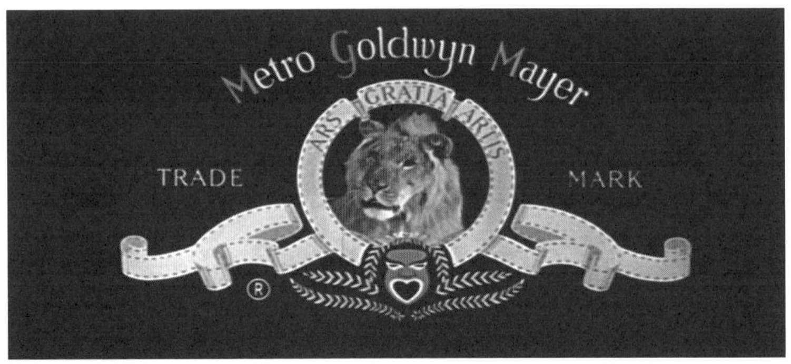

Abb. 81: Symbolische Tatsache: Der Soundeffekt, der für „die Bestie" in *Poltergeist* verwendet wurde, ist die Quelle des aktuellen MGM-Löwenbrüllens

Der Terror in *Poltergeist* findet nicht in einem dunklen Wald oder einem verlassenen Lagerhaus statt. Es findet in einem normalen Haus, im Kinderzimmer, vor dem Schlafengehen statt.

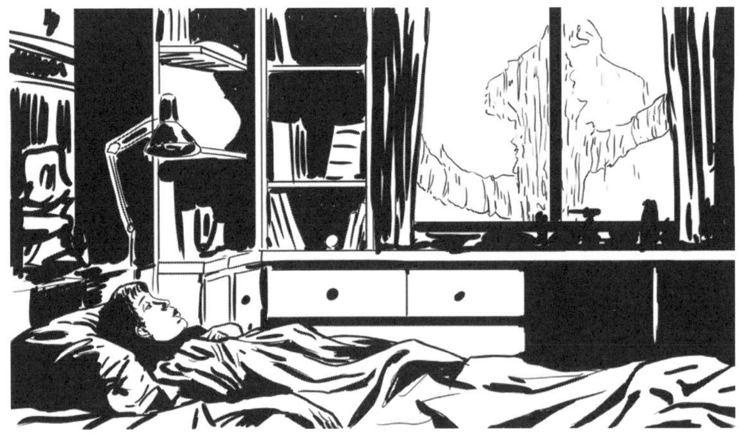

Abb. 82: Robbie (Carol Annes 8-jähriger Bruder) hat Angst vor dem Baum vor seinem Fenster

Sich nachts ängstlich zu fühlen, ist ein innerer Instinkt für Kinder. Es ist in unseren Genen zum Überleben programmiert. Während Eltern alles tun, um diese Ängste zu zerstreuen, tut *Poltergeist* genau das Gegenteil.

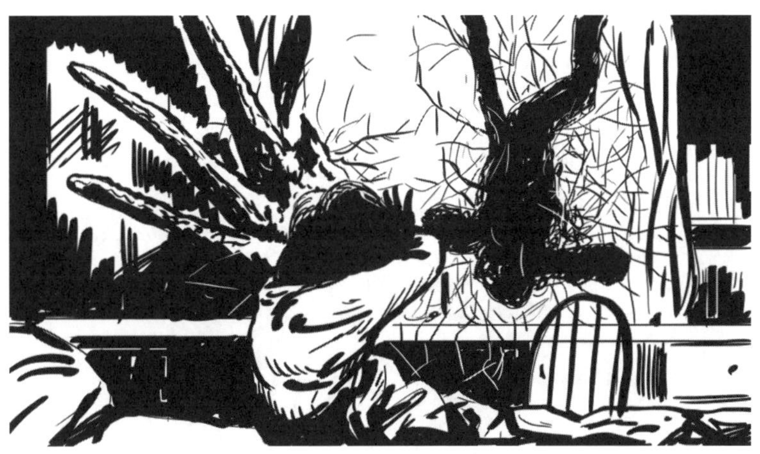

Abb. 83: Der Baum kracht ins Schlafzimmer und reißt Robbie weg

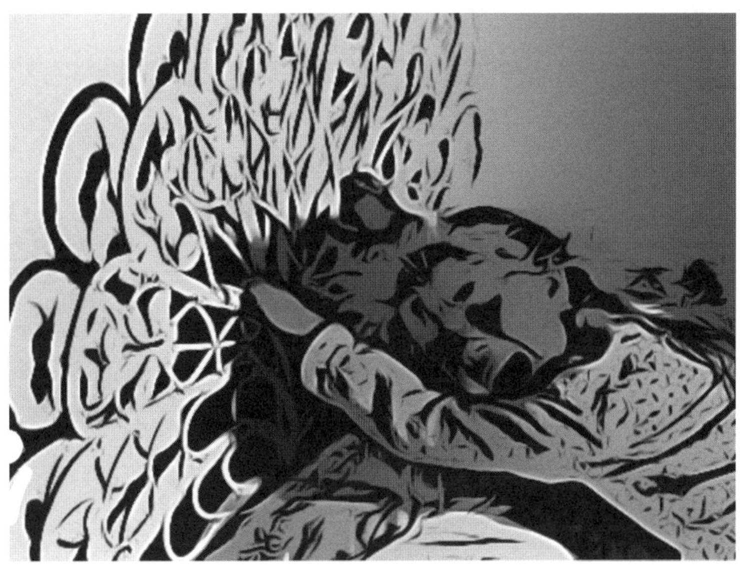

Abb. 84: Dann wird alles im Kinderzimmer in den Schrank gesaugt, während Carole Ann an ihrem Bett hängt

Während der Dreharbeiten zu der obigen Szene musste sich Heather O'Rourke am Kopfteil des Bettes festhalten, während eine Windmaschine Spielzeuge in den Schrank hinter ihr blies. Berichten zufolge erschreckte sie die Szene so sehr, dass sie „auseinanderfiel“.

Der Schauspieler, der Robbie spielte, hatte auch eine schreckliche Erfahrung beim Filmen von *Poltergeist.*

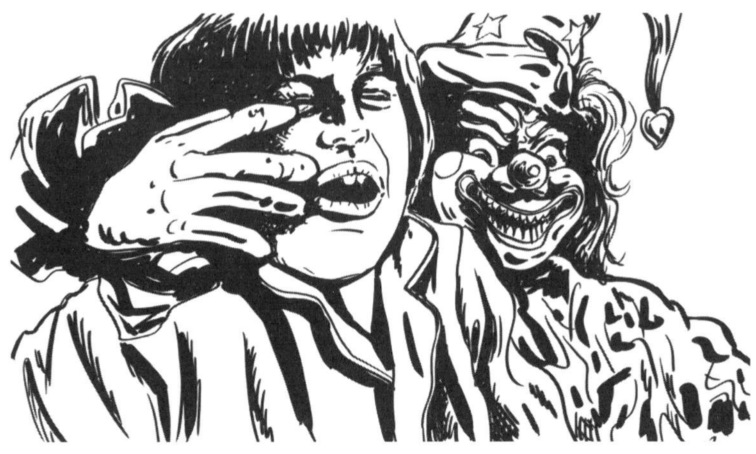

Abb. 85: In einer Szene packt der gruselige Clown im Schlafzimmer Robbie und beginnt ihn zu erwürgen

Hier ist eine seltsame Anekdote zu dieser Szene:

„Als Robbie erwürgt wird, liegen die Arme des Clowns extrem eng um seinen Hals und Robin beginnt zu würgen. Als er schrie: ‚Ich kann nicht atmen!' Regisseur Steven Spielberg und Tobe Hooper dachten, der Junge mache Spaß und forderten ihn nur auf, in die Kamera zu schauen. Als Spielberg sah, dass Robbins Gesicht lila wurde, rannte er hinüber und nahm die Arme des Clowns von Robbins Hals." (92)

Nachdem sie in den Schrank gesaugt wurde, wird Carole Ann vermisst. Ihre Eltern entdecken, dass sie über das Fernsehen mit ihr kommunizieren können und merken schnell, dass die „Fernseh-Leute" überhaupt nicht nett sind.

In einer erschütternden Szene hören wir Carole Ann durch den Fernseher schreien:

„Mami, da kommt jemand! Mami hilf mir bitte!"

Völlig machtlos gegen die „Fernseh-Leute" schreit ihre Mutter:

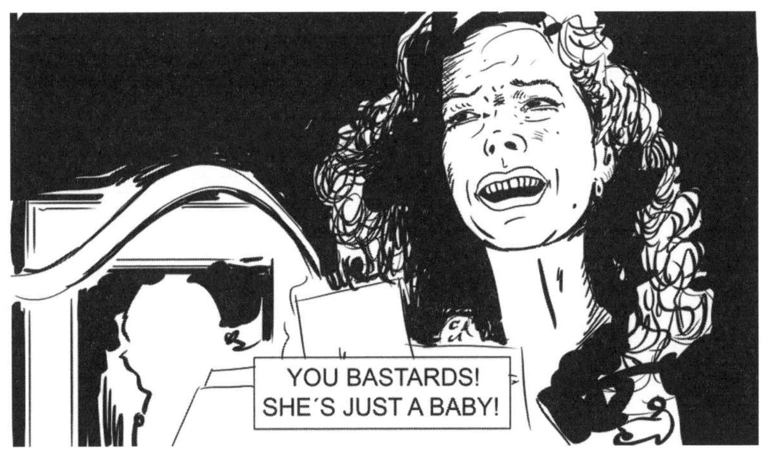

Abb. 86: *„Ihr Bastarde! Sie ist noch ein Baby"*

Dieses Zitat fasst die Filmindustrie als Ganzes zusammen. (93)

Nachdem es der Geisterjäger-Crew der Universität nicht gelungen ist, die Freeling-Probleme zu diagnostizieren, kommt das Medium Tangina Barrons (Zelda Rubenstein) zu einem seltsamen Rat, der „im Gegensatz zu ihrem christlichen Glauben" zu funktionieren scheint.

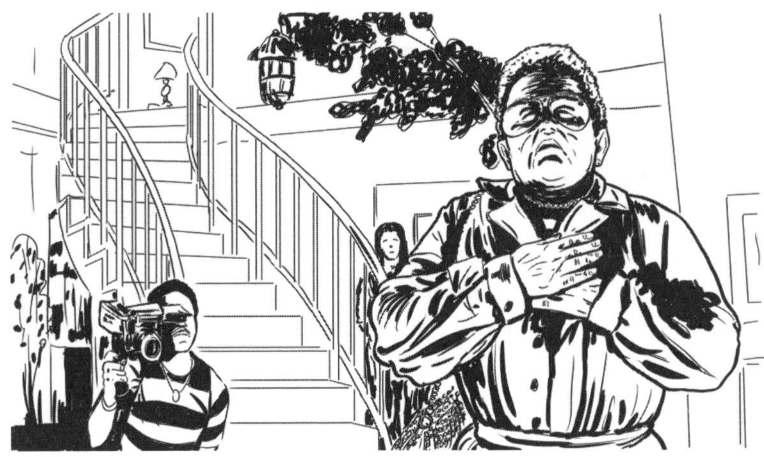

Abb. 87: Die Rolle der Tangina wurde von der Schauspielerin Zelda Rubinstein gespielt, die behauptete, tatsächlich übersinnliche Fähigkeiten zu haben und Visionen von den Dingen hatte, bevor sie passierten. Sie sagte auch, dass sie Co-Regisseurin Tobe Hooper nicht mochte, weil sie sehen konnte, dass er ein Drogenproblem hatte

Tangina erklärt:

„Es ist immer in Carol Annes Nähe und sorgt dafür, dass es ihr unmöglich ist durch das Spektrallicht zu fliehen. Es lügt ihr was vor. Es sagt ihr Dinge, die nur ein Kind verstehen kann. Und es benutzt das Mädchen, um die anderen Seelen vom Licht fernzuhalten. Für Carol Anne ist es nichts weiter als ein unbekanntes Kind. Für uns ist es die Bestie."

Traurigerweise könnten dieselben genauen Worte verwendet werden, um Hollywood-Kinderräuber zu beschreiben, die Kinder in ihren Fernsehbereich locken. (94)

Während Barrons' Analyse genauer ist als die der Geisterjäger, tritt der interessante Widerspruch auf, als Tangina Carol Anne anschreit, sowohl sich „vom Licht fernzuhalten" als auch „zum Licht zu gehen!" Das hat mich zwar ein wenig verwirrt, aber was tatsächlich funktioniert, um Carol Anne in diese Ebene zurückzubringen, ist, dass Diane ein „Rettungsseil" anzieht und ihre Tochter durch das Portal zurückzieht, das eine Wiedergeburt hervorruft.

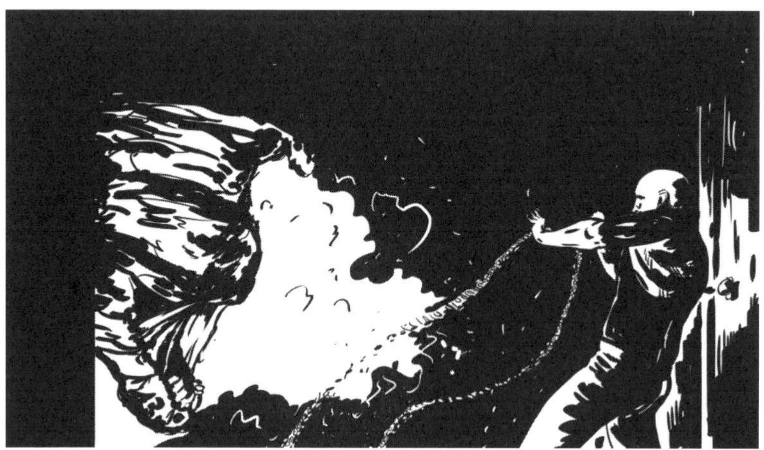

Abb. 88: Vater versus „die Bestie"

Carol Anne und Diane werden jetzt wiedergeboren, nachdem sie ein Seil getragen haben, das an den Hohepriester im Gesetz erinnert, bevor sie der Gegenwart Gottes entgegentreten. In diesem Fall haben Diane und Carol Anne das Gesicht des Tieres (nicht Gottes) gesehen, das wie die Kabelschleppe die biblische Darstellung widerspiegelt, als Dianes Haare weiß geworden sind, weil sie das Tier direkt gesehen haben (wie Moses' Haare weiß wurden, Gott auf dem Sinai zu sehen). In diesem Sinne scheinen die Freelings eine okkulte Wiedergeburt erlebt zu haben, die sich nicht nur in der Freimaurerei, sondern in vielen esoterischen Gruppen niederschlägt (dies zeigt sich auch in ihren anhaltenden spirituellen Problemen in den schäbigen Fortsetzungen). Die okkulte Wiedergeburt wird auch in dem rituellen Bad gezeigt, das Barrons nach ihrer Rückkehr erleben.

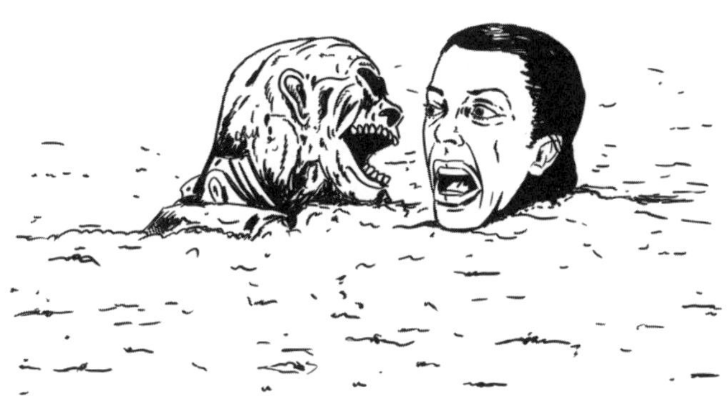

Abb. 89: Ein Gerücht (oder Marketing-Hype?) um den Film war, dass in dieser Szene echte Leichen verwendet wurden

Poltergeist ist einerseits ein Statement zur Abkehr vom Vergangenen, dem Sakralen und Sakramenten, im Leben und in der Natur, für die düstere und entbehrliche Pseudokultur der Popmoderne. In diesem Sinne ist das Bild, das Hooper und Spielberg vermitteln wollen, dass Amerika als Ganzes wie *Shining* heimgesucht und auf einem indischen Begräbnisplatz gebaut wird.

Die Freelings müssen eine harte Lektion lernen, wie es der moderne Mensch tun muss, dass seine Vorliebe für Konsum und Materialismus ein Fluch ist – ein spiritueller Fluch. In dieser Hinsicht, um die Geschichte mysteriös zu machen, gibt es sogar das berühmte Gerücht, dass die Poltergeist-Filmcrew in gewisser Weise verflucht war, angesichts der zahlreichen Todesfälle und Unfälle, die diese drei Filme umgeben – insbesondere seit Carol Anne (Heather O'Rourke) im wirklichen Leben auf mysteriöse Weise starb. [(95)]

Fluch oder Hollywood-Wahnsinn? Nur wenige Monate nach der Veröffentlichung von Poltergeist wurde Dominique Dunne (die die Rolle der großen Schwester Dana Freeling spielte) von ihrem Ex-Freund ermordet.

„Dunne lernte 1981 auf einer Party John Thomas Sweeney, einen Souschef im Restaurant Ma Maison, kennen. Die beiden begannen eine Beziehung, die stürmisch wurde. Sweeney war unkontrollierbar und missbräuchlich (so missbräuchlich, dass Dominique kein Make-up brauchte, um die Rolle eines Missbrauchsopfers in ‚Hill Street Blues' zu spielen). Dominique beendete die Beziehung am 30. Oktober 1982. In derselben Nacht raste ein verstörter Sweeney zu ihrem Haus, wo sie und der Schauspieler

David Packer eine Szene aus ‚V: The Final Battle' probten, zerrte sie nach draußen und erwürgte sie, sodass sie hirntot zurückblieb". (96)

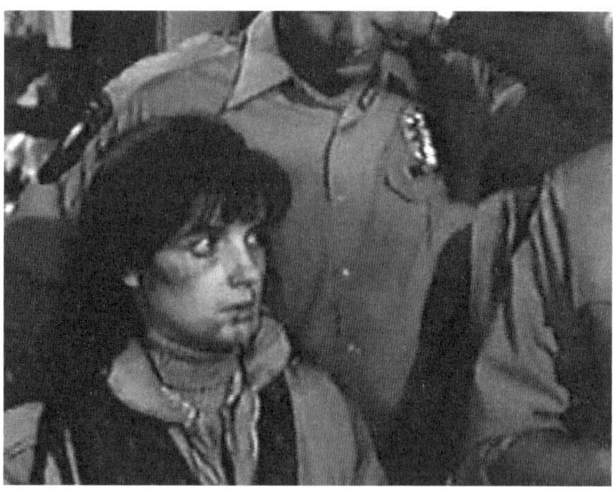

Abb. 90: Dunne bei Hill Street Blues. Das ist kein Make-up. Sie wurde am Tag zuvor von ihrem Freund geschlagen

Am 4. November 1982 wurde Dunne von den lebenserhaltenden Systemen abgestellt und verstarb. Zu allem Überfluss wurde der Prozess gegen John Thomas Sweeney zu einer Travestie. Er wurde vom Mord zweiten Grades freigesprochen und nur des fahrlässigen Totschlags für schuldig befunden, für den er lediglich drei Jahre im Gefängnis verbrachte. Nach seiner Freilassung änderte er seinen Namen und begann ein neues Leben im pazifischen Nordwesten.

In den folgenden Jahren wurden zwei Fortsetzungen von Poltergeist veröffentlicht – auf die jeweils der Tod eines Schauspielers folgte, was das Gerücht über den „Poltergeist-Fluch" noch verstärkte.

Und ja, dieser Film wurde mit PG bewertet. Einige glauben, dass der Film durch die Verwendung echter Leichen verflucht wurde.

Während der Tod einiger dieser Schauspieler auf eine Krankheit oder ein hohes Alter zurückzuführen war, schockierte der vorzeitige Tod von Heather O'Rourke die Nation.

Was ist mit Heather O'Rourke passiert?

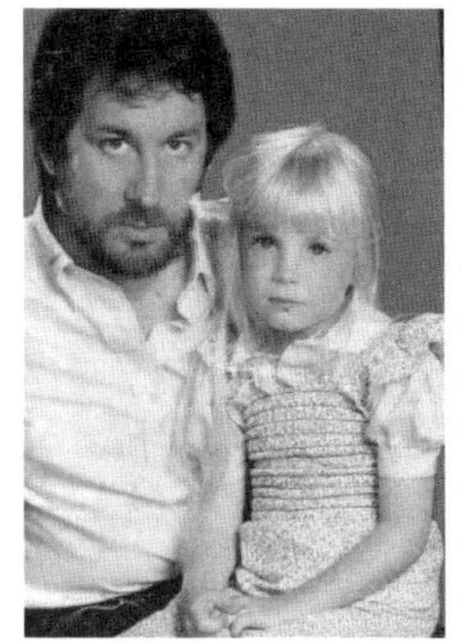
Abb. 91: O'Rourke mit Spielberg

Die Bizarrheit, die O'Rourke umgibt, begann gleich, als sie für Poltergeist ausgewählt wurde.

„Heather O'Rourke wurde für den Film ausgewählt, als sie mit ihrer Mutter und ihrer Schwester in einer „MGM"-Kantine zu Mittag aß. Produzent Steven Spielberg kam auf sie zu und wollte O'Rourke für die Rolle der Carol Anne. Sie hat den Screen-Test zunächst nicht bestanden, weil sie während des Vorsprechens immer wieder gelacht hat, selbst wenn sie Angst haben sollte. Spielberg dachte, sie sei zu jung, um die Rolle ernst zu nehmen, aber er erkannte immer noch etwas Besonderes in ihr, also bat er sie, zu einem weiteren Vorsprechen zurückzukehren und diesmal ein gruseliges Bilderbuch mitzubringen. Er forderte sie auch auf zu schreien, also schrie sie und schrie, bis sie anfing zu weinen. Dieses Vorsprechen führte zu ihrer Besetzung als Carol Anne.“ (97)

Einige Jahre später, am 1. Februar 1988, starb O'Rourke im Alter von zwölf Jahren nach zwei Herzstillständen. Sie filmte *Poltergeist III*. Während die offizielle Todesursache „angeborene Darmstenose, kompliziert durch septischen Schock“ war, konnten sich die Ärzte nicht erklären, warum dieses junge Mädchen so plötzlich starb. Daniel Hollander, der behandelnde Arzt von O'Rourke, gab an, dass der Tod „ausgesprochen ungewöhnlich“ war.

Ein 1988er Artikel von „Associated Press“ mit dem Titel „Doctors: Unusual Circumstances Surrounded Actress' Death“ beschreibt das Mysterium um O'Rourkes Tod.

„Der Tod der 12-jährigen ‚Poltergeist'-Schauspielerin Heather O'Rourke war ‚deutlich ungewöhnlich', weil ihr zuvor Symptome des Darmdefekts fehlten, der sie angeblich getötet hatte, sagen Magen-Darm-Ärzte.

‚Man müsste doch eher von Verdauungsproblemen ausgehen, die ein Leben lang währten, als dass sie ursplötzlich auftreten', sagte Dr. Daniel Hollander, Leiter der Gastroenterologie an der University of California, Irvine, Medical Center.

Andere Spezialisten, die ebenfalls nichts mit dem Fall zu tun hatten, sagten am Mittwoch, es sei möglich, dass sie an einem Geburtsfehler gestorben sei, fügten jedoch hinzu, dass die Umstände ihres Todes äußerst ungewöhnlich seien. (...)

Terry Merryman, Sprecherin des Kinderkrankenhauses von San Diego, sagte, Heather sei am Montag an einem septischen Schock aufgrund einer angeborenen Stenose des unteren Darms gestorben. Das bedeutet, dass sie an einem Schock starb, der durch eine Infektion im Blut verursacht wurde, die wiederum durch einen Geburtsfehler verursacht wurde, der einen Abschnitt ihres Darms abnormal verengt hat.

‚Eine solche Verengung verringert typischerweise den Darmdurchmesser auf ein Achtel Zoll anstelle des normalen halben Zolls, wodurch die Bewegung von Nahrung und Flüssigkeit durch den Darm behindert wird. Der Defekt tritt normalerweise bei der Geburt auf, da er starke Bauchschmerzen, Erbrechen und Übelkeit verursacht', sagte Hollander.

Mike Meyer, der Manager und Anwalt der Schauspielerin, sagte, Heather litt nicht unter chronischen Verdauungsproblemen und die Darmverengung wurde erst entdeckt, als sie sich einer Operation unterzog und auf dem Operationstisch starb, nachdem sie auf dem Weg ins Krankenhaus einen Herzstillstand erlitten hatte.

Hollander spekulierte, dass Heathers Darmverengung möglicherweise nicht angeboren war, sondern sich aufgrund einer Entzündung plötzlich entwickelt haben könnte. (…)

Eine moderate Darmverengung bei der Geburt verursacht möglicherweise keine Symptome, aber ein Fehlen von Symptomen vor dem 12. (…)

‚Ich kann nicht verstehen, was den Tod herbeigeführt hat, weil normalerweise klar ist, dass sie bei der Geburt eine schwere Krankheit haben', sagte Dr. Carlo Di Lorenzo, ein Kinderarzt der University of Southern California.

‚Es scheint einfach keinen Sinn zu ergeben', sagte Dr. Hartley Cohen, ein USC-Gastroenterologe.

‚Es ist seltsam', sagte Meyer. ‚Sie war am Samstag völlig gesund, sie dachten, sie hätte am Sonntag die Grippe und am Montag war sie tot.'" [98]

Kurz gesagt, O'Rourkes Tod hatte etwas mit ihren Eingeweiden zu tun. Wenn sie jedoch mit diesem Problem geboren worden wäre, hätte O'Rourke schwere Symptome gezeigt. Also was ist passiert?

Im Jahr 2017 lieferte „Enty", der anonyme Unterhaltungsanwalt hinter der berühmten Hollywood-Klatschseite „Crazy Days and Nights", eine höchst beunruhigende Erklärung. In dem Artikel mit dem Titel „Moesters Killed Her" (der sich später als O'Rourke herausstellte) schreibt „Enty":

„Mitte der 80er Jahre war in Hollywood der Höhepunkt des Kindesmissbrauchs. Es gab kein Internet. Es gab sehr, sehr wenige Mobiltelefone. Kinder kamen zum Set, wo sie von ihren Eltern allein

gelassen wurden. Für die nächsten acht Stunden waren sie allen möglichen schrecklichen Dingen ausgesetzt, die man sich vorstellen kann. Drogen waren an der Tagesordnung. Sie waren es gewohnt, die Kinder dazu zu bringen, nicht so hysterisch zu sein, wenn sie angegriffen wurden.

Die Produzenten liebten Castingshows mit Kindern und Tweens. Wenn jemand eine Show mit einer Handvoll Tweens mit einem Dutzend Tween-Extras pro Woche aufstellte, erhielt sie grünes Licht. Selbst wenn die Show scheiße war und jeder wusste, dass sie scheiße war, wenn man den richtigen Pädo in einem Studio hatte, sagte er ja, nur um zum Casting und zum Aufnehmen des Piloten zu kommen. So traurig es auch ist, es gab viele Eltern, die ihren Kindern sagten, sie sollen mit dem netten Mann im Anzug abhauen und tun, was er sagt. Es war eine üble Krankheit.

Es war kurz nach Mitte der 80er Jahre, als ein Produzent die Idee einer Tween-Show hatte, die nicht nur eine wechselnde Besetzung von Statisten aufweisen würde, sondern dem Studio auch eine Menge Geld einbringen würde, weil sie schnell filmen und keine Erwachsenen einstellen würden. Außerdem, je schneller sie filmten, desto mehr Zeit hätten sie, um alle herumhängenden Kinder zu belästigen.

Vom ersten Tag an war es der schlimmste Ort der Welt, wenn man ein Kind war. In dem Studio, in dem die Show gedreht wurde, wurden auch mehrere andere Shows gedreht, von denen die meisten mit vielen Kindern auftraten. Führungskräfte fuhren kurz vor dem Mittagessen nach Hollywood und blieben jeden Tag mehrere Stunden im Studio.

Wie auch immer, in dieser speziellen Show gab es einen besonderen Gaststar. Ein ganz besonderer Gaststar. Immer noch kein Tween, jeder wusste, wer sie war. Führungskräfte strömten an diesem Tag ins Studio, um sie zu sehen. Sie wurde zum ersten Mal belästigt, als sie fünf oder sechs Jahre alt war, und wurde während ihrer gesamten Erfolgsfilme und auch in einer früheren Show belästigt.

Einer der Stars der Show, der aufgrund dessen, was sie gesehen hat, ihr Leben damit verbracht hat, in und aus der Reha zu fliehen und tatsächlich die Show für Preise nominiert wurde, beschrieb die Atmosphäre an diesem Tag.

‚Ein Haufen verdammter Schweine. Ich war gerade zwölf oder 13 geworden. Ich war so alt wie die Schauspielerin, die hereinkam. Vielleicht etwas älter. Wir hatten monatelang gedreht und ich war eine alte Neuigkeit. Sie wussten, dass ich tun würde, was sie wollten, aber sie wollten immer jemand Neues. Das war jemand Neues und jemand, den sie alle kannten. Sie hatten es fast wie eine Peep-Show aufgebaut. Sie hatte an diesem Morgen die Dreharbeiten beendet und sie brachten sie auf eine Bühne. Die Bühne wurde die meiste Zeit für eine Spielshow genutzt, die dort aufgezeichnet wurde. Diese Spielshow läuft noch heute. Ich kann es nicht sehen, wenn ich weiß, was mit ihr dort passiert ist.

Sie brachten sie heraus und die ersten vier Reihen dieses Theaters waren gefüllt mit Typen, die sich bereits rieben. Das Mädchen trug einen Bikini. Die Show fand an einem Strand statt, nur damit sie diese Mädchen dazu bringen konnten, so gut wie nichts zu tragen. Sie ließen sie unter den Lichtern herumlaufen. Die Lichter waren auf sie gerichtet und sie konnte das Publikum nicht wirklich sehen.

Sie blinzelte. Es muss sie geblendet haben. Sie ließen sie hin und her gehen. Dann ließen sie sie anfangen zu tanzen. All diese Jungs taten, wofür ein anderer Star im selben Studio festgenommen wurde. Das ging ungefähr 20 Minuten so. Dann brachten sie drei der Jungs in einen anderen Bereich des Studios.‘

Die Schauspielerin sah nicht, was passierte, aber etwa 45 Minuten später kam einer dieser drei Typen herausgerannt und brauchte einen Sanitäter. Anscheinend hatten sie etwas in das Mädchen eingeführt und die Dinge waren schlecht. Der Sanitäter kam und der Krankenwagen kam. Den Eltern des Mädchens wurde eine Scheißgeschichte erzählt. Diese beschissene Geschichte endete damit, dass das Mädchen getötet wurde, weil die Eltern den Führungskräften glaubten. Zwei Wochen später beendete die Show die Dreharbeiten von sechs Episoden auf einmal und dann wurde jeder für immer auf den Weg geschickt. Niemand wollte die Kinder in der Nähe haben oder Zeugen haben für das, was passiert ist.“ [(99)]

Neugierige Köpfe setzten die Hinweise in diesem Beitrag zusammen und stellten fest, dass es sich bei der fraglichen TV-Serie um *Rocky Road* handelte. O'Rourke trat in der Episode mit dem Titel *Moscow on Boardwalk* auf, die im Mai 1987 ausgestrahlt wurde. Die gleichaltrige Schauspielerin war Marcianne Warman.

Natürlich sollte man diese Geschichte von einer Klatschseite mit Vorsicht genießen. Ehrlich gesagt wäre es mir viel lieber, es wäre eine komplette Fabrikation. Seit der Erstellung seiner Website im Jahr 2006 hat „Enty“ jedoch aufgrund seiner korrekten Vorhersagen weitreichende Anerkennung in den Medien erlangt. Tatsächlich veröffentlichte „Enty“ Geschichten über Harvey Weinstein, Kevin Spacey und Matt Lauer, Jahre bevor ihre Missbräuche in den Mainstream-Medien aufgedeckt wurden.

Und leider macht „Entys“ Erklärung Sinn. Es würde erklären, warum O'Rourke plötzlich Probleme mit ihren Eingeweiden bekam.

Im Jahr 2020 veröffentlichte „Enty“ einen weiteren Artikel über O'Rourke. Und es war ebenso beunruhigend. Es zeigte sich, dass das junge Mädchen nicht einmal nach dem Tod Frieden finden konnte.

„Fast ein Jahrzehnt lang führten die Dinge, die sich am Grab dieses verstorbenen A-Listen-Kinderstars ereigneten, dazu, dass ihr Körper im Jahr 2001 dauerhaft in ein nicht gekennzeichnetes Grab gebracht wurde.

Sie war ursprünglich in einem oberirdischen Mausoleum untergebracht, das noch heute mit ihrem Namen gekennzeichnet ist und in dem die Menschen noch immer Blumen und Teddybären hinterlassen. Die seltsamen Dinge begannen am Tag nach ihrer Beerdigung. Nach Sonnenuntergang wurde ein Mann gesehen, der einen Blumenstrauß aus ihrem Grab holte, aber er floh, bevor er identifiziert werden konnte.

Im Sommer 1988 schrieb jemand mit roter Sprühfarbe ‚ALL WORN OUT – RR‘ auf die Marmorfront ihres Gewölbes. Die Familie wurde benachrichtigt, fotografiert und dann innerhalb von fünf

Stunden das Gewölbe gereinigt. Die Polizei wurde gerufen, aber sie hielten das nicht für wichtig. Aus irgendeinem Grund hat sich das Foto nicht richtig entwickelt.

Irgendwann im Herbst 1988 wurde ein anderer Mann (wahrscheinlich der gleiche wie zuvor, aber es gibt keine Möglichkeit, es herauszufinden) nach Einbruch der Dunkelheit vor ihrem Grab kniend gesichtet. Er floh auch, als er entdeckt wurde.

An ihrem Todestag im Jahr 1989 versammelte sich ihre Familie (Mutter, Vater, Stiefvater, Schwester, Großeltern) am Grab, um ihr zu gedenken. Es war sehr düster, sie hielten Händchen, die Schwester stellte einen kleinen ausgestopften Dumbo vor das Grab. Als sie gehen wollten, kam ein Mann auf sie zu und sagte etwas, was die Mutter erschreckte. Ihr Vater und ihr Stiefvater nahmen sie jeweils am Arm und führten sie weg, zurück zu ihrem Auto. Dann sind sie gegangen. Der Unbekannte blieb zurück und hob den kleinen Dumbo auf, den die Schwester zurückgelassen hatte, und steckte ihn in seine Tasche, bevor er ging.

Hier wird es jetzt wirklich seltsam.

Mehrere Jahre lang war an ihrem Grab nicht viel los. Dann, etwa 1991, wurde ihre Leiche exhumiert. Es wurde im Dunkeln gemacht, damit es niemand bemerkte. Drei Tage später wurde ihre Leiche in das Grab zurückgebracht.

1992 wurde ihre Leiche ein zweites Mal exhumiert. Einer der anwesenden Polizisten wurde gefragt, warum sie sie wieder exhumieren. Er sagte: ‚Was meinst du mit ‚wieder'?'

Es stellte sich heraus, dass die erste Exhumierung nicht legal war, obwohl sie eine echte Polizei und wirklich gute Papiere hatten. Was wollten sie mit der Leiche eines verstorbenen 12-Jährigen?

Sicherlich würde es eine Untersuchung rechtfertigen, oder?

NÖ.

Wie auch immer, die Leichenbeschau hielt sie ungefähr eine Woche lang fest, bevor sie zurückgebracht wurde und wir sie wieder beigesetzt haben.

1994 hatte jemand das Gesicht ihres Grabes zertrümmert, ihren Körper entfernt, einige Haare vom Kopf geschnitten und sie (zum Glück) zurück in die Krypta gelegt. Ein Arbeiter dort sah die Leiche und sagte, sie sehe bemerkenswert gut erhalten aus. Er begann die Möglichkeit zu erwägen, dass ihr Körper tatsächlich durch eine exakte Nachbildung ersetzt worden war.

Die polizeilichen Ermittlungen führten zu nichts. 1999 kam es zu einem weiteren Vandalismus des Grabes. Es war kein weiterer Knaller, aber es wurde wieder rote Sprühfarbe verwendet, um ‚BK KILLED ME' zu schreiben. Im Sommer 2001 ließ ihre Familie ihre Leiche in ein unmarkiertes unterirdisches Grab überführen." (100)

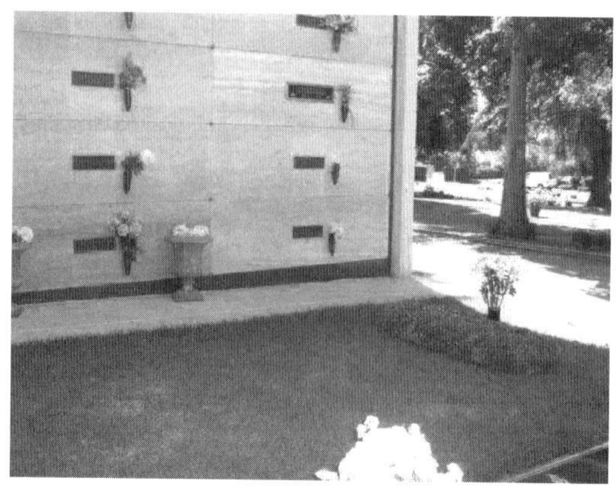

Abb. 92: O'Rourkes ursprüngliche Grabstätte

„Crazy Days and Nights"-Leser folgerten, dass „RR – All Used out" wahrscheinlich ein Hinweis auf die Show *Rocky Road* war. „Alles abgenutzt" könnte ein Hinweis darauf sein, dass O'Rourke durch den Missbrauch „abgenutzt" war. „BK KILLED ME" könnte sich auf Bruce Kane beziehen, den Produzenten von Rocky Road.

Bei *Poltergeist* drehte sich alles darum, Kinder auszubeuten. Der Film bekam sogar eine PG-Bewertung, die unzählige Kinder dazu verleitete, sich dieses alptraumhafte Ding anzusehen.

Der Film selbst handelte von einem jungen Mädchen, das von „Fernseh-Leute" entführt wurde, die von dem „Biest" kontrolliert werden. Ich sehe keinen besseren Weg, das kurze Leben von Heather O'Rourke zusammenzufassen. Als Kleinkind stieg sie in die Branche ein. Von da an wurde sie von ihm kontrolliert. Im Gegensatz zu Carol Anne in Poltergeist rettete sie jedoch niemand vor diesen echten „Fernseh-Leuten". (101)

Wurde ein Kinder-Star durch den elitären Hollywood-Pädophilenring getötet?

Ein anonymer Anwalt der Unterhaltungsindustrie und Betreiber der Website „crazydaysandnights.net" hat behauptet, dass der Kinderstar des Films *Poltergeist*, Heather O'Rourke, von einem elitären Hollywood-Pädophilenring getötet wurde.

Mit den Vorwürfen des sexuellen Missbrauchs in Hollywood scheint Pädogate immer realer zu werden. Ob dies ein hoch organisierter Ring von Pädophilen oder nur ein paar faule Äpfel sind, ist eine heiße Debatte, aber wenn man sich alles ansieht, werden Geld, Macht und internationaler Ruhm oft chaotisch vermengt.

Die junge Schauspielerin spielte Carol-Anne Freeling in allen drei *Poltergeist*-Filmen von Steven Spielberg und war auch in den beliebten TV-Shows Webster und Happy Days zu sehen.

Heather starb 1988 auf tragische Weise im Alter von nur zwölf Jahren an einer Darmstenose, nachdem eine Darmobstruktion eine tödliche Infektion verursacht hatte, die einen septischen Schock verursachte und zu einem Herzstillstand führte.

Der Anwalt behauptet, dass Heather am Set der TV-Show *Rocky Road* von mächtigen Eliten des Filmgeschäfts vergewaltigt wurde. Er sagt, dass es dieser Übergriff war, der nur einer von vielen war, der letztendlich zu ihrem vorzeitigen Tod führte.

Mitte der 80er Jahre erreichte in Hollywood der Kindesmissbrauch seinen Höhepunkt. Es gab kein Internet. Es gab sehr wenige Handys. Kinder kamen zum Set, wo sie von ihren Eltern allein gelassen wurden. Während der nächsten acht Stunden waren sie allen schrecklichen Dingen ausgesetzt, die man sich vorstellen kann.

Drogen waren an der Tagesordnung. Sie bemühten sich darum, die Kinder dazu zu bringen, bei Übergriffen nicht so hysterisch zu sein. Die Produzenten liebten es, Sendungen mit Kindern im Alter von neun bis zwölf Jahren zu besetzen. Wenn jemand eine Sendung zusammenstellte, die eine Handvoll Kinder mit einem Dutzend Kinderstatisten pro Woche beinhaltete, bekamen sie grünes Licht.

Selbst wenn die Show mies werden würde und jeder wusste, dass sie mies werden würde, wenn man nur an den richtigen Pädophilen in einem Studio geriet, sagte er ja, nur um zum Casting und Dreh der Pilotsendung zu kommen. So traurig es auch sein mag, es gab viele Eltern, die ihren Kindern sagten, sie sollten mit dem netten Mann im Anzug ausgehen und tun, was er sagt.

Es war eine kranke, kranke Zeit. Es war kurz nach Mitte der 80er Jahre, als ein Produzent auf die Idee einer Kindersendung kam, die nicht nur eine wechselnde Besetzung an Statisten enthielt, sondern dem Studio auch eine Menge Geld einbrachte, weil sie schnell filmten und keine Erwachsenen engagierten. Je schneller sie filmten, desto mehr Zeit blieb ihnen, um alle Kinder zu belästigen, die sich dort herumtrieben.

Vom ersten Tag an war es der schlimmste Ort der Welt, wenn man ein Kind war. In dem Studio, in dem die Sendung gedreht wurde, wurden auch mehrere andere Sendungen gedreht, von denen die meisten viele Kinder beinhalteten. Führungskräfte fuhren kurz vor dem Mittagessen nach Hollywood und blieben jeden Tag mehrere Stunden im Studio. Auf jeden Fall gab es in dieser speziellen Sendung einen besonderen Gaststar.

Einen ganz besonderen Gaststar. Zwar immer noch keine neun Jahre alt, aber jeder wusste, wer sie war. An diesem Tag strömten Führungskräfte ins Studio, um sie zu sehen. Sie wurde zum ersten Mal belästigt, als sie fünf oder sechs Jahre alt war, und sie wurde während ihrer Erfolgsfilme und auch in einer früheren Sendung weiterhin belästigt.

Einer der weiblichen Stars der Sendung, die aufgrund dessen, was sie sah, ihr Leben damit verbracht hat, eine Reha nach der anderen zu machen, und die tatsächlich für Auszeichnungen für die Sendung nominiert wurde, beschrieb die Atmosphäre an diesem Tag:

„Ein Haufen verdammter Schweine. Ich war gerade zwölf oder 13 geworden. Ich war im gleichen Alter wie die Schauspielerin, die hereinkam. Vielleicht etwas älter. Wir hatten monatelang gedreht und ich war Schnee von gestern. Sie wussten, dass ich tun würde, was sie wollten, aber sie wollten immer jemanden, der neu war. Dies war jemand Neues und jemand, den sie alle kannten. Sie hatten es fast wie eine Peepshow eingerichtet.

Sie hatte an diesem Morgen die Dreharbeiten beendet und sie wurde auf eine Bühne gebracht. Die Bühne wurde die meiste Zeit für eine Spielshow genutzt, die dort aufgenommen wurde. Diese Spielshow läuft noch heute. Ich kann es mir nicht ansehen, wenn ich weiß, was dort mit ihr passiert ist. Sie brachten sie heraus und die ersten vier Reihen dieses Theaters waren voller Leute, die bereits an sich herumfummelten. Das Mädchen trug einen Bikini.

Die Show fand an einem Strand statt, nur damit diese Mädchen so gut wie nichts tragen konnten. Sie ließen sie unter den Scheinwerfern herumlaufen. Die Scheinwerfer waren auf sie gerichtet und sie konnte das Publikum nicht wirklich sehen. Sie blinzelte. Sie muss dadurch geblendet gewesen sein. Sie ließen sie hin und her gehen.

Dann ließen sie sie anfangen zu tanzen. Alle diese Jungs machten das, wofür ein anderer Star im selben Studio aufflog. Das dauerte etwa 20 Minuten. Dann haben drei der Jungs sie in einen anderen Bereich des Studios gebracht."

Die Schauspielerin sah nicht, was passiert war, aber ungefähr 45 Minuten später kam einer dieser drei Typen heraus gerannt und brauchte einen Set-Sanitäter. Anscheinend hatten sie etwas in das Mädchen gesteckt und es sah schlecht aus. Der Sanitäter kam und der Krankenwagen kam.

Den Eltern des Mädchens wurde eine blödsinnige Geschichte erzählt. Diese blödsinnige Geschichte brachte das Mädchen schließlich um, weil die Eltern den Führungskräften glaubten. Zwei Wochen später wurde die Sendung mit Dreharbeiten für sechs Folgen auf einmal beendet und dann wurden alle für immer weggeschickt.

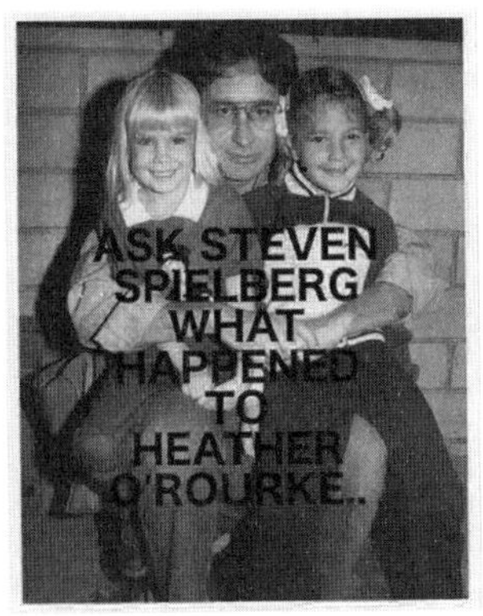

Abb. 93: Heather O'Rourke, Steven Spielberg und Drew Barrymore. „Frag Steven Spielberg was mit Heather O'Rourke geschah…“

Niemand wollte, dass die Kinder da sind oder Zeugen davon sein würden, was passiert war. Der Kommentarbereich dieser Geschichte, bei der keine Namen genannt wurden, geriet außer Rand und Band, ebenso wie bei 4chan und voat.com/pizzagate. Lassen Sie uns zusammenfassen, warum die Leute denken, dass sich dies auf Heather O'Rourke bezog:

„Heather schauspielerte in den achtziger Jahren und sie war noch jünger als neun, hatte Erfolgsfilme und -fernsehauftritte. Das passt.

Der Anwalt aus der Unterhaltungsbranche behauptet, dieses Mädchen sei zum ersten Mal mit fünf oder sechs Jahren belästigt worden. Heather wurde von Steven Spielberg entdeckt und hatte ihre erste Schauspielrolle im Alter von fünf Jahren in einer Show namens Fantasy Island, dass passt.

Das genaue Set der Fernsehsendung, bei dem diese Ereignisse stattfanden, kann nicht zu 100% überprüft werden, aber die Hinweise scheinen zu "Rocky Road" zu führen, da sie im selben Studio wie "Jeopardy" (das noch heute läuft) und "Pewee Herman" (über den angedeutet wird, dass er im Theater masturbiert hat) gedreht wurde, das passt oder macht zumindest Sinn.

Ein Sanitäter musste gerufen werden, weil etwas in das Mädchen eingeführt worden war, das es schließlich tötete. Dies könnte übereinstimmen, wenn Heather an Darmproblemen starb.“

Die Tatsache, dass dieses arme Mädchen in einem so jungen Alter gestorben ist, ist bereits herzzerreißend, aber wenn diese Behauptungen glaubwürdig sind, scheint es zumindest möglich, dass ein unanständiges Verhalten an ihrem Tod beteiligt war. (102)

2.5 Ghostbusters: Geister aus der Flasche, bis die Hölle losbricht (1984)

„Ich persönlich ziehe die Universität vor. Die haben uns immer Geld und Einrichtung gegeben und wir brauchten nichts zu produzieren. Du weißt nicht, wie das draußen zugeht. Ich war schon mal in der Privatwirtschaft. Die erwarten Resultate!“

Dr. Raymond Stantz (*Ghostbusters*)

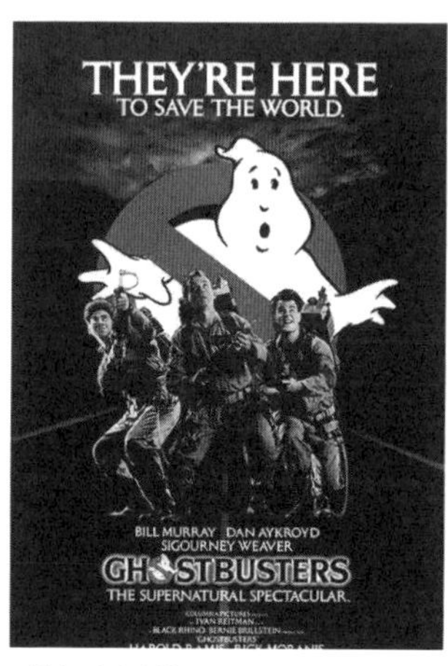

Abb. 94: Filmposter *Ghostbusters*

Ghostbusters ist eine US-amerikanische Komödie aus dem Jahr 1984, die von Ivan Reitman inszeniert und produziert und von Dan Aykroyd und Harold Ramis geschrieben wurde. Es spielt Bill Murray, Aykroyd und Ramis als Peter Venkman, Ray Stantz bzw. Egon Spengler, ein Trio exzentrischer Parapsychologen, die in New York City ein Geschäft als Geisterjäger gründen. Im Film spielen auch Sigourney Weaver und Rick Moranis sowie Annie Potts, William Atherton und Ernie Hudson in Nebenrollen.

Das erste Element, welches im Film hervorsticht, ist Peter Venkmans Arbeit als „PhD“, Doktor der Psychologie und Parapsychologie, was auf etwas hinweist, wie das berüchtigte Programm des Sanford Research Institute „Stargate“, oder bizarre Elemente wie Gedankenkontrolle, Löffelverbiegen und Remote Viewing (Fernwahrnehmung). Es gibt auch ein subtiles Nebenthema im Film, bei dem Peter erkennt, dass sie viel mehr erreichen können, wenn sie eine private Institution sind – was bedeutet, dass die eigentliche Arbeit des Social Engineering des Establishments von privaten Institutionen geleistet wird.

Venkman repräsentiert diesen Trend, während das Drehbuch sogar auf ihren Wunsch verweist, die Finanzierung vom „MIT und Stanford“ zu erhalten. Ich habe vor kurzem eine eingehende Diskussion mit Tom Secker und Pearse Redmond zu diesem Thema im Zusammenhang mit dem Film *Männer, die auf Ziegen starren* geführt, und die wichtigste Verbindung hier ist das Esalen-Institut. Esalen, gezeigt im Finale von *Mad Men* und im Film *Inherent Vice – Natürliche Mängel*, versuchte, Elemente des Okkultismus, der Mystik, des Paranormalen und der Meditation in ihrer Philosophie zu kombinieren, und obwohl Esalen nicht nur ein grundlegendes Element der aufstrebenden New Age-Bewegung ist, stehen auf seiner Mitgliederliste einige der Top-Globalisten wie Aldous Huxley sowie Schlüsselfiguren von MKULTRA wie Gregory Bateson und Timothy Leary. Komischerweise scheint sich Venkman sogar seiner Rolle als Manipulator bewusst zu sein, da er den eigentlich hellseherischen Außenseiter-Geek absichtlich mit Elektroschocks versetzt, während er der dummen süßen Blondine sagt, sie habe „Kräfte". MKUltra beinhaltete auch Elektroschockfolter durch die Arbeit von Dr. Ewan Cameron.

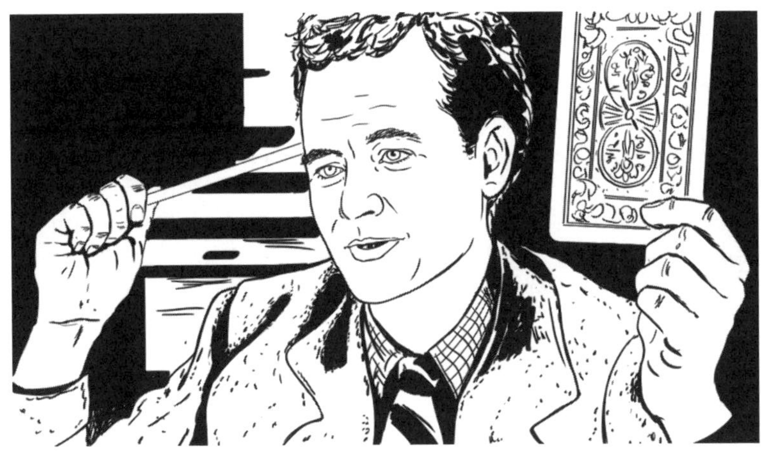

Abb. 95: Peter Venkman Research Institute, während ein CIA-ähnliches Vorhersage-Experiment durchgeführt wird und den männlichen Probanden mit schwachen Elektroschocks traktiert und die junge Blondine unfair gewinnen lässt

Ich sage nicht wörtlich, dass Venkman MKULTRA repräsentiert, aber es scheint eine vage Anspielung auf das Programm zu sein, da die SRI-Programme Aspekte von MKULTRA und Massenbewusstseinskontrolle waren. Die *Männer, die auf Ziegen starren* demonstriert dies tatsächlich, indem es kurz auf MKULTRA verweist, als ob es geschlossen würde, wenn das eigentliche Programm am Ende des Films demonstriert wird, indem Kevin Spaceys Charakter durch explizite Kulturschaffung an privaten PsyOps involviert ist.

In Anbetracht *Ghostbusters* als einen der bekanntesten Filme mindestens der 80er und möglicherweise aller Zeiten könnte der Hinweis tatsächlich bedeuten, dass *Ghostbusters* eine Kulturschaffung ist? Der Film ist nicht besonders heimtückisch oder wirbt heimlich für abscheuliche Botschaften, aber es könnte möglicherweise eine künstlerische Aussage sein, dass „Ghostbusting" („Geisterjagd") mehr bedeutet als verschleimt zu werden.

Was könnte „Ghostbusting" bedeuten? Eines der kuriosen Elemente des Films ist der hohe Stellenwert der Wissenschaft inmitten einer Vielzahl paranormaler und okkulter Phänomene. Das „Ghostbusting"-Team ist sowohl von Skeptikern als auch von Gläubigen umgeben, aber sie geben nicht zu, entweder Fans von Wissenschaftlichkeit oder

Aberglauben zu sein. Als Außenseiter betrachtet, scheinen sie sich einer tieferen, verborgenen Metaphysik bewusst zu sein, die nicht im Widerspruch zu Wissenschaft und Skepsis steht – Ray deutet sogar an, dass ihre Arbeit „die ätherische Ebene berührt".

Ein weiterer Hinweis auf diese These ist das Poster in Peters Labor, das eine Darstellung von Hermes Trismegistos, dem angeblichen Autor des Corpus Hermeticum, zu sein scheint.

Tatsächlich fallen die meisten Nebenfiguren entweder in das Lager der Skeptiker von Michael Shermer oder das Lager des übermäßig abergläubischen Edgar Cayce, während sogar Winston, der übermäßig abergläubisch erscheint, (ziemlich richtig) an die beste Erklärung für die apokalyptischen Ereignisse glaubt, die beginnen sich zu entfalten, es seien die biblischen letzten Tage.

Ganz genau, sogar der römisch-katholische Erzbischof denkt, dass die dämonischen Erscheinungen real sind, aber wie ein Großteil der römischen Kirche in unseren Tagen leugnet er diese Themen.

In Erinnerung an Dr. Peter Venkman erschien ein Mainstream-Artikel von Richard Gallagher in der „Washington Post", der sich mit der sehr realen psychiatrischen Diagnose dämonischer Besessenheit beschäftigt. Tatsächlich schreibt Gallagher über einen Satanisten, den er beraten hat:

„Ich glaube, ich habe das Echte gesehen. Angriffe auf Einzelpersonen werden entweder als ‚dämonische Besessenheit' oder als die etwas häufigeren, aber weniger intensiven Angriffe klassifiziert, die normalerweise als ‚Unterdrückung' bezeichnet werden. Eine besessene Person kann plötzlich in einer Art von Trance Aussagen von erstaunlichem Gift und Verachtung der Religion machen, während sie verschiedene Fremdsprachen versteht und spricht, die ihnen zuvor unbekannt waren.

Das Subjekt kann auch eine enorme Kraft oder sogar das außergewöhnlich seltene Phänomen der Levitation aufweisen. (Ich habe selbst keine Levitation miterlebt, aber ein halbes Dutzend Leute, mit denen ich arbeite, schwören, dass sie es im Verlauf ihrer Exorzismen gesehen haben.) Er oder sie könnte ‚verstecktes Wissen' über alle möglichen Dinge demonstrieren – wie geliebte Fremde gestorben ist, welche geheimen Sünden sie begangen hat, auch wo sich die Menschen gerade befinden. Dies sind Fähigkeiten, die nur durch besondere psychische oder übernatürliche Kräfte erklärt werden können." (103)

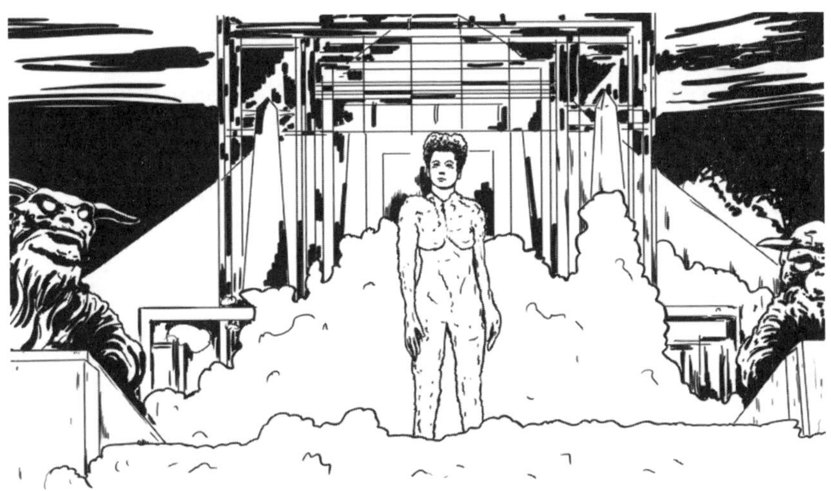

Abb. 96: Gozer ist eigentlich Ziggy Stardust. Umgeben von wiederkehrenden Symbolen: „Bist du ein Gott?“

Es klingt immer mehr nach Dr. Venkman und insbesondere nach seiner Beziehung zu Dana Barrett (Sigourney Weaver).

Wenn Sie sich erinnern, erlebt Dana in ihrer Wohnung „gespenstische“ Phänomene, was einen Anruf bei den Ghostbusters provoziert.

Wie im Laufe des Films deutlicher wird, sind fast alle Erscheinungsformen dämonisch. Sogar der bibliothekarische „Geist“ am Anfang entpuppt sich als Dämon, während der Geist, der Dana besitzt, Zuul ist, ein Diener-Dämon von Gozer, einem androgynen Halbgott des sumerischen Pantheons.

Als Randnotiz bedeutet der Name „Dana“ Danu eine keltische Fruchtbarkeitsgöttin, was angesichts von Danas Rolle als „Tor“ für Vinz Clorthos „Schlüssel“ relevant sein könnte, was ganz offensichtliche Referenzen für Sexmagie sind.

Diese Vereinigung findet an der Stelle eines langjährigen rituellen Hochplatzes statt, einem ehemaligen Kult, der von „Ivo Shandor“ – ein Architekt oder der Große Architekt.

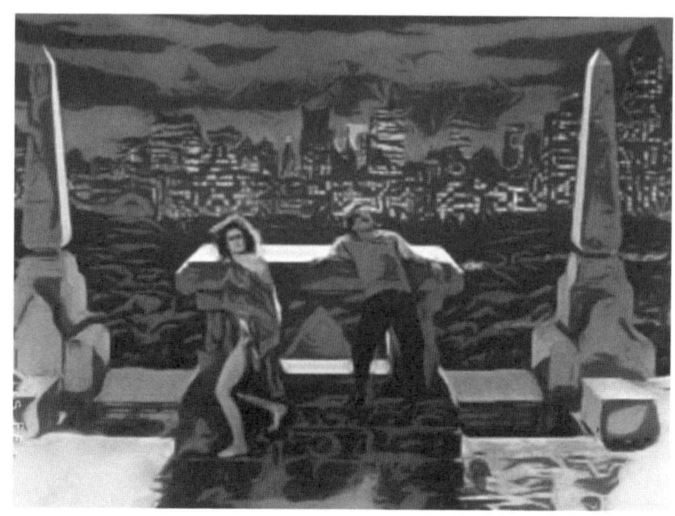

Abb. 97: Zwei Opfer, zwei Obelisken und ein Altar. Könnte es nicht einen besseren Ort für ein Ritual geben?

Obwohl nicht genau, ist „Ivo Shandor" Anton Szandor (LaVey), dem Gründer der Church of Satan, sehr ähnlich, während die sexuelle Magie-Komponente auf Crowley passt. Tatsächlich behauptet das Drehbuch, dass Shandors Kult geschaffen wurde, um das Ende der Welt durch rituelle Magie und die Entfesselung des Zerstörers herbeizuführen.

Dies spiegelt die Apokalypse von Johannes und die Crowleysche Neuinterpretation des Textes in Bezug auf Apollyon den Zerstörer wider, der durch einen Schlüssel aus dem Abgrund befreit wird:

„Der fünfte Engel ließ seine Posaune ertönen, und ich sah einen Stern, der vom Himmel auf die Erde gefallen war. Der Stern erhielt den Schlüssel zum Schacht des Abgrunds. Als er den Abyss öffnete, stieg Rauch aus ihm auf wie der Rauch aus einem riesigen Ofen. Die Sonne und der Himmel wurden durch den Rauch des Abgrunds verdunkelt … Sie hatten als König den Engel des Abgrunds, dessen Name auf Hebräisch Abaddon und auf Griechisch Apollyon (das heißt Zerstörer) bedeutet." (Apok. 9:1-11)

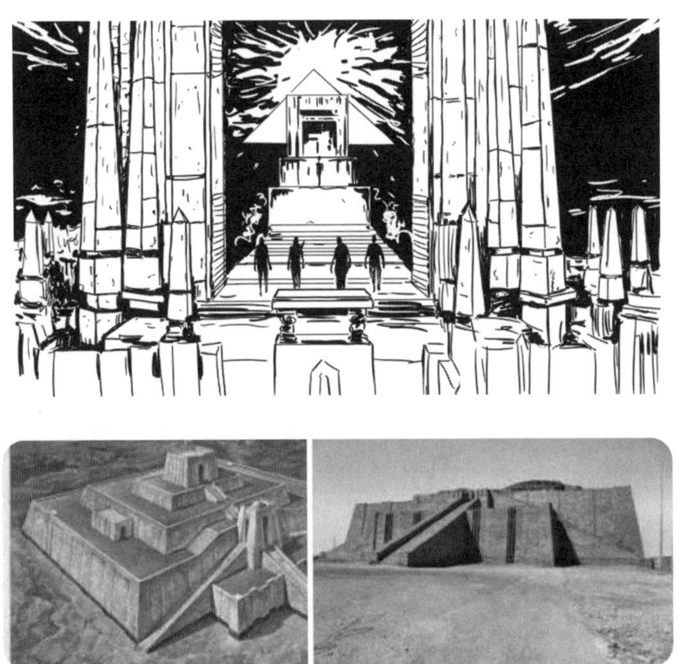

Abb. 98: Schauen Sie sich die Treppe und den Aufstieg an, als ob das CERN ein Portal zu einer sumerischen Zikkurat geöffnet hat

Wie bereits erwähnt, geht es im Film eindeutig um Sexmagie, denn Vinz Clortho (Rick Moranis) und Zuul (Dana Barrett) sonnen sich im Nachglühen des Post-Orgasmus auf dem Altar – der Akt, der Gozer das Tor öffnet. An dieser Stelle sollte die Pyramide von Gozer als Zikkurat selbstverständlich sein. Jamie Hanshaw hat in der Tat ausführlich über die sexuellen Komponenten der sumerischen und mesopotamischen religiösen Praxis geschrieben, die nahtlos mit dem Crowleyanismus verschmilzt. Auch wenn es für manche seltsam klingen mag, die Inspiration für die Geschichte stammt von der Familie von Dan Akroyd (angeblich ein Freimaurer) selbst. Dies wird in der Fortsetzung deutlich, in welcher Ray Stantz eine okkulte Buchhandlung besitzt. Sean Hutchinson schreibt:

„Aykroyd wuchs umgeben von Spiritualisten auf. Sein Urgroßvater, Samuel A. Aykroyd, war ein bekannter psychischer Ermittler des 19. Jahrhunderts, der mit einem Medium namens Walter Ashurst Séancen im Bauernhaus der Familie Aykroyd im Osten Ontarios durchführte. Diese Vorliebe für das Paranormale wurde an Aykroyds Großvater Maurice weitergegeben, der Ingenieur bei der ‚Bell Telephone Company' war. Maurice versuchte angeblich, sein Know-how zu nutzen, um ein hochschwingendes Kristallradio zu entwickeln, das mit der Geisterwelt in Kontakt treten konnte. Dans Vater Peter führte

eine beträchtliche Bibliothek mit Büchern über gruselige Themen (einschließlich der Séancen seines Urgroßvaters), die Geister und Monster im Hinterkopf des jungen Aykroyd einprägte. Nachdem er 1979 ‚Saturday Night Live' verlassen hatte, las er in einer Veröffentlichung der ‚American Society of Psychical Research' einen Artikel über Parapsychologie, der zu ‚Ghostbusters' inspirierte.“ (104)

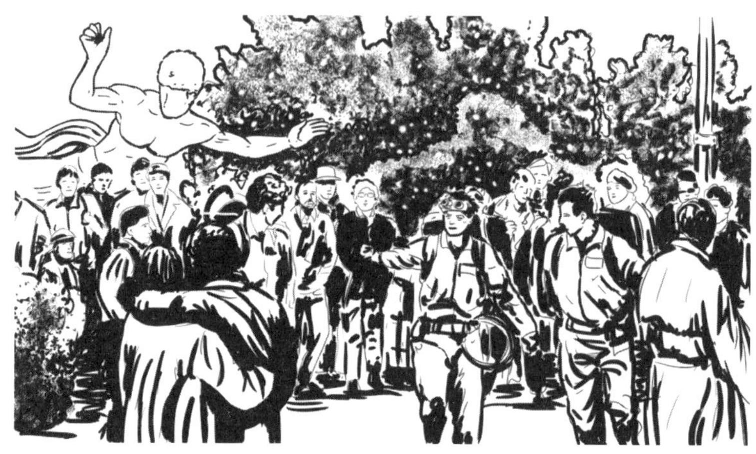

Abb. 99: Die Geisterjäger sind prometheische Kämpfer der Götter durch verborgene Wissenschaft. Rockefeller Plaza mit der Prometheus-Statue

Während die Ghostbusters sich der verborgenen Metaphysik und Wissenschaften bewusst zu sein scheinen, scheint das Gesamtthema des Films die Überwindung des Geistes und aller Götter durch Technologie zu sein, was in den „Atompaketen“ und der Eindämmungseinheit bezeichnet wird, die die EPA abschaltet.

Die Kirche und die Religionen sind ohnmächtig, den Menschen zu retten (denken Sie an die betenden Juden und den rückgratlosen Erzbischof – die sich auf die Ghostbusters verlassen). „Laserströme kreuzen“ führt in gewisser Science-Fiction-Manier zu einer Umkehrung von Zeit und Raum, und dies wird zum Mittel, mit dem das spirituelle Tor geschlossen wird. Verborgene Technik, die Öffnung spiritueller Ebenen, der Triumph des Menschen durch die Wissenschaft – und deshalb zeigt der Film die Prometheus-Statue am Rockefeller Plaza.

Kernenergie bedeutet die Dominanz des Menschen über die Natur im rituellen Akt der Atomspaltung, einer Form der Zerstörung der Urmaterie.

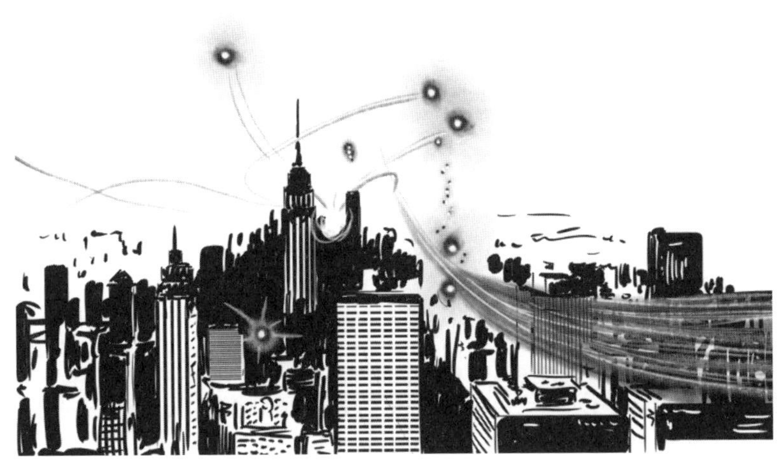

Abb. 100: Okkulte Version der amerikanischen Film-„Kultur". Interessanterweise beinhalten mehrere prominente Filme der 80er Jahre dieses Thema, wie beispielsweise *Poltergeist*

„Ghost Busting" hat also eine tiefere Bedeutung – es ist nicht nur die Ablehnung des Spirituellen für den Materialismus (nackter Szientismus) oder die naive Akzeptanz der letzten Tage der Bibel, da die Apokalypse im Film als geheimes Mittel im Crowley-Stil angedeutet wird, um die Apokalypse zu beschwören (was Ivors Kult tut). Während sich der Schleier zwischen den spirituellen Ebenen lichtet, sehen wir Stargates und die Veränderung der Raumzeit – Sie denken jetzt an retardierte CERN-Youtube-Videos „Madela Effect", aber es war nur die Handlung eines Massenkultur-Tummelns, den Sie als Kind aufsaugen – Geisterjäger eben. Oder was ist es sonst? Wenn die EPA das CERN jemals schließt, wissen Sie, wen Sie anrufen müssen. Somit folgt die wahre Botschaft von *Ghostbusters* dem dritten Gesetz von Arthur C. Clarke, dass fortschrittliche Technologie oder Wissenschaft von Magie nicht zu unterscheiden ist. Die These des Szientismus kollidiert mit der Antithese des Aberglaubens, um eine prometheische Synthese des Triumphs für den Menschen durch technische Magie zu erzeugen, die selbst die Götter der alten Zeit stürzt. Wenn Gozer fragt: „Bist du ein Gott?" Die alchemistische, prometheische Antwort lautet: „Ich werde es sein." [(105)]

Gozer, auch bekannt als Gozer der Gozerianer, Gozar der Zerstörer, Volguus Zildrohar, Gozer der Reisende und Lord of the Sebouillia, ist der dämonische Antagonist. Laut dem Film ist Gozer das numinöse, uralte, ultra-mächtige bösartige Wesen aus einer anderen Dimension, das nach New York City gerufen wurde, um die Welt zu zerstören; Gozer wurde ursprünglich um 6.000 v. Chr. von den Hitties, Mesopotamiern und Sumerern verehrt.

In *Ghostbusters* kämpfen drei männliche Wasserzeichen oder Archetypen gegen eine böse weibliche Göttin. Dr. Egon Spengler, Peter Venkman und Raymond Stantz sind die drei Wasserzeichen in ihren männlichen Versionen. Die drei Wissenschaftler sind Jungsche Archetypen, Spengler ist Fisch, Venkman ist Skorpion und Stantz ist der Krebs. Fische sind Wahrheitssucher mit mystischen Mitteln, psychische Esoterikforscher und Detektive der höchsten Ordnung. Egon Spengler verkörpert diese Eigenschaften, da er von den dreien die wahre Kraft für das Okkulte und Übernatürliche ist. Gegen Ende des Films enthüllt Spengler die wahre Natur der Gozer-Anbetung und ihre Auswirkungen. Spengler, der Wahrheitssucher, entdeckt als erster, dass Louis Tully vom Halbgott Vinz Clothro besessen ist. Als die Ghostbusters ihr zukünftiges Hauptquartier, eine heruntergekommene Feuerwache, kaufen möchten, ist es Spengler, der die Mängel und strukturellen Fehler des Gebäudes erkennt.

Dr. Venkman ist eine lebendige Darstellung des Skorpions; seine Merkmale sind Selbstbezogenheit, das Beenden dessen, was er zu erreichen beabsichtigt, eine starke Leidenschaft für Gutes oder Böses und eine große persönliche Anziehungskraft. Venkman ist die kreative Kraft hinter den Ghostbusters, der schon früh erkennt, dass es ein Erfolg werden wird, trotz der Skepsis der anderen beiden. Ghostbusters wird unter seinem Kommando tatsächlich zu einem wohlhabenden Projekt, aber Venkman ist vehement offen und zieht sich den Zorn von Walter Peck (William Atherton) von der Environmental Protection Agency zu. Venkman beleidigt ihn und verweigert ihm den Zugang zu ihrem „Hoch-Spannungs-Laser-Arrest-und-Sperr-System“, während er mit rechtlichen Schritten gegen ihn droht (falsche Strafverfolgung). Die Ghostbusters werden an diesem Tag zur Reue kommen, da Venkmans Ehrerbietung Peck dazu veranlasst, einen Gerichtsbeschluss zu erwirken, der es ihm erlaubt, das Eindämmungssystem zu deaktivieren, das das biblische Ende der Tage auslöst.

Von dreien ist Venkman der einzige mit einer Freundin. Nachdem die Ghostbusters sie als Auftraggeberin übernommen haben, kann Dana Barrett Venkmans Charisma und witzigem Charme nicht widerstehen. Schließlich verkörpert Ray Stantz den Krebs-Archetyp; seine Markenzeichen sind starke Emotionen, dramatischer Ausdruck sowie Forschung und Offenbarung. Stantz möchte die verlassene Feuerwache unbedingt kaufen, trotz Bedenken der anderen beiden, er rezitiert poetisch Verse aus dem Buch der Offenbarung von Zeddmore, und er untersucht immer das Esoterische und Paranormale. Stantz versteht immer als erster, wovon sein okkulter Forscherkollege Egon Spengler spricht. In *Ghostbusters II* ist Raymond Stantz der Besitzer einer Buchhandlung, „Ray's Occult Books“. Die drei Wasserzeichen bekämpfen eine böse feuerähnliche Göttin namens Gozer, die beim Höhepunkt des Films als weibliche Höllenfigur auftaucht, die angreift, indem sie Blitze aus ihren Fingerspitzen freisetzt. Gozer, ein Abgesandter einer höllischen Dimension, beherrscht Feuer und Schwefel in New York City, während er vor einer ägyptischen Pyramide steht.

Das „Hoch-Spannungs-Laser-Arrest-und-Sperr-System“ der Ghostbuster zur Einkerkerung mit Hochspannung leitet sich von freimaurerisch-salomonischer Überlieferung und Magie ab; das Freimaurerritual dritten Grades konzentriert sich auf den Bau des Tempels von König Salomo. Laut dem „Testament Salomos" beschäftigte der weise Patriarch 72 Dämonen, um beim Bau des ersten Tempels mitzuhelfen. König Salomo kontrollierte diese Dämonen über einen Siegelring mit einem Pentagramm, Hexagramm oder beidem, abhängig von der Quelle, die gegen ihn gegeben wurde, was ihn veranlasste, sie in einem Messinggefäß einzusperren und die richtigen magischen Formeln zu verwenden, um diese dämonischen Fürstentümer sicher zu beschwören; die Legenden von „Genie in der Flasche" und Büchse der Pandora entstammen aus dieser Überlieferung.

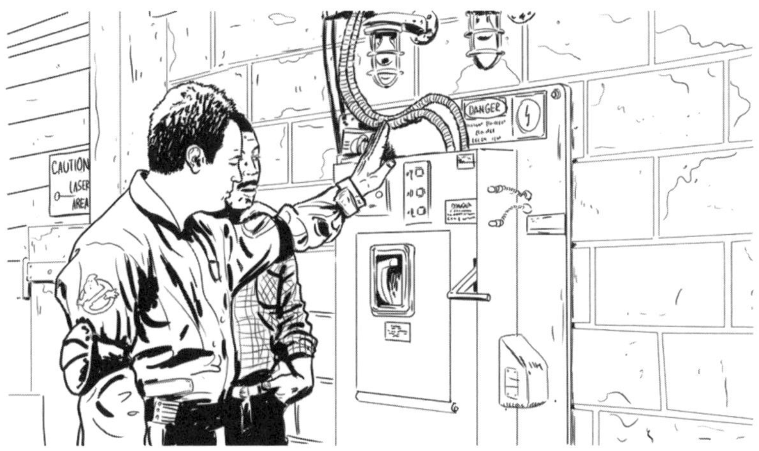

Abb. 101: Winston Zeddemore und Dr. Raymond „Ray" Stantz vor dem „Hoch-Spannungs-Laser-Arrest-und-Sperr-System"

Das „Hoch-Spannungs-Laser-Arrest-und-Sperr-System" ähnelt Solomons Messinggefäß, da beide geisterhafte und dämonische Wesenheiten enthalten oder einsperren. Als Peck befiehlt, das Eindämmungssystem abzuschalten, öffnet Peck symbolisch Solomons Messinggefäß und lässt den Geist oder Dschinn aus der Flasche, wodurch die Hölle losbricht.

Dies ermöglicht es Gozer, diese Welt durch einen geheimen Tempel im ägyptischen Stil zu betreten, der sich über dem Apartmentkomplex von Dana Barrett und Louis Tully im 55 Cebtral Park West befindet. Das sei kein Zufall, erklärt Spengler. Die Ghostbusters konsultieren die Baupläne von Barretts und Tullys Wohnhaus und erfahren, dass ein verrückter Doktor und Sektenführer namens Ivo Shandor für den Tempel verantwortlich war. Shandor behauptete, dass die Menschheit zu krank sei, um die Schrecken des Ersten Weltkriegs zu überleben, und entwarf das Gebäude und den Tempel als Tor, um Gozer zu beschwören und die Apokalypse herbeizuführen. Der Name Shandor spiegelt den zweiten Vornamen des Gründers der Church of Satan Anton Szandor LaVey

„(1930-1997) wider und verbindet damit Ivo Shandors Gozer-Sekte mit dem LaVey-Satanismus und schwarzer Zauberei.

Die numerische Adresse des Apartmentkomplexes, 55, steht symbolisch für das Pentagramm oder den fünfzackigen Stern. Ein umgekehrtes Pentagramm, zwei Punkte nach oben und einer nach unten, ist ein allgemeines Emblem des Bösen, das von der Church of Satan verwendet wird und sowohl in der Literatur auftaucht als auch in ihren dunklen Ritualen ausgiebig verwendet wird. (106)

2.6 Doctor Strange: Ein Skelett der Weltreligionen (2016)

„An Ihrer Stelle würde ich das nächste Mal das ganze Buch klauen, denn die Warnungen findet man immer erst im Kleingedruckten.“

Dr. Stephen Strange (*Doctor Strange*)

Doctor Strange ist ein amerikanischer Superheldenfilm aus dem Jahr 2016, der auf der Figur aus den „Marvel Comics“ basiert. Produziert von *Marvel Studios* und vertrieben von *Walt Disney Studios Motion Pictures*, ist es der 14. Film im Marvel Cinematic Universe (MCU). Der Film wurde von Scott Derrickson nach einem Drehbuch inszeniert, das er mit Jon Spaihts und C. Robert Cargill geschrieben hat, und es spielt Benedict Cumberbatch als Neurochirurg Stephen Strange zusammen mit Chiwetel Ejiofor, Rachel McAdams, Benedict Wong, Mads Mikkelsen und Tilda Swinton. In dem Film erlernt Strange die mystischen Künste nach einem Autounfall, der seine Karriere beendet.

Seit Mitte der 1980er Jahre waren verschiedene Inkarnationen einer *Doctor Strange*-Verfilmung in Entwicklung, bis *Paramount Pictures* im April 2005 die Filmrechte im Auftrag von *Marvel Studios* erwarb. Thomas Dean Donnelly und Joshua Oppenheimer wurden im Juni 2010 an Bord geholt, um ein Drehbuch zu schreiben. Im Juni 2014 wurde Derrickson als Regisseur engagiert, wobei Spaihts das Drehbuch umschrieb. Cumberbatch wurde im Dezember 2014 für die gleichnamige Rolle ausgewählt, was eine Änderung des Zeitplans erforderlich machte, um seine anderen Verpflichtungen zu umgehen. Dies gab Derrickson Zeit, selbst an dem Drehbuch zu arbeiten, wofür er Cargill zur Hilfe holte. Die Hauptdreharbeiten für den Film begannen im November 2015 in Nepal, bevor er nach England und Hongkong zog und im April 2016 in New York City endete.

Doctor Strange hatte seine Weltpremiere am 13. Oktober 2016 in Hongkong und wurde am 4. November in den Vereinigten Staaten als Teil der dritten Phase des MCU veröffentlicht. Der Film spielte weltweit über 677 Millionen US-Dollar ein und wurde für seine Besetzung, die visuellen Effekte und die Musikpartitur gelobt. Der Film erhielt eine Oscar-Nominierung für die besten visuellen Effekte. Eine Fortsetzung, *Doctor Strange in the Multiverse of Madness*, wurde im Mai 2022 veröffentlicht. (107)

Doctor Strange ist eine Mischung aus *Inception*, *Matrix* und anderen Science-Fiction-Fantasy-Filmen der letzten Zeit, aber im Gegensatz zu den meisten Präsentationen (außer vielleicht *Matrix*) ist er einer der aufschlussreichsten Gnostik-Illuminaten-Filmen bis heute.

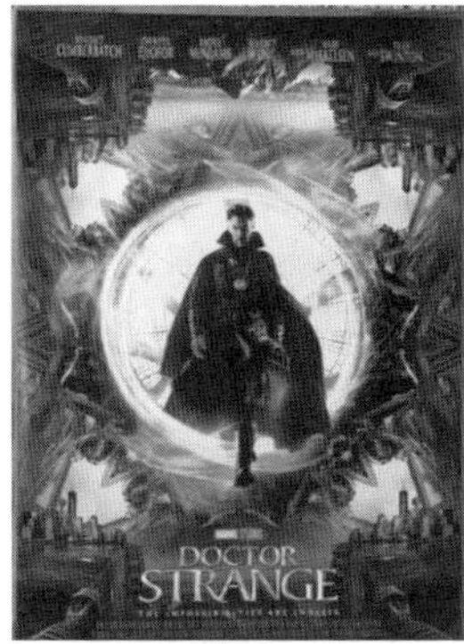

Abb. 102: Poster zu *Doctor Strange*

Der Film ist ein Kassenerfolg und eine Kombination aus östlicher und westlicher Hermetik sowie zahlreichen Hinweisen auf zeremonielle und rituelle Magie. Obwohl viele es in dieser Hinsicht mit *Harry Potter* vergleichen würden, enthält *Doctor Strange* mehr Aspekte des eigentlichen „Illluminismus", insofern das gesamte Marvel-Universum Transhumanismus umfasst.

Wie wir in den Filmen von *Captain America* und *Avengers* gesehen haben, ist die Gesamtheit des Marvel-Mythos die Brücke zwischen den antiken Mythologien der Götter und der modernen Technologie – vermutlich der Weg, auf dem der Mensch die „gottähnlichen" Kräfte erlangen wird, die die Mythen andeuteten.

Hier ist, wie ich seit einigen Jahren argumentiere, das Prinzip, dass der höchste „Illluminismus" jenseits der Vorstellung von der Anrufung oder Kontrolle von Geistern liegt und die pragmatische Anwendung der Wissenschaft auf die Verwirklichung solcher „Mächte" ist. In diesem Sinne erfüllen sich die Chimären und magischen Instrumente der Götter in Praktiken wie der genetischen Veränderung und der artenübergreifenden Technik oder im Internet selbst.

Die geniale Neurochirurgenfigur von Doctor Strange (Benedict Cumberbatch) soll somit den Höhepunkt westlicher analytischer und quantitativer Erkenntnisansätze verkörpern und sich offen als Materialist bekennen. Nach einem schweren Unfall, der seine Hände schädigt, stellt Strange fest, dass sein fester Griff verschwunden ist, was ihn seine prominente medizinische Karriere kostet. Als er das Ende seines Seils erreicht, begibt sich Strange auf eine Reise, die auf Gerüchten über versteckte Heiltechniken basiert, die aus dem Fernen Osten in Indien stammen.

Natürlich kommt für den Mainstream alle „Spiritualität" aus Indien und dem Fernen Osten (hier Nepal), mit wenig Rücksicht auf die Möglichkeit, dass bloß „spirituell" nicht das Gute bedeutet. Gibt es vielleicht böse Geister? Vielleicht ist das Dämonische ein

Reales, mit dem die menschliche Seele fertig werden muss? Für die *Eat, Pray, Love* konsumierenden Fußballmütter und für ihre Marvel Comics konsumierenden Nachkommen besteht das Bedürfnis, „alternative Spiritualitäten“ zu akzeptieren, die genauso lebensfähig sind wie ihre evangelikale Sekte.

Die Realität ist, dass diese beiden naiven Ansätze Manifestationen einer kontrollierten Dialektik sind, in der der fernöstliche Einfluss vor einem Jahrhundert die ökumenische Bewegung hervorbrachte, während die evangelikalen „Kirchen“ der Einkaufszentren nichts anderes als Nachahmer der Firmengeschichten der historischen Theologie sind.

Das alles für einen Moment beiseitelassend, wandert Strange in die Hallen einer elitären Geheimgesellschaft, die die esoterischen Geheimnisse der „guten Seite“ beschützt, angeführt von der Ältesten (Tilda Swinton), welche die interdimensionalen Kräfte der dunklen Seite in Schach hält, begleitet von einem ihrer ehemaligen Schüler, Kaecilius (Mads Mikkelsen), im Dienste des Über-Dämons Dormammu.

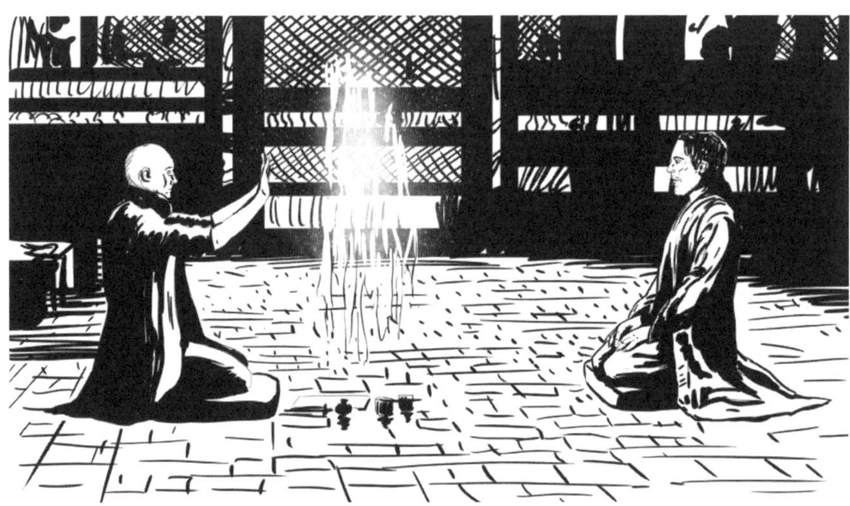

Abb. 103: Die Älteste und Doctor Strange bei einem Feuerritual

Die spirituelle Architektur der Weltanschauung in diesem Film ist eine Mischung aus Gnositizismus, hinduistischer Kosmologie und Tech-Mystik. Als Strange in diese Gesellschaft eingeführt wird, erhält er eine intensive astrale Erfahrung, in der er andere Welten und Dimensionen sieht und die Zeit verlässt.

Dies ist wichtig für die Handlung, da die Zeit selbst einer der Hauptfeinde ist, die es zu bekämpfen und zu überwinden gilt.

Als Strange in andere Welten aufsteigt und Visionen vom Lichtstoff des Kosmos hat, wird sein drittes Auge explizit geöffnet.

Die Erfahrung ähnelt auffallend einem LSD-Trip, wie Strange selbst andeutet. Strange lernt all die verborgenen Künste und beginnt zu begreifen, dass die analytischen Wahrheiten der Welt der Materie nicht im Gegensatz zu spirituellen Wahrheiten stehen, die sie transzendieren.

Strange lernt insbesondere, seinen Körper als eine Art Fernbeobachtungsübung in den Äther zu projizieren, während er die „Mysterien" lernt.

Strange richtet seine Chakren aus und beherrscht den „Schlüssel von Solomon". Er beschließt, in tiefere, dunklere Riten einzutauchen, und nimmt es auf sich, die Halskette des Allsehenden Auges anzulegen, die es ihm ermöglicht, die Zeit selbst vor- und zurückzuspulen, aus dem Zauberbuch der aufgestiegenen Meister seines Ordens (nennen Sie ihn Blavatsky Cumberbatch).

Wir erfahren, dass das Naturrecht die Grundlage der Regeln des Ordens ist, was für Strange eine schnelle Schelte einbringt – Naturgesetze dürfen niemals verletzt werden. Strange erfährt jedoch von Kaicilius, dass die Alte selbst gelogen hat, da sie diese Riten verwendet hat, um auf die dunkle Seite zurückzugreifen, um ihr Leben zu verlängern – „zum Guten".

Kaicilius nutzt seine zufällige Begegnung, um Strange sein Evangelium zu predigen, das auf Monotheismus und Unsterblichkeit basiert.

Sein Gott Dormammu hat die Macht über die Zeit und versucht, alle Welten in seine Dimension einzuhüllen.

Das Auffallende daran ist, dass Strange, während Dormammu und seine Evangelisten auf der Erde verheerend angreifen, herausfindet, dass das einzige Mittel, mit dem der Monotheist zerstört werden kann, darin besteht, dass ein apotheosierter Mann (Strange selbst) in Dormammus Dimension aufsteigt und die Riten der Zeit anwendet, Dormammu mit seinem eigenen Tod in die Falle zu locken.

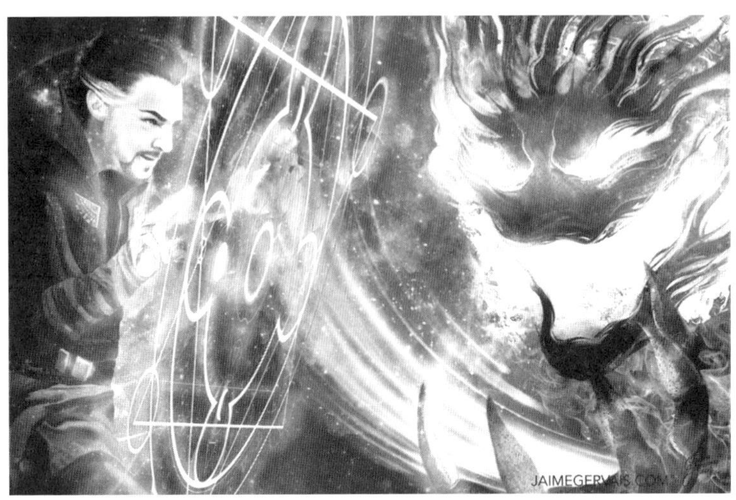

Abb. 104: Künstlerische Darstellung Strange vs. Dormammu

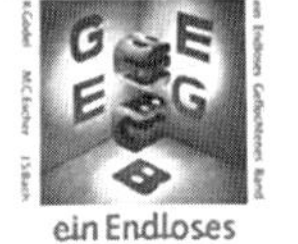

Abb. 105: „Gödel, Escher, Bach - ein Endloses Geflochtenes Band“ von Douglas Hofstadter. Ausgezeichnet mit dem Pulitzer-Preis

Unzählige Male sterbend und zurückspulend (wir sind uns nicht sicher, wie das geht, wenn er tot ist), dupliziert Strange Dormammu in eine unendliche Zeitschleife, ähnlich wie Hofstadters seltsame Schleife in Gödel, Escher, Bach.

„Gödel, Escher, Bach“ ist vielleicht das ungewöhnlichste Buch des letzten Quartals des 20. Jahrhunderts. Schon die Verknüpfung von Bachschen Kompositionen, den Bildern Eschers und dem berüchtigten Unvollständigkeitssatz des österreichischen Mathematikers Kurt Gödel, ist ungewöhnlich genug. Treten dann auch noch Achilles und eine Schildkröte auf den Plan, via Lewis Carroll einer alten griechischen Paradoxie entlehnt ..., dann wissen wir, dass wir ein rätselhaftes Jahrhundertbuch in den Händen halten, das sich letztlich um eine Frage dreht, die sich in Hunderte verzweigt:

Wie können selbstbewusste beseelte Wesen aus einer unbewussten, unbeseelten Materie entstehen?

Der am Hintern verletzte Demiurg-Zeitgott unterwirft sich seiner Niederlage, nimmt seine Schüler mit und überlässt Strange die Verantwortung für den New Yorker Zweig der Illuminaten.

London ist natürlich das Hauptquartier der weltweiten Freimaurerei, des Satanismus, der Hexerei (und übrigens des Kommunismus und des radikalen Islam), was darauf hindeutet, dass dieser Film eine vollständige Offenbarung der Methode ist.

Während Strange sich dem dem Jahwe-ähnlichen Saturn-nahen Dormammu trotzig entgegenstellt, ordnet er ausdrücklich beide Hände in das Teufelshorn-Zeichen und fordert, dass die Erde von all seinen Anhängern gereinigt wird.

Mit anderen Worten, das Oberhaupt der Illuminaten möchte, dass der Demiurg (d.h. der wahre Gott) verschwindet, und fordert, dass die Erde von allen Monotheisten ausgelöscht wird, die an das ewige Leben glauben.

Tatsächlich war der Fehler der Ältesten ihr Wunsch, ewig zu leben, und zog ihre Lebenskraft von der „dunklen Seite" (d.h. Gott).

Mit anderen Worten, Doctor Strange ist Doktor Tod, der nach seiner Initiation, seinem Aufstieg und seiner Apotheose, den Tod als „natürlich" ansieht – etwas, das er früher bei seinen Patienten heilen wollte.

Kurz gesagt, die Zusammenfassung von *Doctor Strange* ist ein Amalgam oder ein Skelett der Weltreligionen, oder genauer gesagt der Perennialismus. Perennialismus ist Illuminismus und Illuminismus ist Luziferianismus. (108)

Diagnose abgeschlossen.

2.7 Star Wars: Der Aufstieg der Skywalkers – Die okkulte Freimaurersymbolik mit sexuellen Anspielungen (2019)

„Wir haben alles weitergegeben, was wir wissen, jetzt leben tausend Generationen in Dir. Aber das ist dein Kampf."
Luke Skywalker (*Star Wars: Der Aufstieg der Skywalkers*)

Star Wars: Der Aufstieg Skywalkers (auch bekannt als *Star Wars: Episode IX*) ist ein amerikanischer epischer Weltraumfilm aus dem Jahr 2019, der von J. J. Abrams produziert, mitgeschrieben und inszeniert wurde. Produziert von *Lucasfilm* und Abrams Produktionsfirma *Bad Robot Productions* und vertrieben von *Walt Disney Studios Motion Pictures*, ist es der dritte Teil der *Star Wars* Sequel-Trilogie nach *Star Wars: Das Erwachen der Macht* (2015) und *Star Wars: Die letzten Jedi* (2017) und der letzten Folge der neunteiligen

„Skywalker-Saga". Die Besetzung des Ensembles umfasst Carrie Fisher als General Leia Organa, Mark Hamill als Luke Skywalker, Adam Driver als Kylo Ren/Ben Solo, Daisy Ridley als Rey Skywalker/Rey Palpatine, John Boyega als Finn, Oscar Isaac als Poe Dameron, Ian McDiarmid als Imperator Palpatine/Darth Sidious und Billy Dee Williams als Lando Calrissian. Der Aufstieg der Skywalkers folgt Rey, Finn und Poe Dameron, während sie den letzten Kampf des Widerstands gegen den Obersten Führer Kylo Ren und die Erste Ordnung anführen, die durch die Rückkehr des verstorbenen Galaktischen Imperators Palpatine unterstützt werden. [(109)]

Das *Star Wars*-Science-Fiction-Medien-Franchise wurde von vielen Quellen inspiriert. Dazu gehören süd- und ostasiatische Religionen, Qigong, Philosophie, klassische Mythologie, römische Geschichte, Manichäismus, Zoroastrismus, Gnostizismus, die abrahamitischen Religionen, Buddhismus, Konfuzianismus, Shintō und Taosim sowie unzählige filmische Vorläufer.

Schöpfer George Lucas erklärte: *„Der größte Teil der spirituellen Realität in dem/den Film(en) basiert auf einer Synthese aller Religionen. Eine Synthese durch die Geschichte; die Art und Weise, wie der Mensch das Unbekannte und das große Mysterium wahrgenommen und versucht hat, damit umzugehen"* (siehe *Science of Star Wars*, Dokumentarfilm 2005).

Es wird spekuliert, dass sich *Star Wars* von der vorrömischen keltischen Folklore inspirieren lässt, wie etwa der Artus-Legende, die nachrömisch ist und um das 3. Jahrhundert n. Chr. spielt. Lucas hat auch gesagt, dass Rittertum, die Samurai und verbundene Institutionen in feudalen Gesellschaften einige Konzepte in den *Star Wars*-Filmen inspiriert haben, insbesondere die Jedi-Ritter. Die Arbeit des Mythologen Joseph Campbell, insbesondere sein Buch „Der Heros in tausend Gestalten", beeinflusste Lucas direkt und trieb ihn dazu, den modernen Mythos von *Star Wars* mit einer Vielzahl von Jungianischen Archetypen zu erschaffen. Es wird angenommen, dass der natürliche Energiefluss, bekannt als die Macht, aus dem Konzept von Qi/Chi/Ki stammt, der alles durchdringenden Lebensenergie des Universums. Sie ähnelt der göttlichen Vitalität, die aus dem gnostischen Pleroma hervorgeht, was der Psychoanalytiker Wilhelm Reich Orgonenergie nannte. [(110)]

Der letzte *Star Wars*-Film lässt Fans jedes kleinste Detail analysieren. Überraschenderweise konzentrieren sich nur wenige Fanreaktionen auf die religiöse Symbolik des Films. Hier ist eine Analyse der christlichen Elemente von Episode IX.

Religiöse Symbolik war schon immer Teil von *Star Wars*. Die Art und Weise, wie Obi-Wan Kenobi die Macht in Episode IV erklärt, ist eine Science-Fiction-Adaption des hinduistischen Konzepts von Brahman. Darth Maul ähnelt dem Teufel und die Betonung der Balance ähnelt dem daoistischen Konzept von Yin und Yang. Aus irgendeinem Grund wurde die spirituelle Seite der Saga weniger betont, als Disney übernahm.

Bis jetzt. *Star Wars: Der Aufstieg der Skywalkers* ist mit christlichen Bildern überladen. Nach zwei aufbauenden Filmen erfährt Rey endlich ihre Abstammung. Sie ist die Enkelin von Imperator Palpatine, dem Erzschurken der *Star Wars*-Filme. Als ihre Mutter zum ersten Mal vorgestellt wird, trägt sie einen blauen Umhang, der an traditionelle Darstellungen der Jungfrau Maria erinnert.

Der Film führt auch eine neue Machtkraft ein: Heilung. Rey kann Menschen heilen, indem sie sie berührt. In den Evangelien zeigt Jesus Christus die gleiche Kraft, indem er Kranke und Blinde heilt, indem er sie einfach berührt.

Schließlich opfert sich Rey, um Palpatine zu töten. Nach ihrem Tod wiegt Kylo Ren sie traurig in seinen Armen. Die Art, wie er sie hält, erinnert an Michelangelos „Pietà". Die „Pietà" ist eine äußerst berühmte Statue der Jungfrau Maria, die den Körper Jesu nach seiner Kreuzigung wiegt. Die Szene zieht eine offensichtliche Parallele zwischen dem Opfer Christi und dem von Rey.

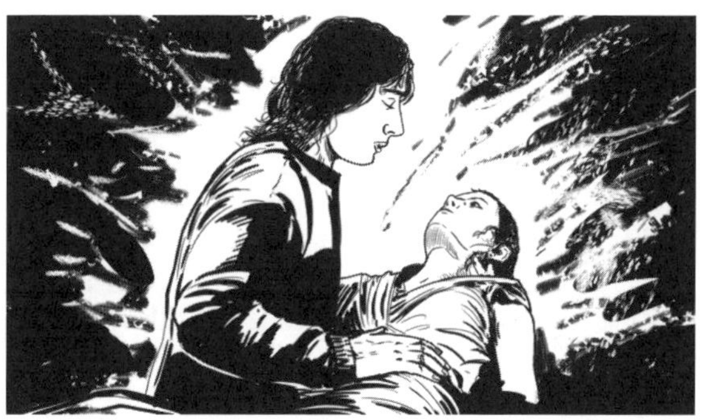

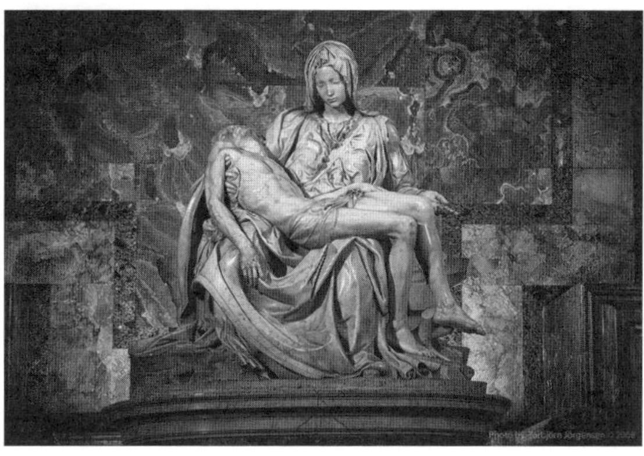

Abb. 106: Oben: Kylo Ren hält Rey. Unten: Die Statue von Michelangelo, die Marmorstatue ist in den Jahren 1498 bis 1499, nach anderen Quellen bis 1500, in Rom entstanden

Kylo Ren entscheidet, dass er nicht so wichtig ist wie Rey. Er überträgt seine Lebenskraft auf sie und sie wird auferstehen. Die Parallele zwischen Christus und Rey ist sogar noch stärker, da beide für das größere Wohl starben, nur um von den Toten aufzuerstehen.

Der Film tut alles, um Parallelen zwischen Christus und Rey zu schaffen, aber sie sind ein bisschen gekünstelt. Rey ist nicht Gott. Rey ist nicht perfekt. Rey wird nicht zum Zentrum einer neuen Religion. Sie hat nicht einmal Anhänger, da sie nicht für den Widerstand verantwortlich ist.

Vielleicht verwendet der Film christliche Bilder, weil sie zu den Themen des Films passen. Endlich findet Kylo Ren Erlösung in Episode IX. Erlösung war schon immer eines der wichtigsten spirituellen Konzepte im Christentum.

Star Wars: Der Aufstieg der Sykwalkers bekräftigt auch den Wert jedes Menschen. Rey ist das Kind belangloser Eltern und die Enkelin des bösesten Mannes der Galaxis. Nach ihrer Abstammung zu urteilen, sollte sie unbedeutend oder böswillig sein. Stattdessen kann Rey ein Held werden. In ähnlicher Weise sind viele biblische Gestalten – von Jakob über Rahab bis hin zu David – niedere Menschen, die letztendlich eine Rolle in Gottes Plan spielen. (111)

Schauen wir uns nun den Film genauer an und gehen auf ein paar Basics ein: Djedi (auch Dedi oder Djedi von Djed-Sneferu) ist der Name eines fiktiven altägyptischen Magiers, der im vierten Kapitel einer Geschichte erscheint, die im legendären Westkar-Papyrus erzählt wird. Er soll während der Herrschaft von König (Pharao) Khufu (4. Dynastie) Wunder gewirkt haben.

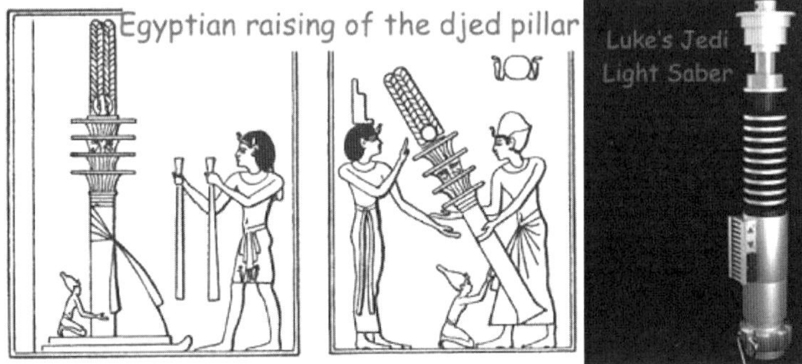

Abb. 107: Links zeigen die Bilder das symbolische Erheben der Säule, rechts das Laserschwert der Jedi

Das Wort „Jedi“ scheint vom ägyptischen Begriff „Djedi“ abgeleitet worden zu sein. Das Ziel des Djedi ist es, metaphorisch „die Djed-Säule“ in sich selbst zu „ERHEBEN“, um Erleuchtung zu erlangen (Repräsentant der aufgehenden Sonne im Inneren). Die Djed-Säule ist ein phallisches Symbol und hängt wahrscheinlich mit dem Ritual des „Maibaums“ zusammen, das von alten Heiden zelebriert wurde.

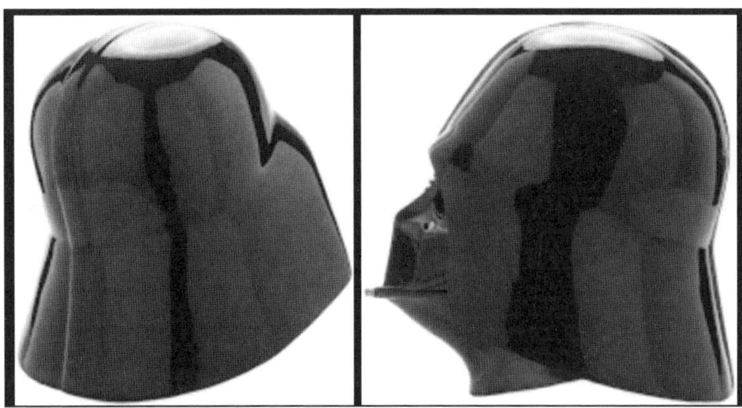

Abb. 108: Vor diesem Hintergrund ist es interessant festzustellen, dass der Helm von Darth Vader einem dunklen, glänzenden Penis ähnelt, der effektiv die „generative Kraft“ der dunklen Seite symbolisiert

Sein schweres, rhythmisches Atmen trägt zu dieser Interpretation bei, ganz zu schweigen von Parallelen zu den ägyptischen Mythen um Osiris/Horus/Set. Viele der Lichtschwerter, die von „Trägern der Macht“ verwendet werden, ähneln auch kleinen Djed-Säulen, der Laser selbst repräsentiert den Samen, der aus dem Phallus schießt, oder den Schlangenpfad der inneren Erleuchtung. (112)

Tatsächlich war es früher üblich, einen menschlichen Schädel als Briefbeschwerer und Momento Mori (eine „Erinnerung an den Tod“) im Arbeitszimmer aufzubewahren. In der Zeit von Jesus und Johannes war es ein allgemeiner Glaube, dass die mumifizierten Köpfe oder Schädel von Propheten, Magiern und Wundertätern eine besondere Macht besaßen ... Die Tempelritter behaupteten in ihren Bekenntnissen auch, dass ihr Baphomet-Kopf ihnen „prophezeien“ könne... (113)

Kylo Ren ist besessen von Darth Vaders Helm und benutzt ihn als eine Art Wahrsagewerkzeug – in Anlehnung an die Baphomet-Rituale der Templer. Dann baut er seinen eigenen zerstörten Helm wieder zusammen, was einen „geknackten“ Geisteszustand und seine Tendenz widerspiegelt, eine „lose Kanone“ zu sein (die phallische Anspielung ist hier scheinbar endlos).

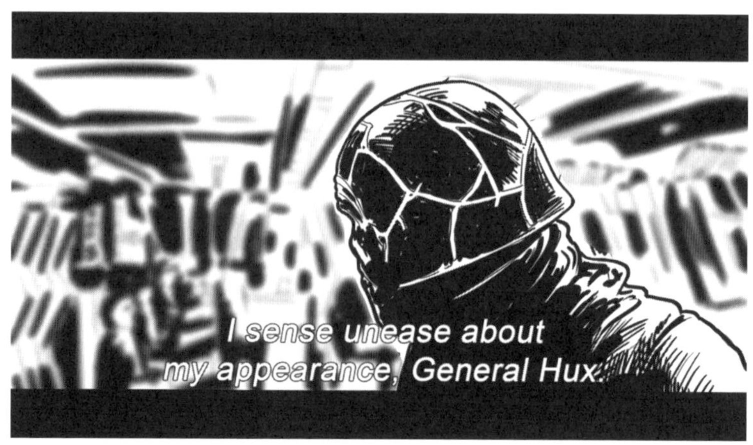

Abb. 109: Kylo Ren und sein reparierter Helm

Das obige Bild stammt aus einer Szene, in der Kylo Ren zum ersten Mal hereinkommt, um seine Handlanger mit seinem rekonstituierten Helm anzusprechen. Kurz nachdem er erwähnt hat, dass es einen Spion in den Reihen des Ersten Ordens gibt, starrt General Pryde General Hux anklagend an, der dann mit einem aufschlussreichen Grinsen zurückstarrt. In diesem Moment spürt Kylo Ren „Unbehagen" bei dem Auftritt von Hux. Denken Sie jetzt einen Moment darüber nach ... Pryde scheint bereits zu wissen, dass Hux der Spion ist, doch Kylo Ren – mit all seinen mächtigen Gedankenlesefähigkeiten, um Gespräche mit Menschen aus dem ganzen Universum zu führen, nicht? Zu der Absurdität kommt hinzu, dass er in diesem Moment sogar ein Gefühl des Unbehagens bei Hux „spürt". Anstatt diese Gefühle des „Unbehagens" als Hinweis auf seinen Verrat zu interpretieren, scheint Kylo mehr besorgt darüber zu sein, was Hux von seinem neuen Helm hält!

Während derselben Szene hinterfragt der Mann, der neben General Pryde sitzt, die Motive von Palpatines Angebot, seine Armee der Ersten Orden zu leihen. Kylo Ren nutzt dann die Kraft, um ihn in die Luft zu werfen und ihn zum Schweigen zu bringen. Kylo bestraft schnell, wenn er eine Herausforderung seiner Autorität entdeckt, aber auch hier konnte er Hux' Verrat in derselben Szene nicht erkennen?

Später beginnt Hux, einen Vorschlag zu machen, als Kylo Ren ihn verstummen lässt, ihn mit einem autoritären Heben seines Fingers unterbricht, als wollte er sagen: „Ich bin der Meister, kenne deinen Platz unter mir oder sonst!" Doch er tut nichts anderes, kurz nachdem er jemanden in die Luft geworfen hat, weil er Palpatines Motive für ihre Zusammenarbeit in Frage gestellt hat. Hux wirft ihm dann ein Grinsen zu, was auf die greifbare „augenzwinkernde" Komödie der Szene hinweist. Was Hux hier im Stillen sagt, ist: „Du weißt, dass dies ein Spiel von ‚Sklave und Herr' ist, und du liebst es genauso sehr wie ich!"

In meinem Buch „Der Hollywood-Code" und dem Kapitel zu dem Film *Star Wars: Die letzten Jedi* habe ich die verdeckten homosexuellen Anspielungen am Anfang dieses Films erwähnt. Snoke diszipliniert Hux, indem er ihn in eine Position auf dem Boden zwingt, die genau der entspricht, als ob er vergewaltigt wird. Snoke sagt dann: „Meine Enttäuschung über Ihre Leistung kann kaum in Worte gefasst werden..." Bei all den angeblichen „Kontinuitätsfehlern" in *Der Aufstieg der Skywalkers* haben sie genau dort angefangen, wo der vorherige Film in Bezug auf diese nicht so subtilen Andeutungen zur Homosexualität aufgehört hat. Es gehe nicht darum, ob „Homosexualität in ‚Star Wars' ok ist oder nicht". Es geht um die Frage: Warum werden diese Themen hier eher verdeckt als offen platziert?

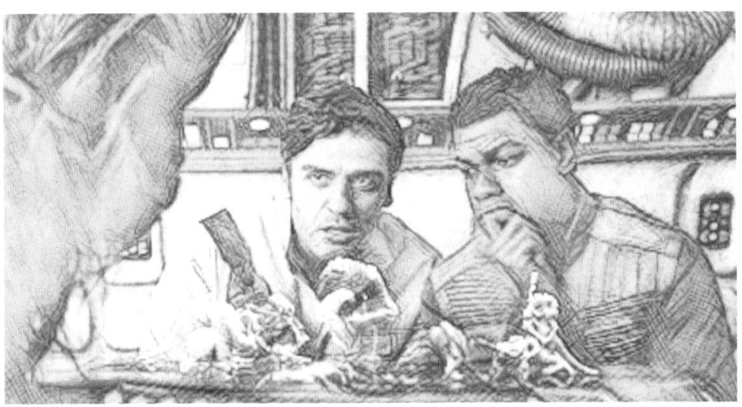

Abb. 110: „Dejarik", auch bekannt als „Holochess", war ein beliebtes Spiel für zwei Spieler, bei dem Teams aus holografischen Kreaturen auf einem kreisförmigen Brett gegeneinander antraten

In der ersten Szene mit Poe, Finn und Chewbakka spielen sie eine Partie „Holochess". Chewbakka schlägt sie immer wieder und sie beschuldigen ihn scherzhaft des Betrugs, weil er sehr lange braucht, um seine Züge auszuwählen. Chewbakka regt sich über diese Anschuldigung auf, dann lächelt Poe und gibt zu, dass er Witze gemacht hat. Das ist keine sehr lustige Szene, was soll das? Der Punkt hier ist, die Betonung auf die Menge der vergehenden Zeit zu legen, aus Gründen, die in Kürze erklärt werden.

Wenn Holochess ein 2-Spieler-Spiel ist, warum sitzen Finn und Poe dann so nah beieinander, als würden sie beide gegen Chewbakka spielen? In diesem Sitzbereich ist viel Platz, damit sie sich ausstrecken können, sie müssen nicht so nah sitzen. Sie lehnen sich aneinander, die Schultern berühren sich und wahrscheinlich die Knie. Es vergeht auch viel Zeit! Schau Dir Finns Gesichtsausdruck an. Er langweilt sich, er würde lieber etwas anderes machen. Was könnte das sein?

Die meisten heterosexuellen Männer würden sich unwohl dabei fühlen, so lange schweigend so nah bei ihrem „Kumpel“ zu sitzen, besonders wenn es wirklich keinen Grund dazu gibt und es viel Platz gibt, um sich zu bewegen und auszustrecken! Selbst wenn sie schwul wären, wäre das etwas seltsam. Sitzen schwule Männer in Alltagssituationen immer so zusammengedrängt?

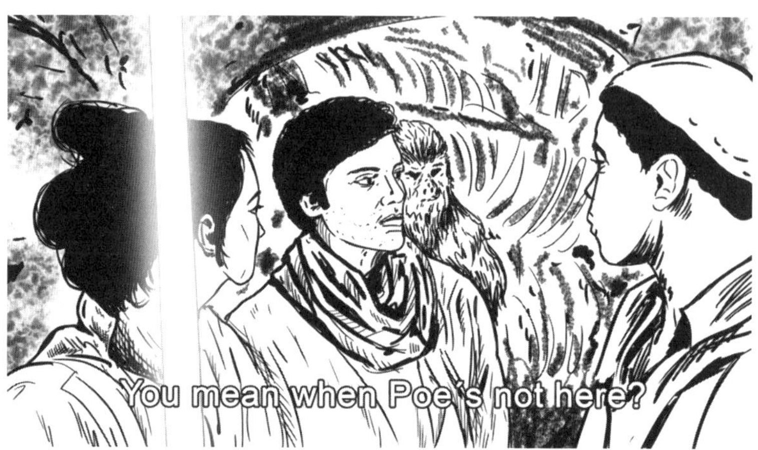

Abb. 111: Der Zweck dieser Szene ist es, auf eine unausgesprochene schwule Beziehung zwischen Poe und Finn hinzuweisen, wobei wiederum eine subtile Komödie als Deckmantel verwendet wird. Warum präsentieren Sie sie nicht einfach als schwule Charaktere, anstatt all diese albernen Anspielungen?

In *Die Rückkehr der Jedi-Ritter* kommt Han Solo herein, kurz nachdem Luke Leia gesagt hat, dass sie seine Schwester ist. Leia ist sehr emotional, als Luke weggeht, und Solo versteht nicht warum, nimmt aber an, dass sie eine Art Affäre mit Luke hat. Das liegt daran, dass wir in den ersten beiden *Star Wars*-Filmen nicht wissen, dass Luke und Leia Geschwister sind, und es gibt ein bisschen sexuelle Spannung zwischen ihnen. Sie küssen sich sogar! Solo fühlt sich auch zu Leia hingezogen, also gab es ein bisschen Rivalität darüber, wer zuerst mit Leia „zusammenkommen“ würde. Diese oben abgebildete Szene in *Der Aufstieg der Skywalkers* erinnert an die Szene, aber Poe spielt den eifersüchtigen Typen (Solo), der nicht versteht, was vor sich geht, und Finn spielt den emotionalen (Leia) Part, er behält das Geheimnis für sich.

Rey ist einfach da, als hätte sie den Raum verlassen (wie Luke in der *Rückkehr der Jedi-Ritter*-Szene), Finn verrät nie wirklich, was dieses Geheimnis ist, das er Rey erzählen muss – und viele Kritiker haben darauf als einen der verwirrenden Fehler des Films hingewiesen. Nun, vielleicht haben diese Kritiker nicht bedacht, dass es nicht auf das GEHEIMNIS ankommt, sondern auf die Eifersucht, die es in Poe erzeugt, weil Finn mit Rey herumspielen könnte! Oder dass sie eine Art geheimes Band haben, was Poe eifersüchtig macht. Ich habe einen Artikel gelesen, der behauptete, dass laut J. J. Abrams das „Geheimnis", an dem Finn festhielt, darin bestand, dass er „die Macht" in sich fühlte. Ziemlich lahm und eine weitere Bestätigung, dass das „Geheimnis" nicht so wichtig war, wie es funktionierte, um Poe eifersüchtig zu machen.

Hauptfiguren als schwul darzustellen, könnte legitimerweise das Franchise darstellen, das versucht, im Mainstream-Film „soziale Barrieren niederzureißen". Aber auf subtile Weise darauf hinzuweisen, während sie als „geradlinig" präsentiert werden, weist auf einen versteckten „im Schrank"-Ansatz hin, um eine Geschichte zu erzählen. Ist das nicht eher negativ als gut? Es heißt im Grunde „bewahren Sie es im Schrank auf, aber machen Sie komödiantische Anspielungen, die darauf anspielen!"

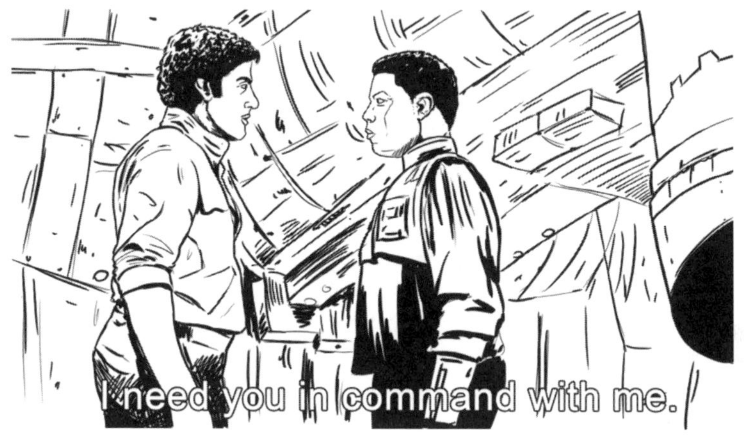

Abb. 112: Kumpel oder ein Pärchen?

Auf einer anderen Ebene sendet die Poe/Finn-Beziehung verwirrende Botschaften an Jugendliche, die ihre sexuelle Identität möglicherweise noch bilden. Es verwischt die Grenze zwischen einer heterosexuellen „Kumpel/Kumpel"-Beziehung und einer homosexuellen, und zwar auf absichtlich täuschende Weise.

Was versucht Disney zu erreichen, indem es diese verwirrenden/gemischten sexuellen Botschaften an die Jugendlichen sendet, von denen sie wissen, dass sie zuschauen?

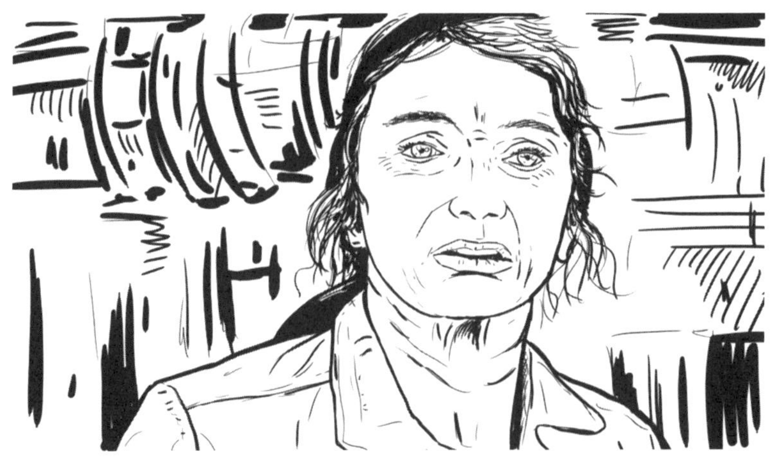

Abb. 113: Der große „LGBT-Moment" im Film war laut Mainstream-Medien der Kuss zwischen D'arcy (Amanda Lawrence) und einer anderen Widerstandskämpferin am Ende des Films

Mussten sie sich nun die traurigste Frau aussuchen, die sie finden konnten, um die erste lesbische Frau des Franchise zu spielen? Wenn Sie darauf achten, gibt es sowohl in *Der Aufstieg der Skywalkers* als auch in Die letzten Jedi mehrere Momente, in denen D'Arcys Gesicht sehr genau im Mittelpunkt steht. Warum haben sie das Ihrer Meinung nach getan? Sie wollen, dass wir uns mit ihrem Aussehen befassen. Sie wollen, dass wir uns denken: „Wow, sie ist sehr unattraktiv! Ich frage mich, warum sie sie gecastet haben? Mag sie überhaupt Männer?"

Bei allem Respekt vor Amanda Lawrence, ihr Schauspiel mag exzellent sein, und ich nehme nichts von ihrer Leistung weg – sie macht in den Filmen einen absolut guten Job. Es sollte nicht um das „Aussehen" gehen, sondern darum, wer der beste Schauspieler für den Job ist, und sie scheint dafür gut geeignet zu sein. Aber indem man eine Frau mit offensichtlich unterdurchschnittlichem Aussehen nimmt, sie auf die große Leinwand bringt, ihr Gesicht in mehreren Schlüsselmomenten weit heranzoomt und sie dann schließlich als die erste Lesbe der Franchise entlarvt? Für mich bedeutet das: „Okay, LGBT-Star Wars-Fans, hier ist eure Lesbe! Ist sie hässlich genug, um sich zu qualifizieren?"

Nun, wenn ich grausam bin, darauf hinzuweisen, was bringt die Produzenten dieses Films dazu, sie dort einzufügen? Wahrscheinlich wäre eine bildhübsche Dame zu eindeutig-klischeehaft gewesen, deshalb diese subtile Wahl.

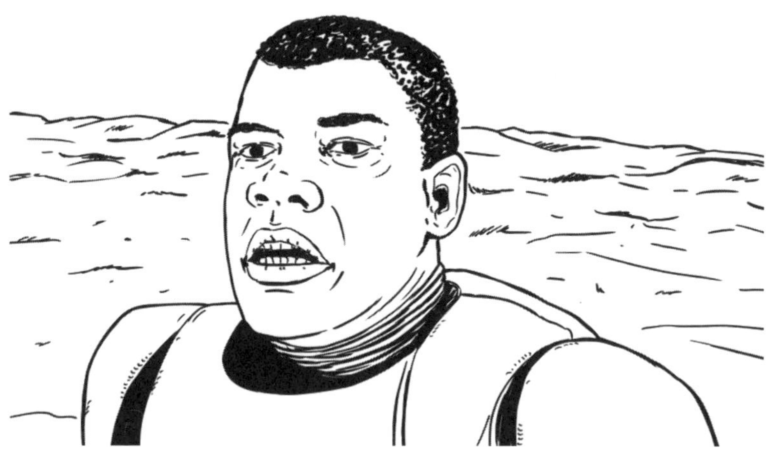

Abb. 114: Als Antwort auf diejenigen, die den Film *Das Erwachen der Macht* wegen ihrer Meinungsverschiedenheiten über die Existenz eines schwarzen Stormtroopers boykottieren wollten, antwortete der Darsteller Boyega: *„Ich bin stolz auf mein Erbe, und das kann mir kein Mensch nehmen. Ich wurde nicht dazu erzogen, Menschen mit Meinungsverschiedenheiten zu fürchten. Sie sind nur Opfer einer Krankheit in ihrem Kopf.“*

Für die meisten von uns war unsere erste Einführung in die neueste *Star Wars*-Trilogie ein Bild von John Boyega, der Finn porträtierte und ein Stormtrooper-Outfit trug. Hier fällt die rassistische Konnotation eines schwarzen Schauspielers auf, der ein Outfit trägt, das nach Soldaten des Dritten Reichs benannt ist. Anscheinend bin ich nicht der Einzige, dem die oben zitierte Ironie aufgefallen ist. Um diese weitgehend übersehene Kontroverse voranzutreiben, werfen Sie einen Blick darauf, was der Name Finn auf Altirisch bedeutet:

„Im Altirischen bedeutet finn/find „weiß, hell, glänzend; hell, hell (von Teint, Haar usw.); hell, gutaussehend (oft, aber nicht unbedingt, impliziert eine faire Hautfarbe); hell, gesegnet; im moralischen Sinne fair, gerecht, wahr“.

Richtig, Finn bedeutet weiße Person! Und wenn Sie sich erinnern, war Poe derjenige, der ihm diesen Namen gab! Ist es ein Zufall, dass dieser Name auf Altirisch das Gegenteil seiner Rassenidentifikation bedeutet? Das bezweifle ich.

Wenn also das nächste Mal jemand sagt: „Hey, ich finde es großartig, dass sie mehr ethnisch unterschiedliche Charaktere in *Star Wars*-Filmen casten!“ Sagen Sie ihnen, sie sollen die Bedeutung des Wortes Finn im Altirischen nachschlagen.

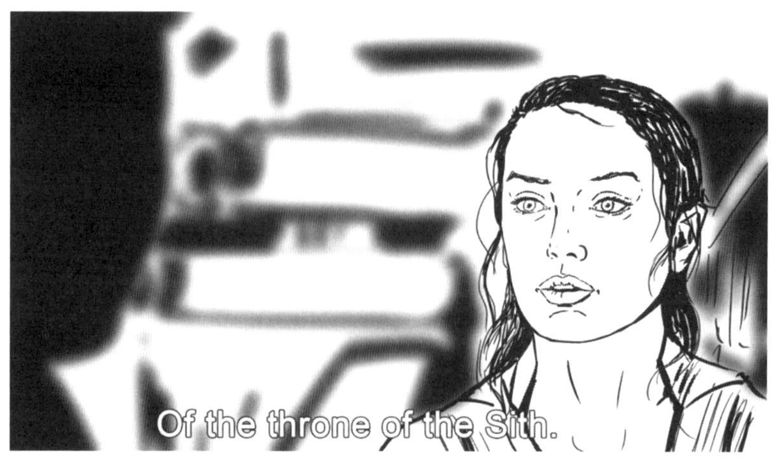

Abb. 115: Rey scheint konstatiert

Nachdem Rey glaubt, das Schiff, auf dem sich Chewbakka befand, in die Luft gesprengt zu haben, offenbart sie Finn, dass sie eine Vision vom Thron der Sith hatte. Finn fragt dann: *„Ren?"* Rey antwortet *„... und ich."*

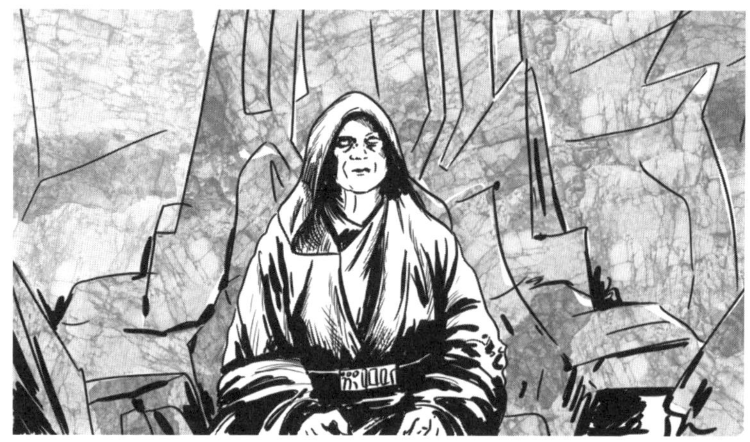

Abb. 116: Auf dem Thron herrscht wieder ein Imperator-Verschnitt

Obwohl der Sith-Thron auf Exegol eine beeindruckende Requisite im Film ist, scheint der eigentliche Sitz selbst so konzipiert zu sein, dass eine Person bequem sitzen kann. In einer Szene sagt Rey zu Finn, dass sie eine Vision von Ren UND ihr darauf hatte. Wenn das stimmt, hat jemand ganz oder halb auf dem Schoß eines anderen gesessen! Ich denke nicht, dass dieser unangenehme Dialog ein Fehler ist, ich denke, sie versuchen, (indirekt) den fleischlichen, nicht emotionalen Aspekt von Rens und Reys Beziehung zu betonen, oder eher eine verderbte sexuelle Energie, die zwischen ihnen zirkuliert. Erinnern wir uns auch daran, dass sich dieser Thron in einer Zitadelle befindet, in der geklont wird. Das heißt: Fortpflanzung ohne körperlichen Sex oder eine persönliche Beziehung zwischen zwei Personen. Dies ergänzt das Künstliche-Intelligenz-Thema, das sich durch den Film zieht.

Wie genau sollen wir diese Verbindung interpretieren, die sie haben, die in einem der unangenehmeren Küsse in der *Star Wars*-Saga gipfelt? Der zweite Kuss ist der von Rose und Finn, der einfach sinnlos abstoßend war! Es gibt keine sexuelle Chemie zwischen den beiden, Ren ist ein entschieden hässlicher Mann, der nichts mit Adam Drivers hervorragender Leistung als Schauspieler zu tun hat und ihre „Freundschaft" definiert sich nie ganz.

Selbst wenn Ren davon spricht, Rey seine Hand anzubieten, und wie sie es beim nächsten Mal „annehmen" wird – selbst das schafft es irgendwie, ohne Romantik zu klingen, ganz zu schweigen von offensichtlichen Hinweisen auf die Luke/Vader-Beziehung.

Es ist fast faszinierend, wie gut sich ihre Bindung für die Dauer des Films einer genauen Definition entzieht, abgesehen von einem Gefühl gegenseitigen Mitleids für den anderen manchmal.

Diese Filme scheinen etwas damit zu tun zu haben, keine einzige „normale" romantische Beziehung zu beinhalten. Dies führt zu dem Mehrdeutigkeitsthema, das sich so allgegenwärtig durch viele der Szenen in diesen Filmen zieht. Gibt es hier eine Agenda, um die Idee einer „normalen, gesunden romantischen Beziehung" zu erodieren?

Ich möchte nicht wie ein Psychoklempner klingen, aber betrachten Sie einfach all die verdeckten, verdrehten sexuellen Konzepte, die wir in unseren Büchern untersucht haben, die dämonische/sexuelle Symbolik, die in den Filmplakaten versteckt ist, im Vergleich zu der völligen Leere der sexy-romantischen Charakterbeziehungen, die überall hingehen.

Was genau geht in Ihrem Kopf vor, Herr Regisseur mit dem Erbe des *Star Wars*-Werkes?

Hier ein Exkurs zu der Symbolik in den Filmplakaten:

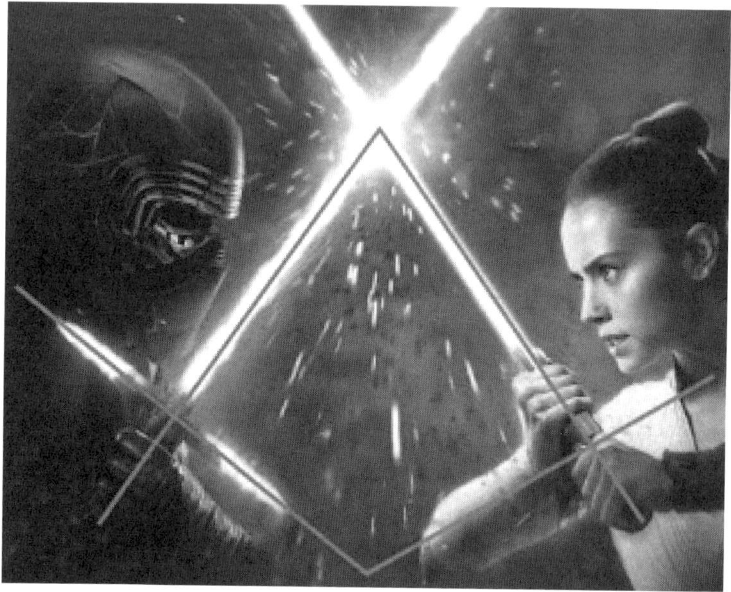

Abb. 117: Wiederholende Freimaurer-Symbolik

Wenn Sie mein vorheriges Buch „Der Hollywood-Code“ über die neueste *Star Wars*-Trilogie gelesen haben, sollte es inzwischen sehr offensichtlich sein, wie offenkundig das Freimaurer-Winkel und der Kompass „versteckt“ in vielen der Werbebilder erscheinen.

Dies weist darauf hin, dass die Person(en), die letztendlich diese Filme produzieren, entweder Freimaurer sind oder den Menschen einen Grund geben wollen, zu glauben, dass sie es sind.

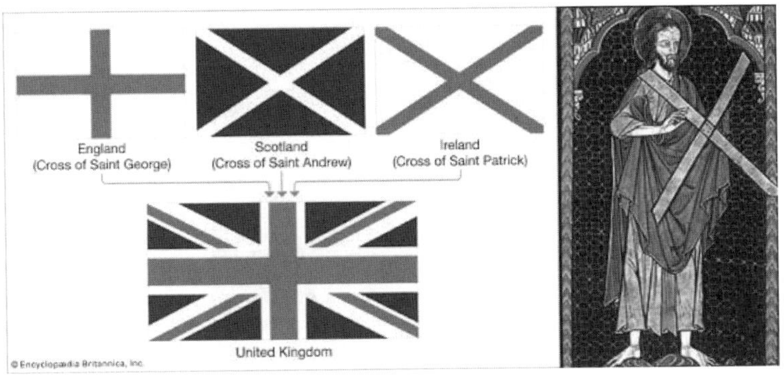

Abb. 118: Links: Die Zusammensetzung der unterschiedlichen Flaggen, rechts im Bild St. Andrews mit einem Kreuz, oder auch ein „X"

The Sign of Osiris Risen: The Pentagram

Your heels should be together and slightly angled to form a "V." The arms are crossed on the breast, right over left, so the palms lie with the fingertips almost at the shoulders. The head is bowed. This is the letter "X" in L.V.X.

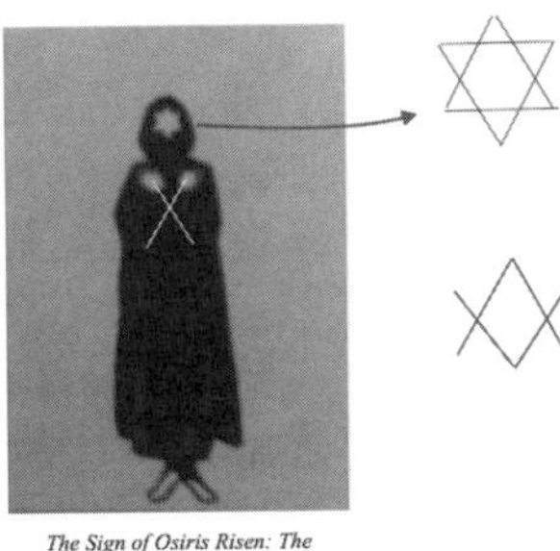

The Sign of Osiris Risen: The Pentagram

Abb. 119: Das Lesser-Ritual, der okkulten Gruppierung des 19. Jahrhunderts „Goldenen Morgenröte". Wieder wird ein „X" erzeugt

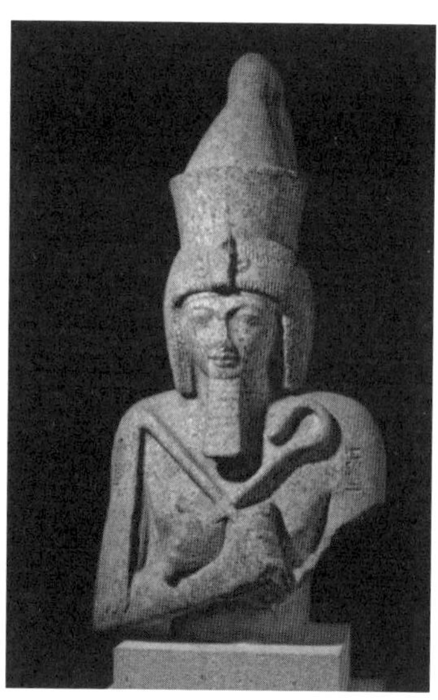

Abb. 120: Ramses II. mit überkreuzten Armen formen ein „X“

Das „X“ als Symbol hat sowohl in der Freimaurerei als auch in den altägyptischen Mysterien eine tiefgreifende symbolische Bedeutung.

Letztendlich ist das „X“ oder Kreuz wahrscheinlich ein uralter Hinweis auf den Übergang der Sonne über den Horizont, wenn sie im Westen untergeht.

Dann erhebt sie sich wieder (geht von unten über den Horizont) im Osten und wird „wiedergeboren“.

Es gibt auch die größere jährliche Skala der Reise der Sonne entlang der Ekliptik, von ihrem allmählichen „Fall“ über den Äquator Ende September bis zu ihrem tiefsten Punkt entlang des Wendekreises des Steinbocks.

Sie wird dann im Dezember „wiedergeboren“, wenn sie die Reise zurück in Richtung der nördlichen Hemisphäre antritt, dabei im Frühling den Äquator „überquert“ und den Sommer einleitet, wenn sie im Juni ihren Gipfel entlang des Wendekreises des Krebses erreicht.

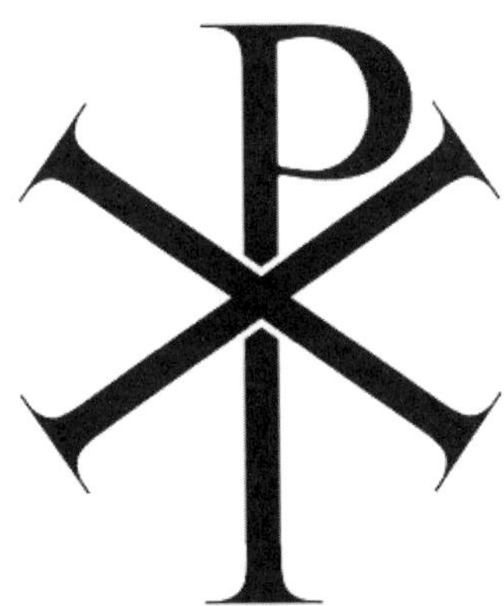

Abb. 121: Römisches Christogramm, Chi-Rho oder Konstantinisches Kreuz

Konstantin I. (alias „Konstantin der Große") war ein römischer Kaiser, der zwischen 306 und 337 n. Chr. regierte. Er ist im Wesentlichen für die Legalisierung des Christentums und die Gründung der römisch-katholischen Kirche verantwortlich. Davor war Rom eine heidnische Gesellschaft, die die Sonne und die Planeten verehrte. Angesichts dessen ist Konstantin offensichtlich eine äußerst wichtige Person in der römisch-katholischen Geschichte. Ein bisschen über das Konstantinskreuz:

Laut Eusebius in „Das Leben des Konstantin", mit dem Eusebius eine vorteilhafte Biographie über den Kaiser schreibt, sieht Konstantin etwas am Himmel. In der Schlacht an der Milvischen Brücke im Jahr 312 n. Chr., die im Wesentlichen eine Schlacht zwischen Kaiser Konstantin und Maxentius um den Thron von Rom war, blickte Konstantin vor der Schlacht zur Sonne auf und sah darüber ein Lichtkreuz und die griechischen Worte: „Ἐν Τούτῳ Νίκα", was „in diesem Zeichen erobern" bedeutet, was oft in die lateinische Version übersetzt wird – „in hoc signo vinces", was bedeutet, in diesem Zeichen wirst du siegen. Konstantin befahl seinen Truppen dann, ihre Schilde mit einem christlichen Symbol zu schmücken, „chi-rho" (XP), das die ersten beiden Buchstaben von ΧΡΙΣΤΟΣ sind, was griechisch für Christos steht.

Beachten Sie, dass der Name „Chi-Rho" in der Aussprache Kylo ähnelt. Das „Chi-Rho" ist ein Symbol für Roms angebliche „göttliche Autorität", um „Gottes" Plan durchzusetzen (was eher eine politische Entscheidung zu sein scheint – das Heidentum mit dem Christentum zu „vereinen" und beide vom Vatikan aus zu regieren). Die symbolische Relevanz von Kylo Rens kreuzförmigem Lichtschwert und die eigentliche antichristliche Symbolik werden nun klar. Mir scheint, dass dies perfekt zur Geschichte hinter dem „Chi Rho" passt und sicherlich suggestiv ist – insbesondere angesichts von Palpatines offensichtlichem „Schwarze Papst" -Gesicht.

Beachten Sie Hinweise auf einen „Imperator“ und einen Kampf um „den Thron“ in der obigen Beschreibung.

Der letzte Kampf zwischen dem Imperator und Rey/Kylo findet vor einem dunklen Thron statt, in dem der Imperator Rey ermutigt, ihn zu übernehmen. Rey scheint dann den Imperator mit einem X-förmigen Kreuz aus Licht zu besiegen!

Beachten Sie oben die Assoziation zwischen „der Sonne“ und diesem „Lichtkreuz“. Erinnern Sie sich an „das letzte Abendmahl“ mit 12 Jüngern (12 Zeichen/Häusern des Tierkreises), die sich um Jesus (den Sohn/die Sonne Gottes) gruppieren.

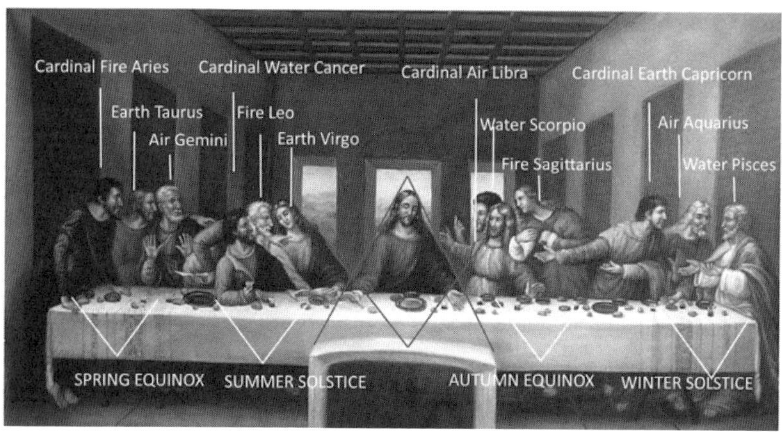

Abb. 122: Die Anmerkungen offenbaren in dem Gemälde eine esoterische symbolische Ebene, die nur von Kennern der Astrologie vollständig gewürdigt werden kann. Da viele Christen zu glauben scheinen, dass Astrologie „das Werk des Teufels“ ist, hätten sie wahrscheinlich nie davon gehört oder sich nicht die Zeit genommen, die Gültigkeit der Symbolik zu prüfen

Was ist hier los mit all diesen religiösen Bezügen und okkulten Symbolen?

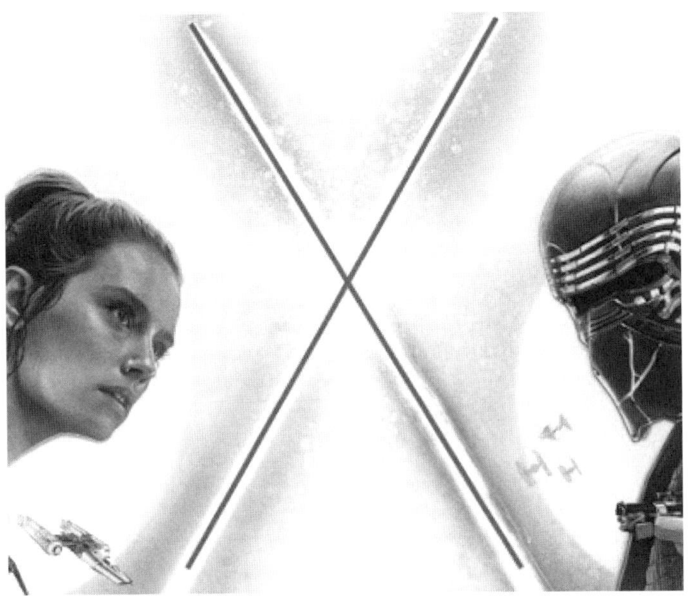

Abb. 123: Wir sehen das gleiche Motiv des Winkels und des Kompasses, aber auch eine Betonung des „X“/Kreuzes in dem Werbebild

Beachten Sie, dass Rey tatsächlich direkt auf die Mitte des Kreuzes schaut – wo sich die beiden Punkte treffen. Wir können Kylo Rens Augen nicht sehen. Schaut er uns an? Etwas wird hier im Verborgenen gesagt, über diesen Punkt, wo sich die Linien kreuzen. Eine rot/gelbe Sonne scheint hell hinter Kylo Ren. Ist das eine bläuliche zweite Sonne hinter Rey? Wir haben in „Der Hollywood-Code“ über die Themen der Dualität und die tiefe okkulte Bedeutung davon gesprochen. Hier haben wir es wieder.

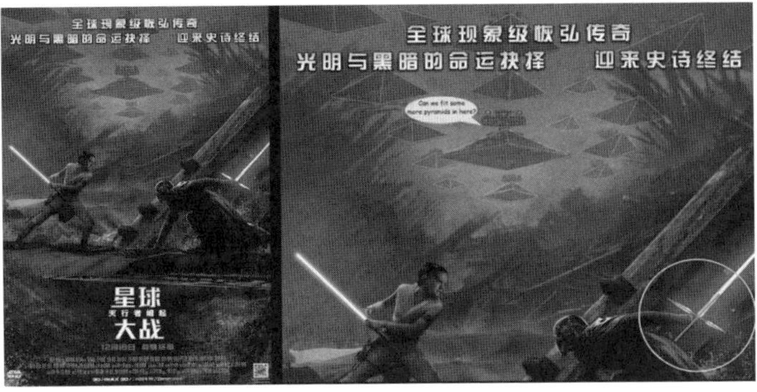

Abb. 124: Können wir noch mehr Pyramiden im Bild unterbringen? Rechts unten wieder ein „X“

Was ist dieser Krieg der Welten? Das obere Filmplakat ist eine chinesische Version des Werbefilmplakats *Der Aufstieg der Skywalkers*, das im Dezember 2019 veröffentlicht wurde. Offensichtlich hatten Sternenzerstörer schon immer diese pyramidenartige Form – aber hier wird es wirklich betont (mit ein wenig Hilfe von meinen gelben Anmerkungen). Da diese Pyramiden alle schweben und auf das Schlachtfeld herabzustarren scheinen, nehme ich an, dass diese Schlusssteine darstellen sollen; das heißt, die Spitze der Pyramiden, wenn wir zu ihnen aufblicken. Was, glauben Sie, symbolisiert dies angesichts dessen, was wir über die hierarchische Struktur der „Illuminati-Pyramide" wissen? Das symbolisiert für mich die aggressive Mobilisierung der oberen Elite der Gesellschaft, welche kommt, um das Land für immer zu verwüsten – oder um sicherzustellen, dass die Opposition in der Bevölkerung intakt bleibt.

Dies ist besonders beunruhigend, wenn man bedenkt, dass *Der Aufstieg der Skywalkers* im selben Monat herauskam, in dem das chinesische Wuhan-Virus (auch bekannt als Coronavirus) in der Bevölkerung freigesetzt wurde. Erzählt uns dieses Poster etwas über die größeren Kräfte, die hinter der Entstehung/Verbreitung des Virus gestanden haben könnten, indem es in dem Monat, in dem die Infektionen begannen, so viele dieser Pyramiden in den Himmel der chinesischen Version dieses Posters darstellte? Es gibt Sternenzerstörer auf anderen Werbeplakaten dieses Films, aber keines präsentiert sie so aggressiv, es als eine Ansammlung von Pyramiden zu betrachten wie dieses. Sie sind ein intensiver Schwerpunkt des Bildes, während sie in den meisten anderen Hintergrundbildern sind.

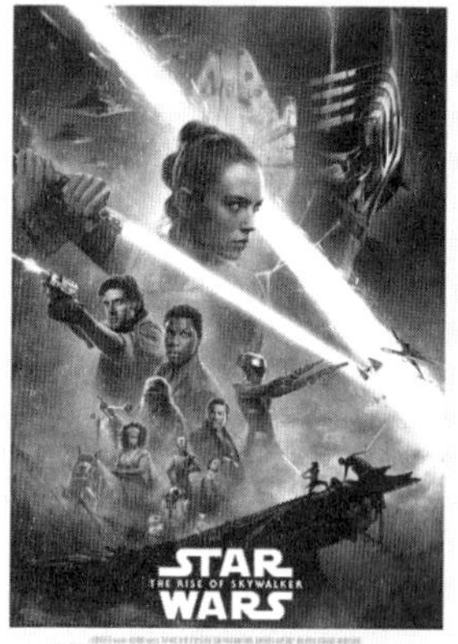

Abb. 125: Das omnipräsente „X", was ist das mit dem X?

Zurück zur Filmanalyse:

Als Rey und ihre Gefährten auf der Suche nach Ochis Sith-Dolch zum Wüstenplaneten Pasaana reisen, werden sie von einer treibsandartigen Substanz im Boden verschluckt. Das tötet sie natürlich nicht, sondern spuckt sie unterirdisch in ein Tunnelsystem aus. Hier begegnen sie einem Vexis. Ein Vexis ist eine große, schlangen-/wurmartige Kreatur mit vielen Augen. C3PO verkündet dann laut und panisch: „Schlange! Schlange! Schlange!"

Beachten Sie, dass er nicht „Vexis! Vexis! Vexis!" schreit. (Beachten Sie das X in diesem Wort). Obwohl das Publikum diese Kreatur nie gesehen hat, stellt C3PO sicher, dass wir sie ausdrücklich als „Schlange" identifizieren.

„Serpent: [1] eine Schlange. [2] eine schlaue, tückische oder böswillige Person. [3] der Teufel; Satan. 1. Mose 3:1–5. [4] ein Feuerwerk, das mit Schlangenbewegung oder Flamme brennt. [5] ein veraltetes hölzernes Blasinstrument mit einer Serpentinenform und einem tiefen, groben Ton. Vergleiche Ophikleide. [6] (Anfangsbuchstabe) Astronomie: das Sternbild Schlange.“ (114)

Beachten Sie die Bedeutung Nr. 3 wie in „dictionary.com“ beschrieben – es ist der Teufel aus Genesis. Die Schlange erscheint an vielen anderen Stellen im Alten Testament, wie zum Beispiel in der Wüste. Bemerkenswert ist auch, dass das Wort „Vex“ im Alten Testament (King James-Version) einige Male vorkommt. Diese biblische Assoziation mit der Schlange/Vexis wird hier also aus mehreren Blickwinkeln verstärkt.

Wenn wir uns die anderen Bedeutungen ansehen, erhalten wir Hinweise auf Feuer, Bewegung, Klang, Form und sogar eine Konstellation im Weltraum.

„Vex: (jemanden) verärgern, frustrieren oder sich Sorgen machen, besonders bei trivialen Angelegenheiten“, schreibt „dictionary.com“.

Kylos Kreuz hat die Form eines "X" und diese Schlange wird „Vexis“ genannt. Wir haben die gesamte „X“-Symbolik auf den Werbeplakaten notiert, und sie setzt sich hier im Film fort. Wir werden mehr darüber reden, aber lass uns jetzt ein wenig mehr auf diese Schlangensache eingehen.

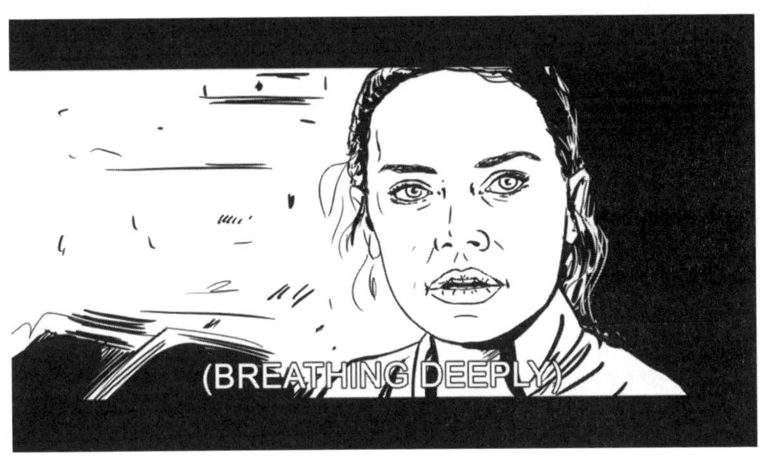

Abb. 126: Rey atmet tief ein und aus

Anstatt das riesige, bedrohlich aussehende Biest sofort zu töten, wird Rey eingekreist, gefesselt und handelt angetörnt. Beobachten Sie ihre Mimik und Atmung in dieser Szene. Das ist keine Angst, die sie ausdrückt, es ist sexuelle Aufregung. Als sie direkt in einen Kreis tritt, der vom Körper der Schlange gebildet wird, stellen wir fest, dass sie verwundet ist.

Diese Szene hat etwas trügerisch Psychologisches. Wir sollten zunächst Angst vor der Schlange haben, aber Daisy Ridleys Darbietung führt uns gewissermaßen durch einen mentalen Prozess der Neubewertung dessen, was wir als „beängstigend" oder „bedrohlich" empfinden, und wandelt diese Gefühle sofort in Sympathie, sexuelle Erregung, und Heilung! Wir sollen dies als eine Art „verwundetes Tier sehen, das nur ein wenig Liebe braucht." Ist das gutes Geschichtenerzählen oder geht hier etwas entschieden weniger Wohlwollendes vor sich?

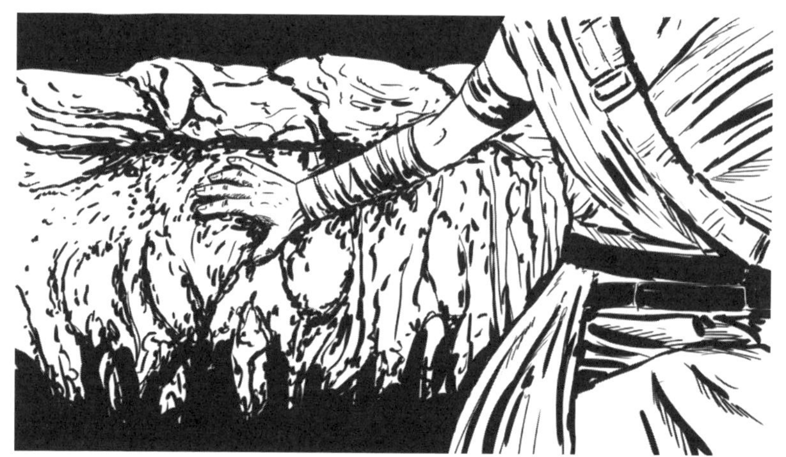

Abb. 127: Beachten Sie hier die Betonung auf Reys Hand in der Szene

Die Wunden der Schlange sind in ihren schneidenden Formen etwas vaginal und tragen weiter zu den sexuellen Bildern/Themen dieser Szene bei. Vaginas bluten während der Menstruation und während der Geburt. Während Rey diese „Wunde" heilt, stöhnt die Kreatur vor Erleichterung (oder Freude, schwer zu unterscheiden).

Wie ich in meinem Kapitel zu *Die letzten Jedi* betont habe, spielt Rey hier eine Art Lilith-Rolle. Eine dunkle Göttin der Unterwelt, die mit Samael kommuniziert. Hier heilt sie eine Schlange aus der „Unterwelt" und drückt Manierismen aus, die zu denen passen, die sich mitten in einem intensiven sexuellen Akt befinden. Dies geht auf Reys Training mit Luke in *Die letzten Jedi* zurück, wie wir in dem Buch „Der Hollywood-Code" auf die allgegenwärtigen sexuellen Anspielungen hingewiesen haben.

Betrachten Sie hier für einen Moment die suggestive Symbolik: Sie fielen in ein „Loch" (Sexualöffnung) und landeten in einem Tunnel mit Wänden, die nicht „von Menschenhand geschaffen" sind (sie befinden sich in einer riesigen Sexualöffnung), sahen einige

Knochen (Erektion) und entdeckten ein Messer (ein Werkzeug zum Durchstechen eines Körpers/Phallus – korreliert mit „vaginalen" Wunden an der Schlange), was letztendlich zu einer riesigen Schlange (Phallus) führte.

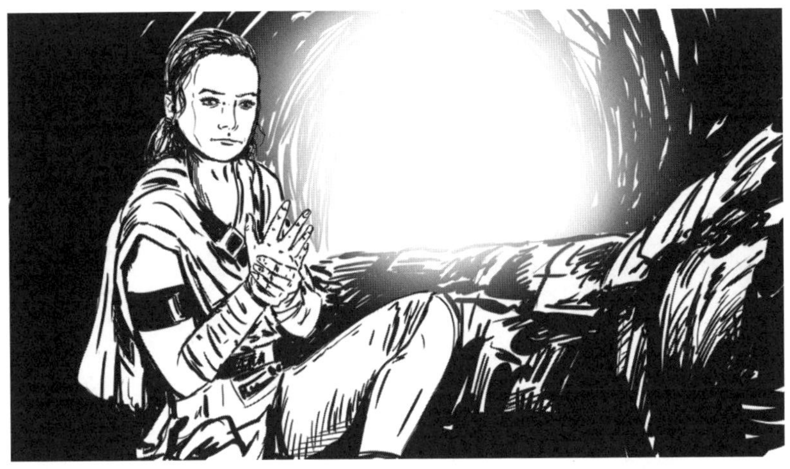

Abb. 128: Wieder die Betonung auf der Hand

Nachdem sie die Schlange geheilt hat, geht sie sofort und enthüllt ein helles Licht von oben, das es ihnen ermöglicht, aus den Tunneln zu entkommen. Dieses Licht oben, kurz nachdem Rey die Schlange geheilt hat, ist ein Symbol für die Strahlen Gottes, die herunterkommen, und deutet unterschwellig an, dass das, was Rey gerade getan hat, göttlichen Ursprungs war. In diesem Zusammenhang sprechen wir definitiv nicht über den „Gott" der Bibel, sondern über Luzifer – dessen Agent Satan, Eva durch die Schlange in Versuchung geführt hat. Die Autoren von *Der Aufstieg der Skywalkers* haben uns Aspekte der biblischen Allegorie im Kontext von *Star Wars* präsentiert, aber die Schlange in eine Position der Sympathie versetzt.

Beachten Sie Reys Körperhaltung und ihre entschieden männlichen, sich selbst gratulierenden Manierismen, wenn der Vexis wieder geht. Sie benimmt sich wie ein Mann, der gerade „eine Tussi wirklich gut gebumst" hat und den Moment irgendwie genießt und damit prahlt. „War nichts, ich habe nur ein bisschen Leben übertragen" während sie ihre Hand ausschüttelt, als wäre sie gerade damit fertig geworden, Satans großen spirituellen Phallus zu wichsen. Als Jesus einen Aussätzigen heilte, fing er nicht an, wie Kurt Russell mit den Fingerknöcheln zu knacken und zu sagen: „Ich habe mir nur ein wenig göttliche Energie von meinem Vater geliehen und sie durch meine Handgelenke übertragen – es liegt alles an den Reflexen!"

Diese ganze Szene scheint dazu bestimmt zu sein, unsere Wahrnehmung der Schlange, wie sie in Genesis dargestellt wird, zu verändern.

Dies folgt dem Thema vieler Szenen in der jüngsten *Star Wars*-Trilogie, die in den Köpfen des Publikums moralische Zweideutigkeit fördern.

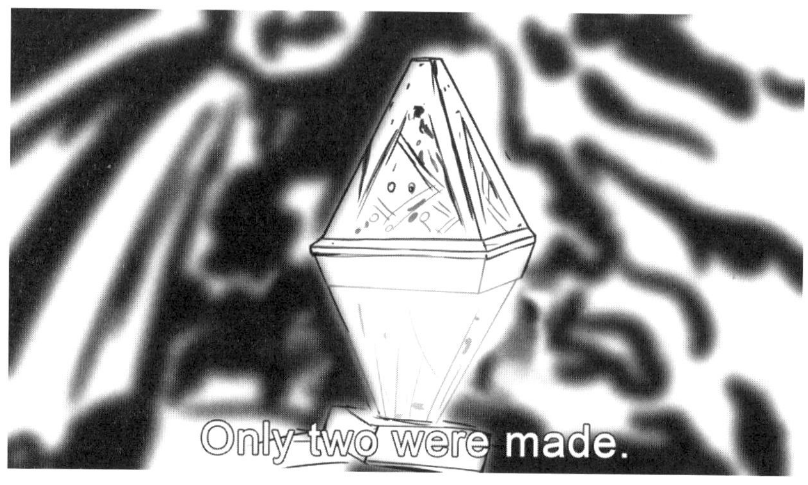

Abb. 129: Der „Sith-Wegfinder"

Eines der wichtigsten Artefakte, das von den wichtigsten Charakteren in *Der Aufstieg der Skywalkers* gesucht wird, ist eine Pyramide – die sie „Wegfinder" nennen. Der Name ist selbsterklärend.

Es soll ihnen helfen, den Weg zu finden ... zu Exegol (beachten Sie das X). Es wurden nur zwei gemacht.

Der erste wird von Kylo Ren während der ersten Szene des Films gefunden, eingebettet in eine Platte aus glattem Quader.

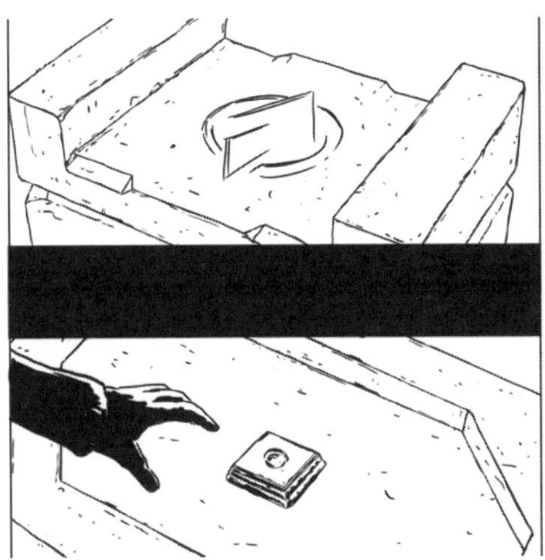

Abb. 130: Das Sith Eternal-Symbol ist auf das äußere obere Quadergehäuse eingraviert, bevor Ren es entfernt, um ein Quadrat innerhalb eines Achtecks freizulegen. Wir sehen die Unterseite des „Wegfinders" – der ebenfalls auf dem Kopf steht, wie die Insignien, die auf der äußeren Quaderabdeckung eingraviert sind. Diese Details sind beabsichtigt, da Rey den zweiten „Wegfinder" mit der rechten Seite nach oben zwischen den Überresten des Todessterns findet. Was bekommt man, wenn man ein Dreieck auf ein anderes legt, das auf dem Kopf steht? Ein Hexagramm!

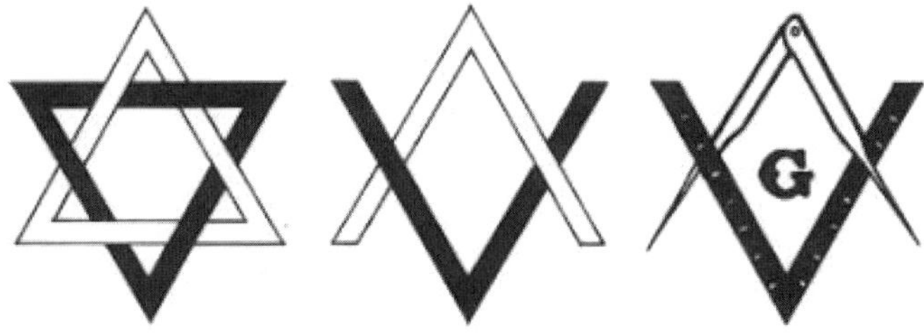

Abb. 131: Ein Hexagramm (links) wird zu einem Zirkel und Winkel, zwei der bekanntesten Symbole der Freimaurerei

Immer wieder projizieren uns diese Filme okkulte symbolische Bezüge ins Gesicht, die von Mainstream-Kritikern einfach nicht kommentiert werden. Das Publikum ignoriert diese Symbole dann, weil „naja, die Mainstream-Kritiker kommentieren es nicht, also muss es nichts bedeuten!" Aber alles, was wir tun müssen, ist, dies in Bezug auf das Denken von „linker Gehirnhälfte" vs. „rechter Gehirnhälfte" zu untersuchen, dann beginnen sich die Dinge kohärenter zu fügen. Symbole und abstrakte Metaphern kommunizieren direkter mit unserer rechten Gehirnhälfte, während sich die linke Gehirnhälfte mehr mit „Fakten", rationalen Informationen und Logik beschäftigt – und sich mehr auf die seichte Handlung, Musik und beeindruckende Spezialeffekte konzentriert. Die linke Gehirnhälfte sagt: „Eine Explosion ist nur eine Explosion." Die rechte Gehirnhälfte sagt: „Wow, sieh dir die Form und Farbe dieser Explosion an!"

Die meisten Menschen neigen dazu, die Welt durch die Linse ihrer linken Gehirnhälfte zu interpretieren, während die rechte Gehirnhälfte einfach nur dasitzt und all diese verdeckten Botschaften der Massenmedien aufnimmt. Mit anderen Worten, wir sind mental programmiert und haben auf rationaler Ebene keine Ahnung, weil uns nie beigebracht wurde, die Realität auf diese Weise zu erkennen. Die Mysterienschulen scheinen die selbsternannten „Hüter dieser Geheimnisse" zu sein, die sie nur den Eingeweihten offenbaren, und wahrscheinlich auf sehr spezifische, begrenzte Weise, die den wenigen an der Spitze ihrer hierarchischen Strukturen zugute kommen. Aus diesem Grund kann der Begriff Mysterienschulen auf eine Vielzahl von Geheimgesellschaften angewendet werden.

Der „Wegfinder" sagt Ihnen, wie Sie den Weg zur verborgenen Domäne des Bösen (Exegol/Sith Eternal) innerhalb der Handlung des Films finden. Wo ist die symbolische „verborgene Domäne des Bösen" in der realen Welt? In der Spitze der Pyramide auf der Rückseite jedes US-Dollar-Scheins – vermutlich das allegorische Versteck der Illuminaten.

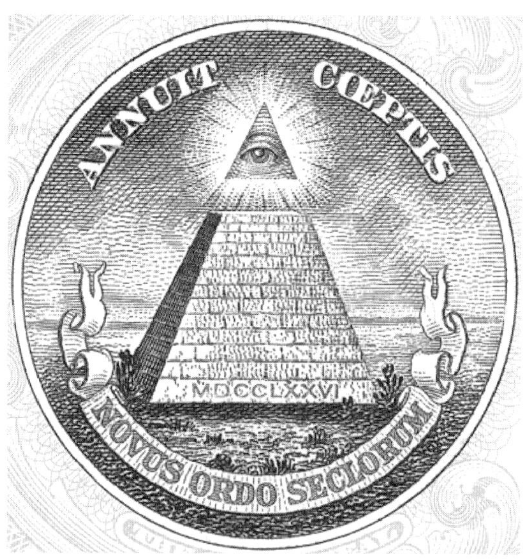

Abb. 132: Pyramiden-Symbol auf der 1-US-Dollar-Note

Dies wird besonders nahegelegt, wenn wir die freimaurerischen Symbole betrachten, die in die jüngsten *Star Wars*-Poster eingebettet sind. Die kleine Pyramide schwebt über einem größeren Pyramidenstumpf, um die Bedeutung des „Decksteins" an der Spitze zu betonen. Das Auge repräsentiert natürlich Weisheit und überlegene Einsicht über alles, was unter und über dem Horizont ist. Wenn wir die verschiedenen Phasen der Sith betrachten - die Neue Ordnung, die Erste Ordnung und die Endgültige Ordnung, im Gegensatz zu dem in Latein geschriebenen Ausdruck „Neue Weltordnung“, auch auf der Rückseite des 1-US-Dollar-Scheins unter der Pyramide („Novus Ordo Seclorum“) – es scheint mir, als würden freimaurerische Illuminati uns sagen, dass sie hinter diesen Filmen stecken. Und warum nicht? Große Blockbuster wie diese sind sowohl immens profitabel als auch überlegene Vehikel, um jede gewünschte Propaganda auf das ahnungslose Publikum der Welt zu laden. Und sie werden es sowieso nicht erkennen, weil die Hälfte davon symbolisch/metaphorisch geliefert wird!

Abb. 133: Die Sith-Zitadelle als umgedrehte Pyramide

„Die Zitadelle war sowohl unterirdisch als auch oberirdisch, wobei letzteres eine große, auf dem Kopf stehende Pyramidenstumpfstruktur aus schwarzem Stein war. Die Struktur schwebte über der Oberfläche von Exegol. Eine Plattform wurde verwendet, um jemanden in den unterirdischen Teil der Zitadelle hinabzulassen.“ (115)

Unmittelbar nach Erhalt des „Wegfinders“ durchquert Kylo Ren einen roten Plasmaabgrund im Weltraum, um die Dimension zu erreichen, in der Exegol ist. Dieser plasmatische Abgrund hat eine organische Qualität und ist wahrscheinlich eine Metapher für den inneren spirituellen Abgrund, den der Djedi überqueren muss, bevor er die große „heilige Dreieinigkeit“ an der Spitze der spirituellen Krone/des Lebensbaums erreicht (dargestellt in der Kabbala durch ein Dreieck bestehend aus Kether, Binah und Chokmah). Um es klar zu sagen, der Film zeigt uns eine dunkle Umkehrung dieses göttlichen spirituellen Prozesses, der die umgekehrte Moral der dunklen Seite der Macht widerspiegelt, mit der sich Ren ausrichtet.

Das Bild oben ist die Festung von Sith-Lord Palpatine, die von „starwars.fandom.com" als umgedrehte abgestumpfte Pyramide bezeichnet wird. Im vorherigen Buch „Der Hollywood-Code" habe ich auf die Bedeutung dieses Symbols hingewiesen, den Kaaba-artigen schwarzen Stein (Kapitel „James Bond") in Mekka und Saturn (Kapitel „Das Erwachen der Macht") gesprochen. Nun, „starwars.fandom.com" scheint diese Themen wiederzugeben, insbesondere im Hinblick auf die Beschreibung der Zitadelle, die eine abgeschnittene Pyramide aus „Schwarzem Stein" ist.

Diese gesamte Eröffnungsszene ist eine symbolische dunkle spirituelle Reise, durch die uns Kylo Ren lediglich führt. Wenn er die Zitadelle betritt, reist er direkt durch das Zentrum nach unten, vermutlich zu einer unterirdisch versteckten „Spitze". (116) Hier was zur Bedeutung des „Decksteins" der Pyramide und wenn dieser fehlt:

„Der goldene Deckstein könnte die spirituelle Substanz auf der höchsten Ebene eines Menschen darstellen – die höchste Liebe in der menschlichen Erfahrung, die der Sitz der menschlichen Seele ist. Hier ist das authentische Selbstgefühl bekannt. Wenn diese höchste Substanz für eine Person vorhanden ist, wo es eine sichere Selbsterkenntnis im Kontext des Goldes der höchsten Liebe gibt…

Ich möchte diese Metapher weiterführen. Stellen Sie sich eine unsichtbare umgekehrte Pyramide vor, deren Spitze nach unten zeigt, direkt über der Großen Pyramide von Gizeh. Stellen Sie sich vor, dass in ihrem ursprünglichen Zustand die Spitze der Großen Pyramide mit der Spitze dieser unsichtbaren Pyramide verbunden ist. Und dass eine höhere Realität – ihre Macht und Präsenz – sich am Scheitelpunkt der umgekehrten Pyramide konzentrierte, die mit dem Schlussstein der physischen Pyramide verbunden war.

Ist dir das jetzt klar? Eine physische Pyramide, deren Deckstein an Ort und Stelle ist und den Scheitelpunkt einer unsichtbaren umgekehrten Pyramide berührt, die die Kraft und Präsenz einer Realität von kosmischem Ausmaß zum Fokus bringt. …

Stellen Sie sich nun die Pyramide unseres Wesens vor, wie sie wäre, wenn ihr der Schlussstein fehlte. Denken Sie daran, dass dies der höchste Ort in uns ist, der Sitz unserer Seele und die Heimat unseres sicheren Selbst und der Ort, an dem wir am Höhepunkt unserer Erfahrung alles empfangen, was der Kosmos bereit ist, uns zu geben. Aber wenn der Schlussstein nicht vorhanden ist, sind wir nicht in der Lage, das zu empfangen, was speziell für uns in den Fokus gebracht wurde. Genau dort liegt die Wahrheit darüber, wer wir sind, die Liebe des Seins. Und tatsächlich gibt es die höhere Realität des Wesens, das wir sind. Aber die Substanz, durch die es eindringen könnte, ist nicht da." (117)

Kylo Ren reist hier symbolisch in das göttliche Reich des dunklen Baums des Lebens, bis zur äußersten Spitze, wo nur die von der dunklen Macht erleuchtete Elite lebt.

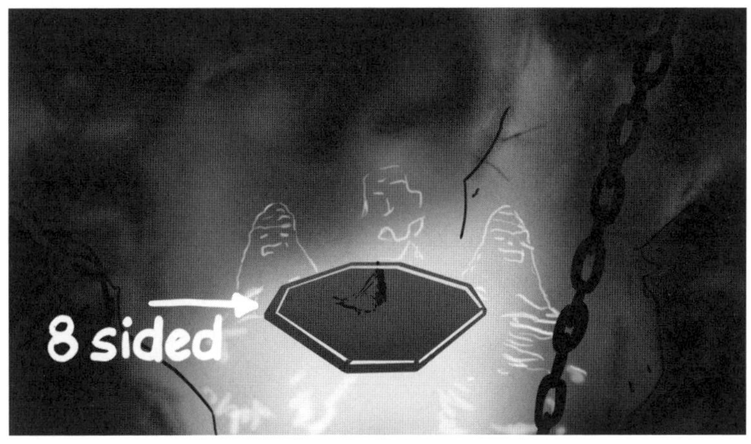

Abb. 134: Ren auf einer achteckigen Plattform

Die Basis einer Pyramide ist ein Quadrat. Wenn Sie zwei Linien ziehen, die die oberen und unteren Ecken diagonal verbinden, entsteht ein perfektes „X", dessen Mittelpunkt vertikal mit der Spitze der Pyramide ausgerichtet ist. Die Plattform, auf der sich Ren befindet, scheint sich direkt in der Mitte dieses riesigen, auf dem Kopf stehenden Pyramidenstumpfes zu befinden und hat die Form eines Achtecks.

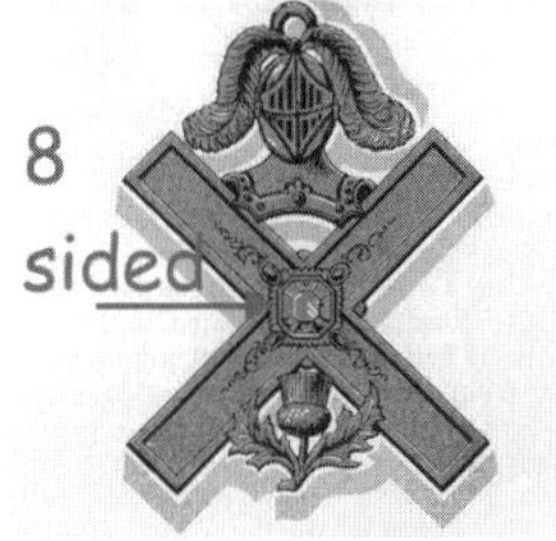

Abb. 135: Der 29. Grad des Schottischen Ritus mit einem achteckigen Rechteck

Wenn Sie nun diese Symbole mit denen vergleichen, die im 29. Grad des Schottischen Ritus zu finden sind, handelt es sich im Wesentlichen um dieselben Symbole mit umgekehrten oder verdrehten Bedeutungen.

Das Wappen „Ritter des Heiligen Andreas" zeigt einen Ritterhelm. Kylo ist ein „Knight of Ren", wenn Sie so wollen.

Der Ritter des Heiligen Andreas X. ist aus Gold und symbolisiert Königtum und göttliche Autorität. Ren wird von Palpatine zum neuen Sith-Lord, einer Form der göttlichen Autorität der Dunkelheit, erklärt. Dies geschieht auf „X-Egol".

„Egol stammt aus dem Altnordischen. Egol ist eine Variante des skandinavischen Namens Egil ... Egil wird hauptsächlich im Skandinavischen verwendet und ist altnordischen Ursprungs. Ursprüngliche Formen des Namens sind Aghi und Egill. Der Name wurde als altnordische Verkleinerungsform von

Namen verwendet, die mit dem Element „eg" oder „ag" begannen (was Ehrfurcht, Schrecken, Furcht; Schwertschärfe bedeutet)." (118)

Dies ist hier kein „goldenes X", es ist das verfluchte schwarze X des Todes, in dessen Mitte Ren hinabsteigt. Das Kreuzemblem des Ritters des Heiligen Andreas hat ein smaragdgrünes Achteck in seiner Mitte.

Laut „venturascottishrite.org" „bedeutet der Smaragd die Männlichkeit und Aufrichtigkeit der Ritterlichkeit, seine Farbe die der Erneuerung der Tugend, immer hell und funkelnd".

Ren ist das Gegenteil von Aufrichtigkeit und Ritterlichkeit. Er steigt hier buchstäblich auf ein schwarzes Achteck herab.

Er ist umgeben von riesigen skelettartigen Statuen, die wie Druiden aussehen und Säbel oder Schwerter halten (Egil = Schneide des Schwertes), was weitere Themen der dunklen okkulten Freimaurerei widerspiegelt.

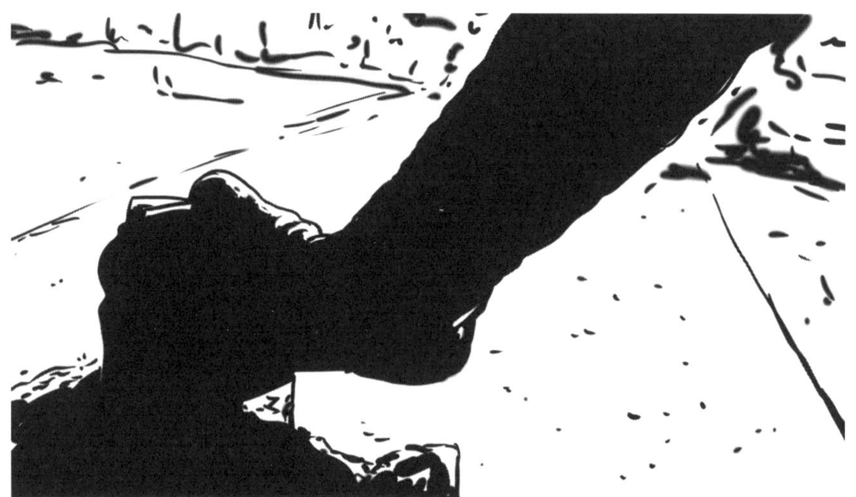

Abb. 136: Kylo Ren stoppt den „Wegfinder"...

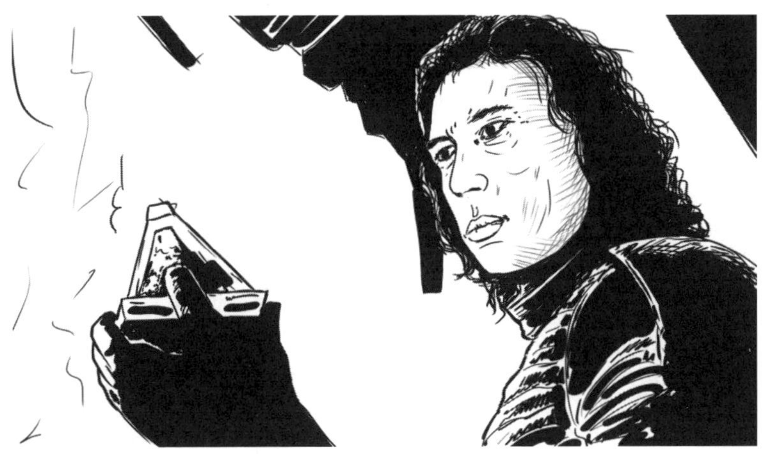

Abb. 137: ...und nimmt ihn in die Hand. Ist es sein Deckstein?

Nachdem sie ihrem „bösen Zwilling“ gegenübersteht, fummelt Rey am „Wegfinder“ herum und er wird von etwas, das wie ein Fuß aussieht, auf dem Boden gestoppt. In einer fortlaufenden Aufnahme steigt es auf und wir stellen fest, dass es tatsächlich Kylo Rens Hand ist, die den „Wegfinder“ daran gehindert hat, auf den Boden zu fallen, nicht ein Fuß. Nun, was sie hier nur getan haben, war, dass sie mit Ihrer Wahrnehmung von Gliedmaßen herumgespielt haben. Zuerst glaubt man, einen Fuß gesehen zu haben, aber es stellt sich heraus, dass es eine Hand ist. Du dachtest, du hättest einen „Wegfinder“ gesehen, aber es stellt sich als Pyramide heraus. An der Spitze jedes Obelisken befindet sich auch eine Pyramide, ein altägyptisches Phallussymbol. Dies ist ein Phallus, und Kylo Ren hat ihn gerade buchstäblich vom Boden gehoben. Erinnern Sie sich an die zuvor erwähnte Sonnen-/Djed-Säule. Er bereitet sich nicht darauf vor, hier zu kämpfen, er bereitet sich darauf vor, eine phallische/sexuelle Kraft zu bändigen, und Rey ist wie ein verhungerndes Tier hinter ihr her.

Ein so perfektes und universelles Symbol wie eine Pyramide kann je nach Kontext viele Dinge anzeigen. Dies gilt für das „X“ und eine beliebige Anzahl von Symbolen, die wir hier besprechen. Wenn sich also jemand fragt, wie wir von einer Pyramide als „Deckstein“ zur allegorischen Behausung der Illuminaten zu einem „phallischen Symbol“ gesprungen sind, nun, es kann eines davon sein – so wie der Davidstern auch das Quadrat und den Kompass enthält, ein Hexagramm, ein 3D-Würfel oder einfach ein nach oben zeigendes Dreieck auf einem nach unten zeigenden sitzt – die spezifische Bedeutung hängt vom Kontext und den Variationen/Akzenten im Rendering ab. Je öfter ein Symbol verstärkt wird, desto dringender ist die beabsichtigte Bedeutung. Je öfter ein spezifischer Kontext um ein bestimmtes Symbol herum auftaucht, desto weniger offen ist es für Interpretationen.

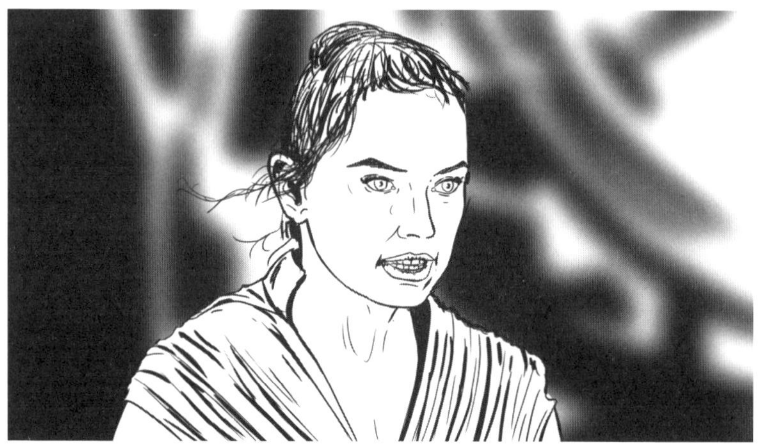

Abb. 138: Rey will es unbedingt haben…

Kylo beginnt dann, Rey zu erzählen, dass die dunkle Seite „in unserer Natur" liegt und dass sie sich ihr „hingeben" muss. Das ist mehr oder weniger das, was Reys böser Zwilling ihr gerade gesagt hat. Sie antwortet sehr intensiv: *„Gib ihn mir!"* Sie sprechen hier von einem Phallus, der in die Domäne der dunklen Elite (Illuminaten?) führt. Kylo zermalmt es dann zu Staub und Rey springt auf ihn zu und initiiert einen „Kampf", der wirklich eine große sexuelle Metapher ist.

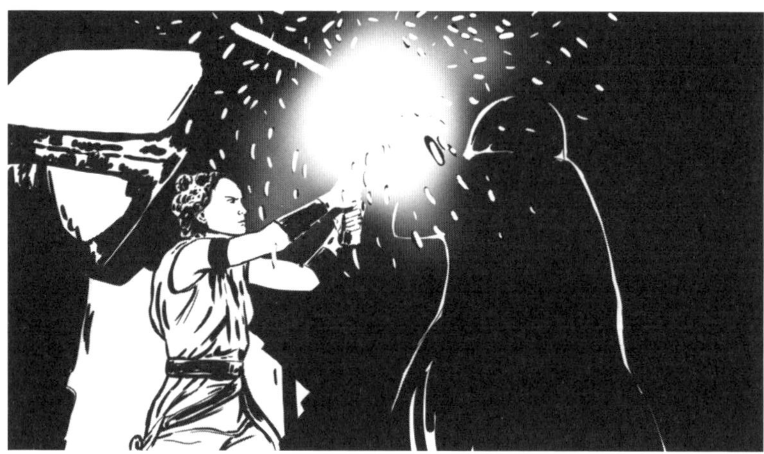

Abb. 139: Ein funkelndes „X"

Das Kreuzen von Lichtschwertern ist ein dramatischer Effekt, der in *Star Wars*-Filmen nie alt wird. Die Anspannung in den Gesichtern, die knisternde Elektrizität zwischen den zusammengehaltenen Säbeln, die Ungewissheit, wer den nächsten Zug machen wird, das Gefühl, dass Tod oder Sieg jede Sekunde kommen können. Wir alle kennen diese Spannung gut, und die Filmemacher auch. Aber was sie hier in *Der Aufstieg der Skywalkers* getan haben, ist, dass sie diese Szenen choreografiert haben, um klare „Schnappschüsse" zur Hervorhebung zu liefern.

Das alte *Star-Wars*-Klischee „Wer kommt auf die andere Seite?" ist hier voll wirksam, aber es wird getrübt, um mehr Grauzonen einzubeziehen. Während der vielen privaten „Machtgespräche" zwischen Ren und Rey entsteht eine seltsame Beziehung, in der sich moralische Ambiguität ständig mit Themen wie Gedankenkontrolle, Nihilismus, Gewalt, sozialer Unterlegenheit und sexueller Ambiguität vermischt. Die Frage ist, wo verläuft hier die Grenze zwischen Gut und Böse? Wenn es um die Beziehung zwischen Rey und Ren geht, scheinen sie in einer Dimension zu existieren, in der sich Gut und Böse kreuzen, und sie existieren dort einfach ständig. Wie ein Surfer auf rauem Wasser, der versucht, die Stabilität inmitten der unkontrollierbaren Kräfte der Natur aufrechtzuerhalten.

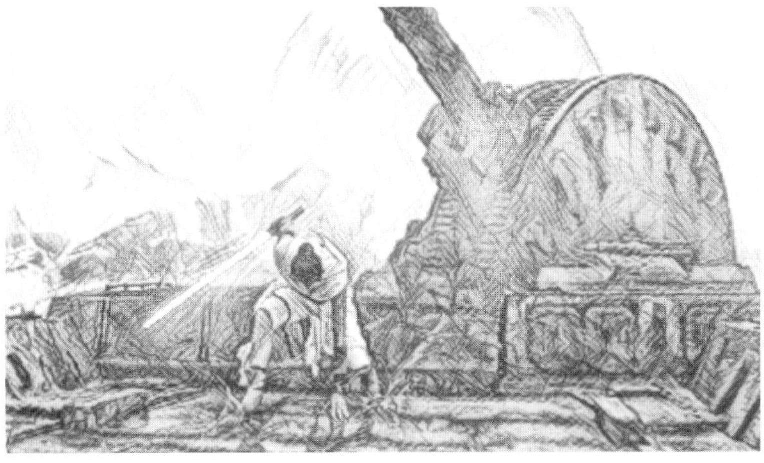

Abb. 140: Während ihres Duells auf den Überresten des Todessterns macht Rey praktisch einen lächerlich falschen Sprung in die Wolken, fliegt über eine riesige Wand aus spritzendem Meerwasser und landet dann auf der gegenüberliegenden Plattform, als hätte sie gerade einen Touchdown erzielt, mit dem Arsch in der Luft – ein riesiger Phallus aussehender Turm, der direkt hinter ihr nach oben zeigt. Spielen wir hier „Weltraumball" oder was?

Das raue Wasser, das zwischen/um die Plattformen schießt, fungiert symbolisch als erregte sexuelle Flüssigkeiten und erinnert auf subtile Weise an die Trainingsszenen zwischen Luke und Rey – die absolut voller sexueller Anspielungen sind. Wahrscheinlich ist Kylo Rens Wut letztendlich darauf zurückzuführen, dass er von seinem Ausbilder Luke fast verletzt/getötet wurde. Es ist nicht wörtlich, das passiert nicht wörtlich im Film.

Aber wenn Sie sich die Szene ansehen, in der Luke über „diese Nacht" spricht, als er Kylo Ren besuchte, wird das Konzept eines Lehrers, der einen Schüler verletzt, beunruhigend passend. Und *Der Aufstieg der Skywalkers* hat ein Follow-up zu diesem Thema, das wir uns gleich ansehen werden.

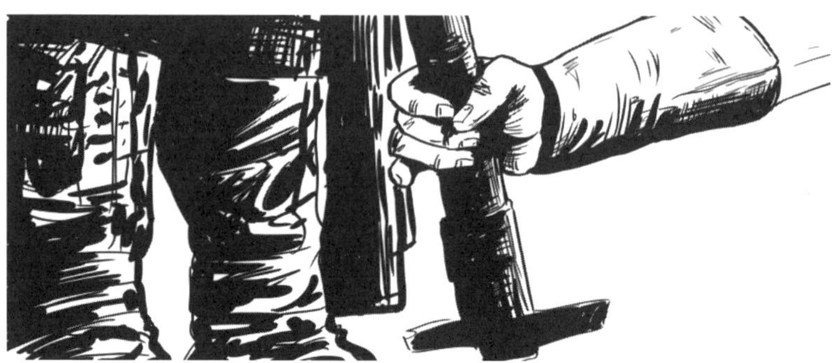

Abb. 141: Rey greift nach dem Penis, nein, dem Lichtschwert

Kylo Ren macht dann den gleichen akrobatischen Sprung über das Wasser wie Rey es gerade getan hat und besiegt sie schließlich auf der gegenüberliegenden Plattform. Dann zögert er, sie zu töten, weil seine Mutter Leia ihn über die Galaxie mental kontaktiert. In Trance lässt er sein Lichtschwert/Kreuz/Phallus fallen. Rey nutzt dann den Moment aus und ersticht Kylo Ren mit seinem eigenen Kreuz/Säbel.

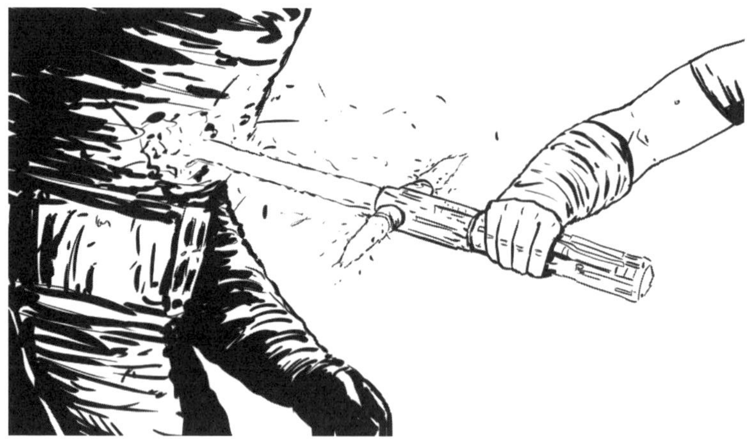

Abb. 142: Aufgespießt mit dem eigenen „X"

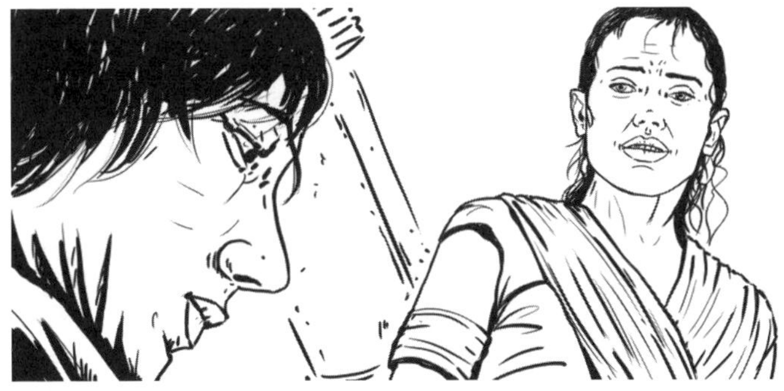

Abb. 143: „Ich hab Dich zwar eben getötet, aber eigentlich wollte ich Dich nicht töten, warum haben wir überhaupt gekämpft!?" So oder so ähnlich schaut Rey

Rey fühlt sich dann wirklich schlecht, weil sie Kylo Ren aufgespießt hat, aber warum? Er hat seinen Vater gekillt und versucht seine Mutter zu ermorden! Er ließ Rey schlagen. Der einzige Grund, warum sie das Duell gewonnen hat, ist, dass er von Leia abgelenkt wurde, die ihn durch die Macht kontaktierte. In diesem kurzen Moment hatte sie die Oberhand. Anstatt sein Bein oder seinen Arm abzuschneiden, spießt sie ihn brutal mit einer entschieden hasserfüllten Tötungsabsicht auf. Dieser „Hass", den sie nicht immer kontrollieren kann, scheint im Mittelpunkt einer früheren Szene zu stehen, in der sie fälschlicherweise dachte, sie hätte Chewbakka getötet. Ihr Einsatz von „Macht-Blitzen" schoss ihr versehentlich aus den Händen und zerstörte ein Schiff. Wir finden später heraus, dass dieses Schiff doch keinen Chewbakka an Bord hatte. Dies war ein weiterer Aspekt der Handlung, bei dem viele Leute Probleme sahen. Aber wir gehen mal davon aus, dass hier die Symbolik wichtiger ist als die Handlung.

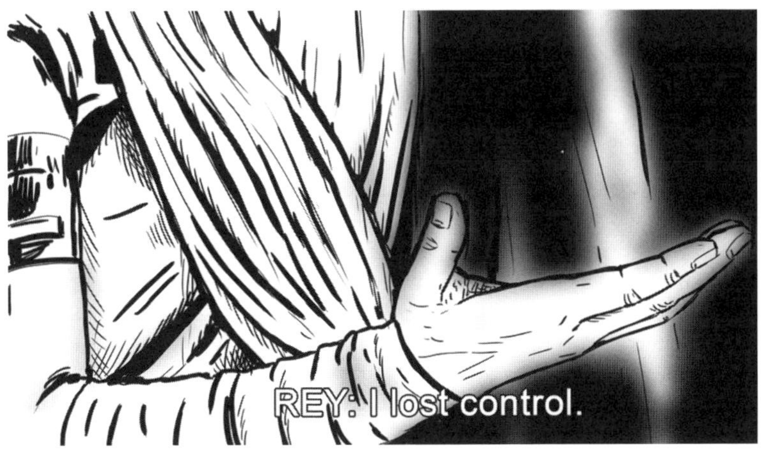

Abb. 144: Beachten Sie auch hier liegt wieder die Betonung auf der Hand

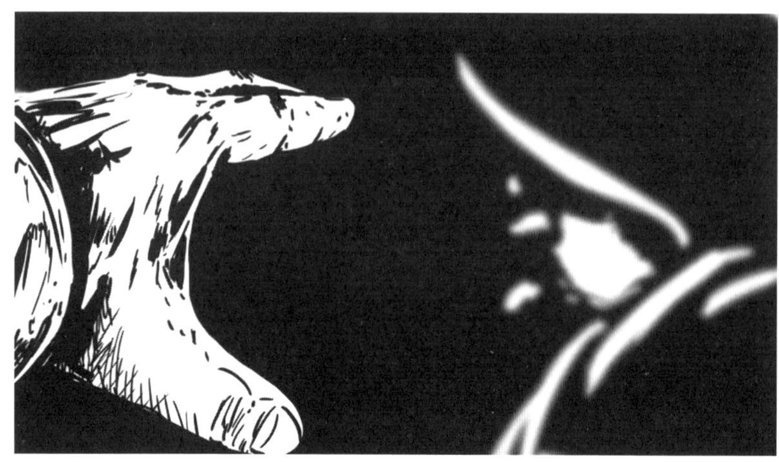

Abb. 145: Luke versucht Ben zu verletzen

Das obere Bild zeigt Rey, wie sie auf ihre Hand starrt, kurz nachdem sie versehentlich Chewbakka getötet hat (oder so dachte sie). Darunter ist eine Aufnahme aus *Die letzten Jedi*. Das ist Lukes Hand, wie er von der Nacht erzählt, in der er zu Ben Solos Quartier ging, vermutlich angezogen von dem unerschütterlichen Gefühl, auf die „dunkle Seite" zu wechseln. Lukes Ton ist betrübt, wenn er diese Geschichte erzählt, als ob er große Schuld für Ben Solos plötzlichen Ausbruch von diesem Moment an trägt und Ben dadurch in eine wahnsinnige Zerstörungswut verfällt, die letztendlich zu seiner neuen Identität als Kylo Ren führt.

Wie ich bereits in der Analyse zu *Die letzten Jedi* aufgezeigt habe, ist dies eindeutig eine Metapher für einen Lehrer, der einen Schüler belästigt. Symbolisch gemeint war, dass Luke seinen Lehrling Ben Solo missbrauchte, was ihn veranlasste, den Weg der Jedi zu verlassen und den der Dunklen Seite anzunehmen.

Der obige Screenshot, der seine Hand zeigt, deutet an, was seine Absichten waren, als Ben schlief. Sicher, er könnte die Energie der dunklen Macht im Raum „erspürt" haben. Aber es ist auch ein Symbol für Lukes Absicht, seinen ahnungslosen Lehrling körperlich anzugreifen, als würde er von einem unkontrollierbaren Verlangen angezogen. Er sagt *„Ich habe versucht, es zu stoppen"*, und wiederholt Reys Zeile *„Ich hab die Kontrolle verloren."* In beiden Fällen geben sie ihrer dunklen Seite nach und schlagen in unkontrollierbarer Wut heftig um sich.

Der Zweck der Szene, in der Rey versehentlich ein Schiff zerstört, indem sie versehentlich einen „Kraftblitz“ aus ihrer Hand schießt, besteht darin, die obige Szene vorzubereiten, in der sie ungläubig auf ihre Hand schaut. Dies ist ein Spiegel von Lukes Taten, der Misshandlung von Ben Solo. Das Verbrechen wurde lediglich abstrahiert, um die Assoziation zu verwischen. Deshalb scheint es an der Oberfläche wenig Sinn zu machen. Das mag zunächst weiter hergeholt klingen, aber dieser nächste Abschnitt unterstützt es grafisch.

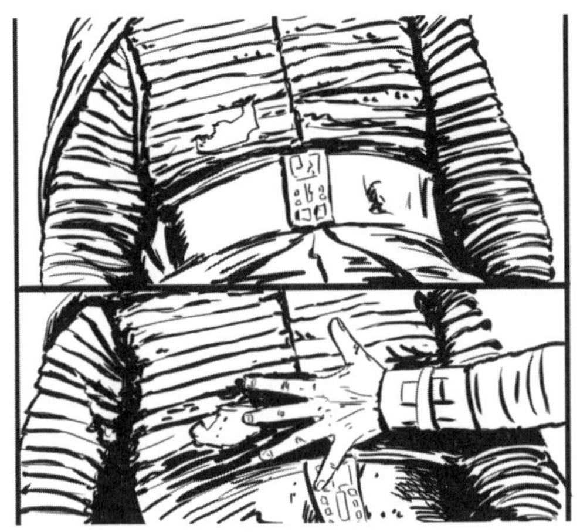

Abb. 146: Fingern in einem Loch

Sieh dir das Loch genau an, in das Rey gerade ihren Finger in Kylo Ren gesteckt hat. Wie sieht es aus? Schau dir ihre Hand an und die Körpersprache. Es sieht so aus, als würde sie gleich ihren Mittelfinger in das Loch stecken! Wenn Sie zurückgehen und sich diese Szene ansehen, verzieht sich dieses Loch tatsächlich, als Rey ihn heilt. Wen hat Rey im Film sonst noch geheilt? Eine Schlange, die vaginal geformte Wunden im Mittelteil hatte.

In beiden Fällen wird sexuelle Symbolik zusammen mit Sympathiegefühlen verwendet, die das Publikum dazu ermutigen, seine etablierten moralischen Überzeugungen in Bezug auf solche Archetypen des Bösen zu hinterfragen. „Die Schlange ist nur ein verwundetes Wesen, das Hilfe braucht!“... „Der gewalttätige Mörder braucht nur etwas Liebe, weil er als Kind vergewaltigt wurde.“

Wir reden hier über Sympathie für den Teufel, vermischt mit allen möglichen wahnsinnigen sexuellen Anspielungen. Was ist hier los bei Disney?

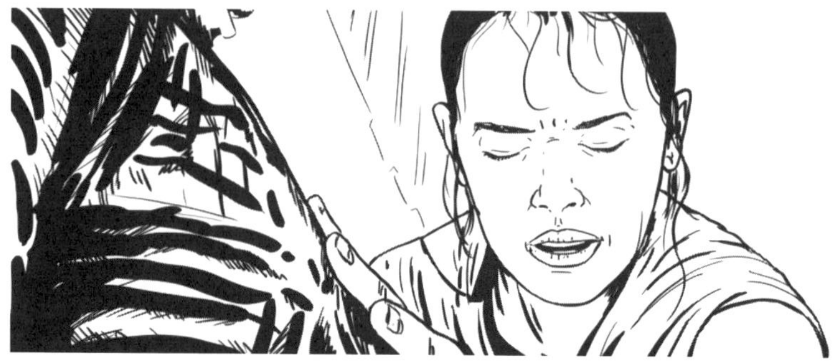

Abb. 147: Einvernehmlicher Geschlechtsverkehr?

Beobachten Sie oben Reys Gesichtsausdruck und Körpersprache. Das ist das Gesicht von jemandem, der intensiven Sex hat, und sie berührt gleichzeitig das Loch, in das sie gerade in ihren Finger gesteckt hat! Sie sind beide „nass" von Meeresflüssigkeit (Sperma), die weiterhin um sie herumspritzt. Ist Kylo Rens Gesichtsausdruck, der der Resignation angesichts seines bevorstehenden Todes oder eher der passiven Haltung einer jungen, unattraktiven Jungfrau, die endlich etwas Action bekommt?

Wenn wir wirklich zum Kern dieser Symbolik vordringen wollen, sprechen wir darüber, dass Rey die Wunde heilt, die Kylo Ren von seinem Täter (Luke) erlitten hat. Ihr Aufspießen von ihm erinnert fast wörtlich an den ursprünglichen Vorfall. Ironischerweise kommt dies dem heterosexuellen Sex am nächsten, was in dieser gesamten Trilogie vorkommt, und es ist alles mit Themen wie metaphorischer Vergewaltigung, Pädophilie und Okkultismus vermischt. Versuchen sie uns zu sagen, dass es alles dasselbe ist? Reys „Heilung" des nach Anus aussehenden Lochs in Kylo Ren sagt uns grafisch, wo die ursprüngliche Wunde an seinem Körper erlitten wurde (sie haben das „Loch" einfach auf seine Brust verschoben, um die Metapher zu abstrahieren). Sobald sie diese „Wunde" heilt, verwandelt sich Kylo Ren mehr oder weniger wieder in Ben Solo, der er vor der Misshandlung/dem Angriff war.

Die Produzenten dieses Films kümmern sich mehr darum, diese symbolischen Botschaften zu Ihrer rechten Gehirnhälfte zu bringen, als darum, die Handlung für Ihre linke Gehirnhälfte intelligent zu halten, weil sie wissen, dass es nicht wirklich darauf ankommt, wie „intelligent" der Film ist. Solange es coole Bilder und nostalgische Referenzen gibt, werden die Leute immer noch bezahlen, um es sich anzusehen. Die Zahlen an der Abendkasse geben ihnen recht (Kosten 275 Mio. US-Dollar, eingespielt 1.074 Mrd. US Dollar).

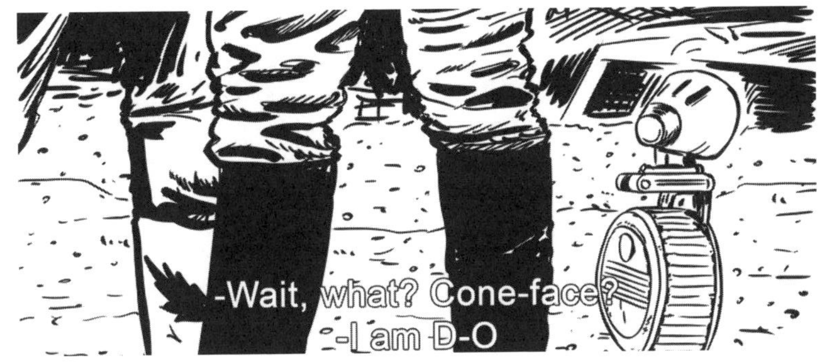

Abb. 148: Ein missbrauchter Droide

Es gibt einen interessanten Werbeaspekt für KI (Künstliche Intelligenz) in diesem Film, der in Leias Zitat am Anfang zusammengefasst wird, wo sie sagt: *„Unterschätze niemals einen Droiden.“* Persönlich finde ich dieses Zitat ein bisschen gruselig.

Auf dem obigen Bild sehen wir D-O, den „missbrauchten“ Droiden mit posttraumatischer Belastungsstörung (huh?). Poe nennt die Droidennamen und deutet auf den „Tyrann“ hin.

D-O litt unter den Händen seines Vorbesitzers. Interessanterweise bedeutet „DIO“ (was genau wie DO kling) auf Italienisch Gott. Warum nennen sie einen Droiden „Gott“? Versuchen sie uns etwas über Künstliche Intelligenz zu sagen und wer unsere „neuen Götter“ sein werden? Unterschätze niemals einen Droiden!

Wenn Sie während des gesamten Films auf die Dialoge von C3PO achten, werden Sie unter dem komischen Aspekt ein deutliches Thema von „Droiden haben auch Gefühle!“ finden. Dies wird auch mit einem subtilen homosexuellen Aspekt kombiniert. Ein Beispiel ist, wenn Poe sagt: *„Beweg deinen Metallhintern!“*

C3PO hat zu diesem Zeitpunkt Amnesie und kann sich nicht erinnern, wer Poe ist, also antwortet er entsetzt: *„Unerhört, wir sind uns gerade erst begegnet.“* Wenn sie sich also besser kannten, wäre es in Ordnung für Poe, ihm zu sagen, wann/wo er seinen „Metallhintern“ bewegen sollte.

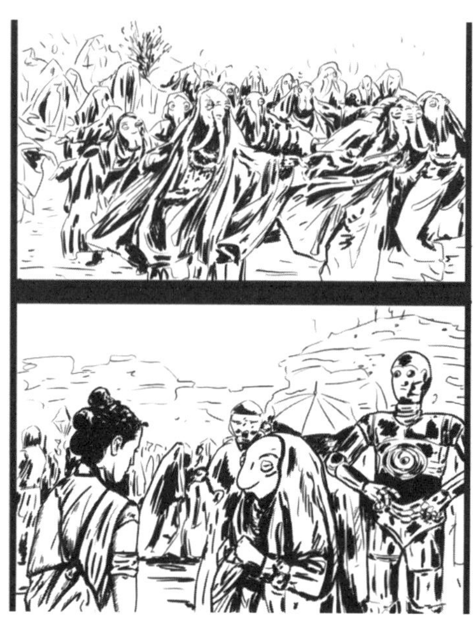

Abb. 149: Die KI tanzt für uns

Reys Begegnung mit dem Aki-Aki-Kind auf dem Planeten Pasaana erschien mir zunächst etwas sinnlos, wenn auch gut getroffen.

Das Puppenspiel und CGI ist hier ziemlich erstaunlich, und ich denke, der Sinn des Ganzen ist wieder Teil der KI-Promotion. Der Realismus dieser außerirdischen „Kinder" wird verfeinert, um überzeugendere menschliche Interaktionen nachzuahmen und Gefühle als je zuvor zu stimulieren.

Die „Mutter-Tochter"-Beziehung wird hier angedeutet, aber Rey scheint sich während dieser Filmtrilogie überhaupt nicht für Romantik zu interessieren – noch würde ihr Nachwuchs jemals wie dieses außerirdische Kind aussehen.

Wir sprechen also von einer Mutter-Tochter-Beziehung, die aus keiner Romanze oder biologischen Verbindung resultiert. Wie liebenswert!

Es ist interessant, die „warmen" Gefühle zu betrachten, die diese Szene im Gegensatz zu den Themen des Klonens im Film hervorruft.

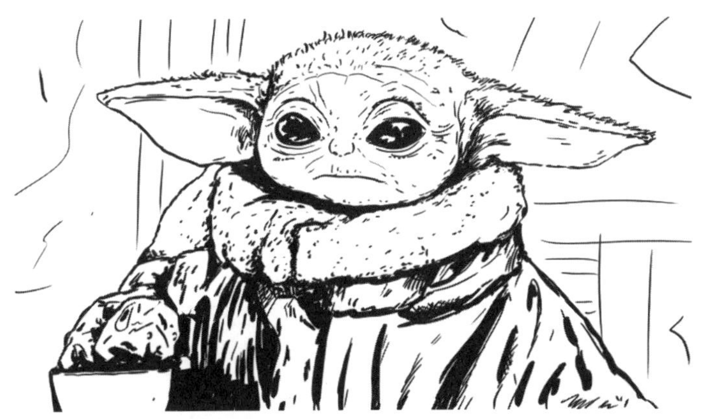

Abb. 150: Ein Mini-Yoda Huckepack mit dem Mandalorianer

Dies mündet in das „Baby Yoda"-Phänomen des *Star-Wars*-Ablegers *Mandalorian.* Ehrlich gesagt mag ich die Serie – aber sie ist im Grunde Schrott, wenn wir wirklich kritisch werden und sie mit anderen gut geschriebenen Serien vergleichen wollen, die es derzeit gibt. Ich vermute, der Hauptzweck von Mandelorian besteht darin, KI zu fördern, indem es Baby Yoda zu einem „Trend"-Thema macht und sein Bild mit dem von „niedlichen Katzenbildern" gleichsetzt, die online veröffentlicht sind. Sie wollen deine süße Katze (oder noch besser dein Kind) durch Baby Yoda ersetzen! (119)

„*…Science-Fiction-Autoren haben von Armeen von Doppelgängern phantasiert, die den Rest der Menschheit auslöschen, oder von Klonen, die nur gezüchtet werden, um ihre identischen Vorfahren zu werden. Die Vorstellung von Klonen ist beunruhigend, weil sie gegen das grundlegende moralische Verständnis verstoßen, dass wir alle verschieden sind und ebenso wertvoll,*" schreibt die Webseite „discovermagazine.com". (120)

Das Konzept des Klonens ist im *Star Wars*-Universum nicht neu, steht hier aber eher im Vordergrund. Wir finden heraus, dass Snoke nicht nur ein Klon war, sondern auch Imperator Palpatine selbst. Dies wird verwirrend, wenn wir bedenken, dass Rey seine Enkelin sein soll, und der Film gibt uns kaum eine angemessene Erklärung für all das. Obwohl der Film etwas mehr Hintergrundgeschichte über Reys Eltern liefert, ist ihre grundlegende menschliche Struktur bzw. Identität jetzt etwas zweideutiger. War ihr Vater auch ein Klon? Nach dem erweiterten Star Wars-Universum, ja. Er war das, was „Wookieepedia" einen „Strand-Cast-Klon" nennt, was „eine Art biotechnologisch hergestelltes Lebewesen" ist. Ok, was macht das dann mit Rey? Die Tochter eines biotechnologisch hergestellten Lebewesens. (121)

Transhumanismus: *„…der Glaube oder die Theorie, dass sich die menschliche Rasse über ihre gegenwärtigen physischen und mentalen Grenzen hinaus entwickeln kann, insbesondere mit Hilfe von Wissenschaft und Technologie.“* (122)

Technisch gesehen wurden die „Machtkräfte“ von Palpatine durch Bioengineering weitergegeben und letztendlich der „kraftempfindliche Held“ (Rey) geschaffen, der die Bösewichte im Film zu Fall bringt. Wenigstens hat Luke seine Kräfte auf altmodische Weise geerbt!

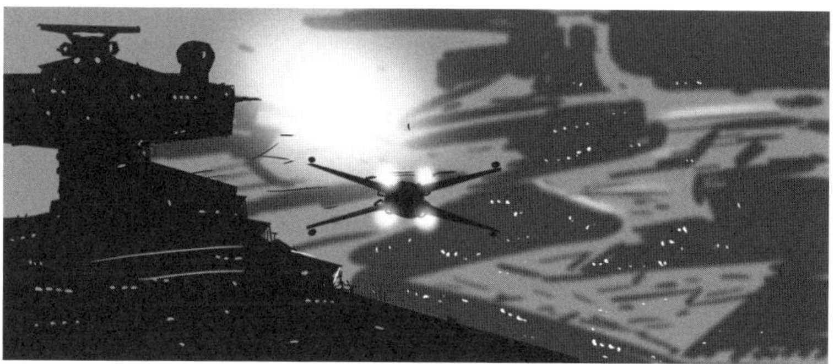

Abb. 151: Mitten durch, in ein „X“

Kritiker haben auf die Absurdität von Lukes Bergung seines X-Wing-Jägers aus dem Meer auf Ahch-To hingewiesen. Abgesehen von der Tatsache, dass nie wirklich gezeigt wurde, dass ein „Jedi-Geist“ solche „echten Fähigkeiten eines Lebenden“ hat, saß das Schiff unter Wasser, verrottete für wer weiß wie lange und schien sofort bereit zu sein, hinauszufliegen, zur Schlacht auf Exegol.

Auch hier ist Symbolik wichtiger als Realismus. Rey musste mit einem X-Wing nach X-Egol fliegen, weil sie wohl alle fünf Minuten ein „X“ im Bild platzieren müssen oder so?

Bei der Ankunft bietet ihr X-Wing eine effektive symbolische visuelle Referenz und ermutigt uns, andere Formen während dieser visuell beeindruckenden Szene auf Exegol zu untersuchen, wo vermutlich die letzte Konfrontation zwischen Gut und Böse stattfindet.

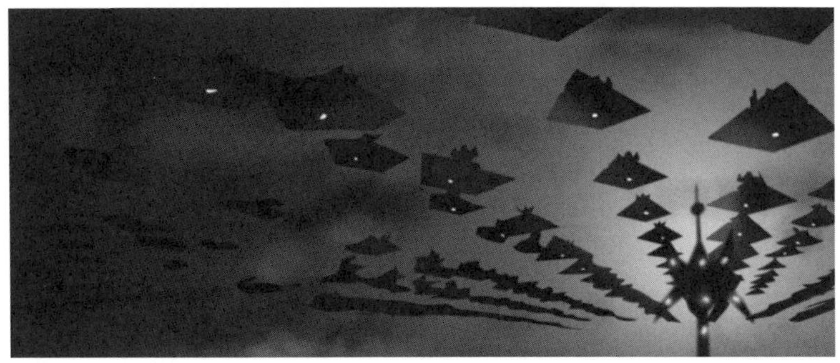

Abb. 152: Hier ist Palpatines riesige Armee von Sternenzerstörern und der Sendeturm zu sehen, den der Widerstand zerstören will, um die Navigationsfähigkeit der Sith Eternal zu stören

Der Sendeturm ist ihr Hauptziel. Erinnern Sie sich jetzt an den thermischen Oszillator in *Das Erwachen der Macht*, die wichtige Funktion, die er in der Handlung erfüllte, und wie er sich als schwarzes Hexagramm herausstellte. Wir sehen hier eine ähnliche okkulte Symbolik bei diesem Navigationsturm und eine ähnliche Betonung darauf innerhalb der Handlung.

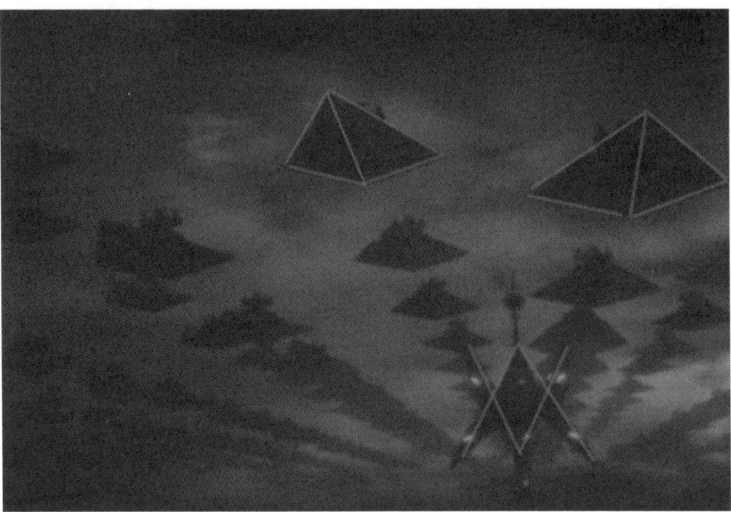

Abb. 153: Weiter oben haben wir uns angesehen, wie die Sternenzerstörerflotte in der chinesischen Version des Filmposters einem Haufen fliegender Pyramiden ähnelte. Nun, diese Szene hier bietet eine sehr ähnliche Perspektive, mit dem zusätzlichen Bonus eines Winkels und eines Kompasses (Freimaurer-Symbol)!

Wir sehen das nur für einen Moment, da die Arme gerade aus dieser Position klappen, als wir hier auf Exegol ankommen. Die Sith Eternal erkennen bald, dass der Widerstand plant, den Turm zu zerstören, also übertragen sie sofort das Navigationssignal an ihr Kommandoschiff (Pyramide) und reduzieren den Turm auf ein Symbol ohne anwendbare Funktion. Für mich bedeutet das so etwas wie: „Wir müssen dieses Mal ein Winkelmaß und einen Kompass irgendwo in den Film einbauen. So können wir das machen …" Ich war ehrlich schockiert, als ich das zum ersten Mal sah, und es fast scheint ein Witz zu sein. Aber da ist es, ein Winkel und Zirkel.

Was ist der Sinn dieser ganzen Symbolik im Film? Was verbindet das alles?

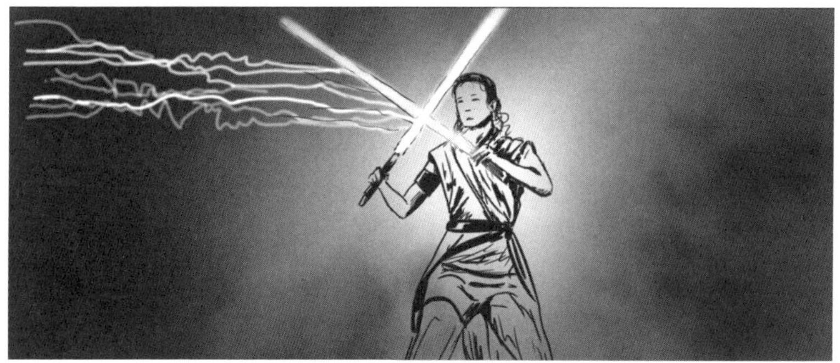

Abb. 154: Rey mit einem „X" als Waffe

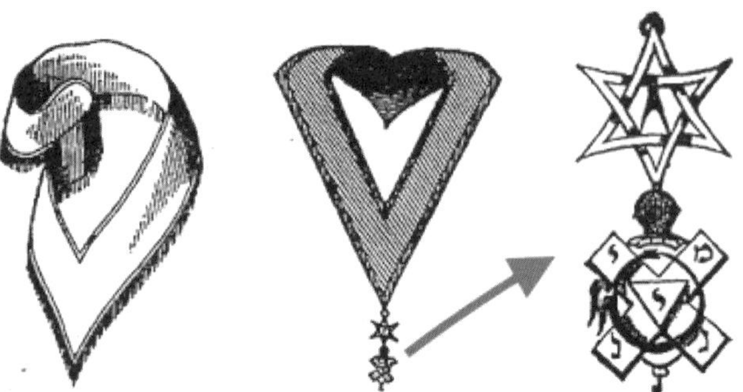

Abb. 155: Das „X" der Ritter des heiligen Andreas

Zunächst einmal ist „X" die römische Ziffer für die Zahl 10. Schauen Sie sich nun die obige Illustration des Freimaurerritters von Saint Andrew an, insbesondere die Mitte des

X. Innerhalb des umgedrehten Dreiecks befindet sich ein hebräisches Zeichen, YOD, und hier ist eine größere Version davon:

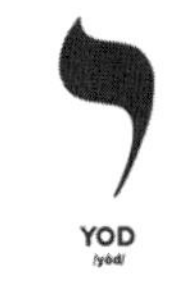

Abb. 156: Yod

Yod ist der 10. Buchstabe des hebräischen Alphabets. In der hebräischen Gematria, dem System der Zuordnung von Zahlen zu Buchstaben, ist der Wert von Yud ebenfalls 10. Welche Bedeutung hat 10? Nun, angesichts der schweren freimaurerischen Themen und Symbole, die in diesen Filmen enthalten sind, und angesichts der Tatsache, dass die Freimaurerei kabbalistische Konzepte und Symbolik beinhaltet, werden wir die Definition aus diesem Blickwinkel betrachten.

Der Baum des Lebens (nicht zu verwechseln mit dem Baum der Erkenntnis von Gut und Böse) ist ein System, das mit der zuvor erwähnten ägyptischen Djed-Säule verglichen werden kann. Einfach ausgedrückt ist es ein System, das dem Eingeweihten hilft, seine Seele und sein Bewusstsein in einen vollständigeren, integrierteren, göttlichen Zustand zu erweitern. Gott zu erreichen, oder besser gesagt, zu einem vollkommenen Zustand der Einheit mit Göttlichkeit zurückzukehren.

Dieser Baum des Lebens hat zehn „Früchte“, wenn Sie so wollen - die im Wesentlichen Schritte zur Spitze eines göttlichen Letzteren sind. 1 wäre die Spitze, 10 wäre die absolute Unterseite. 10 (genannt „Malkuth“) repräsentiert mehr oder weniger die physische Welt, in der wir leben. Das soll nicht heißen, dass sie „schlecht“ ist, ich vergleiche sie mit einer Frequenz. Feste Materie besteht aus schwereren Frequenzen, wohingegen feinstoffliche Materie und Daseinsstufen eine höhere/leichtere Frequenz haben. Daher wird ihr Zustand als Materie dem Licht oder Äther ähnlicher. Sobald Materie so schwer/dicht geworden ist, kollabiert sie in sich selbst und kehrt in den ursprünglichen Zustand zurück, aus dem sie kam. Dieser Prozess kann mit Tod/Wiedergeburt verglichen werden. Es gibt jedoch ein eigentümliches Konzept des Qliphoth, das mit der „Schattenseite“ des Baumes zu tun hat – und das passt in das Konzept von Lilith und diese dunklen okkulten „Umkehrungen“, die ich zuvor erwähnt habe.

Ich glaube, diese Filme befassen sich mit diesen dunkleren Konzepten des Baums des Lebens. Aber im Grunde genommen wird dieser tiefste Punkt auf dem Baum des Lebens zum Ausgangspunkt von den tiefsten Ebenen in diesem System. Reden wir hier von Ebenen der Hölle? Vielleicht in diesem Zusammenhang. [(123)]

Der hebräische Buchstabe Yod bedeutet Hand, „was eine Anspielung auf Gott ist, denn wir sagen, dass Gott uns (den Stamm Israel) mit starker Hand aus Ägypten geführt hat“. Wenn wir also von einer dunklen Umkehrung dieses Konzepts sprechen, macht der Film hier eine ziemlich profunde Aussage, die im Grunde darauf hinweist, dass ein dunkler Gott von einem Ort des Lichts zurück in die Dunkelheit geht.

Aus diesem Grund habe ich auf diese speziellen Einstellungen der Hände im Film hingewiesen und wie diese Szenen dazu neigen, den moralischen Kampf dieses Individuums mit ihrer dunklen Seite zu betonen. Es ist diese dunkle Hand, die sie herunterzieht, und die Versuchung, mit ihr zu fallen, wird in diesen Filmen auf seltsame Weise ausgenutzt. Meiner Meinung nach wird es auf eine Art und Weise gemacht, die etwas verlockend oder zweideutig sein soll. Mit anderen Worten, eine böse Absicht.

Als wir schließlich über die ewige Sith-Festung sprachen, die eine auf dem Kopf stehende, abgeschnittene schwarze Pyramide ist, bemerkten wir die Basis davon als ein Quadrat. Nehmen Sie ein perfektes Quadrat, zeichnen Sie zwei Linien, die jeweils diagonal von einer Ecke des Quadrats zur gegenüberliegenden verlaufen, und Sie haben ein perfektes „X". Wenn Sie den Mittelpunkt nehmen würden, an dem sich beide Linien kreuzen, und ihn nach oben ziehen könnten, hätten Sie eine perfekte 3D-Pyramide. Du hättest symbolisch „die Djed-Säule erhoben", und das ist der Punkt der spirituellen Reise. Was ist also der Punkt dieses Films? Und ich stelle diese Frage sowohl wörtlich als auch im übertragenen Sinne, ohne Sarkasmus. Wenn wir es vom Grundkonzept „dunkle Seite vs. helle Seite" betrachten, erscheint es mir ziemlich klar.

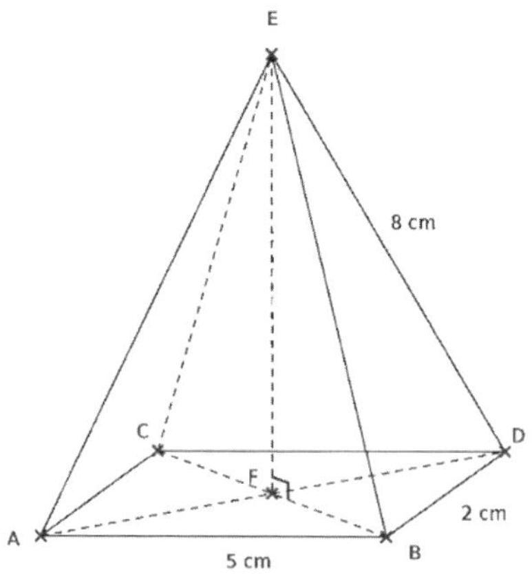

Abb. 157: Das „X" am Boden der Pyramide

Wir haben moralische Ambiguität festgestellt. Sexuelle Ambiguität. Rassenambiguität. Ich glaube, diese Fixierung auf das Zentrum des „X" ist eine Metapher dafür, worum es in den Filmen geht. Die Produzenten wollen letztendlich, dass die Zuschauer eine Position im Zentrum dieses Kreuzes einnehmen, nicht in irgendeiner Art von „göttlicher Balance" – sondern eher in dem Sinne, dass man versucht, auf einer prekären Oberfläche im Gleichgewicht zu bleiben. Eine entschieden zweideutige Position. Die Spitze einer Pyramide ist nicht der sicherste Ort, an dem wir stehen können, wenn wir uns zufällig dort befinden. Es ist ein subtiler, aber kritischer Unterschied zwischen der natürlichen spirituellen Reise zur Krone von Kether und dem hastigen Platz auf einer Pyramide, wo die Winde des Universums unvorhersehbar umher heulen und positive/negative Energien unkontrolliert um den Adepten wüten. Ein kleiner Stoß oder sogar ein starker Windstoß, und Sie werden in das große Rad der Zeit geschleudert, ohne Kompass, der Sie zurückführt. Wo Sie landen, bleibt also wirklich der Laune desjenigen überlassen, der diese Winde kontrolliert.

Um es weniger metaphorisch auszudrücken, ich denke, der Film möchte, dass wir unsere eigenen Überzeugungen bis zu dem Punkt in Frage stellen, an dem wir keine mehr haben! Und an diesem Punkt sind wir nichts weiter als Droiden, die auf Befehle warten, was zu tun ist, wohin Sie gehen, wie Sie denken, wie Sie fühlen sollen. Geistlose, verdummte, passive, fügsame Hüllen von Menschen – ohne irgendein festes Fundament, die sich verzweifelt an die Erste Ordnung klammern, die uns auferlegt wird – bis zur Letzten Ordnung – die unser eigener Abstieg in eine endlose schwarze Vergessenheit ist.

2.8 Rogue One: Die Reise der Heldin in einem Anti-Familien-Film (2016)

„Wir ergreifen die nächste Chance und die danach. Ihr seid doch Rebellen, oder nicht?"
Jyn Erso (*Rogue One*)

Rogue One (*Rogue One: A Star Wars Story*) ist ein amerikanischer epischer Weltraumfilm aus dem Jahr 2016 unter der Regie von Gareth Edwards. Das Drehbuch von Chris Weitz und Tony Gilroy basiert auf einer Geschichte von John Knoll und Gary Whitta. Es wurde von Lucasfilm produziert und von Walt Disney Studios Motion Pictures vertrieben. Es ist der erste Teil der Star Wars-Anthologie-Reihe und ein unmittelbares Prequel zu *Star Wars: Episode IV – Eine neue Hoffnung* (1977). Die Hauptbesetzung besteht aus Felicity Jones als Jyn Erso, Diego Luna als Cassian Andor, Ben Mendelsohn als Orson Krennic, Donnie Yen als Chirrut Îmwe, Mads Mikkelsen als Galen Erso, und Forest Whitaker als Saw Gerrera. Die Handlung spielt eine Woche vor der Episode IV und folgt einer Gruppe von Rebellen, die sich zusammenschließen, um Pläne des Todessterns, der ultimativen Waffe des Galaktischen Imperiums, zu stehlen. Der Film beschreibt auch den ersten effektiven Sieg der Rebellenallianz gegen das Imperium, der erstmals in der charakteristischen Eröffnungssequenz im durchlaufenden Schriftzug von Eine neue Hoffnung erwähnt wird. (124)

Was diesen Einstieg einzigartig macht, ist, dass er den Monomythos von einem rein weiblichen Standpunkt aus einbezieht, und es gibt nicht den typischen durchlaufenden Schriftzug, der erste *Star Wars*-Film ohne einen. Auf unbewusster Ebene erforscht Edwards Film den Übergang von Gefangenschaft zu Freiheit, von Hoffnungslosigkeit zu Hoffnung, illustriert durch die Fähigkeit, Entscheidungen zu treffen oder abtrünnig zu werden („to go rogue") und für sich selbst zu wählen. Die Gefängnisse, die die Unabhängigkeit verhindern, sind buchstäblich und spirituell, wie Chirrut Îmwe erklärt, „es gibt mehr als eine Art Gefängnis, Captain, ich fühle, dass Du Deines mitschleppst wohin Du auch gehst".

Der Wissenschaflter Galen Erso und seine Familie verstecken sich auf dem Planeten Lah'mu. Der imperiale Waffenentwickler Orson Krennic kommt, um ihn dazu zu drängen, den Todesstern fertigzustellen, eine raumstationsbasierte Superwaffe, die Planeten zerstören kann. Lah'mu ist ein würdiges Versteck für Galen und seine Familie: Der Ringplanet gleicht Saturn, dem Tod; Galen ist entscheidend für die Fertigstellung der Kampfstation. Krennic kommt, in Weiß gekleidet, flankiert von schwarzen Todestrupplern, und kehrt die Eröffnung von *Eine neue Hoffnung* um, als Darth Vader in Schwarz gekleidet Tantive IV betritt, flankiert von weißen Stromtruppen. Laut Doug Chiang, dem Produktionsdesigner von *Rogue One*, ist diese Umkehrung beabsichtigt, um den Rollentausch der beiden Protagonisten zu evozieren.

Anders ausgedrückt, die Geschichte von Luke und Jyn läuft parallel, während sie gleichzeitig invers ist. In *Eine neue Hoffnung* ist Luke ein Bauernjunge, der von Abenteuern in fernen Welten träumt; in *Rogue One* ist Jyn ein Bauernmädchen, das schon in jungen Jahren in Abenteuer und Intrigen hineingezogen wird, sodass sie als Erwachsene von Normalität und einem Familienleben träumt.

Galens Frau Lyra wird bei der Konfrontation mit Krennic getötet, während Jyn, ihre Tochter, entkommt und sich versteckt, schließlich von dem rebellischen Extremisten Saw Gerrera gerettet wird. Ostereier: Die hohen Stativtürme auf der Ersos-Farm sind Feuchtigkeitsverdampfer (Vaporator), ähnlich denen auf dem Lars-Gehöft, das Luke in *Eine neue Hoffnung* unterhält. Im Haus der Ersos findet man blaue Bantha-Milch, eine weitere Erinnerung an das Haus von Lars Owen auf Tatooine.

Ein Todestruppler findet eine Sturmtruppen-Puppe, eine Anspielung auf die Rebellen-Pilotenpuppe in Reys Zuflucht in *Das Erwachen der Macht*, Jyns Spielzeug spielt auf den Nebel des Krieges an, als Loyalitäten in der Galaxie, vor dem Todesstern und vor der Rebellion, bestenfalls mehrdeutig waren.

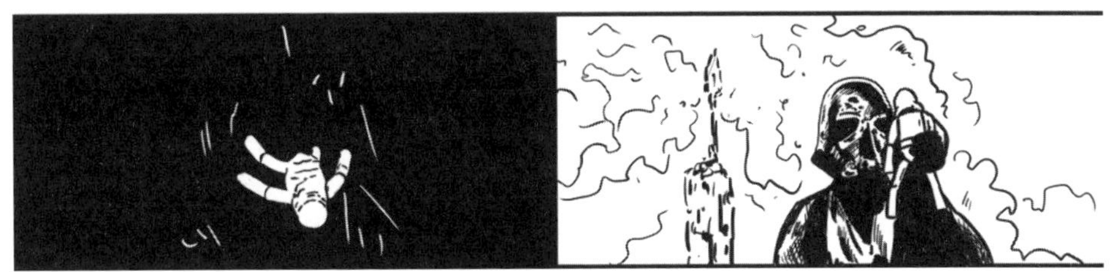

Abb. 158: Wenn Galen gegen das Imperium war, warum sollte er dann eine Stormtrooper-Puppe haben? Er hat sich vor allem versteckt, was mit dem Bösen zu tun hat, aber die Puppe ergibt keinen Sinn. Wer hat es ihm gegeben? Das Imperium? Aber er ist entkommen, lange bevor Jyn geboren wurde, also warum sollte er es überhaupt haben? Die Puppe könnte zu Beginn ihrer Anstellung ein Symbol für seine und Lyras Ambitionen gegenüber dem Imperium sein. Sie waren zwei naive verliebte Ingenieure, die der Menschheit helfen wollten, aber dafür die falsche Seite wählten. Diese Puppe repräsentiert also die Faszination, die sie mit dem Imperium hatten. Außerdem wird die Puppe von einem Death Trooper aufgehoben, der ebenso überrascht ist wie das Publikum

Dreizehn Jahre später desertiert der Frachtpilot Bodhi Rook vom Imperium und bringt eine von Galen aufgezeichnete holografische Nachricht zu Gerrera auf dem Wüstenmond Jedha. Nachdem Cassian Andor, Geheimdienstoffizier der Rebellenallianz, von einem Agenten des Handelspostens Ring von Kafrene vom Todesstern erfahren hat, befreit er Jyn aus einem imperialen Arbeitslager auf Wobani. Der heruntergekommene Handelsposten imitiert die schmutzigen Straßen von Blade Runners Los Angeles, und Wobani ist ein Anagramm für Obi-Wan.

Auf Yavin IV wird Jyn vor die drei Verantwortlichen gebracht: Rebellenführer Mon Mothma, General Draven und Cassian. Sie befragen sie zu ihrer Vergangenheit und ihrer Loyalität. Mothma überzeugt sie, Galen zu finden und zu retten, damit die Rebellion mehr über den Todesstern erfahren kann.

Anwesend ist ebenfalls General Jan Dodonna, der Rebellenpiloten schon vorbereitete, bevor diese in Episode IV den Todesstern angriffen. Bevor er Yavin IV verlässt, wird Cassian heimlich befohlen, Galen zu töten, anstatt ihn zu retten. Osterei: Die Befragung von Jyn erinnert an das verhörmäßige Meeting von Ellen Ripley am Anfang von *Aliens* (1986). Ripley wurde überzeugt, ein Kontingent von Marines gegen einen Todfeind (Xenomorphs) zu führen, genau wie Jyn dazu überredet wurde, eine Bande von Rebellen gegen einen Todfeind (das Imperium) zu führen. Ein weiteres Osterei: Der Überläufer Rook ist eine lockere Anspielung auf die Rochade im Schach: ein defensives, sprunghaftes Manöver, bei dem die Figur Turm über den König springt und auf Rooks als Überläufer anspielt, indem er den Kaiser „überspringt“.

Jyn, Cassian und der umprogrammierte imperiale Droide K-2SO reisen zum Wüstenplaneten Jedha, wo das Imperium Kyber-Kristalle aus der heiligen Stadt entfernt, um den Todesstern anzutreiben. In der Wüste liegen umgefallene Jedi-Statuen auf der Seite, von denen eine ein Lichtschwert hält. Dies sind Ruinen eines alten Jedi-Tempels, weil Jedha ein heiliger Ort der Anbetung für diejenigen war, die an die Macht glaubten.

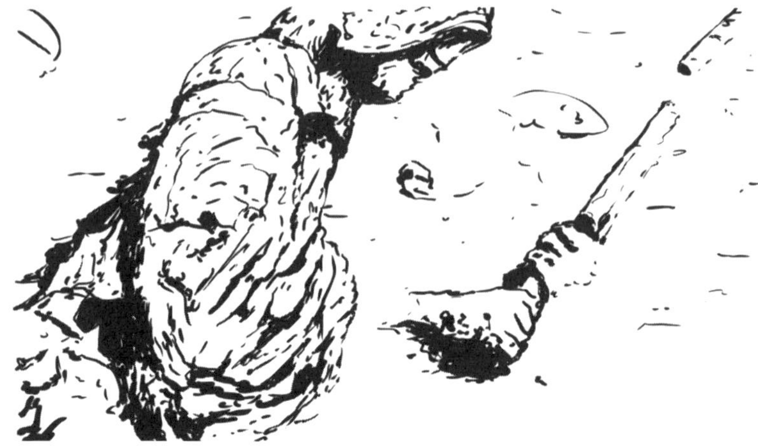

Abb. 159: Die Jedi-Statue auf Jeddah. Dschidda (Jeddah). Jeddha ist der Name einer großen Stadt in Saudi-Arabien

Während Cassian und Jyn durch die überfüllten Straßen gehen, schwebt im Hintergrund ein imperialer Droide (Probot) vorbei, ähnlich dem, dem Han und Chewbacca in *Das Imperium schlägt zurück* begegnet sind. Mit imperialen Sturmtruppen auf dem Durchmarsch ähnelt die gesamte Sequenz dem Paris während der Nazi-Besatzung. Als sie vorsichtig durch die Durchgangsstraße gehen, treffen Cassian und Jyn auf Dr. Cornelius Evazan und Pondba Baba, die Luke in der Cantina in Mos Eisley in *Eine neue Hoffnung* gemobbt haben. In beiden Filmen, warnt Evazan: „Pass auf Dich auf!"

Gleichzeitig beteiligen sich Gerrera und seine Partisanen an einem bewaffneten Aufstand gegen die imperialen Besatzungstruppen. Mit Hilfe des blinden spirituellen buddhistischen Kriegers Chirrut Îmwe und seines söldnerischen Freundes Baze Malbus nimmt Jyn Kontakt zu Gerrera auf, die Rook gefangen hält.

Gerrera – sein Atemgerät klingt unheimlich wie Vaders eiserne Lunge – zeigt ihr die holografische Botschaft. In seinem Versteck enthüllt Galen, dass er heimlich eine Schwachstelle in den Todesstern eingebaut hat, und weist sie an, die Schaltpläne aus einer imperialen Datenbank auf dem Planeten Scarif abzurufen, die eine bemerkenswerte Ähnlichkeit mit dem Akronym „SCIF: Sensitive Compartmented Information Facility" aufweist. Ein SCIF ist eine sichere Einrichtung zum Speichern streng geheimer und klassifizierter Daten. Ostereier gibt es in Hülle und Fülle: Gerreras Partisanen spielen gerne Strategiespiele, weil sich im Allerheiligsten eine nicht-holografische Version von Dejarik befindet. Gerrera schreit: „Es ist eine Falle“ und erinnert damit an Admiral Ackbar in *Die Rückkehr der Jedi-Ritter.* Die gedankenlesende, blauäugige, oktopusähnliche Kreatur Bor Gullet spiegelt den azurblauäugigen Gildennavigator des dritten Grades in Dune wider. Beide können Gedanken lesen und die Pläne anderer erspüren.

Cassian erwähnt, dass Chirrut und Baze die Wächter der Whills sind, eine Anspielung auf das Original-*Star-Wars*-Drehbuch mit dem Titel „Die Abenteuer von Luke Starkiller“ aus dem „Journal of the Whills“ von George Lucas. Laut Lucas waren die Whills weise Außerirdische, die die Macht als religiösen Glauben geschaffen haben. Das „Journal of the Whills“ („Tagebuch der Whills“) war ein von George Lucas verfasstes, handschriftliches Dokument aus dem Jahr 1972. Es diente als Grundlage für ein erstes vorläufiges Treatment, mit dem er sich im Jahr 1973 bei Filmstudios um einen Abnehmer für das spätere Krieg der Sterne bemühte.

Zurück auf dem Todesstern befiehlt Krennic einen schwachen Testschuss, der die Hauptstadt von Jedha zerstört. Jyn flieht mit Rook und den anderen vom Mond, aber Gerrera bleibt und stirbt beim Beschuss.

Vor dem Abfeuern überdeckt der Todesstern die Sonne, was bedeutet, dass die Dunkelheit das Licht überholt, was die manichäische und zoroastrische Mythologie der Saga widerspiegelt. Großmoff Tarkin gratuliert Krennic, bevor er Rooks Überlaufen und das Sicherheitsleck als Vorwand benutzt, um die Kontrolle über das Projekt zu übernehmen. Rook führt die Gruppe zu Galens imperialer Forschungseinrichtung auf Eadu, wo Cassian, der sich darauf vorbereitet, Galen zu erschießen, einen Sinneswandel vollzieht und sich entscheidet, ihn nicht zu töten. Eadu emuliert LV-426 von Aliens.

LV-426, einer von drei bekannten Monden, die den Planeten Calpamos umkreisen, hat ein felsiges, gefährliches und regnerisches Gelände und ähnelt Eadu.

Man fragt sich, ob die Xenomorph-Königin in der Nähe nistet. Jyn gibt ihre Anwesenheit bekannt, kurz bevor Rebellenbomber die Einrichtung angreifen. Galen ist verwundet und stirbt in den Armen seiner Tochter; als nächstes entkommt sie mit ihrer Gruppe, indem sie ein imperiales Frachtshuttle stiehlt.

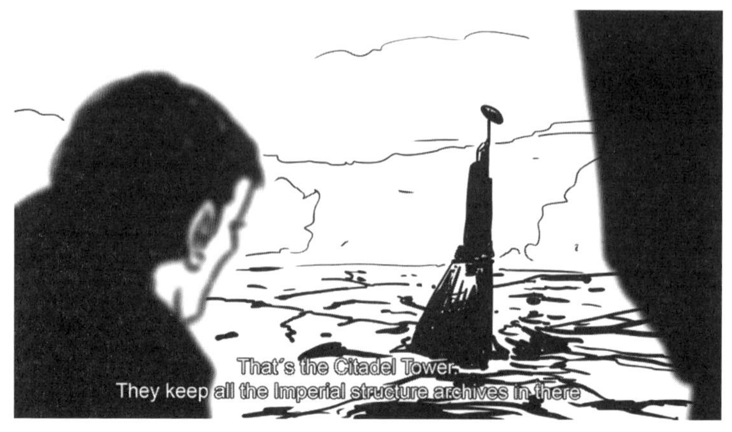

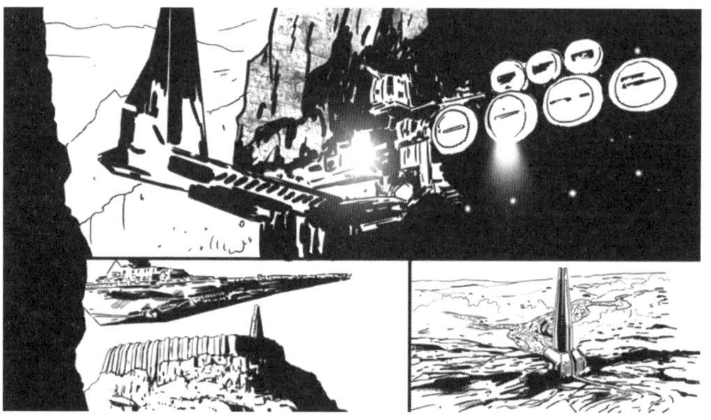

Abb. 160: Jeder Planet hat sein eigenes Schloss/Turm/Zitadelle mit einer großen spitzen Spitze, die zum Himmel gerichtet ist. Sie sind ziemlich lang, dünn und sehen aus wie Pfeile. Alle diese Gebäude werden zerstört, außer Darth Vaders Schloss auf Mustafar. Die symbolische Bedeutung eines Turms/einer Burg ist, dass sie Trost, Sicherheit und vor allem Hoffnung geben. Jeder in der Galaxie baut eine Burg, damit sie Komfort für die Zukunft haben und teilen können. Alle außer dem Rogue One Team. Sie haben kein Zuhause, sie haben nichts, wohin sie zurückkehren könnten, und sie sind auf sich allein gestellt. Als diese Gebäude zerstört werden, ist keine Hoffnung mehr in Sicht, aber Jyn schafft es dennoch, eine Handvoll Menschen dazu zu bringen, ihr zu vertrauen, denn „die Rebellion ist auf Hoffnung aufgebaut“

Darth Vader ruft Krennic nach Mustafar, um sich für den Angriff auf Eadu zu verantworten. Krennic sucht Vaders Unterstützung für eine Audienz beim Imperator, aber Vader befiehlt ihm stattdessen, dafür zu sorgen, dass keine weiteren Verstöße stattfinden. Da Vader die personifizierte Dunkelheit ist – eine mephistophelische Figur – wohnt er in der Hölle: dem vulkanischen, feurigen Planeten Mustafar; er kann der Welt, die ihn geschaffen hat, nicht entfliehen. Vaders stygische Burg ist eine riesige Stimmgabel, die es ihm ermöglicht, negative Schwingungen einzufangen und zu konzentrieren, wodurch seine Fähigkeit, die dunkle Seite der Macht zu nutzen, verbessert wird. Der Jedi-Tempel auf Jedha ist auch eine Stimmgabel; nur es ist aus weißem Stein gebaut, der positive Schwingungen darstellt. Osterei: Galen Urso verkörpert den Nuklearwissenschaftler Robert Oppenheimer (1904-1967), den Kopf hinter dem Manhattan-Projekt. Wie Galen bedauerte Oppenheimer die Entwicklung einer Massenvernichtungswaffe.

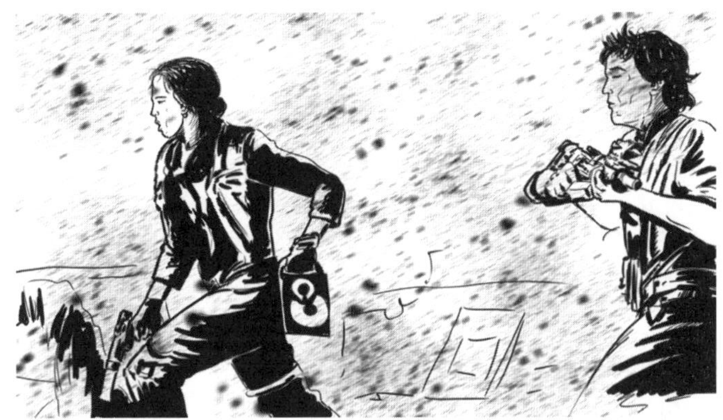

Abb. 161: Die Pläne des Todessterns, die Jyn und Cassian gestohlen haben, haben die Form einer Festplatte, aber wenn Sie genau hinsehen, können Sie sehen, dass sich ein kleinerer Kreis über einem größeren Kreis befindet, wobei der kleinere der Todesstern ist, der größere ein Planet, den der Todesstern zerstören wird

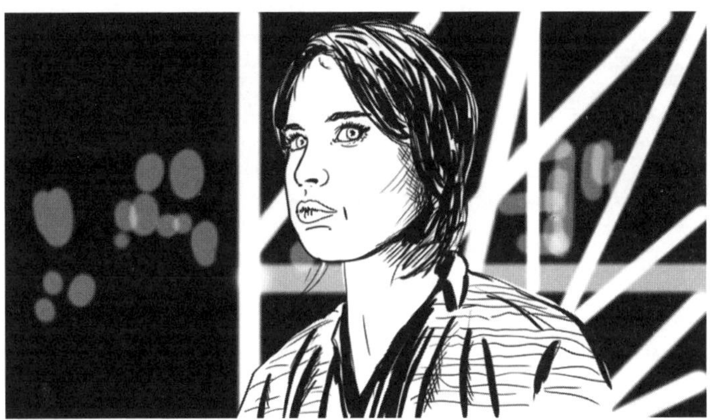

Abb. 162: In der Szene, in der Jyn zu Mon Mothma gebracht wird, um eine Gelegenheit für einen Neuanfang zu bekommen, stehen Mon Mothma, Cassian und Jyn vor einem Bildschirm mit Markierungen darauf. Jeder von ihnen hat ein anderes Muster und jeder bedeutet etwas anderes. Jyns Muster ist chaotisch, Linien gehen auf und ab und kreuzen sich. Es ist kein wirkliches Muster erkennbar, denn in diesem Moment ist Jyn völlig verwirrt. Sie wurde gerettet, in Handschellen dorthin gebracht und über ihren „vielleicht" toten Vater befragt, den sie seit Jahren nicht mehr gesehen hatte. Der Bildschirm spiegelt ihren inneren Kampf wider

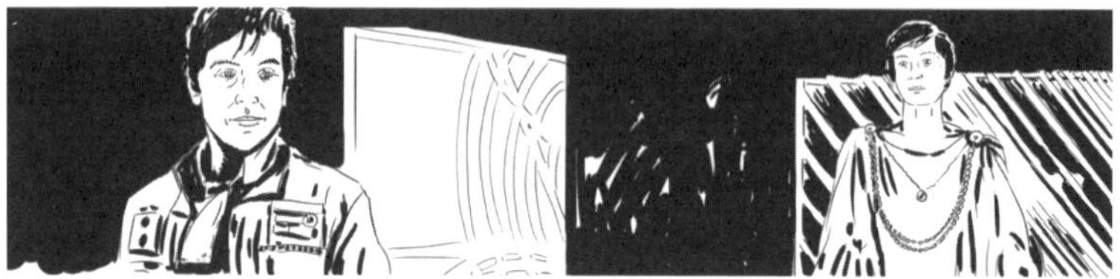

Abb. 163: Cassians Muster ist ziemlich offensichtlich. Das Muster zeigt eine Reihe von Kreisen, die sich verengen und den Fokus darstellen. Er hat eine Mission, die erfüllt werden muss, und er konzentriert sich nur darauf. Die Kreise sind auch ein Zeichen dafür, dass er die Information hat, dass ein Mond Planeten zerstört. Das Hintergrundmuster von Mon Mothma ist am deutlichsten. Ihre Muster zeigen diagonale Linien, die in schönen Intervallen präsentiert werden, weil sie die Kontrolle über ihre Emotionen, eine dominante Meinung und keinen Platz für Fehler hat. Außerdem repräsentieren die diagonalen Linien Bewegung, Richtung, eine Illusion von Perspektive; sie hat ein Ziel, das erobert werden muss

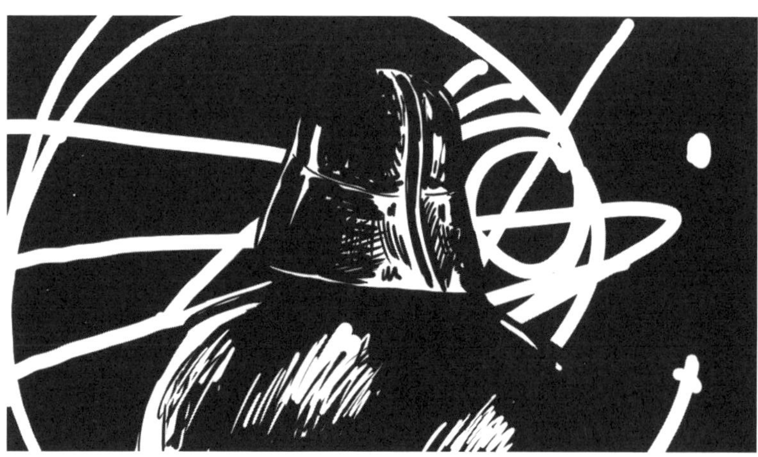

Abb. 164: In den Trailern ist auch Darth Vader vor einem Muster zu sehen. Sein Muster hat rote Kreise und Linien, und es ist klar, was sie darstellen, denn sie haben die Form des Todessterns und eines Planeten, den der Todesstern zerstören wird. Meine Güte, dieser Typ hat nur Zerstörung im Sinn

Jyn schlägt einen Plan vor, die Schaltpläne des Todessterns mit Hilfe der Rebellenflotte zu stehlen, erhält jedoch keine Zustimmung vom Allianzrat, weil sie glauben, dass ein Sieg gegen das Imperium jetzt unmöglich ist. Winston Churchill (1874-1965), dessen Haltung, niemals aufzugeben, dazu beigetragen hat, die Nazis zu besiegen, gleicht dem schroffen Ratsmitglied Admiral Raddus, der ebenfalls bereit ist, alles zu opfern, um das Imperium zu besiegen. Frustriert über ihre Untätigkeit führt Jyns Gruppe einen kleinen Trupp freiwilliger Rebellen an, um die Datenbank selbst zu knacken. Als sie mit dem gestohlenen imperialen Shuttle auf Scarif ankommen, betritt die vorgetäuschte „Rogue One" Rook, Jyn und Cassian – jetzt verkleidet – die Basis mit K-2SO; andere Rebellen greifen die ansässige imperiale Garnison an und schaffen eine Ablenkung. Osterei: In *Das Imperium schlägt zurück* zollt die Rebellion Jyn und ihren Gefährten Respekt, indem sie ein Geschwader Rogue nennen, das so identifiziert wird, wenn sie Hoth nach Luke und Han durchsuchen.

Die Rebellenflotte erfährt von dem Schuss durch abgefangene imperiale Kommunikation; sie setzen sich ein, um den Überfall zu unterstützen. K-2SO opfert sich selbst, damit Jyn und Cassian die Daten abrufen können. Îmwe wird getötet, nachdem er den Hauptschalter aktiviert hat, der die Kommunikation mit der Flotte ermöglicht, und Malbus stirbt kurz darauf im Kampf. Eine Granate tötet Rook, nachdem er der Armada mitgeteilt hat, dass sie den Schild deaktivieren müssen, der den Planeten umgibt, um die Schaltpläne zu übertragen. Als Jyn die Datenbank nach den Plänen des Todessterns durchsucht, sieht sie einen Eintrag mit dem Titel „Hyperspace Tracking". In *Die letzten Jedi* ist dies die Technologie, die es der Ersten Ordnung ermöglicht, die Widerstandsflotte zu verfolgen, selbst wenn sie auf Lichtgeschwindigkeit gesprungen ist. Schließlich erhalten Jyn und Cassian die Pläne der Kampfstation, aber sie werden von Krennic überfallen, wobei Cassian den imperialen Direktor erschieß. Jyn übermittelt die Schaltpläne an das Kommandoschiff der Rebellen. Der Todesstern betritt die Umlaufbahn über Scarif, wo Tarkin einen weiteren Schuss mit geringer Energie verwendet, um die kompromittierte Basis zu zerstören und Krennic, Cassian und Jyn zu töten. Osterei: Die resultierende Pilzwolke/Explosion aus dem Laserschuss des Todessterns lässt auf die Aufnahmen von Atombombentests, „Operation Crossroads", der US-Regierung auf dem Bikino-Atoll auf den Marshallinseln (Scarif ist ein tropischer Planet) Mitte 1946 schließen. Solche Bilder definieren die apokalyptische Kraft des Todessterns: die Fähigkeit, Welten zu zerstören.

Die Rebellenflotte bereitet sich auf den Sprung in den Hyperraum vor, aber Vaders Flaggschiff, die Devastator, fängt viele der entkommenden Schiffe ab. Vader geht an Bord des Rebellen-Kommandoschiffs und versucht, die Baupläne zurückzugewinnen, aber ein kleiner Blockadebrecher – Tantive IV – springt mit den Plänen an Bord in den Hyperraum. An Bord des fliehenden Schiffes erklärt Prinzessin Leia, dass die Baupläne der Rebellion Hoffnung geben werden. Osterei: Als Tarkin Vader und den anderen kaiserlichen Offizieren in *Eine neue Hoffnung* die Auflösung des Senats mitteilt, gibt es mehrere leere Stühle um den Konferenztisch. Vermutlich gehörte einer dieser Sitze dem Direktor Krennic, der, wie wir wissen, auf Scarif ums Leben kam.

Wie in anderen *Star-Wars*-Filmen sind einige (nicht alle) Elemente des Monomythos vorhanden, dieses Mal erlebt von einer Heroin, manchmal aus der Reihe, und während einer Szene, die zwei auf einmal vermischt.

Hier eine Auswahl:

Der Ruf des Abenteuers (Berufung): Mon Mothma rekrutiert Jyn, um mit Gerrera zu verhandeln, in der Hoffnung, ihren Vater zu retten und mehr über den Todesstern zu erfahren.

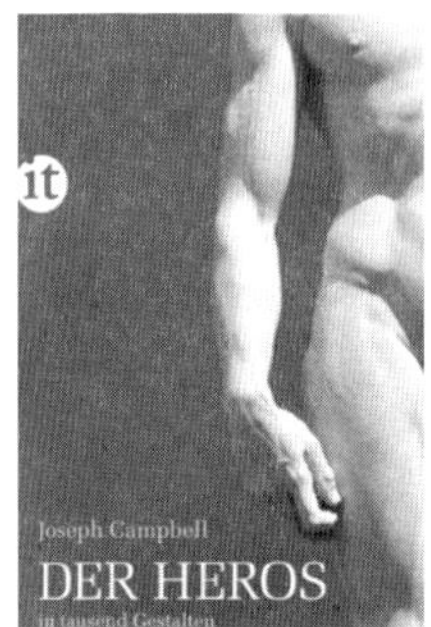

Abb. 165: Joseph Campbell „Der Heros in tausend Gestalten“

Der Bauch des Walfischs: In der Festung von Saw Gerrera betrachtet Jyn ein Hologramm ihres Vaters Galen und versteht endlich seine Beweggründe. Während des Angriffs auf Eadu stirbt ihr Vater in ihren Armen. Sie verlässt Eadu emotional verändert und lässt ihren Vater nicht umsonst sterben. Jyn kennt ihr Schicksal: Sie wird die Baupläne des Todessterns finden, damit die Rebellion ihre Schwäche ausnutzen und das Imperium schwächen kann.

Die Begegnung mit der Göttin: Senator Mon Mothma. Wie Prinzessin Leia in Eine neue Hoffnung trägt sie die weißen Roben des Mondes, die Jyn das Licht spenden, das sie auf ihren abenteuerlichen Weg bringt. Sie gebiert den Widerstand gegen das Imperium.

Apotheose: Wie Obi-Wan in *Eine neue Hoffnung* opfern sich K-2SO und Chirrut für das Wohl der Allgemeinheit und sterben selbstlos, sodass Jyn und Cassian die Mission erfüllen können.

Die endgültige Segnung: Das Ziel der Suche. Joseph Campbell erklärt: *„Die Götter und Göttinnen sind dann als Verkörperungen und Hüter des Elixiers des unvergänglichen Seins zu verstehen, aber nicht selbst das Ultimative in seinem ursprünglichen Zustand. Was der Held durch seinen Umgang mit ihnen sucht, sind also nicht zuletzt sie selbst, sondern ihre Anmut, die Kraft ihrer tragenden Substanz. Diese wunderbare Energie-Substanz und dies allein ist das Unvergängliche; die Namen und Formen der Gottheiten, die es überall verkörpern, verteilen und repräsentieren, kommen und gehen. Dies ist die wundersame Energie der Blitze von Zeus, Jahwe und dem Höchsten Buddha, die Fruchtbarkeit des Regens von Viracocha, die Tugend, die durch die Glocke angekündigt wird, die in der Messe bei der Weihe geläutet wird, und das Licht der endgültigen Erleuchtung des Heiligen und Salbei. Seine Wächter geben es nur an den gebührend Geprüften weiter.“*

Dies geschieht in Episode IV mit der Zerstörung des Todessterns, ermöglicht durch die waghalsigen Heldentaten von Jyn, Cassian und der Crew von Rogue One, die der Rebellion ihr Leben geben. (125)

Abb. 166: Ein nettes Gruppenbild

Die Namen

Die Namen der Charaktere bedeuten etwas Verbindendes:

JYN – Ihr Name bedeutet Gold in der chinesischen Sprache und steht für „eine Heldin". Cassian beschützt sie, weil sie für ihn „Gold" ist, und sie ist eine Heldin, indem sie den Tag rettet.

CASSIAN – Sein Name ist irisch und bedeutet lockiger Mann. Also ein harter Kerl, so wie er gerne wahrgenommen wird.

BODHI – Es ist ein Sanskrit-Name und bedeutet erwacht, weil er in einem vom Imperium kontrollierten Albtraum aufgewacht ist und sofort übergelaufen ist, nachdem er gesehen hat, was das Imperium tut

CHIRRUT – Sein Name besteht aus zwei Wörtern, Chi und Rut. Chi ist chinesisch und bedeutet Lebenskraft und Energie, und Rut beschreibt einen Tiefpunkt. Es passt perfekt, weil er von Energie, der Macht, kontrolliert wird und er den Sinn seiner Existenz verloren hat, bis Jyn und Cassian auftauchten.

BAZE – Es kommt aus Deutschland und bedeutet gemein, aber nicht negativ. Er ist hart und hat einen gemeinen Gesichtsausdruck, aber er hat ein weiches Herz in sich.

SAW GERRERA – Sein Name ist Saw, da er etwas gesehen hat, nicht zu verwechseln mit Kettensäge, und sein Nachname ist spanisch und bedeutet Krieg. Sein Name bedeutet also derjenige, der den Krieg gesehen hat. Die Klonkriege, um genau zu sein. Diese

Erfahrung hatte traumatische Auswirkungen, denn jetzt ist er ein gebrochener Mann, paranoid und sinnlos.

Edwards: „Saw repräsentiert den Archetyp eines Rebellenkämpfers, der bis an die Grenzen gegangen ist."

GALEN – Dieser Name ist griechisch und bedeutet Ruhe. Das beschreibt, warum Galen kein Mann der Tat ist, er ist ein Waffeningenieur, ein Geek, er kann und will nicht kämpfen. Er schlägt den altmodischen Weg zurück, durch Wissen.

KRENNIC – Das ist Dänisch für Canon, und es passt perfekt, denn er ist derjenige, der Jedha als erster mit einer mondgroßen Kanone zerstört.

Auch die Namen der Orte, die in *Rogue One* gezeigt werden, haben tiefere Bedeutungen:

JEDHA – Der Name ist arabisch und bedeutet Vorfahre der Frau. Dieser Name wurde gewählt, weil es der einzige Moment im Film ist, in dem sich Jyns Vater Galen im selben Raum, wie ihr „anderer" Vater Saw befindet. Galen ist nur ein Hologramm, aber Saw ist da. Beide haben sie irgendwann in ihrem Leben großgezogen, also macht es Sinn, dem Treffpunkt einen außergewöhnlichen Namen zu geben.

MUSTAFAR – Das ist der Planet, auf dem Vader sein Schloss gebaut hat. Mustafar ist ebenfalls Arabisch und bedeutet der Auserwählte oder der Große. Einerseits ist er bereits ausgewählt, da das Publikum die Chance hatte, ihn in den *Star Wars*-Prequels zu sehen. Auf der anderen Seite, jetzt mit einer Pause von 20 Jahren zwischen seinem letzten Auftritt, wurde er zu dem Großen, den das Publikum schätzt und es kaum erwarten kann, ihn zu sehen. Er ist kein positiver Charakter, aber verdammt beliebt.

SCARIF – Es ist auch ein arabischer Name und bedeutet ehrenwert oder berühmt. Warum? Es ist einfach. Es heißt so, weil das Team von *Rogue One* sich selbst erlöst hat, indem es die Pläne zur Zerstörung des Todessterns an die Rebellion geschickt hat. Sie starben für die Sache und das ist ehrenhaft. (126)

Was macht *Rogue One* zu einem *Star Wars*-Film?

Zunächst einmal hat es eine lange Tradition, dass sich die Haupthandlung um eine Familie dreht, die auseinanderbrechen wird. So wie Anakin und Padme dank des Imperiums auseinanderfielen, ist die Beziehung von Anakin zu Luke und Leia eine komplette Katastrophe, und jetzt wird auch die Familie von Jyn Erso vom Imperium zerstört. Es scheint ein Muster für Familien in der weit, weit entfernten Galaxis zu geben: Wenn man keine hat, „wird sie auseinanderfallen". Es ist ironisch, wie die *Star Wars*-Filme trotz ihrer Anti-Familien-Themen zu den ultimativen Familienfilmen wurden. Als nächstes stehen die intergalaktischen Kämpfe zwischen X-Wings und Schlachtschiffen des Imperiums im äußeren Ring der Galaxis an. Es ist ein Bild aus alten Zeiten, das für das Publikum zurückgebracht wird, das sich keinen *Star Wars*-Film ohne es vorstellen kann. Indem man einen Todesstern, ein rotes Lichtschwert, einen dunklen Sith-Lord und einen halbverrückten Droiden in die Mixer wirft, für den bisher „vielleicht" besten *Star Wars*-Film… passte alles zusammen. Was es zu einer „neuen" Art von Star Wars macht, ist die Art und Weise, wie mit den Charakteren umgegangen wird. Es ist im Grunde eine Erlösungsgeschichte, im Gegensatz zu einer zugeschnittenen Gut-gegen-Böse-Verschwörung der Vergangenheit.

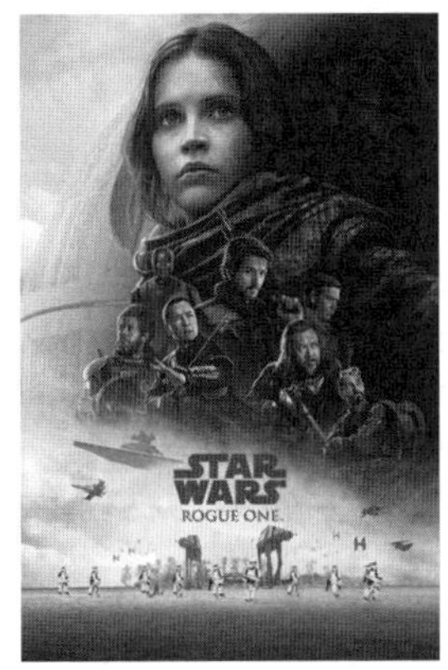

Abb. 167: Filmposter zu *Rogue One*

Wenn man bedenkt, dass dieser Film von dem Typen gemacht wurde, der *Godzilla* (2014) gedreht hat, der enorme Mängel hatte, kommt dieser Film einem Wunder gleich. Alles passt perfekt. In dieser Erzählung, die der Film bot, etablierte er jeden Charakter, erweckte einen fantastischen intergalaktischen Kampf zum Leben und stellte alles wieder her, was die sogenannten „Star Wars"-Fans in *Das Erwachen der Macht* hassten. Gareth Edwards hat sich Zeit genommen, tausend Neuaufnahmen gemacht und etwas geschaffen, an das man sich noch lange erinnern wird. Man hofft, dass die Studios das zusätzliche Material nicht verwenden würden, um irgendwie eine erweiterte Ausgabe oder Ähnliches zu erstellen, aber Edwards beschwichtigte alle:

„Der Film ist, was er ist. Weißt du, ich habe das Gefühl, es ist wie ein Sport und sie pfeifen und du bekommst das Ergebnis. Du hast gewonnen oder verloren und ich habe das Gefühl, dass das, was im Kino herauskommt, ‚Rogue One' ist, und es könnte Spaß machen, sich kleine Unterschiede und so etwas anzusehen, aber ich sehe nicht, wie es so einfach funktionieren würde, andere Dinge wieder einzubauen und sie herausnehmen oder was auch immer."

2.9 Stranger Things: Gedankenkontrolle der Schattenregierung (2016)

„Du bist ein Freak, was soll's? Willst du normal sein? Willst du etwa so sein wie alle anderen?“
Jonathan Byers (*Stranger Things*)

Stranger Things ist eine amerikanische Science-Fiction-Horror-Drama-Fernsehserie, die von den Duffer Brothers erstellt und auf *Netflix* gestreamt wird. Die Brüder fungieren als Showrunner und ausführende Produzenten zusammen mit Shawn Levy und Dan Cohen. Die Serie wurde am 15. Juli 2016 auf *Netflix* uraufgeführt. Die erste Staffel spielt in den 1980er Jahren in der fiktiven Stadt Hawkins, Indiana, und konzentriert sich auf die Untersuchung des Verschwindens eines Jungen (Will Byers) inmitten übernatürlicher Ereignisse in der Stadt, einschließlich des Erscheinens eines Mädchens mit psychokinetischen Fähigkeiten.

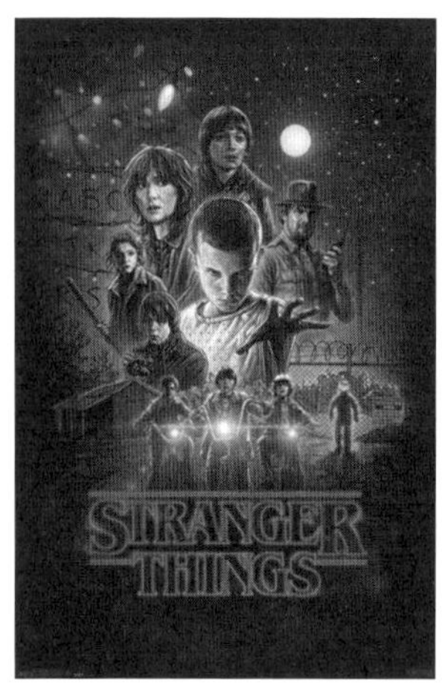

Abb. 168: Poster zu der ersten Staffel

Die Duffer Brothers entwickelten *Stranger Things* als eine Mischung aus investigativem Drama und übernatürlichen Elementen, die mit Horror, Science-Fiction und kindlichem Feingefühl dargestellt werden. Die Duffer Brothers versetzten die Serie in die 1980er Jahren und fügten Verweise auf die Popkultur dieses Jahrzehnts hinzu, während mehrere Themen und Regieaspekte hauptsächlich von den Werken von Steven Spielberg, John Carpenter und Stephen King sowie von Anime und Videospielen inspiriert wurden. Sie ließen sich auch von seltsamen Experimenten inspirieren, die während des Kalten Krieges stattfanden, und realen Theorien, die geheime Experimente der Regierung beinhalten. (127)

Die immens beliebte Serie *Stranger Things* stellt die verstörende Welt von MKULTRA in den Vordergrund der Populärkultur, gemischt mit einer starken Mischung aus Fantasy und Science-Fiction. Durch ihre Geschichte und Symbolik erzählt die Serie eine tiefere Wahrheit über ein Thema, eine Wahrheit, die nicht viele glauben oder akzeptieren werden.

Gelobt für seine fesselnde Geschichte und sein herausragendes Schauspiel, wurde *Stranger Things* schnell zu einem Monsterhit. Mit einer Gruppe von Dungeon & Dragons spielenden Kindern, die mit dem Fahrrad durch ihre Nachbarschaft radeln und dabei über ihre Walkie-Talkies kommunizieren, brachte die Serie eine schwere Dosis Nostalgie der 80er mit einer seltenen Authentizität. Noch wichtiger ist, dass *Stranger Things* auch ein Thema an die Spitze der Populärkultur gebracht hat, das jahrzehntelang tabu war: Die Welt von MKULTRA und ihre schrecklichen Praktiken.

Ständig stellt *Stranger Things* die Wahrheit der Fiktion, den Schrecken der Realität, die Glückseligkeit der Fantasie, der Hässlichkeit der Menschheit die Unschuld von Kindern gegenüber und hat einen starken dualistischen Unterton. Dies wird durch die Tatsache verkörpert, dass das Abenteuer in zwei getrennten Bereichen stattfindet, der „realen Welt" und der „Umgedrehten", einer dunklen, bösen Version der Realität. Obwohl diese Bereiche getrennt sind, sind sie durch ein Tor verbunden, von dem fast niemand etwas weiß. Die Existenz dieses Gateways ist der Öffentlichkeit verborgen, wirkt sich jedoch auf verschiedene Weise auf sie aus. *Stranger Things* handelt davon, wie diejenigen, die uns regieren, in „fremde Dinge" verwickelt sind, als die meisten sich vorstellen können. Durch seine Geschichte, Charaktere und Symbolik enthüllt es die dunkle Seite der Elite.

Die Serie beginnt mit vier Freunden, Mike, Will, Dustin und Lucas, die Dungeons & Dragons spielen. Mike, der Kerkermeister, stellt die Prämisse für die Suche seiner Freunde auf. Er baut auch die Prämisse der gesamten Serie auf.
„Da kommt etwas. Etwas Bluthungriges. Ein Schatten wächst an der Wand hinter euch. Die Dunkelheit verschluckt Euch. Es ist fast hier."

Während die Jungs letztendlich mit der schrecklichen Welt der Gedankenkontrolle der Regierung konfrontiert werden, wird ihr Abenteuer ständig mit einer Dungeons & Dragons - Quest verglichen. Will, der Junge, der von der Regierung entführt wird, ist der Zauberer der Party. Die Stärke der Zauberer liegt in ihrem Geist, da sie zu Magie und anderen paranormalen Dingen wie Teleportation und Telekinese fähig sind. Wie wir später sehen werden, geht es beim Thema MKULTRA-Programmieren darum.

In diesem Sinne stehen die dunklen, verstörenden Ziele der okkulten Elite in direktem Kontrast zur Unschuld und Verspieltheit von Kindern. (128)

Seltsamerweise scheint die Serie einen neuen Trend unter Hollywood-A-Schauspielern widerzuspiegeln, wo die Nerd-Kultur die alte Praxis der 80er Jahre, D & D zu spielen, wiederbelebt hat. Der „Hollywood Reporter" erklärt den Trend und seine Verbindung zu Schauspiel und Rollenspiel (129):

„Vin Diesel spielt es. So auch Dwayne Johnson, Drew Barrymore, Stephen Colbert, Mike Myers und Jon Favreau, neben anderen fettgedruckten Namen. Einige haben sogar ihre Karriere aufgebaut, indem sie es gespielt haben …
Das jahrzehntealte Rollenspiel, bei dem die Teilnehmer mehrseitige Würfel würfeln und dabei vorgeben, mystische Kreaturen wie Elfen und Zwerge zu sein, kommt endlich aus dem Schrank (oder in diesem Fall aus Mamas Keller). ‚Es gibt ein riesiges Wiederaufleben der Nerd-Kultur, besonders mit dem Tech-Boom', sagt Martin Starr von Silicon Valley, ein langjähriger D&D-Enthusiast. ‚Wenn Nerds noch arm wären und bei ihren Müttern leben würden, würde sich niemand um Dungeons &

Dragons kümmern. Aber Nerds regieren die Welt und D&D feiert ein großes Comeback – und ich freue mich darauf.'"

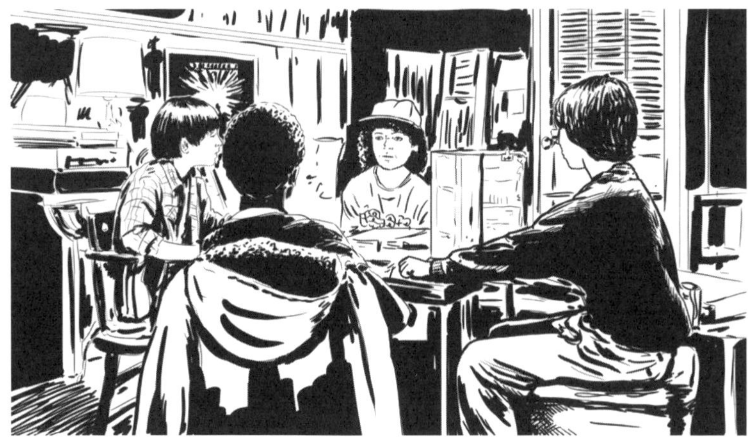

Abb. 169: Mikes Dungeon & Dragons-Kampagne dauert fast zehn Stunden. Knapp zehn Stunden dauert die erste Staffel von *Stranger Things*

Dies bezieht sich sicherlich auf die Förderung der eigenen Improvisationsfähigkeiten, bezieht sich aber auch auf die okkulte Seite Hollywoods, obwohl ich nicht die lächerliche evangelikale Ansicht vertrete, dass D&D von Natur aus böse ist. Vielmehr ist der Begriff des Rollenspiels gleichbedeutend mit der antiken Auffassung von Schauspiel als Dramaturgie oder ritueller Anrufung der Götter. (130) Der Religionswissenschaftler Dudley Young schreibt:

„Die frühesten Götter wurden durch rituelle Handlungen (Dromenon = das Erledigte) wie einen Opfertanz angerufen, um an die Tatsache zu erinnern, dass unser Leben beginnt und endet, wenn sie uns anrufen. Danach war die Sache sowohl gesagt (Legomenon) als auch getan, und das Dromenon war auf dem Weg, das Drama zu werden. Sobald die Sprache in den Tempelbezirken mit der Macht der Wortmagie ausgestattet ist, haben wir die eigentliche ‚Anrufung'." (131)

Im Wesentlichen sind die Schöpfer der Serie die Dungeon-Meister, die die Zuschauer auf eine zehnstündige Suche mitnehmen. Aber während es bei D&D um Fantasie geht, basieren die Ereignisse in *Stranger Things* auf einigen sehr seltsamen Dingen, die tatsächlich passiert sind.

Angesiedelt in der fiktiven Kleinstadt Hawkins, Indiana im Jahr 1983, werden wir die zufällige dramaturgische Beschwörung sehen, bei der das D&D-Simulacrum tatsächlich auf einer tieferen Ebene mit den okkulten Phänomenen in Verbindung zu stehen scheint, die sich zu ereignen beginnen.

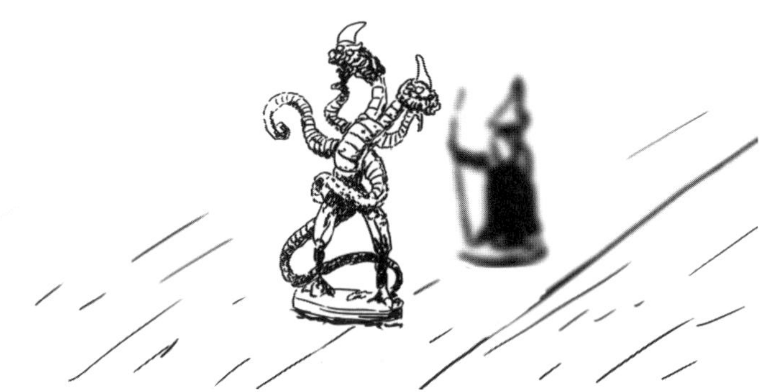

Abb. 170: Wills Entführung durch die Regierung wird mit dem Zauberer verglichen, der mit dem Demogorgon im Tal der Schatten festsitzt

Das Verschwinden des jungen Will Byers löst eine Reihe von Ereignissen aus, die Hawkins in einen schwarzen Kaninchenbau aller Verschwörungstheorien aller Zeiten führen, verschmolzen mit der Öffnung der interdimensionalen Tore aus einem John-Carpenter-Film. Die Serie, die ursprünglich den Titel „Montauk" tragen sollte, spiegelt die zweifelhaften Berichte über das Projekt Montauk wider, bei denen angeblich Zeit und Raum in von der Regierung geförderten PsyOps- und „Zeitreise"-Experimenten verändert wurden, wobei der berühmte UFO-Forscher Jacques Vallée kommentierte, dass die Experimente mit dem Philadelphia-Experiment zusammenhängen.

Die Geschichten von Montauk scheinen aus einer Buchreihe von Preston Nichols zu stammen, der behauptet, „verdrängte Erinnerungen" an das Ereignis entdeckt zu haben. Dieses lächerliche Szenario riecht sofort nach PsyOps, was die ursprüngliche Verbindung zu groß angelegter Täuschung umso passender macht. Sogar Vallée behauptet, dass „Experiment" sei ein Schwindel, und schlägt ein Experiment vor, bei dem man sieht, was man den Leuten glauben machen kann, im Gegensatz zu einem echten Raum-Zeit-Verzerrungsexperiment. Vallée schreibt:

„Ich stellte die Hypothese auf, dass die Experimente mit einem Radar-Gegenmaßnahmentest zu tun hatten. In der Tat deutete eine vor dreizehn Jahren veröffentlichte Anzeige von Raytheon darauf hin, dass die entsprechende Technologie nun offenkundig sei. Diese Hypothese konnte jedoch einige der Tatsachen nicht erklären, die die Geschichte hervorhoben. Insbesondere wurde das beobachtete Verschwinden des Zerstörers aus dem Hafen, die mysteriösen Geräte, die unter extremen Sicherheitsvorkehrungen an Bord gebracht wurden, oder das angebliche Verschwinden zweier Matrosen aus einer nahe gelegenen Taverne nicht berücksichtigt."

Während es der Fall sein kann, dass die Marine die Raumzeit verändert hat, hält Vallée nicht die Möglichkeit für real, dass dies alles Bullshit ist, da so viele „militärische Whistleblower" und „Generäle" es so oft „durchsickern"? Vielmehr stützen sich, wie so oft, alle „Beweise" für diese Ereignisse auf einen pensionierten Mann des Militärs. Vallée selbst war ein hochrangiger Regierungsbeamter mit Interesse an Okkultismus und Rosenkreuzertum und wird in Spielbergs *Unheimliche Begegnung der dritten Art* durch die Figur von Claude Lacombe (gespielt von Francois Truffaut) repräsentiert.

All dies fungiert also als Geist hinter Stranger Things sowie unzähligen anderen Einflüssen wie *Star Wars*, *Alien*, *Goonies*, H.P. Lovecraft, *Evil Dead*, *X-Men*, Stephen King und John Carpenter. Abgesehen davon halte ich bezüglich der Serie für zutreffend, dass sie einige Aspekte des spirituellen Reiches zeigt, das in wissenschaftlicher Mystik steckt, wo sich unser Verdacht auf außerirdische Manipulation sowohl als irdisch wie als dämonisch herausstellt. Der Demogorgon bewohnt ein Reich, das „auf dem Kopf steht", die negative oder dämonische dunkle Seite unserer Welt, was manchmal mit der kabbalistischen Vorstellung von Qilphoth oder dem Abgrund von Da'at übereinstimmt. (132)

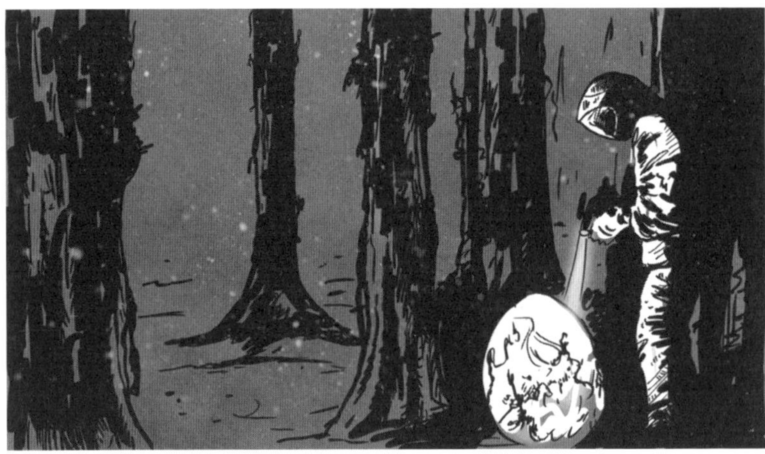

Abb. 171: Durch das Dimensionstor: Der Demogorgon entzieht Energie und brütet Dämonenbabys im Inkubus-Stil in Ridley-Scott-Form aus

„Schatz, wir müssen ihnen voll vertrauen, ok. Sie kommen im Auftrag der Regierung und sind auf unserer Seite."

Wenn man bedenkt, was in der Serie passiert, bekommt das obige Zitat, das von einem ahnungslosen Vater gesagt wurde, eine zutiefst ironische Bedeutung. Die Geschichte beschreibt in der Tat eine Schattenregierung, die existiert, egal wer im Amt ist, und die sich völlig außerhalb der Öffentlichkeit entwickelt, an Programmen, Experimenten und

Missionen teilnimmt, die völlig außerhalb des öffentlichen Wissens liegen, während sie die gesamten Ressourcen und Netzwerke des Landes kontrolliert. In *Stranger Things* werden als Hauptorganisationen die CIA, die NSA und das Energieministerium genannt.

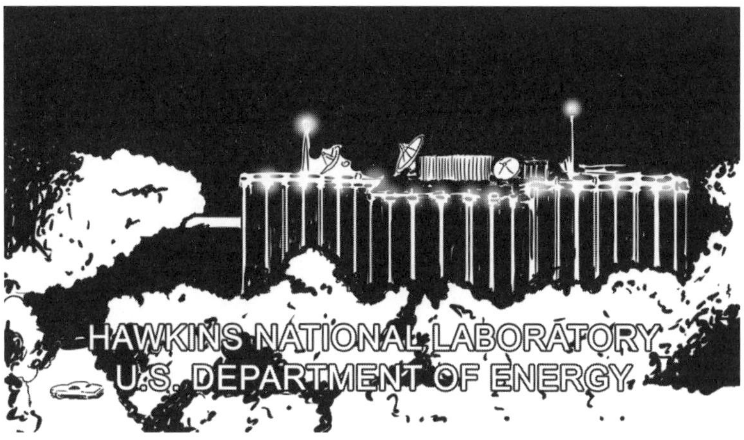

Abb. 172: Die MKULTRA-Programmierstelle und das Tor zur „verkehrt herum"-Parallelwelt befinden sich in einem „National Laboratory" des US-Energieministeriums

Die Macher von *Stranger Things* ließen sich eindeutig von der Montauk-Projekt „Legende" inspirieren. Die Produzenten entschieden sich jedoch letztendlich dafür, die Serie in einer fiktiven Stadt in Indiana anzusiedeln. Obwohl der Schauplatz ein anderer ist, steckt dieselbe Schattenregierung hinter der Handlung in *Stranger Things*.

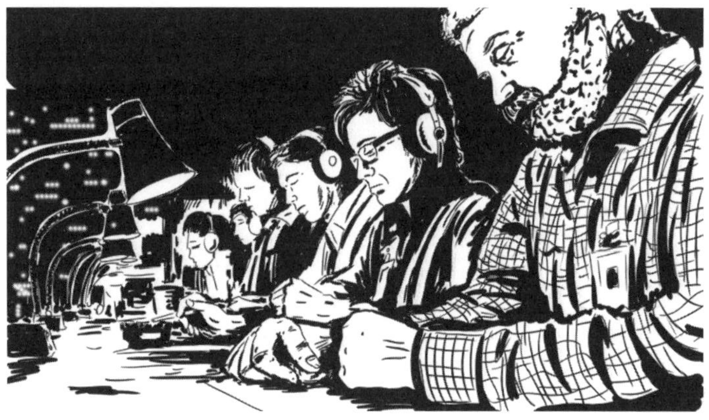

Abb. 173: Innerhalb des „National Laboratory" werden Telefongespräche von Bürgern überwacht

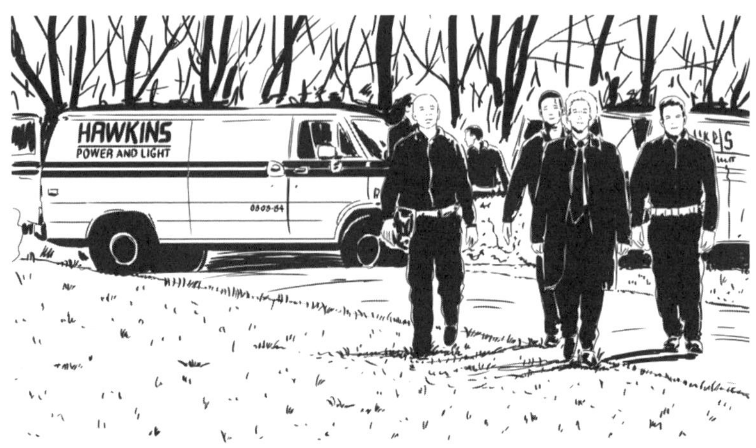

Abb. 174: Die Regierung nutzt „Hawkins Power and Light“ Lieferwagen, um sich unbemerkt in der Gemeinde zu bewegen, während sie Telefone anzapft und Häuser durchsucht

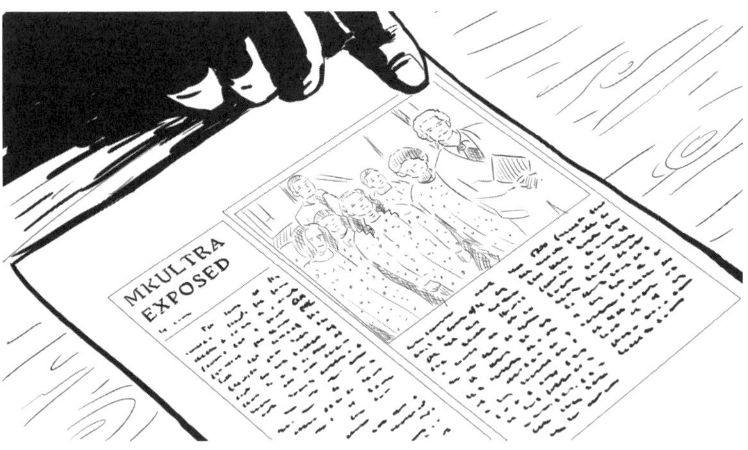

Abb. 175: Während das MKULTRA-Projekt angeblich in den 1970er Jahren beendet wurde, läuft es in *Stranger Things* immer noch

In *Stranger Things* unternimmt die Schattenregierung alle notwendigen Schritte, um ihre Spuren zu verwischen: Sie spioniert Bürger aus, tötet diejenigen, die zu viel wissen (was es wie einen Selbstmord aussehen lässt), täuscht den Tod entführter Kinder vor und behindert Ermittler bei der Suche die Wahrheit. Kurz gesagt, die Schattenregierung steht über dem Gesetz und ersetzt alle Regierungsebenen.

Jim Hopper, der Polizeichef von Dawkins, deckt langsam das Komplott der Bundesregierung auf.

„Ich weiß, dass Sie Experimente an entführten Kindern durchführen, deren Eltern Sie manipuliert haben. Und ich weiß, dass Sie dies Mal zu weit gegangen sind und ziemlichen Mist gebaut haben.“

Die Dinge gehen definitiv zu weit. Nicht anders als das, was über das Montauk-Projekt behauptet wird, führen die Experimente im „National Laboratory“ in *Stranger Things* zur Öffnung eines Tores zu einer dunklen Dimension und zur Entstehung eines gesichtslosen Monsters. Das Anzapfen der dunkelsten Mächte der Erde führt nie zu guten Dingen. (133)

Spoiler-Alarm, denn die vermissten Kinder sind nicht nur Teil von MKULTRA, sondern werden in streng geheimen Tests verwendet, die LSD, sensorische Deprivation und die Entwicklung von *Männer, die auf Ziegen starren*-Typen die mentale Kräfte haben.

Interessanterweise wird dem entführten Supersoldatenkind namens „11“ und „El“ ausdrücklich gesagt, dass sie ein Kätzchen töten soll, was angeblich ein Aspekt der traumabasierten Gedankenkontrolle ist. Im Grunde genommen werden alle Gerüchte über Hardcore-Kindesmissbrauch und Gedankenkontrolle in die Serie mit der Figur „El“ eingerollt, die in der Lage ist, das geistige Reich aus der Ferne zu sehen und die Sowjets (sowie Demogorgons) auszuspionieren.

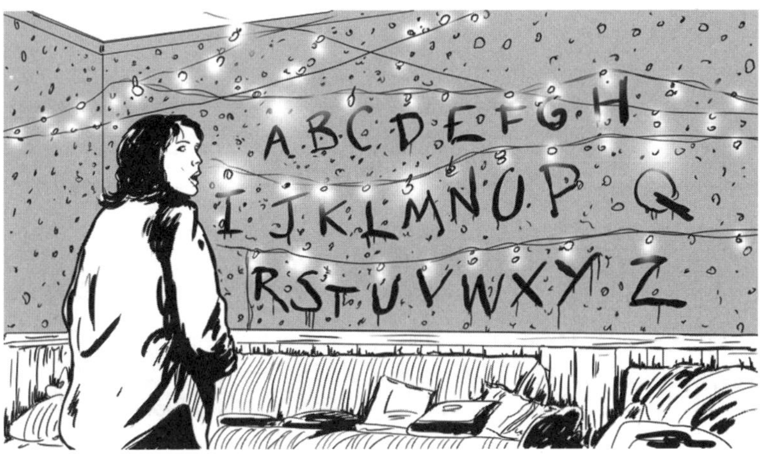

Abb. 176: Wie in Spielberg-Filmen kommunizieren die Geister über die Leere hinweg durch das kabbalistische Prinzip der esoterischen Symbologie und Linguistik

Die „verkehrt herum“-Parallelwelt und der Demogorgon

Die intensiven und gefährlichen Experimente im „National Laboratory“ führen zur Schaffung eines Portals, das zur Parallelwelt führt – einer dunklen, bösen Version der realen Welt. Die Kinder vergleichen es mit dem Tal der Schatten in Dungeons & Dragons.

Es ist ein Ort des Verfalls und des Todes. Ein Ort außerhalb der Phase. Ein Ort der Monster. Es ist direkt neben dir und du siehst es nicht einmal.

Das Portal, das diese andere Dimension eröffnet, ist so mächtig, dass es das Magnetfeld der Umgebung verändert, wodurch Kompasse vom wahren Norden weg zeigen. Symbolisch stellt dies dar, wie die Geschäfte der okkulten Elite indirekt die gesamte Bevölkerung beeinflussen.

Die eigentliche Welt von MKULTRA erschließt den metaphysischen Bereich, das Esoterische und das Okkulte – und das nicht zu wohlwollenden Zwecken. Das ständige und intensive Entziehen von Macht aus dunklen Mächten setzt letztendlich Nebenprodukte frei, die sich auf die ahnungslosen Massen auswirken. Kurz gesagt, die Menschen verlieren ihren „wahren Norden".

In *Stranger Things* ist das Nebenprodukt, das aus der Parallelwelt hervorgeht, ein gesichtsloses Monster – eine Kreatur, die die Kinder „Demogorgon" nennen.

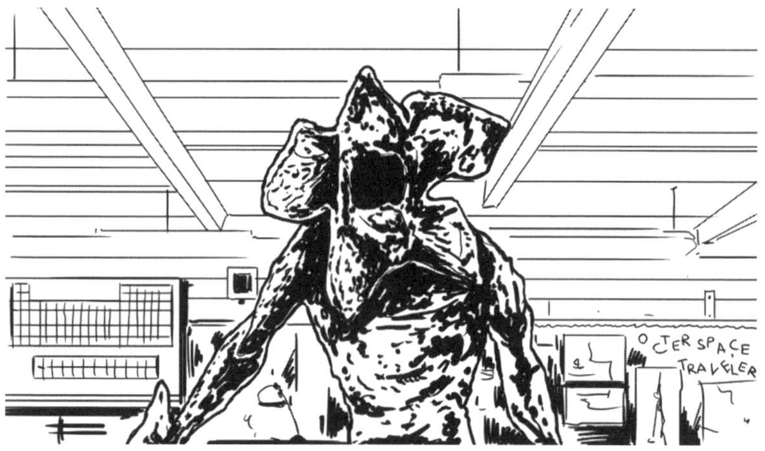

Abb. 177: Der Demogorgon entführt Kinder

Obwohl dieses Monster reines Science-Fiction-Futter ist, repräsentiert es symbolisch die bestialische, monströse Seite der „wissenschaftlichen" Experimente der okkulten Elite. Vom Blut der Kinder angezogen, lässt der Demogorgon sie von der Erdoberfläche verschwinden und bringt sie in die Parallelwelt, dass die dunkle, böse, dissoziierte Welt der okkulten Elite darstellt. Bei der Beschreibung des Demogorgon sagen alle Charaktere der Serie, dass „es kein Gesicht hat" (ähnlich wie das reale MK-System kein Gesicht hat). Der diesem Monster gegebene Name Demogorgon ist bezeichnend. Es bezieht sich auf eine mächtige dämonische Kraft. (134)

„Im Fantasy-Rollenspiel Dungeons & Dragons ist der Demogorgon ein mächtiger Dämonenprinz. Er ist als Prinz der Dämonen bekannt, ein selbsternannter Titel, den er aufgrund seiner Macht und seines Einflusses trägt, der wiederum ein Titel ist, der sowohl von Sterblichen als auch von seinen Mitdämonen anerkannt wird.“ (135)

Die Ursprünge des Wortes Demogorgon selbst beziehen sich auf eine böse Entität, die von okkulten Gelehrten erwähnt wird.

„Demogorgon ist ein Name, der verwendet wird, um sich auf eine heidnische Gottheit oder einen Dämon zu beziehen, der mit der Unterwelt in Verbindung gebracht und als mächtiges Urwesen angesehen wird, dessen Name tabu war.“ (136)

In der Serie repräsentiert der Demogorgon die satanische Elite, die sich vom Blut Unschuldiger ernährt, Kinder entführt und sie benutzt, um Macht zu erlangen. An einer Stelle sagt Brenner, der MK-Handler, einen bedeutsamen Satz:

„Sechs … sechs … sechs Personen wurden diese Woche entführt.“

Obwohl dies zufällig erscheint, wiederholt Brenner das Wort „sechs“ dreimal, während er sich auf diejenigen bezieht, die in Hawkins entführt wurden. Es ist eine verschlüsselte Art zu sagen, dass die vermissten Kinder in das 666-System eingespeist werden? (137)

Mr. Man in Black der Schattenregierung vom Energieministerium ist sich der Gefahren solcher Programme nicht bewusst und beharrt darauf, seine entflohene „Tochter“ El (Anspielung auf sexuellen Missbrauch) zu jagen, die ihren Weg in die *Goonies*-Bande von Mike, Will und Lucas findet. Am interessantesten ist die biblische und okkulte Vorstellung des Öffnens von „Toren“ durch solche „wissenschaftlichen“ Experimente, die in Wirklichkeit okkulte Rituale sind, die das Sammeln und Opfern von Kindern unter dem Deckmantel der „Krebs“-Forschung beinhalten (MKULTRA). Könnte dies ein Hinweis darauf sein, woran der Krebskomplex wirklich beteiligt ist? Genetische und psychologische Experimente mit Kindern für das „größere Wohl“? Sicherlich gab es zahlreiche Fälle von vermissten Kindern in den USA sowie in Kleinstädten, an denen von der Schattenregierung experimentiert wurde.

Es scheint, dass sich *Stanger Things* indirekt auf diese Themen bezieht, sowie auf die Möglichkeit tatsächlicher Morde und Entführungen, wie der Autor William Ramsey argumentiert. (138)

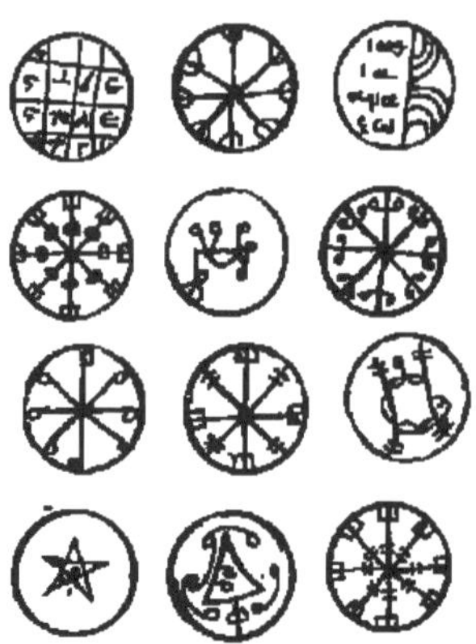

Abb. 178: Wenn Blut und Opfer dem Dämon dargebracht werden und das Tor öffnen, können wir davon ausgehen, dass es sich um Hinweise auf die Goetia handelt, wo Dämonen durch Sigillen beschworen werden

Eleven

Eleven (auf dessen Arm die Ziffern 011 tätowiert sind) ist ein junges Mädchen, das mit ihren „Superkräften" aus dem „National Laboratory" entkommen ist. Durch Informationsfetzen und Rückblenden, die durch die ganze Serie gespickt sind, setzen die Zuschauer schließlich die tragische Geschichte von Eleven zusammen – eine, die das Schicksal von Tausenden von Kindern widerspiegelt, die in den letzten Jahrzehnten verschwunden sind. Tatsächlich beschreibt *Stranger Things* durch die Geschichte von Eleven Teile des realen MKULTRA-Programms.

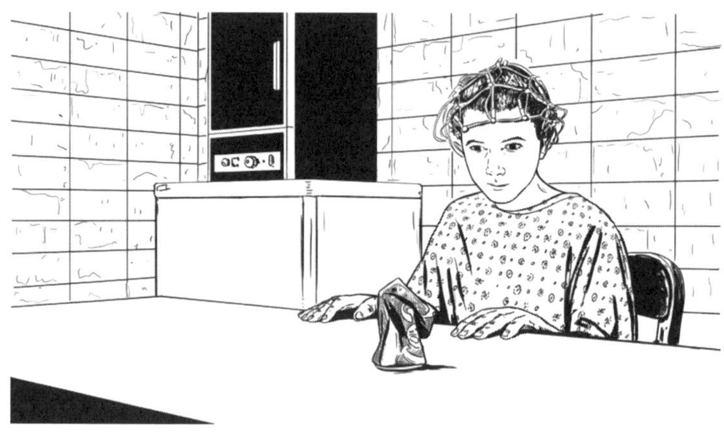

Abb. 179: Elfi verbiegt eine Dose mit ihren Gedanken

Eleven ist die Tochter einer Frau namens Terry, die bereitwillig an MKULTRA-bezogenen Experimenten teilnahm.

„- Sie hat im College an einer Art Studie teilgenommen.
– MKULTRA?
– Ja, so hieß sie. Die lief schon seit den 50ern. Als man Terry dazuholte, sollte die Studie beendet werden, aber die Drogen wurden nur verrückter. Sie war ganz schön fertig.
– War das ein CIA Projekt?
– Der Mann hinter dem Großbuchtaben M. Sie bezahlten nicht ein paar mehr als hundert Dollar an Menschen wie meine Schwester, sie gaben ihnen Drogen, psychedelisches Zeug, LSD hauptsächlich. Danach zog man sie nackt und sperrte sie in Isolationstanks.“

Terry ist überzeugt, dass ihr Eleven nach einer „Fehlgeburt“ im dritten Trimester von der CIA gestohlen wurde.

Oft werden weibliche MK-Sklavinnen manchmal dazu gebracht, „Fehlgeburten“ zu erleiden, um ein Trauma zu verursachen. Babys, die aus solchen Situationen geboren wurden, sind leichter zu programmieren, weil sie bereits traumatisiert sind. (139)

„Familien, die sich dissoziative Kinder wünschten, erfuhren, dass dissoziative Babys geboren werden können, wenn das Kind im Mutterleib gefoltert wird. Dünne Nadeln werden durch die Mutter in den Fötus eingeführt, um das ungeborene Kind zu stechen. Auch Mütter, die mit zu programmierenden Kindern schwanger sind, werden während ihrer Schwangerschaft durch eine ganze Reihe von Traumata schwer traumatisiert, was gleichzeitig die Babys, die sie tragen, traumatisiert.“ (140)

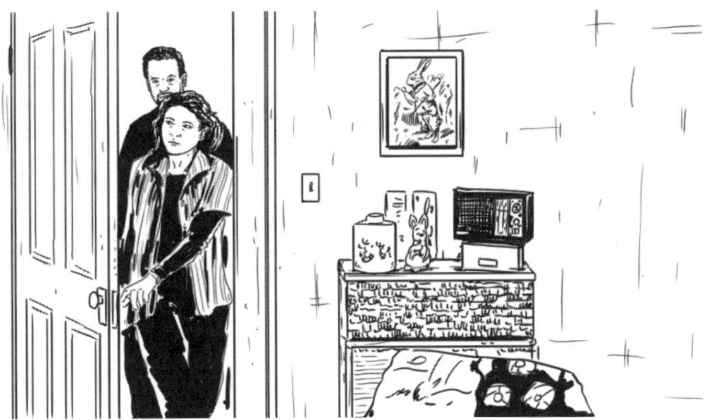

Abb. 180: Beim Besuch des für Eleven bestimmten Zimmers im Haus ihrer Mutter wird das weiße Kaninchen aus „Alice im Wunderland“ prominent ausgestellt. Es ist ein wichtiges Symbol in der Welt der Gedankenkontrolle. So wie das Weiße Kaninchen Alice in den Spiegel lockt, locken MK-Handler Sklaven auf die dunkle Seite der Gedankenkontrolle

In *Stranger Things* wird Eleven mit bestimmten Fähigkeiten geboren.

„Sie sagt, Jane sei besonders, mit angeborenen „Fähigkeiten"... Kennen Sie Stephen King? ... Telepathie, Telekinese. All der Scheiß, den man mit dem Kopf machen kann. Deswegen hat der große böse Mann Jane fortgeholt. Ihr Baby ist eine Waffe und kämpft gegen die Kommunisten."

In MK-Begriffen ist Eleven ein Produkt der Theta-Programmierung, die sich auf außersinnliche Wahrnehmung (ESP) konzentriert. Daran ist jedoch nichts „Science-Fiction". Es ist dokumentiert, dass die CIA zig Millionen Dollar in die Erforschung dieses Gebiets investiert hat.

„THETA – Betrachtet die „psychische" Programmierung. Blutlinien (die aus satanischen Familien mit mehreren Generationen stammen) waren entschlossen, eine größere Neigung zu telepathischen Fähigkeiten zu zeigen als Nicht-Blutlinien. Aufgrund ihrer offensichtlichen Einschränkungen wurden jedoch verschiedene Formen elektronischer Gedankenkontrollsysteme entwickelt und eingeführt, nämlich biomedizinische menschliche Telemetriegeräte (Gehirnimplantate), Laser mit gerichteter Energie, die Mikrowellen und/oder Elektromagnetik verwenden. Es wird berichtet, dass diese in Verbindung mit hochentwickelten Computern und ausgeklügelten Satellitenverfolgungssystemen verwendet werden." (141)

„Die Theta-Programmierung erhielt ihren Namen ebenso wie die Alpha-, Beta- und Delta-Programmierung teilweise von den vier Arten von EEG-Gehirnwellen. Theta-Wellen sind bei Kindern häufig. Psychische Kriegsführung wurde zu einem Zweig der Monarch-Programmierung. Das ist die Theta-Programmierung. Es ist die Verbindung okkulter Praktiken mit modernster Wissenschaft. Die Idee, nachahmen zu können, was Elisa dem König von Syrien (2 KG 6:11-12) angetan hatte, als er ‚telepathisch' den Feind ausspionierte, entdeckte ihre Pläne und ruinierte dadurch ihre Erfolgschancen. Heute wird dies ‚ESpionage' genannt, und der Begriff der US-Armee ist ‚Psychotronics'. Natürlich ist die Position der CIA, dass sie nichts finden konnte, was funktionierte, aber das ist einfach nicht wahr, weil die Co-Autoren von vielen Theta-Alters und Theta-Modellsystemen wissen, die eine Theta-Programmierung haben, die erfolgreich ist. Seit Jahrhunderten verfeinern Schwarzmagier ihre Fähigkeiten, um magische Angriffe abzuwehren. Sind ihre Bemühungen Aberglaube und leerer Unsinn, oder haben sie wirklich Wirkung? Die Illuminaten und Hitler glaubten an schwarze Magie. Und in letzter Zeit haben sich auch die anderen Gruppen, die an traumabasierter Gedankenkontrolle beteiligt sind, mit magiebasierter psychischer Kriegsführung befasst.

Das Militär und die Illuminaten verwenden Telepathie, psychische Kriegsführung, Astralprojektion und andere okkulte Wissenschaften mit ihren programmierten Sklaven. Die Fähigkeit, einige dieser okkulten Wissenschaften (psychische Fähigkeiten) auszuführen, kann durch bestimmte Drogen, Gehirnwellenmuster, Training und Dämonologie stark verbessert werden." (142)

Obwohl Eleven „Superkräfte" hat, die von ihren Freunden als „ziemlich großartig" bezeichnet werden, sind sie eindeutig das Produkt jahrelangen Missbrauchs. Seit ihrer

Geburt wurde sie von einem Handler programmiert, den sie „Papa“ nennt (ein tatsächliches Wort, das in der MK-Programmierung verwendet wird). Nachdem sie ihr Leben in den Wänden eines Labors verbracht hat, kann Elfi kaum kommunizieren und zeigt zahlreiche Anzeichen vergangener Traumata.

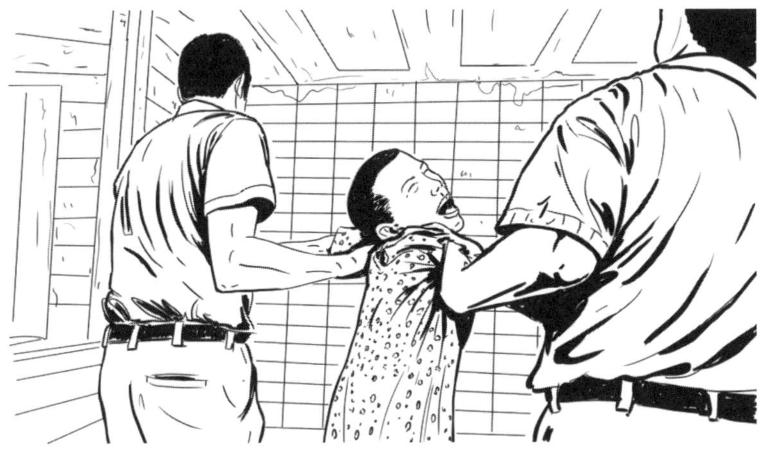

Abb. 181: Als Elfi nicht tat, was ihr Handler gesagt hatte, wurde sie irgendwohin gebracht, wo sie bestraft wurde, während ihr Papa zusah. Dem Missbrauch von MK-Sklaven sind keine Grenzen gesetzt

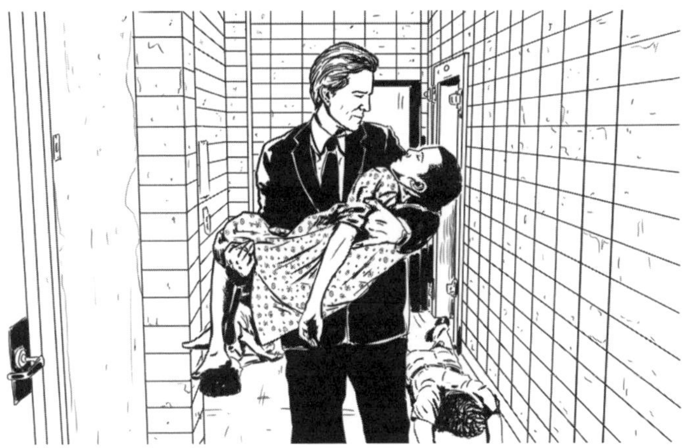

Abb. 182: Wenn sie gute Leistungen erbrachte (sie tötete tatsächlich zwei Wachen, indem sie ihre Gedanken benutzte), „belohnt“ ihr Papa sie mit etwas Zuneigung. So funktionieren MK-Handler

Ohne eine Kernpersönlichkeit nimmt Eleven vorübergehend eine „Veränderung“ an, um sich in der „realen Welt“ zu entwickeln.

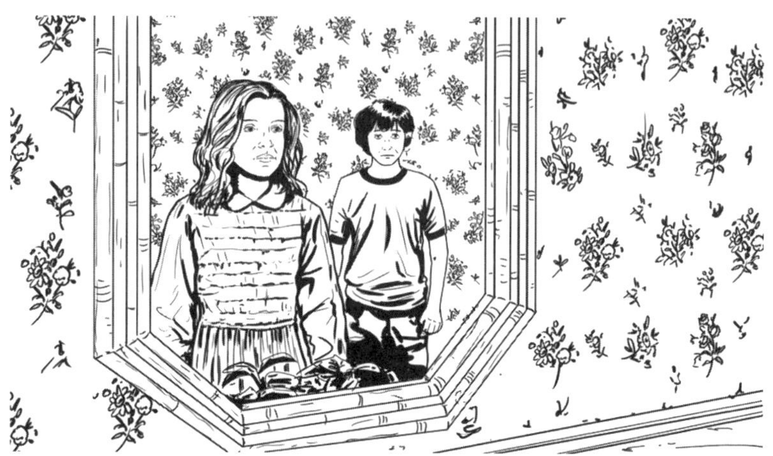

Abb. 183: In der Monarch-Programmierung werden MK-Sklaven oft dazu gebracht, Perücken (oft blond) zu tragen, wenn sie in der realen Welt sind

Trotz mehrerer Anspielungen auf Missbrauch in der gesamten Serie wird Elfi dennoch als „Superheldin" mit coolen Superkräften dargestellt (sie wird mit X-Men verglichen).

Auch die Tatsache, dass ihre Freunde sie El (kurz für Eleven) nennen, ist bezeichnend. El ist ein semitisches Wort und bedeutet „Gott" oder „Gottheit". Wie oben zu sehen ist, hat die gesamte Serie eine spirituelle, metaphysische Dimension. Die Tatsache, dass El mit dem Metaphysischen in Kontakt steht, verleiht ihr einen „göttlichen" Aspekt.

Das Opfern der Jugend für die dunklen Pläne der Schattenregierung ist die ultimative Verschwörung in der Serie, aber was noch bemerkenswerter ist, ist die Erklärung des „Man In Black" Dr. Brenner, dass es sich um das Opfer von Söhnen und Töchtern handelt, denn der Demogorgon dient dem Wohl Amerikas. Mit anderen Worten, wir haben den Eindruck, dass unser Bösewicht die wahre Quelle der dunklen Macht in Hawkins kennt, den Dämonen, und dass das Opfer von Menschen und Blut ihn immer näher bringt. In der dummen Annahme, dass diese dunkle Energie für die Vorherrschaft der USA genutzt werden kann, steht Dr. Brenner sowohl hinter MKULTRA als auch dem SDI-Programm, das die Opferung von Amerikas „Söhnen und Töchtern" erfordert! Die im Kalten Krieg angesiedelte Angst und Panik vor der lächerlichen „russischen Bedrohung" im Hintergrund der Serie ermöglicht es der Schattenregierung, das explizit benannte *Star Wars*-Verteidigungsprogramm zu entwickeln, in dem „Laser und Weltraumwaffen" zur Zerstörung gegen die „Russen" hergestellt werden.

Die Kehrseite ist, wie erwähnt, dass El als androgyner, aber dominant weiblicher Archetyp eine Form der Inkarnation der Göttin ist. Wir haben dies in letzter Zeit in der Pop-Fiction öfter gesehen, als ich zählen kann, in Beispielen wie *Hann*a, *Die Tribute von*

Panem – The Hunger Games, *Lucy*, *Ex Machina* und *Jupiter Ascending*, wo angenommen wird, dass die gnostische Perspektive, die Gegenkraft zum Männlichen zu erhöhen, dem Patriarchat der Kriegsfalken ein kosmisch notwendiges „Gleichgewicht" bringt.

Als ewiger Mythos liberaler Fantasien wird der feministische Archetyp in keiner Weise Frieden und Ausgeglichenheit bringen, sondern nur noch mehr Zerstörung, da die Geschlechterrollen weiterhin verwechselt werden. Feminismus ist Teil genau dieser Zerstörung, und die Tatsache, dass El im Äther „Gott", „Pappa" schreit, deutet auf ihre Assoziation mit Dr. Brenner als ihrem „Pappa" hin und darauf, dass Vater/Gott ihr keine Antwort gibt, bedeutet, dass die Lösung für die spirituellen Probleme des Menschen in einer luziferischen Evolution der Menschen jenseits der „Fallen" des Geschlechts und der bösen patriarchalischen Gottheiten gefunden werden kann.

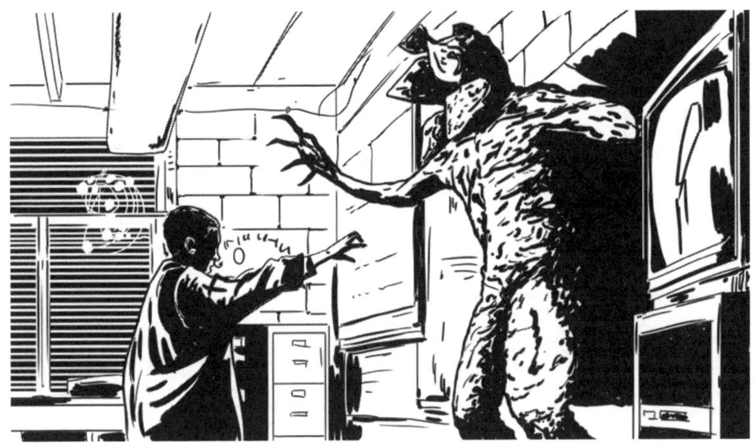

Abb. 184: Im Prozess einer Kreuzigung zerstört die heilige weibliche Pistis Sophia inkarniert den patriarchalischen „Nicht-Gott"

Tatsächlich vernichtet El den kreuzförmigen Demogorgon, als wäre er ein Demiurg, der die Stadt geistig eingesperrt hat. Das ist genau die luziferische Ansicht – Jesus und/oder Gott der Vater sind Demiurgen, die Menschen in dieser Dimension eingesperrt haben und ihre Energie als Vampire aufsaugen, was Blutopfer verlangt. Natürlich ist nichts davon wahr, da der Logos die Rettung der Menschheit ist, sie mit Gott versöhnt, indem er Mensch wird und den Tod zerstört.

Im gnostischen Schema sind die Rollen vertauscht, wo El zur luziferischen dunklen Heldin wird, die die Stadt durch ihr Opfer rettet, um den Dämonengott zu zerstören. Und wie Sie wahrscheinlich erraten haben, ist ihr Name deshalb „El", was an die alte kanaanäische Bezeichnung für die Götter erinnert, die in der Bibel gegen Jehova kämpften. Tatsächlich wird der Demogorgon im Allgemeinen auf den Demiurgen zurückgeführt. (143)

El ist der einzige „Retter“, der es mit Demogorgon aufnehmen kann, der Repräsentation des Bösen.

Der übermäßige Gebrauch ihrer Kräfte führt sie jedoch dazu, das ultimative Opfer zu bringen – ihr Leben für ihre Lieben zu geben.

Am Ende ist Elevens endgültiges Schicksal ein Rätsel. Nachdem sie ihre Kräfte eingesetzt hat, um den Demogorgon zu zerstören, verschwindet sie mit ihm. Ist sie damit gestorben oder ist sie wieder in die Hände des MKULTRA-Systems geraten?

Wir wissen, dass der Polizeichef Hopper zugestimmt hat, den Standort von Eleven im Austausch für die Befreiung von Will durch die Regierung aufzugeben. Hopper versprach auch, niemals über etwas zu sprechen, was er über das MK-System herausgefunden hat. Er sagt Wills Mutter:

„Hör zu, wir werden nicht darüber sprechen, was hier passiert ist und was passieren wird. Du willst Will zurück? Diese Einrichtung hatte nichts damit zu tun. Das ist der Deal“.

Am Ende ist Eleven wieder da, wo sie „hingehört“, und die Geheimhaltung des MK-Systems wird gewahrt. Haben also die Guten wirklich gewonnen?

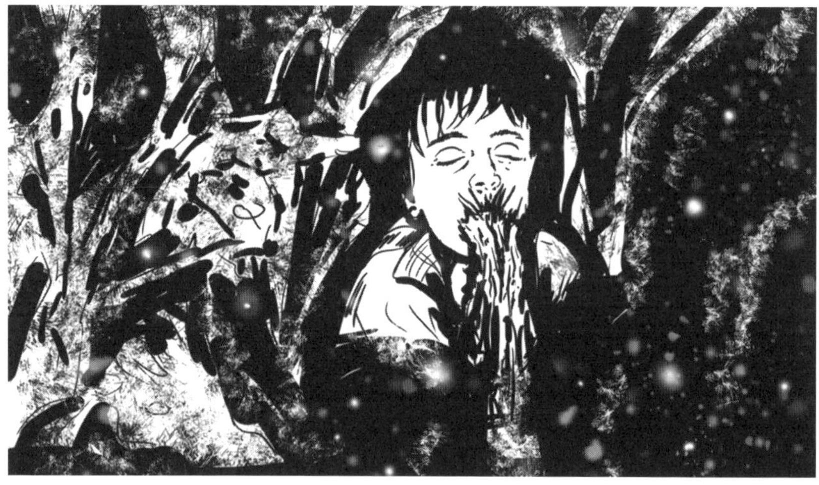

Abb. 185: Gefangen in der Parallelwelt wird Will Byers nach und nach von einem ekelhaften Ding übernommen, das in seinen Körper eindringt. Ein weiteres Kind, das vom MK-System zerstört wird

Nun, zumindest wurde Will gerettet und kehrte zu seiner Familie zurück. Das ist eine gute Sache, oder?

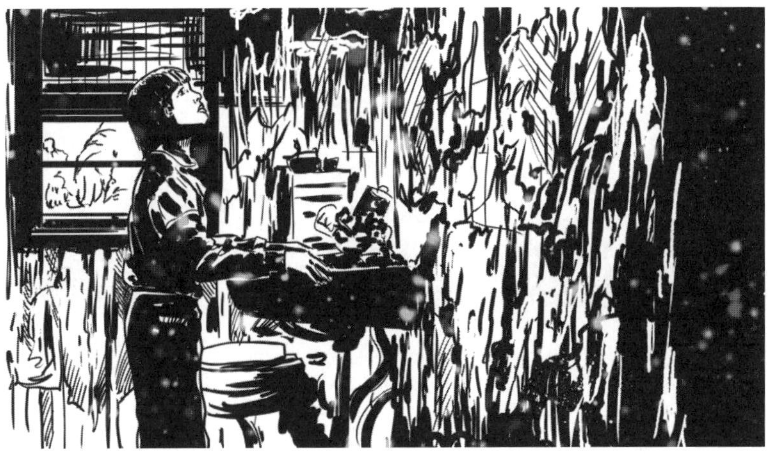

Abb. 186: Nach seiner Rückkehr nach Hause feiert Will Weihnachten mit seiner Familie. Als er auf die Toilette geht, „erbricht" Will eine ekelhafte Kreatur und findet sich für einen Moment in der „verkehrt herum"-Parallelwelt wieder

Obwohl er vor dem Demogorgon und dem MK-System gerettet wurde, wird Wills Tortur nachhaltige Auswirkungen auf ihn haben.

Tatsächlich stören die Mind-Control-Programmierung und das dämonische System der Eliten Geist, Körper und Seele für immer.

Abgesehen von Will und Barb, die physisch entführt wurden, scheinen andere Charaktere indirekt vom MK-System betroffen zu sein. Tatsächlich stellt die Serie durch subtile Hinweise eine starke Verbindung zwischen Eleven – der MK-Sklavin – und Nancy – dem perfekten Vorstadtmädchen – her.

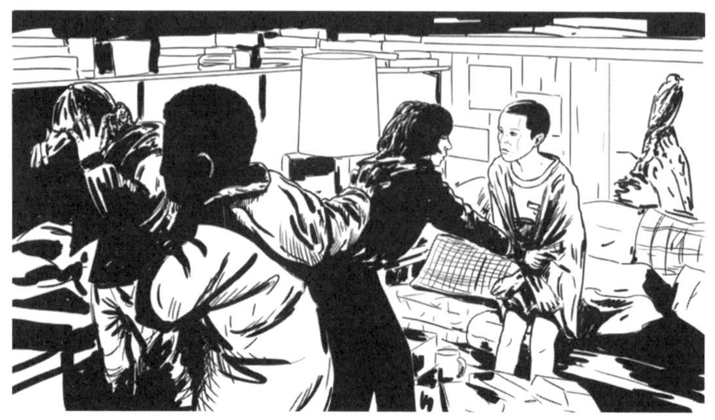

Abb. 187: Elfi, die vom Regen nass ist, bekommt Wechselkleidung. Sie zieht sich sofort vor ihren Freunden aus, was sie zum Ausflippen bringt. Diese Szene zeigt den Mangel an Privatsphäre und Grenzen in den Köpfen von MK-Sklaven und könnte auf sexuellen Missbrauch in ihrer Vergangenheit hindeuten. Michael schickt sie dann zum Umziehen ins Badezimmer und sagt ihr: *„Privatsphäre. Kapiert?"*

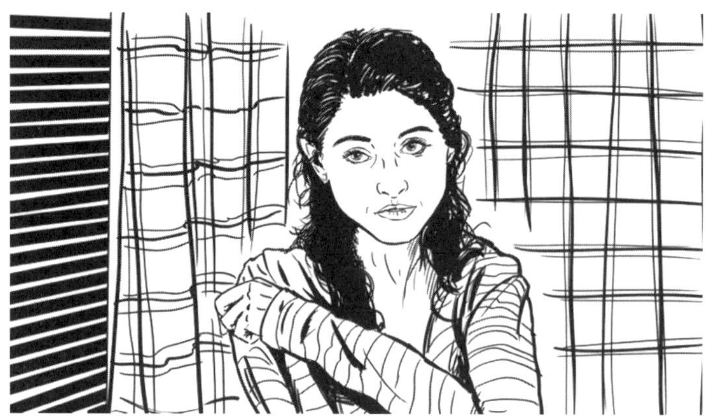

Abb. 188: Nachdem sie in den Pool geworfen wurde, bekommt Nancy von ihrem Freund Wechselklamotten. Sie sagt ihm dann: *„Vielleicht etwas Privatsphäre?"* Sie zieht sich schließlich vor ihm aus

Die Serie spiegelt Nancys Beziehung zu Steve wider – einem Typen, der irgendwie ein Idiot, irgendwie aufdringlich und irgendwie manipulativ ist – mit der Notlage von Eleven, einem MK-Sklaven, der von einem Handler programmiert wurde. Obwohl Nancy zu nichts gezwungen wird, zieht die Serie eine starke Parallele zwischen ihrem Verlust ihrer Unschuld (Sex mit Steve) und der Gedankenkontrolle – als würde sie sagen, dass die gesamte Bevölkerung „unter dem Bann" dieses Systems steht.

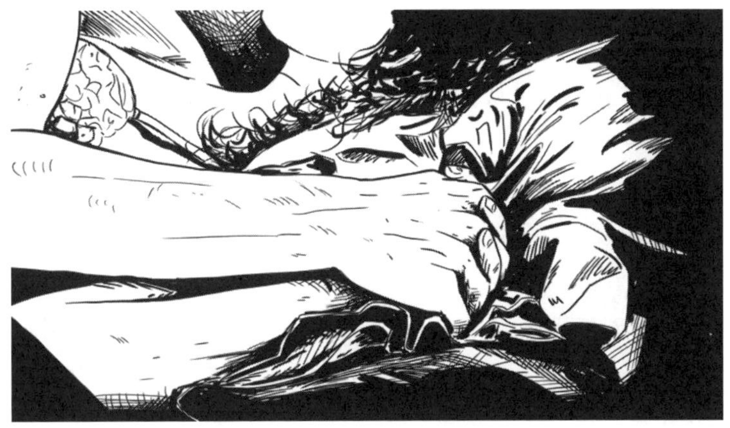

Abb. 189: Die Szene, in der Nancy Sex mit Steve hat, wird der Szene gegenübergestellt, in der ihre Freundin Barb von dem Monster gefangen und in die Parallelwelt gebracht wird

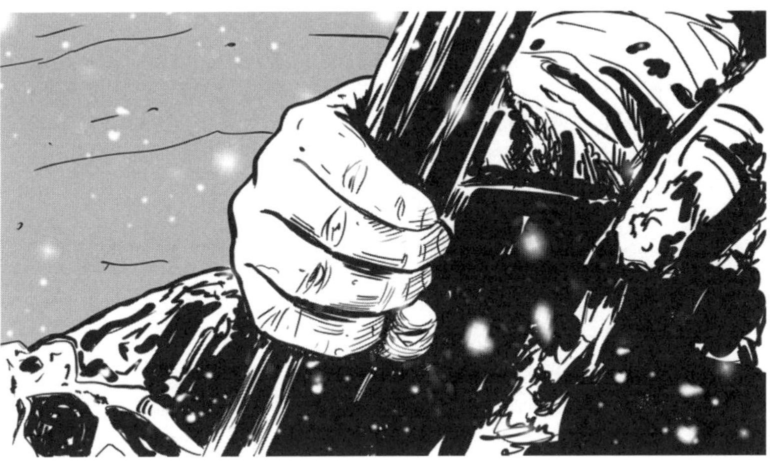

Abb. 190: In der Nahaufnahme von Nancys Hand beim Sex und Barbs Hand, während sie von dem Monster gefangen genommen wird, vergleicht die Serie erneut, dass sie ihre „Unschuld" als Mädchen verliert, das vom MK-System missbraucht wird

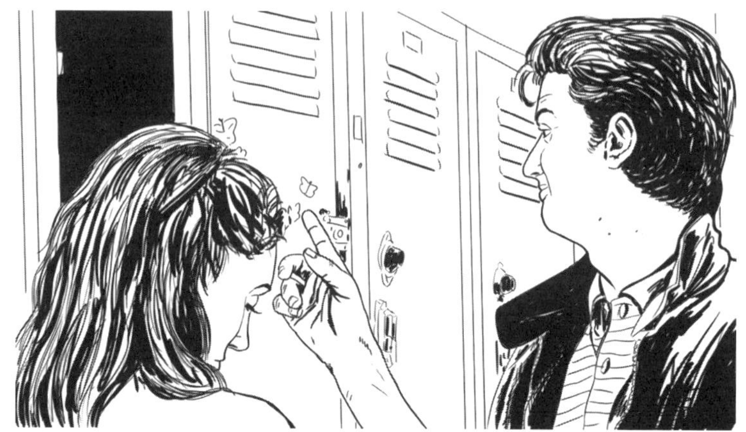

Abb. 191: Am nächsten Tag schämt sich Nancy und sagt Steve, dass „jeder sie ansieht". Er sagt ihr, dass es keine große Sache ist. Dann, ohne ersichtlichen Grund, zeigt er auf einen Schmetterling an ihrem Schloss und sagt „Hmmm". Schmetterlinge repräsentieren die Monarch-Programmierung

Während der gesamten Serie beobachten Charaktere, dass Nancy, seit sie mit Steve zusammen ist, eine „andere Person" ist, genauso wie MK-Sklaven zu anderen Personen werden. Dustin bemerkt, dass „sie früher cool war". Barb sagt zu Nancy: „Das bist nicht du". Jonathan sagt über Nancy: „Ich sah dieses Mädchen, weißt du, das versuchte, jemand anderes zu sein."

Nancys endgültiges Schicksal ist auch identisch mit dem von Eleven. Während sie sich scheinbar von Steves scheinbar unwiderstehlichem Bann löst, kehrt sie schließlich zu ihm zurück. (144)

Die Serie verwendet auch häufig Numerologie, wie „11" und „77", die auf die Dämonologie von Aleister Crowley und Verweise auf den 11. September als rituelle Initiation hindeuten. Interessanterweise wird Licht in der Serie mehrfach als Kommunikationsmittel und Symbol der Erleuchtung erwähnt. Wie Sie im oberen Bild sehen können, wird „Photosynthese" hinter El platziert, wenn sie den Demogorgon bekämpft, was auf die Auflösung der traditionellen Religion durch „Erleuchtung" hindeutet, was perfekt mit der Botschaft des Gnostizismus und des Luziferianismus übereinstimmt.

Die Tore wurden durch massenhafte Menschenopfer von Amerikas Söhnen und Töchtern geöffnet – der „neue Mensch" ist eine dunkle, halb androgyne Göttin, die die „genozidalen" patriarchalischen Religionen zerstören und ein neues amerikanisches Äon des gekrönten und erobernden Mädchens bringen wird – ein Kind, eine luziferische Weltordnung. (145)

Während sich die meisten Kritiker auf den „Nostalgie"-Faktor von *Stranger Things* konzentrieren, geht es bei der Serie um viel mehr als die Ästhetik der 80er Jahre. Es spricht einen beunruhigenden Aspekt der amerikanischen Geschichte an und enthüllt durch offene und subtile Symbolik die tieferen, metaphysischen Implikationen des nie endenden Strebens der Elite nach Macht.

Stranger Things ist jedoch keine Dokumentation. Es ist eine „Science-Fiction"-Show, die schließlich MKULTRA als Waffe gegen den Kommunismus darstellt. Während subtil auf Missbrauch angespielt wird, präsentiert die Serie eine ziemlich weiß getünchte Version von MKULTRA, die frei von seinen grausameren Aspekten ist. Dies könnte die Zuschauer dazu verleiten zu glauben, dass MKULTRA „nicht so schlecht" ist oder schlimmer noch, dass alles Fiktion ist.

Am Ende erreicht die Serie, was Symbolik tut: Sie enthüllt den Wissenden, während sie den Unwissenden verbirgt. Entweder Sie glauben, dass die Geschichte die herrschenden Mächte und die dunklen Mächte, die Sie regieren, treffend widerspiegelt … oder es ist nichts anderes als eine gruselige Dungeon & Dragons-Suche, die von meisterhaften Dungeon-Meistern erzählt wird. [146]

2.10 Moonfall und das Geheimnis des Mondes (2022)

„Jedes Mal, wenn ich den Mond gesehen habe, habe ich überlegt, ob es wirklich sein könnte, dass er künstlich gebaut ist."

Roland Emmerich

Moonfall ist ein Science-Fiction-Katastrophenfilm aus dem Jahr 2022, der von Roland Emmerich mitgeschrieben, inszeniert und produziert wurde. Darin sind Halle Berry, Patrick Wilson, John Bradley, Michael Peña Charlie Plummer, Kelly Yu und Donald Sutherland zu sehen. Gedreht in Montreal mit einem Budget von 138 bis 146 Millionen Dollar, ist es einer der teuersten unabhängig produzierten Filme. Der Film wurde am 4. Februar 2022 von *Lionsgate* in den USA in die Kinos gebracht. Er crashte die Kinokassen, spielte weltweit 55 Millionen US-Dollar ein und erhielt allgemein negative Kritiken von Filmexperten. [147]

Die Welt ist in *Moonfall* mal wieder dem Untergang geweiht. Das haben wir Naturkatastrophen-Spezialist Roland Emmerich zu verdanken. Übernahmen in *Independence Day* in den Neunziger-Jahren noch marodierende Außerirdische die Zerstörung der Erde, tat dies in *The Day After Tomorrow* Mutter Natur. Diesmal ist es der Mond, der seine Laufbahn verändert hat und auf die Erde zu stürzen droht. Jocinda Fowler (Halle Berry) und

Brian Harper, (Patrick Wilson) sind die Helden der Apokalypse, die versuchen, das scheinbar Unausweichliche zu verhindern. Nur Donald Sutherland in der absurd kurzen Rolle der wenig hoffungsvollen Figur Holdenfield glaubt nicht an das Wunder.

Warum hat der Mond seinen angestammten Platz verlassen? Emmerich macht wie immer ein großes Geheimnis daraus, verrät jedoch im offiziellen Trailer, dass die Wahrheit im Inneren des Mondes zu finden ist. Ein weiterer entscheidender Hinweis kommt schließlich von Holdenfield, der sagt: *„In der Schule hat man euch beigebracht, dass Apollo 11 am 20. Juli 1969 zwei Minuten lang den Kontakt zur Erde verloren hat. Das entspricht jedoch nicht der Wahrheit. An jenem Tag wurde etwas Unheimliches entdeckt, das 50 Jahre lang geheim gehalten wurde. Und jetzt ist es zu spät, um es aufzuhalten."*

Fowler und Harper wollen anders als Holdenfield das Ende der Welt nicht akzeptieren und im Inneren des Mondes das Übel an der Wurzel packen, dass dort 50 Jahre lang vor der Öffentlichkeit versteckt gehalten wurde. Die Handlung setzt im Januar 2011 in der Erdumlaufbahn ein, wo Brian Harper und Alan Marcus (Frank Fiola) Wartungsarbeiten an einem Satelliten erledigen. An Bord des Shuttles überwacht Jo Fowler das Geschehen, als sich plötzlich und unerwartet eine mysteriöse dunkle Wolke nähert, Satellit und Shuttle umhüllt und stark beschädigt.

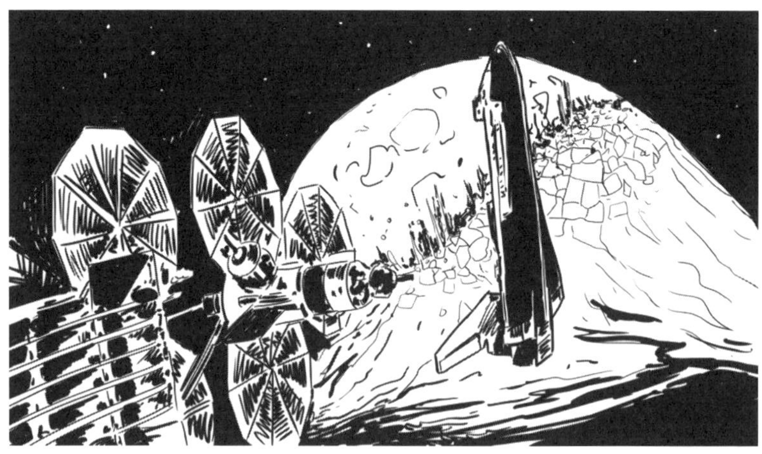

Abb. 192: Raumfahrt kann so schön sein, wenn es denn eine gibt, mehr dazu später im Buch

Marcus überlebt den Angriff nicht, Harper gelingt es in letzter Sekunde an Bord des Shuttles zurückzukehren, um sich und die bewusstlosen Jo heile zur Erde zurückzubringen. 18 Monate später wird er von einem Gericht wegen des Zwischenfalls schuldig gesprochen. Nicht nur seine Karriere ist am Ende, sondern auch er selbst. Fowler dagegen ist die Karriereleiter drei Stufen höher gestiegen und wurde Vize-Direktorin der US-Weltraumbehörde.

Harper schlägt sich mehr schlecht als recht mit Aushilfsjobs durch und kann am Ende nicht einmal mehr die Miete aufbringen. Nicht anders geht es dem Dritten im Bunde: KC Houseman, gespielt von John Bradley, ein notorischer Verschwörungstheoretiker und Hobby-Astronom, der als erster Mensch das Unvorstellbare durch sein Teleskop entdeckt. Er sieht, dass der Mond seine seit ewiger Zeit unveränderte Umlaufbahn um die Erde verlassen hat und Kurs auf die Erde nimmt. Eine Kollision scheint unausweichlich.

Bereits kurz darauf erfährt auch die ebenfalls geschiedene alleinerziehende Mutter und NASA-Vize Fowler die Hiobsbotschaft. Laut Berechnungen bleibt der Menschheit bis zum Zusammenprall zwischen Mond und Erde nur noch eine Woche. Ein Wettlauf gegen die Zeit beginnt.

Schnell ist klar, dass es keine entfesselnden Naturkräfte sind, die den Mond ins Trudeln bringen, sondern eine unbekannte intelligente Entität, die das wagemutige Trio auszuschalten versucht. Das geschieht, wie bei Emmerich nicht anders zu erwarten, mit eindrucksstarken Bildern, garniert mit viel Drama, KI-Visionen, Science-Fiction-Mythen, Action Helden und waghalsigen Space-Shuttle-Flügen durch umherfliegende Gesteinstrümmer.

Umgehend verbreitet KC Houseman sein Wissen im Internet: die Nachricht vom drohenden Weltuntergang macht die Runde. Die Folge sind Hamsterkäufe, Plünderungen und ein Zusammenbruch der Zivilisation. Außerdem hat die permanent steigende Anziehungskraft des Mondes katastrophale Auswirkungen auf die Erde. Ganze Küstenabschnitte werden überflutet, New York liegt in Scherben, die Rocky Mountains sind nur noch ein Haufen Geröll, der Pazifik vor der Küste Kaliforniens eine einzige Schlammbrühe, die sich laut brüllend in die Wolken zu einem gewaltigen Tsunami aufbäumt. Auf der ganzen Welt herrscht nackte Panik.

Der Großmeister des Blockbusterkinos kombiniert ungeschickt *Stargate* und *Independence Day* aus dem Genre Science-Fiction mit der Sparte Naturkatastrophe aus *The Day After Tomorrow* zu einer zweistündigen Action-Parade, die früher oder später jeder zu spüren bekommt, der den Showdown nicht abwarten kann, weil fast eine Stunde verstreicht, bis der Weltrettungsplan endlich steht und fast nochmal solange bis zum großen Finale. Das mag man Emmerich gerne verzeihen, denn für viele ist er ein Großmeister, der alte Geschichten immer wieder auf eine neue und aber diesmal langweilige Art erzählen kann, wobei auffällt, dass der Zeitgeist auch an Emmerich nicht spurlos vorübergegangen ist.

Was in den 1980er und vielleicht auch noch in den 1990er Jahren noch undenkbar erschien, ist heute so selbstverständlich wie das Amen in der Kirche, nämlich, dass heute auch Frauen das Schicksal über die Zukunft der Menschheit in die Hand nehmen und dabei Tod und Teufel nicht scheuen, auch wenn die Mission noch so aussichtslos erscheint.

Schließlich steigen der abgehalfterte Harper und die NASA-Lady in ein altes Space Shuttle (musste nur ein wenig abgestaubt werden), dass sie in einem Museum aufgabeln konnten.

Zwei Szenen weiter steht das Shuttle bereits komplett ausgestattet auf der Startrampe und quasi in letzter Minute zwischen Erdbeben und Weltuntergang schafft das Trio geradezu rechtzeitig den „Absprung“ zum Mond, wo die drei Helden auf eine unheimliche Künstliche Intelligenz treffen, die sie schließlich mit einer elektromagnetischen Impulswaffe regelrecht wegbruzzeln.

Zweifellos hat Emmerich in *Moonfall* nochmal eine Schippe draufgelegt. Er hat wissenschaftliche Theorien aus *The Day After Tomorrow* mit der wahnwitzigen Idee, dass der Mond auf die Erde fällt, weitergesponnen. Die Mischung der Genres Science-Fiction und Apokalypse ist Emmerich nach Meinung vieler Kritiker nicht gelungen. Immerhin hat sich der Regisseur einem jahrtausendealten Thema gewidmet: der Mond und seine Bedeutung.

Dank des „liebenswerten Spinner“ KC Houseman erfährt der Zuschauer viele noch weitgehend unbekannte Geheimnisse über den Mond, der vor vielen Jahren einmal geklungen hat wie eine Glocke an Weihnachten und deshalb nur ein künstlich erschaffender Hohlkörper sein kann.

In einem Interview im Februar 2022 sagte Emmerich, dass der Stoff zu *Moonfall* dem Buch „Who Built the Moon?“ von Christopher Knight und Alan Buttler inspiriert sei. Die Autoren stellen in ihrem Werk Fragen von wissenschaftlicher Bedeutung – etwa, warum auf dem Mond sehr wenige oder fast keine Schwermetalle zu finden sind und warum seine Dichte viel geringer ist als die auf der Erde.

Und: warum beide Himmelskörper sich zur gleichen Zeit geformt haben sollen, weil das eigentlich nicht möglich sein kann.

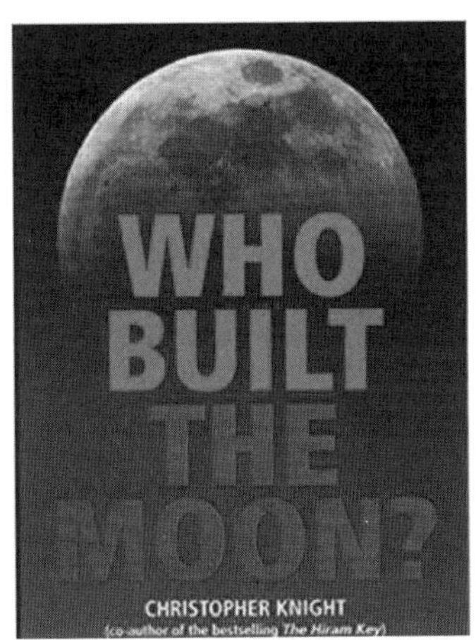

Abb. 193: „Who built the Moon?" aus dem Jahr 2007

Knight und Butler sind anhand einer Studie zu dem Schluss gekommen, dass das Leben auf der Erde nur durch die Existenz des Mondes zustande gekommen ist, weil Abstand und Position zur Erde exakt abgestimmt sind, was nach Meinung von Forschern im Universum offenbar einzigartig ist. Viele Forscher sind sogar der Ansicht, dass es den Mond nicht geben dürfte. Auch einige Wissenschaftler der US-Weltraumbehörde NASA schließen sich dieser Meinung an. Einer von ihnen ist Robin Brett, der sagt, dass es leichter sei die Nichtexistenz des Mondes zu erklären, als seine Existenz.

Auch der russisch-amerikanische Science-Fiction-Autor Isaac Asimov machte sich Gedanken über Sinn und Unsinn des Mondes. Asimov gehört zu den bedeutendsten Schriftstellern der Welt. Bekannt wurde er mit seinen Roboter Storys. Mit „Robbie" erschien im September 1940 im Magazin „Super Science Stories" seine erste Geschichte über Künstliche Intelligenz.

Asimov war aber weit mehr als nur ein Schriftsteller. Er war auch Visionär. 1939 schrieb der Autor in „The Moon and the Back", dass Menschen einmal zum Mond reisen werden. Auch für Asimov war der Mond ein Buch mit sieben Siegeln. Und nicht nur das: auch er konnte sich seine Existenz nur schwer erklären, weil sich seinen Worten nach unser Trabant partout nicht an die Naturgesetze halten will.

Die Gravitationseigenschaft des Mondes ist, so Asimov, geradezu abnormal, weil die so funktioniert, dass der Mond nicht der Erdanziehung entkommen kann, um zur Sonne abzudriften, was nach dem Gesetz der Gravitation eigentlich passieren müsste. Doch es gibt noch eine ganze Reihe weitere Auffälligkeiten, für die Wissenschaftler bis heute keine logischen Erklärungen finden konnten. Der Mond dreht sich auf seiner Bahn kreisförmig und nicht elliptisch, wie es bei anderen Trabanten der Fall ist, er zeigt uns stets nur eine Seite – und, obwohl Sonne und Mond Himmelskörper unterschiedlicher Größe sind und sich in einem ungleichen Abstand zur Erde bewegen, erscheinen beide gleich groß.

Das wird besonders bei einer Sonnenfinsternis deutlich, weil der Mond die Sonne millimetergenau abdeckt, was nach Meinung zahlreicher Forscher den Eindruck erweckt, dass da jemand nachgeholfen und sehr geschickt abgestimmt hat. Gemäß unserem Wissen hat der Mond, um eine Sonnenfinsternis von dieser Genauigkeit erzeugen zu können, einen Äquatordurchmesser von exakt 3474 Kilometer. Nicht einen Kilometer mehr und nicht einen Kilometer weniger.

Wurden die periodischen Sonnenfinsternisse vielleicht lange im Voraus geplant, um die Erde mit gefährlicher Energie zu versorgen? Tatsache ist: Immer wieder kommt es bei Vollmond und Sonnenfinsternissen weltweit zu Katastrophen und Gewaltausbrüchen. Viele Wissenschaftler sehen darin einen Zusammenhang. Der US-Neurowissenschaftler Mark Filippi sagt:

„Die Frequenz, die vom Mond ausgeht, beeinflusst die Frequenz des Verstandes und wirkt sich auf die Kontrolle unserer Emotionen, Gefühle und Wünsche aus, und diese wiederum auf das Denken und Verhalten jedes Einzelnen."

Wie ist das möglich, wenn der Mond doch nur ein ganz normaler Himmelskörper ist? Befindet sich im Inneren tatsächliche Relaisstation, von der aus unser Leben auf der Erde gesteuert wird?

Tatsächlich können Astronomen bis heute nicht erklären, wie der Mond entstanden ist. Neue Computermodelle zeigen, dass es relativ unwahrscheinlich ist, dass ein unbekannter Himmelskörper einmal mit der jungen Erde kollidiert ist, aus dessen Trümmerteile sich langsam der Mond entwickelt haben könnte. Noch unwahrscheinlicher ist die Theorie, dass ein Objekt von der Größe des Mondes von der Gravitation der Erde eingefangen wurde und seither einen unerklärlichen Orbit hat.

Es gibt noch einen weiteren Punkt, der Wissenschaftlern Kopfzerbrechen bereitet: Obwohl der Mond kein Magnetfeld hat, ist das Mondgestein magnetisiert. Außerdem gibt es Hinweise, dass die Mondkrater durch ein bisher unbekanntes künstliches Verfahren entstanden sind.

Die russischen Forscher Mikhail Vasin und Alexander Shcherbakov von der Sowjetischen Akademie der Wissenschaften vermuten, dass der Mond von einer dreißig Kilometer dicken Schicht aus Panzerplatten geschützt wird, die wiederum von einer viereinhalb Kilometer starken Außenhülle umgeben ist, die zum Abfangen von Meteoriten angebracht wurde und die dem Mond das natürliche, planetare Aussehen verleiht.

Das wäre zumindest eine mögliche Erklärung, warum die Krater eine einheitliche Vertiefung von knapp viereinhalb Kilometer haben.

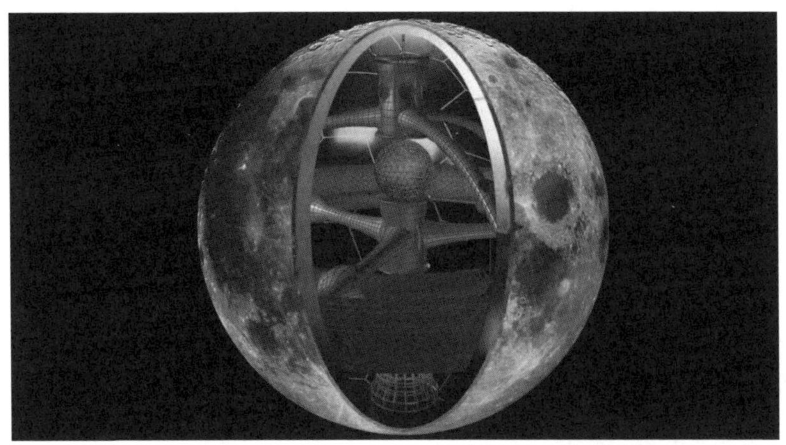

Abb. 194: Künstlerische Darstellung des konstruierten Mondes

Ein weiteres bisher ungelöstes Rätsel, sind die von Astronomen häufig beobachteten Eruptionen, die sich in nahezu identischer Folge wiederholen, obwohl der Mond nie heiß genug war, als das dort Vulkane hätten entstehen können.

Merkwürdig ist auch, dass die Oberflächenmetalle schwerer sind als die Metalle im Mondkern, was nicht den physikalischen Gesetzen entspricht. Normalerweise befinden sich leichte Metalle an der Oberfläche, während die schweren im Kern zu finden sind. Außerdem bestehen die Metalle auf der Mondoberfläche zu achtzig Prozent aus Titan; so viel Titan gibt es nicht einmal auf der Erde. Ein weiterer Punkt ist, dass immer wieder seismischen Aktivitäten gemessen werden, ohne dass Meteoriteneinschläge beobachtet werden oder dass es zu Bewegungen tektonischer Platten kommt.

Die US-Weltraumbehörde NASA wollte schon nach ihrem vermeintlich letzten Besuch auf dem Mond im Jahre 1972 wissen, welches Geheimnis unser Trabant hütet. Deshalb ließ sie testhalber eine Saturn-Rakete auf den Mond stürzen, woraufhin dieser wie eine Glocke zu läuten begann. Der deutsche Raketenspezialist und Wissenschaftler Wernher von Braun sagte dazu:

„Das Raumfahrtprogramm muss voranschreiten. Experimente mit Raketengeschossen haben den Mond wie eine Untertasse vibrieren lassen. Die Vibrationen dauerten fast drei Stunden und das deutet auf das Vorhandensein eines Eisenkerns hin.“

Der NASA-Wissenschaftler Gordon McDonald hat unterdessen ermittelt, dass die Dichte des Mondes nur die Hälfte der Dichte unserer Erde beträgt, was vermuten lässt, dass es sich um einen extrem leichten Himmelskörper handelt, der tatsächlich innen hohl sein könnte, was den Glocken und die Vibrationen erklären würde.

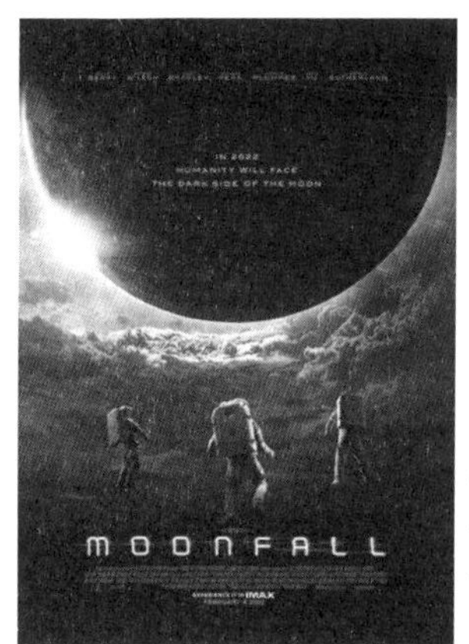

Abb. 195: Das Poster zum Film

Richtig unheimlich wird es, wenn man den Theorien des UFO-Forschers Alex Collier folgt, der behauptet, dass der Mond ein interstellares Transportschiff ist, das in der Antike aus einem anderen Sonnensystem in die Erdumlaufbahn gebracht wurde. Collier vermutet, dass sich im Mondinneren eine riesige Anlage befindet, die von Außerirdischen erschaffen wurde. Seit dem Zweiten Weltkrieg soll sich auch eine von Menschen geschaffene Anlagen im Mond befinden Collier sagt, dass er seit seiner Kindheit mit Außerirdischen in Kontakt stehe, genauer gesagt mit den Andromedanern, eine sehr alte Rasse, die, wie auch die Menschheit, von Lyrae abstammt.

Auf einem seiner wenigen Vorträgen sagte der Forscher, dass unser Universum ein 21 Billionen Jahre altes Hologramm ist und dass jeder von uns auf der Erde und in 21 weiteren Sternensystemen unserer Galaxie aus einer Gruppe von Wesen mit individuellem Bewusstsein besteht, die sich schon vor einigen Billionen Jahren bis zur 11. Dichte entwickelten hat. Jedoch sei nach Worten Colliers eine große Gruppe Menschen wieder in die 3. Dichte zurückgefallen und in die Hände einer Rasse geraten, die mit einem speziellen genetischen Code experimentiert, woran 22 weitere Rassen beteiligt sind.

Nach Ansicht Colliers wurde das Leben von reisenden Wissenschaftlern auf die Erde gebracht – vor allem von den Alpha Drakoniern, eine reptielartige Rasse, die ihres Zeichens Meister auf dem Gebiet der Genetik sind, die mit unterschiedlichen Lebewesen experimentieren und auch die Rasse der Primaten schufen, die zunächst auf dem Mars lebten und erst später auf die Erde gebracht wurden. Der Mensch besaß laut Collier einmal zwölf DNA-Stränge. Um die Menschheit besser kontrollieren zu können, wurden von Orion-Wesen zehn Stränge aus unserer DNA entfernt, was die Menschheit schließlich in die Dunkelheit führte.

Unser Mond kommt nach Aussage des Forschers ursprünglich aus einem Sternensystem in Ursa Minor namens Chauta. Er war einer von insgesamt vier Monden in einem Sonnensystem mit 21 Planeten und wurde von seiner Kreisbahn um den 17. Planeten weggeholt. Die erste Position unseres Mondes war demnach um den Planeten Maldek, aus dem inzwischen ein Asteroidengürtel geworden ist. Collier sagt, dass es auf dem Mond einmal neun große Städte unter Kuppeln gab, dazu Wasser, Pflanzen und eine Menge anderer verschiedener Dinge. Verantwortlich für die Umsetzung des Mondes in die Erdumlaufbahn waren nach Worten Colliers die Plejadier.

Die Arianer, die einst auf dem Mond lebten, waren in Wahrheit Maldakier, ein verlorener Stamm von Lyrae, die heute laut Collier im Raum Tibet in einer unterirdischen Anlage leben. Auch der britische Buchautor David Icke ist davon überzeugt, dass der Mond das Leben auf der Erde grundlegend verändert hat. Icke glaubt, dass die Katastrophen in der Antike eng mit dem Erscheinen des Mondes in Verbindung stehen. Wörtlich sagt er:

„Der Mond ist seit seiner Existenz eng mit dem Menschen verbunden.“

David Icke war zwar der erste, der das Konzept des Mondes als Kontrollsystem unter die Massen gebracht hat („Moon Matrix“), aber er hat sein Wissen von anderen übernommen, ohne seine Quellen anzugeben. Die Vermutung liegt nahe, dass Icke ein Gatekeeper ist und bestimmte Informationen zurückhält. Die esoterischen Konzepte über den Mond gehen auf verschiedene okkulte Gruppen zurück, und der russische Mystiker Gurdjieff war der erste, der sie in klaren Worten aussprach. Es war 1914, als er dieses Konzept öffentlich machte, und das war die Zeit des Auftauchens des Okkulten in allen öffentlichen Bereichen des Lebens, einschließlich der Theosophie, Anthroposophie usw.

Das Seltsame ist, dass es vor diesen okkulten Gruppen im späten 19. und frühen 20. Jahrhundert kein explizites Konzept darüber gab, dass der Mond eine künstliche Struktur ist, die die menschliche spirituelle Entwicklung kontrollieren soll. Die ersten beiden (subtilen) Hinweise auf den Mond als Kontrollstruktur waren offenbar

1) ein Buch von A. P. Sinnet mit dem Titel „Esoteric Buddhism“ aus dem Jahr 1883 und
2) „Fragments of Forgotten History“ (1885), die beide mit der dubiosen Helena Blavatsky in Verbindung gebracht werden.

Es scheint, dass die Veröffentlichungen zu einem internen Kampf zwischen verschiedenen Fraktionen der Theosophie führten.

Im Jahr 1883 veröffentlichte A.P. Sinnet den „Esoteric Buddhism“, ein Buch, das trotz seines esoterischen Inhalts ein Bestseller wurde. Zwei Jahre später, 1885, lag das Buch bereits in der fünften Auflage vor. Das Buch enthielt fehlerhafte Informationen, und Blavatskys Geheimlehre setzte diesen Weg der verwirrenden oder fehlerhaften Informationen fort – eindeutig aus einem Blickwinkel, der die Lehren des Christus-Impulses auslöschen wollte.

Dies löste eine Gegenreaktion aus. Im Jahr 1893 hielt der unbekannte C.G. Harrison sechs Vorträge mit tiefem esoterischem Inhalt.

In diesen Vorträgen greift Harrison Blavatsky direkt als kontrollierte Opposition an:

„Mit anderen Worten, sie hat darauf abgezielt, ein Rivale zur katholischen Kirche zu errichten, und diejenigen, die glauben, dass "kein Mensch ein anderes Fundament legen kann als das, das gelegt ist", werden gut daran tun, die Grundlagen des theosophischen Glaubens und der theosophischen Praxis sowie die Ansprüche der Theosophischen Gesellschaft auf Katholizität zu untersuchen. Was Madame Blavatsky selbst betrifft, so gibt es, wie ich zu zeigen hoffe, Grund zu der Annahme, dass sie die wahren Quellen ihrer Inspiration größtenteils nicht kannte; dass sie ein Instrument in den Händen skrupelloser Personen war, die ihre bemerkenswerten Gaben in unlauterer Weise ausnutzten und sie sozusagen für ihre eigenen Zwecke ausbeuteten; und dass, wenn mehr über die Art des Konflikts bekannt wird, der um ihre unglückliche Persönlichkeit tobte, sie mehr als Opfer denn als Sünderin betrachtet werden wird. Darüber hinaus hoffe ich zu zeigen, dass sie trotz ihres enormen Wissens (das sie weiß der Himmel woher hat, aber mit ziemlicher Sicherheit nicht aus Thibet) zuweilen eine außerordentliche Unwissenheit an den Tag legt, die sich nur schwer erklären lässt, wenn man nicht von einer bewussten Absicht ausgeht, die Uneingeweihten zu täuschen. Auch ihre "Geheimlehre" ist äußerst fehlerhaft, sowohl in Bezug auf ihre Kosmogenese als auch auf ihre Anthropogenese, vor allem letztere; außerdem ist sie in einem Maße von ihrer Persönlichkeit gefärbt und durchdrungen, dass ihren Wert als wissenschaftliches Werk ernsthaft beeinträchtigt.“

„Alles, was auf der Erde lebt, Menschen, Tiere, Pflanzen, ist Nahrung für den Mond.... Alle Bewegungen, Handlungen und Erscheinungsformen von Menschen, Tieren und Pflanzen hängen vom Mond ab und werden vom Mond gesteuert.... Der mechanische Teil unseres Lebens hängt vom Mond ab, ist dem Mond unterworfen. Wenn wir in uns Bewusstsein und Willen entwickeln und unser mechanisches Leben und dem alle unsere mechanischen Manifestationen unterwerfen, werden wir der Macht des Mondes entkommen“, so der Schriftsteller und Esoteriker Georges I. Gurdjieff.

Gurdjieff war nie direkt mit den Theosophen verbunden und entwickelte seine Ideen unabhängig. Die Lehre des Vierten Weges, die mit Gurdjieff ihren Anfang nahm, geht davon aus, dass der Mensch Nahrung für den Mond ist und dass alles, was wir tun, direkt vom Mond gesteuert wird und wir den Mond mit unserem Verhalten im wahrsten Sinne des Wortes ernähren bzw. füttern.

Gurdjieff sagte, er sei der erste gewesen, der diese Wahrheit öffentlich sagen durfte, und dass sie in esoterischen Kreisen lange Zeit bekannt war und als Geheimwissen galt.

Aber im Laufe der Geschichte wurde der Mond immer mit der dunklen Seite des Menschen und mit der Unterwelt („Lunacy“) in Verbindung gebracht, so dass die allgemeine Verbindung an sich recht offensichtlich ist. Die Astrologie galt bei unseren Vorfahren als glaubwürdige Wissenschaft, und es war selbstverständlich, dass der Mensch von den Himmelskörpern beeinflusst wurde. Man ging davon aus, dass jeder Mensch in erster Linie mit einem bestimmten Himmelskörper verbunden war, einschließlich des Mondes – zumindest nach einer zweifelhaften mittelalterlichen Quelle namens „Mittelalterliches

Hausbuch von Schloss Wolfegg". Auch wenn es sich bei diesem Buch um eine humanistische Fälschung handelt, stützte es sich wahrscheinlich auf die alten Traditionen und enthält damit einen wahren Kern.

Wir alle kennen den Begriff Lunacy („Wahnsinn", „Verrückheit") und Lunatic Asylums („Irrenanstalt") – er war sogar Teil der offiziellen Sprache mit den „Lunacy Acts" in England.

Das Aufkommen von Irrenanstalten ab ca. 1800 könnte durch Veränderungen im Aufbau unserer Welt erklärt werden, die zu einer Dominanz der Mondenergie und einem spirituellen Fall der Menschheit führten.

Ich glaube, Gurdjieff war der erste, der ein Konzept über den Mond wieder einführte, das während des letzten Kataklysmus verloren gegangen war. Das Problem ist, dass Gurdjieffs Gedanken über den Mond wahrscheinlich viele Fehler enthalten und uns nur eine verzerrte Sicht auf das bieten, was einst als Wahrheit galt. Ich halte Gurdjieff zwar für eine der glaubwürdigeren Persönlichkeiten in der Okkultismus-Bewegung, aber er ist dennoch zwielichtig. (148)

Roland Emmerich, der auch am Drehbuch von *Moonfall* mitgeschrieben hat, setzt wie immer auf knallharte Action, die keinerlei Erklärung bedarf und erst recht keine wissenschaftliche, sodass der Mann im Mond sein Geheimnis ungehindert weiter hüten darf. Das Fazit fällt zu *Moonfall* fällt eher ernüchternd aus. Der Küchenmeister hat zwar ein paar leckere Zutaten in den großen Topf geworfen, die aber nicht wirklich munden wollen, dass das Ergebnis unter Strich nichts Halbes und Ganzes ist, was vor allem dem Umstand geschuldet ist, dass viele Passagen in Form eines bizarren 08/15 Familiendramas einfach nur öde sind in ihrem schon zwanghaften Festhalten an Konventionen. Was am Ende fehlt, ist der berühmte rote Faden, den auch die Action und die schicken fesselnden Bilder nicht ersetzen können.

Moonfall ist nicht per se ein schlechter Film, doch mehr als maximal durchschnittlich ist er leider nicht, weil er kaum eigene Ideen, dafür aber ein sehr unbefriedigendes Ende hat. Und genau deshalb wird *Moonfall* nie ein Blockbuster werden.

Warum dieser Zelluloid-Schrott produziert und in die Kinos kam, deutet ein Artikel bei *sky.news.com* an (149) mit dem vielsagenden Titel:

„Ein neuer Halle-Berry-Film untersucht Mond-Verschwörungstheorien – aber warum sind manche Leute so entschlossen, es nicht zu glauben? Der legendäre Katastrophenfilmregisseur Roland Emmerich sagt, er ist „eingehend" in die verrücktesten Mond-Verschwörungstheorien eingetaucht, um die Handlung seines neuen Films ‚Moonfall' zu entwickeln.

Im Gespräch mit ‚Sky News' sagte er: ‚Ich habe [zunächst] das Buch ‚Who Built The Moon' gelesen, das diesen ganzen Film inspiriert hat, aber ich habe mich später für eine andere Theorie entschieden, warum der Mond da ist, und ich musste tief in die Verschwörung dahinter eintauchen...'

‚Ich habe mir immer gesagt, die Wissenschaft muss sich mit diesem Ding erden, weil es verrückt ist, so verrückt, dass wir wirklich hart daran arbeiten müssen', sagte Emmerich.

Auf der Leinwand mögen Filme wie ‚Moonfall' für den dringend benötigten Eskapismus sorgen, aber in Wirklichkeit ist die düstere Welt der Verschwörungstheorien und Internet-Fehlinformationen eine ganz andere Sache. Online können sich ausgefallene Behauptungen jetzt weiter verbreiten als je zuvor.

Aber die NASA wurde getrollt, seit der Mensch den Mond betrat, angeheizt durch Filme wie ‚Capricorn One' von 1978 – einer der ersten Weltraumfilme, der die Saat für Regierungsschwindel säte.

Im Jahr 2016 entlarvte Stanley Kubricks Tochter die Internet-Legende, indem sie eine Erklärung abgab, um klarzustellen, dass ihr Vater zwar Regie bei ‚2001: Odyssee im Weltraum' geführt hat, er aber nicht die Mondlandung inszeniert hat. Es war ein Versuch, jahrzehntealte Verschwörungstheorien zu widerlegen, denen zufolge er geholfen hatte, die ultimative Fälschung durchzuziehen.

Laut dem ehemaligen Chefhistoriker der NASA, Roger Launius, ‚lieben es die Leute, sich über das größte Ereignis in der Geschichte der Weltraumbehörde lustig zu machen'.

‚Es überrascht mich nicht, dass die Leute die Mondlandung in Frage stellen, wenn Sie so wollen, trollen. Das Internet hat es möglich gemacht, dass viele Dinge verbreitet wurden, keine Frage, und die Verschwörungstheorien der Mondschwindel sind ein Teil dieses Prozesses.'

Berry, die Hauptdarstellerin von ‚Moonfall', besteht jedoch darauf, dass es wichtig ist, unvoreingenommen zu bleiben.

Im Gespräch mit Sky News sagte sie: ‚Ich denke nicht, dass die Überzeugungen von irgendjemandem seltsam sind. Ich bin immer offen dafür, was andere denken und was ihre Standpunkte sind.'“

Letztendlich sollen all die Mysterien, die den Mond umgeben, Hollywood-like verpackt werden, damit alle Mainstream-Gläubigen sagen können, „Schau, es ist nur ein Film, alles Fiktion, oder Verschwörungstheorie! Damit bloß niemand auf die Idee kommt, die Mond-Geheimnisse für real und keine Spinnerei zu halten.

2.11 Don´t Look Up und wie wir das Ende der Welt erleben sollen (2021)

„Wenn wir uns nicht einmal darauf einigen können, dass es keine fucking gute Sache ist, dass ein Komet in der Größe des Mount Everest auf die Erde zurast, was zur Hölle ist mit uns passiert? Wie können wir das lösen?"

Randall Mindy (*Don´t Look Up*)

Adam McKays düstere Klimasatire *Don´t Look Up* ist der meistgesehene Film von Netflix und erhielt 2022 vier Oscar-Nominierungen (bester Film, bestes Drehbuch, beste Filmmusik und bester Schnitt), auch wenn die Produktion nicht in derselben Satire-Liga wie McKays Vorgänger *The Big Short* und *Vice – Der zweite Mann* spielt. Der Film wurde von Adam McKay geschrieben, produziert und inszeniert und mit dem Ensemble mit Leonardo DiCaprio, Jennifer Lawrence, Ariana Grande, Cate Blanchett und Meryl Streep. Die Satire sorgte für Aufsehen und löste schon kurz nach ihrem Start am 9. Dezember 2021 in vereinzelten Kinos einen geradezu bizarren Streit zwischen Kritiker, dem Publikum und Klimaforschern aus, bevor sie am 24. Dezember 2021 schließlich weltweit auf *Netflix* veröffentlicht wurde.

Die Geschichte: Nachdem die Doktorantin Kate Dibiasky, gespielt von Jennifer Lawrence, einen riesigen Kometen entdeckt hat, ist sie vor lauter Ehrfurcht zunächst hellauf begeistert. Ähnlich geht es ihrem dauerverschwitzten, hypernervösen Professor Dr. Randall Mindy (Leonardo DiCaprio). Doch bald schlägt die Begeisterung in nackte Panik um, weil die Wissenschaftler feststellen müssen, dass der Himmelskörpers Kurs auf die Erde nimmt und in sechs Monaten und vierzehn Tagen auf der Erde einschlagen und die gesamte Menschheit auslöschen wird.

Dibiasky und Mindy teilen ihr erschütterndes Forschungsergebnis umgehend der US-Weltraumbehörde NASA mit. In einer Nacht-und-Nebel-Aktion werden die beiden Forscher ins Weiße Haus nach Washington geflogen, wo sie zunächst einmal nichts tun können, außer warten und im Gang herumsitzen. Schließlich macht Präsidentin Orlean, eine erschreckende Mischung aus Hillary Clinton und Nancy Pelosi, dargestellt von Meryl Streep, den Forschern in aller Deutlichkeit klar, dass sie zunächst einmal abwarten wolle.

Obendrein hat es die Präsidentin mit einem juristisch ungebildeten Cowboy mit schlüpfriger Vergangenheit als Erotikdarsteller zu tun, der an den Obersten Gerichtshof beordert werden soll. Trotz verhängter Geheimhaltungspflicht versuchen Dibiasky und Mindy die Presse zu informieren, um sie von dem Ernst der Lage zu überzeugen, – doch bei den Medien stoßen die Wissenschaftler auf taube Ohren. Selbst Kates Freund, ebenfalls ein renommierter Journalist, fällt ihr in den Rücken nach einem verzweifelten Versuch, die Öffentlichkeit durch einen Auftritt in der Morningshow „The Daily Rep" über die Ereignisse zu informieren.

Die junge Studentin und ihr Professor kämpfen quasi um jedes Stückchen Aufmerksamkeit, um noch irgendwie in letzter Sekunde die Menschheit zu retten. Es entwickelt sich eine groteske Mischung aus Verzweiflung, Trauer, Wut und Hilflosigkeit. Und zu guter Letzt kommt noch Geldgier ins Spiel, als die Präsidentin die Bekanntschaft mit einem dubiosen Geschäftsmann, dargestellt von Mark Rylance, Inhaber des billionenschweren Unternehmens „Bash", macht, der vorschlägt, aus dem Kometen seltene und wertvolle Rohstoffe zu gewinnen. Adam McKays 143 Minuten lange Mediensatire zeigt spätestens ab dieser Sekunde auf geradezu erschreckend reale Weise den Umgang der Politik mit dem nahenden Weltende und der Gesellschaft.

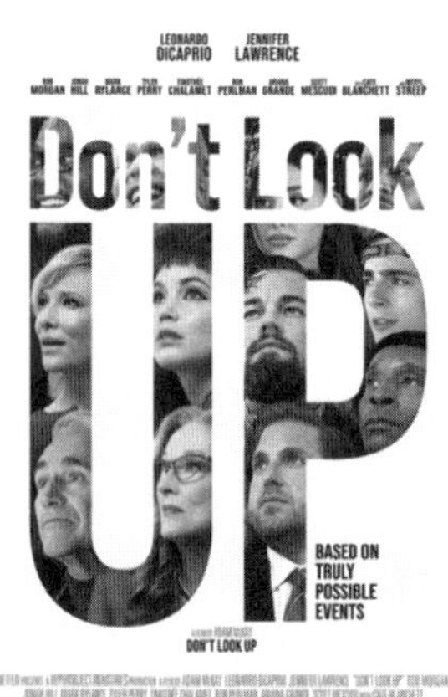

Abb. 196: Der Filmtitel „Schau nicht hoch" ist zweideutig, einmal nicht auf den Kometen im Film zu achten und auf der anderen Seite nicht die weißen Streifen am Himmel zu beobachten

Don´t Look Up entstand zwar noch vor der Coronapandemie, dennoch weist die Satire simultane Verhaltensweisen im Umgang mit Corona, der Gesellschaft und dem Klimawandel auf und lebt dank der exzellenten Kameraarbeit von Linus Sandgren (*James Bond: Keine Zeit zu sterben*) vor allem von eindrucksvollen Bildern, schnellen Schnitte und Zeitsprüngen. Erst als Kate und Mindy im Weißen Haus gnadenlos ausgebremst werden, kommt die Kamera zur Ruhe und gönnt dem Zuschauer eine kleine Atempause, um den Stoff zu verarbeiten.

Interessant wird es erst wieder, als sich Mindy an das Planetary Defense Coordination Office wendet. Spätestens in diesem Moment wird klar, was Kenner von Werner Herzogs Dokumentation *Fireball: Besuch aus fernen Welten* wissen, dass es die geheimnisvolle Abteilung der NASA zur Verteidigung von Mutter Erde tatsächlich gibt.

Die Satire wirbt mit einer großen Starbesetzung, wobei Hauptdarsteller Leonardo DiCaprio mit Abstand wohl zu den prominentesten und heuchlerischsten Vertretern seiner Zunft gehört. 2016 nutzte DiCaprio im Rahmen seiner Dankesrede für den Oscar als bester Schauspieler die Gunst der Stunde, um vor dem Publikum zum Kampf gegen den Klimawandel aufzurufen. DiCaprio sagte:

„Klimawandel ist Realität. Er geschieht in diesem Moment. Er ist die unmittelbarste Bedrohung, die unsere ganze Spezies betrifft. Und wir müssen zusammenarbeiten und aufhören zu zögern. Wir müssen die Regierenden weltweit unterstützen, die sich nicht für die großen Umweltverschmutzer oder großen

Konzernen einsetzen, sondern für alle Menschen – für die indigenen Völker dieser Welt, für die Milliarden von Unterprivilegierten, die der Klimawandel am meisten betreffen wird, für die Kinder und für die Leute da draußen, deren Stimme von einer Politik der Habgier unterdrückt werden."

DiCaprio engagiert sich seit mehr als zwanzig Jahren als Art Umweltkrieger für den Erhalt der letzten Naturreservate der Erde, Regenwälder und Ozeane, erneuerbare Energien und sauberem Trinkwasser für Menschen in Afrika und er hat er eine Stiftung gegründet. Er investiert sein Vermögen in sogenannte grüne Technologie-Unternehmen, kämpft gegen Fracking, für den Sibirischen Tiger, gegen den Handel mit Elfenbein und für das Wachsen des Umweltbewusstseins unter Prominenten.

2014 wurde der US-Schauspieler sogar zum UN-Friedenbotschafter ernannt. Nach Schätzungen soll der Schauspieler rund 89 Millionen Euro seines 200 Millionen-Euro-Vermögens in globale Naturschutzprojekte gesteckt haben, – und er war Co-Produzent der Doku *11th Hour – 5 vor 12*, die sich mit den Auswirkungen des Klimawandels beschäftigt.

Auf den ersten Blick klingt das natürlich alles positiv, dennoch bleibt ein schaler Beigeschmack, dass es nur leere Worthülsen sind, wie das oft bei Prominenten der Fall ist, die bekannt dafür sind, einen makellosen Eindruck zu hinterlassen, der am Ende nicht nur ihrem eigenen Image, sondern auch der gesamten Branche zugute kommt.

Bei DiCaprio ist das nicht anders. Während er seine Fans zum Handeln auffordert, genießt der Schauspieler unbeschwerte Stunden auf einer der größten und umweltschädlichsten Superyachten der Welt. Die 96 Meter lange „Vava II" hat einen Wert von 130 Millionen Euro. Sie produziert so viel Kohlenstoff, wenn sie nur 11 Kilometer segelt, wie ein durchschnittliches Auto in einem Jahr ausstößt.

Laut Hersteller bietet die Yacht Platz für 22 Gäste und 30 Besatzungsmitglieder. Sie hat eine Reichweite von rund 9000 Kilometer, wenn der Tank mit 115.000 Gallonen Diesel gefüllt ist und produziert stolze 238 kg Kohlendioxid pro Kilometer.

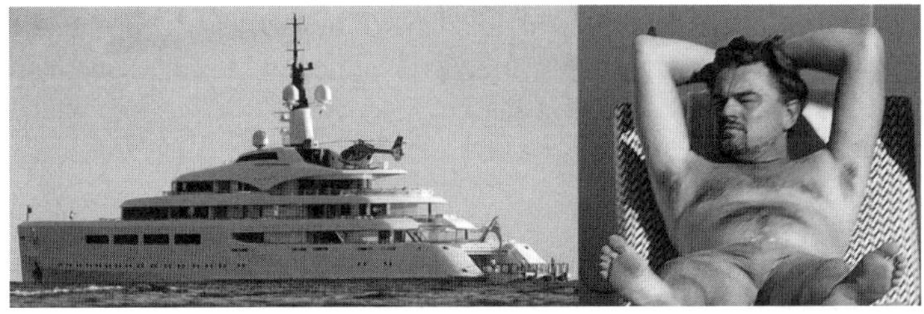

Abb. 197: Mit der Yacht den Sonnenbrand entfachen

Dennoch verteidigen sogar Umweltschützer DiCaprios Verhalten. Eine von ihnen ist die Britin Sarah Clayton, die sich unter anderem gegen den Ausbau von britischen Flughäfen engagiert. Clayton sagt: *„Ich weiß, dass Prominente ein verrücktes Leben führen, aber ‚Don´t Look Up' hat so viel getan, um die Menschen auf den Klimawandel aufmerksam zu machen."*

Doch die vielen schönen Stunden auf der Yacht sind nicht der einzige Kritikpunkt. DiCaprio reist auch häufig im Privatjet durch die Welt. In manchen Wochen legt der Schauspieler in nur 24 Stunden 13.000 Kilometer zurück – etwa um mal wieder einen Umweltpreis persönlich entgegennehmen zu können. Die Washingtoner Denkfabrik „Instititute for Policiy Studies" hat im Rahmen ihrer Studie „Überflieger" errechnet: *„Reisen vier Personen in einem kleinen Privatjet, entsteht die fünffache Menge an CO2, die bei einem gleichen Flug mit einem kommerziellen Passagierflugzeug freigesetzt worden wäre."*

In Zahlen ausgedrückt heißt das: Wenn ein Star zur Abwechslung mal Linie fliegt, fallen rund sieben Tonnen CO2 an, im Privatjet sind es hingegen 86 Tonnen Kohlendioxid.

Der US-Schauspieler ist in der Vergangenheit in diesem Punkt häufig auffällig geworden. 2015 reiste DiCaprio im Privatjet zum Weltwirtschaftsforum nach Davos, um dort den Chrystal Award für sein langjähriges Engagement im Umweltschutz entgegenzunehmen. Die Dankesrede nutzte der Schauspieler, um vor den Folgen des Klimawandels zu warnen, gleichzeitig kritisierte er auch die Gier der Fossile-Energie-Branche. Wörtlich sagt DiCaprio:

„Unser Planet kann nicht mehr gerettet werden. Es sei denn, wir lassen die fossilen Brennstoffe im Boden – da, wo sie hingehören. Vor zwanzig Jahren war uns klar, dass wir abhängig von diesen Ressourcen sind. Heute jedoch besitzen wir die Mittel, um diese Anhängigkeit zu beenden."

Und noch ein Beispiel: 2014 reiste DiCaprio mit 21 Freunden auf der „Topaz", die fünflängste Yacht der Welt mit eigenem Helikopterlandeplatz, Kino und geräumigem Konferenzsaal zur Fußball-WM nach Brasilien. Die Yacht wird von sechs Motoren mit 24.000 PS angetrieben, verbraucht dafür ein paar Tausend Liter Diesel pro Tag und gehört Scheich Mansour bin Zeyed Al Nahyan aus Dubai. Er ist Hauptanteilseigner von Manchester City und sitzt im Kabinett der Vereinigten Arabischen Emirate als Minister für Präsidentschaftsangelegenheiten. Das heißt, er ist Vertreter eines Staates, der mit Rohstoffen handelt, die DiCaprio lieber in der Erde als in den Tanks von Autos, Schiffen oder Flugzeugen sehen will.

Kein Wunder, dass die Worte des Schauspielers nicht wirklich überzeugen wollen– vor allem nicht Umweltschützer, die solche Botschaften gerne als bloße Lippenbekenntnis sehen. Der Umweltaktivist Robert Rapier sagt dazu gegenüber Page Six: *„Er demonstriert haargenau, auf welche Weise der Verbrauch fossiler Brennstoffe immer mehr zunimmt."*

Zwar versucht DiCaprios Pressesprecher das Verhalten des Schauspielers zu rechtfertigen, indem er behauptet, dass der oft sehr enge Zeitplan nur in einem Privatjet einzuhalten sei und dass durch die zahlreichen persönlichen Auftritte des Schauspielers auf den Events Millionen an Spendengeldern zusammenkommen – doch echter Klimaschutz fängt bekanntlich im Kleinen und im eigenen vorbildlichen Verhalten an.

Was den Klimawandel betrifft, ist grundsätzlich zu sagen, dass der menschengemachte Klimawandel selbst in Wissenschaftskreisen umstritten ist, vor allem die Rolle des heißdiskutierten CO2. Eine wissenschaftlich belegte Tatsache ist, dass Leben ohne CO2 auf der Erde nicht möglich ist. Vor allem nicht für die Pflanzenwelt, die CO2 für die Photosynthese benötigt.

Nimmt der Kohlendioxid-Anteil weiter ab, könnte das schon in naher Zukunft zu einem verminderten Pflanzenwachstum führen und im schlimmsten Fall zu massiven weltweiten Hungersnöten. In Wahrheit liegt der CO2-Anteil global auf Rekordtiefniveau von rund 400 Teilen pro Million. Vor mehr als zehn Jahren waren das noch 7000 Teile pro Million. Außerdem trägt der Mensch nur drei Prozent beim Ausstoß von CO2 bei, wobei CO2 zu 0,038 Prozent in der Atmosphäre vorkommt. Diese wichtigen Informationen werden der Bevölkerung bis heute weitgehend verschwiegen. Was wirklich hinter der verlogenen Klimapolitik steckt, kann sich jeder selbst ausrechnen: Macht- und Geldgier.

Die Mär vom Klimawandel fußt auf die sogenannte „Hockeyschläger-Grafik" aus dem Jahre 1999, die von einem gewissen Michael Mann stammt. Mittlerweile wurde Manns These von zahlreichen Wissenschaftlern widerlegt und in der Luft zerrissen. Mann wurde sogar per Gerichtsbeschluss dazu aufgefordert, die wissenschaftlichen Daten, auf denen seine Grafik beruht, zu nennen, was er aber nicht tat, sodass Mann schließlich zu einer Geldstrafe in Höhe von mehreren Millionen US-Dollar verurteilt wurde – doch bis heute ist das Urteil weder bei Politikern noch in den Redaktionsstuben der großen Medienhäuser angekommen.

Wie ungefährlich CO2 ist, weiß nicht nur die US-Weltraumagentur NASA, denn die fand heraus, dass der Klimawandel in erster Linie natürliche Ursachen hat und nicht menschengemacht ist. Das ist der NASA seit mehr als 50 Jahren bekannt, doch bisher schweigt sie dazu. Seit 1958 beobachten Forscher der NASA, dass Veränderungen in der Sonnenumlaufbahn und der Achsenneigung der Erde für den Klimawandel verantwortlich sind. Eine weitere bisher offenbar nicht von allen Wissenschaftlern berücksichtigte Tatsache ist, dass die Sonne den größten Einfluss auf das Klima der Erde hat, vor allem in Verbindung mit der Achsenneigung der Erde. Bei höheren Neigungen fallen die Jahreszeiten extremer aus als bei niedriger Neigung, wo sie einen eher milden Verlauf nehmen.

Eine weitere bewiesene Tatsache ist, dass sich das Klima auf der Erde in einem ständigen Fluss befindet und dass es in Epochen der Erdgeschichte zu teils gravierenden Veränderungen kam, ohne dass der Mensch Schuld daran trug. Die Gründe für den Klimaschwindel sind schnell auf den Punkt gebracht: Zahlreiche Wissenschaftler sind auf staatliche Fördergelder angewiesen und somit käuflich, das heißt, ihre Arbeiten fallen in der Regel ausschließlich zum Wohlwollen von Politik und Eliten aus. Eines sollte aber klar sein: Diese Arbeiten haben nichts mit seriöser Wissenschaft zu tun, sie sind blanker Unsinn, die lediglich den Weg zu Abgaben und Sondersteuern freimachen, denn, wenn die Bevölkerung erstmal kapiert hat, dass sie die Schuld trägt, lässt sie sich freiwillig auf den Ablasshandel ein.

Selbst wenn nur ein paar Prozent der Thesen stimmen, ist noch lange nicht gesagt, dass diejenigen, die am lautesten schreien und sich über den Klimawandel öffentlich beklagen, auch wirklich etwas dagegen unternehmen. Vor allem DiCaprio scheint bei der Umsetzung seiner eigenen Forderungen an die Weltbevölkerung aufgrund seines Lebenswandels kein leuchtendes Beispiel zu sein, wie natürlich zahlreiche andere Hollywoodgrößen, weshalb gegenüber DiCaprio der Vorwurf laut wurde, ein Heuchler zu sein.

Im selben Jahr, als *Don´t Look Up* auf Netflix startete, bezichtigte Brasiliens Präsident Jair Bolsonaro den Schauspieler, Nichtregierungsorganisationen, sogenannte NGOs zu unterstützen, die den Amzonas niederbrennen, um den Spendentopf weiter zu füllen. Bolsonaro sagte während einer kurzen Rede vor der Präsidentenresidenz. „DiCaprio ist ein netter Kerl. Er spendet Geld, um den Amazonas in Brand zu stecken.“ [(150)]

Der brasilianische Präsident beschuldigt NGOs, freiwilligen Feuerwehrmännern Geld für Bilder brennender Wälder zu zahlen, um auf diese Weise mehr Spendengelder zu erhalten, unter anderem von prominenten Schwergewichtlern wie DiCaprio. Laut einem Polizeibericht hätten mindestens drei NGOs (Brigada Alter do Cháo, Aquiferos Alter da Cháo, Projeto Saúde e Alegria) Brandstiftungen in Auftrag gegeben, um Gelder von verschiedenen Organisationen zu erschleichen. Im August 2019 hatte DiCaprio gemeinsam mit anderen Philanthropen eine Stiftung für die Hilfe der bedrohten Wälder des Amazonas, die als grüne Lunge des Planeten bezeichnet werden, mit fünf Millionen US-Dollar gegründet.

Laut Medienberichten wurden damals im Zusammenhang mit den Bränden vier Personen verhaftet, die im engen Kontakt zu einer der NGOs standen, die behauptet hat, Brände zu bekämpfen. Die Staatsanwaltschaft warf ihnen vor, Gelder vom World Wide Fund For Nature (WWF) zur Bekämpfung der Brände genommen zu haben und weiteres Land verbrannt zu haben, um an weitere Mittel zu gelangen.

Don't Look Up ist weder eine klassische Katastrophenklamotte, noch lässt sich auf Anhieb der „mahnende Zeigefinger" gegen den Klimawandel erkennen. Eine Verbindung zum Klimawandel lässt sich erst ab der Minute herstellen, als Kate und Mindy bei Politikern, den Medien und der Bevölkerung auf taube Ohren stoßen. Die überwiegende Mehrheit der Klimawissenschaftler hat *Don't Look Up* begrüßt. Der Klimaforscher Peter Kalmus schrieb in einem Gastbeitrag für den britischen Guardian:

„Don't Look Up' ist der Film, der die entsetzliche Nichtreaktion der Gesellschaft auf den Klimakollaps präziser darstellt als jeder andere, den ich je gesehen habe."

Die Satire stand in 94 Ländern unter den Top Ten der meistgestreamten Netflix-Filme, wobei zu beachten ist, dass die Satire eine sehr alte Kunstform ist. Gelehrte bezeichnen sie als Schnittpunkt von Spaß und scharfer Kritik, die das Publikum nicht nur zu informieren versucht, sondern auch zu reformieren, während sie gleichzeitig der Unterhaltung dient. Der dänische Theologen Sören Kierkegaard schrieb über die Satire: *„Satire verursacht Schmerz, aber dieser Schmerz ist auf Heilung ausgerichtet."*

Viele Filme dieses Genres kritisieren typischerweise vorherrschende politische, soziale und wirtschaftliche Machtstrukturen, - auch *Don't Look Up* tut das, nur bleibt hier die Frage, in welche politische Richtung dies geschieht.

Der Kampf um Planet Erde nimmt immer groteskere Züge an. Der Bevölkerung wird eine Lüge nach der anderen aufgetischt, Wissenschaftler manipulieren Zahlen und Studien für ein ordentliches Salär und haben noch nicht einmal ein schlechtes Gewissen dabei. Corona macht diesen Betrug auf erschreckende Weise deutlich.

Zweifellos ist Adam McKays Satire kein billiges Popcorn-Kino, sondern ein Film, der in die Tiefe zu gehen versucht und zum Nachdenken anregen möchte, doch ob die Botschaft, die McKays rüberbringen will, auch so beim Großteil des Publikums angekommen ist, ist zu bezweifeln, weil der Klimawandel als eine menschengemachte Umweltverschmutzung in den Medien dargestellt wird, ein Komet, der sich auf Kollisionskurs mit der Erde befindet, wird mit einer NATURkatastrophe in Zusammenhang gebracht, für die der Mensch nichts kann. Zwar versucht McKay in seiner Satire nicht die Menschheit zu Komplizen der Zerstörung des Planeten zu machen, andererseits kommt die Botschaft, dass es in dem Film in Wahrheit um den Klimawandel geht, nicht deutlich genug rüber.

Ein Komet könnte in allerletzte Sekunde mit Hilfe einer Atombombe zerstört werden, ohne dass irgendjemand etwas davon mitbekommen müsste. Die Katastrophe könnte völlig geräuschlos aus der Welt geschafft werden. Um den Klimawandel zu stoppen, müsste die Menschheit nach Vorstellungen linker Umweltschutzverbände und Wissenschaftler ihren Lebensstil radikal ändern – vor allem in Ländern mit hoher Umweltverschmutzung.

Die Botschaft von *Don´t Look Up* könnte aber auch eine ganz andere sein: dass die gesamte Menschheit von machthungrigen Politkern und Eliten zerstört wird, die sich selbst mehr wertschätzen als das Leben und die Menschheit. Der Film spricht in erster Linie das linksliberale Publikum an, das den Klimawandel beklagt und sowieso tief besorgt ist, gleichzeitig aber schiebt er durch die Blume gesprochen republikanischen Politikern, konservativen Reportern und Klimaleugnern die Schuld für das Ende des Planeten Erde in die Schuhe.

Dagegen bringen US-Serien wie *Veep* die Sache gleich knallhart auf den Punkt. Sie vermitteln ihrem Publikum auf schonungslose und geradezu provokante Weise, dass Machthunger symptomatisch für die Politik ist und dazu gehört, wie der Senf zum Würstchen. Das soll heißen, dass die Worte von Politikern in der Regel reine Lippenbekenntnisse sind. Niemand sollte also auf die Idee kommen und glauben, dass Politiker und Wirtschaftseliten irgendetwas aus reiner Nächstenliebe für den Erhalt der Erde und der Menschheit tun, wenn in der Bilanz monetär nichts für sie dabei herausspringt.

Es sollte mittlerweile jedem klar sein, dass wir in einer verdrehten Realität leben, in der die Lüge zur Wahrheit geworden ist, in der niemand mehr eine eigene Meinung haben darf, geschweige denn sie öffentlich äußern. Klima, Corona und Kriege wurden zu heiligen Sakrilegien erklärt, die nicht in Frage zu stellen sind – wer es dennoch tut und unbequeme Fragen stellt, bekommt was auf die Fresse.

Das musste der kanadische Journalist Keean Bexte vom unabhängigen Medienportal „Rebel News“ erleben, der extra von Toronto nach Stockholm flog, um bei einem Auftritt der schwedischen Klimaaktivistin Greta Thunberg ein wenig nachzuhaken. Doch so weit ist es gar nicht erst gekommen, sofort schlugen Gretas Personenschützer auf Bexter ein, denn kritische Fragen will der Thunberg-Clan weder hören noch beantworten, weil sonst der ganze Schwindel sofort auffliegen würde.

Bexte geht in seinem Video *Greta Inc.* detailliert auf das Geschäftsmodell Greta ein. Der Reporter wollte wissen, ob es wirklich ein Zufall sei, dass der schwedische Unternehmer und PR Profi Ingmar Rentzhog ausgerechnet an dem Tag am Parlament vorbei kam, als sich Greta für einen Schulstreik entschied – oder ob Greta bloß ein cleveres Geschäftsmodell ist und auf einer großen Lüge aufbaut. Greta und „Fridays for Future“ haben sich als eine neue Sekte vor allem in den Köpfen junger Menschen etabliert, die rein gar nichts mit Wissenschaft zu tun hat, die aber umso mehr eine ernsthafte Gefahr für die geistige Gesundheit einer ganzen Generation darstellt, die den Unsinn in kindlicher Naivität glaubt und es von der Erziehung her nicht gewohnt ist, Sachverhalte zu hinterfragen.

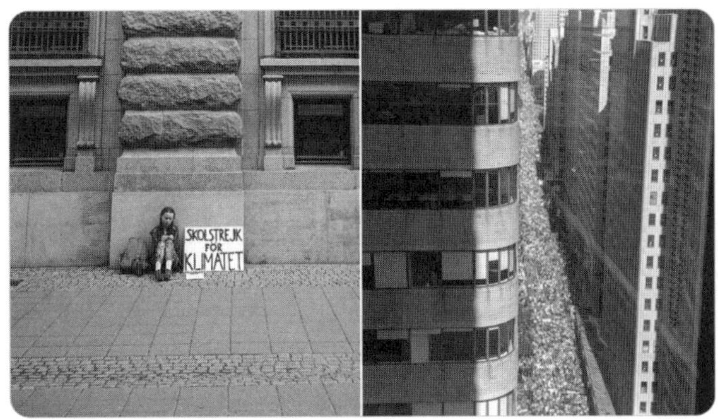

Abb. 198: 2018 saß ein damals 15-jähriges Schulmädchen allein vor dem schwedischen Parlament, einen rosa Rucksack auf der einen Seite und auf der anderen Seite ein einfaches handgeschriebenes Schild mit der Aufschrift „Skolstrejk for Klimatet“

Es war der 20. August 2018 und zum Glück für Greta Thunberg schlenderte zufällig PR-Guru Ingmar Rentzhog „auf dem Weg zur Arbeit“ vorbei. Herr Rentzhog, Gründer des Start-ups *We Don't Have Time* für grüne soziale Netzwerke, war bewegt, als er sah, wie Frau Thunberg „allein gegen die ganze Welt“ streikte.

Es ist eine unbestreitbare Tatsache, dass unsere Umwelt sauberer werden muss, doch CO2 ist nicht verantwortlich für das Artensterben. Es sind ganz andere Dinge, die unsere Umwelt belasten und Arten gefährden. Ganz oben auf der Liste stehen Chemikalien wie Herbizide und Pestizide, die noch immer weltweit tonnenweise auf die Felder ausgebracht werden, um die Erträge zu steigern. Doch weder „Fridays For Future“-Aktivisten noch Politiker trauen sich Chemiekonzernen die Stirn zu bieten, um endlich Massenvernichtungswaffen wie Glyphosat zu verbieten. Politiker lassen immer nur da wirkungsvoll ihre Muskeln spielen, wo es Bürgern an die Freiheit und an den Geldbeutel geht.

Greta ist kein Vorbild für die Jugend, sondern Botschafterin jener, die den künftigen Kurs der Erde bestimmen wollen. Das sind Nichtregierungsorganisationen, die von reichen Unternehmern wie Bill Gates oder George Soros gegründet werden. Nicht zu vergessen sei natürlich das Weltwirtschafts-Forum unter der Regie von Klaus Schwab. Auch wenn sich die Herrschaft dezent im Hintergrund halten – sie haben längst das Zepter in der Hand und lassen die neue Politgarde, die sie als Global Young Leaders bezeichnen, die Drecksarbeit machen.

Der Journalist und Buchautor Michael Grandt kommt in seinem Buch „Kommt die Klima-Diktatur?“ zu dem Fazit, dass die „Fridays for Future“ Bewegung in Wahrheit ein Trojanisches Pferd der Linken und der Grünen ist, um ökozialistische Ideologien in die Welt zu setzen, die von den Medien ungefiltert übernommen werden.

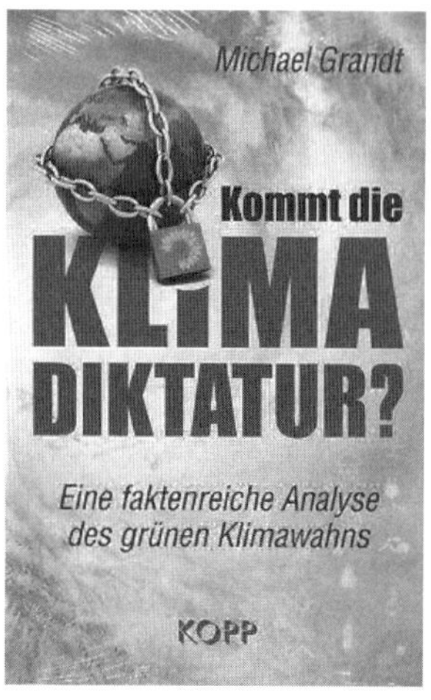

Abb. 199: Und tatsächlich ist der Irrsinn der Ökoapokalyptiker kaum noch zu überbieten. Grüner Wahrheitsanspruch, Welterlösungsfantasien, Verbote und Ächtungen im Namen des „Klimas“ spalten unsere Gesellschaft wie selten zuvor

Weiter schreibt Grandt, dass sich Greta auch nicht davor scheut, mit gewalttätigen Linksextremen zu kuscheln, um ihre Ziele zu erreichen. Grandt glaubt, dass hinter der Bewegung ein ganzes Geflecht aus Unternehmen, Stiftungen, Vereinen und selbstverständlich auch Nichtregierungs-Organisationen, sogenannten NGOs, steckt. Interessant ist auch die Aussage des australischen Moderators Alan Jones des TV-Senders Sky, der in einem offenen Brief schrieb:

„Ihr seid die größten Konsumenten aller Zeiten und immer im Trend mit teuren Luxusgütern. Eure Unterhaltung kommt aus elektronischen Geräten. Die Leute, die Eure Proteste anführen, sind dieselben Leute, die darauf pochen, das Bevölkerungswachstum durch Einwanderung künstlich zu erhöhen, was den Bedarf an Energie, Produktion und Transport erhöht. Je mehr Menschen wir haben, desto mehr Wald und Buschland roden wir und desto mehr zerstören wir die Umwelt.“

Die Warnungen von Kate und Mindy werden nicht ernst genommen, dennoch versuchen die beiden Wissenschaftler mit allen Mitteln den Rest der Welt zu überzeugen, dass sie recht haben mit ihren Thesen, so, wie Klimaaktivsten aktuell versuchen, die Welt davon zu überzeugen, dass der Erde bis zu ihrem Untergang nicht mehr viel Zeit bleibt. Was ist, wenn Kate und Mindy mit ihren Berechnungen wirklich daneben liegen? Und was ist, wenn Millionen junge Klimaaktivisten sich einen mächtigen Bären haben aufbinden lassen?

Fazit: *Don´t Look Up* ist eine solide Story, die gleich eine Vielzahl von Gedanken zulässt und jeder muss für sich entscheiden, welchen er zulässt. Gleichzeitig bleibt auch die Frage, welches Ende wir wählen würden. Wollen wir aktiv werden und wieder lernen selbstbestimmt zu denken, zu leben und fragwürdige Thesen und Theorien zu hinterfragen – oder wollen wir unser gesamtes Leben in die Hände einer machtbesessenen Elite geben und für den Rest unserer Tage in einem sozialen Gefängnis leben?

3 Die Alien-Agenda: Science-Fiction Darwinismus

„Der amerikanische Kinofilm ist heute der größte unbewusste Propagandaträger der Welt. Es ist ein großartiger Verteiler für Ideen und Meinungen."
(Edward Bernays)

Wir neigen dazu, Science-Fiction, moderne Wissenschaft und Religion als drei unterschiedliche Themen mit minimaler Verbindung zwischen ihnen zu betrachten. Wenn wir sie philosophisch betrachten, beginnt sich eine radikal andere Perspektive herauszubilden, in der die zugrunde liegenden Voraussetzungen aller drei immer näher rücken. Betrachtet man die Bewaffnung der Kultur aus der Sicht des Establishments unter den Rubriken der Dominanz des gesamten Spektrums, sind alle drei entscheidende Treiber, die ein vorgefertigtes Produkt weltweit an seine Verbraucher verbreiten. Ob Isaac Asimov-Fans, Richard Dakwins-Leser oder Anhänger von Ron L. Hubbard, alle haben eine enorme Macht, die Perspektiven ihrer Herden zu formen, zu treiben und in Richtung eines gewünschten Ziels umzuwandeln. Meine These ist, dass das Endziel aller drei in unserem Zeitalter des Übergangs letztendlich darin besteht, zu einer singulären globalen Monokultur-Weltanschauung zu verschmelzen, die als eine Art neue religiöse Mythologie funktionieren wird.

3.1 H. G. Wells, Steven Spielberg und die Alien-Agenda

Seit den frühesten Tagen dessen, was wir als „Science-Fiction" kennen, in Schriftstellern wie Jules Verne und H.G. Wells, wurde die Vorstellung von „Wissenschaft" als Mittel, mit dem der Mensch seine Vorstellungskraft in die Zukunft projizieren kann, als nützliches Instrument der Staatskunst angesehen. Besonders bei Wells können wir eine Figur sehen, deren erklärte Ziele des fabianischen Sozialismus durch viele seiner bemerkenswerteren Werke mit strahlender Wirkung sehen. Wells strebte angeblich die Ausrottung des spekulativen Geldsystems an (am Ende von „Outlines of History") und sagte durch seine Fiktion eine glänzende Ära des technologischen Utopismus voraus, in der die Vernunft zum König gekrönt werden würde. In Werken wie „Die Zeitmaschine" spielen Vorstellungen von Eugenik eine zentrale Rolle bei der Konditionierung der kommenden Äonen des Aufstiegs der vulgären Klasse, die vom technokratischen Netzwerk kontrolliert und verwaltet werden müsste.

In Werken wie „Krieg der Welten" explodierte der Mythos der Alien-Invasion, als sogar viele Akademiker an die Vorstellung von Zivilisationen glaubten, die den Mars oder andere Sonnensysteme bewohnten. Hollywood sprang bald an Bord und nach der

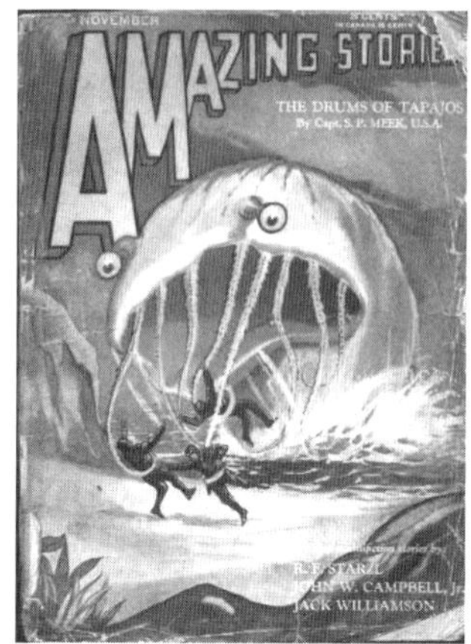

Abb. 200: „Amazing Stories - The Drums of Tapajos“ von Capt. S. P. Meek. Panspermie und Evolution – zwei Mythologien

Radiosendung von Orson Welles gab es einen Nonstop-Fluss aller außerirdischen Dinge, UFOs und galaktischen Märchen, als neue Koryphäen wie Edgar Rice Burroughs, Robert Heinlein, Frank Herbert, Isaac Asimov, Arthur C. Clarke und viele mehr sich einbrachten, um Klassiker sowohl in Druck- als auch in Bildschirmversionen zu produzieren. (151)

Am 30. Oktober 1938, einem Sonntag, hörten viele Amerikaner abends ganz entspannt Tanzmusik auf den Radiosendern des CBS-Netzwerks, als das Programm für eine Eilmeldung unterbrochen wurde.

Es habe, so ein Moderator, auf dem Planeten Mars ungewöhnliche Explosionen gegeben, und Gaswolken bewegten sich auf die Erde zu. Dann kam wieder Tanzmusik - kurz darauf von der nächsten Eilmeldung unterbrochen: In New Jersey sei ein sonderbares Objekt auf einem Feld gesichtet worden.

Meisterhaft hat der junge Regisseur Orson Welles den Roman „Der Krieg der Welten“ von H.G. Wells aus dem Jahr 1898 über eine Invasion von Außerirdischen als Hörspiel inszeniert. (152)

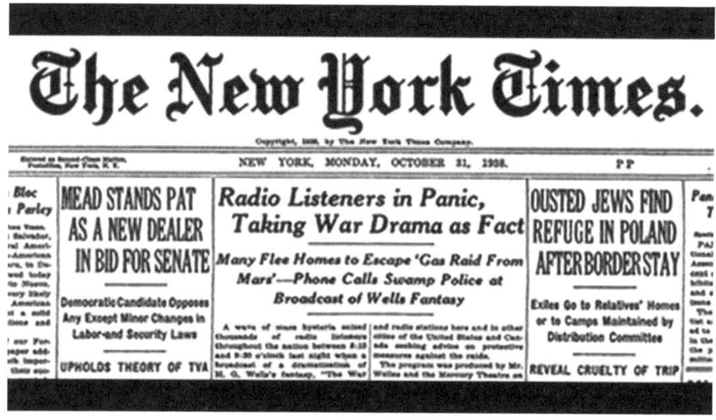
The New York Times.

NEW YORK, MONDAY, OCTOBER 31, 1938.

MEAD STANDS PAT AS A NEW DEALER IN BID FOR SENATE

Democratic Candidate Opposes Any Except Minor Changes in Labor and Security Laws

UPHOLDS THEORY OF TVA

Radio Listeners in Panic, Taking War Drama as Fact

Many Flee Homes to Escape 'Gas Raid From Mars'—Phone Calls Swamp Police at Broadcast of Wells Fantasy

OUSTED JEWS FIND REFUGE IN POLAND AFTER BORDER STAY

Exiles Go to Relatives' Homes or to Camps Maintained by Distribution Committee

REVEAL CRUELTY OF TRIP

Abb. 201: Schlagzeile der „New York Times“ am 31. Oktober 1938

Aus propagandistischer Sicht hielt der Staat den Alien-Mythos für ein recht nützliches Werkzeug, das immer mehr externe Invasions-„Drohungen“ aufhäufte, da eine faszinierte Masse immer mehr davon wollte. In den 70er und 80er Jahren, nach der angeblichen Apollo 11 Mission, hatten die *Unheimliche Begegnung der dritten Art*, die *Star Wars*-Trilogie und *E.T.* den Alien-Mythos in den Köpfen der Öffentlichkeit als Tatsache herauskristallisiert, weit mehr als irgendwelche Wissenschaftler von Panspermie sprachen.

Gerade bei der Panspermie sehen wir die Infusion des außerirdischen Mythos in die sogenannte empirische Wissenschaft, doch die Absurdität wird hier per Definition manifest – niemand hat Panspermie beobachtet, es ist einfach eine Theorie – und eine Science-Fiction-Theorie noch dazu. In der Tat, als Film-Trick ist eines unbestreitbar sicher, und zwar, dass die Alien-Geschichte kein Ende nimmt. Doch es gibt noch eine andere Alien-Geschichte, die uns ebenfalls in den Rachen gestopft wird und, wie ich angedeutet habe, ungefähr zeitgleich mit Science-Fiction entsteht, und das ist diejenige, die mit dem Darwinismus verknüpft wird.

Sie gibt vor, eine streng „natürliche" Erklärung der „Ursprünge" des Lebens und der Arten und ihrer Anpassung zu sein („Veränderung über Zeit"), je mehr man sich mit den ideologischen Ursprüngen der darwinistischen Theorie beschäftigt, desto deutlicher wird ihre Verbindung zur britischen Freimaurerei und antiken Mythologie sichtbar – sie erscheint immer weniger „wissenschaftlich" und mehr und mehr wie ein Wells-Märchen: Neu definiert und elastisch gedehnt, um alles von Bohnerwachs bis Fußnägeln zu umfassen, soll buchstäblich alles „Beweis" der Evolution sein. Obwohl es keine Übergangsfossilien gibt (und wir sollten in endlosen Haufen von Milliarden toter Übergangskreaturen/Missing Link schwimmen), ist der Darwinismus die vorherrschende religiöse Perspektive unserer Tage, wobei die gesamte Realität als Produkt endlosen materiellen Flusses und Chaos unter seine Ägide fällt. (153) Zitat aus dem „GEO-Magazin", Juni 2011: „Die moderne Paläoanthropologie ist ein Forschungsfeld nicht frei von Ironie: Ihm fehlen die Untersuchungsgegenstände… als wolle man die Geschichte Mitteleuropas schreiben und hätte als Grundlage nur eine halbe römische Münze, das Taschentuch einer wilhelminischen Dienstmagd und Teile eines Mikrofons…

…und so gehört die Frage nach der Herkunft des Menschen noch immer zu den großen, den ungelösten Rätseln der Naturwissenschaft."

Der Autor Hans-Joachim Zillmer schreibt in seinem Buch „Die Evolutionslüge. Die Neandertaler und andere Fälschungen der Menschheitsgeschichte":

„Die Skelette von Mensch und Affe unterscheiden sich gravierend voneinander. Affen leben überwiegend in Bäumen und sind deshalb vierbeinig. Der Mensch dagegen zeichnet sich durch einen aufrechten Gang aus. Evolutionsgläubige behaupten, dass diese Fortbewegungsart sich evolutiv aus der Bewegung auf vier Beinen entwickelt habe.

Der Anatom Professor Robin Crompton bewies 1996 mit einer dreidimensionalen Computersimulation, dass Zweibeinigkeit nicht evolutiv aus Vierbeinigkeit entstehen kann. Das Ergebnis widerspricht der herkömmlichen Lehrmeinung. Das Gehvermögen von Lucy, einem (angeblich) affenähnlichen Urahn des Menschen mit aufrechtem Gang, gekrümmtem Rücken und eingeknickten Knien, erwies sich als nicht lebensfähig.

Die Forscher sind daher überzeugt, dass unsere Vorfahren entweder immer schon aufrecht gingen (vgl. Sarre, 1994 und Deloison, 2004) oder ausstarben oder aber, innerhalb kürzester Zeit von vier auf zwei Beine gewechselt haben, noch bevor sie die Bäume verließen. (Spears/Crompton in: ,Journal of Human Evolution', 1996, Bd. 31, S. 517-535; vgl. Henke, 1996).

Fazit: Entweder geht ein Lebewesen aufrecht oder auf vier Beinen. Eine Bewegungsform, die dazwischen liegt (halb-bipedal), ist nach dieser Untersuchung nicht möglich und allein auch schon aus logischen Gründen unwahrscheinlich.

Denn die erforderlichen Zwischenformen (Missing Links) konnen weder aktuell im Tierreich beobachtet noch in fossilen Urkunden als versteinerte Formen nachgewiesen werden.

Im Gegensatz zur Evolutionstheorie ist eher denkbar, dass ehemalige Bipede zur Vierbeinerbewegungsweise übergehen, falls sie dazu durch äußere Umstände gezwungen werden: Leben auf Bäumen, in Sumpfen, wohl auch in steilen Gebirgen (vgl. Sarre, 1994 und Deloison, 2004).

Die 1998 in ,Darwins Irrtum' gemachte Aussage, dass der Mensch schon immer aufrecht ging und seine Vorfahren aus anatomischen, statischen und logischen Überlegungen nicht in Bäumen gelebt haben können, wurde inzwischen gestützt."

Gleichzeitig mit dieser großartigen erzählerischen Erklärung gibt es die andere großartige Erklärung – die der Science-Fiction. Während also der Darwinismus in die Vergangenheit blickt, ist die Science-Fiction eindeutig zukunftsorientiert. Ziemlich oft verschmelzen die beiden miteinander und sind miteinander verbunden, besonders im Alien-Mythos. Die Erklärung für die offensichtlich rationale und höchst wahrscheinliche Existenz außerirdischer Wesenheiten in irgendeiner Form wird oft als Äonen des Darwinismus bezeichnet. Nun, es ist einfach offensichtlich, dass die 4,5 Milliarden Jahre, die das Sonnensystem brauchte, um seine „Form" zu bilden, sicherlich zur Geburt von „Leben" auf Zeta Reticuli führen würden, und da wir in Milliarden von Jahren sprechen, ist es wahrscheinlich, dass sie weitaus weiter entwickelt sind als die Menschen.

Verdammt, sie haben uns wahrscheinlich hier auf festem Boden „ausgesät". Halten Sie einen Moment inne und denken Sie darüber nach, wie sehr sich das nach Science-Fiction anhört! Erinnern wir uns jedoch an die Definition unserer Gegner von „Wissenschaft" – beobachtbare „Fakten", um eine Theorie zu stützen oder zu verneinen. Mit anderen Worten, dies sind kreative Spekulationen von Männern, genauso wie Bobba

Fett und Mork kreative Fiktionen sind. Sie sind nicht real, ebensowenig wie der Postulant, die Ursuppe sei vom Blitz getroffen worden und habe Amöben, Fische und Wale hervorgebracht. Ähnlich wie Science-Fiction ist es eine Geschichte, an die Menschen als Ersatz glauben, wie ein Kind, das ein Superman-Kostüm anzieht und von der Couch springt, um zu fliegen.

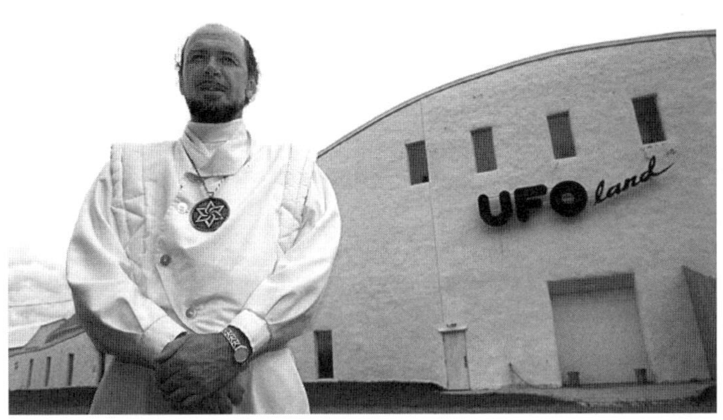

Abb. 202: Die Neue Religiöse Bewegung wurde im Dezember 1973 von Claude Vorilhon alias Raël gegründet, der eine Begegnung mit einem aus einem UFO entstiegenen Vertreter einer außerirdischen Zivilisation gehabt haben will. Bei seiner ersten angeblichen Begegnung mit den Außerirdischen soll Vorilhon eine Botschaft für die Menschheit erhalten haben, die besage, dass die Elohim vor 25.000 Jahren das erste Mal auf die Erde kamen und hier dank ihrer Beherrschung der DNA das Leben wissenschaftlich erschufen

Wir können ein Fenster in diesen Verschmelzungsprozess in Beispielen wie dem UFO-Kult der Rael-Bewegung oder Scientology sehen. Beide geben vor, in perfekter Harmonie mit der Wissenschaft zu stehen und kritisieren die gegenwärtigen Systeme der allgegenwärtigen Regierungskorruption, wie Wells in „Outlines of History" beschrieb.

Beide Beispiele projizieren eine glorreiche Zukunft des utopischen Fortschritts durch verschiedene pseudowissenschaftliche und wissenschaftliche Mittel, da der Mensch durch einen rigorosen Prozess der bizarren Einhaltung von Lehren Selbsterlösung erreichen kann. Beide halten ein strenges Glaubensregime für Anhänger von Kultfiguren aufrecht, die am besten nicht in Frage gestellt werden, da der Kult das Monopol auf die Wahrheit und die Antworten auf so ziemlich jedes Problem hat, das auftreten könnte, und sollten sie nicht den Glauben haben, kommt eine Antwort aus dem Hohepriestertum der Bewegung. Diese Science-Fiction-Kulte funktionieren also genau so wie der Science-Fiction-Kult des Darwinismus, wo abweichende Meinungen dazu führen, dass sie geächtet, gefeuert, verspottet und belästigt werden.

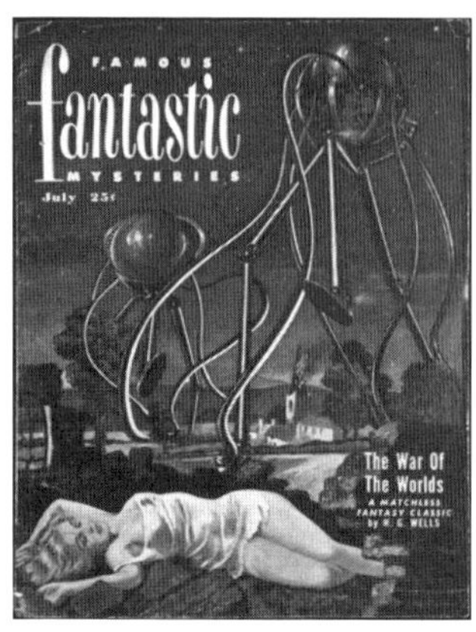

Abb. 203: „Famous Fantastic Mysteries“ enthält den kompletten Roman „The War of the Worlds“ von H.G. Wells. Wir kommen in Frieden, und bringen Samen um ihren Planeten ins Vakuum zu saugen. Evolution ist wirklich ein fantastisches Mysterium

Trotz diverser Institutionen, die ihre Etats, ihre Prinzipien angeblich auf Darwinismus, Vernunft und Wissenschaft stützen, welche sogar zur Ermordung von Millionen führte, hält der Glaube an den Kult des darwinistischen Science-Fiction-Staates an, denn es gibt Mikrowellen und iPhones – und diese sind Beweise für die Evolution. Ach, das wussten Sie nicht? Was sind Sie für ein Hinterwäldler. Sie wussten nicht, dass iPhones den Darwinismus beweisen?

Natürlich hat technologischer Fortschritt absolut keine Verbindung zu einer wilden biologischen Ursprungstheorie, aber das wird immer wieder als „Beweis“ für ein lächerliches Paradigma verwendet.

Eine Sache, die Sektenmitgliedern fehlt, ist kritisches Denken und Objektivität, und wenn die darwinistische Science-Fiction-Weltraumoper, die unsere kommende Religion sein soll, irgendetwas hat, dann hat sie eine Armee von Anhängern, die den ganzen Tag über Vernunft reden, aber nicht die leiseste Ahnung haben, wie die Vernunft mit immateriellen, unveränderlichen Prinzipien arbeitet, die im Bereich der Metaphysik liegen.

Nachdem Charles Darwin und die Empiriker glaubten, sie hätten die Metaphysik verbannt, wurde angenommen, dass die Vergangenheit mit „natürlichen“ Gründen „erklärt“ wurde, und von da an brauchte die Zukunft etwas Hoffnung, etwas, auf das der immer betrogene Mensch in die Zukunft blicken kann und sich in die Sterne projiziert (schließlich sind wir alle „Sterne“ nach dem Physiker Lawrence Krauss). [(154)]

„Das Erstaunliche ist, dass jedes Atom in Ihrem Körper von einem explodierten Stern stammt. Und die Atome in Ihrer linken Hand stammen wahrscheinlich von einem anderen Stern als in Ihrer rechten Hand. Es ist wirklich das Poetischste, was ich über Physik kenne: Ihr seid alle Sternenstaub. Sie könnten nicht hier sein, wenn die Sterne nicht explodiert wären, denn die Elemente – Kohlenstoff, Stickstoff, Sauerstoff, Eisen, all die Dinge, die für die Evolution wichtig sind – wurden nicht am Anfang der Zeit geschaffen. Sie wurden in den Nuklearöfen der Sterne erschaffen, und die einzige Möglichkeit, wie sie in Ihren Körper gelangen könnten, wäre, wenn diese Sterne so freundlich wären, zu explodieren. Also vergiss Jesus. Die Sterne sind gestorben, damit du heute hier sein kannst.“ [(155)]

Und das ist die Rolle, die die Psy-Op-Sprossen der Science-Fiction spielen. Mit der Realität zu spielen und die Realität als ein Spiel der Realität umzuschreiben, ist die Funktion unserer neuen Heiligen, Sankt Darwin und Sankt Wells, Propheten und Weisen der neuen Morgendämmerung, die darauf bedacht sind, den Menschen mit Hilfe der Eliten der Weltraumbrüder auszurotten, bringt uns zur „letzten Generation.“. Es ist nur Wissenschaft, es ist eine Tatsache!?

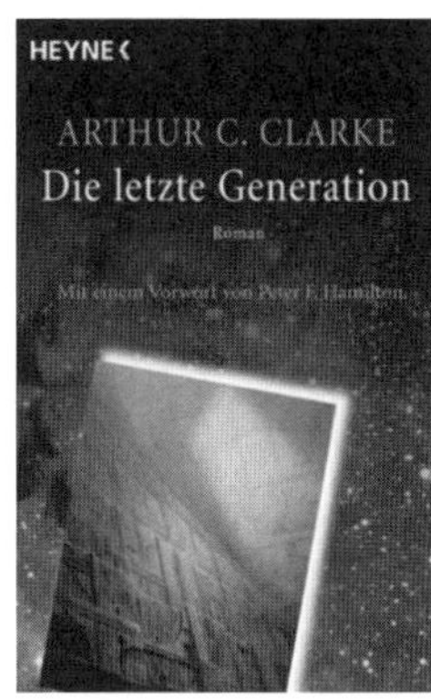

Abb. 204: „Die letzte Generation“ von Arthur C. Clarke. Hundert Jahre ist es her, seit die Overlords, technisch hochentwickelte Aliens Kontakt zu den Menschen aufgenommen haben. Sie verhalfen der Menschheit zu Weiterentwicklung, Fortschritt und Wohlstand

Selbst als sich herausstellte, dass die Overlords aussehen wie der Antichrist, nahmen das die mittlerweile sehr viel toleranteren Menschen hin.

Jetzt offenbaren die Fremden ihre wahren Absichten: Sie sind gekommen, um die Kinder mitzunehmen …

„Niemand hätte es in den letzten Jahren des 19. Jahrhunderts für möglich gehalten, dass unsere Welt genauestens beobachtet wurde von Intelligenzen, die klüger waren als die Spezies Mensch, wenn auch genauso sterblich; dass Menschen, die mit der Verrichtung ihrer täglichen Arbeit beschäftigt waren, inspiziert und überprüft wurden...“

Mit diesen Worten beginnt das Buch „Krieg der Welten“ aus dem Jahre 1898, worin er die Menschen mahnt, dass sie heimlich beobachtet und studiert werden, von Wesen, die Ihnen intellektuell so überlegen sind, wie der Mensch dem Tier, und dass eine Invasion Außerirdischer unmittelbar bevorsteht.

Und so stellt er sich diese Invasion vor: Mit haushohen Robotern, die über die Erde herfallen und sich einen ungleichen Kampf mit den Menschen liefern.

Zeichnerisch wurde der Angriff im Jahre 1906 so dargestellt: Übermächtige Eindringlinge, die mit ihren Strahlen Menschen vaporisieren, gewaltige Maschinen, die auf uns herabblicken, als seien wir Würmer unter ihren Füßen.

Auch nach hundert Jahren wird das Buch immer wieder verfilmt, wie im Jahre 2005 mit Tom Cruise in der Hauptrolle.

Heute ist so etwas durchaus unvorstellbar. Sogar wir könnten solche Roboter bauen und auf die Menschheit loslassen. Die Zukunft hat die Vergangenheit längst eingeholt, und sollten wir irgendwann tatsächlich Außerirdischen begegnen, dann werden deren Waffen sicher noch fantastischer sein, als wir uns das je vorstellen können.

Haushohe Roboter, Laserstrahlen und Außerirdische - als sich H.G. Wells diese Geschichten ausdachte, gab es nicht einmal einen Stromanschluss zuhause, und wer auf die

Toilette wollte, musste vor die Tür und sein Geschäft irgendwo über einem stinkenden Erdloch verrichten. In so einer Welt wuchs dieser Mann auf, und trotzdem sah er wundersame Dinge voraus – und vieles mehr.

„Von kommenden Tagen" ist ein weiterer Roman von H.G. Wells, in dem er – beginnend mit den 1930er Jahren – in die kommenden hundert Jahre, und somit auch in unsere Zeit, vorausblickt. Das Buch wurde 1933 geschrieben und im Jahre 1936 verfilmt (Titel: *Things to Come*).

Der Film beginnt im Jahre 1940 mit der Luftschlacht um England, womit H.G. Wells den Ausbruch des Zweiten Weltkrieges treffend vorhersagt. Er beschreibt, welche Bedeutung Luftkriege bald haben werden, und er weist darauf hin, dass solche Konflikte innovationsfördernd sind, was so viel bedeutet wie, dass Kriege die technologische Entwicklung der Menschen vorantreiben werden. So sagt er neue Waffen voraus, wie zum Beispiel Marschflugkörper, die von U-Booten abgefeuert selbstständig zu ihren Zielen navigieren werden.

Nach dem Zweiten Weltkrieg sieht er einen Großteil der Menschen ausgebremst und zurückgeworfen in ihrer Entwicklung, während sich andere, die sich als die Wächter über die Welt bezeichnen, an einem geheimen Ort wissenschaftlich und technologisch weiterentwickeln werden.

Da die Nachkriegsmenschen weiterhin kriegerisch sein und Unruhe stiften werden, prophezeit H.G. Wells einen Dritten und letzten Weltkrieg, wo die Wächter mit all ihren geheimen Technologie und Waffen kommen werden, um die Herrschaft der Staaten und Religionen ein für alle Mal abzuschaffen und durch eine neue Ordnung zu ersetzen.

Die Transformation in diese neue Ordnung sieht H.G. Wells bis zum Jahre 2036 abgeschlossen. Und so stellt er sich diese neue Welt vor: Moderne, lichtdurchflutete Städte mit großen öffentlichen Plätzen und viel Raum für den Menschen, gigantische Habitate, die an moderne Einkaufszentren erinnern.

Er sieht große Flachbildschirme in den Wohnungen, auf denen Videodokumentationen laufen und mit denen Kinder unterrichtet werden. In dieser Zeit sagt er auch Arbeitsplätze mit Computerdisplays voraus. H.G. Wells beschreibt, wie in Zukunft gigantische Bildschirme an Gebäuden Livestreams übertragen, und dass man sich diese Livestreams auch über Infodisplays an öffentlichen Plätzen anschauen wird. Und nicht nur das: Er sagt sogar Tablets voraus, und wo Tablets sind, sind natürlich auch Smartphones, über die man sich solche Videos und Livestreams ebenfalls anschauen wird.

In einem Interview von 1934 bestätigt er noch einmal, dass er den Zweiten Weltkrieg zwischen 1939 und 1949 erwartet, nimmt aber keine Stellung zu der Zukunft, die er daraus in seinem Buch ableitet, dabei weist er in seiner Zukunftsprojektion auf so viel mehr hin als nur auf moderne Technologien.

In einer Szene zum Beispiel passiert Folgendes: Wie auf YouTube versucht ein Mann seine Meinung zu verbreiten und Anhänger zu finden. Er versucht also Bürger zu mobilisieren und darf in dieser neuen Ordnung, die H.G. Wells auf uns zukommen sieht, seine Meinung frei äußern - so ähnlich wie heute auf YouTube, wo im Prinzip jeder seine Meinung in Bild und Ton äußern und verbreiten darf – solange bis er eben zensiert wird.

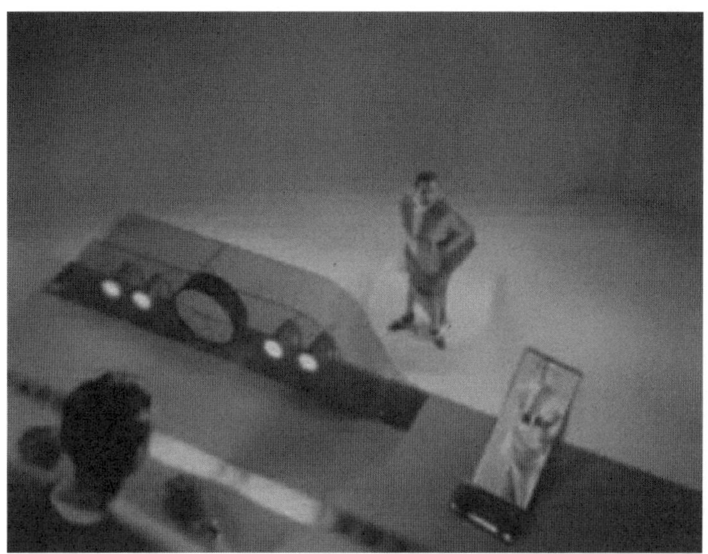

Abb. 205: Szene aus dem Film

In den 1930er Jahren galten Radio und Fernsehen noch als Staatsfunk. Es war damals unvorstellbar, jedem Bürger solche Technologien frei zur Verfügung zu stellen, und darin auch noch gegen die Regierung stänkern zu lassen.

Aber heute ist dies der Fall, und parallel dazu haben gewisse Kreise begonnen, unsere Staaten und Religionen aufzulösen, um ihre Neue Weltordnung einzuführen - eine Weltordnung, von der uns laut H.G. Wells nur noch der Dritte Weltkrieg trennt.

Ob all seine Vorhersagen eintreffen, das können wir anhand eines anderen Buches von ihm bemessen, dass er vor über 120 Jahren schrieb, und darin nimmt er die gesamte Entwicklung des 20. Jahrhunderts vorweg: „Anticipations“.

In „Anticipations (Vorahnungen) macht sich H.G. Wells Gedanken um die Auswirkungen des wissenschaftlichen Fortschrittes, auf das menschliche Leben und Denken, beginnend in seiner Zeit bis zum Jahre 2000. Dieses Buch ist kostenlos im Netz erhältlich. Als H.G. Wells dieses Buch schrieb, nutzte man noch Dampfloks, um schnell von A nach B zu gelangen, doch er erkannte, dass den motorisierten Fahrzeugen bald eine bedeutende Rolle zukommen werde.

Sie würden sich weiterentwickeln und mit zunehmender Verbreitung auch neuartige Straßen und Anbindungen erfordern, die das Stadtbild bald verändern werden. Er sah drei Typen von Kraftfahrzeugen voraus: PKWs, LKWs und Busse.

Mit zunehmender Mobilisierung gebe es in Zukunft auch keinen Grund mehr für die Menschen, mitten in der Stadt zu wohnen, daher würden die Vororte wachsen und an Bedeutung zunehmen, was dazu führen werde, dass sich die Stadtzentren zu Einkaufs- und Geschäftsvierteln verwandelten.

Für die Zukunft prophezeit H.G. Wells eine Vier-Klassen-Gesellschaft. Ganz unten in der Pyramide sieht er die Ausgelagerten, die ohne Nutzen für die Gesellschaft am Abgrund ihres Seins dahinleben werden. Darüber die Arbeiter, die zwar fleißig alles Mögliche erledigen werden, aber kaum etwas Neues erschaffen.

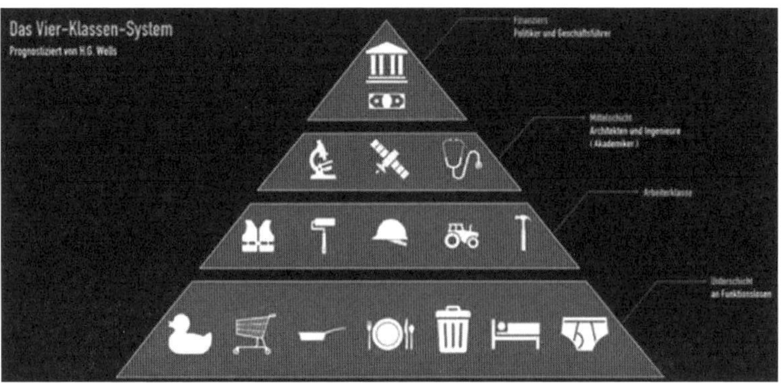

Abb. 206: H.G. Wells und die Vier-Klassen-Gesellschaft

Dem folgt eine kreative und schöpferische Mittelschicht aus Architekten, Ingenieuren und sonstigen Akademikern, die er als die eigentlichen Leistungsträger der Gesellschaft bezeichnet. Und ganz oben: eine unnötige Oberschicht aus Politikern, Geschäftsleuten und Finanziers, die weder etwas Sinnvolles leisten noch produzieren.

H.G. Wells sagt richtig voraus, dass sich die USA am weitesten in diese Richtung entwickeln werden, mit den Ausgelagerten auf den Straßen und den Unnützen hinten am Horizont. Für diese Zeit sagt H.G. Wells auch eine kulturelle Degeneration voraus.

Die leistungstragenden Menschen werden zunehmend unsentimental und ein steriles und kinderloses Leben führen. Er mahnt, dass in Zukunft die Talentierten weltweit von den Reichen aufgekauft und somit von notwendiger Stelle, zum Beispiel aus ihren Heimatländern, abgezogen werden.

Und er macht sich Sorgen, dass wiederum die Reichen unserer Welt mit all ihrem Geld und Gold den hart arbeitenden Leistungsträgern der unteren Schichten die Frauen vom Markt entziehen könnten, was er in seinem Buch bedauert.

H.G. Wells sieht eine Neue Weltordnung kommen, in der sowohl Demokratie als auch die Oberschicht abgeschafft und durch eine Regierung der Besten aus Wissenschaft und Technologie ersetzt werden. In dieser Neuen Weltordnung sieht er Sterbehilfe für Kranke, Alte und Schwache kommen, und statt Rasse und Geschlecht nur noch Individuen, die – liberalisiert in der Sexualmoral – mehr dem Zweck dienen werden als ihrem Glück.

Das tun viele Menschen bereits heute, und in naher Zukunft soll genau das zum Fundament einer neuen Ordnung werden. Das sagte Wells vor 120 Jahren voraus: funktionierende Individuen, gebunden in Kollektiven, entkoppelt von Staaten und Religionen.

Auch wenn einem diese Entwicklung nicht gefällt, wird es wohl so kommen, und es ist ja nicht so, dass man uns dazu zwingen wird - ganz im Gegenteil. Der Prozess wird viel subtiler ablaufen: Man wird die Leute dazu bringen, es genauso zu wollen, und nicht anders.

Zumindest lässt man uns die Wahl, auch in eine andere Richtung zu gehen, aber dafür müsste man ja eine eigene Entscheidung treffen, was aber vielen Leuten schwer fällt. [156]

Während ich mich dem Steven Spielberg-Kanon heranarbeite, kam ich nicht um eine esoterische Analyse von *E.T.* herum. Während ich denke, dass *Unheimliche Begegnung der dritten Art* voller esoterischer und verschwörerischer Hinweise und Botschaften ist, hat *E.T.* auch seinen einzigartigen Schwerpunkt, der Amerika eine neue Herangehensweise an das Problem der sogenannten Außerirdischen bietet.

Wenn Sie Spielberg-Filme gesehen haben (wer nicht?), wissen Sie, dass er maßgeblich dazu beigetragen hat, die öffentliche Meinung über die Idee der Existenz fremder Außerirdischer zu verändern. Jüngste Umfragen behaupten, die Hälfte der Amerikaner glaubten heute, dass es wahrscheinlich Leben auf anderen Planeten gibt. Ich war nicht in der Lage, irgendwelche Analysen des wechselnden Trends des Glaubens an Aliens im Laufe der Zeit zu finden, was aus Psy-Ops-Perspektive interessant gewesen wäre, aber ich gehe zuversichtlich davon aus, dass dies nach den 1940er und 50er Jahren und dem sagenumwobenen Roswell und Area 51 Vorfällen die Menschen immer mehr akzeptierten. Aus meiner Forschung geht hervor, dass der Alien-Mythos ein vollständig fabriziertes Psy-Op-Phänomen ist, das für verschiedene Zwecke verwendet wird, darunter als Deckmantel für Drogenhandel, geheime Technologie und langfristig als mögliches Szenario für Massenmanipulation.

Die „MJ 12"-Wissenschaftler waren genau diejenigen, die den neuen außerirdischen Mythos erfunden haben, daher ist es wichtig, den „Krieg der Welten" von Orson Welles Social Engineering/Psy Op einzuordnen, die Explosion von Hollywood-Alien-Szenarien und die anhaltende moderne Besessenheit in diesen Kontexten zu verstehen.

Somit hat Hollywood immens zur Manipulation der öffentlichen Meinung beigetragen, insbesondere zu großen metaphysischen Themen dieser Art. Wenn der neue Mythos der „Aliens" in großem Umfang in das Massenbewusstsein eingeschleust werden könnte, könnte eine völlig neue Erzählung für Zivilisationen errichtet werden. Im Gegensatz zu traditionelleren westlichen Überzeugungen ist der neue Mythos der außerirdischen Ursprünge angeblich der „Wissenschaft" zugänglich, weshalb wissenschaftliche Gurus wie Dawkins, Carl Sagan und Stephen Hawking alle den „außerirdischen" Mythos fördern bzw. förderten. Warum würden diese Männer angesichts ihrer angeblichen Hingabe an „Rationalismus" und Atheismus oft die lächerlichen, nie bewiesenen Alien-Theorien vorantreiben und fördern? Sie tun es genau deshalb, weil sie Betrüger sind. Irgendwie ist Theismus irrational, aber fremde Ursprünge sind rational? Im Gegenteil, sie werden vom Establishment gefördert, um eine Rolle als „wissenschaftliche Torwächter" zu übernehmen, nicht als rationale Männer der „Wissenschaft", so wie Arthur C. Clarke, wie wir sehen werden, in ähnlicher Weise eine Rolle für die Elite spielte.

Der Gedanke dahinter aus der Perspektive der psychologischen Kriegsführung bzw. Manipulation ist folgender: Wenn neue Generationen die traditionellen, zusammenbrechenden Formen des Katholizismus, Protestantismus und Evangelikalismus satt haben, könnte das Blatt hin zu einem neuen Glauben gewendet werden – einem der galaktischen Weltraumbrüder, die über hochentwickelte Technologie und geheime Wissenschaft verfügen. Wie Sie in meinen Büchern ausführlich gelesen und studiert haben, ist die Fähigkeit, Massenbevölkerungen so zu programmieren, dass sie völlig falschen Ideologien glauben, die eigentliche Natur aller historischen Staatskunst.

In Wirklichkeit ist die außerirdische Psy-Op ein ausgeklügeltes Geheimdienstprogramm, das als Tarnung fungiert. Genau wie andere Formen von Propaganda und Social Engineering. Der „Alien-Mythos" hat auch Milliarden von Dollar an Finanzmitteln erhalten, um diese Tarnung zu stützen, die hauptsächlich als Ablenkung für ein weniger intelligentes Massenpublikum fungiert. Wie Sie sehen können, war das Welles-Fiasko entgegen vieler Behauptungen von Skeptikern eine von Rockefeller finanzierte psychologische Operation durch die Princeton University (157):

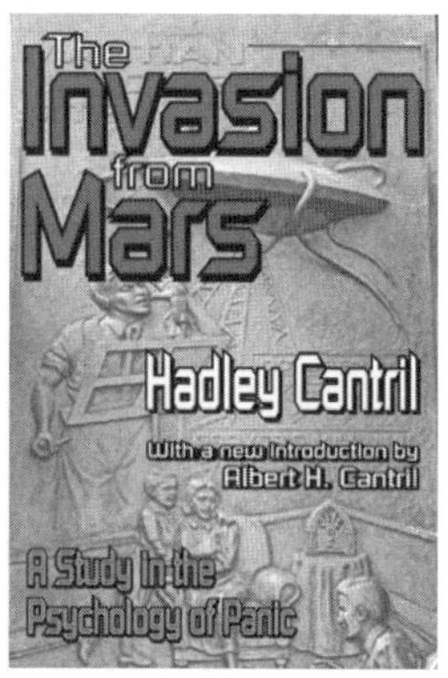

Abb. 207: „The Invasion From Mars: A Study in the Psychology of Panic" von Hadley Cantril

„Im Bewusstsein der Dartmouth-Verbindung ermutigte Marshall den unternehmungslustigen Cantril, sich bei der Foundation um Unterstützung zu bewerben. Cantrils Antrag führte zu einem Stipendium in Höhe von 67.000 US-Dollar für eine zweijährige Gründung des ‚Princeton Radio Project' (PRP) an der Princeton University. Dort entwickelte Cantril Studien zur Bewertung der Auswirkungen von Radio auf das Publikum. 1938 wurde Cantril auch Gründungsherausgeber des von der Rockefeller Foundation finanzierten Public Opinion Quarterly, eines Organs, das eng mit den Bemühungen der US-Regierung zur psychologischen Kriegsführung nach dem Zweiten Weltkrieg verbunden ist.

Als das Princeton-Projekt begann, wurde ein anderer ausgebildeter Psychologe in der Nähe von Rockefeller, CBS-Forschungsdirektor Frank Stanton, zum leitenden PRP-Forscher ernannt, übernahm jedoch aufgrund seiner Position beim Rundfunknetz eine untergeordnete Rolle als stellvertretender Direktor. Zu dieser Zeit wurde der österreichische emigrierte Sozialwissenschaftler Paul Lazarsfeld für Cantril rekrutiert. Somit waren Cantril, Stanton und Lazarsfeld eng miteinander verbunden und ideal positioniert, um eine große Studie über die öffentliche Meinung und Überzeugungsarbeit zu beginnen.

Die Gelegenheit für eine solche Analyse bot sich, als CBS am 30. Oktober 1938 Orson Welles' Wiedergabe von H.G. Wells ‚Krieg der Welten' ausstrahlte. Lazarsfeld sah das Ereignis als besonders bemerkenswert an und bat Stanton sofort um CBS-Gelder, um die Reaktion darauf zu untersuchen. Die Zeit war der größte unmittelbare Akt der Massenüberredung in der Geschichte der Menschheit. In den nächsten Monaten wurden Interviews mit Zuhörern von ‚Krieg der Welten' gesammelt, Stanton bei CBS zur Verfügung gestellt und anschließend in Cantrils 1940er Studie ‚The Invasion From Mars: A Study in the Psychology of Panic' analysiert." (158)

3.2 E.T. – Der Außerirdische oder der vertraute Geist (1982)

„Der Mann vom Mond, aber ich glaub, Du hast ihn schon getötet."
Gertie (*E.T. – Der Außerirdische*)

E.T. – Der Außerirdische (oder einfach *E.T.*) ist ein amerikanischer Science-Fiction-Film aus dem Jahr 1982, der von Steven Spielberg produziert und inszeniert und von Melissa Mathison geschrieben wurde. Der Film erzählt die Geschichte von Elliott, einem Jungen, der sich mit einem Außerirdischen namens E.T. anfreundet, der auf der Erde gestrandet ist. Zusammen mit seinen Freunden und seiner Familie muss Elliott einen Weg finden, E.T. bei der Rückkehr nach Hause zu helfen und gleichzeitig die Regierung zu täuschen.

Das Konzept des Films basierte auf einem imaginären Freund, den Spielberg nach der Scheidung seiner Eltern schuf. 1980 lernte Spielberg Mathison kennen und entwickelte eine neue Geschichte aus dem nicht realisierten Projekt „Night Skies". In weniger als zwei Monaten schrieb Mathison den ersten Drehbuchentwurf mit dem Titel „ET and Me", der zweimal umgeschrieben wurde. Das Projekt wurde von *Columbia Pictures* abgelehnt, die an seinem kommerziellen Potenzial zweifelten. Universal Pictures kaufte das Drehbuch schließlich für 1 Million Dollar. Die Dreharbeiten fanden von September bis Dezember 1981 mit einem Budget von 10,5 Millionen US-Dollar statt. Im Gegensatz zu den meisten Filmen wurde *E.T.* in chronologischer Reihenfolge gedreht, um überzeugende emotionale Darbietungen der jungen Besetzung zu ermöglichen.

E.T. wurde am 26. Mai 1982 als Abschlussfilm der Filmfestspiele von Cannes uraufgeführt und am 11. Juni 1982 in den USA veröffentlicht. Der Film war sofort ein Blockbuster und übertraf *Star Wars*, um der Film mit den höchsten Einnahmen aller Zeiten zu werden, ein Rekord, den er elf Jahre lang hielt, bis Spielbergs eigener Film *Jurassic Park* ihn 1993 übertraf. *E.T.* wurde von der Kritik hoch gelobt und gilt als einer der größten Filme aller Zeiten. Er erhielt neun Nominierungen bei den 55. Oscar-Verleihungen und gewann die Kategorien Beste Filmmusik, Beste visuelle Effekte und Bester Ton und Beste Tonbearbeitung und gewann außerdem fünf Saturn Awards und zwei Golden Globe Awards. [(159)]

Wir müssen uns *E.T.* so nähern, da es Mitte der 80er Jahre situiert war, als der Alien-Furor mit Hits wie *Unheimliche Begegnung der dritten Art*, *Star Wars* und anderen Science-Fiction-Werken stark war. Mit *Unheimliche Begegnung der dritten Art* und *E.T.* Spielberg weicht von der außerirdischen Norm ab und präsentiert dem Publikum „gute" Weltraumfreunde. Anstatt zu kommen, um den Planeten zu vernichten, entführen die Weltraumnachbarn Menschen aus der Bevölkerung, weil sie „auserwählt" sind (*Unheimliche Begegnung der dritten Art*) und nehmen Kontakt mit anderen auf, weil auch sie „besonders" sind (Elliot in *E.T.*). Für meine Analyse ist es entscheidend, *Unheimliche Begegnung der dritten Art* im Auge zu behalten, da ich glaube, dass sie relativ lose miteinander verbunden sind. Im Spielberg-Universum der 70er-80er Jahre nehmen diese anderen weltlichen Wesen schon seit einiger Zeit Kontakt auf, doch ihre Motive bleiben verborgen. In meiner Analyse *Unheimliche Begegnung der dritten Art* erläutere ich, wie sich die tiefere Bedeutung des Films auf Kommunikation, Symbole und Sprache konzentriert. Das ist auch das Thema von *E.T.*

Die Bildsprache soll das Unterbewusstsein der Jugend hervorrufen. *Unheimliche Begegnung der dritten Art* ist eine Geschichte für Erwachsene, während *E.T.* für Kinder bestimmt ist. Beide Filme konzentrieren sich stark auf Semiotik und beinhalten komplexe Verwendungen von Synchronizität, Vorahnung und okkulter Symbologie.

Obwohl ich mich nicht sehr auf Aliens konzentriere, liegen mir einige bedeutende Bücher zu diesem Thema vor. Offen gesagt, habe ich genug zu diesem Thema gelesen, um sagen zu können, dass die Beweise in fast allen Fällen mit überwältigender Mehrheit darauf hindeuten, dass es sich bei sogenannten Alien-Begegnungen um menschengemachte und/oder regierungsbezogene Psy-Ops handelt. Wenn ich das sage, halte ich es nicht für unmöglich, an der Ansicht von Jim Keith oder Jacques Vallée festzuhalten, dass es dämonische Wesenheiten geben könnte, die mit dem Thema verwandt sind, aber in meinen Forschungen beinhalten die meisten dieser Fälle wenig bis gar keine übernatürlichen Elemente. Mit dieser Voraussetzung gehe ich an die eher propagandistische künstlerische Darstellung von Aliens und Film heran. Obwohl ich *E.T.* in der Vergangenheit, als ich den Film mehrmals ausführlich rezensierte, fielen mir Elemente auf, die ich in der Vergangenheit übersehen hatte und die meiner Meinung die Untersuchung bestätigen. *E.T.* ist eine jugendliche Version von *Unheimliche Begegnung der dritten Art*, die darauf abzielt, sowohl eine clevere Verwendung von Symbologie als auch okkulte Bilder zu verschmelzen, um eine Veränderung in der Massenpsyche in Bezug auf die Existenz und Natur von Außerirdischen oder „interdimensionalen Wesenheiten“ oder „Dämonen“ zu bewirken.

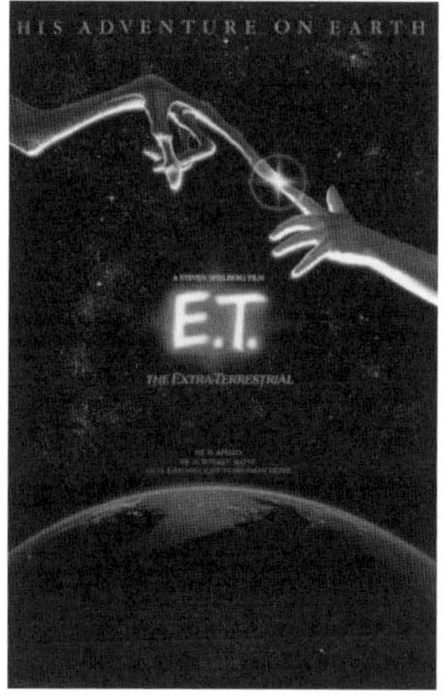

Abb. 208: Original Filmplakat von *E.T.* in dem der „Alien“ den Platz von Michelangelos Gott einnimmt und das Kind mit außerirdischem Wissen berührt

Bei sogenannten Entführungen und Begegnungen der „dritten Art“ weisen die Geschichten oft ähnliche Muster und Themen auf. Den Entführten wird gesagt, sie seien „besondere“ Auserwählte, und sie erleben Symptome, die oft genauso klingen wie diejenigen, die leider rituellen Missbrauch erlitten haben. Entführungen, Experimente, Drogeneinnahmen, verlorene Zeit, multiple Persönlichkeiten, sexueller Missbrauch und „Sondieren“, bizarre Kostüme und Narben, okkulte und seltsame religiöse Zeremonien usw., all dies charakterisiert die Berichte über rituell missbrauchte und „außerirdische" Entführte.

Obwohl fast niemand außer Autoren wie Jim Keith darüber diskutiert, sollte es für diejenigen in der Kriminologie offensichtlich sein, dass es eine Verbindung geben könnte. Das ist meine eigene Spekulation, aber ich glaube nicht, dass es ein Zufall ist, dass die beiden sich so ähnlich sind. Mehrere reale Beispiele von UFO-Kulten liefern ebenfalls reichlich Beweise, da diese Kulte die beiden oft offen kombinieren. Denken Sie zum Beispiel an den Heaven's Gate-Kult, dessen Anführer bekanntermaßen seltsame Verbindungen zu Okkultismus und Schattenregierungen hatte, oder L. Ron Hubbards ausgeklügelte und lächerliche Alien-Mythologie in Scientology. Sowohl Marshall Applewhite (Gründer von Heaven's Gate) als auch Hubbard hatten militärische Verbindungen und Interessen an Helena Blavatsky und der Theosophie, während Hubbard sogar eine Zeit lang ein Anhänger von Aleister Crowley war.

Mit diesen beiden Charakteren sehen wir Beispiele von Männern, die rituellen Okkultismus und „fremde" Agenden in Verbindung brachten.

Betrachten wir mit diesen Beispielen *E.T.* Ein erster Hinweis darauf, dass es sich um einen Film über Semiotik und Bedeutung handelt, steckt in den Buchstaben „E" „T" und im Namen des Hauptprotagonisten Elliot. Elliots Name beginnt und endet mit E und T und deutet die mystische Verbindung an, die die beiden teilen werden. Dies wird später wichtig sein, wenn wir uns überlegen, was genau E.T. ist. E.T. kommt in einem kugelförmigen Schiff als Teil einer wissenschaftlichen Expedition an, um Pflanzenproben zu sammeln. Nachdem er versehentlich verlassen wurde, ist E.T. von Flora und Fauna umgeben, das verbindet ihn mit der Natur und er meidet die erwachsenen Regierungsagenten, die ihn verfolgen. E.T. soll im Gegensatz zum städtischen und vorstädtischen Leben, der nahe gelegenen kalifornischen Stadt, eine Assoziation mit Natur, Tieren und Wildnis wecken. E.T. scheint eine „spirituelle" Verbindung zur „Natur" zu haben, während Männer in ihrem konsumgetriebenen Stadtleben von ihr entfremdet sind. Dies wird später im Film deutlich, ist aber ein sehr offensichtliches Thema in mehreren Spielberg-Filmen der 80er Jahre. E.T. bleibt natürlich zurück und ist sofort entfremdet. In der klassischen marxistischen Theorie ist Entfremdung die Angst, die der Mensch aufgrund seines urbanen Lebensstils empfindet, der ein Ergebnis der Wirtschaftsweise des konsumgetriebenen Kapitalismus ist. Im DVD-Kommentar sprechen Spielberg und der Marxist Peter Coyote sogar über *E.T.* als Versuch einer Art Kulturmarxismus. E.T. steht für Entfremdung und die Überwindung aller Kultur- und Klassengrenzen. Allerdings möchte ich als vehementer Kritiker des Marxismus hinzufügen, dass diese beiden Aspekte des Marxismus richtig sind: Der Mensch erfährt eine Entfremdung durch den konsumgetriebenen Massenkapitalismus und die Urbanisierung.

Als sich die Handlung auf den alleinerziehenden Haushalt von Elliot (seine Mutter heißt Mary, mit offensichtlich religiöser Bedeutung) verlagert, bemerken wir, dass Elliot nicht am Dungeons & Dragons-Spiel teilnehmen darf: Er ist der Zwerg, der die Pizza holen und warten muss, bis er an der Reihe ist zu spielen. Schon die Verbindung mit E.T. ist offensichtlich, doch auf einer tieferen esoterischen Ebene werden dem Betrachter erste Anzeichen dessen gegeben, was kommen wird.

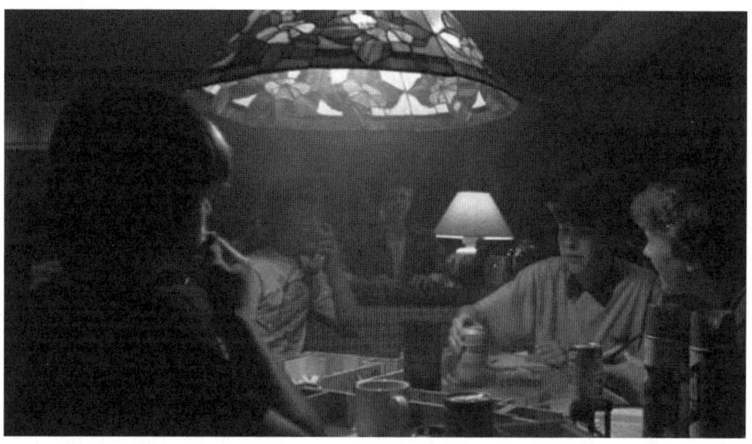

Abb. 209: Der erste Planet, der uns gezeigt wird, ist Jupiter (auf dem T-Shirt), der in Kubricks *2001: Odyssee im Weltraum* eine herausragende Rolle spielt, wo der Mensch auf den außerirdischen Monolithen trifft

In der D&D-Szene werden zwei Planeten gezeigt: Jupiter und Saturn. Dies sind zwei zentrale Planeten in der klassischen Mythologie, aber was mir beim letzten Ansehen aufgefallen ist, war, dass uns im Verlauf des Films tatsächlich jeder der Planeten gezeigt wird.

Das aufmerksame Auge beginnt auch, die Kubrick-artige Bildsprache mit der runden Lampe zu sehen, und Spielbergs Film wird tatsächlich einige interessante symbolische Anspielungen auf Kubrick, einen von Spielbergs Lieblingsregisseuren, machen.

Aus esoterischer Sicht ist dies wichtig wegen der tiefen, symbolischen Natur von Kubricks okkulten Filmen, insbesondere *2001: Odyssee im Weltraum* und *The Shining*. Spielberg wird diese auf versteckte Weise referenzieren.

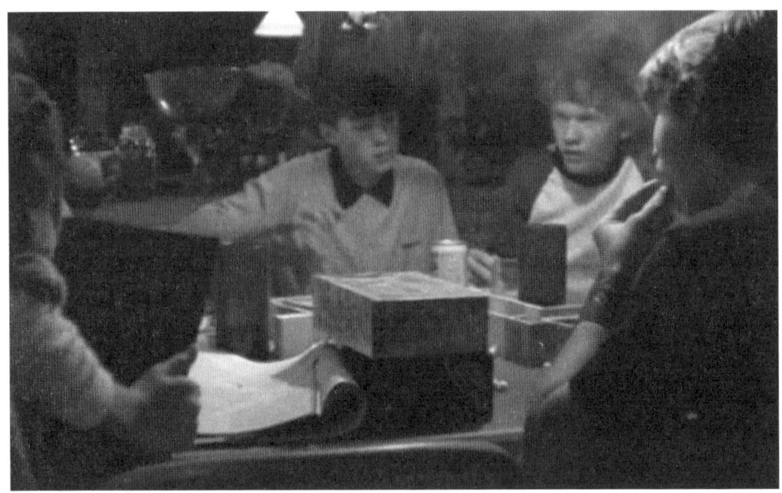

Abb. 210: Bitte beachten Sie den Saturn auf der Seite der Spielebox

Obwohl ich nicht denke, dass Dungeons & Dragons eine große Sache ist, könnte es Ironie sein, dass die jungen Leute, während sie im Kontext des Spiels über rituelle Magie diskutieren, versehentlich E.T. „herbeigerufen haben". D&D hatte in den 80er Jahren den Ruf, ein „okkultes" Spiel zu sein, das Kinder in verbotene Praktiken verwickelte, also ist es möglich, dass dies in Spielbergs Vorstellung eine Art Witz war, der mit den fundamentalistischen Ängsten der 80er Jahre spielte. Unabhängig davon trifft Elliot nach der Präsentation von Jupiter und Saturn seinen Weltraumbruder E.T. Es könnte auch von Bedeutung sein, dass Peter Coyote den Wissenschaftler der Schattenregierung namens „Keys" spielt.

Mehr wird uns nicht über ihn erzählt, aber als er auftaucht, sehen wir Keys mit seinen Schlüsseln am Gürtel klimpern. Das allein ist eine Verwendung von Synchronizität, wobei der Charakter nicht nur einen Aspekt seiner Person bedeutet, sondern auch auf einer esoterischen Ebene, Keys könnte ein Hinweis auf den berühmten Schlüssel von Solomon sein, ein berühmter Text der rituellen Magie, eine Methode, mit der der König Solomon Geister und Dämonen kontrollieren konnte, sowohl gute als auch böse.

Deutet Spielberg an, dass der „Schlüssel" zur Interpretation des Films darin besteht, solche esoterischen Referenzen zu verstehen?

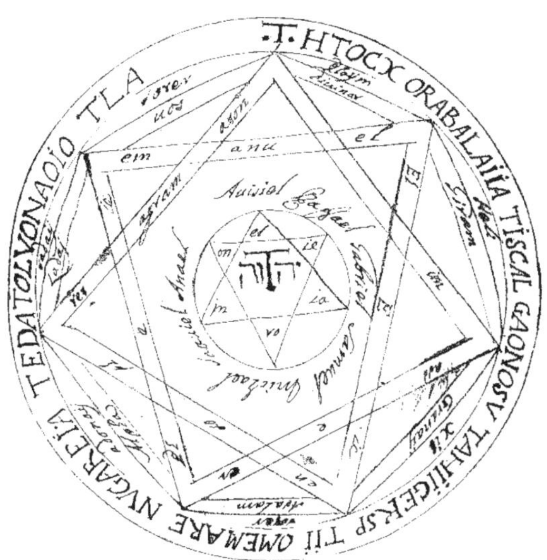

Abb. 211: Eines der Pentagramme, die in den Manuskripten vom Schlüssel des Salomon gefunden wurden

Wenn man sich Filme wie *Unheimliche Begegnung der dritten Art* und *Indiana Jones: Jäger des verlorenen Schatzes* ansieht, stellt man fest, dass Spielberg mit der mystischen und esoterischen Seite des Judentums ziemlich vertraut ist. Es ist auch bezeichnend, dass Elliot unter dem Mond zum ersten Mal auf E.T. trifft. Der Mond spielt in der Mythologie eine wichtige Rolle, da er den weiblichen Ovulationszyklus reguliert und somit mit dem Weiblichen in Verbindung gebracht wird.

In der Astrologie hat der Mond einen direkten Einfluss auf menschliche Handlungen, und hier begegnet Elliot als mögliches „Mondkind“ seinem Vertrauten. Meine Behauptung über *E.T.* ist, dass er eher ein vertrauter Geist als ein „Alien“ ist. In klassischen Beschreibungen des Vertrauten kann der Geist mit einem Tier in Verbindung gebracht werden.

Ist Elliot eine Art „Mondkind“, das sich auf die Crowleyanische Mythologie einer dämonischen Befruchtung bezieht? Elliot wird als auserwählt bezeichnet und wird durch E.T. magische Kräfte haben.

Ist das die symbolische Bedeutung des Mondes bei Elliot und E.T.?

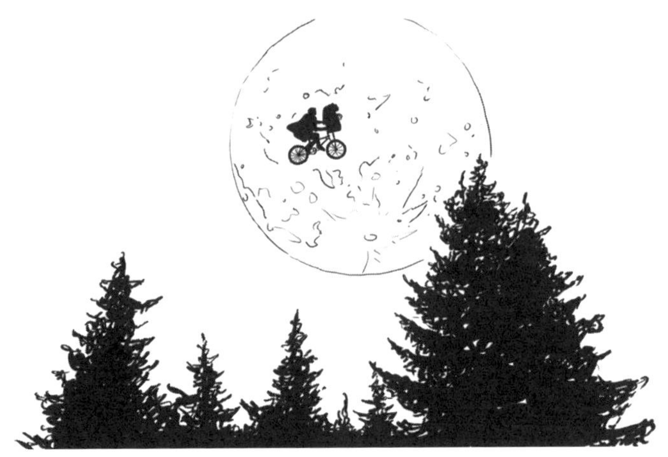

Abb. 212: Elliott hat scheinbar all die Kräfte eines männlichen Zauberers. Ist er ein „Mondkind“?

Wie bei *Unheimliche Begegnung der dritten Art*, kommt E.T. auf einer „Erhöhung“ an, dem traditionellen Ankunftsort der Götter in den biblischen Geschichtsbüchern, wie Gott auf dem Berg Sinai an. Elliot steigt zu den „Höhen“ auf, um E.T. zu helfen, wie es Roy in *Unheimliche Begegnung der dritten Art* tun musste. Nach den Mondbildern, die anfangs ein Halbmond waren, der später an Halloween zum Vollmond wird, ist es wichtig, die Jahreszeit zu erwähnen. Zum Zeitpunkt von Elliots vollständiger Vereinigung mit E.T. ist es Halloween, der Beginn der Wintersonnenwende. Halloween ist auch das alte druidische Fest Samhain, eine wichtige Zeit im heidnischen und okkulten Ritualkalender. Angesichts dessen, was ich an anderer Stelle argumentiert habe, halte ich es nicht für zufällig, dass Halloween als Schauplatz gewählt wurde, da Samhain die Zeit ist, in der die Tore und Türen zur „Anderwelt“ geöffnet werden und die Geister der Toten unser Reich betreten. Dies ist genau der Punkt des Schlüssels Salomons, wie bereits erwähnt. Während ein Thema der dämonischen Invasion Amerikas fehl am Platz erscheinen mag, ist das genau das Thema von *Poltergeist* und *Gremlins* und *Gremlins 2*.

Als E.T. und Elliot zusammen im Zimmer sind, gibt es ein seltsames Gespräch über Wörter, Sprache und Simulakren. Elliot sagt: *„Coca, weißt Du zum Trinken* (Anm. Elliot hält eine Spielzeug Coca-Cola in der Hand)… *das ist ein Getränk… verstehst Du? Essen und Trinken… Das hier sind Spielsachen…das sind kleine Männer…Das ist Creedo… das ist Lando Calrissian, siehst Du…und das ist Boba Fett…sie machen sogar Krieg miteinander … sieh mal Fisch. Fische fressen Fischfutter und der Hai frisst die Fische, aber niemand frisst einen Hai… Das ist eine Erdnuss, auch zum Essen … aber die hier kannst Du nicht essen, weil das eine nachgemachte ist. Das hier ist Geld, siehst Du? Wir stecken das Geld in die Erdnuss. Eine Sparbüchse…“*

Dies ist bedeutsam, weil es für Elliots jungen Geist keine Trennung von Konzept, Ding und Symbol gibt. Elliot muss es E.T. erklären. Wie ein Erdnuss-Sparschwein keine echte Erdnuss ist. Die Cola ist keine echte Cola ist usw. Das ist Simulacra am Werk. Ich habe in meiner Analyse von *Unheimliche Begegnung der dritten Art*, Spielbergs Verwendung von Simulakren erwähnt Simulacra sind in Kubrick-Filmen weit verbreitet, ein großartiges Beispiel dafür ist die Szene in *Shining*, in der das Modelllabyrinth in Jacks Wahrnehmung zum eigentlichen Labyrinth wird. Das Modell wird zur Realität.

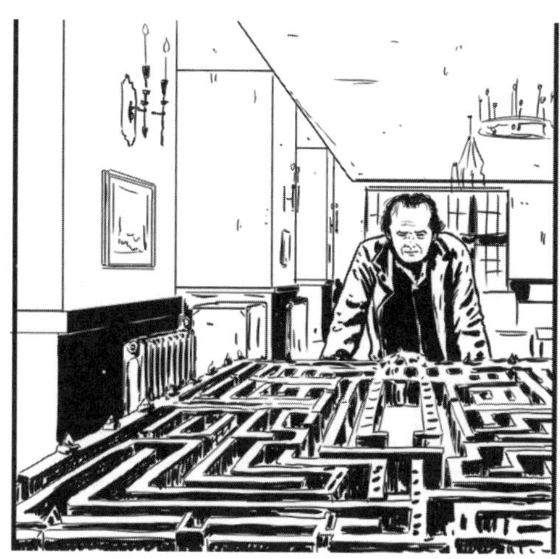

Abb. 213: Jack und das Labyrinth in *Shining*

Simulacra ist wichtig für die Semiotik, aber auch in der Esoterik spielt es wegen der Idee der Entsprechungen eine wichtige Rolle. Bevor die moderne Philosophie die Metaphysik von der Wissenschaft trennte, beinhaltete die ganzheitliche Sichtweise der Wissenschaften in der westlichen Tradition eine Idee des Essentialismus, die die „Essenz" der Dinge mit all ihren Bezügen und Symbolen verbunden hätte. Es bestünde also eine Assoziation zwischen dem Symbol des Labyrinths, dem Modell, und seinem Referenten, dem eigentlichen Labyrinth. Dies ist ein tiefgründiges, schwieriges Thema, das in eine Menge schwerer Philosophie und Semiotik gerät, aber die Idee ist den meisten Modernen wegen der dummen Philosophie einfach fremd. So diskutierte Platon Simulacra, und der Wiki-Eintrag zu Simulacrum erwähnt sogar Spielbergs *Jurassic Park* als Beispiel. Hollywood ist, ebenso wie die Esoterik oder das Schreiben selbst, die Manipulation von Kopien, Zeichen und Symbolen. Wie ich bereits erwähnt habe, bei *E.T.* geht es um Symbole, Sprache und Bedeutung (wie *Unheimliche Begegnung der dritten Art*), und wir bekommen ständig Kameraperspektiven und Aufnahmen in *E.T.* aus kindlicher Sicht. Interessant ist auch der Querverweis zu *Star Wars*, angesichts der Zusammenarbeit von Spielberg und George Lucas beim *Indiana Jones*-Franchise, der jüdische Mystik zeigt.

Als E.T. seine Fähigkeiten zeigt, sehen wir, dass er Objekte zum Levitieren bringen kann, und als Elliot fragt, woher er kommt, zeigt E.T. auf einen Ball, der die Planeten in der Umlaufbahn darstellen soll.

Wenn wir mit der Planetensequenz fortfahren, sehen wir jetzt Mars, Merkur und Uranus und möglicherweise Pluto mit der Sonne im Zentrum. Ein weiteres Element, das ich noch nicht erwähnt habe, ist der Übergang in die Pubertät. E.T. erzählt den Kindern, dass er aus dem Weltraum gekommen ist, und veranlasst Gertie, ihn den „Mann vom Mond" zu nennen, was gleich relevant sein wird.

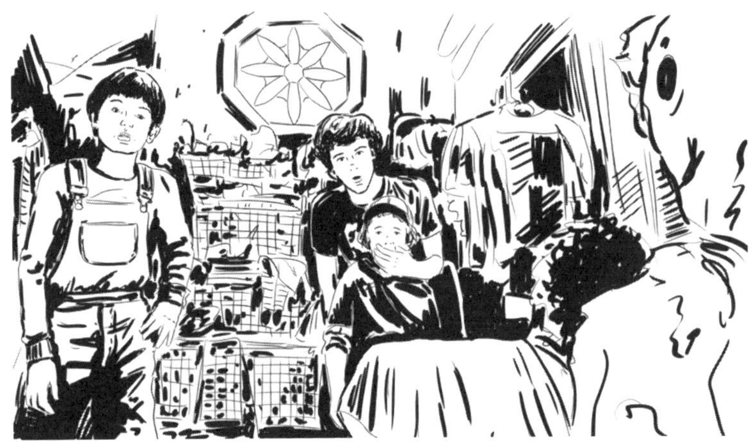

Abb. 214: Die Venus im Hintergrund. Die Göttin der Liebe, des erotischen Verlangens und der Schönheit

Elliot hat noch kein Mädchen geküsst, aber als E.T. betrunken wird (was dazu führt, dass Elliot betrunken ist), startet Elliot eine „Befreit die Frösche"-Revolution in seinem Biologieunterricht und küsst die süße Blondine. Zugegeben, das ist die Zielgruppe, aber wie im Film *Labyrinth,* gibt es einen seltsamen Hinweis auf den Übergang zur Pubertät, der die Anleitung eines Geistes beinhaltet (dort führt David Bowie junge Mädels in die Pubertät, hier führt ein süßes, knautschiges Reptilienwesen Elliot). E.T. scheint Elliot auf diese Weise zum Erwachen zu bringen, weil er (E.T.) einen Film sieht, in dem sich ein Mann und eine Frau küssen. E.T. bewirkt, dass Elliot auf diese psychosexuelle Weise erwacht. Während dies im Klassenzimmer geschieht, zeigt die Kamera Voyager, Jupiter und Io. Voyager war angeblich die Mission, die in den späten 70er Jahren als Ergebnis des JPL in Kalifornien Sonden zu Jupiter und Saturn schickte (das Jet Propulsion Laboratory baut und steuert Satelliten und Raumsonden für die NASA).

Da fällt mir wieder Crowley ein, denn Jack Whiteside Parsons war einer der Gründer des JPL und ein Anhänger von Crowley. Die Verwendung von Io ist auch interessant, da Io eine jungfräuliche Mondgottheit war.

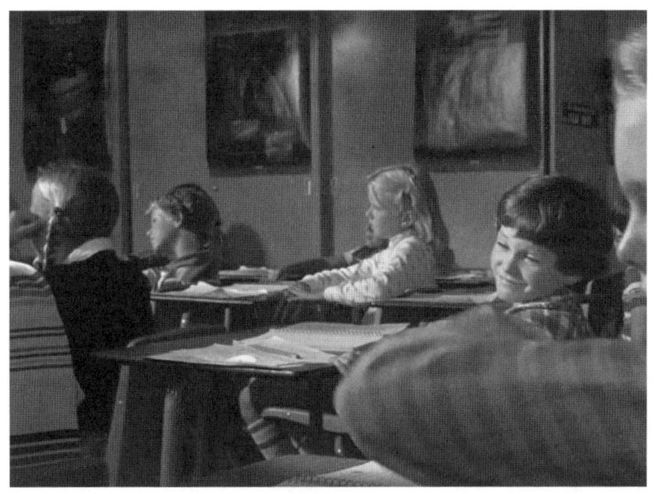

Abb. 215: Voyager, Jupiter, Io

In einer weiteren Szene berührt E.T. Elliots „Drittes Auge". Im Hinduismus und in der Esoterik ist dies das spirituelle Auge, das durch die Kundalini-Kraft erweckt wird, die an der Basis der Wirbelsäule aufgewickelt ist und schließlich das dritte Auge für „Erleuchtung" erreicht. Es ist auch direkt mit sexueller Potenz und Energie verbunden.

Sie werden auch feststellen, dass die Venus nicht ausgelassen wurde, sondern im Schrank mit der klaren Symbolik des Sterns der Venus, dem achtseitigen Stern, referenziert wurde. Wir finden auch heraus, dass E.T. ein Reptil ist, da es eine Verbindung zwischen Elliots Befreiung der Frösche und seiner Sympathie für E.T. gibt.

Das ist auch der Grund, warum E.T. unter Wasser atmen kann und einer Kreuzung zwischen einem Frosch und einer Schildkröte ähnelt.

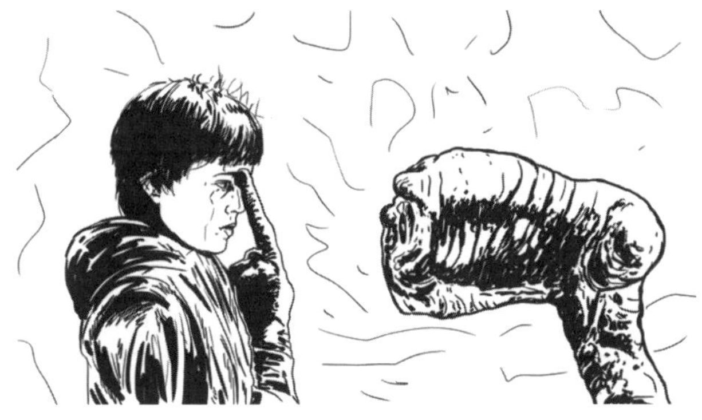

Abb. 216: Du kannst die Kundalini-Kraft erwecken

Ein weiterer Beweis dafür, dass *E.T.* eine Art vertrauter Geist ist, ist die Tatsache, dass sein reptilisches „Licht" biblische Bilder aus der Genesis mit der Schlange sowie spätere neutestamentliche Texte hervorruft, in denen Paulus den Teufel als ein trügerisches „Wesen des Lichts" beschreibt. Im Hinduismus ist die Kundalini-Energie die Schlangenenergie, was wiederum ähnliche Themen hervorruft. Tatsächlich stirbt E.T. sogar, scheint aber Elliot die Macht der Auferstehung zu gewähren, da Elliots Liebe E.T.s Herz wieder höher schlagen lässt. Tatsächlich macht Drew Barrymore im DVD-Kommentar eine bizarre Bemerkung, dass E.T. wie ein „Schutzengel für sie" war, und besteht darauf, dass er fast real war. Eine der seltsameren Szenen umgibt die Ankunft der Regierungsagenten, die Elliots Haus überwacht haben. Wenn sie ankommen, tragen sie keine Hazmat-Anzüge, sie kommen als Astronauten der Apollo-Mission an.

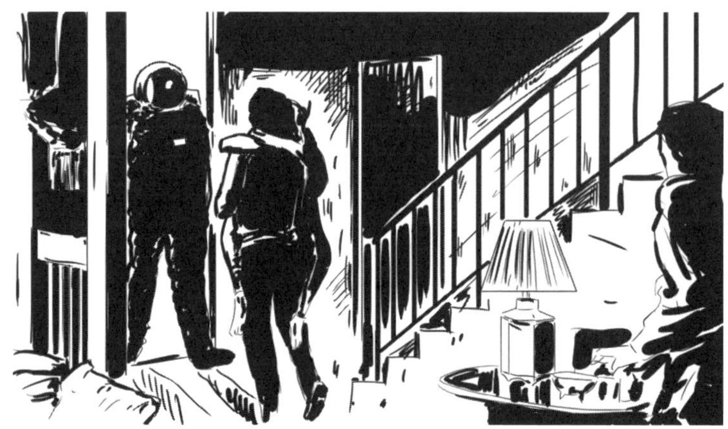

Abb. 217: Hat hier jemand Apollo-Astronauten bestellt?

Dies ist einer der interessanteren Aspekte des Films. Warum? Nach dieser Szene tragen die Ärzte und Wissenschaftler alle Hazmat-Anzüge und wir sehen so etwas nie wieder. Es gibt mehrere Möglichkeiten, aber meine Vermutung ist, dass dies ein Hinweis auf Kubrick ist. So wie wir beschworene Planeten gesehen haben, insbesondere Planeten, die mit *2001: Odyssee im Weltraum* in Verbindung stehen, wo Bowman auf den Monolithen der Außerirdischen/Götter trifft, kommt hier also der „Mann vom Mond" herunter und die Apollo-Astronauten tauchen plötzlich auf, so dass wir die Assoziation herstellen.

Was auch immer man über das Weltraumprogramm und die Mondlandung denkt, es gibt Beweise dafür, dass Tricks und Täuschung im Spiel waren, sowie die Verwendung von Disney-Klangbühnen für einige Aufnahmen. Tatsächlich ist es unbestreitbar, dass

Kubrick in gewisser Weise mit der NASA zusammengearbeitet hat. Während die Verweise auf Crowley etwas angespannt erscheinen mögen, erinnern Sie sich, dass Crowley behauptete, er habe mit einem „Geist“ kommuniziert, der bekanntermaßen als frühes Bild dessen identifiziert wurde, was der moderne Archetyp für das „Alien“ werden würde, wie eben *E.T.* – und Crowley ein Praktizierender des sexuellen Tantrismus war. Kubrick, Clarke und Spielberg fördern alle den außerirdischen Overlord-Mythos, sollte hinzugefügt werden.

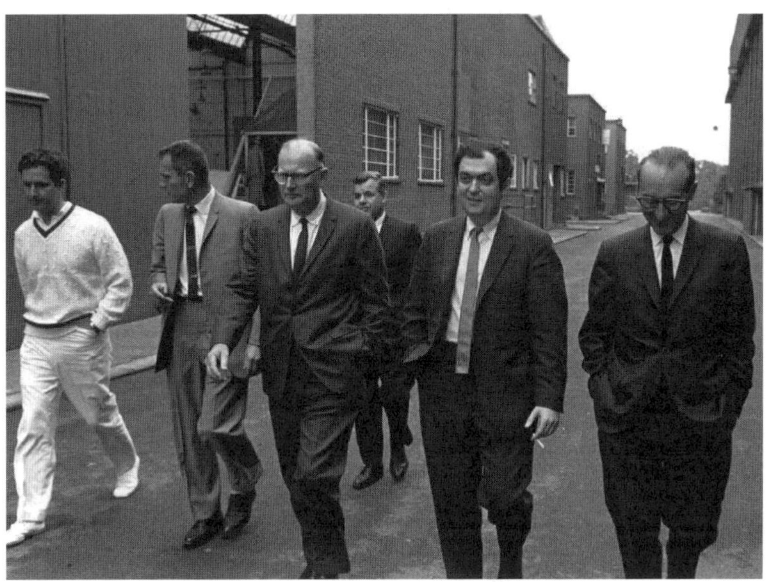

Abb. 218: Von links nach rechts: Frederick Ordway (amerikanischer Weltraumwissenschaftler), Deke Slayton (US-amerikanischer Raumfahrer), Arthur Clarke, unbekannter Mann (hinter Clarke), Stanley Kubrick, George Mueller (Leiter des Apollo-Programms)

Die immerwährende Wiederaufwärmung des Alien-Mems verweist auf die Kraft des simulierten Bildes. Hollywood war zu einem mächtigen Propagandakomplex geworden, der über das hinausging, was sich irgendjemand vorstellen konnte. Kubrick hatte es mit seinen technischen Innovationen und filmischen Spezialeffekten, die den militärisch-industriellen Komplex beeindruckt hatten, auf eine neue Ebene gehoben. Ich denke, Spielberg huldigt dem, was Kubrick getan hat, und hat beschlossen, die gleichen Techniken der Verwendung von Simulacra zu gebrauchen, um „Filmmagie“ noch effektiver zu machen. Als solches war *E.T.* äußerst erfolgreich darin, den Alien-Mythos in die Psyche zu implantieren. Auf Filmebene ist es ein filmisches Meisterwerk, aber erzählt uns Spielberg viel mehr darüber, was hinter großen Ereignissen vor sich geht? Ich denke schon, und sowohl *Unheimliche Begegnung der dritten Art* als auch *E.T.* untermauern diese

Behauptung. Aus diesem Grund fördern Männer wie Arthur C. Clarke den albernen Alien-Mythos, während sie angeblich rationalistische Atheisten sind. (160)

3.3 Unheimliche Begegnung der dritten Art: Leitet die Schattenregierung den Alien-Mythos? (1977)

„Dieser beeindruckende Film ist einer der schillerndsten UFO-Science-Fiction-Filme aller Zeiten, obwohl er vordigitale Spezialeffekte hat. Douglas Trumbells visuelle Effekte und Spezialeffekte des Mutterschiffs sind spektakulär und leiten – mit Lucas' ‚Star Wars' (1977) aus dem gleichen Jahr – eine Flut von Hollywood-Filmen mit Spezialeffekten ein. Es war bis dahin der erfolgreichste Film von ‚Columbia Pictures' und trug dazu bei, die Ära der Blockbuster-Science-Fiction-/Fantasy-Filme einzuläuten. Das Drehbuch (fertiggestellt von Spielberg nach einem Originaldrehbuch von Paul Schrader) basierte auf dem Buch ‚The UFO Experience' (1972), geschrieben von Dr. J. Allen Hynek, der als technischer Berater des Films fungierte (und in einem kleinen Gastauftritt als Bestandteil während der Schlussszene auftrat)."

(FilmSite)

Unheimliche Begegnung der dritten Art ist ein amerikanischer Science-Fiction-Film aus dem Jahr 1977, der von Steven Spielberg geschrieben und inszeniert wurde, mit Richard Dreyfuss, Melinda Dillon, Teri Garr, Bob Balaban, Cary Guffey und François Truffaut. Es erzählt die Geschichte von Roy Neary, einem gewöhnlichen Arbeiter in Indiana, dessen Leben sich nach einer Begegnung mit einem unbekannten Flugobjekt (UFO) ändert.

Unheimliche Begegnung der dritten Art war ein lang gehegtes Projekt für Spielberg. Ende 1973 entwickelte er einen Vertrag mit Columbia Pictures für einen Science-Fiction-Film. Obwohl Spielberg die alleinige Anerkennung für das Drehbuch erhielt, wurde er von Paul Schrader, John Hill, David Giler, Hal Barwood, Matthew Robbins und Jerry Belson unterstützt, die alle in unterschiedlichem Maße zum Drehbuch beitrugen.

Der Titel leitet sich von der Klassifikation des Ufologen J. Allen Hynek für spezielle Begegnungen mit Außerirdischen ab, in der die „dritte Art" die menschlichen Beobachtungen von Außerirdischen oder „belebten Wesen" bezeichnet.

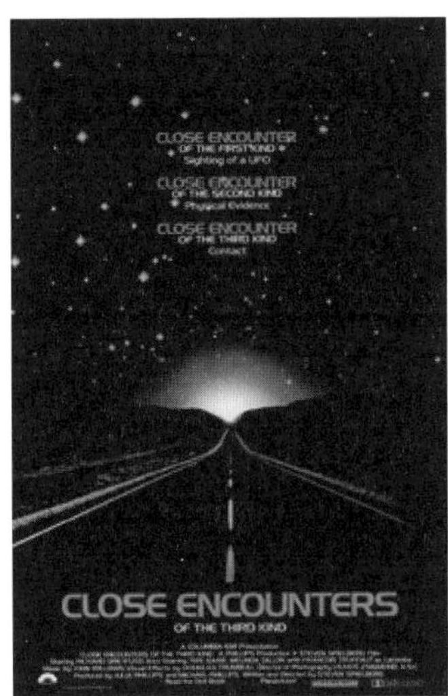

Abb. 219: Licht am Ende der Straße, die Aliens leuchten uns den Weg

Unheimliche Begegnung der dritten Art wurde mit einem Produktionsbudget von 19,4 Millionen US-Dollar hergestellt und am 16. November 1977 und am 23. November 1977 in einer begrenzten Anzahl von Städten veröffentlicht, bevor es im folgenden Monat auf die breite Veröffentlichung ausgedehnt wurde. Es war ein finanzieller Erfolg, der schließlich weltweit über 300 Millionen US-Dollar einspielte. Der Film erhielt zahlreiche Auszeichnungen und Nominierungen bei den 50. Academy Awards, den 32. British Academy Film Awards, den 35. Golden Globe Awards und den 5. Saturn Awards und wurde vom American Film Institute weithin anerkannt, von den Filmkritikern gelobt. [161]

Spielberg ist in mehrfacher Hinsicht ein Meister und nicht zuletzt ein Meister der Propaganda. Seine 80er-Filme sind die Essenz dessen, was es bedeutete, wie ich als Kind der 80er aufwuchs. Diejenigen von uns, die ein feines Gespür für das „Gefühl“ der 80er haben – ein Jahrzehnt, in dem es einfacher schien, und diejenigen, die in dieser Zeit aufgewachsen sind, werden die Nostalgie spüren.

Inmitten dieser Popkultur war eine Reihe von Spielberg- und Lucas-Filmen, von *Star Wars* (Ende der 70er) bis *E.T.* zu *Indiana Jones* zu *Zurück in die Zukunft*; das machte die 80er noch angenehmer. Wir haben uns *E.T.* angesehen, aber der aufkommende Alien-Mythos wurde früher in einem entscheidenden Sinne im Tor der späten 70er zu den 80ern vorbereitet, das war *Unheimliche Begegnung der dritten Art* (1977).

In der Eröffnungssequenz werden uns alte Flugzeuge gezeigt, die in der Sonora-Wüste auftauchen, diese seien 1945 in Florida verschwunden, sehen aber nagelneu aus, während der französische Wissenschaftler Claude Lacombe (Francois Truffaut) und ein Kartograf einen älteren Eingeborenen interviewen, der sagt „die Sonne sei nachts aufgegangen und habe gesungen…“ Es gibt während des gesamten Films eine direkte Verbindung zwischen den außerirdischen Wesenheiten und Musik oder Geräuschen sowie der Sonnenanbetung. Gleichzeitig hatten sich hinduistische Pilger und Yogis auf der ganzen Welt in Indien versammelt, um die Wesenheiten als Götter während des Zenits der Sonne zu preisen und „Ah yah, Ah yah ye“ zu singen. Dies ist dem Tetragrammaton (JHWH), dem heiligen Namen Gottes in der Schrift, sowie in den magischen Praktiken der Kabbalistik nahe: Spielberg stellt eine direkte Verbindung zu den Entitäten und der biblischen Vorstellung von Gott als Herr Sabaoth, Herr der Gastgeber, her.

In diesem Fall scheinen die „Gastgeber" jedoch den Göttern, Clarkes dämonischen Overlords, näher zu sein. Beachten Sie auch, dass über dem alten Eingeborenen der Davidstern platziert ist, ein Symbol, das Spielberg sehr vertraut ist.

Als die „Aliens" in Barrys Haus ankommen, entspricht das, was passiert, eher den übernatürlichen Phänomenen, die die zahlreichen Berichte über die Phänomene in Häusern umgeben. Seltsame Vorkommnisse wie elektrische Störungen und durcheinander geratene Elektronik kennzeichnen ihre Ankunft, und es ist erwähnenswert, dass die Spielzeug-Polizeiautos, -Flugzeuge und -Lastwagen durcheinander geraten und im Kreis fahren. Unmittelbar nach der Barry-Szene wird uns gezeigt, wie Roy und sein Sohn Unfälle mit dem Eisenbahn-Set nachstellen.

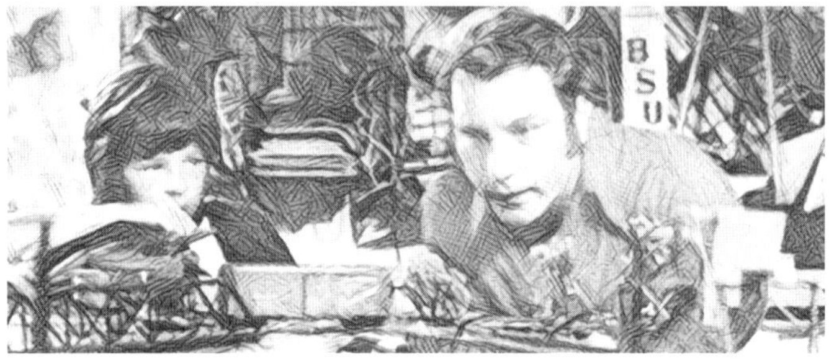

Abb. 220: Simulakrum

Wir stellen fest, dass Roy diese Faszination für Modelle und Miniaturversionen von Dingen hat. In der Symbologie oder Semiotik (die der Schlüssel zum Freischalten von *Unheimliche Begegnung der dritten Art* und *E.T.* ist) ist die Verbindung eines kleineren Bildes, Symbols oder Modells mit dem Ding selbst – Simulakrum. (162)

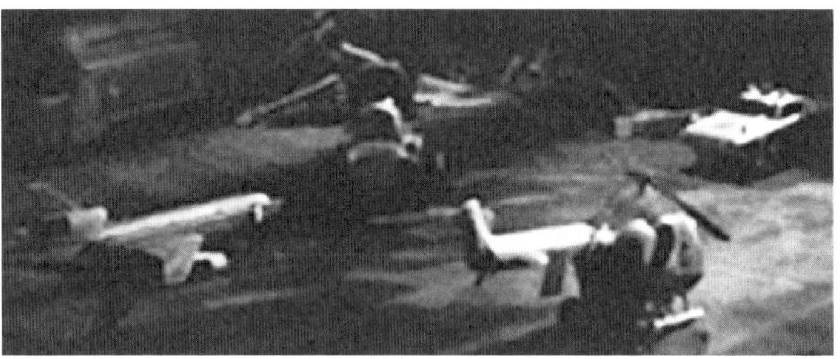

Abb. 221: Wieder ein Simulakrum

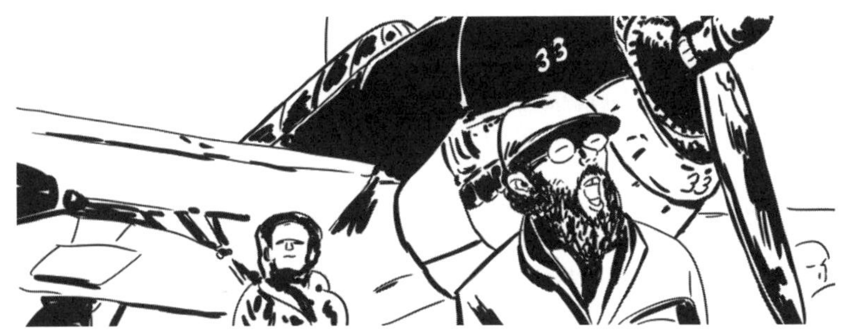

Abb. 222: „33" im Hintergrund auf einem der Flugzeuge in der Wüste. Flight 19 führte den Einsatz im Rahmen des auf dem Marinestützpunkt Fort Lauderdale stattfindenden Advanced Combat Aircrew Training für Torpedobomber durch. Das Flugzeugunglück erlangte bleibende Bedeutung dadurch, dass es unter Anhängern der Theorie des Bermudadreiecks als am besten dokumentierter Vorfall in der Geschichte des Dreiecks gilt

„Seit jeher glaubt man, dass Zahlen und Numerologie Geheimnisse und Botschaften verbergen. Für einige haben Zahlen eine ganz besondere Bedeutung, da sie den wahren Sinn vor allen außer den Eingeweihten verbergen können. Einigen können bestimmte Zahlen vermitteln, dass in dem Text, den sie studieren, etwas von besonderer Bedeutung liegt. Solche Zahlen müssen nicht einmal geschrieben werden, um das Vorhandensein eines versteckten Codes innerhalb eines Satzes oder Absatzes zu vermitteln, nur dass die Summe der enthaltenen Buchstaben eine bestimmte Zahl ergibt.

Keine Zahl hat eine größere esoterischere Bedeutung wie die ‚33'. Die Zahl Drei ist in allen großen Religionen von Bedeutung. Es gibt eine Trinität für Christen und eine dreifache Göttin für die Alten.

In den geschriebenen Wörtern, die Shakespeare, Francis Bacon, Spenser, Dante und anderen zugeschrieben werden, können wir versteckte Codewörter und Absätze finden, die diese Zahl verwenden, um den eingeweihten Leser darauf aufmerksam zu machen, dass etwas Wichtiges damit zusammenhängt.

In den Werken, die Shakespeare zugeschrieben werden, gibt es viele Sätze und Passagen, die sich auf die Zahl 33 beziehen. Julius Caesar wird 33 Mal erstochen. Das Gesamtwerk zeigt eine Beherrschung der Numerologie. Die Zahl 33 spiegelt die Schnittstelle der vertrauten Welt mit dem höheren Geistigen Reich wider. In ‚Hamlet' wird der Geist in der ersten Szene mit einem Eingang dargestellt, der in einem Satz mit 33 Zeichen beschrieben wird. Und Horatio spricht den Geist in 33 Zeichen an, als er geht. „Bleib: Sprich, sprich, ich fordere dich auf, sprich." Bei ‚Julius Cäsar' besucht der Geist von Caesar Brutus in einer Passage, die mit einem 33-stelligen Satz beginnt: „Das formt diese monströse Erscheinung." Brutus erholt sich von dem Schock und spricht den Geist in einem Satz von 33 Wörtern an.

Vom Irak über Phönizien bis nach Phoenix, Arizona, führt der 33. Breitengrad, sei es beabsichtigt oder zufällig, durch einige sehr bedeutende Orte.

Die antike Stadt Babylon lag sehr nahe am 33. Breitengrad, während das moderne Bagdad auf dem 33. Breitengrad liegt. Diese Gegend galt einst als Garten Eden. In Richtung Westen verläuft die Linie

durch Damaskus, Beirut und auf zwei Templerburgen, eine genau auf dem 33. Breitengrad, die andere bei 32.71. Das Licht des Himmels wird von der Sonne verkörpert, wobei das Sonnenjahr durch den Sonnenzyklus von 11,06 Jahren geteilt wird, was 33 entspricht. Die Sonne, definiert als ein Umfang von 360 Grad, geteilt durch 11, entspricht 32,72.

Der 33. Breitengrad überquert den Ozean und bringt uns nach Charleston, South Carolina. Diese Stadt ist der ursprüngliche Standort des Schottischen Ritus-Mauerwerks in den USA. Charlestons Fort Sumter ist der Ort, an dem der erste Schuss im Bürgerkrieg abgefeuert wurde, als dieser Staat von der Union abgelöst wurde.

Zufall oder nicht, Dallas, Texas, war natürlich der Ort, an dem Präsident Kennedy ermordet wurde. Er steht nicht nur auf dem 33. Breitengrad, sondern auch das Datum vom 22.11. ergibt 33. Während Kennedys Amtszeit war Papa Doc Duvalier aus Haiti verärgert, weil die Hilfe aus den USA eingestellt wurde. Er behauptete, JFK mit einem Fluch belegt zu haben, der seinen Tod am Datum dieser mächtigen Zahlen verursachte.

Während Autoren zu diesem Thema oft Roswell, New Mexico, einschließen, fahren wir mit Phoenix, Arizona fort. Dies war einst das Zentrum der Hohokam-Kultur. Der größte Standort, bekannt als Snaketown, war nur fünf Meilen vom 33. Breitengrad entfernt, und das Observatorium namens Casa Grande ist ebenfalls fünf Meilen von der Linie entfernt. Hier hat diese fortgeschrittene alte Kultur 500 Meilen Kanäle gebaut, die 25.000 Morgen bewässern.

Trotz des Rufs, der solchen Überzeugungen durch die organisierte Religion verliehen wird, hat die Wissenschaft in der Neuzeit das Konzept einer inneren Uhr, die Auswirkungen des Mondzyklus auf Tiere und höchstwahrscheinlich Menschen und die Realität des zirkadianen Zyklus, verstanden. Das dürften auch die Alten gewusst haben. Es gibt 33 Wirbel in der Wirbelsäule. In Indien wird angenommen, dass eine Lebensenergie benötigt wird, um die spirituelle Energie zu erwecken, die sich an der Basis der Wirbelsäule befindet. Diese zusammengerollte Energie ist als Kundalini bekannt und steigt durch Yoga-Energie zum Gehirn und darüber hinaus auf. Sowohl hinduistische als auch tantrische Künste streben nach diesem Erwachen.

Die Wirbelsäule wird oft als Jakobsleiter oder Schlange bezeichnet. Es wird auch mit dem Caduceus-Symbol von Merkur, Thoth und Medizin verglichen. Wussten die Menschen des Altertums auch, dass es 33 Windungen in einer vollständigen DNA-Sequenz gibt? Könnte der Caduceus die zwei ineinander verschlungenen Schlangen symbolisieren, die sich offensichtlich in der Doppelhelix-DNA mit 33 Sequenzen widerspiegeln, die an einem vertikalen Pol aufsteigt, der die Wirbelsäule mit 33 Wirbeln sein könnte?

Wenn die beiden Dreier einander zugewandt zusammengefügt werden, bieten sie ein Design, das die alte hermetische Maxime ‚wie oben, so unten' darstellen soll. Die Himmel spiegeln die Erde; der Geist spiegelt die Menschheit wider." (163)

Simulakrum: Die Kopie entwickelt ein Eigenleben, doch im Maßstab betrachtet würde es deutlich erscheinen, dass die Kopie nicht echt ist. Dies ist eine perfekte Analogie für das Wesen des Films selbst, sowie für die Rolle des Regisseurs, der dem Menschen nun seine neue Bedeutung gibt. Der Autor und/oder Filmregisseur erschafft mit Modellen und Bildern ein Simulakrum der realen Welt, setzt sie zusammen und setzt sie auf eine bestimmte Weise zusammen, so wie Roy es mit der von ihm gebauten Modelleisenbahn und Stadt tut. Man könnte an die simulierten Wesen in *Blade Runner* (Replikatoren) oder die simulierte Welt von Matrix denken.

Spielberg beherrscht diese Kunst der Simulation und präsentiert eine simulierte Realitätswelt – die des UFO-befallenen Amerikas, die eine gewisse Wirkung in der Bevölkerung hervorrufen soll. Kann dies in einen größeren Maßstab gefasst werden, für den Spielberg als Regisseur selbst ein „Spielzeug“ der größeren, galaktischen Kräfte oder Entitäten des Kosmos ist? Sind wir eine griechische Wesensskala, die von der himmlischen Hierarchie „gespielt“ und „gelenkt“ wird? [164]

Die Modelle und Simulakren fungieren auch auf einer anderen Ebene als Vorboten der Dinge, die im Film kommen werden, wenn später Polizei, Flugzeuge und Militärfahrzeuge in Raserei herumhuschen werden, während die Handlung auf das Devil's Tower-Denkmal in Wyoming zusteuert. Aber vorher ist es wichtig, sich das Schiff anzusehen, das in der Wüste Gobi auftaucht, die „Cotopaxi“. Die „Cotopaxi“, ein Trampdampfer, verschwand tatsächlich 1925 auf dem Weg nach Kuba, und ist Teil des Ursprungs der Mythologie des Bermuda-Dreiecks. [165]

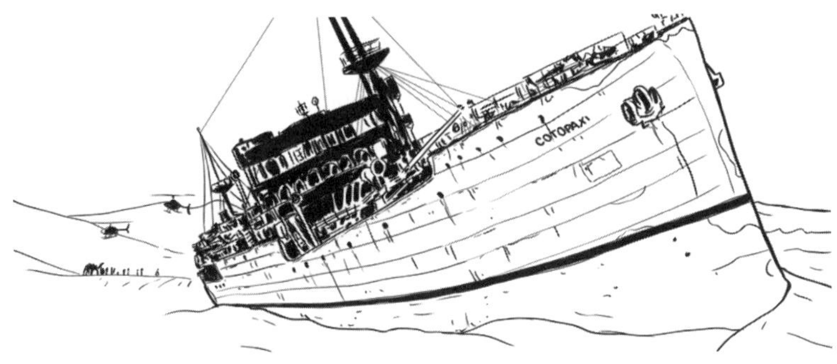

Abb. 223: „Cotopaxi“? Echt jetzt, mitten in der Wüste?

Spielberg bindet den Alien-Mythos an die Bermuda-Geschichten und verknüpft willkürlich mysteriöse Ereignisse unter dem Alien-Banner. An der Oberfläche wird dem Betrachter eine neue Weltanschauung dargeboten, mit der er die offenkundigen Bilder unter dem Banner der einzigen orthodoxen, vom Mainstream geförderten „Verschwörung“, außerirdischen Ursprüngen für UFOs verbinden kann. Auf einer tieferen Ebene können wir jedoch die Assoziation von „Cotopaxi" mit der gleichnamigen Stadt in Colorado sowie mit dem Berg in Ecuador, einem Teil der Anden, betrachten. Cotopaxi, Colorado, ist etwa drei Stunden von Denver entfernt, was im weiteren Verlauf relevant sein wird. Bevor wir dort ankommen, ist ein weiteres Element von Simulakrum, das erwähnt werden sollte, die Synchronizität.

Im Einklang mit diesen Ereignissen hat der französische Wissenschaftler Lacombe, der die UFO-Ereignisse verfolgt, eine Zeichensprache entwickelt, die den Tönen entspricht, die die Wesen den Hindus und den alten Eingeborenen in der Wüste „sangen". Er präsentiert seine Schilder einem Publikum von Wissenschaftlern, die Teil eines geheimen Projekts zur Erforschung des „Alien-Phänomens" sind. (166)

Die Lacombe-Figur zeigt keinen anderen als den UFO-Forscher Jacques Vallée. Dass der Film auf esoterischen Lehren basiert, wird durch die Vallée-Inspiration bestätigt. Er schrieb offen sein Interesse am UFO-Phänomen in Bezug auf das Okkulte nieder. (167) Ihr Symbol ist eine schwarze Pyramide: Bisher haben wir in der ersten Szene eine freimaurerische „33" am Flugzeug, eine „32" auf dem Trikot von Roys Sohn, Handzeichen mit Lacombe und ein schwarzes Pyramidenprojekt, das, wie sich herausstellt, von einer Schattenregierung und Agenten wie den „Men in Black"-Typen betrieben wird, die mit der Air Force und *Lockheed Martin*, einer großen Unternehmensmacht im militärisch-industriellen Komplex, verbunden sind.

In der Mitte des Films traf sich die Air Force mit den Einwohnern von Muncie, Indiana, und verpflichtete sich in einer Schein-Pressekonferenz der Desinformation, die darauf abzielt, das öffentliche Interesse an dem Vorfall „enger Begegnung" zu zerstreuen. Die Sprecher der Air Force beziehen sich auf bloßen Rationalismus und leugnen die Kenntnis aller Ereignisse, was der populären, lächerlichen und kontrollierten alternativen Medienerzählung von der Unterdrückung der Existenz von „Aliens" durch die Regierung Glaubwürdigkeit verleiht. Bis zu einem gewissen Grad ist dies wahr, da die wirklichen Akteure in der Nähe der „Aliens" private, schattenhafte militärische Auftragnehmer sind – Lockheed, Raytheon, DARPA usw., nicht die lokalen Mandatsträger.

Hier können zwei mögliche Assoziationen vorgenommen werden. Das geheime Projekt von Wissenschaftlern, die mit der Untersuchung des UFO-Phänomens beauftragt sind, erinnert an das berühmte „MJ 12"- oder „Majestic 12"-Komitee von „Agenten", welches angeblich die Existenz von Außerirdischen und unerklärlichen Luftphänomenen im Zusammenhang mit Roswell untersuchte. Das ist natürlich eine große Ladung von Psy-Ops-Bullshit, ebenso wie der viel beworbene Roswell-„Crash". (168)

Tatsächlich ist der gesamte Alien-Mythos selbst eine einzige große Desinformationskampagne, die als Deckmantel für das Tatsächliche dienen soll, geheime luft- und weltraumgestützte Technologien und wahrscheinlich Drogenhandel. (169)

„MJ 12" war wahrscheinlicher die Gruppe, die gegründet wurde, um den Alien-Mythos zu fördern, um neugierige Blicke davon abzuhalten, in die Technologie zu werfen, die entwickelt wurde. Was den französischen UFO-Wissenschaftler betrifft, so könnte es sich um einen Hinweis auf Jacques Vallée handeln, den berühmten UFO-Forscher, der argumentierte, dass UFOs etwas Unheimlicheres seien: dämonische Wesen, die in unsere Existenzebene eindringen. Wie bei *Jäger des verlorenen Schatzes* findet die Begegnung mit den Göttern auf einem Berg statt, einem der höchsten Orte.

Als wir sehen, wie die Regierung beginnt, sich in der Gegend von Devil's Mountain niederzulassen, wird ein Bus gezeigt, der Astronauten bringt, die sich darauf vorbereiten, mit den Aliens wegzugehen. Das ist interessant, da der Bus eine Aufschrift „Cheyenne" trägt. Cheyenne, Wyoming, ist vermutlich die Basis, von der aus die Schattenregierung im Film eine Kommandozentrale eingerichtet hat (mehr dazu in meinem Buch „DUMBs"), um die Ankunftssituation der Außerirdischen am Devil's Tower zu kontrollieren (Devil's Tower liegt vier Stunden nördlich von Cheyenne). Allerdings hat „Cheyenne" wie erwähnt auch einen Bezug zu Colorado, da der NORAD/Cheyenne Mountain Complex in Colorado Springs liegt und einer der wichtigsten Knotenpunkte von Regierungsanlagen ist.

In Philip K. Dicks Erzählung „Dr. Bloodmoney" ist es die Hauptstadt einer neuen Militärdiktatur, in der Fernsehserie Jericho die Hauptstadt der „Allied States of America", einer Fraktion der neuen, postapokalyptischen US-Regierung. In dem Propagandafilm *Red Dawn* aus dem Jahr 1984 ist es das weiteste, was die kommunistischen Kräfte gegen die amerikanischen Rebellen gedrängt haben. Es ist auch der Ort, an den sich Überlebende der Biokriegsführung in Stephen Kings apokalyptischem Roman „The Stand" zurückziehen.

Apropos Stützpunkte und Namen: „Devil's Tower" ist auch der Name eines britischen Stützpunkts auf Gibraltar, und Gibraltars Felsen sieht Spielbergs Wahl des Devil's Tower-Berges auffallend ähnlich. So können wir Devil's Tower mit der RAF und dem MI6 assoziieren, wie Devil's Tower eine alte Festung ist, die über britische Kolonien wacht, ist es der panoptische Blick über seine „Kolonien"? (170) Der Devil's Tower hat auch einen Bezug auf eine Kalter Krieg Geheimoperation der NSA. (171)

Sagt Spielberg, dass diejenigen, die den Alien-Mythos leiten, tatsächlich die Schattenregierung sind?

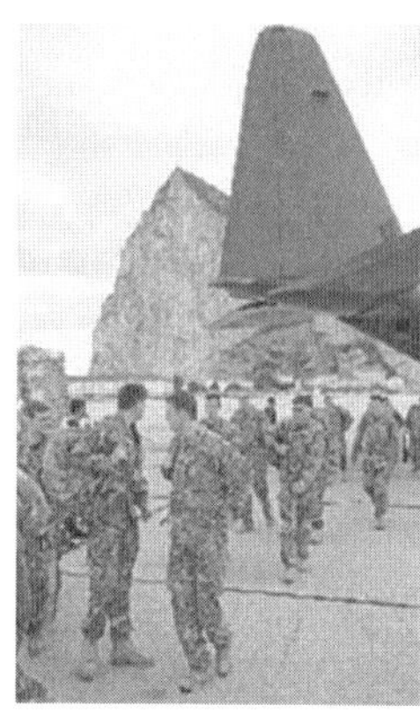

Abb. 224: Devil`s Tower RAF-Stützpunkt neben dem Felsen von Gibraltar

Oder umgekehrt sagt die Elite, dass sie die „außerirdischen" Overlords sind – aufgestiegene, überlegene evolutionäre Wesen, die sich herablassen, die profanen Massen auf den hochgelegenen Plätzen zu kontaktieren. Die Schlüsselfiguren in der Schattenregierung sind so von den Massen entfernt, dass sie eine andere Spezies sind, die ihnen „fremd" ist, mit der Absicht, sie in der Simulakrum-Simulation zu spielen, wie Roy mit den Zügen spielt? Es ist sicherlich merkwürdig, dass vieles von dem, was in dem Film dargestellt wird, einen vieldeutigen Bezug zu so vielen realen Orten hat, an denen strategische Ausrüstungen der Schattenregierung beheimatet sind. Als sich die Geschichte dem Ende nähert, flieht Roy in Richtung Devil's Tower und das Militär beginnt, Nervengas – Chemtrails – mit Aerosol auf die entkommenen Kontaktpersonen zu sprühen. Zuvor hatte die Schattenregierung einen Plan entwickelt, um die gesamte Bevölkerung mit einem inszenierten biologischen Leck zu „erschrecken", aber hier ist der militär-industrielle-Komplexe tatsächlich frei. Beachten Sie die Enthüllung des Films über den militärisch-industriellen Komplex, der Nachrichten inszeniert, mit vorgetäuschten toten Tieren und einer geplanten Evakuierung, um Angst und Panik zu erzeugen.

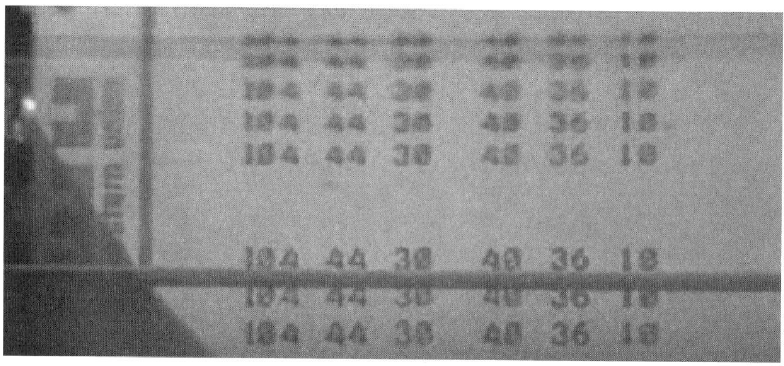

Abb. 225: Koordinaten die nah am Denver Airport liegen

Wir wissen von Seiten wie dem „Sunshine Project", dass solche Ereignisse auch reale Möglichkeiten sind. „Bahama, hier ist eine Pyramide, aus und vorbei. Rufen Sie die dunkle Seite des Mondes an", sagen die Soldaten der Spezialeinheiten. „The Dark Side of the Moon" erinnert natürlich an das gleichnamige Rockoper-Album von Pink Floyd aus dem Jahr 1973.

Das mag etwas weit hergeholt erscheinen, aber denken Sie daran, dass wir es mit sehr intelligenten Menschen zu tun haben, die auf diese symbolische und archetypische Weise denken. Was einige wie Michael Hoffman als „mystische Toponomie“ bezeichnet haben, ist hier wahrscheinlich am Werk und kann als die Praxis beschrieben werden, Assoziationen und Verbindungen zu Ereignissen und Orten herzustellen, die auf der Symbologie, Geschichte und Bedeutung dieser Ereignisse und Orte basieren.

Dies ist ein Bereich, in dem man vorsichtig vorgehen sollte, da die Assoziationen oft verschwommen und spekulativ sind und nur die Geschicktesten diese Kunst beherrschen. Es ist auch etwas gefährlich, wie der Film selbst mit Roy zeigt, der verrückt zu werden beginnt, Assoziationen zu entwickeln, die aus seinem Unterbewusstsein kommen und von ihm mit Synchronizität „assoziiert“ werden, wie Ereignisse und Orte in seinem Leben.

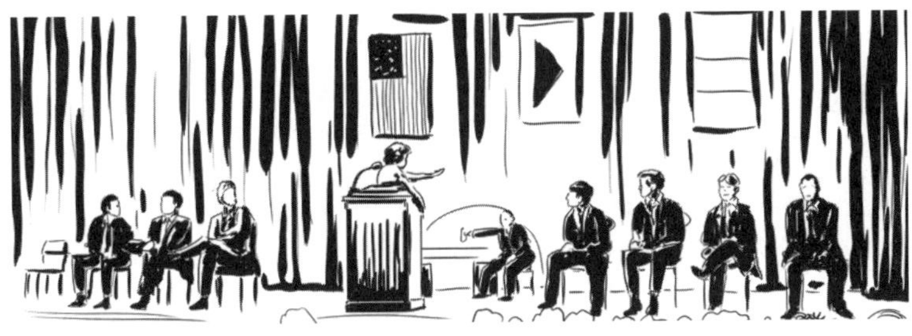

Abb. 226: Lacombe entwickelt Handzeichen

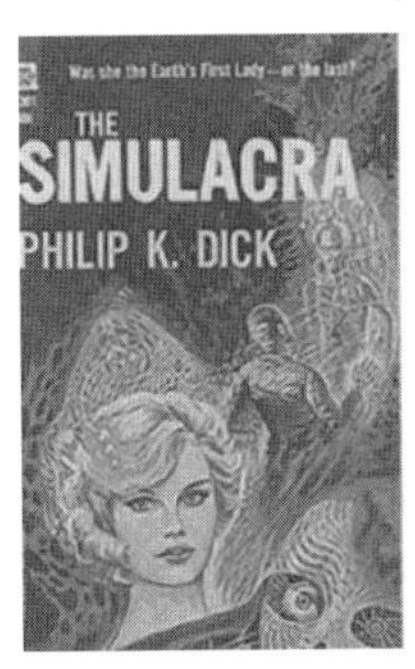

Abb. 227: „The Simulacra“ von Philip K. Dick

In der Handlung wird Roy von den Göttern/Wesen „auserwählt“, um diese Einweihungsreise nach und nach zu erleben, bis er den Berg erklimmt, um in die himmlische Stadt versetzt zu werden.

Zeichnet Spielberg die beängstigende und aufschlussreiche Reise derer, die die Geheimnisse des Universums suchen und sich auf diese Reise begeben würden?

Die Spur, die Roy wählt, und dazu berufen wird und alles aufgibt, was er hat, um die Wahrheit zu erlangen, verleiht seinem Handeln sicherlich Glaubwürdigkeit und zeigt, dass Spielberg uns vielleicht sagt, wir sollen keine Angst haben.

Angst hält uns in unseren Gefängniswelten von Simulakren und Modellen fest.

Sind wir bereit, unsere Grundannahmen und Weltanschauungen in Frage zu stellen, oder sind wir so sehr mit ihnen verheiratet, dass etwas völlig Mysteriöses und Fremdes in sie eindringt und sie herausfordert, wissenschaftlichen Rationalismus als Krücke zu rechtfertigen?

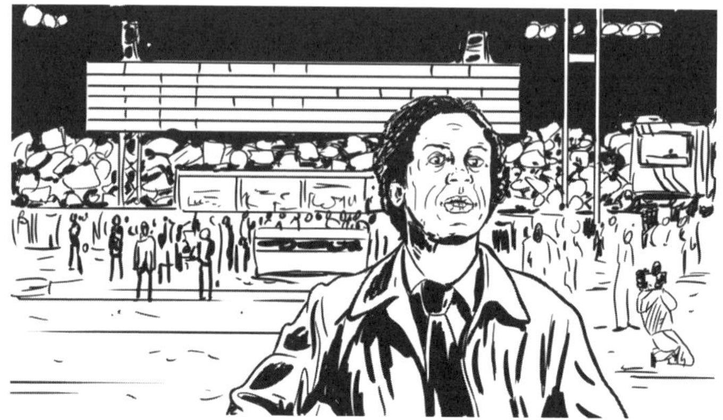

Abb. 228: Der französische Wissenschaftler

Die Außerirdischen scheinen auch Kommunikationsschwierigkeiten zu haben. Aus irgendeinem Grund können sie nicht einfach sprechen, also verwenden sie Musik und schließlich die Handzeichen, die der Wissenschaftler entwickelt hat. Vielleicht finden es auch die Götter oder Engelwesen schwierig zu kommunizieren und sprechen durch die Archetypen und Symbole unserer Erfahrung. Ich glaube, dass die Engelshierarchie oder die himmlischen Intelligenzen die synchronen Ereignisse und Verbindungen, die wir erfahren, unter der Vorsehungskraft und Führung Gottes organisieren. Wie wir verstehen, wie diese Verbindungen und Assoziationen auf tieferer Ebene hergestellt werden, ist eine knifflige und etwas frustrierende Kunst und versetzt den Betrachter daher in Roys Position.

Ich denke, es ist möglich, den Film über all diese Ebenen hinweg zu lesen, und Spielberg ist sicherlich genial genug, um so einen Film zu produzieren. Ich denke, dass die Tiefe der Simulakren und der Modelle nur als Vorahnung wahrzunehmen ist, ein Tor, um die Filme auf diesen tieferen Ebenen zu sehen. Wenn es uns erlaubt ist, einen Schritt durch dieses erste Tor zu gehen, ist es möglich, dass Spielberg uns etwas mehr sagt, in dem Maße, dass wir jetzt unsere eigenen Erfahrungen betrachten und eine mögliche mystische Toponomie bei der Arbeit lesen sollen? Es ist möglich.

Sind wir bereit, wie Roy zu sein und alles für die Wahrheit dessen zu opfern, was um uns herum geschieht? Anfangs habe ich den Film sehr moralistisch gelesen, so dass es in dem Mythos nur darum ging, Aliens zu promoten, und Roy war unmoralisch, weil er seine Familie verlassen und die Außerirdischen gejagt hat. (172)

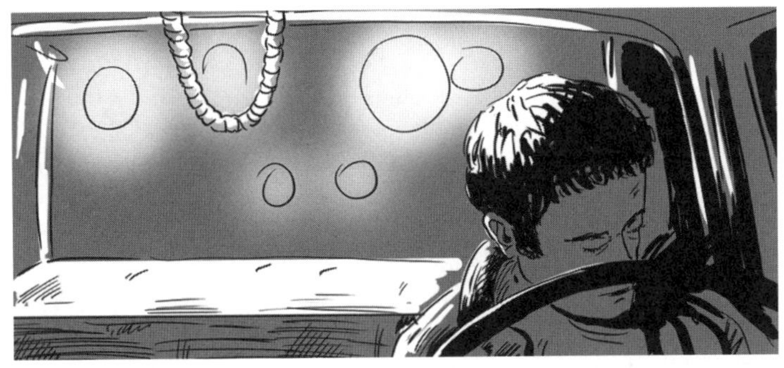

Abb. 229: Roy`s schamanische Reise beginnt. Ein UFO erscheint hinter seinem Auto

Der Film erzählt eine Geschichte über einen Roy Neary, der eine besondere Begegnung hat, Zeuge eines UFO-Vorfalls wird, das durch den Himmel fliegt. Als nächstes hat er Visionen von demselben Berg, aber da er nicht weiß, was er ist, wo er ist und warum er ihn sieht. Er wird davon besessen, was Schäden in seiner Ehe und seinem Familienleben verursacht, aber er gibt nicht auf. In der Zwischenzeit entdeckte die Regierung einige verschwundene Militärflugzeuge und beginnt, nach Hinweisen zu suchen und eine Tarnung zu erschaffen, um sicher mit den Außerirdischen kommunizieren zu können. Roy, andere Zeugen und die Regierung folgen den Hinweisen bis zum Ende, wo sie schließlich die UFOs kontaktieren. Roy wird einer von ihnen und verlässt die Erdoberfläche im Raumschiff.

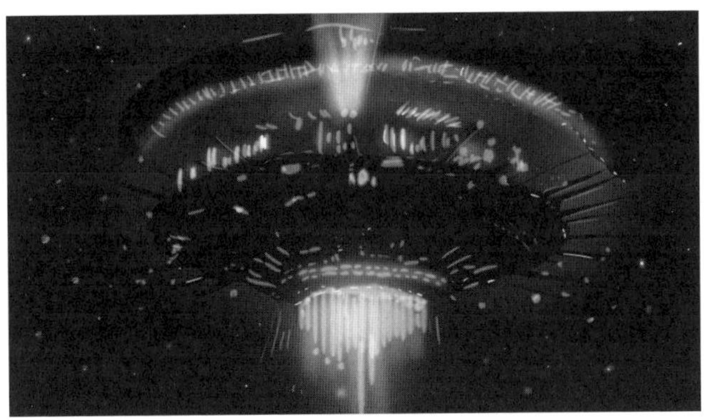

Abb. 230: Das Mutterschiff

Spielbergs *Unheimliche Begegnung der dritten Art*, der zeitgleich mit *Star Wars* veröffentlicht wurde, was bedeutete, dass die Erwartungen des Publikums hoch und die Konkurrenz zwischen den beiden groß war, wurde trotzdem ein Erfolg, da es den Zuschauern etwas zeigte, an das sie nicht gewöhnt waren, insbesondere wenn wir das Sci-Fi-Genre und das UFO-Thema berücksichtigen. Wie Ian Nathan in einem Artikel feststellt:

„Hier, in dem Film, der Spielbergs Ruf als einer der großen Regisseure des Kinos für immer besiegelte, wohnt etwas ganz anderes inne: ein Gefühl des Staunens, das Unbekannte Freude offenbaren kann, und – ähnlich der allumfassenden Hoffnung auf ‚Schindlers Liste' – , dass die Menschheit tatsächlich eine Chance auf Erfolg hat." (173)

Was dem Publikum sehr oft vorgestellt wurde, war ein Monster/Alien vs. Mensch, die Filme zeigen normalerweise den Krieg zwischen den Arten, wie den gefährlichen und mörderischen Aliens, wenn der Mensch mit den Kreaturen in Kontakt kommt, wenn dies nicht gut für die Person enden wird.

Spielberg nähert sich dem UFO-Thema jedoch aus einem anderen Blickwinkel, er zeigt eher Verwunderung darüber, dass Außerirdische nicht versuchen, die Menschheit zu töten, und eine Möglichkeit dessen, was da draußen sein könnte, wie Robert Ebert sagt, zeigen:

„Ich fand den Originalfilm eine erstaunliche Leistung, die das Gefühl der Ehrfurcht und Verwunderung einfängt, die wir haben, wenn wir die Wahrscheinlichkeit von Leben jenseits der Erde in Betracht ziehen."

Dieser Film hinterlässt beim Zuschauer Ehrfurcht statt Angst. Wir wissen nicht, warum die Außerirdischen auf der Erde sind und was sie wollen, aber als sich der Film dem Ende nähert und die Menschen und das Mutterschiff durch Musik und Licht kommunizieren und die winzigen Außerirdischen das Raumschiff verlassen, wird uns die Idee präsentiert, dass man sie nicht zu fürchten braucht.

Von dem Moment an, als Roy endlich realisiert, was passiert, zeigt sein Gesicht deutlich Freude und vermittelt ein Gefühl von Kindlichkeit.

„Wie bei den meisten Spielberg-Filmen ist die Botschaft kraftvoll und antizynisch. Unschuld und Optimismus herrschen vor – die Außerirdischen sind engelhaft, kindlich, nicht bedrohlich. Und es ist die Unschuld, Nearys inneres Kind, das die außerirdischen Wesen schließlich wählen. Dies ist ein Film ohne Bösewichte, das Drama ist aus Sehnsucht und Mysterium konstruiert, nicht aus Gefahr." (174)

Es gibt keine Schurken im Film, auch wenn man erwarten würde, dass die Außerirdischen böse sind. Zuerst scheinen die Wissenschaftler und die Regierung die Bösen zu sein, aber am Ende erwiesen sie sich als genauso verwirrt und neugierig wie Roy.

Er sagte, dass dieser Film sehr persönlich von Spielberg sei, aber später bestätigte er, dass er das Ende ändern würde (nachdem er seine eigene Familie hatte). Wie wir sehen, gibt es mehrere Male, in denen Roys Frau und Kinder beunruhigend und ziemlich nervig sind.

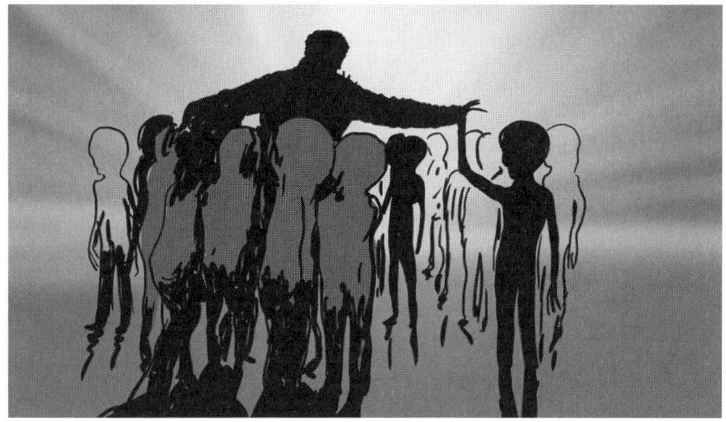

Abb. 231: Roy genießt die Begegnung mit den Aliens

Am Ende des Films verlässt Roy freiwillig die Erde, was auch bedeutet, dass er seine Familie sorglos zurücklässt.

Die Sorge des Regisseurs um die Familie ist offensichtlich, basierend auf der Tatsache, wie sich das Ehepaar verhält, wie unkontrollierbar die Kinder sind und wie leicht Roy sie verlässt, die Familie, Vorstadt und die emotional Verlassenen. (175)

3.4 Die Alien-Trilogie: Alien (1979), Aliens (1986) und Alien 3: (1992): Der Kampf ums Überleben – im Namen der „Firma"

„Nur seine Feindseligkeit übertrifft noch seine perfekte Struktur."
Ash (*Alien*)

Alien ist ein Science-Fiction-Horrorfilm aus dem Jahr 1979, der von Ridley Scott inszeniert und von Dan O'Bannon geschrieben wurde. Basierend auf einer Geschichte von O'Bannon und Ronald Shusett folgt es der Besatzung des kommerziellen Raumtransporters „Nostromo", die auf das gleichnamige Alien trifft, einen aggressiven und todbringenden Außerirdischen, der auf die Besatzung losgelassen wurde. Die Filmstars sind Tom Skerritt, Sigourney Weaver, Veronica Cartwright, Harry Dean Stanton, John Hurt, Ian Holm und Yaphet Kotto. Produziert wurde es von Gordon Carroll, David Giler und Walter Hill über ihre Firma *Brandywine Productions* und wurde von *20th Century Fox* vertrieben. Giler und Hill überarbeiteten und ergänzten das Drehbuch; Shusett war ausführender Produzent. Das Alien und seine begleitenden Artefakte wurden vom Schweizer Künstler HR Giger entworfen, während die Konzeptkünstler Ron Cobb und Chris Foss die eher menschlichen Einstellungen entwarfen.

Alien wurde am 25. Mai 1979 als Eröffnungsabend des vierten Seattle International Film Festival uraufgeführt. Der Film erhielt eine breite Veröffentlichung am 22. Juni und wurde am 6. September in Großbritannien veröffentlicht. Es wurde bei der Veröffentlichung mit gemischten Kritiken aufgenommen, war aber ein Kassenerfolg und gewann den Oscar für die besten visuellen Effekte, drei Saturn Awards (Bester Science-Fiction-Film, Beste Regie für Scott und Beste Nebendarstellerin für Cartwright) und einen Hugo Preis für die beste dramatische Präsentation.

2002 wurde *Alien* von der Library of Congress als „kulturell, historisch oder ästhetisch bedeutsam" eingestuft und zur Aufbewahrung im United States National Film Registry ausgewählt. 2008 wurde er vom American Film Institute als siebtbester Film im Science-Fiction-Genre und von Empire als 33.-bester Film aller Zeiten eingestuft.

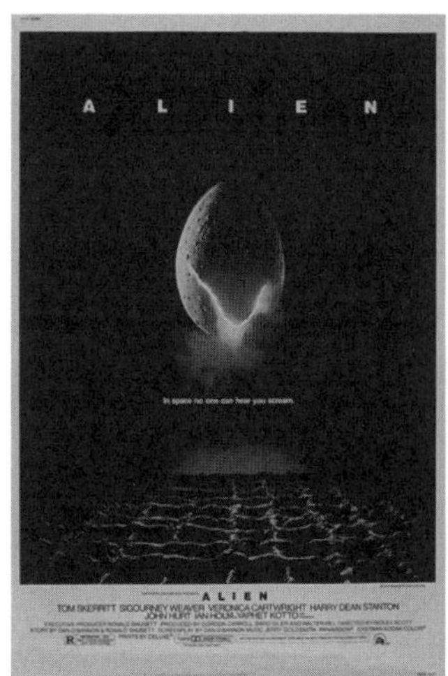

Abb. 232: Filmposter 1979, schon wieder ein Osterei

Der Erfolg von *Alien* brachte ein Medien-Franchise mit Filmen, Romanen, Comics, Videospielen und Spielzeug hervor. Es startete auch Weavers Schauspielkarriere und gab ihr ihre erste Hauptrolle. Die Geschichte der Begegnungen ihrer Figur mit den Alien-Kreaturen wurde zum thematischen und erzählerischen Kern der Fortsetzungen *Aliens* (1986), *Alien 3* (1992) und *Alien Resurrection* (1997). Ein Crossover mit dem Predator-Franchise produzierte die *Alien vs. Predator*-Filme: *Alien vs. Predator* (2004) und *Aliens vs. Predator: Requiem* (2007). Eine Prequel-Serie umfasst *Prometheus* (2012) und *Alien: Covenant* (2017), beide unter der Regie von Scott. [176]

Alien war in vielerlei Hinsicht ein revolutionärer Film und wohl die erste nihilistische, menschenfeindliche Science-Fiction-Serie mit einem düster-okkulten Sog. Während 2001 eine alchemistische Odyssee gewesen sein mag, ist Aliens Weltanschauung mit seiner von HR Giger entworfenen Konzeptkunst weitaus selbstbewusster, vor allem seine von Crowley beeinflussten Kunstwerke.

Die Verwendung von Gigers Kunst zeigt, dass die „Aliens“ wirklich Dämonen sind, da Giger in seiner Kunst häufig tote Babys, Opfer, rituellen Sex mit Dämonen, Baphomet usw. zeigt.

Das „ArtSync Magazin“ interviewte Giger 2009: *„Wie wäre es mit Aleister Crowley?“*

GIGER: *„Nun, jeder, der sich für Magie und Okkultismus interessiert, kennt Aleister Crowley, obwohl ich sagen muss, dass ich versucht habe, seine Bücher und sein System der Magie zu studieren, und es mir ziemlich schwer fiel, ihn zu verstehen. Mich hat immer interessiert, was für Bilder er gemacht hat, aber es hat viele Jahre gedauert, bis ich sie tatsächlich sehen konnte. Ich habe irgendwo eine Kopie des Katalogs, der für die Crowley-Kunstausstellung produziert wurde, die 1998 in London stattfand, und einen Katalog für eine Ausstellung 1932 in Berlin. Die meisten Arbeiten, die ich gesehen habe, sind Porträts seiner Freunde. Er ließ sie sehr böse aussehen! Er malte auch die Damen sehr schrecklich aussehend. In meiner Malerei sind Frauen wunderschöne Göttinnen – jedenfalls für mich!“* [177]

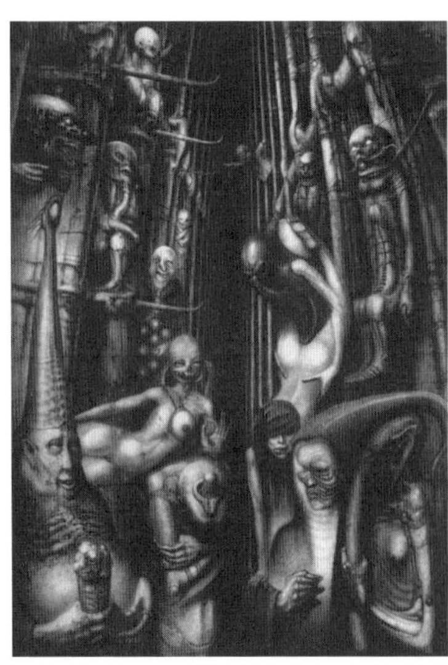

Abb. 233: „A. Crowley (The Beast 666)", 1975, von HR Giger. Unten links in der Ecke die Figur mit dem langen spitzen Hut soll Crowley sein

Alien-Regisseur Ridley Scott scheint auch den Glauben und die Faszination vieler Okkultisten für „Aliens" zu teilen, die glauben, dass ihre Zeremonien und rituellen Magie „Aliens" kontaktieren. Das Absurde daran ist, dass trotz all des Hasses dieser Leute auf die Bibel und die orthodoxe Tradition letztendlich unser Bekenntnis bestätigt wird, da diese Wesenheiten und ihre „Botschaften" genau das sind, was die Bibel und die Priester über die Dämonen lehren.

Wie ich bereits erwähnt habe, erfordert dieses neue Ersatzevangelium von Panspermie und außerirdischen Schöpfern auch eine neue Bedrohung, die sogenannten außerirdischen Eindringlinge. In „Krieg der Welten" wird der Alien-Mythos düster, da sich die Menschheit zusammenschließen muss, um die äußere Bedrohung abzuwehren. Wie wir bei der *Star Trek*-Serie und ihrer langen Verbindung zur *Rand Corporation* sehen werden, war dies tatsächlich nichts anderes als eine Maske für die Förderung einer Eine-Welt-Regierung im Stil der Vereinten Nationen, die nur durch die Zerstörung aller Unterscheidungen erreicht werden konnte.

Nach Wells förderten zahllose andere Science-Fiction-Programmierungen diesen Gedanken bis hin zum Film *Arrival*. Mit Alien jedoch stürzt der Optimismus in die Richtung einer Weltregierung in den nihilistischen Abgrund, aus dem das Xenomorph hervorgegangen ist. Ein wiederkehrendes Thema in der Serie ist die Ironie, bei der gezeigt wird, wie rücksichtslos der Megakonzern, der Ripleys Welt regiert, wirklich ist – sogar abscheulicher als das Xenomorph (wie Ripley selbst mehr als einmal sagt).

Die globale Unternehmensregierung ist wie die berühmte Essensszene in *Alien*, wo alle zufrieden und „gleich“ am Tisch sitzen und plötzlich ein Xenomorph aus John Hurts Brust hervorspringt, um den Rest der Crew zu zerstückeln und aufzufressen. Das ist der Reiz der *Alien*-Serie (trotz ihrer anderen Mängel) – dass die Hybris der Menschheit, die Natur zu manipulieren und genetisch zu verändern und dann zu versuchen, diese Scheinwelt zu kontrollieren, zu einer Katastrophe führt.

Das ist in der Tat die vorherrschende Erzählung der Franchise. Auf diese Weise finde ich den Nihilismus erträglich, da er die aufklärerischen Mythologien des vagen, bedeutungslosen „Fortschritts“ und der nackten Wissenschaft für den Schein sprengt, der sie sind. Alien und seine Nachfolger sind die logischen Schlussfolgerungen eines Universums bedeutungslosen evolutionären Flusses und Chaos, unglücklicher genetischer Mutationen.

Alien beginnt damit, dass die Kamera einen Jupiter-Saturn-ähnlichen Planeten einfängt, auf dem unsere Entdecker ihren Vollstrecker finden werden. Saturn wird traditionell mit dem Sechseck, Zeit, Raum und Tod in Verbindung gebracht. So wie die Zeit schließlich alle niedermäht, verschlingt Chronos seine eigenen Kinder.

In der *Alien*-Serie ist es, als ob das gesamte Universum selbst eine abgetriebene Monstrosität ist, die sich zu einem massiven Tumor „entwickelt“ hat. Das gesamte „Alien“-Ethos ist tief mit den Agenden des Okkulten und des Tiefen Staates verbunden.

Interessanterweise wird dieses Thema der Abtreibungen, der Geburt und des Drecks und des Schleims, die damit verbunden sind, auch ein wiederkehrendes Motiv in der Serie sein, was darauf hindeutet, dass die Menschheit das wahre Xenomorph ist.

In der Crowleyschen Sichtweise, die Giger anscheinend aufgesogen hat, können wir dieses Universum als eines sehen, in dem das Dämonische aus dem Abgrund des Chaos aufsteigt und sich „entwickelt“, um Lebensformen zu erschaffen und zu zerstören.

In dem gnostischen Schema, das Crowley abgerippt hat, ist Jupiter das „böser Jehova“ der Bibel, der Schöpfer-Demiurg, der seine Abtreibungen einsperrt und foltert. Wir sehen, warum Giger diese dämonische Weltanschauung als angemessen ansah.

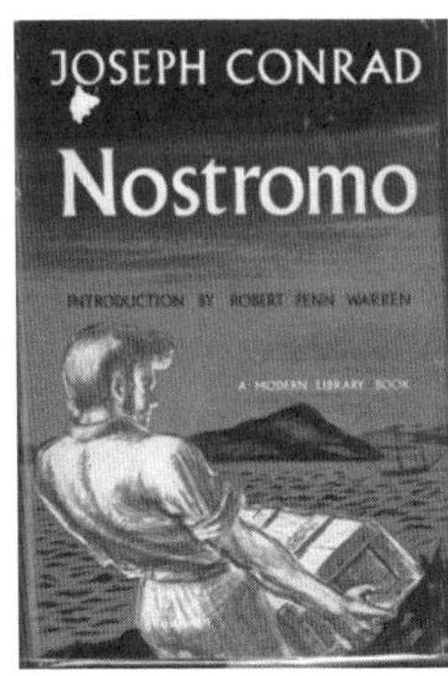

Abb. 234: Joseph Conrad „Nostromo", Ausgabe 1951

Es ist fast so, als würden unsere unternehmenseigenen Entdecker an Bord der Nostromo (ein Roman von Joseph Conrad aus dem Jahre 1904 über einen gleichnamigen Entdecker) die Tiefe des Abgrunds selbst erforschen, da dieser Saturn-geklonte Planet des Todes nichts als Leere und eine „Signalübertragung" bereithält, was wieder an *2001: Odyssee im Weltraum* erinnert.

Es wird manchmal so aussehen, als ob die Erforschung der verschiedenen Planeten und ihre Schrecken wirklich nur Wege von Ripleys Psyche sind (die wir sehen werden, traumatisiert ist) - und mit *Alien 3* wird Ripley dies sogar zugeben.

Durch *Aliens* erlebt Ripley extreme Albträume und sogar vorausahnende Träume, die zeigen, wie sie einen Xenomorph zur Welt bringt (was passiert), was darauf hindeutet, dass sich der Kreis des evolutionären Mythos in einem Kampf zwischen Mensch, Xenomorph, Künstlicher Intelligenz und Schöpfer(n) schließt.

Weit davon entfernt, wissenschaftlich zu sein, ist der Evolutionsmythos eine billige Darstellung der alten hinduistischen Doktrin der kosmischen Evolution und des polytheistischen/pantheistischen Aberglaubens. Vor diesem Hintergrund macht es durchaus Sinn, die entstehenden Lebensformen als zufällige Abtreibungen zu betrachten, die in einem „Überleben des Stärkeren" kämpfen, in dem alle vier Formen aufeinanderprallen, um zu bestimmen, wer in die Zukunft gehen und wer die Beute sein wird.

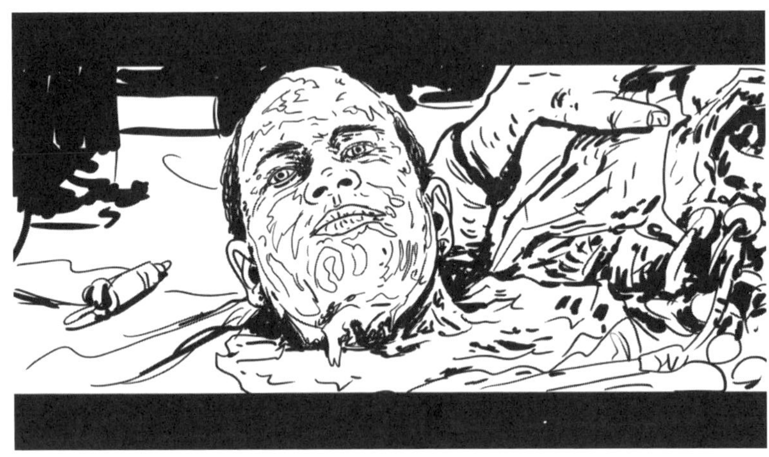

Abb. 235: Künstliche Lebensform auf Milch-Basis

Für die Xenomorphs vermittelt ihr reptilartiges Aussehen die Vorstellung einer extrem kalten, kalkulierten, räuberischen, instinktiven Inkarnation ohne Verwendung von Emotionen. Wie Ash erklärt, sind sie eine reine, schöne Lebensform auf Siliziumbasis (wie er selbst, so glaubt er zumindest) und sind daher der Menschheit überlegen. Ash, der im Auftrag der Firma arbeitet, ist eine KI. Als Mensch getarnter Droide, ist er buchstäblich ein programmierter Attentäter. Ist es nicht interessant, dass der gemeinsame Spitzname für die „Weyland Corporation", die diese dystopische Landschaft dominiert, „die Firma" ist, genau wie es die CIA ist? Ash ist die von der Menschheit geschaffene Lebensform auf Siliziumbasis, während die Menschheit und der Xenomorph die versehentlichen Abtreibungen der Ingenieure sind (wie wir in *Prometheus* gesehen haben – siehe das Buch „Der Hollywood-Code").

Auf diese Weise wird der Kampf um die Vorherrschaft im Schema des galaktischen Sozialdarwinismus in der gesamten Serie dargestellt, wobei die Identität der Ingenieure selbst ein Rätsel bleibt (außer dass sie die „Götter" alter Kulturen sind). Ich würde vermuten, dass die CIA ein berechtigtes Interesse an gentechnisch veränderten, auf Silizium basierenden „Lebensformen" hat.

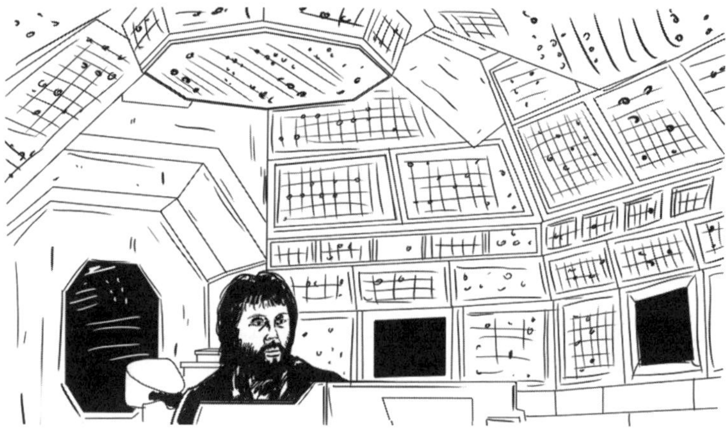

Abb. 236: Tom spricht mit „Mutter". Der MU-TH-UR 6000, einfach als „MUTTER" bekannt, war ein 2,1-Terabyte-KI-Mainframe des Modells 182, der als Computer-Mainframe für die „Nostromo" diente. „Mutter" steuert das Schiff automatisch, während die Besatzung im Hyperschlaf war, und überwachte ihre Aktivitäten

Mit dem Tod von Tom Skerritt, Veronica Cartwright und Yapthet Koto ist Ripley der einzige Überlebende – ob Sie es glauben oder nicht! Feministische Katzendamen im Weltraum sind dafür bekannt, Atomwaffen zu zünden, also Vorsicht Ihr Xenomorphs! Obwohl ich nicht sicher bin, würde ich sagen, dass dies der Beginn unseres immer vorherrschenden modernen Trends sein könnte, alle starken Helden weiblich zu machen und alle Männer unterwürfige, kauernde Haltungen einnehmen zu lassen. Mir fällt so kein früherer Film ein, der die Heldin vermännlicht hat, aber ein wiederkehrendes Thema in der *Alien*-Serie wird wohl nicht nur Abtreibungen sein, sondern auch Feminismus.

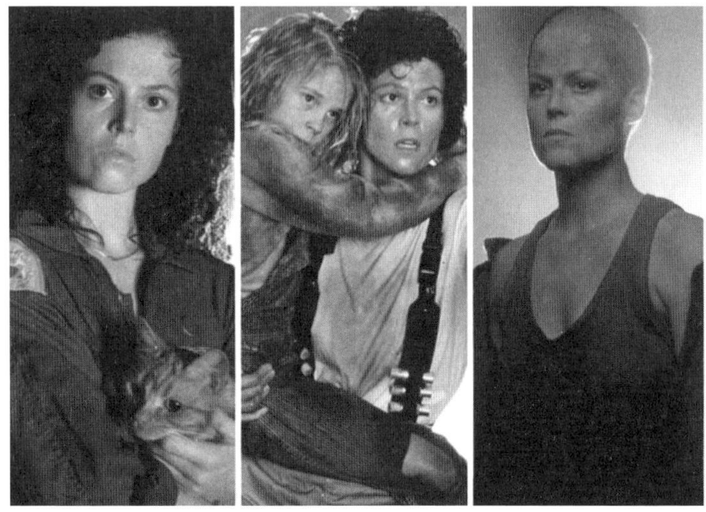

Abb. 237: Die Katzen-Lady im All… eine galaktisch-feministische Jungfer

Beachten Sie die allmähliche Kürzung von Ripleys Haar, von einer attraktiven Frau über eine eklig aussehende Tante in *Aliens* bis hin zu einer ausgewachsenen G.I. Jane in *Alien 3*.

Das Haar hat eine sehr wichtige Bedeutung und seine Beseitigung oder Inversion in Bezug auf das Weibliche oder Männliche kann den Verlust der Macht signalisieren (wie im Fall von Samson oder dem Gelübde der Nasiräer). Hier liegt die Bedeutung in ihrer Annahme männlicher Eigenschaften, während sie ihren gewundenen Weg zur Göttin beschreitet. Am Ende von *Alien* hat Ripley ihre Kleidung verloren und entkommt nur knapp mit einer List dem Xenomorphen an Bord ihrer Rettungskapsel.

Ripley wirft das Biest ab und röstet es dann in einer Booster-Flamme, bevor sie ihre Schlafkapsel betritt, wobei nichts als der Geruch von gebackenem Xenomorph durch die Kabinenluft weht, um sie zu beunruhigen. Eine ziemlich einfache Geschichte, *Alien* zeigte uns einige erschreckende Bilder der Gefahren des Abgrunds, und in der nächsten Folge werden wir aufschlussreiche Enthüllungen in Bezug auf Transhumanismus, Geoengineering und Bioengineering sehen, genau wie wir in Bezug auf Nanotechnologie in Scotts *Bladerunner* gesehen haben.

Aliens (1986)

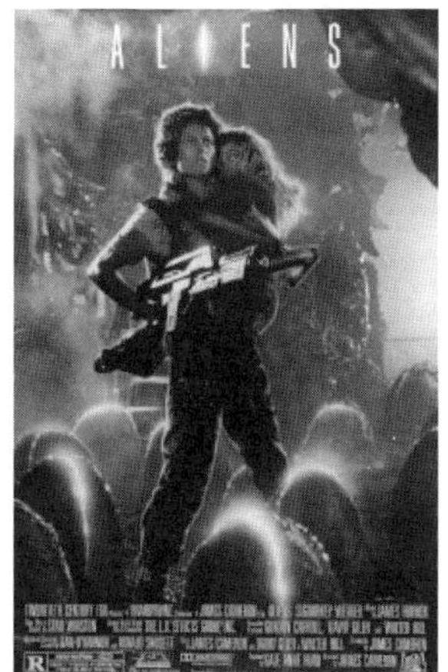

Abb. 238: Filmposter 1986, zwei weibliche Helden inmitten von Eiern

Aliens ist ein Science-Fiction-Actionfilm aus dem Jahr 1986, der von James Cameron geschrieben und inszeniert wurde. Der Film spielt in der fernen Zukunft und spielt Sigourney Weaver als Lieutenant Ellen Ripley, die einzige Überlebende eines außerirdischen Angriffs auf ihr Schiff. Als die Kommunikation mit einer menschlichen Kolonie auf dem Mond unterbrochen wird, auf dem ihre Crew die außerirdischen Kreaturen zum ersten Mal getroffen hat, willigt Ripley ein, mit einer Truppe Colonial Marines zum Ort zurückzukehren, um Nachforschungen anzustellen. *Aliens* ist mit Michael Biehn, Paul Reiser, Lance Henriksen und Carrie Henn in Nebenrollen.

Trotz des Erfolgs von *Alien* dauerte die Entwicklung seiner Fortsetzung Jahre; es wurde durch Rechtsstreitigkeiten, mangelnden Enthusiasmus von *20th Century Fox* und wiederholte Änderungen im Management verzögert. Basierend auf seinen Drehbüchern für *Terminator* und *Rambo 2 – Der Auftrag* (1985) wurde Cameron 1983 engagiert, um eine Geschichte für *Aliens* zu schreiben. Das Projekt geriet erneut ins Stocken, bis der neue *Fox*-Manager Lawrence Gordon eine Fortsetzung verfolgte. Obwohl relativ unerfahren, erhielt Cameron die Regierolle aufgrund seines Erfolgs als Regisseur von *Terminator*. Mit einem Budget von etwa 18,5 Millionen US-Dollar begann *Aliens* mit der Produktion im September 1985. Wie seine Entwicklung, verliefen auch die Dreharbeiten turbulent und voller Konflikte zwischen Cameron und der britischen Crew der *Pinewood Studios*. James Horner komponierte die Filmmusik. Die schwierigen Dreharbeiten machten auch Horner zu schaffen, der nur wenig Zeit hatte, die Musik aufzunehmen.

Aliens wurde am 18. Juli 1986 mit großem Erfolg veröffentlicht. Es wurde wegen seiner Handlung gut aufgenommen, aber einige Rezensenten kritisierten die Intensität einiger Szenen. Die Leistung von Weaver wurde durchweg gelobt; andere Mitglieder der Besetzung wurden positiv aufgenommen, darunter Bill Paxton und Jenette Goldstein, die Colonial Marines spielten. Der Film erhielt eine Reihe von Preisen und Nominierungen, darunter eine Oscar-Nominierung als beste Schauspielerin für Weaver, zu einer Zeit, als das Science-Fiction-Genre allgemein übersehen wurde. Der Film spielte während seines Kinostarts 131,1 bis 183,3 Millionen US-Dollar ein und war einer der umsatzstärksten Filme des Jahres 1986 weltweit.

Aliens gilt heute als einer der größten Filme der 1980er Jahre und ist sowohl einer der besten Science-Fiction- oder Actionfilme als auch eine der besten Fortsetzungen, die jemals gedreht wurden. Es wurde gleich (oder besser als) *Alien* eingestuft. (178)

Viele halten *Aliens* für die einzige Fortsetzung, die das Original übertrifft, aber ich denke, das ist sehr umstritten. Jeder erinnert sich an die ikonischen Blut- und Bilder des Gemetzels aus dem Film, aber die Propagandaaspekte des Films sind der wahre Horror. Die 1980er Jahre waren die Ära, in der Präsident Ronald Reagan Geld speziell für die Rekrutierung im Film ausgab (nicht, dass es vorher nicht existiert hätte), mit einfachen Beispielen wie *Top Gun*, *Navy Seals – Die härteste Elitetruppe der Welt*, *Der stählerne Adler*, *Little Nikita* und vielen, vielen mehr. Die „Washington Post" kommentierte 2011 (179):

„Im Juni handelte die Armee einen einzigartigen Sponsorenvertrag mit den Produzenten von ‚X-Men: Erste Entscheidung' aus und unterstützte ihn mit Anzeigen, die potenziellen Rekruten mitteilten, dass sie Superhelden-Fantasien auf echten Schlachtfeldern ausleben könnten. Dann sickerte in den letzten Tagen die Nachricht durch, dass das Weiße Haus mit der Oscar-Preisträgerin Kathryn Bigelow an einem Film aus dem Wahljahr gearbeitet hat, der die Operation aufzeichnet, bei der Osama bin Laden getötet wurde.

Ein Land, das seine allgemeine militärische Haltung in Frage stellt, und ein militärisches Establishment, das sich an einer Gegenkampagne für Herz und Verstand beteiligt – wenn sich das wie ein Déjà-vu anfühlt, dann deshalb, weil es am 25. Jahrestag der Veröffentlichung von ‚Top Gun' stattfindet."

Der Blockbuster von Jerry Bruckheimer, der in Zusammenarbeit mit dem Pentagon entstanden ist, kam Mitte der 1980er Jahre heraus, als Umfragen zeigten, dass viele Amerikaner Zweifel am Post-Vietnam-Militär und am ständigen Säbelrasseln aus dem Weißen Haus äußerten. Aber die Zelebrierung des verschwitzten martialischen Machismos im Film brachte an den Kinokassen 344 Millionen Dollar ein und erwies sich als eine wichtige Kraft bei der Wiederbelebung des Images des Militärs (mehr dazu im Buch „Der Hollywood-Code").

Für diejenigen, die zu dem Thema forschen und darüber publizieren, ist dies keine Neuigkeit. Was Sie jedoch feststellen, wenn Sie diesen speziellen Kaninchenbau hinuntergehen, ist, wie inzestuös diese scheinbar ungleichen Welten immer miteinander verflochten sind. Es gibt immer eine tiefere Verbindung zwischen Hollywood, dem Pentagon und den Geheimdiensten, als Sie bisher angenommen haben, und der Kriegsverkauf ist nur ein Aspekt davon, über den die „liberalen" Mainstream-Medien noch vor wenigen Jahren gerne gesprochen haben. Heutzutage scheint das ein Loch in der Erinnerung gewesen zu sein, da die Mainstream-Medien uns glauben machen würden, dass *Red Dawn* in Betrieb gegangen ist und die Russen die US-Wahlen" beeinflussen (was ein Witz ist). Das Ergebnis ist wie folgt:

„Das Ergebnis ist eine Unterhaltungskultur, die manipuliert wurde, um relativ wenige Antikriegsfilme und Dutzende Blockbuster zu produzieren, die das Militär verherrlichen. Für jeden „Hurt Locker" – ein erfolgreicher und kritischer Kriegsfilm, der ohne Unterstützung des Pentagon gedreht wurde – bekommen amerikanische Kinogänger eine Flut von kriegsfreundlichem Agitprop, von ‚Armageddon' über ‚Pearl Harbor' und ‚World Invasion: Battle Los Angeles' bis hin zu ‚X-Men'. Und abgesehen von dem obligatorischen Dankeschön der Filmemacher an das Pentagon im Abspann ist sich das Publikum selten bewusst, dass es sich möglicherweise staatlich subventionierte Propaganda ansieht." (180)

2022 sollen wir glauben, dass die Russen kommen – etwas so Dummes wie die Teenagerbande von *Red Dawn*, angeführt von Patrick Swayze, welche über die Sowjetarmee siegt. Wenn ich mich recht erinnere, waren es Patrick Swayzes nukleare Nasenlöcher und Tränen, die die Roten vor Angst kauern ließen. (181)

Ja, es gibt eine Invasion Russlands in der Ukraine, und prompt wird daraus ein 3. Weltkrieg oder sein befürchteter Marsch bis nach Berlin!? Sprich, die finanzielle Unterstützung der korrupten Regierung in Kiew und die Lieferung von Waffen könnten die Ruskies als Kriegsbeteiligung betrachten. Im Grunde dient jeder Krieg nur der Finanzelite, die schon immer beide Seiten unterstützt hat. Interessant sind hier z. B. die Aussagen von Joe Biden. Biden sagte im Jahr 2022: *„Putins jüngster Angriff auf die Ukraine war vorsätzlich und nicht provoziert."* Biden 1997: *„Das Einzige, was eine ‚kräftige und feindselige Reaktion' in Russland provozieren könnte, wäre die Erweiterung der Nato nach Osteuropa. ‚Wenn es jemals etwas gab... dann das.'"*

Werfen wir einen Blick in das Buch „1984" von George Orwell: Was praktisch jeder vergisst bei Orwells „1984", sind die äußerst wichtigen Anspielungen darauf, dass die drei Supermächte in „1984" (Ozeanien, Eurasien und Ostasien) heimlich an der Spitze kooperieren und den schwelenden Dauerkonflikt gegeneinander nur inszenieren, um die diktatorischen Strukturen aufrechterhalten zu können.

Keine der drei Supermächte (hier China, USA und Russland) kann von einer Allianz der anderen beiden erobert werden, dennoch gibt es wechselnde Allianzen, die ständig von der Staatspropaganda begleitet werden, so als hätte es vorhergehende Allianzen nie gegeben.

Die Supermächte bestimmen auch unser ideologisches Denken, die Grundannahmen der Politikwissenschaft und somit die Identität der Bürger. Das angloamerikanische Imperium präsentiert sich als demokratisch und kapitalistisch, China hält am Kommunismus auf der Basis von Mao Zedong fest und Russland pflegt inzwischen eine autokratische Linie. Hier wird ein Krieg inszeniert, dies dient der wirtschaftlichen Umstrukturierung, dass Deutschland z. B. kein Gas aus Russland kauft und stattdessen das teure und umweltschädliche Fracking-Gas der Amis erwerben muss. Russland hat dann wieder die „Kontrolle" über eine ehemalige Sowjetrepublik, inklusive Verbraucher und Industrie.

Doch zurück zum Film. Angesichts von James Camerons etwas unbekanntem Werdegang vor *Aliens*, mit ein paar guten B-Filmen auf dem Buckel, ist es merkwürdig, dass er mit der Regie einer so schwindelerregenden Reihe von Mega-Blockbustern beauftragt wurde, darunter die beiden erfolgreichsten Filme aller Zeiten, *Titanic* und *Avatar*.

Tatsächlich hat Cameron auch Blockbuster gemacht, die den „Krieg des Terrors" vorwegnahmen, der von CIA-„Helden" wie Arnold Schwarzenegger in *True Lies* von 1994 geführt wurde. Tatsächlich fungiert *True Lies* in vielerlei Hinsicht als prädiktive Programmierung für den 11. September, da palästinensische Terroristen, die als „Crimson Jihad" bezeichnet werden, große Anschläge in US-Metropolen planen. Interessante Randnotiz, der Film *Collateral Damage – Zeit der Vergeltung* hatte ebenfalls ein 9/11 ähnliches Schema, wurde jedoch wegen unheimlicher „Ähnlichkeiten" mit den Ereignissen von 9/11 verschoben. Das Magazin „E! Online" erklärt (182):

„Die Vermarkter von ‚Warner Bros.' strichen den Trailer und verzögerten die Veröffentlichung dieses Actionfilms mit Arnold Schwarzenegger nach dem 11. September wegen seiner Handlung, in der es um einen Feuerwehrmann ging, der gegen Terroristen kämpfte, die seine Familie bei einem Angriff auf einen Wolkenkratzer töteten. Ebenfalls herausgeschnitten wurde eine Flugzeugentführungsszene mit Sofia Vergara."

Camerons Filme schienen im Allgemeinen mit dem Neuesten ausgestattet zu sein, was DARPA in Bezug auf die Kinematographietechnologie zu bieten hat, aber es geht darüber hinaus. Camerons Filme zeigen oft militärische Technologie, Waffen und Gerätschaften, die ihrer Zeit weit voraus sind. Denken Sie zum Beispiel daran, wie das Publikum in *Abyss – Abgrund des Todes* von der bahnbrechend animierten Wassersäule begeistert waren (denken Sie auch an die zuvor erwähnten esoterischen Konnotationen des Abgrunds – die Abyss, sowie an die vielen Beispiele für 3D-Bildgebung, Holographie und angebliche Gehirn-Computer-Schnittstellen in *Avatar* - etwas, an dem DARPA tatsächlich beteiligt ist).

Vor diesem Hintergrund können wir mit neuen Augen auf *Aliens* zurückblicken. Hat Cameron bereits 1986 Filme mit DARPA und militärischen Erkenntnissen produziert? Wir wissen, dass *Terminator* ein Hit war, und nur ein paar Jahre später, im Jahr 1991, begann er mit der Arbeit an *Terminator 2: Tag der Abrechnung*, das für seine Zeit eine Premiere für innovativere CGI war und Möglichkeiten der Nanotechnologie aufdeckte (wenn Sie sich erinnern, der Goo-Bot-Supersoldat von Robert Patrick war eine silbrige, quecksilberähnliche Nanotechnologie).

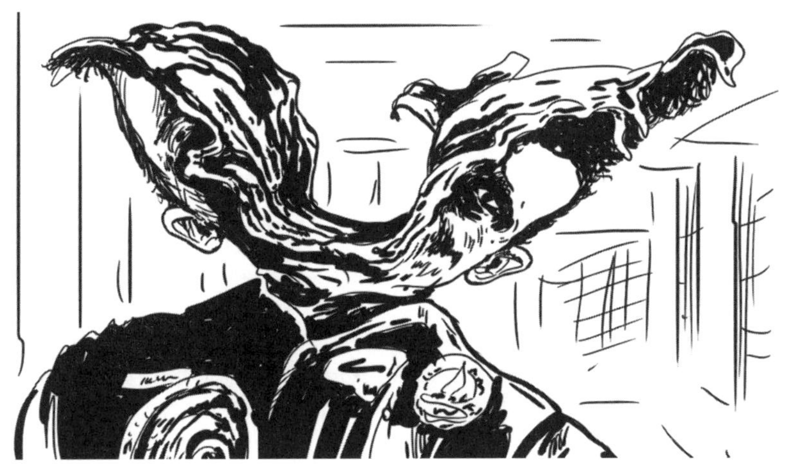

Abb. 239: Robert Patrick hat wohl Kopfschmerzen

Terminator 2 enthüllte auch die eigentliche Skynet-Agenda, die das Thema des weitgehend unbekannten Internets beinhaltete. Dies ist von entscheidender Bedeutung, da es eines der wichtigsten, bisher übersehenen Beispiele für vorausschauende Programmierung in der Vorstellung eines zukünftigen Internets der Dinge darstellt, das von einer KI regiert wird. Skynet - das ist der eigentliche Plan für die reale Welt. *Total Recall* war gut, auch das Thema von *T2* ist die Massenentvölkerung - genau das, wofür die Bots programmiert sind.

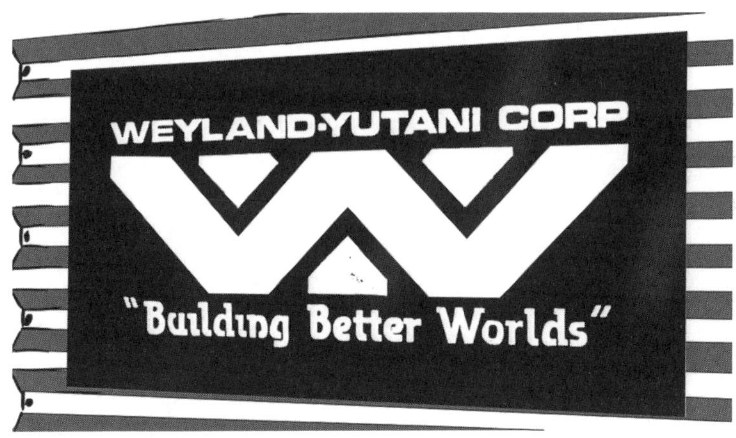

Abb. 240: „Bessere Welten bauen"

Aliens führt Ellen Ripley in die nahe Zukunft, wo die „Weyland-Yutani Corporation“ immer noch das bekannte Universum unter der Schirmherrschaft von „Mining“ und jetzt Terraforming verwüstet. Das ist merkwürdig, weil es die Vorstellung von Geoengineering und Kontrolle und Veränderung des Planetenklimas als neues Hobby der „Firma“ nahelegt. Wie die ursprünglichen „Ingenieure“, sind die bleichen, muskulösen Riesen, die zufällig ihre als Menschheit bekannte Abtreibung geschaffen haben (und vielleicht ist das Xenomorph eine Biowaffe?), jetzt zu einem Stadium vorgerückt, in dem sie sich den Fähigkeiten der ursprünglichen Ingenieure annähern, was Planetenformung einschließt.

In Wirklichkeit wiederholt Cameron, was Science-Fiction schon lange vor seiner Zeit enthüllte (in Beispielen wie Frank Herberts „Dune“), dass die Biosphäre verändert und kontrolliert werden könnte. Mit anderen Worten, Geoengineering – alles öffentliche Programme die Jahrzehnte alt sind, aber immer noch von einem großen Teil der Bevölkerung verspottet werden.

In dieser immer noch dystopischen Phase hat das Unternehmen eine Rettungsmission durch Marines arrangiert, um die Kolonisten zu „retten“, die scheinbar „versehentlich“ von einem weiteren Xenomorph angegriffen wurden. Interessant ist hier, dass das Unternehmen während des gesamten Film-Franchise zu wissen scheint, was auf diesen Welten passiert, und lässt das kosmische Chaos geschehen, fast so, als wären sie alle riesige Reagenzgläser.

Am Ende der Serie scheinen wir eine Bestätigung dafür zu bekommen, da Ripley kosmisch auserwählt zu sein scheint, der erste Mensch zu sein, der mit der fremden Xenomorph-DNA verschmilzt, um ein völlig neues Wesen zu bilden – eine Halbgöttin der transhumanen Erfindung, fähig durch Klonen wieder auferstehen. Die Filme zollen Kubrick und *2001* viele Hommagen, aber was geändert wird, ist, dass nicht Bowman in den Weltraum geschossen wird, um Transzendenz zu erreichen, jetzt ist es die Frau, die das neue Äon ist, will uns Ridley Scott glauben machen. (183)

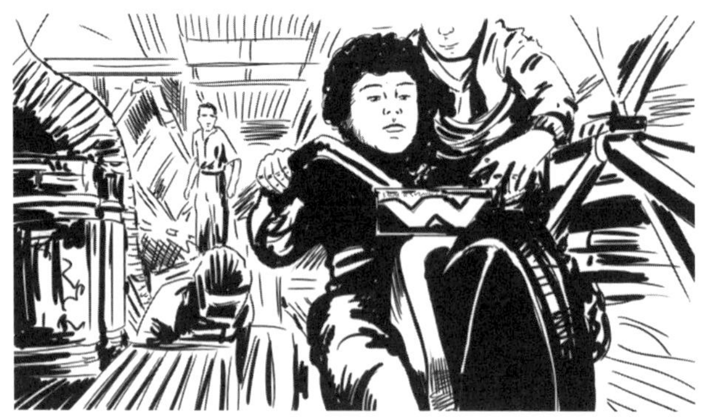

Abb. 241: Kubrick-Hommage (Film: *Shining*)

Da *Aliens* letztlich vor allem als Action-Spektakel fungiert (ungeachtet der oft diskutierten Mutterschaftstheorien), ist seine religiöse Symbolik schwer zu erkennen. Es gibt jedoch Folgendes: Der Planet, auf dem die Handlung spielt, heißt LV-426.

Die Bibelkundigen unter uns erinnern sich vielleicht an die Passage aus 3. Mose 4,26: *„Und all sein Fett soll er auf dem Altar in Rauch aufgehen lassen gleichwie das Fett des Dankopfers. So soll der Priester die Sühnung für ihn vollziehen, und ihm wird vergeben.“*

Was denken Sie – ist LV-426 ein Opferplatz?

Alien 3 (1992)

Alien 3 ist ein amerikanischer Science-Fiction-Horrorfilm aus dem Jahr 1992, der von David Fincher inszeniert und von David Giler, Walter Hill und Larry Ferguson nach einer Geschichte von Vincent Ward geschrieben wurde. Die Hauptrolle spielt Sigourney Weaver, die ihre Rolle als Ellen Ripley wiederholt. Es ist der dritte Teil des *Alien*-Franchise.

Ripley und ein außerirdischer Organismus spielen direkt nach den Ereignissen von *Aliens* und sie ist die einzige Überlebende des Colonial Marine-Raumschiffs Sulaco nach dem Absturz einer Rettungskapsel auf einem Planeten, der eine von gewalttätigen männlichen Insassen bewohnte Strafkolonie beherbergt.

Der Film hatte während der Produktion Probleme, einschließlich Dreharbeiten ohne Drehbuch, und verschiedene Drehbuchautoren und Regisseure wurden hinzugezogen. Fincher wurde bei seinem Spielfilmdebüt als Regisseur verpflichtet, nachdem eine vorgeschlagene Version mit Vincent Ward als Regisseur während der Vorproduktion abgelehnt wurde.

Alien 3 wurde am 22. Mai 1992 veröffentlicht. Während es an den amerikanischen Kinokassen unterdurchschnittlich abschnitt, verdiente es außerhalb Nordamerikas über 100 Millionen US-Dollar. Der Film erhielt gemischte Kritiken und wurde als minderwertig gegenüber früheren Teilen angesehen. Fincher hat den Film seitdem verleugnet und Studioeinmischungen und Fristen beschuldigt.

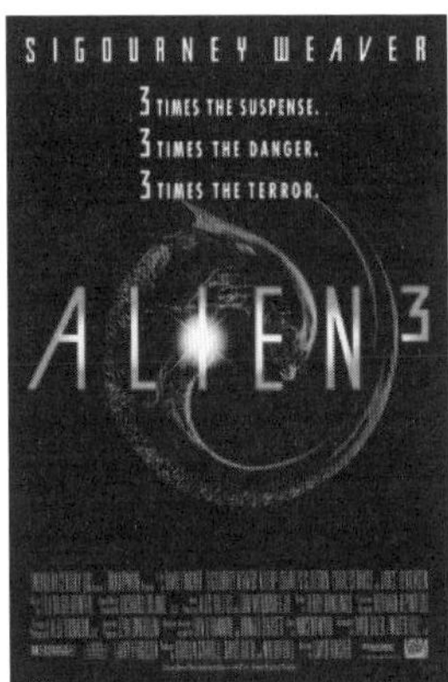

Abb. 242: Filmposter 1992, langweilig wie der Film

Der Film wurde für einen Oscar für die besten visuellen Effekte, sieben Saturn Awards (Bester Science-Fiction-Film, Beste Schauspielerin für Weaver, Bester Nebendarsteller für Dutton, Beste Regie für Fincher und Bestes Drehbuch für Giler, Hill und Ferguson) nominiert, sowie ein Hugo Award für die beste dramatische Präsentation und einen MTV Movie Award für die beste Actionsequenz. Im Jahr 2003 wurde eine überarbeitete Version des Films, bekannt als Assembly Cut, ohne Finchers Beteiligung veröffentlicht und erhielt einen wärmeren Empfang. (184)

David Finchers traurige Tragödie *Alien 3* tötet die Heldin von *Aliens* und spielt die Handlung der Serie in einem isolierten Gefängnis, in dem die Insassen mehr oder weniger Mönche geworden sind. Die meisten Charaktere in *Alien 3* haben sich einem neuen Leben des Pazifismus verschrieben, und sie leben ein Leben in extremer Armut und benötigen, zumindest symbolisch, Manna vom Himmel, um zu überleben. Die Charaktere sind fehlerhaft (und, um ehrlich zu sein, nicht zu 100 Prozent gut gezeichnet), aber sie repräsentieren ein Maß an erlöster christlicher Reinheit. Natürlich, wenn eine Kreatur der Gewalt auf eine Sekte des Friedens trifft, wird die Sekte des Friedens fast ausgelöscht. Fincher scheint zutiefst zynisch gegenüber der Macht des Pazifismus und der Erlösung zu sein.

Und in der offensichtlichsten religiösen Anspielung opfert sich die Protagonistin des Films, Ellen Ripley, selbst, um sich und andere zu retten (sie stürzt sich in eine Grube aus geschmolzenem Metall, als sie erfährt, dass eine neue Kreatur aus ihrem Unterleib geboren wird). Auf symbolische Weise nimmt Ripley den Mantel der Christusfigur an und opfert sich selbst, um den Schaden der Sünde zu zerstören.

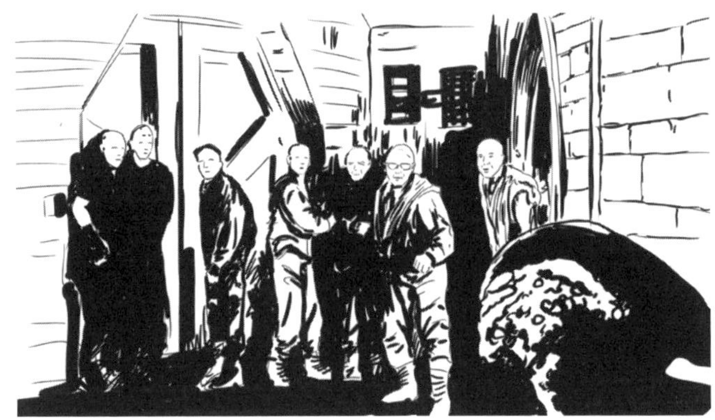

Abb. 243: Zum Abendessen ein paar Knackis

Außerdem gibt es in *Alien 3* definitiv eine Eden-Erzählung. Wenn das Gefängnis ein Ort ohne Sünde ist und die Bewohner alle Unschuldige sind, was ist das Xenomorph dann anderes als die Schlange im Garten. (185)

Die Symbolik und Bedeutung ist nicht verborgen, sie ist offenkundig. HR Giger war diesbezüglich ziemlich offen; es war explizit. Die sexualisierten Bilder sind kein Subtext, sondern Text.

Gigers ursprüngliches Design für die Alien-Eier hatte oben Öffnungen, die Vaginas nachempfunden waren, komplett mit inneren und äußeren Schamlippen.

Als sich das Studio dagegen wehrte, änderte Giger das Design, um die Oberseite in vier Lappen zu öffnen, sodass es wie ein Kreuz aussehen würde. (186)

In dem Buch „Giger's Alien" wird Giger zitiert, als ihm gesagt wurde, dass das ursprüngliche Ei-Design dazu führen würde, dass der Film in katholischen Ländern verboten würde, mit den Worten über das neue Ei-Design: „Von oben gesehen würden sie das Kreuz bilden, das man in katholischen Ländern so gerne betrachtet." (187)

Aber die Eier waren nicht nur beunruhigend, weil sie eher blühten als schlüpften. Das eine, auf das Kane zugeht – am Set als „Helden-Ei" bekannt – hatte pochende Innereien. Die Crew füllte es mit Schafsdärmen und Kuhmagenfutter, um ein organisches Aussehen zu schaffen, aber sie wussten nicht, wie sie es zum Pulsieren bringen sollten.

Am Ende musste es manuell erledigt werden – buchstäblich manuell, vom Regisseur selbst, der Gummihandschuhe anzog und hineingriff, um den Job zu beenden. „Die Leute um ihn herum sagten ‚Oh mein Gott', aber er war so konzentriert", erinnert sich der künstlerischen Leiter des Films, Roger Christian.

„Er legte einfach seine Hand hinein und drückte nach oben, und da war es. Es sah eklig aus, aber es sah echt aus. (Die Eier) sahen wirklich wunderschön aus. Und Ridley fügte Rauch hinzu, um die Atmosphäre weicher zu machen."

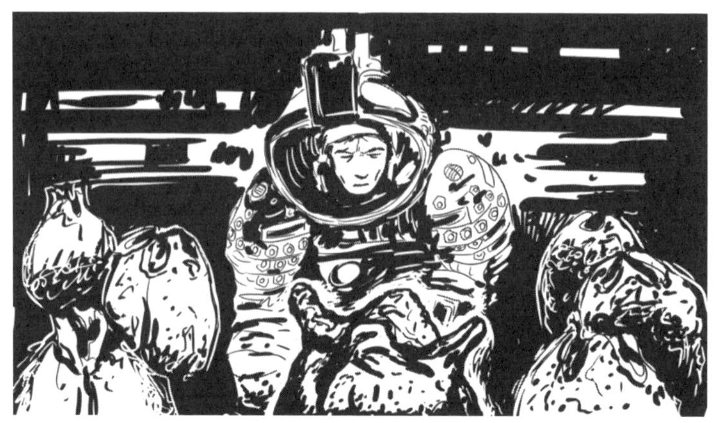

Abb. 244: Kane vor dem „Überraschungsei"

Apropos, dieser Rauch hatte eine ungewöhnliche Inspirationsquelle: The Who. Die legendäre englische Band stand kurz vor einer Tournee und probte in der Nähe des Sets von *Alien* in den „Shepperton Studios" außerhalb von London, als Christian die Gelegenheit hatte, sie zu besuchen. Sein Freund, der Produktionsdesigner Anton Furst, hatte mit Rauch und Lasern herumgebastelt, um die Show zu beleben, und lud Christian ein, sich seine Arbeit anzusehen. *„Ich sagte: ‚Wir müssen Ridley hier reinbringen'"*, erinnert sich Christian. *„Wir brauchten eine ‚Membran' über (den Eiern), aber niemand wusste, wie das geht. Sie dachten, wir könnten es vielleicht danach animieren…. Das war also reines Glück, dass ich hochgegangen war, um TheWho zu sehen."*

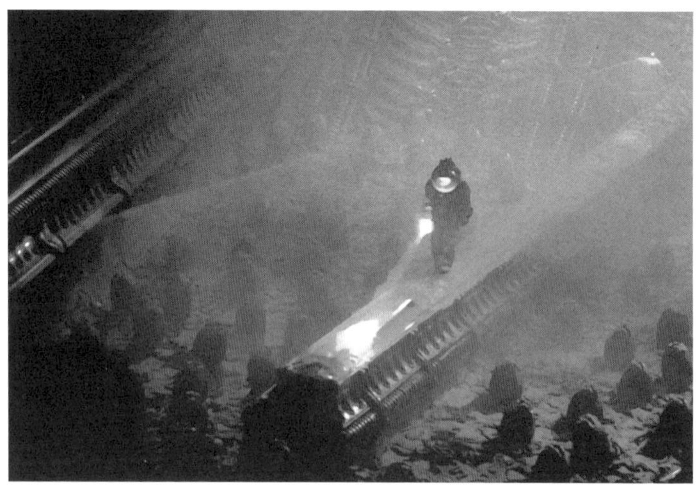

Abb. 245: Eine lange Bühne in der „Membran" für Kane

Und das war nicht der einzige glückliche Zufall, der zum Erfolg von *Alien* beitrug. Der Star des ikonischen Posters, ein bemaltes Hühnerei, taucht offensichtlich nie im Film auf, aber das Werbeteam – das nur einige frühe Testaufnahmen aus der Eierkammer-Szene hatte, mit denen es arbeiten konnte – wählte zufällig das Bild, um das R-Rated als Altersfreigabe für den Film darzustellen, ohne zu wissen, wie sehr die Eier in die Handlung hineinspielen würden.

Oder vielleicht fanden sie das Bild einfach beängstigend – denn Eier können, so harmlos sie scheinen, beängstigend sein. „Wir alle haben unbewusste Ängste vor etwas, das in uns wächst, vor Krebs und auch vor dem, was dabei herauskommt", sagt Christian. „Eier sind schöne Objekte, aber gleichzeitig fragt man sich, was drin ist. ‚Alien' handelte mit diesen grundlegenden Phobien." Und dann hat es noch viele mehr geschaffen.

An den Bildern in der Alien-Trilogie ist absolut nichts Subtiles, Zufälliges oder Unbeabsichtigtes! (188)

3.5 Star Trek: Die futuristische Konditionierung der Öffentlichkeit

„Mit dem ersten Glied ist die Kette geschmiedet. Wenn die erste Rede zensiert, der erste Gedanke verboten, die erste Freiheit verweigert wird, sind wir alle unwiderruflich gefesselt."

Picard (*Star Trek – Das nächste Jahrhundert*)

Star Trek ist ein amerikanisches Science-Fiction-Medien-Franchise, das von Gene Roddenberry geschrieben wurde und mit der gleichnamigen Serie aus den 1960er Jahren begann und schnell zu einem weltweiten Phänomen der Popkultur wurde. Das Franchise wurde auf verschiedene Filme, Fernsehserien, Videospiele, Romane und Comics ausgeweitet. Mit einem geschätzten Umsatz von 10,6 Milliarden US-Dollar ist *Star Trek* eines der bekanntesten und umsatzstärksten Medien-Franchise aller Zeiten.

Das Franchise begann mit *Star Trek: The Original Series*, das am 8. September 1966 in den USA debütierte und drei Staffeln lang auf NBC ausgestrahlt wurde. Es wurde erstmals am 6. September 1966 im kanadischen CTV-Network ausgestrahlt. Es folgte den Reisen des Raumschiffs USS Enterprise, eines Weltraumforschungsschiffs, das von der „Vereinigten Föderation der Planeten" im 23. Jahrhundert gebaut wurde, mit der Mission, „um fremde Galaxien zu erforschen, neues Leben und neue Zivilisationen. Viele Lichtjahre von der Erde entfernt, dringt die Enterprise in Galaxien vor, die nie ein Mensch zuvor gesehen hat".

Bei der Erschaffung von Star Trek ließ sich Roddenberry von der Romanreihe „Horatio Hornblower“ von CS Forester, Jonathan Swifts Roman „Gullivers Reisen“ von 1726, der Film *Forbidden Planet* von 1956 und Fernsehwestern wie *Wagon Train* inspirieren.

Der Star Trek -Kanon umfasst die Originalserie, neun Spin-off-Fernsehserien und ein Film-Franchise; weitere Anpassungen existieren auch in mehreren anderen Medien. (189)

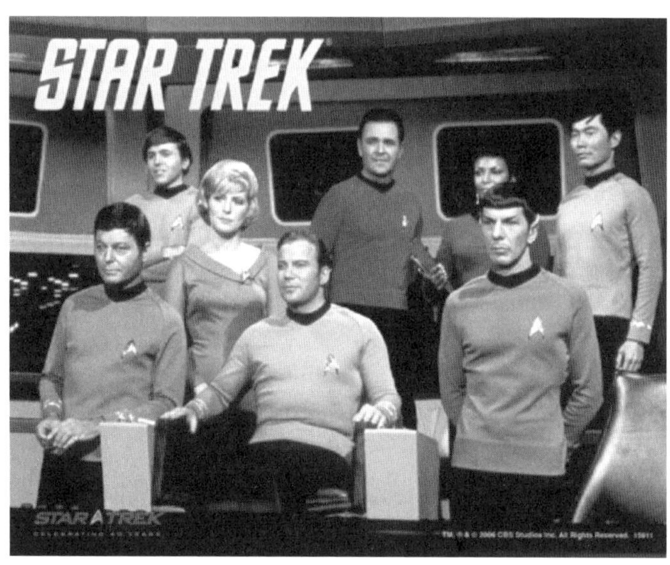

Abb. 246: Die ursprüngliche Pilotfolge hieß „Der Käfig“ und wurde 1964 gedreht, aber erst 1988 als Teil eines retrospektiven Specials in ihrer vollständigen Form ausgestrahlt. Das Netzwerk lehnte den Piloten ab, bestellte aber einen zweiten. Die erste Folge, die 1966 ausgestrahlt wurde, hieß „Das Letzte seiner Art“. Die Originalbesetzung umfasste Kapitän James T. Kirk, Erster Offizier Mr. Spock, Dr. Leonard „Bones“ McCoy, Chefingenieur Montgomery „Scotty“ Scott, Kommunikationsoffizier Nyota Uhura und Steuermann Hikaru Sulu

In der 1960er Jahre Kultserie *Star Trek* kam wundersame Technologie zum Einsatz, die heute, 50 Jahre später, aus unserem Alltag nicht mehr wegzudenken ist. Touchscreens oder Memory Sticks gehören wie das Telefon längt zu unserem Leben dazu.

Auf andere großartige Errungenschaften müssen wir allerdings wohl noch ein Weilchen warten – etwa das Beamen oder Teleportieren. Erinnern Sie sich noch? Captain Kirk und seine Crew stellten sich, wenn sie von ihrem Schiff aus einem anderen Planeten besuchen wollten, einfach auf eine Plattform und ihre Körper lösten sich wie von Geisterhand plötzlich in Luft auf.

Mithilfe dieser Technologie wäre es uns möglich, in nur wenigen Sekunden von New York nach Los Angeles oder sogar auf einen anderen Planeten zu reisen. Teleportation lautet in diesem Fall die Zauberformel und sie könnte in nicht allzu ferner Zukunft das Reisen und unser Konzept von Raum und Zeit auf bisher ungeahnte Weise revolutionieren.

Wer wie ich mit *Star Trek* groß geworden ist, hat oft viele Nächte von dieser wundersamen Technologie geträumt und gedacht, wie schön und einfach doch das Leben sein kann. Nun, vieles aus *Star Trek*, ist mittlerweile Realität geworden und zugegeben: diese moderne Technologie hat unser Leben in der Tat leichter gemacht.

Mittlerweile ist es möglich, in nur wenigen Sekunden einem Freund in New York via E-Mail eine Nachricht zukommen zu lassen. Noch vor dreißig Jahren war dazu ein Telegramm nötig. Über Skype können wir in Echtzeit mit der ganzen Welt von Angesicht zu Angesicht quatschen, wir nehmen nicht nur die Stimme, sondern auch die Stimmung und die Reaktion unserer Freunde und Liebsten wahr, sehen, wenn sie lachen oder weinen.

Ja, das Leben ist durch diese Technologie leichter und vielleicht auch wirklich ein wenig schöner und interessanter geworden. Und vielleicht wird sie in Zukunft noch ein bisschen interessanter, wenn wir uns eines schönen Tages in nur wenigen Sekunden an unseren Urlaubsort beamen können. Kein mühevolles Einchecken mehr am Airport, kein Kofferschleppen mehr und unsere Umwelt könnten wir obendrein auch noch schonen, weil Flugzeuge, Autos und Schiffe dann überflüssig wären.

Doch von dieser Möglichkeit sind wir offenbar gegenwärtig noch meilenweit entfernt, was aber nicht heißt, dass das Beamen nicht doch irgendwann möglich sein wird. Davon jedenfalls sind Wissenschaftler wie Dr. Hubert Zitt von der Universität Duisburg-Essen überzeugt. Zitt geht nämlich von der Vermutung aus, dass wir spätestens in 140 Jahren dazu in der Lage sein werden, uns von einem Ort zum anderen zu beamen.

Zitt, selbst bekennender *Star Trek*-Fan, ist davon überzeugt, dass das Prinzip der Teleportation auch auf Lebewesen anwendbar ist und erklärt in einem knappen Satz, wie das funktioniert. Zitt:

„Im Prinzip ist das ganz einfach. Der Mensch wird in seine Moleküle zerlegt und diese werden an einen anderen Ort geschickt und dort wieder zusammengebaut. In fünf Sekunden ist dieser Prozess abgeschlossen.“

Nach Meinung des Ingenieur-Wissenschaftlers ist bei der rasanten Geschwindigkeit des Technologiefortschritts die Entwicklung der Teleportation in naher Zukunft nicht ausgeschlossen. Zitt:

„Seit 25 Jahren steigt die Kapazität der Datenspeicherung um jährlich 60 Prozent. 1-Terabyte-Festplatten sind heute Standard. Wir extrapolieren nun vom heutigen Stand auf das Jahr 2150. Dann kann die Menge der Daten, aus die der Mensch besteht, nämlich 64-mal zehn hoch 28 Elementarteilchen abgespeichert werden."

Um dieses Datenpaket senden zu können, braucht es nach Auskunft Zitts 10.000 Mal mehr Energie, als bisher insgesamt auf der Erde verbraucht wurde. Doch Zitt ist optimistisch, dass das in Zukunft möglich sein wird.

Beim Teleportieren wird ein materielles Objekt zunächst in Energie umgewandelt, um es an einem anderen Ort wieder zusammenzusetzen, also zu materialisieren. Teleportation ist im Wesentlichen eine Kombination aus Telekommunikation und Transport.

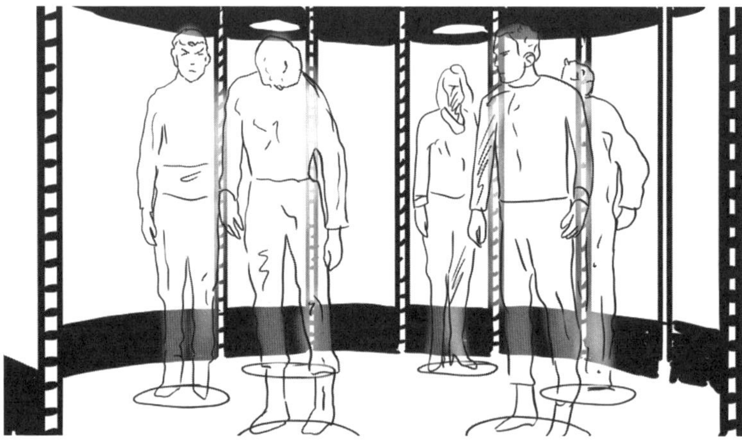

Abb. 247: „Beam me up, Scotty!" Doch die wenigsten wissen, niemand in der ganzen Serie erwähnt den berühmten Spruch auch nur einmal. Erst 1986 kommt Kirk der Wendung in *Star Trek IV - Zurück in die Gegenwart* zumindest nahe. Da sagt er immerhin: „Scotty, beam me up!" Tatsächlich lautete das Kommando zum Hochbeamen: „Energize!"

Seit knapp zwei Jahrzehnten schon ist die Wissenschaft bemüht, diesen Traum Wirklichkeit werden zu lassen und tatsächlich ist es Wissenschaftlern mittlerweile gelungen, das Unmögliche möglich zu machen, wenn auch nur in kleinen Schritten.

Eine internationale Gruppe von sechs Wissenschaftlern bestätigte bereits zu Beginn der 1990er Jahre, dass Teleportation prinzipiell möglich ist und sie bewiesen es zunächst mit Photonen, Lichtfeldern, Kernspins und Ionen.

Teleportation ist also möglich, aber nicht ganz so einfach, wie auf der Enterprise. Zu diesem Ergebnis ist auch Professor Alexander Szameit von der Friedrich Schiller Universität in Jena gekommen.

Szameit hat demonstriert, dass Teleportation nicht nur mit winzigen Quantenteilchen möglich ist, sondern auch in der klassischen dreidimensionalen Welt. Er und sein Team nutzten dazu eine besondere Form von Laserstrahlen. Wie das funktioniert erläutert Dr. Marco Ornigotti:

„Ähnliche wie die physikalischen Zustände in einem Elementarteilchen lassen sich auch die Eigenschaften von Lichtstrahlen miteinander verschränken. Man verknüpft die zu übertragenden Informationen mit einer bestimmten Eigenschaft des Lichts."

Unter Verschränkung verstehen Physiker in diesem Fall eine Art Kodierung. In diesem vorliegenden Experiment haben Forscher aus Jena Informationen in einer bestimmten Polarisationsrichtung des Laserlichts kodiert und durch Teleportation auf die Form des Laserstrahls übertragen.

Allerdings räumt Szameit ein, dass es bei dieser Art der Teleportation nicht möglich ist, beliebig Distanzen zu überspringen. Nach Worten Szameits funktioniert die klassische Teleportation nur auf lokaler Ebene. Die Übertragung der Informationen verlief vollständig und ohne Zeitverlust. Alexander Szameit:

„Das macht diese Art der Informationsübertragung etwa in der Telekommunikation für die Zukunft hochinteressant."

Gene Roddenberry, der Vater von *Star Trek* war der Zeit also weit voraus und er wusste, was und wovon er schrieb und vielleicht war Roddenberry auch irgendwie schon klar, dass diese Dinge in wenigen Jahren schon Wirklichkeit werden. Doch woher hatte Roddenberry dieses Wissen?

Roddenberry war ursprünglich Bomberpilot bei der US Air Force im Zweiten Weltkrieg. Später dann war er Sergeant beim Los Angeles Police Departement und erst viel später entdeckte er die Passion zum Schreiben.

Doch seine Aufsätze waren zunächst kein Science-Fiction Stoff, sondern Kriminalstorys aus dem L.A. Departement. Erst gegen Ende der fünfziger Jahre wechselte Roddenberry das Genre und erfand schließlich Captain Kirk und den Vulkanier Mr. Spock.

Es ist also davon auszugehen, dass Gene Roddenberry tatsächlich genau gewusst hat, was er schreibt und wie die moderne Welt einmal in Zukunft funktionieren wird. Immerhin war er bei der Air Force in der Position eines Captain. Und entsprechend groß werden wohl auch seine Kontakte im Pentagon gewesen sein.

Es ist sogar denkbar, dass Roddenberry in die Geheimnisse der Geheimen Weltraumprogramme eingeweiht war, wo diese Art der Technologie möglicherweise da bereits schon Alltag war, wenn wir davon ausgehen, dass in dieser Welt die Technologie einen Vorsprung von mehr als hundert Jahren hat.

Wenn das tatsächlich so ist, wusste Roddenberry sehr wohl, dass der Welt all dieser technologische Schnickschnack eines schönen Tages auf dem Silbertablett präsentiert werden wird.

Das würde auch heißen, dass es vielleicht auch längst schon möglich ist, Lebewesen zu teleportieren, mit einem Hochleistungs-Computer, den es vielleicht längst schon gibt.

Wurden also tatsächlich schon in der Vergangenheit Menschen durch Raum und Zeit an einen anderen Ort geschickt? Einer, der möglicherweise mehr darüber weiß, ist der Wissenschaftler Dan Burisch. Burisch behauptet, uneingeschränkten Zugang zu Hangar 3 auf der Basis Area 51 gehabt zu haben.

Dort soll es nach Angaben Burischs eine Zeitmaschine gegeben haben, geborgen aus dem abgestürzten Roswell-Schiff, mit der es auch möglich gewesen sein soll, Teleportationen durchzuführen.

Burisch sagte dazu, dass die zu teleportierende Person sich auf ein sogenanntes Transportpad begeben musste, so, wie es auch in *Star Trek* gezeigt wurde. Burisch sagt auch, dass das Beamen nicht ohne Probleme verlief, dass dies häufig zum Tod von Testpersonen geführt hat.

Wie seriös die Aussagen von Dan Burisch sind, ist schwer zu beurteilen. Nur erhebt sich in diesem Zusammenhang die Frage: Was war zuerst: der Teleporter auf der Enterprise oder die Zeitmaschine aus dem Roswell-Schiff?

Natürlich besteht durchaus die Möglichkeit, dass es sich bei Burischs Aussagen um eine reine Phantasiegeschichte handelt, die auf Vorlagen aus *Star Trek* fußen, auf der anderen Seite kann ich mir aber auch nicht vorstellen, dass sich Gene Roddenberry diese Dinge aufgrund einer zu lebhaften Phantasie einfach mal so ausgedacht hat.

Vielleicht hat ja diese Zeitmaschine tatsächlich existiert und Roddenberry hatte Kenntnis davon und war in die fortschrittliche Technologie eingeweiht, als er *Star Trek* schrieb.

Es ist auch möglich, dass Roddenberry bewusst in dieses Wissen als Autor eingeweiht wurde, um die Bevölkerung durch diese Serie auf die zukünftige Technologie vorzubereiten.

Auch den Verantwortlichen im Pentagon wird bereits zu dieser Zeit klar gewesen sein, dass man diese Technologie nicht auf ewig geheim halten kann, somit könnte nahezu jeder Science-Fiction Film und jede Serie einen Blick auf die Zukunft werfen, aber nur dann, wenn sie beim Entstehen bereits existiert – schließlich kann nur das umgesetzt werden, worüber man bereits das nötige Wissen hat.

Das Teleportieren von Lebewesen, also auch von Menschen, birgt, wie Dan Burisch schrieb, große Risiken, die darin bestehen können, dass möglicherweise die Molekularstruktur des Körpers in diesem Prozess verändert wird, was die Wissenschaft gegenwärtig noch vor große Probleme stellt, weil niemand genau weiß, in welchem Zustand die Person am anderen Ort ankommt. Ob sie noch dieselbe ist.

Denn nicht nur der physische Körper, die Moleküle, werden zerlegt, sondern möglicherweise auch die feinstoffliche Seele. Es muss in diesem Fall also ein Weg gefunden werden, dass alle Bausteine wieder in ihrer ursprünglichen Form eins zu eins zusammengesetzt werden.

Vieles spricht dafür, dass Dan Burisch an diesen Tests als Wissenschaftler teilgenommen hat, denn Burisch ist nach eigenen Angaben Molekularbiologe und somit in die wissenschaftlichen Abläufe involviert. Offiziell scheinen wir von dieser Technologie also noch weit entfernt zu sein, doch die Betonung liegt in diesem Fall auf offiziell. (190)

Vorausschauende Programmierung mit Star Trek: Die Rand Corp. blickt in die Zukunft

Gibt es versteckte Absichten hinter all den Inhalten, die wir konsumieren, einschließlich unserer Lieblingsfernsehserien und -filme? Gibt es geheime Teams von Machthabern, die unser Verhalten durch die Dialoge zwischen unseren Lieblingsfiguren auf dem Bildschirm manipulieren? War diese prädiktive Programmierung in *Star Trek* und in seiner Präsentation futuristischer Technologie verwurzelt?

Lange vor den 1960er Jahren, als die bahnbrechende Fernsehserie *Star Trek* produziert wurde, untersuchten die US-Regierung und eine Handvoll US-Unternehmen, wie sie die amerikanische Öffentlichkeit zu einer friedlicheren Einhaltung erziehen („konditionieren") könnten. Sie wussten, dass sich mit wachsender Bevölkerung und fortschreitender Wissenschaft unzählige potenzielle Probleme entwickeln konnten. Die wissenschaftliche Gemeinschaft der Welt brauchte Richtung – und Führung. Aber wie würden sie es tun?

„Eine hohe Dramatik mit Emotionen, plus Krisensituationen in Filmen, ist eine großartige Methode, um Punkte zu vermitteln. Es ist fast so, als würde man eine Idee mit dem Drama verbinden und es wird wie ein Virus in Ihr Unterbewusstsein heruntergeladen. Sie werden programmiert und das nennt man „vorhersagende Programmierung", so Alan Watts, ein britischer Philosoph, der einen entscheidenden Beitrag zur Popularisierung von östlicher Philosophie und Spiritualität in der westlichen Welt in der zweiten Hälfte des 20. Jahrhunderts leistete.

Was ist „Prädiktive Programmierung"?

„Prädiktive Programmierung", ein Begriff, der höchstwahrscheinlich vom esoterischen Philosophen Alan Watts erfunden wurde, ist eine übertriebene Form der unterschwelligen Botschaft. Es wurde lange angenommen, dass es der Prozess ist, den viele Regierungen und Organisationen nutzen, um die Welt zu beeinflussen, damit sie schließlich ihre Agenden begünstigt.

Das allgemeine Konzept ist, dass eine Organisation, wenn sie die Öffentlichkeit beeinflussen möchte, Medienunternehmen dafür bezahlt, dass sie Unterhaltungs- und Nachrichtenartikel Jahre im Voraus mit spezifischen Konzepten ausstatten, damit sich eines Tages die Meinung und das Verhalten der Öffentlichkeit zugunsten ihrer vorgegebenen Agenda ändern. Bis der Konditionierungsplan abgeschlossen ist, wird die Gesellschaft ihren Impuls verloren haben, den manipulierten Gezeiten zu widerstehen oder sich ihnen entgegenzustellen. Die Öffentlichkeit könnte auch zu abgestumpft sein, um auf vorgeplante, katastrophale Ereignisse zu reagieren.

Nachdem Jack Kennedy während seiner Debatte mit Richard Nixon die Herzen der Amerikaner erobert hatte, wussten die Regierung und andere Tarnorganisationen, dass das Fernsehen das beste Mittel zur Beeinflussung der Öffentlichkeit war. Sie kamen zu dem Verständnis, dass es darum geht, menschliches Verhalten zu ändern, Produkte zu verkaufen und die Voraussetzungen für eine weltweite und intergalaktische Regierungskontrolle zu schaffen; sie mussten das Potenzial dieser kleinen Box im Wohnzimmer vollständig verstehen.

Nicht alle Theorien der prädiktiven Programmierung sind gut abgerundet. Wie bei jeder Verschwörung gibt es diejenigen, die sich Beispiele herauspicken und versuchen, sie in eine problematische Absicht zurückzuverfolgen. Der Nachteil hier ist, dass jeder mit Vorstellungskraft eine Erzählung aufbauen kann, die zwei entfremdete Ideen miteinander verbindet.

Hier sind einige Beispiele für mögliche „vorausschauende Programmierung“:

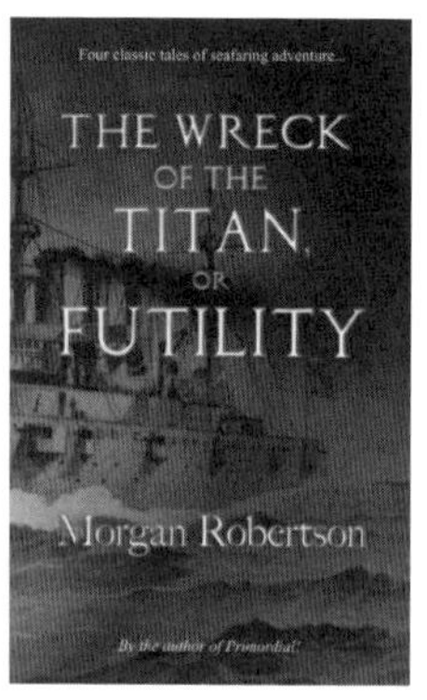

Abb. 248: „The Wreck of the Titan or Futiliy” von Morgan Robertson

-1898 schrieb Morgan Robertson seinen Roman „Futility“ über ein sinkendes Schiff namens Titan. 14 Jahre später sank die Titanic.

-In *Star Trek* verwenden die „Guten“ „Phaser“, die auf Betäubung eingestellt sind. Die heutigen Polizeikräfte verwenden „Taser“, die zum gleichen Ergebnis führen.

-David Icke vertritt die Idee, dass die Schießereien in Sandy Hook im Film *Dark Knight Rises* vorhergesagt wurden.

-In *Matrix* läuft Neos Pass zufällig am 11.9.2001 ab.

-Der Film *Ausnahmezustand* von 1998 zeigt, wie New York City von Terroristen angegriffen wird und anschließend in einen Zustand des Kriegsrechts verfällt. Ist das eine Vorahnung des Patriot Act?

-Die Zeichentrickserie „Futurama“ hat uns schon lange auf Mikrochip-Implantate vorbereitet.

-Alex Jones förderte die Idee, dass die Explosion der mexikanischen Bohrinsel im Jahr 2010 in dem Film *Knowing* der Öffentlichkeit deutlich gezeigt wurde.

-Sollte der Film *Robocop* uns darauf vorbereiten, was zu einer blinden Akzeptanz der Militarisierung der Polizei geworden ist?

-*Minority Report* brachte uns 2002 Gesichtserkennung, militarisierte Polizei, Retina-Scanning, prädiktive Analytik, fahrerlose Autos und gruselige, personalisierte Werbung.

Was könnten prädiktiven Programmierung-Verschwörer angesichts all dieser Beispiele für die nächste Stufe des Spiels halten? Wohin könnten die Programmierer versuchen, uns zu führen? Während viele Fälle von prädiktiver Programmierung bemerkenswerte Zufälle zu sein scheinen, besteht kein Zweifel daran, dass Lobbyisten mit Geld so gut wie alles auf dieser Welt beeinflussen können, einschließlich Fernseh- und Filmskripte.

„Es gibt keine Nationen, es gibt keine Völker, es gibt keine Russen, es gibt keine Araber, es gibt keine Dritte Welt, es gibt keinen Westen, es gibt nur ein einziges, großes, holistisches System der Systeme. Ein riesiges, ungeheuer mächtiges, verflochtenes, sich gegenseitig beeinflussendes, multivariables, multinationales Dominion von Dollars. … Es gibt kein Amerika, es gibt keine Demokratie. Es gibt nur IBM und ITT und AT&T und DuPont, Dow, Union Carbide und Exxon. Das sind die Nationen der Welt heutzutage“, Peter Finch als Howard Beale im Film *Network*.

Sind Hollywoods Eliten die Schuldigen?

Auch wenn sich Hollywood seit langem an sozialistischen und egalitären Prinzipien orientiert, haben nicht alle von der Regierung beeinflussten Geschichtenerzähler edle Absichten. In den 1960er Jahren begannen die Grundlagen für den Tiefen Staat, die chemische Kriegsführung im Land, geheime Budgets und die Massenkontrolle der menschlichen Bevölkerung zu greifen. Als Nixon sein Amt antrat, hatte sich das Blatt gewendet, und das Amt des Präsidenten der Vereinigten Staaten würde nie mehr dasselbe sein. Obwohl der Präsident nicht unbedingt eine Marionette ist, hat er nicht Macht über alle Bereiche unserer Regierung.

Wenn die Theorie der prädiktiven Programmierung auf die größten Geschichten von heute über Kriege, Lebensmittel, Drogen, Impfstoffe, Massaker und Tragödien angewendet wird, dann betäuben die Medien unser Gehirn seit Jahren. Mit krebserregendem Natriumlaurylsulfat in unseren Seifen, gefährlichem Fluorid in unserem Wasser und gefährlichen Chemikalien in unseren Impfstoffen scheinen wir darauf erpicht zu sein, fast alles blindlings als „okay“ zu akzeptieren, selbst wenn es unsere Gesundheit und Gesellschaft bedroht.

Ob die Theorie richtig ist oder nicht, die US-Bevölkerung ist jetzt viel zu bequem und gefügig, um eine reale Revolution zu verfolgen. Wenn es nicht die prädiktive Programmierung in Filmen gewesen wäre, die unsere Revolution verhindert hätte, wäre eventuelle Obsoleszenz möglicherweise schon vorher in unsere DNA eingebaut worden. Das ist eine Geschichte für einen anderen Tag. (191)

In einem seltenen und 2013 ausgegrabenen Interview aus dem Jahr 1965 erklärte der Schauspieler, der William Shatner als erster Captain der Enterprise vorausging, dass die Serie auf der Projektion der kommenden Dinge durch die *RAND Corporation* basiere. (192)

Schauspieler Jeffrey Hunter, der Captain Christopher Pike im *Star-Trek*-Pilotfilm „Der Käfig" spielte, sagte im Januar 1965 einem Hollywood-Kolumnisten, dass er hoffe, dass die Pilotepisode als Serie aufgegriffen würde, weil er von der Tatsache fasziniert war, dass die Serie basierend auf der Prognose der *RAND Corporation* über die kommenden Entwicklungen sei.

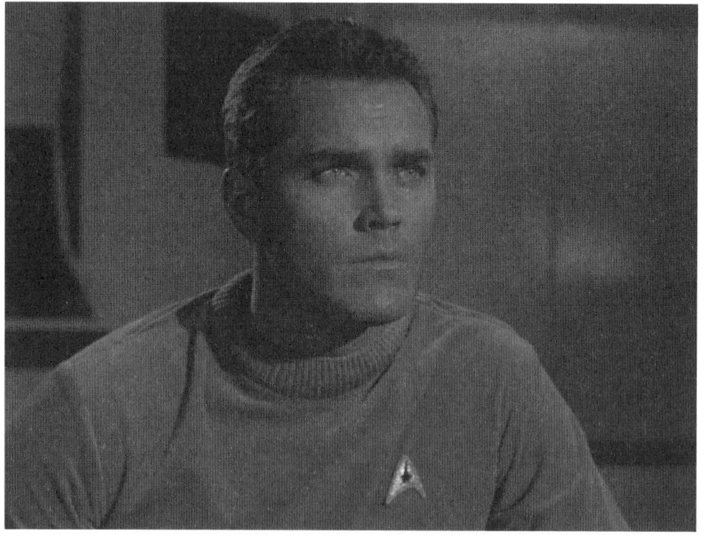

Abb. 249: Jeffrey Hunter aka Christopher Pike

„Wir sollten innerhalb weniger Wochen wissen, ob die Show verkauft werde", sagte Hunter vor über einem halben Jahrhundert.

„Es wird eine Stunde dauern, in Farbe, mit einer regulären Besetzung von etwa einem halben Dutzend und einem wichtigen Gaststar jede Woche", sagte er hoffnungsvoll.

Was mich am meisten fasziniert, was Hunter sagte, ist, dass es tatsächlich auf der Voraussage der *RAND Corporation* fußte. Abgesehen von den fiktiven Charakteren wird es wie ein Blick in die Zukunft sein und einige der Vorhersagen werden sich sicherlich noch zu unseren Lebzeiten bewahrheiten.

Trekweb.com (193), die erste Star Trek-Website, die jemals im Internet erschien, veröffentlichte einen Teil des kürzlich entdeckten Interviews mit Hunter im Kontext der Feierlichkeiten rund um die historische Pilotfolge, die von vielen Trekkies als Blaupause des gesamten *Star Trek*-Projekts angesehen wird. Wie Trekweb feststellt, bleibt der Charakter von Captain Pike bei Trek-Fans ein beliebter Charakter.

Laut der *Star Trek*-Website beschränkte sich die Beteiligung der RAND Corporation an der Serie nicht nur auf die technische Beratung durch den RAND-Forscher Harvey P. Lynn Jr. Wie *Trekplace.com* (194) betont, versorgte Lynn den Schöpfer der ursprünglichen *Star Trek*-Serie, Gene Roddenberry, mit wissenschaftlichen, technischen Informationen und Beratung während der Vorproduktion der Serie.

Laut Lynns Sohn, Harvey P. Lynn Jr. starb 1987, als Antwort auf eine Frage von Greg Tyler von *Trekplace* im Jahr 2002, arbeitete sein Vater bei *RAND* als Verbindungsoffizier zwischen *RAND* und „Project Airforce".

In *RANDs* eigenen FAQ-Sektion wird die Frage, ob ein *RAND*-Forscher die ursprüngliche Brücke der Enterprise entworfen habe, irritierenderweise mit der Aussage beantwortet, dass Harvey Lynn zwar konsultiert wurde, aber als Privatmann, nicht als Teil eines *RAND*-Projekts. (195)

Dies steht eindeutig im Widerspruch zu der spontanen Aussage von Hunter, nämlich dass die gesamte *Star Trek*-Serie auf *RAND*s Projektion zukünftiger Dinge basierte. Darüber hinaus stellt ein „MSNBC"-Artikel von 2002 mit dem Titel „Is Star Trek in our future?" fest, dass Lynn nicht nur bei der Pilotfolge der Serie beratend tätig war, sondern eng an der Schaffung mehrerer Aspekte von *Star Trek* beteiligt war, die Teil unserer kulturellen Nomenklatur geworden sind. Der Artikel geht auch auf die Beziehung zwischen dem Schöpfer der Serie, Gene Roddenberry, und dem Verbindungsoffizier Harvey P. Lynn Jr. ein:

„Wie sich herausstellte, war Lynn eine unschätzbare Ressource. Er war durch Colonel Donald I. Prickett, einen alten Air Force-Kumpel aus seiner Zeit als Pilot während des Zweiten Weltkriegs, an Gene verwiesen worden. Ich werde eine Kopie von ‚Star Trek' an einen Physiker bei ‚RAND' weiterleiten, schrieb Prickett Gene, nachdem er eine frühe Zusammenfassung der Serie gelesen hatte. Er ist ein pensionierter Airforce-Typ und ich kann mich darauf verlassen, dass er es für sich behält – er ist ein kreativer, wissenschaftlicher Denker und wird Ihre Konzepte zu schätzen wissen."

Trotz der eigenen Aussage von *RAND*, dass Lynn als Privatperson konsultiert wurde, heißt es in dem Artikel weiter:

„Zunächst arbeitete Lynn informell an der Serie. Später erhielt er satte 50 Dollar pro Show für den Einsatz seines Gehirns und seines Fachwissens. Er steuerte unverzichtbare Einsichten bei, die halfen, Ideen wie den Schiffscomputer (er schlug vor, dass er mit einer Frauenstimme sprechen sollte), die Krankenstation (er schlug vor, Betten mit elektrischen Tonabnehmern auszustatten, die den Körper überwachen) und Teleportation.“

Vorausschauende Programmierung als Möglichkeit, bestimmte kommende Technologien einzuführen, ist ein Aspekt, der von Forscher Alan Watts sehr ausführlich hervorgehoben wird. Watts, der auf Wikipedia naiv als Verschwörungstheoretiker bezeichnet wird, ist der erste, der das Konzept der vorausschauenden Programmierung genau und gründlich kommunizierte:

„Vorausschauenden Programmierung ist eine subtile Form der psychologischen Konditionierung, die von den Medien bereitgestellt wird, um die Öffentlichkeit mit geplanten gesellschaftlichen Veränderungen vertraut zu machen, die von unseren Führern umgesetzt werden sollen.

Wenn diese Veränderungen durchgesetzt werden, wird die Öffentlichkeit sie bereits kennen und als natürliche Weiterentwicklung akzeptieren; wodurch jeder mögliche öffentliche Widerstand und Aufruhr verringert wird.“

Gesellschaftliche Veränderungen können von Vorahnungen möglicher Technologien bis hin zu angestrebten politischen und/oder wirtschaftlichen Zielen reichen. Man könnte sagen, dass *Star Trek* eine vorausschauende Programmierung-Parade ist, da jeder, der sich mit der Serie befasst, eine Fülle von Beispielen findet.

Harvey Lynns Rolle als technischer Berater ist nur ein Teil der Geschichte. Begriffe wie eine Weltregierung und eine Föderation von Planeten sind natürlich in die Serie eingebettet, da Gene Roddenberrys Vision auf eine globale Gesellschaft ausgerichtet war, die nach Frieden strebt. Um sein Projekt auf den Weg zu bringen, musste Roddenberry natürlich auf Drängen seiner Wohltäter gewisse Änderungen und Anpassungen hinnehmen. Rückblickend ist es durchaus nachvollziehbar, dass Geheimdienste ein überdurchschnittliches Interesse an der Serie hatten. Welchen besseren Weg gibt es, Menschen schrittweise mit dem Konzept der Weltregierung als einem natürlichen Schritt in der Evolution der Dinge vertraut zu machen, als durch Science-Fiction. Schließlich bietet das Genre Drehbuchautoren einen Schlüssel zu fantasievollem Walhalla – und bietet gleichzeitig den Sozialingenieuren von *RAND* das perfekte Format, um die gewünschten Muster der Weltregierung einzuweben.

Wie Daniel Brandt in seinem Artikel „Philanthropists at War“ (196) schrieb, war das ineinandergreifende System von Stiftungen und Denkfabriken nach dem Zweiten Weltkrieg Teil des Vorstoßes der Zentralbanken, heimlich eine Eine-Welt-Regierung zu errichten. Und dieses globale Kontrollsystem, wie es Carroll Quigley in seinem Buch „Tragödie und Hoffnung" ans Licht gebracht hat, wäre keine idealisierte politische Utopie. Vielmehr wurde diese tausendköpfige Kreatur von den großen Zentralbanken des Planeten ins Leben gerufen und kontrolliert, die gemeinsam handelten. Übrigens beschrieb Quigley die *RAND Corporation* als privates Forschungs- und Entwicklungsunternehmen, das bei der United States Air Force unter Vertrag steht. Brandt schrieb:

„Verdeckte Außenpolitik wurde nach dem Zweiten Weltkrieg zur Standardbetriebsart, als die ‚Ford Foundation' auch zum ersten Mal zu einem wichtigen Akteur wurde. Das Institut, das am meisten mit klassifizierter Forschung zu tun hatte, war die 1948 von der Air Force gegründete ‚RAND Corporation'.

Die Verflechtungen zwischen den Treuhändern von ‚RAND' und den ‚Ford'-, ‚Rockefeller'- und ‚Carnegie'-Stiftungen waren so zahlreich, dass das ‚Reece Committee' sie in seinem Bericht aufführte ((jeweils zwei für Carnegie und Rockefeller und drei für Ford).

‚Ford' gab ‚RAND' allein 1952 eine Million Dollar, zu einer Zeit, als der Vorsitzende von ‚RAND' gleichzeitig Präsident der ‚Ford Foundation' war."

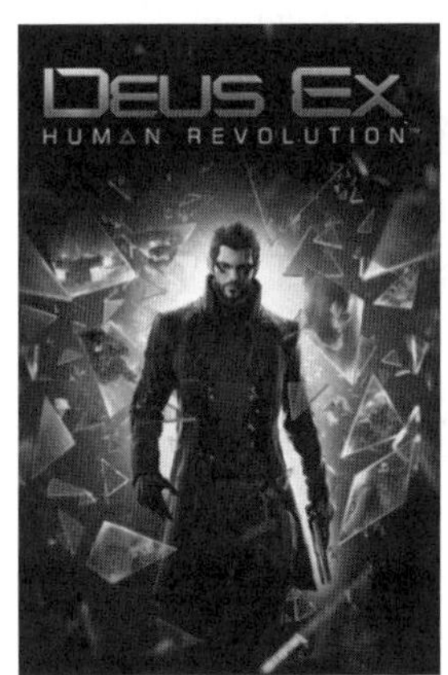

Abb. 250: „Deus Ex: Human Revolution" mit eingebauten Pyramiden

Die Beteiligung von *RAND* an *Star Trek* ist vermutlich alles andere als ein isoliertes Experiment. In einem Artikel von Daniel Taylor von *Oldthinkernews* vom 26. Juli 2011 schreibt der Autor über einen Trailer zum Videospiel „Deus Ex: Human Revolution", der die Menschen auf eine transhumanistische Zukunft vorbereitet, in der der Mensch mit der Maschine verschmilzt. Taylor verweist auf einen von *RAND* für den National Intelligence Council erstellten Bericht mit dem Titel „The Global Technology Revolution". In diesem Bericht von 2001 werden diese Themen als Möglichkeiten skizziert. Diese Möglichkeiten finden dann auf magische Weise Eingang in fiktionale Formate wie Filme und Videospiele.

Da ich selbst eine Art *Star Trek*-Fan bin, schreibe ich nicht gerne über diese Dinge. Aber es ist genau die vertraute Lust, der Gegenwart zu entfliehen (und direkt in eine idealisierte Vision der zukünftigen Gesellschaft einzutauchen), die die Elite ihrem Arsenal hinzufügt, um die Öffentlichkeit dazu zu bringen, sich ihrer bankerkontrollierten Weltregierung anzuschließen, wenn auch unter einem wohlwollenden Deckmantel. (197)

Star Trek: Into Darkness (2013)

Star Trek: Into Darkness ist ein amerikanischer Science-Fiction-Actionfilm aus dem Jahr 2013, der von J.J. Abrams inszeniert und von Roberto Orci, Alex Kurtzman und Damon

Lindelof geschrieben wurde. Es ist der zwölfte Teil der *Star Trek*-Franchise und die Fortsetzung des Films *Star Trek* aus dem Jahr 2009, als zweiter Teil einer neu aufgelegten Filmreihe. Es zeigt Chris Pine, der seine Rolle als Captain James T. Kirk wiederholt, mit Zachary Quinto, Simon Pegg, Karl Urban, Zoe Saldana, John Cho, Anton Yelchin, Bruce Greenwood und Leonard Nimoy wiederholen ihre Rollen aus dem vorherigen Film. Benedict Cumberbatch, Alice Eve und Peter Weller gehören ebenfalls zur Hauptbesetzung des Films. Es war Nimoys letzter Filmauftritt vor seinem Tod im Jahr 2015.

Der Film spielt im 23. Jahrhundert und folgt Kirk und der Crew der USS Enterprise die auf der Suche nach John Harrison, einem ehemaligen Mitglied der Sternenflotte, der zum Terroristen geworden ist, auf die klingonische Heimatwelt geschickt werden.

Nach der Veröffentlichung von *Star Trek* einigten sich Abrams, Burk, Lindelof, Kurtzman und Orci darauf, eine Fortsetzung zu produzieren. Die Dreharbeiten begannen im Januar 2012. Die visuellen Effekte von *Into Darkness* wurden hauptsächlich von *Industrial Light & Magic* erstellt. Der Film wurde in der Postproduktionsphase in 3D umgewandelt. Es wurde am 23. April 2013 in den Event Cinemas in Sydney, Australien, uraufgeführt und wurde am 9. Mai in Australien, Neuseeland, Großbritannien, Europa und Peru veröffentlicht, weitere Länder folgten.

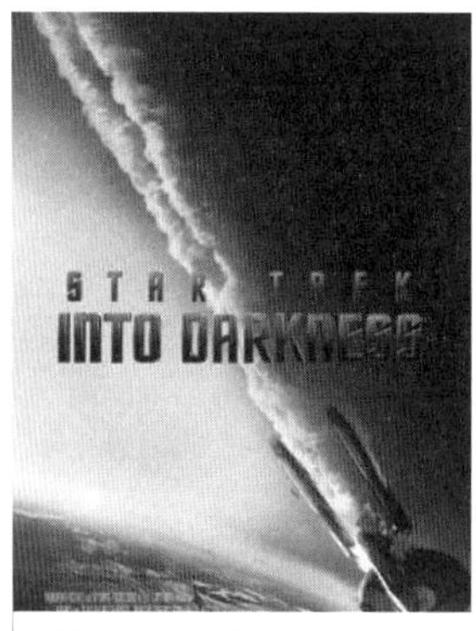

Abb. 251: Filmposter *Star Trek: Into Darkness*

Der Film startete am 16. Mai in den IMAX-Kinos in den USA und Kanada und am nächsten Tag in Kinos im Standardformat. *Into Darkness* war ein finanzieller Erfolg und erhielt positive Kritiken von Fachleuten. Seine weltweiten Bruttoeinnahmen von über 467 Millionen US-Dollar haben es zum umsatzstärksten Eintrag in der *Star Trek*-Franchise gemacht. Es wurde für die besten visuellen Effekte bei den 86. Academy Awards nominiert. (198)

J.J. Abrams' *Star Trek: Into Darkness* unterscheidet sich ziemlich vom ursprünglichen Neustart mit einer viel tieferen, esoterischen geopolitischen Handlung. Während *Star Trek* viel besser bewertet wurde und in gewisser Weise ein besserer Film war, war der Nachfolger eine bemerkenswerte Parallele zu modernen internationalen politischen Ausrichtungen, die einen starken Bezug auf den 11. September 2001 und den inszenierten Terror unter falscher Flagge und die gegenwärtige Dialektik des Kalten Ost-West-Krieg beinhalten, die vor unseren Augen wieder auftaucht.

Tatsächlich scheint die gesamte Geschichte von *Into Darkness* auf dem großen Spiel des angloamerikanischen Imperiums gegen den russischen Bären zu basieren. Zunächst ist es Aufgabe der Leser, das große Spiel zu verstehen, das im letzten Jahrhundert entstand, als die britische imperiale Handelsmacht versuchte, das Risiko eines möglichen Aufstiegs ihres östlichen Rivalen, des Russischen Reiches, zu bewältigen. Dieses große

Spiel ist ein großer Teil der Kriege und Machtbewegungen des letzten Jahrhunderts und setzt sich heute in den gegenwärtigen Destabilisierungsbemühungen des Westens fort, um Russland im Nahen Osten mit den Schachzügen des Sturzes des Irak, Ägyptens, Libyens, Syriens, und andere Staaten. Und die Rechtfertigung für diese letzten Schritte im letzten Jahrzehnt war natürlich der 11. September. Zunächst sehen wir, wie Kirk und Bones vor einem primitiven Stamm auf Nibiru fliehen, was an die Eröffnungsszene von *Jäger des verlorenen Schatzes* erinnert. Der Verweis auf Nibiru ist eine Überlegung wert, besonders wenn wir den ganzen Berg alberner Pop-Mythologie in Bezug auf Nibiru (einzuordnen in die absurde „2012"-Kategorie der gefälschten Verschwörungen) vollständig fallen lassen.

Nibiru war tatsächlich der höchste Punkt in der Ekliptik in der babylonischen Astronomie, wo Marduk seinen Sitz als Häuptling im akkadischen Pantheon hatte. Es wird manchmal auch mit Jupiter, dem Sitz des Zeus in der westlichen Mythologie, identifiziert. In der weitläufigen Mythologie von *Stark Trek* ist die gemeinsame Vorstellung, dass sie einen rationalistischen wissenschaftlichen Sozialismus darstellt, in dem die Weltregierung der Sternenflottenföderation alle Rassen und Außerirdischen in wohlwollender Harmonie regiert, jedoch diejenigen, die mit der Esoterik vertraut und zufällig Trekkies und Nerds sind, wissen es besser. Die tieferen Nebenhandlungen vieler *Star Trek*-Episoden und -Filme sind offenkundig gnostisch, einschließlich Handlungssträngen, die sich auf Platons Formen beziehen, gnostische Demiurgen, die Realität als holografische Projektion usw.

Auf diese Weise können wir das verstehen, wie die Handlung von *Prometheus* (den Damon Lindelof auch schrieb), sieht sich die Föderation als das Elite-Establishment, das seine Ursprünge auf den ursprünglichen Planeten der Götter zurückführt, während es gleichzeitig zum Objekt religiöser Verehrung für die primitiven Nibirer wird, da die Enterprise gezwungen ist, vor Spocks Tod vom Planeten mit einer Fusionsdetonation (um den Vulkanausbruch zu stoppen) zu fliehen.

Dies führt zu einem Aufruhr bei der Sternenflotte, da die Oberste Direktive vorschreibt, dass die Sternenflotte nicht mit der Entwicklung eines primitiven Planeten interagieren darf. Meine These hier ist, dass die Sternenflotte die Fassade des anglo-amerikanischen Establishments des „demokratischen", „karitativen" und „wissenschaftlichen" Expansionismus darstellt, die sich in einer Fortsetzung des älteren britischen Kolonialmodells an der Infiltration und Vereinnahmung zahlreicher Nationalstaaten beteiligt. Das Establishment stellt sich primitiven Kontinenten wie Afrika unter dem Deckmantel des Schutzes der „freien Welt" als Götter dar, während es diese Gebiete nach Ressourcen abbaut und sich an endlosen expansiven Spionagebemühungen beteiligt. Die Zuschauer werden sich an ein ähnliches Thema in Lindelofs *Prometheus* erinnern, wo die Suche nach den Ursprüngen des Menschen zum Biowaffen-Produktionsplaneten führt.

Die Sternenflotte hat ihren Hauptsitz im ach so „progressiven" San Francisco, während sich die eigentliche Einrichtung in London befindet. Dies ist geopolitisch wichtig, da die City of London wie Washington D.C. ein eigener Stadtstaat und das Hauptquartier des angloamerikanischen Establishments ist. Der Bösewicht Khan besticht einen Sternenflotten-Offizier mit einer kranken Tochter, um Section 31 zu sprengen, eine geheime unterirdische Basis in London, die für die Waffenherstellung genutzt wird.

Wie sich herausstellt, ist Khans Blut gentechnisch verändertes Superblut mit regenerativen Eigenschaften. Khan, so erfahren wir, war Teil eines 300 Jahre alten Projekts zur Herstellung des Übermenschen, eines Supersoldaten, und wurde mit 72 anderen Supersoldaten kryogen eingefroren. Admiral Marcus, der Sternenflotten-Obama-Neo-Con, hat, wie sich herausstellt, die Supersoldaten aufgetaut und ihre überlegenen Fähigkeiten genutzt, um einen riesigen, geheimen militärisch-industriellen Komplex zu schaffen, der darauf abzielt, die Föderation in eine Kriegsmaschine zu verwandeln, um die Opposition im kommenden Krieg mit den Klingonen zu vernichten. Gentechnisch veränderte Supersoldaten sind übrigens real.

Es ist erwähnenswert, dass Kirks Mentor Admiral Pike ist, was sofort an Albert Pike erinnert, den Freimaurer-Bürgerkriegsgeneral, der eine esoterische Blaupause für die geopolitischen Unternehmungen des angloamerikanischen Establishments lieferte. Die Strategie von Albert Pike bestand darin, die traditionellen Religionen zu eliminieren und schließlich einen esoterischen, rationalistischen Szientismus einzuführen – genau die Ansicht der Föderation. Die Wahrheit ist, dass der militärisch-industrielle Komplex des Westens seine Gegner hundert Jahre lang bewaffnet und finanziert hat, um einen Kampf der Zivilisationen herbeizuführen, der zu Chaos führt, aus dem die neue Ordnung des Establishments hervorgeht. Ordnung aus Chaos war Pikes eigenes Diktum. Aus diesem Grund täuscht Admiral Marcus Kirk und Spock vor, Khan sei zu den Klingonen (nach Osten /Russland) „übergelaufen“, und befiehlt Kirk und Spock, auf eine Spezialmission zu gehen, um Torpedos in die neutrale Zone abzufeuern. Diese Tat, das weiß Admiral Marcus, wird einen Krieg mit den Klingonen provozieren, um sie zu vernichten.

Auf esoterischer Ebene ist Abrams sehr vertraut mit Kabbala und biblischer Theologie (1. Mose 10), und es sollte erwähnt werden, dass die 70 (oder 72 in der LXX) Nationen der Erde vermutlich von engelhaften Fürsten regiert werden, die mit Satan gefallen sind. Im Sohar und Buch der Jubiläen wird dies eher spekulativer behandelt, wobei die 70 Engelsherrscher mehr behandelt werden. In der Jüdischen Enzyklopädie heißt es:

„Den Rabbinern zufolge steht jede der 70 Nationen unter dem Schutz eines besonderen Engels, außer Israel, dessen Beschützer Gott selbst ist (Gen. R. xxxvii.). Am Laubhüttenfest, so heißt es in einer Haggada, wurden 70 Opfer dargebracht, eines für jede Nation. ‚Wehe den Völkern!‘ sagt R. Johanan; ‚Sie hatten einen großen Verlust erlitten, ohne zu wissen, was sie verloren hatten. Während der Tempel existierte, sühnte der Altar (die Opfer) für sie; aber wer wird nun für sie sühnen‘ (Suk. 55a; Pesiḳ. 193b, 195b). Es gab eine Diskussion zwischen R. Eleazar und R. Johanan bezüglich der Sprachen, die vor der Zerstreuung gesprochen wurden. Nach ersterer hatte jede Nation ihre eigene Sprache, obwohl

sie alle anderen verstand; während letzterer der Ansicht war, dass nur Hebräisch gesprochen wurde (Gen. R. xi. 1).“

In diesem Sinne werden die 72 von Khan angeführt, einer Art genetischem Mischwesen, das darauf bedacht ist, alle anderen Wesen zu vernichten, um seine Rasse zu schützen. Hier können wir eine Verbindung zur Geschichte der Nephilim in Genesis 6 herstellen, die das Produkt der Engel (der Söhne Gottes) und der menschlichen Frau waren. Das Buch Henoch gibt ein ausführlicheres Detail dieses Berichts, in dem die Söhne Gottes wegen ihrer Übertretung, Gott sein zu wollen, verstoßen werden. Für Arbams und Lindelof werden diese beiden Themen verwendet, um eine Science-Fiction-Geschichte zu schaffen, die auf zwei Ebenen operiert: der geopolitischen und der esoterischen/mythologischen. Während dies spekulativ sein mag, ist es der Einsatz von Terrorismus unter falscher Flagge, und Osama bin Khans Rache läuft darauf hinaus, die USS Revenge nach seinen Terroranschlägen auf das Anglo-Establishment in San Francisco zum Absturz zu bringen.

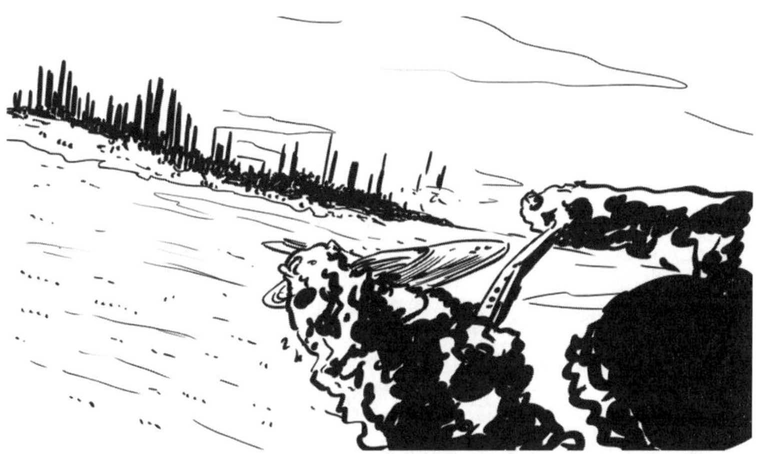

Abb. 252: Khan lässt die USS Vengeance (passend betitelt mit USS „Rache“) mitten in San Francisco zum Absturz bringen

Wie sich herausstellt, ist Abrams ein Anwalt für die Opfer des 11. September, also können wir spekulieren, dass er sich möglicherweise der falschen Flagge des 11. September bewusst ist. Tatsächlich beinhaltet die Handlung von *Into Darkness* den militärisch-industriellen Komplex, der eine katastrophale falsche Flagge konstruiert, durch die ein globaler Kampf der Zivilisationen stattfinden muss, um „unsere Lebensweise zu bewahren“.

Genau das ist in den letzten Jahren passiert: Könnte der Angriff der USS Vengeance auf San Francisco ein Vorbote einer kommenden False Flag sein, wie wir sie noch nie gesehen haben?

Die Autoren Jay Dyer und Peter Parker haben in der Vergangenheit die elitäre Vorankündigung von San Francisco als groß angelegtes Terrorziel oft detailliert beschrieben. Der wahnsinnige Ansturm, die Technologie der Götter durch den militärisch-industriellen Komplex zu erlangen, hat zu einem großartigen Spiel von epischen Ausmaßen geführt, das dem Publikum garantiert eine Show wie keine andere bieten wird. (199)

Star Trek: Beyond (2016)

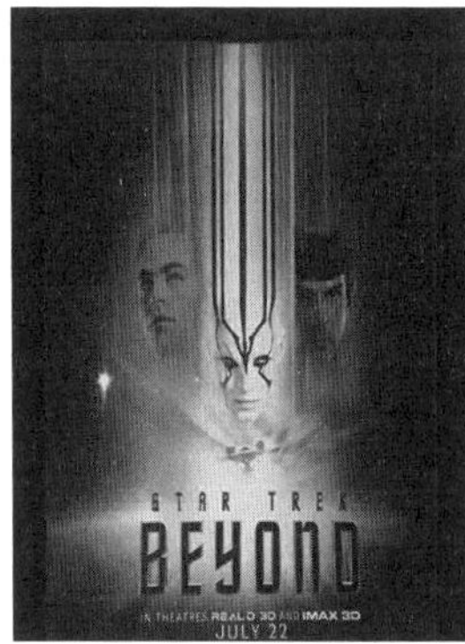

Abb. 253: Filmposter zu *Star Trek: Beyond*

Star Trek: Beyond ist ein amerikanischer Sci-Fi-Film aus dem Jahr 2016 unter der Regie von Justin Lin, die von Simon Pegg und Doug Jung geschrieben wurde. Chris Pine und Zachary Quinto wiederholen ihre jeweiligen Rollen als Captain James T. Kirk und Commander Spock, mit Pegg, Karl Urban, Zoe Saldana, John Cho und Anton Yelchin, die ihre Rollen aus den bisherigen Filmen wiederholen. Dies war einer von Yelchins letzten Filmen; er starb im Juni 2016, einen Monat vor der Veröffentlichung des Films. Auch Idris Elba, Sofia Boutella, Joe Taslim und Lydia Wilson treten auf.

Die Dreharbeiten begannen am 25. Juni 2015 in Vancouver. Der Film wurde am 7. Juli 2016 in Sydney uraufgeführt und am 22. Juli 2016 von *Paramount Pictures* in den USA veröffentlicht. Der Film ist dem Gedenken an Yelchin sowie an den Schauspieler Leonard Nimoy gewidmet.

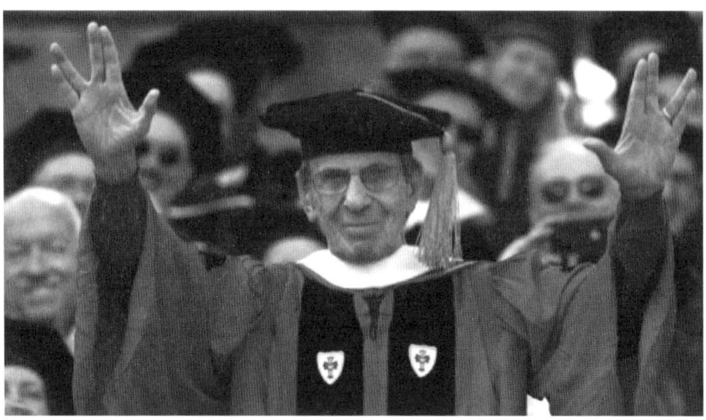

Abb. 254: Nimoys Handzeichen ist reiner Satanismus. In Übereinstimmung mit seiner Rolle als williger Betrüger haben Millionen von Menschen das Handzeichen verwendet, das Leonard Nimoy populär gemacht hat, um seinen Tod zu ehren. Dies war sein letzter Dienst an der NWO und die Unterwerfung des menschlichen Geistes

Der Film spielte an der Abendkasse 343,5 Millionen US-Dollar ein und erhielt positive Kritiken mit Lob für Lins Regie, die Schauspielerei, Actionsequenzen, Musikpartitur und visuelle Effekte. Bei den 89. Academy Awards wurde der Film in der Kategorie Bestes Make-up und Haarstyling nominiert. (200)

Bei einem Angriff des außerirdischen Diktators Krall wird die Enterprise vernichtet. Uhura und Sulu werden gefangen genommen, die übrigen Besatzungsmitglieder unter Captain James T. Kirk finden sich, voneinander getrennt, in der unwirtlichen Wildnis eines fremden Planeten wieder. Ihnen bleibt nichts anderes übrig, als sich durch unbekanntes, feindliches Terrain durchzuschlagen und eine Möglichkeit zu suchen, den Planeten wieder zu verlassen.

Beim letzten *Star Trek*-Film spielte Benedict Cumberbatch Kahn den Berserker-Supersoldaten, der wütend darüber war, dass die „Föderation" seiner Volksgruppe solch eine schändliche Sache antat. Diese Folge enthielt merkwürdige Verweise auf False Flags. Davor, beim anfänglichen Neustart, gab es einen wütenden Außerirdischen, der die Föderation angriff, weil seine Stammesgruppe beschimpft wurde. Zum dritten Mal in Folge haben wir also ungefähr die gleiche Verschwörung von enteigneten, unzufriedenen Stammesangehörigen und einzigartigen Volksgruppen, die zu Terroristen werden, wenn in ihre Lebensweise von den Vereinten Nationen, äh, der NATO, äh, der Neuen Weltordnung, äh … Föderation, eingegriffen wird.

Wir haben dieses Muster oft in *Star Trek* gesehen, aber in der letzten Folge ist es noch ausgeprägter, als wir entdecken, dass die Figur Sulu schwul ist. Tatsächlich waren Transspeziesismus und die Zerstörung von Volksgruppen unter liberaler Tyrannei schon immer das Weltbild von *Star Trek* – Gene Roddenberry war ein tollwütiger atheistischer Globalist (oder, als noch düsterere Möglichkeit, war Roddenberry Mitglied einer okkulten Gruppe, bekannt als „Die Neun"?). Es gibt einige interessante Beweise, die Roddenberry mit esoterischen Gruppen, Gedankenkontrolle und der *RAND Corporation* verbinden. Dies würde die vielen gnostischen, wissenschaftlichen, platonischen und manchmal interessant philosophischen Episoden in der Originalserie und ihrem Nächste-Jahrhundert-Nachfolger erklären. Der *Secret-Sun*-Blog erklärt (201):

„Wenn Sie also eine Science-Fiction-Religion verhökern, an wen könnten Sie sich besser wenden als an den Schöpfer der Science-Fiction-Sensation Anfang/Mitte der 70er?

Anfang 1975 wurde ein nahezu mittelloser und deprimierter Roddenberry von einem ehemaligen britischen Rennfahrer namens Sir John Whitmore angesprochen, der mit einer seltsamen Organisation namens ‚Lab-9' in Verbindung stand, einer unabhängigen Version der ‚X-Akten', die der Erforschung paranormaler Phänomene gewidmet ist. ‚Lab-9' hatte jedoch eine andere, komplexere Agenda – sie behaupteten später, mit einer Gruppe von Außerirdischen namens ‚Rat der Neun' in Kontakt zu stehen …

‚Lab-9' wollte Roddenberry beauftragen, ein Drehbuch zu schreiben, das auf der bevorstehenden Rückkehr des ‚Rates der Neun' basiert … ‚Lab-9' flog ihn zu ihrem Hauptquartier, das sich auf einem großen Anwesen in Ossining, NY, befindet. Dort traf und interviewte Roddenberry mehrere Hellseher und bereitete die Grundlagen für sein Drehbuch vor.

Roddenberry schrieb ein Drehbuch mit dem Titel ‚Die Neun", in dem er seine Erfahrungen bei ‚Lab-9' und die Botschaft für die Menschheit, die der ‚Rat der Neun' übermitteln wollte, fiktionalisierte …

Dies war kein Haufen Hippie-Freaks, mit denen Roddenberry es zu tun hatte … Der Roddenberry-Biograf Joel Engel bemerkte, dass Whitmore Roddenberry auch mehreren Schlüsselfiguren der ‚British Broadcasting Corp.' vorstellte."

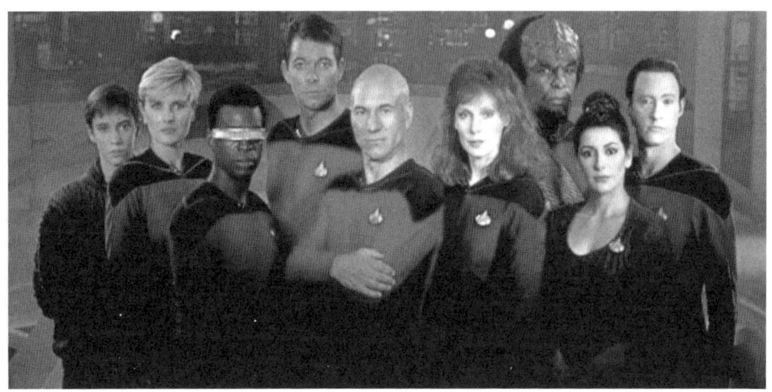

Abb. 255: Wer sind die „Neun"?

Der inhärente Widerspruch, den *Star Trek* ständig demonstriert, ist der Widerspruch der liberalen Philosophie – und ich meine damit im klassisch liberalen Sinne, dass radikaler Egalitarismus und atomistischer Individualismus ein schreckliches Kollektiv schaffen, das sich um nichts anderes als den Liberalismus selbst versammelt. Auf diese Weise kann sich der Liberalismus und sein epistemischer und kultureller Relativismus nur selbst erlauben und muss alle anderen Optionen zerstören und ausschließen, einschließlich der nicht-liberalen Demokratie.

In zahlreichen *Star-Trek*-Episoden sehen wir sogar, wie die „Erste Direktive" der Verpflichtung der Föderation, eine bestehende Kultur nicht zu verletzen, unter der vorgetäuschten Fassade liberaler „Rechte" und Werte verletzt wird. Westliche NGOs und Stiftungen erfüllen heute genau diese Rolle, unter dem Vorwand, den Unterdrückten zu helfen, während sie heimlich für westliche politische Ziele arbeiten, wie wir in dem von Soros finanzierten „Weißhelm"-Betrug sehen. Falls jemand an *RAND*-Verbindungen zu Hollywood zweifelt, vergessen wir nicht den Fake-Skandal von 2014 zum Film *The Interview* (mehr dazu im Buch „Der Hollywood-Code"). Ironischerweise demonstriert der neue Film diesen giftigen Kulturimperialismus explizit. „GlobalResearch" erklärt:

„Abgesehen davon, dass sie die dunkle Seite der US-Außenpolitik nicht ansprechen, vermitteln Hollywood-Filme wie ‚Forrest Gump' unterschwellige Botschaften. In den Worten des US-amerikanischen Kultur- und Unterhaltungsmagazins ‚Rolling Stone': ‚Die Botschaft von ‚Forrest Gump' war, dass man entweder AIDS bekommt oder die Beine verliert, wenn man zu viel an die harten Sachen denkt. In der Zwischenzeit ist der Held der Idiot, der nur mit den Schultern zuckt und ‚Was auch immer!' sagt, wenn sein Land ihn bittet, etwas Verrücktes zu tun.' Was der ‚Rolling Stone' meint, dass man auf das hört, was einem befohlen wird.

Dann gibt es Filme wie ‚American Sniper', die die US-Außenpolitik auf die vereinfachende Vorstellung einzelner Charaktere reduzieren. Was dies bewirkt, ist, dass das Ereignis und die Soldaten zu einem zusammenfallen, was bedeutet, dass Sie, wenn Sie einen US-Krieg kritisieren, die Soldaten und ihre Überzeugungen angreifen. Dies verbirgt sich hinter den Soldaten und lenkt vom eigentlichen Problem einer illegalen Invasion und Besetzung ab. Auch Abu Ghraib oder die falschen Massenvernichtungslügen werden nicht erwähnt. Der ‚Rolling Stone' sagte über ‚American Sniper': ‚Sniper ist ein Film, dessen Politik so lächerlich und idiotisch ist, dass er unter normalen Umständen unter der Kritik stehen würde. Das Einzige, was uns dazu zwingt, es ernst zu nehmen, ist die außergewöhnliche Tatsache, dass eine fast genau ähnliche Weltanschauung den walnussgroßen Verstand des Präsidenten verzehrt hat, der uns in den fraglichen Krieg gebracht hat. Es ist die Tatsache, dass der Film beliebt ist und für so viele Menschen tatsächlich Sinn macht, das ist das Problem', fügt das Magazin hinzu. Tatsächlich gab es als Folge des Films eine Zunahme von Hassverbrechen in den USA und negative Gefühle gegenüber Arabern und Muslimen."

Ich habe versucht, eine ausführliche Analyse von Symbolen und tieferen Bedeutungen zu erstellen, aber diesem Film fehlte die Tiefe. Abgesehen von einer seltsamen Ähnlichkeit zwischen der „Terroristen"-Figur als ehemaliger Soldat, der durch Radikalismus (Traditionalismus!) verrückt geworden ist und dem D.C. „Scharfschützen"-Ereignis ähnelt, ist Admiral Krall lediglich eine Repräsentation jeglicher Kulturen oder Volksgruppen, die mehr traditionelle, organische Existenz wollen und den Globalismus der Föderation ablehnen. Als solche sind sie „Terroristen", die von ihrer Wut und ihrem Wahnsinn dazu getrieben werden, die glorreiche, multikulturelle Weltraummetropole Yorktown zu bombardieren. Mit anderen Worten, alle Gruppen, die nicht mit dem Globalismus und der liberalen, umgekehrten Monokultur an Bord sind, sind Terroristen, die dazu bestimmt sind, New York anzugreifen.

Krall repräsentiert somit die dem verdammten Traditionalismus innewohnende Lebensverlängerung, die angesichts des Globalismus nicht sterben wird. Krall ist eine groteske Ikone der Sicht des Films auf patriarchalische, auf Ehre basierende Gesellschaften als einen ewigen reptilischen Wahnsinn, über den sich die Menschen hinaus entwickeln müssen. Wenn Sie den Homo-Mono-Globo-Liberalismus nicht akzeptieren, sind Sie ein Terrorist, der Biowaffen in New York einsetzen wird.

Die heiligen Vereinten Nationen und die Weltraumbrüder haben dem Pentagon gesagt, dass sich die Menschheit über Unterscheidungen und Grenzen hinweg entwickeln muss, und Gene und der Papst sind ihre Propheten. Übrigens – wenn die Bewohner der multikulturellen Raumstation Yorktown nach Belieben herumbeamen können, warum haben sie dann nicht einfach Admiral Krall ins All gebeamt, als er die Biowaffe hatte? (202)

Nimoys vulkanisches Zeichen ist die Anrufung des Teufels

Zum Tod des *Star-Trek*-Schauspielers Leonard Nimoy nahmen viele Ehrungen die Form des „Vulkan"-Handzeichens an, das er berühmt machte.

Satanisten haben normalerweise gutartige Erklärungen, die es ihnen ermöglichen, die Gesellschaft zu verseuchen. Ich bin mir nicht hundertprozentig sicher, ob Nimoy ein Satanist war, aber ich würde wetten, dass er es war. Die wohlwollende Erklärung ist, dass er das Zeichen in *Star Trek* spontan eingeführt hat: Er erklärte, dass die Geste die Form des hebräischen Buchstabens „shin" habe und ein Segen („Lebe lang und gedeihlich") sei, den Rabbiner ihren Gemeinden geben. Bei der englischen Version von Wikipedia heißt es:

„In einem Interview mit der ‚New York Times' aus dem Jahr 1968 wurde die Geste als ‚doppelfingrige Version von Churchills Siegeszeichen' beschrieben. Nimoy sagte in diesem Interview, dass er ‚entschieden hat, dass die Vulkanier ein ‚handorientiertes' Volk sind. Der Gruß erschien erstmals 1967 in der Eröffnungsfolge der zweiten Staffel von Star Trek, ‚Weltraumfieber'. " (203)

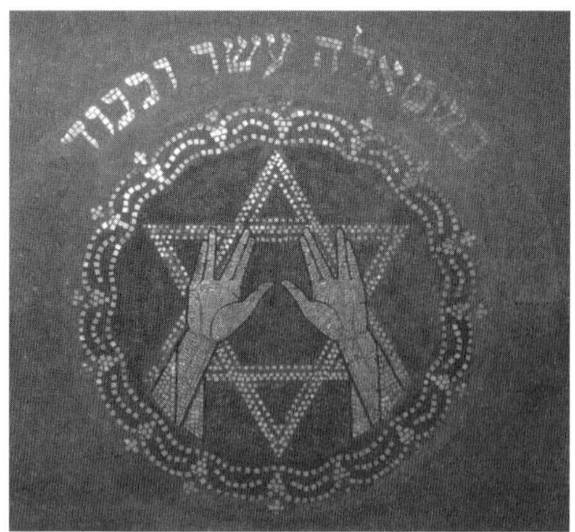

Abb. 256: Die Segensgeste, die die Inspiration für den vulkanischen Gruß ist

„Die Leute wissen nicht, dass sie sich gegenseitig damit segnen. Es ist großartig", sagte Nimoy.

In einer längeren Erklärung, die in einem Youtube-Video zu sehen ist (204) macht Nimoy jedoch deutlich, dass diese „Begrüßung" alles andere als gutartig ist. Es ist Teil eines mächtigen kabbalistischen Rituals, das Menschen tatsächlich schaden kann.
Er wurde gewarnt, seine Augen abzudecken:

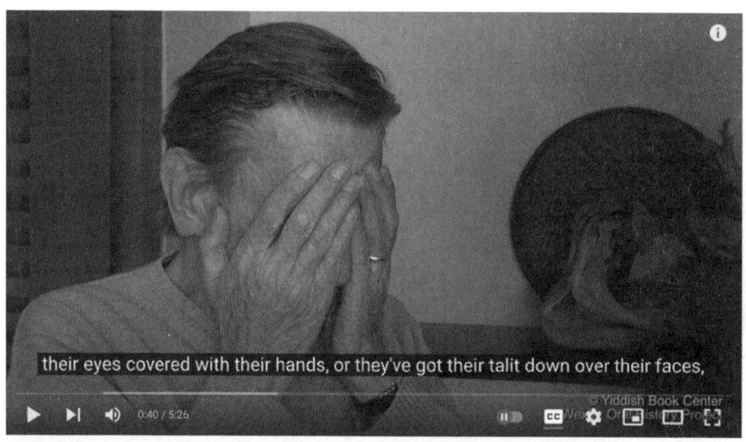

Abb. 257: Screenshot aus dem Video

„Es gab ein seltsames Geräusch, kein Singen, Schreien, alles disharmonisch, jammernd, alles disharmonisch, nicht im Einklang … erschreckend … whoa, hier passiert etwas Großes, also habe ich den Höhepunkt erreicht und sie hatten ihre Hände ausgestreckt und machten dieses Zeichen … Ich hatte keine Ahnung, was los war, aber der Klang, die Form davon war magisch."

Die meisten Juden und Nichtjuden sind sich nicht bewusst, dass das Judentum weitgehend auf Kabbalismus basiert. Kabbalismus ist Satanismus, weil er sagt, dass Gott formlos und unerkennbar ist, nicht einmal Teil des Universums. Das Wesen des Satanismus besteht darin, Gott zu leugnen. Das Wesen der Religion ist, dass Gott erkennbar ist. Wie sonst können wir ihm gehorchen?

„Kabbalismus ist ein System der jüdischen Mystik und Magie und das grundlegende Element der modernen Hexerei. Praktisch alle großen Hexen und Zauberer dieses Jahrhunderts waren Kabbalisten", erklärt Texe Marrs (205): *„Es ist die Quelle praktisch aller Bösewichte, okkulter Sekten, satanischer Geheimbünde und Hexenkulte, der in den letzten tausend Jahren entstanden sind! Die Kabbala vereint... alle Mysterienlehren der Alten. In der Tat sagt die Heilige Bibel, dass die jüdischen Ältesten die Mysterien in den Tempel gebracht hatten und sie hatten geheime Zeremonien in verborgenen Kammern in den Tagen des Propheten Hesekiel durchgeführt (siehe Hesekiel 8). Gott nannte diese Lehren und Rituale ‚Gräuel'."*

T. Stokes, ein Veteran des britischen Geheimdienstes, sagte: *„Diese Version des V-Grußes ist ein Gruß von Rabbinern in der hebräischen Tradition. Die in der Mitte gespaltene Hand repräsentiert die zwei Buchstaben auf jeder Seite des ‚V' in ‚deVil' (‚Teufel'), da die Initialen ‚DE' und ‚IL' die Finger darstellen."* (206)

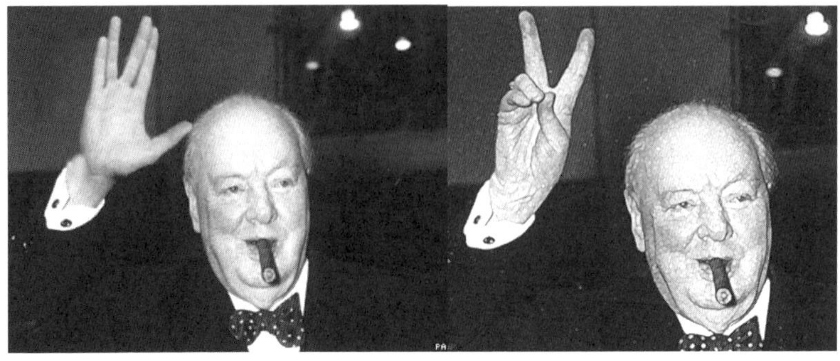

Abb. 258: Dies erklärt, warum Winston Churchill, ein Druide und Satanist der Illuminati, diese Geste benutzte. Links eine Photoshop-Fälschung aus dem Internet, rechts das Original-Bild

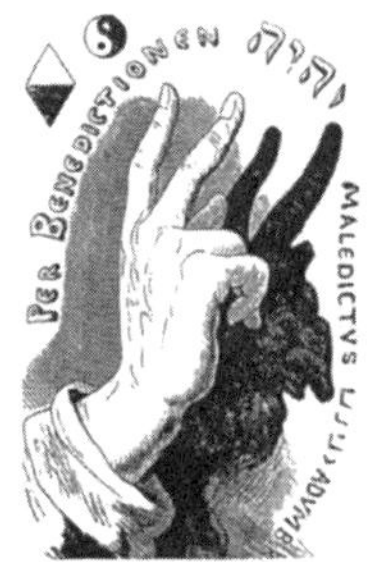

Abb. 259: Der Okkultist, der das Design richtig zeichnete, verstand die esoterische Bedeutung hinter den Symbolen. Zuerst sehen wir das „V"-Zeichen, das im Schatten zum knorrigen und hässlichen, dunklen Bild des Satans wird. Was anfangs gut zu sein scheint (Segnung), wenn man es aus der verborgenen Perspektive des Unsichtbaren sieht, wird Verwünschung

Ähnlich sieht es bei den Friedensaktivisten aus, welche die V-Geste als vermeintliches „Peace-Zeichen" adaptiert haben. Nur fängt „Peace" aber mit einem P und nicht mit einem V an. In Umlauf gebracht wurde das V für Peace von Vertretern der Pop-Okkultur wie dem Beatle John Lennon.

In Großbritannien, Irland und einigen ehemaligen Kolonien ist die V-Geste mit leicht gekrümmten Fingern indes eine schwere Beleidigung. Dies soll auf das Abschneiden der beiden Finger bei gefangen genommenen Bogenschützen in früheren Jahrhunderten zurückgehen. Allerdings ist seit spätestens dem 2. Weltkrieg zu beobachten, dass auch britische Freimaurer die Geste in einem gänzlich anderen Kontext zeigen.

Auch sonst hat die Geste meist nichts mit „Victory" und schon gar nichts mit „Peace" zu tun, wenn sie von Freimaurern gezeigt wird. Man denke hier nur an Richard Nixon oder an Josef Ackermann, als dieser freigesprochen wurde.

Über die Freimaurerei fand die V-Geste ihren Weg zudem zu den Pfadfindern. Beim Gruß der Wölflinge werden die Finger an die rechte Schläfe gehalten.

Doch wofür steht das V nun eigentlich in der Freimaurerei? Die gängigste Theorie sieht in dem V eine römische 5, womit die Geste auf das Pentagramm anspielt. Gleichermaßen soll sie auch auf das Hexagramm anspielen, wenn man den hebräischen Buchstaben Vav mit dem Zahlenwert 6 zugrunde legt.

Beides würde durchaus Sinn machen, da es sich bei Pentagramm und Hexagramm um Freimaurersymbole handelt. Zudem wäre die freimaurerische Zahl 11 in einer Geste vereint.

Weiterhin findet sich die V-Geste als magisches Symbol in Aleister Crowleys 1913 erschienenem Werk „Magick". Zwar tauchte die Geste nachweislich zum ersten Mal schon 1901 auf, allerdings scheint Crowley für ihre Popularität in okkulten Kreisen verantwortlich zu sein.

Dieser sah in der V-Geste den Konterpart zum Hakenkreuz, was erklären könnte, warum der Logenbruder und britische Premier Winston Churchill (1874-1965) sie ständig während und nach dem Krieg gegen Nazideutschland zeigte. (207)

Die Webseite *seraphimre.blogspot.com* schreibt: *„Das vulkanische ‚Friedenszeichen' ist alles andere als das. Vulkan war eine Sonnengottheit, die mit Feuer, Blitzen und Licht in Verbindung gebracht wurde. Das Fest ihm zu Ehren hieß Vulkania, bei dem Tieropfer dargebracht wurden.*

Er hat eine familiäre Beziehung zum christlichen Teufel. Es ist faszinierend zu wissen, dass er Venus geheiratet hat, ein anderer Name für Luzifer oder den Teufel. Noch interessanter ist, dass Vulkan in der Freimaurerei unter dem Namen Tubal Kain verehrt wird. Im Freimaurer-Quizbuch wird die Frage gestellt: ‚Wer war Tubal Kain?' Die Antwort lautet: ‚Er ist der Vulkanier der Heiden. In der Freimaurerei ist Tubal Kain der Name des Passworts für den Meistergrad (oder dritten) Grad. Der frühere Freimaurer Bill Schnoebel sagte: ‚Dies wird ‚Zwei Ball Kain' genannt und ist ein Wortspiel mit dem geheimen Passwort eines Maurermeisters ‚Tubalkain' … Es ist auch ein allzu offensichtliches Wortspiel auf den ‚Gott' der Freimaurerei, das männliche Fortpflanzungsorgan. Nett, nicht wahr?'" (208)

War sich unser Held Leonard Nimoy der Implikationen des Handzeichens, das er berühmt gemacht hat, bewusst?

Wenn man bedenkt, dass *Star Trek* eine prädiktive Programmierung für die Neue Weltordnung war und dass Nimoy erfolgreich in Hollywood war, das die Illuminaten kontrollieren, würde ich sagen, dass er es war.

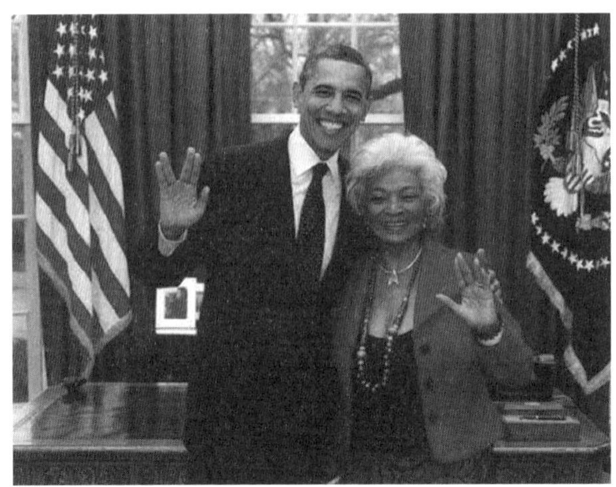

Abb. 260: Der Satanist Barack Obama traf sich mit Nichelle Nichols, alias Lt. Uhura, nachdem sie bei einem NASA-Treffen gesprochen hatte

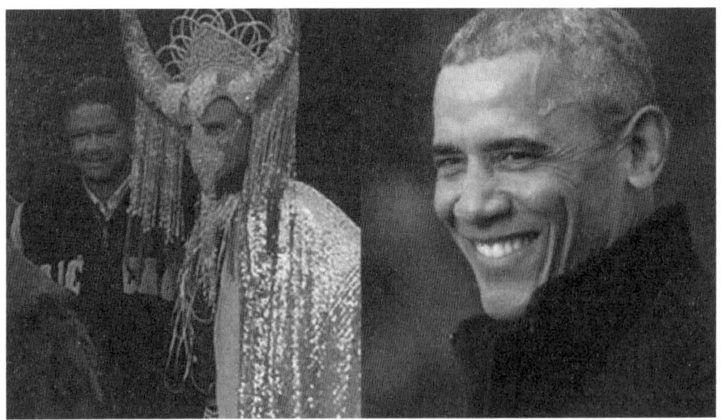

Abb. 261: Ein verstörendes Bild des ehemaligen Präsidenten Barack Obama, der sich als Satan verkleidet hatte, als er an einer von internationalen Eliten organisierten Illuminati-Party 2018 teilnahm, ist im Internet zum viralen Hit geworden

Das Foto erschien mit der Überschrift „Class and Grace, You are my favorite („Klasse und Anmut, du bist mein Favorit")" und verbreitete sich bald darauf wie ein Lauffeuer auf *Instagram*. Annemarie Hope löschte jedoch schnell den beunruhigenden Einblick in das Privatleben von Barack Obama und behauptete, dass ihr „zu viel Hass und nicht genug Unterstützung" entgegengebracht worden sei.

Nachdem das Bild rasant verbreitet wurde, behaupteten Skeptiker sofort, das Bild sei mit *Photoshop* bearbeitet oder gefälscht worden, aber nachdem verschiedene Methoden angewandt wurden, um festzustellen, ob das Bild bearbeitet wurde - einschließlich der Anwendung verschiedener Filter zur Überprüfung seiner Authentizität –, konnten diese Skeptiker keine Beweise dafür finden, dass es sich dabei um irgendetwas anderes handelt, als einen seltenen Einblick hinter die Kulissen von Obamas üblichem Umfeld.

Die Tatsache, dass Annemarie Hope dieses Bild anscheinend nicht von anderer Stelle erhalten hat, und dass sie das Bild auch nicht gefälscht hat, deutet darauf hin, dass das Foto, das Barack Obama in einem satanischen Kostüm zeigt, von ihr selbst stammt.

Die Enthüllung, dass Obama als Satan verkleidet an Illuminati-Partys teilnimmt, ist für viele Beobachter des ehemaligen Präsidenten keine Überraschung. Manchen Menschen macht es jedoch Schwierigkeiten, sich mit der Enthüllung abzufinden.

„Er hat alle getäuscht, vor allem die schwarze Rasse! Er tat nichts für sie und ließ seine Frau den Schulkindern Müll servieren. Er ist derjenige, von dem Jesus vor 2000 Jahren gesprochen hat, als er in diesem dritten Tempel sitzt, wie Ihr mit Sicherheit wisst", kommentierte ein YouTube-Nutzer namens Mikesline.

Es wirkt unwahrscheinlich, dass sich Obama für einen Kostümwettbewerb oder an Halloween als Satan verkleiden würde. Die Tatsache, dass die Person, die neben Obama steht, Artur Davis ist, ein Anwalt und Politiker, der von 2003 bis 2011 als demokratisches Mitglied des Repräsentantenhauses der Vereinigten Staaten diente – und er normal gekleidet ist –, deutet darauf hin, dass dieses Foto nicht für eine besonders schicke Kostüm-Party gemacht wurde, sondern darauf, dass Obama an einem Illuminati-Ritual teilnahm und seinem Herrn Luzifer seine Aufwartung machte. (209)

Berühmtheit erlangten auch zahlreiche Rückwärtsbotschaften des früheren US-Präsidenten Barack Obama: In einer Rede gab er einen Hinweis auf das pädo-kriminelle Netzwerk in hohen Kreisen, als er rückwärts sinngemäß äußerte, dass Sex mit Kindern eine Rolle spielen würde („Sex has children in this"). (210)

Auf der Webseite von Dr. Henry Makow *henrymakow.com* findet sich ein interessanter Kommentar:

„Jane D in Santa Fe informierte mich 2004 bei einem Gespräch beim Abendessen über Spocks jüdischen Subtext. Das ‚Vulcan-Handzeichen' zum Beispiel. Sie sagte mir, Spocks ‚vulkanischer Mystizismus' sei Kabbala. Vulkan war eine Metapher für Israel. Sobald Sie wissen, dass Spocks gesamter Charakter darauf basiert, purzeln eine Kaskade von Referenzen heraus.

Ich war genauso alt wie die ersten ‚Trekkies', also dachte ich, ich wäre mit Trek-Trivia gesättigt. Wir hatten die UN-Metapher immer in der ‚Vereinigte Föderation der Planeten' gesehen.

In diesem beeinflussbaren Alter habe ich mich tatsächlich für die Vorstellung einer ‚Eine-Welt-Regierung' als ‚natürliche Evolution' der menschlichen Rasse entschieden. Sehr zur Bestürzung meines Großvaters; ich erinnere mich, dass ich das einmal zu ihm gesagt habe und er sein Gesicht verärgert in beide Hände fallen ließ. Das war wahrscheinlich, als er den Begriff ‚eine Weltordnung' in einem alten

Buch von Woodrow Wilson, das er hatte und über die Illuminaten zeigte. Es ging mir ins Gedächtnis, aber ich glaubte bis 2001 weiter daran, dass die Eine-Welt-Regierung eine natürliche Evolution sei.

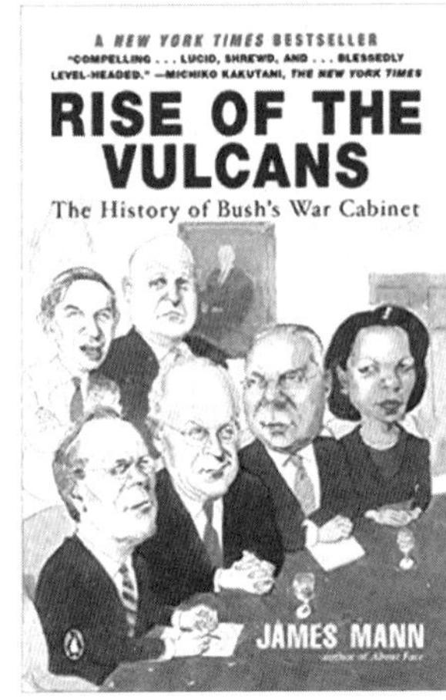

Abb. 262: Buch „Rise of the Vulcans: The History of Bush's War Cabinet“

Als George W. Bush für das Weiße Haus kandidierte, war er solch ein Neuling in der Außenpolitik, dass er den Präsidenten von Pakistan nicht benennen konnte und kurz darauf hinwies, dass er die Taliban für eine Rock-and-Roll-Band hielt.

Aber er verließ sich auf eine Gruppe namens Vulkanier – einen inneren Kreis von Beratern mit langer, gemeinsamer Regierungserfahrung, die auf die Regierungen Nixon, Ford, Reagan und die erste Bush-Regierung zurückging.

„1967 bestellte ich eine Ausgabe der „Star Trek Bible“ für Drehbuchautoren, die die „allgemeinen“ Fakten über die Star Trek-Welt darlegte, die konsistent sein mussten. Die Geschichte von Star Trek beginnt mit den „Eugenikkriegen“ der 1990er Jahre, als Imperator Khan versucht, mit seiner Rasse genetisch verbesserter Supermenschen die Weltherrschaft an sich zu reißen. Um das Jahr 2000 kam es zum Atomkrieg.

Eine fortgeschrittenere Version der menschlichen Rasse hat jedoch zugesehen und sich nur bekannt gemacht, um den Planeten zu retten. Sie ‚erleichterten‘ den Übergang der Menschheit zu einer interstellaren Spezies, die in diesen entscheidenden Phasen als eine Art großer Bruder fungierte. Natürlich waren das die Vulkanier. Klüger als Menschen, aber nicht zu sehr zur Schau gestellt; pazifistische Friedensstifter, die von Vernunft und reinem Intellekt regiert werden, besteht ihre Daseinsberechtigung darin, die Evolution aller Arten zur Einheit mit dem Unendlichen zu führen. …

Man könnte sich stundenlang mit diesem Zeug beschäftigen. In einer Episode schlägt jemand vor, Spock zum Captain zu befördern, und er antwortet, dass es klüger ist, die Macht hinter dem Thron zu sein. Was ein amüsanter Rothschild-Touch ist.“

Der gesamte Zweck der *Star Trek*-Show ist es, eine Indoktrination in die marxistische Philosophie zu geben. Es gibt kein Privateigentum im *Star Trek*-Universum. Alles wird für das Gemeinwohl getan.

Die Menschheit wurde in einen satanischen Kult eingeführt und weiß es nicht einmal. (211)

3.6 Arrival: Die durch Sprache geteilte Menschheit liest Alien-Kaffeeflecken (2016)

„Wir wissen nicht, ob sie den Unterschied verstehen zwischen einer Waffe und einem Werkzeug."

Dr. Louise Banks (*Arrival*)

Arrival ist ein amerikanisches Science-Fiction-Drama aus dem Jahr 2016, das von Denis Villeneuve inszeniert und von Eric Heisserer adaptiert wurde, der das Drehbuch konzipierte, das auf der Kurzgeschichte „Story of Your Life " von Ted Chiang aus dem Jahr 1998 basiert.

Zwölf riesige Raumschiffe landen an verschiedenen Orten auf der Erde. Das US-Militär rekrutiert die Linguistin Louise Banks (Amy Adams) und den Physiker Ian Donnely (Jeremy Renner), um Kontakt mit den „fremdartigen" Außerirdischen aufzunehmen, ihre Kommunikationsweise zu entschlüsseln und ihre Absichten herauszufinden. Vor allem Louise geht voller Begeisterung an die Arbeit und hat bald erste Erfolge. Doch ihre Mission wird zu einem Wettlauf mit der Zeit, bei dem das Fortbestehen der ganzen Menschheit auf dem Spiel steht. Forest Whitaker, Michael Stuhlbarg und Tzi Ma treten in Nebenrollen auf.

Arrival hatte seine Weltpremiere bei den Filmfestspielen von Venedig am 1. September 2016 und wurde am 11. November 2016 in den USA von *Paramount Pictures* im Kino veröffentlicht. Er spielte weltweit 203 Millionen US-Dollar ein und wurde von der Kritik hoch gelobt, mit besonderem Lob für Adams Leistung, sowie Villeneuves Richtung und die Erforschung der Kommunikation mit außerirdischer Intelligenz. Als einer der besten Filme des Jahres 2016 erschien *Arrival* auf den Jahresendlisten zahlreicher Kritiker und wurde vom „American Film Institute" als einer von zehn „Filmen des Jahres" ausgewählt. (212)

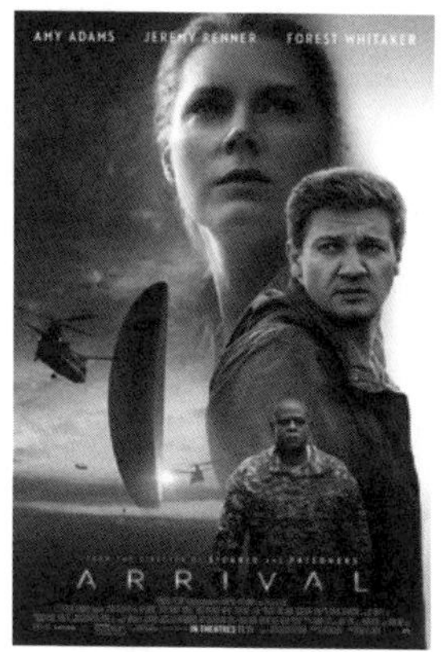

Abb. 263: Das Filmposter zeigt schon wieder ein Ei, zumindest ein halbes Alien-Osterei, ein Rätsel für die Menschheit

Worte oder Logoi bilden die Grundlage aller Realität. Alle diese Logoi sind eins im Logos und geben letztlich allen unterschiedlichen Objekten ihre Bedeutung und Einheit. Die Logoi werden zu einem einigenden, objektiven metaphysischen Prinzip in der göttlichen Person des Logos. Aus diesem Grund beschreibt Genesis 1, dass Gott durch seinen Logos spricht und erschafft. Das Interessante an dem philosophisch orientierten Science-Fiction-Film *Arrival* ist, dass er, während er im Dunkeln herumkratzt und herumzappelt, auf dieses Problem stößt – und wie vorhersehbar eine inkohärente, widersprüchliche Lösung liefert, wie wir sehen werden.

Arrival ist ein Film über Sprache und Bedeutung und letztlich über den Turmbau zu Babel. In der modernen Philosophie wurde die Ablehnung der Metaphysik durch die Sprachphilosophie ersetzt, in der endlose Fragen und Streitigkeiten darüber, wie Wörter „bedeuten" können, wenn Wörter sozial konstruierte Symbole sind, zu einer Schleife kreisförmiger Widersprüche werden, ähnlich wie die fremde Sprache im Film.

Was meiner Meinung nach aus dieser (grundlegenden Satzstruktur) folgt, ist, dass wir selbst bei den trivialsten und lokalisiertesten Ereignissen menschlicher Erfahrung eine zwischenmenschliche Interaktion mit einer narrativen Struktur sehen. Daraus lässt sich also konkretisieren, dass zahlreiche Dinge zutreffen müssen, damit dieses Ereignis eintritt, von dem jeder (selbst ein solipsistischer Prätendent) zugibt, dass es eintritt. Es gibt einen Anfang mit dem Ereignis des Konzepts, das vom Kommunikanten gegenüber dem einen oder den mehreren Empfängern ausgedrückt wird. Es gibt das eigentliche Ereignis, bei dem die Kommunikation stattfindet und von dem/den Empfänger(n) empfangen und verarbeitet wird. Dann haben wir die bedingte Frist der Reaktion und der weiteren Kommunikation für wie lange auch immer. Dann endet der Kommunikationsvorgang. Wir sehen also die narrative Struktur vorhanden.

Wir können auch andere transzendental notwendige Vorbedingungen für diese Interaktion konkretisieren, die für das Gesamtargument für Gott entscheidend sind. Wir können eine Liste erstellen:

1. Dass die fraglichen Subjekte getrennte Einheiten sind und Monismus nicht wahr ist.

2. Dass Subjekte Phänomene der Außenwelt erfahren.

3. Dass die Subjekte unterschiedliche Selbst oder Personen sind, die im Laufe der Zeit Identität aufweisen.

4. Dass die Subjekte selbst eine bestimmte historische Erzählung – Metaerzählung – haben, die ihr Dasein ebenfalls „erklärt" oder ihm Bedeutung verleiht (das ist mein Gesamtargument).

5. Dass die gegebenen Subjekte die Phänomene in einer Art zeitgebundener Abfolge erleben.

6. Dass die Subjekte die Bedeutung von abstrakten Konzepten verinnerlichen können, die von einem Gehirn zum anderen weitergegeben werden.

7. Dass die fraglichen Konzepte eine Art universelle ontologische Realität haben, abgesehen von der Interaktion, an der sie beteiligt (?) oder inkarniert (?) sind.

8. Dass die Bedeutung der von den Kommunikanten verinnerlichten Konzepte im Laufe der Zeit vererbt wird.

9. Dass die Erzählstruktur Anfang –> Mitte –> Ende, die mit der Zeitstruktur Anfang –> Mitte –> Ende verbunden ist, auch fortbesteht und sich über die Zeit wiederholt.

In *Arrival* steht die Menschheit aufgrund der durch Sprache verursachten Spaltungen am Rande der Zerstörung – und im weiteren Sinne durch Rasse, Geschlecht, Nation und Kultur. Die Sprachwissenschaftlerin Luise Banks ist ein starkes, unabhängiges Mädchen, das, nachdem es Übersetzungen für den Militärgeheimdienst angefertigt hat, rekrutiert wird, um die Geräusche und die Sprache einer außerirdischen Tintenfischrasse zu entschlüsseln, die „angekommen“ ist.

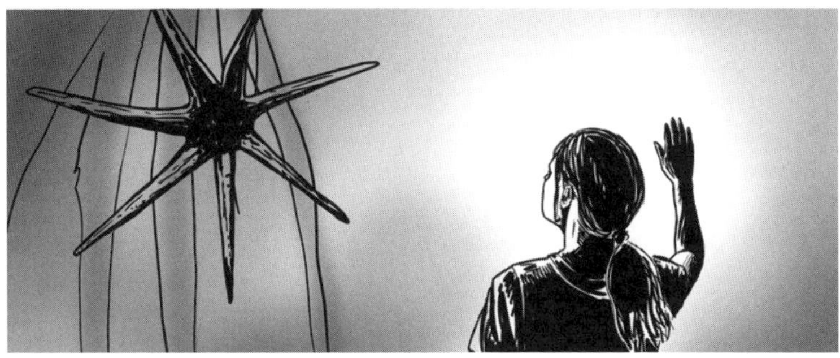

Abb. 264: Sie sind Heptapoden, was bedeutet, dass sie sieben Beine haben, und sie sehen aus wie eine Kreuzung zwischen einer riesigen Hand und einem Tintenfisch; ihre „Finger“ ähneln Seesternen, die eine tintenartige, rauchige Substanz abgeben, wodurch sie ihre gesamte Bildsprache zum Ausdruck bringen

Die Erde verwechselt die Sprache der Alien-Kaffeeflecken mit einem riesigen Mittelfinger-„F*** d***“ und gerät in eine heiße Phase, während Russland und China damit drohen, einen Angriff auf die schwebenden Schiffe zu starten, die dem Ende der Menschheit gleichkommen. Ähnlich wie *Der Tag, an dem die Erde stillstand* versucht die außerirdische Rasse der Menschheit zu zeigen, dass sie ihr eigener schlimmster Feind ist, nicht irgendeine äußere Kraft aus dem Jenseits.

Die Hauptquelle der Spaltung im metaphysischen, physischen und kulturellen Sinne beginnt mit der Sprache. Sprache ist die Verkörperung der Lebens- und Denkweise eines Volkes in symbolischen Formen. Diese symbolischen Formen sind, obwohl sie ein gewisses Maß an Formbarkeit aufweisen, keine bloßen Scheinklänge und -formen, wie die Nominalisten seit langem sagen, sondern beziehen sich auf reale Konzepte und Ideen – auf den Geist. Angesichts der modernistischen Voraussetzungen des Films können wir also sehen, wie er als weltumspannende Propaganda funktioniert, da die Voraussetzung des Globalismus sein Krieg gegen alle Unterscheidungen ist.

Im globalistisch-nominalistischen Krieg gegen die Realität sind alle Bedeutungen, alle Konzepte und alle Unterschiede selbst die Quelle des Bösen. Für den langen Weg der Dialektiker erhält das Böse Form und Substanz in der Existenz von Unterscheidungen. Da dieser philosophische Irrtum zumindest auf Platon, Ägypten oder letztendlich Babel zurückgeht, ist der biblische Bericht hier relevant. In Babel trennte Gott die Nationen durch Sprache, weil der Versuch der götzendienerischen Menschheit darin bestand, gegen den Himmel zu rebellieren, indem sie eine Weltregierung schufen. Der Nimrod-Staat war einer, in dem versucht wurde, alle Unterscheidungen auszulöschen.

Da Mann und Frau in Biologie und Denkmuster unterschiedlich sind, muss die Ursache aller Probleme in ihrer Verschiedenheit liegen – ein Mantra, das im heutigen Weltfeminismus bis zum Erbrechen propagiert wird. Geschlecht, so die Schlussfolgerung, müsse auch ein soziales Konstrukt sein. Die gleichen Argumente werden für Rassen oder ethnische Herkunft vorgebracht – die Quelle der Übel der Menschheit muss darin bestehen, dass wir Schwarze und Weiße lediglich als unterschiedlich wahrnehmen.

In *Arrival* wird dies durch die Darstellung des irrationalen und reaktionären Hasses der eurasischen Nationen auf die Außerirdischen deutlich, weil sie anders sind und missverstanden werden. Ebenso löst die eurasische Ablehnung der Außerirdischen eine Reaktion gegen den Westen aus, und die Kommunikation wird unterbrochen. Betreten Sie Amy Adams als die neue Inkarnation der Göttin, der gnostischen Pistis Sophia, die auf mystische Weise zeitgebundene Beziehungen überwindet, um in der fremden Sprache die Transzendenz der Zeit zu sehen. Überraschenderweise trägt ihr Buch sogar denselben Titel wie Leibniz' berühmte „Characteristica Universallis", wo Leibniz die Schaffung einer logischen Sprache vorschlug, die universell sein könnte. Leibniz' Sprache, die für die Entwicklung von Computern prägend werden sollte, basiert auf einer platonischen Metaphysik – Amy Adams' mystische Erfahrung, sprachliche Bezüge jenseits ihrer zeitlichen und räumlichen Gegebenheiten zu sehen, ist ebenfalls Leibniz-mäßig, versucht jedoch, die Frage der Zeit dialektisch zu lösen.

Mit anderen Worten, wenn Sprache als begrenzender Faktor angesehen wird (und das ist sie), wird angenommen, dass sie begrenzt ist, weil sie ein zeitliches Phänomen ist, das auf etwas angewendet wird, das sich von etwas anderem unterscheidet. Hier zeigt sich die asiatische Herkunft des Autors, insofern der Ferne Osten immer versucht hat, Dialektiken dieser Art durch die Zerstörung und Auflösung von Unterscheidungen zu überwinden, weil Unterscheidung angeblich Trennung impliziert – obwohl sie es nicht tut. In der orthodoxen Theologie stehen das Eine und die Vielen nicht in Spannung. Es gibt keinen metaphysischen Primat des Einen gegenüber den Vielen oder umgekehrt. Dies liegt daran, dass es, wie viele orthodoxe Theologen erklären, in Gott des Einen keine

Ultimität gegenüber den Personen gibt, noch sind die vielen Logoi geringer, weil sie im Logos eins sind. Da die letzte Realität in den meisten fernöstlichen Philosophien unpersönlich und völlig anders ist, gibt es keinen Grund, diese selbst zu sein. Tatsächlich muss unsere Welt notwendigerweise ein Trugbild oder eine illusorische Manifestation einer falschen Realität oder eines Traumzustandes sein.

Der Versuch, die gesamte Realität in einen nicht existierenden Traumzustand oder Maya zu verschmelzen, ist der ultimative Angriff auf die Güte von Gottes Schöpfung, dass die Welt der Zeit, der Materie, der Unterschiede und Unterscheidungen nicht durch die Auflösung aller Individuen, Personen oder Identitäten geheilt oder gerettet wird.

In orthodoxen Ikonen werden die historischen Erfahrungen – bis hin zu Rasse, Geschlecht und Eigenheiten – in der heiligen Kunst bewahrt. Jesus wird nie als schwarz oder asiatisch dargestellt, weil er nicht schwarz oder asiatisch war – er war (angeblich) ein hebräischer Mann, und sein verherrlichter Körper behält diese Eigenschaften bei – sogar bis zu dem Punkt, an dem er die Wunden auf seiner Seite behält.

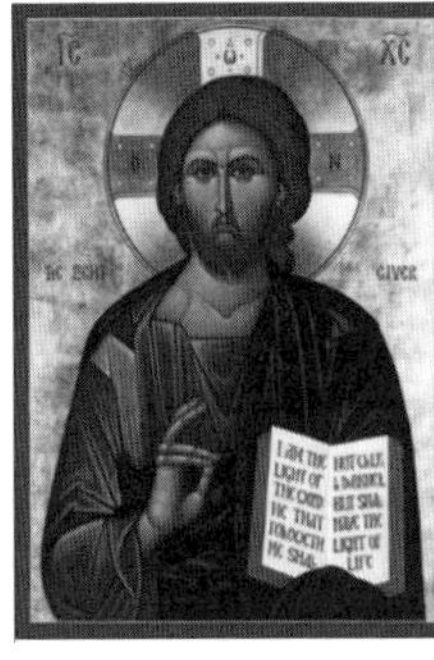

Abb. 265: Religions-Propaganda: Ikonen behalten die historischen Merkmale ihrer Motive bei

Orthodoxe Ikonen sind eine Art Sprache, ein Fenster in den Himmel und die himmlischen Realitäten und zeigen dem Menschen, dass seine Worte und Konzepte nicht so sehr vom Geist und dem Göttlichen getrennt sind, dass sie bedeutungslos sind.

Für den Film *Arrival* sind Worte und Bedeutungen für Menschen in gewissem Sinne selbst das Übel, weil sie Spiegelbilder der Unterschiede von Rassen, Kulturen und Geschlechtern sind – und als tollwütiges Stück globalistischer Propaganda ausgelöscht werden müssen. Das ist die Botschaft des Films.

Jedoch werden, genau wie in Babel, alle Versuche der Menschheit, eine Weltregierung auf diesen monistischen Annahmen aufzubauen, genau deshalb vereitelt, weil sie „fremdartig“ (außerirdisch) für die Menschheit sind.

Die Quelle von Kriegen, Feindschaft, Hass und Bösem ist nicht Unterschied und Unterscheidung, es ist die Entscheidung gegen das Gute, gegen Gottes Gesetz. Die Sprache selbst ist ein Transzendentes, ein indirektes Argument und ein Beweis sowohl für Gott als auch für das Geistige Reich. (213)

In dem Film *Arrival* wird eine Welt dargestellt, die ins Chaos stürzt, als zwölf außerirdische Raumschiffe auf mysteriöse Weise an scheinbar zufälligen Orten auf der ganzen Welt auftauchen. Die Menschheit gerät angesichts der wahrgenommenen Bedrohung durch eine fortgeschrittenere Rasse in Panik. Manche Menschen ziehen sich in ihre Häuser zurück; andere erliegen Plünderungen und Unruhen. Die Menschheit schreit nach einem Anführer oder Erlöser, wie in der Realität: Donald Trump, Vladimir Putin, „Q" oder der „Galaktischen Föderation des Lichts", sind die, die uns retten sollen!? Wohl kaum, sie sind Teil der Maschinerie.

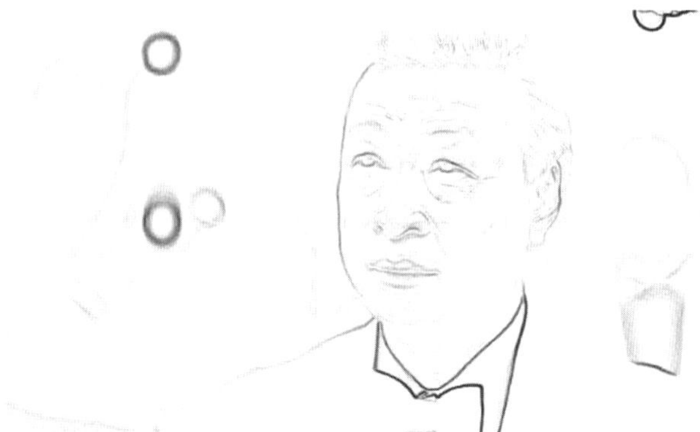

Abb. 266: Für General Shang ist es in der Gegenwart ein Moment göttlichen Eingreifens. Er sieht die Zeit noch nicht nicht-linear. Er ist nur schockiert, dass Louise ihn auf seiner Privatnummer erreicht hat, um ihm mitzuteilen, was seine sterbende Frau ihm erzählt hat. Er bricht den Angriff auf die Außerirdischen ab und erklärt sich bereit, alle Daten Chinas über die Außerirdischen mit den USA zu teilen. Danach schließen sich alle Länder an und werden wieder Verbündete. Der Zweck der Aliens (Erlöser) ist nun erfüllt. Sie konnten den Menschen das Wissen ihrer Sprache vermitteln. Die Aliens verlassen die Erde

Wir finden unseren Helden nicht in einem mächtigen Militärkrieger oder mächtigen Politiker, sondern in einer Linguistikprofessorin namens Louise Banks. Wie könnte ein bescheidener Lehrer die Menschheit retten, ohne einen einzigen Laserstrahl auszulösen?

Arrival ist wie ein musikalisches Arrangement, das viele Bewegungen und Motive raffiniert überlagert.

Arrival wird auf subtile Weise durch eine Geschichte strukturiert, die seit Tausenden von Jahren erzählt wird und mit der Sie vielleicht bereits vertraut sind. In so vielen Worten ist *Arrival* eine Art Exodusreise. Louise ist wie Moses, der die zwölf Nationen der Menschheit aus der Knechtschaft führt, durch die Wildnis und in Richtung des Gelobten Landes. Unterwegs müssen Louise und ihr priesterliches Team den heiligen Berg besteigen, um dem kosmischen Fremden, dem Großen und Heiligen Anderen, zu begegnen.

Gott rief einen Wüstenhirten zu sich auf den Berg Sinai. Die Heptapoden riefen eine einfache Linguistikprofessorin, einen Hirten weidender Geister, um sie auf dem kosmischen Berg zu treffen. Durch Moses erhebt Gott die zwölf Stämme Israels aus den

Schlammgruben der ägyptischen Sklaverei und formt sie zu einem „Königreich von Priestern und einer heiligen Nation" für sich selbst. Die Heptapoden befreien die zwölf Nationen der Welt aus den Fesseln linearer Zeit und zwischenmenschlicher Konflikte in eine vereinte Rasse für sich selbst.

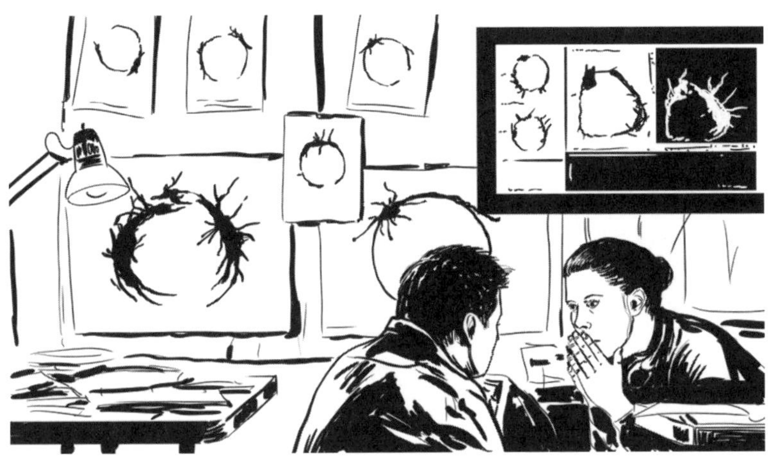

Abb. 267: Die Symbole sehen aus wie Kreise aus willkürlich verspritzter Tinte, aber in dieser fiktiven Welt ist jede Tintenranke beabsichtigt. Kreise sind ein sehr wichtiges, wiederkehrendes Symbol in *Arrival.* Die Geschichte erforscht die Natur der Zeit als Kreis

Wie Sie jetzt sehen können, strukturiert die Exodus-Reise die Geschichte von *Arrival.* Und der Heilige Berg liefert die Geographie, auf der alle anderen Themen aufbauen.

Zum Beispiel klettert Moses auf die Oberfläche des Berges Sinai, während Louise in die Höhle des Berges aufsteigt. Die Interaktion von Louise und Ian im „Gebärmutterleib" des Raumfahrzeugs fällt mit Empfängnis, Geburt und Mutterschaft zusammen. Schließlich ist Louise mehr als eine Anführerin des Volkes; sie ist eine Mutter. *Arrival* ist auch eine Schöpfungsgeschichte.

Das Ende von Louises Exodusreise ist der Beginn der Menschheitsreise. Wie bei Moses wird ihre erste individuelle Erfahrung zum bewährten Muster, das im größeren Maßstab durchgeführt werden soll. Nachdem Moses vierzig Tage der Verwandlung durchgemacht und sein Versprechen erhalten hat, begibt sich Israel auf eine vierzigjährige Reise, bevor es das Land der Verheißung erreicht.

Louise befreit die zwölf Stämme der Menschheit aus dem Land der Unterdrückung. Aber sie müssen noch in ihrem gelobten Land ankommen. Die Menschheit muss durch die Wildnis der Transformation wandern. Die Israeliten „entprogrammieren" die ägyptische Sprache der Sklaverei und eignen sich die Sprache Gottes an. Das Erlernen einer

Sprache ist ein langsamer Prozess. Wenn es vierzig Tage gedauert hat, bis Louise die Sprache der Heptapoden gelernt hat, wie lange wird es dann für die gesamte Menschheit dauern? Werden sie es lernen, bevor die Heptapoden wiederkommen? (214)

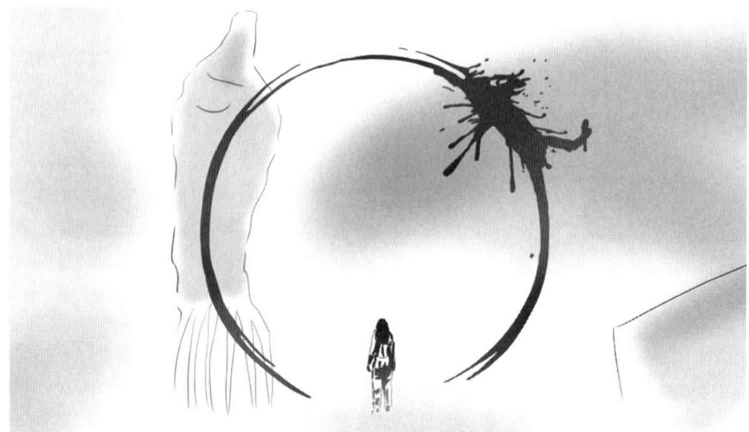

Abb. 268: Mehr Symbolik geht nicht: Die Menschheit, gefangen im Ring der Zeit, überwacht durch die übermächtigen Außerirdischen

Wir sehen wieder ein Schema der außerirdischen „Overlords", die die *Idiocracy*-Menschheit befreien und erleuchten will, ein oft verwendetes Werkzeug Hollywoods, die Zuschauer im Glauben zu lassen, genau wie die dogmatischen Religionen, es gäbe eine ausschließliche externe Errettung, obgleich die geeinte Menschheit selbst die Rettung ist.

4 Prophetisch enthüllende Filmwerke

Wenn Sie das Gefühl haben, das auf der Leinwand schon gesehen oder erlebt zu haben, dann wissen Sie, Sie wurden für diesen Moment vorbereitet. Hollywood-Filme dienen natürlich nicht nur der Unterhaltung, die Filme sollen Sie unauffällig und sukzessive auf die Pläne der Elite vorbereiten, damit Sie im Falle der möglichen Erkenntnis eher die Situation akzeptieren und wie ein betäubtes Wesen in die Maßnahmen, die möglicherweise zu einer Neuen Weltordnung, Entvölkerung oder Verdummung führen, abgelenkt hineinstolpern. Film ab!

4.1 Idiocracy und die Erben der Wohlstandsverblödeten (2006)

„Unsere Wahl fiel deshalb auf Mr. Bauers, weil er so bemerkenswert durchschnittlich ist, außerordentlich durchschnittlich, in jeder Kategorie, wirklich verblüffend, nicht wahr. Er ist der durchschnittlichste Durchschnitts-Mensch in unseren Streitkräften.“

General (*Idiocracy*)

Idiocracy ist eine amerikanische Science-Fiction-Komödie aus dem Jahr 2006, die von Mike Judge inszeniert und von Judge und Etan Cohen gemeinsam geschrieben wurde. Der Film mit Luke Wilson, Maya Rudolph, Dax Shepard und Terry Crews erzählt die Geschichte von Joe Bauers (Wilson), einem Bibliothekar der US-Armee, der zusammen mit der Prostituierten Rita (Rudolph) an einem Überwinterungsexperiment der Regierung teilnimmt.

Das Experiment geht schief und Joe erwacht im Jahr 2505 in einer dystopischen Welt, die durch Massenkommerzialisierung unglaublich verdummt ist und hirnloses Fernsehprogramm produziert, um festzustellen, dass er der klügste Mann der Welt geworden ist.

Idiocracy dient als soziale Satire, die Themen wie Dysgenik, Kakistokratie, Kommerzialismus und Anti-Intellektualismus berührt. Der Film wurde nicht für Kritiker vorgeführt, und der Verleiher *20th Century Fox* wurde beschuldigt, ihn eingestellt zu haben.

Trotz des Fehlens eines großen Kinostarts, der an den Kinokassen nur 495.000 US-Dollar brutto einbrachte, erhielt der Film positive Kritiken von Filmexperten und ist seitdem zu einem Kultfilm geworden. [(215)]

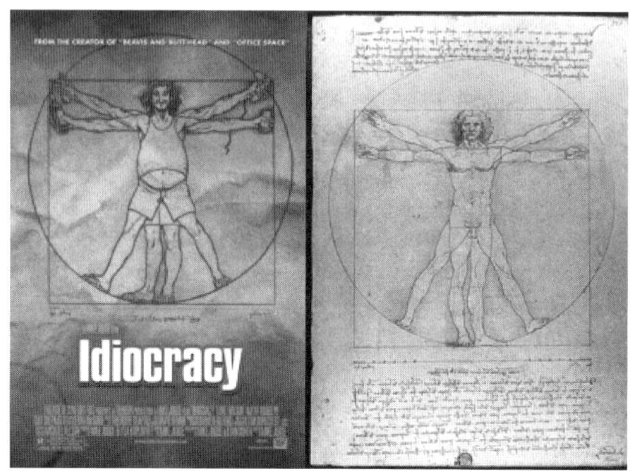

Abb. 269: Links: Filmposter zum Film. Rechts: als vitruvianischer Mensch wird eine Darstellung des Mannes nach den vom antiken Architekten und Ingenieur Vitruv(ius) formulierten und idealisierten Proportionen bezeichnet. Das berühmteste Beispiel ist eine 34,4 cm × 24,5 cm große Zeichnung von Leonardo da Vinci, die um 1490 entstand

Mike Judges Science-Fiction-Komödie *Idiocracy* führt in das Jahr 2505, wo Intelligenz und Bildung keine Rolle mehr spielen. Die Handlung eröffnet mit einem streng geheimen Experiment des Pentagons, bei dem Menschen in den Winterschlaf geschickt werden, um zu einem späteren Zeitpunkt wieder zum Leben erweckt zu werden.

Optimale Versuchskaninchen sind der Soldat und Bibliothekar Joe Bauers, gespielt von Luke Wilson, ein Durchschnittsamerikaner mit einem durchschnittlichen Intelligenzquotienten von 100, und die Prostituierte Rita (Maya Rudolph), die beide keine Angehörigen haben und entsprechend auch von niemandem vermisst werden.

Das Experiment ist zunächst auf ein Jahr angelegt, doch kurz nach Beginn wird der Leiter des Projekts verhaftet und der Stützpunkt samt Kältekammern abgerissen und auf eine Mülldeponie verfrachtet.

Ganze 500 Jahre befinden sich Joe und Rita im Tiefschlaf, während die Gesellschaft draußen völlig verblödet, weil sich Akademiker für die Karriere und gegen Kinder entschieden haben, während sich der Durchschnittsbürger munter fortgepflanzt.

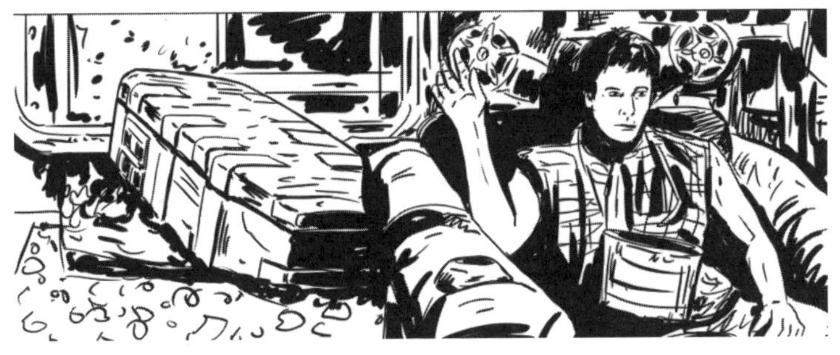

Abb. 270: Joe landet zusammen mit dem Müll im Zimmer eines Verdummten

Erst im Jahr 2505 tauen Joe und Rita wieder auf. Ein Schock für die beiden, denn die Welt ist nicht mehr die, die sie einmal war: Weil die Gesellschaft nur noch Kaffeesatz ist, liegt die gesamte Menschheit intellektuell am Boden und erstickt in ihrem eigenen Müll.

Im Gefängnis erfährt Joe schließlich, dass er der mit Abstand Intelligenteste auf Mutter Erde ist.

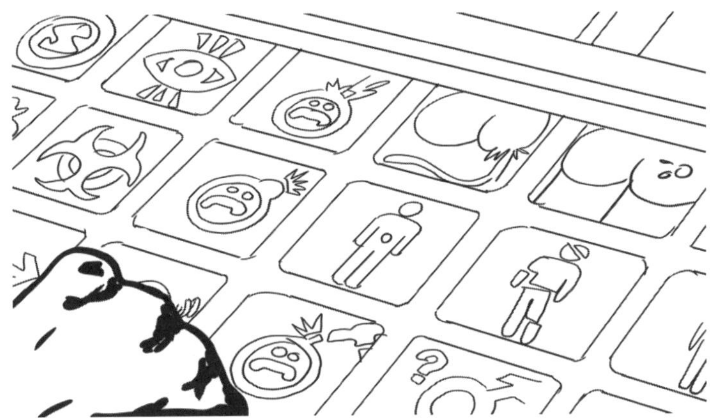

Abb. 271: Der Film sagte Windows 8 voraus: Der bunte Touch-Startbildschirm von Windows 8 sieht genauso aus wie die Computeroberfläche von *Idiocracy*

Aufgrund seines hohen IQ beruft ihn der Präsident der USA, Dwayne Elizondo Mountain Herbert Camacho (Terry Crews), ein Ex-Rapper, Wrestler und Pornostar, zum Innenminister. Von Joe wird nun erwartet, dass er alle Probleme der maroden Gesellschaft löst. Joc indes will nur noch eins: in einer Zeitmaschine zurück in das Jahr 2005, doch diese entpuppt sich als bloße Attraktion in einem Vergnügungspark.

In einer Rede zur Lage der Nation wird Joe von Camacho der Öffentlichkeit präsentiert. Dass sich Camachos Rede als typisch politische Rhetorik einer total verdummten Gesellschaft entpuppt, wirkt wie Realsatire, denn Forscher der University of Montana sind in einer neuen Studie zu dem Ergebnis gekommen, dass die Rhetorik der Präsidenten der vergangenen fünfzig Jahre zeigt, dass Joe Biden und sein Vorgänger Donald Trump eine weniger komplexe Sprache verwenden als das ihre Vorgänger noch taten. (216)

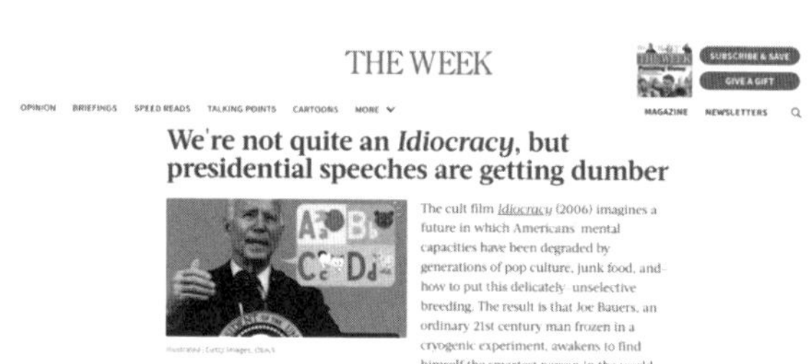

THE WEEK

SUBSCRIBE & SAVE | GIVE A GIFT

OPINION BRIEFINGS SPEED READS TALKING POINTS CARTOONS MORE | MAGAZINE NEWSLETTERS

We're not quite an *Idiocracy*, but presidential speeches are getting dumber

The cult film *Idiocracy* (2006) imagines a future in which Americans' mental capacities have been degraded by generations of pop culture, junk food, and—how to put this delicately—unselective breeding. The result is that Joe Bauers, an ordinary 21st century man frozen in a cryogenic experiment, awakens to find himself the smartest person in the world.

Abb. 272: Ein dementer US-Präsident spricht zur Nation. Finde den Fehler!

Das Ergebnis der Montana-Studie deckt sich im Wesentlichen mit denen ähnlicher Studien, die ebenfalls zeigen, dass Stil und Rhetorik von Präsidenten sich im Laufe der Zeit verändert haben, mit einer deutlichen Abnahme der Raffinesse und Wortwahl in Reden. Und weil Trump und Biden zu den ältesten Präsidenten gehören, gehen die Forscher der Studie von der Annahme aus, dass ihr Stil und ihre Rhetorik bereits erste Anzeichen eines kognitiven Verfalls sein könnten – ob die gesundheitlichen oder gesellschaftlichen Trends geschuldet sind, konnte die Studie nicht ermitteln. Andererseits entspricht der Sprachgebrauch der beiden Präsidenten einem langfristigen Trend, der sowohl unter Demokraten als auch bei Republikanern üblich ist.

Abschließend kommen die Forscher zu dem Ergebnis, dass seit den 1940er Jahren die Reden der Präsidenten in den USA sich eher auf Mittelschulniveau bewegen, was einmal mehr beweist, dass die Politik tatsächlich ein Art Spiegel der Gesellschaft ist, an der sich der intellektuelle Zeitgeist ablesen lässt?

Kunstvolle und mit reichlich Worten geschmückten Reden ist nämlich ein Zeichen von hohem Intellekt, weil eine signifikante Beziehung zwischen der Komplexität der Sprache und komplexem Denken besteht.

Camacho ist einer, der den Degenerationsprozess bereits durchlaufen und abgeschlossen hat, also gar nicht anders kann, weil irgendwann zwischen 2005 und 2505 die Dummheit wie ein Tsunami über die Erde hinweggefegt ist und die Intelligenz aus dem Köpfen der Gesellschaft den Orkus hinuntergespült hat.

Idiocracy tastet sich weiß Gott nicht mit Samthandschuhen durch unsere mögliche Zukunft. Im Gegenteil: Mike Judges Komödie ist als lauter Weckruf zu verstehen; auch wenn die Komödie vielleicht nie wirklich zur Blaupause wird, reicht schon ein Viertel davon aus, um dem drohenden Wahnsinn einen unausweichlichen Schub auf diese Zeitlinie zu leisten, von der es irgendwann kein Zurück mehr gibt – ob mit oder ohne Zeitmaschine. Denn Judges dystopische Zukunft wird uns sowieso in ein paar Jahren längst eingeholt haben, ohne dass uns das jetzt auch nur ansatzweise bewusst ist. Ein Großteil der Bevölkerung hat längst den Bezug zur Realität verloren, indem er sich in die Hände einer Gruppe egoistischer, falscher Propheten begeben hat, die für die Menschheit nichts Gutes im Schilde führt.

In einer norwegischen Studie [(217)] kamen Forscher Bernt Bratsberg und Ole Røgeberg vom Frisch Centre der Universität Oslo, bereits im Jahr 2018 zu dem fatalen Ergebnis, dass die Menschheit immer dümmer wird, jedoch ist einem Großteil von Wissenschaftlern bis heute nicht klar, welche Faktoren dafür verantwortlich sind. Nach Meinung der Forscher haben vor allem Veränderungen im Bildungswesen und die Ernährung einen nicht zu unterschätzenden Einfluss auf die geistige Entwicklung.

Laut der Studie unter norwegischen Rekruten und Rekrutinnen der Jahrgänge 1962 und 1991 gibt es sehr wohl signifikante Anzeichen, dass der durchschnittliche IQ stagniert, oder viel schlimmer noch, sogar wieder sinkt. Sollte der Trend weiter anhalten oder sich sogar noch verstärken, würde das zur Folge haben, dass der IQ im Laufe der nächsten hundert Jahre um sieben bis zehn Prozent fallen könnte.

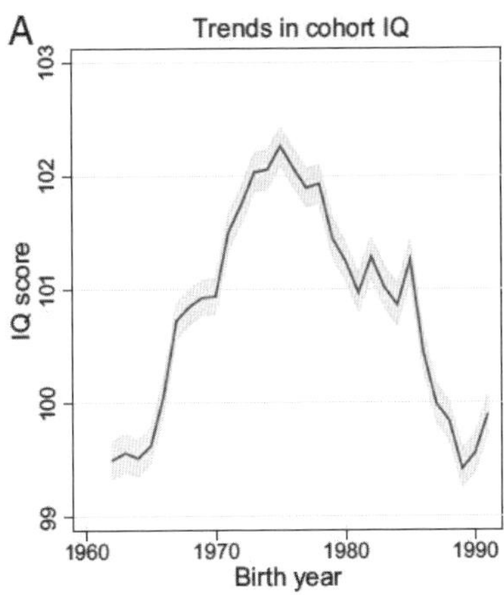

Abb. 273: Entwicklung der durchschnittlichen IQs norwegischer Rekrutinnen und Rekruten nach Geburtsjahr

Die Daten decken sich mit dem internationalen Trend, dem nach die Testergebnisse bis zum Jahrgang 1975 auf mehr als 102 IQ-Punkte stiegen und bis zum Jahrgang 1990 kontinuierlich auf unter 100 Punkte absanken.

Im Jahr 2017 wurde eine Umfrage unter Experten publiziert, die sich auch mit der Frage beschäftigt hat, ob auch genetische Veränderungen und Umwelteinflüsse innerhalb und außerhalb der Familie Einflüsse auf die Intelligenz haben. Schließlich kamen Forscher zu dem Ergebnis, dass neben der Ernährung und der Veränderung im Bildungswesen der drittwichtigste Faktor die Computer- und Mediennutzung junger Menschen ist. Auch der Gehirnforscher Manfred Spitzer warnt in seinem Buch „Digitale Demenz" vor den Gefahren des digitalen Zeitvertreibs der jungen Generation und glaubt, dass eine intensive Nutzung von Computerspielen und Online Chats das Gehirn von Kindern abbaut.

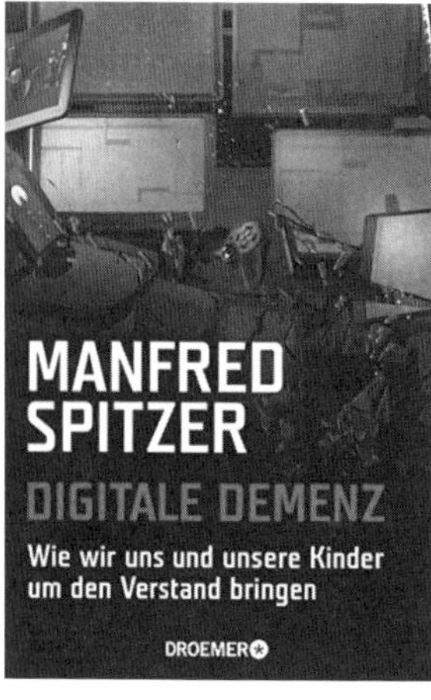

Abb. 274: Manfred Spitzers Buch „Digitale Demenz"

Spitzer ist zu dem Ergebnis gekommen, dass Kinder und Jugendliche heute kaum noch lernfähig sind und dass Symptome wie Aufmerksamkeitsstörungen, Realitätsverlust, Stress, Depression und eine zunehmende Gewaltbereitschaft mittlerweile zum ganz normalen Alltagsbild unserer Gesellschaft gehören. Laut einer Befragung unter 43.500 Schülern liegt die Nutzungszeit von Medien bei Neuntklässlern gegenwärtig bei knapp 7,5 Stunden täglich.

Das heißt, dass deutsche Schüler mehr Zeit mit Medien verbringen als in der Schule mit durchschnittlich vier Stunden täglich. Spitzer schreibt: *„Eine ganze Reihe von Studien zum Medienkonsum zeigt mittlerweile überdeutlich, dass dies im höchsten Maß Anlass zur Besorgnis geben sollte."*

Wichtig ist in diesem Zusammenhang zu verstehen, dass besonders exzessiver Medienkonsum zu einem Verlust des eigenständigen Denkens führen kann, was einen nicht zu unterschätzenden Einfluss auf das gesellschaftliche wie individuelle Verhalten hat.

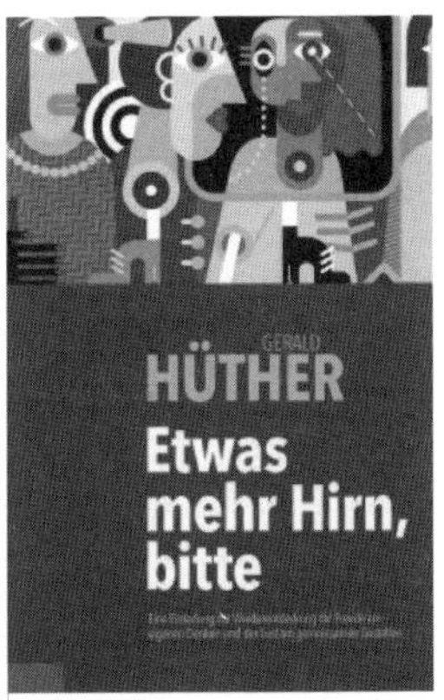

Abb. 275: Das Buch zum Text: „Etwas mehr Hirn, bitte: Eine Einladung zur Wiederentdeckung der Freude am eigenen Denken und der Lust am gemeinsamen Gestalten“

Zu diesem Ergebnis kommt auch der Hirnforscher Gerald Hüther in seinem 2015 veröffentlichten Buch „Etwas mehr Hirn, bitte“.

Hier schreibt Hüther:

„Wir verfügen über Talente und Begabungen und ein zeitlebens lernfähiges Gehirn, das für die Lösung von Problemen optimiert ist. Wir können Erfahrungen anderer übernehmen und über Generationen weitergeben. (…)

Wenn wir erkennen, dass unser Gehirn sein Potential in Netzwerken mit anderen entfalten kann, dass wir in all unserer Verschiedenheit zusammengehören, voneinander abhängig und miteinander verbunden sind, dann öffnet sich auch der Weg in eine hoffnungsvolle Zukunft, denn: Gemeinsam verfügen wir über deutlich mehr Hirn als allein.“

Idiocracy ist zweifellos mehr als nur Satire und Komödie. Judges Produktion ist eine Miniatur einer aus der Art geschlagenen Konsumgesellschaft mit Hang zur Wohlstandsverblödung, die sich unter dem Einfluss großer weltbeherrschender Konzerne nur noch für substanzlose Oberflächlichkeiten und der unmittelbaren Bedürfnisbefriedigung interessiert, während um sie herum die Welt in Schutt und Asche liegt.

Am Ende dieses sich dramatisch entwickelnden Kultur- und Wertverlustes, der schon jetzt laut und deutlich an unsere Tür klopft, steht immer eine verdummte Gesellschaft, die nicht einmal mehr dazu in der Lage ist, die gesellschaftlich grundlegende Infrastruktur aufrecht zu halten, weil diese Menschen einfach nicht dazu imstande sind, die einfachsten Probleme zu lösen, um ein einigermaßen normales Leben zu führen.

Es sind die kleinen aber feinen Details, die *Idiocracy*-Zuschauer aufhorchen lassen: Menschen, die alles ohne zu hinterfragen glauben und Politiker ohne Überblick und mangelnde Kompetenz, holen jeden Zuschauer, unter betreutem Denken, schnell auf den Boden der Tatsachen zurück.

Deshalb ist *Idiocracy* zwar ein durchaus amüsanter, gleichzeitig aber auch gesellschaftspolitischer Film, der von zwei Seiten aus zu betrachten ist, weil Judge einen sich seit Jahren abzeichnen Gesellschaftstrend unter die Lupe nimmt, den Gesellschaftskritiker schon eine ganze Weile auf dem Radar haben, dass sich Akademiker beim Nachwuchs regelrecht „zerdenken", während die eher schlichten Gemüter mit dem Kinderkriegen einfach drauflos legen und eben machen.

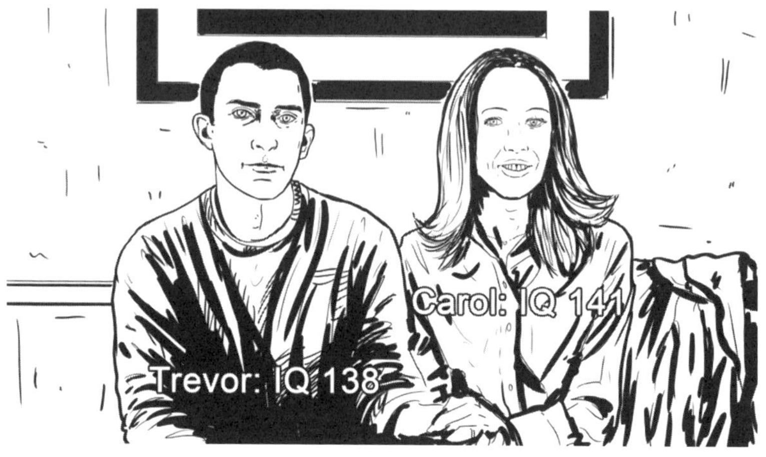

Abb. 276: Entvölkerung ganz persönlich

Dem routinierten Regisseur ist dabei ein fast schon genialer Kunstgriff für die Eröffnung gelungen, indem er dem Zuschauer in einer Montage auf der einen Seite ein Akademiker-Paar präsentiert, dem auf der anderen Seite ein einfach gestrickter Mann gegenübersteht.

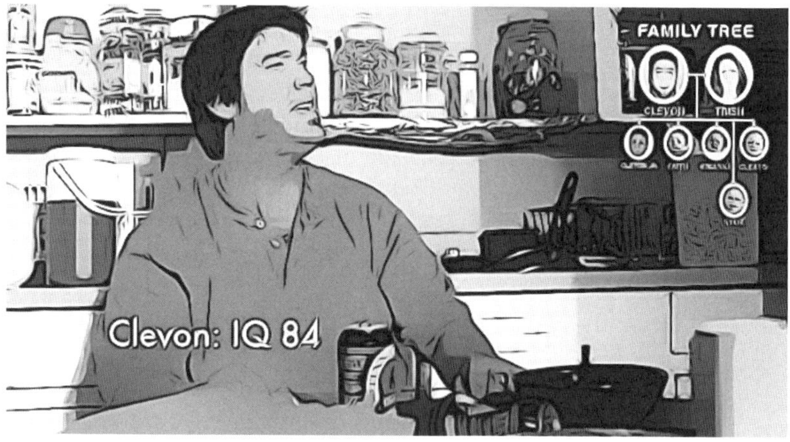

Abb. 277: Der Mann sieht alle seine weiblichen Nachbarn als potenzielle Objekte zum Poppen

Auf den ersten Blick wirkt die Eröffnungssequenz wie eine Dokumentation, die von einem Sprecher vor der sich drehenden Erde aus dem Off begleitet wird.

Schön ist dabei zu erkennen, wie sich die Stammbäume der ungleichen Seiten entwickeln. Während auf dem einen viele Kinder von unterschiedlichen Frauen gezeugt werden, legt der Akademiker wert auf eine gepflegte Karriere, bis ihm die Zeit irgendwann einen gewaltigen Strich durch die Familienplanung macht.

Dann wird's richtig bunt und zuweilen auch absurd. Der Dornröschenschlaf katapultiert Joe und Rita in eine völlig andere Welt. 500 Jahre sind eine verdammt lange Zeit. Die Welt, die sich dem Paar präsentiert, besteht größtenteils nur noch aus Beton und Werbeanzeigen, sogar Otto-Normalverbraucher trägt auf seiner Kleidung Werbung für alle erdenklichen Marken.

Niemand scheint sich mehr um die kleinen und großen Sorgen, geschweige denn um die Umwelt zu kümmern, was auch der Grund dafür ist, dass es keinerlei Arten von Pflanzen mehr gibt. Eine Welt ohne Duft und Grün, dafür Chaos, soweit das Auge reicht.

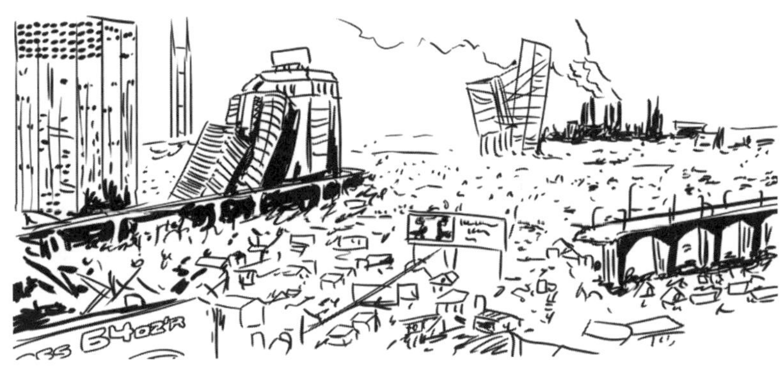

Abb. 278: Wie dumm können die sein?

Hier ein umgefallenes Hochhaus, da ein abgestürztes Flugzeug, um das sich niemand kümmert, weil Unfälle zum Alltag dieser Welt gehören und sich die debil egoistische Gesellschaft einen Dreck um das schert, was um sie herum geschieht.

Judge achtet auf jedes kleine Detail: Da ist zum Beispiel die Szenc im Gefängnis, in der ein Wärter auf ein viel zu groß geratenes Zahlenfeld 4-4-4-5 als Code eintippt. Auf der anderen Seite steht auch die lebendige Art von Luke Wilson in der Rolle des Joe Bauers, die er auf trockene und eher rationale Art spielt, weil sich für ihn die intellektuellen Parameter verschoben haben, plötzlich sticht er als geistiges Genie aus der Masse der Verblödeten hervor und versucht sich mit Normalität durch den chaotischen Alltag zu schlagen.

Idiocracy besticht auch durch sein gutes Tempo und eine gelungene Gag-Dichte – allerdings mit ein paar wenigen Logik-Löchern, die sich etwa in der Frage äußern, wer den ganzen technischen Schnick-Schnack, den eine noch halbwegs funktionierende Gesellschaft zum Überleben braucht, baut.

Genau wie im Film sind weite Teile der Bevölkerung fettleibig und gleichgültig. Polizeikräfte gehen aggressiver gegen Andersdenkende vor, Werbung ist allgegenwärtig und macht auch vor dem Präsidenten nicht halt, was schnell den Eindruck vermittelt, dass auch der mächtigste Mann der Welt nicht mehr das ist, was er einmal war. Zwar feuert Joe Biden während seiner Rede noch nicht mit dem Maschinengewehr wild in die Menge wie Camacho das tut – aber schließlich kann ja noch kommen, was noch nicht ist, weil bekanntlich noch nicht aller Tage Abend ist und weil uns ja immerhin noch 493 Jahre bleiben, bis uns *Idiocracy* eingeholt hat.

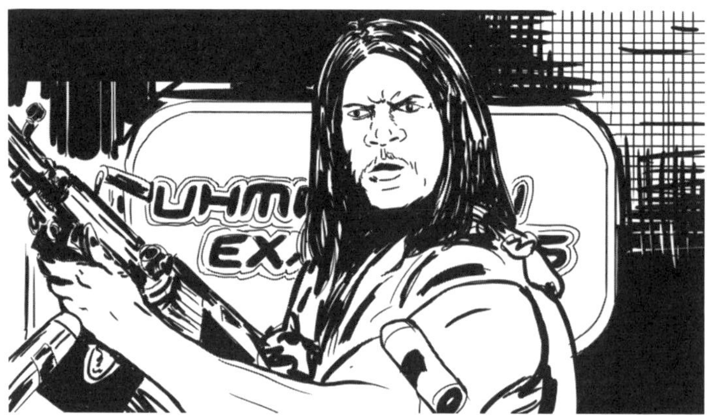

Abb. 279: (Fast) alle US-Präsidenten lieben den Krieg

Joe wird mehrfach von aggressiven Polizeikräften gejagt, zusammengeschlagen, mit Pfefferspray attackiert und wie Müll behandelt. Das erinnert an die gewalttätigen Reaktionen von Einsatzkräften gegen friedliche Bürger auf Corona-Demonstrationen auf der ganzen Welt, was heißen könnte, dass sich die Lage in den kommenden Jahren möglicherweise noch weiter verschlimmert, wenn wir in dem gegenwärtigen Tempo der Degeneration weitermachen.

Judge beschreibt die Zukunft der englischen Sprache als eine Mischung aus Slangs verschiedener ethnischer Gruppen, was sich aber durchaus nicht nur auf das Englische bezieht. Auch andere Sprachen entwickeln sich zunehmend zu einem dekadenten Kauderwelsch, das keiner mehr versteht, denn wer Jugendlichen beim Small-Talk belauscht, versteht schon heute die Welt nicht mehr.

In *Idiocracy* beherrschen Dürren mit Staubstürmen und Missernten das Leben der Menschen, was dem Umstand geschuldet ist, dass Pflanzen mit „Brawndo Energy Drings" gegossen werden, und nebenher erstickt die Erde im Müll.

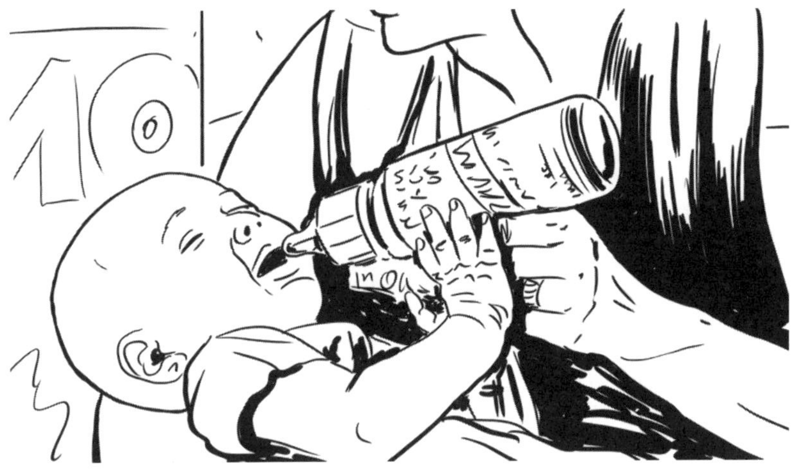

Abb. 280: Obwohl die Kinder es nicht wollen, wird ihnen die Müll-Limonade eingeführt

Müllberge, soweit das Auge reicht. Auch hier nähert sich die Gesellschaft der Fiction in Riesenschritten an. Im Jahr 2019 betrug das Brutto-Abfallaufkommen allein in Deutschland 416,5 Millionen Tonnen.

Auch wenn *Idiocracy* witzig gemacht ist, sollte jedem Zuschauer klar sein, dass aus heutiger Sicht betrachtet die Uhr bereits eine Minute vor zwölf geschlagen hat, so dass so manch einem Zuschauer sicherlich bald das Lachen im Hals stecken bleibt, weil im Laufe der sechzehn Jahre, die zwischen dem Kinostart und heute liegen, die Zukunftsprognose beunruhigend real geworden ist

Zweifellos haben 75 Jahre Frieden in weiten Teilen der industrialisierten Welt eine Wohlstandsverwahrlosung ausgelöst und gleichzeitig Ideologen auf den Plan gerufen, die sich in Nichtregierungsorganisationen zu einem Kartell zusammengeschlossen haben. Die NGOs haben es auf geradezu clevere Weise geschafft, einerseits die Demokratie weitgehend auszuhöhlen, andererseits ein Netzwerk in Gestalt eines Spinnennetzes zu erschaffen, aus dem sich die Gesellschaft scheinbar nicht mehr aus eigener Kraft befreien kann. Doch noch ist es nicht zu spät, denn wo ein Wille, ist bekanntlich auch ein Weg.

4.2 Geostorm: Wir können unser Wetter kontrollieren (2017)

„In der Zukunft wird die Technologie, die das Wetter kontrolliert, die Welt kontrollieren."

(*Geostorm*)

Geostorm ist ein amerikanischer Science-Fiction-Katastrophenfilm aus dem Jahr 2017, der von Dean Devlin (bei seinem Regiedebüt) inszeniert, mitgeschrieben und mitproduziert wurde. Die Filmstars sind Gerard Butler, Jim Sturgess, Abbie Cornish, Ed Harris und Andy García. Er folgt einem Satellitendesigner, der versucht, die Welt vor einem Sturm epischen Ausmaßes zu retten, der durch eine Fehlfunktion von Klimasatelliten verursacht wird.

Die Dreharbeiten begannen am 20. Oktober 2014 in New Orleans, Louisiana. Nach schlechten Testvorführungen fanden im Dezember 2016 Neuaufnahmen unter dem ausführenden Produzenten Jerry Bruckheimer, der Autorin Laeta Kalogridis und dem neuen Regisseur Danny Cannon statt. Der Film ist die erste Koproduktion zwischen *Skydance Media* und *Warner Bros.* Der Film wurde am 20. Oktober 2017 von *Warner Bros.* in den USA in 2D, Real D 3D und IMAX 3D veröffentlicht. Obwohl der Film weltweit 221 Millionen Dollar einspielte, wurde er als Kassenflop bezeichnet. Angesichts seines Budgets von 120 Millionen US-Dollar (ohne Marketingkosten) verlor *Warner Bros.* 74 Millionen US-Dollar und erhielt weitgehend negative Kritiken, wobei sich die Kritik auf die langweilige Geschichte und die glanzlosen visuellen Effekte konzentrierte.

Nach vielen katastrophalen Naturkatastrophen nimmt 2019 eine internationale Koalition ein System von Klimasatelliten namens „Dutch Boy" in Betrieb. Nachdem „Dutch Boy" einen Taifun in Shanghai neutralisiert hat, tadelt ein Unterausschuss des US-Senats den Chefarchitekten Jake Lawson, weil er „Dutch Boy" ohne Genehmigung online gebracht hat, und ersetzt ihn durch seinen Bruder Max, der unter US-Außenminister Leonard Dekkom arbeitet.

Drei Jahre später stößt ein in der Registan-Wüste stationiertes Team der Vereinten Nationen auf ein gefrorenes Dorf. Makmoud Habib, ein indischer Ingenieur, der auf der International Climate Space Station (ICSS) arbeitet, kopiert Daten des für Afghanistan zuständigen Satelliten auf eine Festplatte, bevor er bei einem vermeintlichen Unfall ums

Leben kommt. Nachdem er Präsident Andrew Palma überzeugt hat, eine Untersuchung durchzuführen, überredet Max Jake, zum ICSS zu gehen, um Nachforschungen anzustellen. In Hongkong erhöht ein Satellit die Temperaturen in der Stadt erheblich und verursacht Feuerstrudel und den Einsturz mehrerer Gebäude.

Jake kommt bei der ICSS an, um die fehlerhaften Satelliten zu untersuchen, die beschädigt und deren Daten gelöscht wurden. Er arbeitet mit Stationskommandantin Ute Fassbinder und ihrer Crew zusammen, die aus Ingenieurin Eni Adisa, Systemspezialist Duncan Taylor, Techniker Al Hernandez und Sicherheitsoffizier Ray Dussette besteht. Sie stellen die Festplatte wieder her, verstecken sie aber vor der Besatzung, vermuten einen Verräter und untersuchen die Daten, was zu der Entdeckung führt, dass ein Computervirus eingeführt wurde, der die Fehlfunktionen verursacht und den Anmeldezugang wichtiger leitender Mitarbeiter zum Satelliten ausgelöscht hat. Jake vermutet, dass Palma „Dutch Boy“ als Waffe benutzt, und sagt Max, dass er das System neu starten muss, um den Virus zu eliminieren, was den Kill-Code von Palma erfordert.

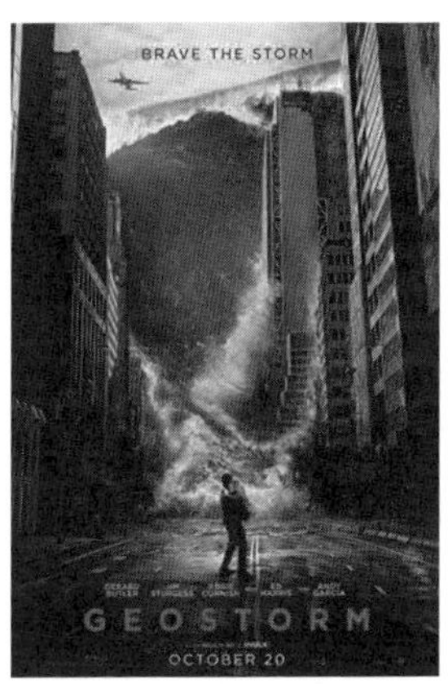

Abb. 281: Filmposter *Geostorm*

Zurück auf der Erde entdeckt Cheng Long, dass er und Max den Login-Zugang verloren haben und warnt Max vor einer globalen Katastrophe, die als „Geosturm“ bekannt ist, wenn die Fehlfunktion anhält. Cheng wird von einem Team abtrünniger Regierungsagenten nach Washington D.C. verfolgt, die ihn schließlich bei einem Verkehrsunfall töten, aber nicht bevor er „Zeus“ sagt. Als Max entdeckt, dass Project Zeus extreme Wettermuster simuliert, um einen Geosturm zu erzeugen, beauftragt Max seine Freundin, die Geheimdienstagentin Sarah Wilson, den Code zu beschaffen. Während dieser Zeit verliert das ICSS-Team die Kontrolle über alle Vorgänge, da der Virus das Selbstzerstörungsprogramm initiiert.

Während der Democratic National Convention in Orlando, Florida, entdeckt Max, dass Orlando als nächstes ins Visier genommen wird, nachdem ein massiver Hagelsturm Tokio heimgesucht und ein Kälteeinbruch vor der Küste einen Teil von Rio de Janeiro verwüstet hat. Max bittet Dekkom um Hilfe, aber Dekkom versucht stattdessen erfolglos, Max zu töten und enthüllt sich als Saboteur. Max informiert Sarah sofort. Die beiden entführen Palma, um ihn vor Dekkoms Agenten zu schützen und den Kill-Code zu sichern. Als sie aus der Arena fliehen, bevor ein Gewitter sie zerstört, enthüllt Max Palma ihre Aktivitäten und Dekkoms Verrat. Nachdem sie Dekkoms Söldner überlistet haben, verhaften die drei Dekkom und konfrontieren ihn mit seinen Plänen: die anderen gewählten Beamten in Amerikas Nachfolgelinie zu eliminieren, ihm zu erlauben, die Welt zu beherrschen und gleichzeitig Amerikas Feinde zu eliminieren. Max und Sarah eskortieren Palma zum Kennedy Space Center, wo sie den Code übertragen, aber erfahren, dass die Selbstzerstörungssequenz nicht gestoppt werden kann.

Während sich weltweit immer mehr Katastrophen ereignen (darunter Tornados in Mumbai, eine große Hitzewelle in Moskau und ein Megatsunami in Dubai), erkennt Jake, dass Duncan der Verräter ist, der Habibs Tod geplant und die Stürme auf Dekkoms Befehl erschaffen hat, und stellt ihn zur Rede. Duncan enthüllt, dass seine Taten für den großen Gehaltsscheck von Dekkom sind, indem er sich seinem Programm anschließt, verglichen mit dem mageren Gehalt, das er als Softwareentwickler erhält. Jake verspottet Duncan wegen seiner Dummheit, als ob er den Geosturm nicht stoppen würde, es wird nichts mehr auf der Erde geben, wofür er seine Millionen ausgeben könnte, aber Duncan erklärt sadistisch, dass er neugierig ist, wie die Welt enden würde. Jake entkommt in der folgenden Konfrontation, aber Duncan wirft sich versehentlich in den Weltraum. Während die Crew die Station evakuiert, bleiben Jake und Ute zurück, um den Neustart des Systems sicherzustellen, den Virus zu eliminieren und die Satellitenkontrolle an die NASA zu übertragen, wodurch der Geostorm in letzter Sekunde verhindert wird.

Sie entkommen dann in einem Ersatzsatelliten, wo sie Schutz suchen, wenn die Selbstzerstörungssequenz abgeschlossen ist. Sie benutzen die Triebwerke des Ersatzsatelliten als Leuchtfeuer, und ein nahe gelegenes Shuttle, das von Hernandez gesteuert wird, holt sie ab. Sechs Monate später arbeitet Jake wieder als leitender Ingenieur für „Dutch Boy", das jetzt von einem internationalen Komitee verwaltet wird. [(218)]

Es ist manchmal schwer zu sagen, ob die Kunst das Leben imitiert, oder umgekehrt. Wenn man dazu die Tatsache hinzunimmt, dass wir in einer von einem riesigen Apparat des Tiefen Staates [(219)] stark manipulierten Welt leben, der mit unbegrenzten Finanzmitteln ausgestattet ist, um damit zu experimentieren, jede erdenkliche Art von Technologie als Waffe einzusetzen, stellt man sich die Frage, ob über die Kinoleinwand versucht wird, einen Weckruf auszusenden.

Indem er dem gleichen Schema folgt wie *Independence Day* und *Armageddon*, stellt der Film über das Thema Apokalypse der allgemeinen Öffentlichkeit das Konzept des als Waffe eingesetzten Wetters vor.

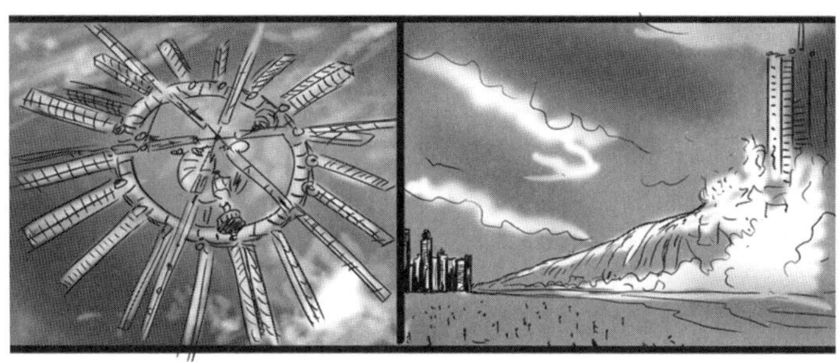

Abb. 282: Links ein „Dutch Boy" HAARP-mäßiger Satellit, rechts ein CGI-Angstprogramm

In *Geostorm* kämpft eine klassische väterliche Heldenfigur gegen die Technologie des Geoengineering und der Wettermodifikation. Nachdem eine nie da gewesene Serie von Naturkatastrophen den Planeten bedrohte, kamen die Staatsführer der Welt zusammen, um ein kompliziertes Netzwerk von Satelliten zu erschaffen, wodurch das globale Klima kontrolliert und alle in Sicherheit leben sollten.

Aber nun ist etwas schief gelaufen – das System, das dazu aufgebaut wurde, um die Erde zu schützen, greift sie an, und es ist ein Rennen gegen die Zeit, um die wahre Bedrohung zu enthüllen, bevor ein weltweiter Geosturm alles auslöscht…und damit zusammen jeden von uns.

Der Film scheint ein Mordkomplott auf den Präsidenten mit der Klimawandel-Hysterie, Geoengineering-Technologie, Terrorismus, Massenmord und draufgängerischem Heldentum zu vermischen. In einem Trailer für den Film erklärt ein demokratischer US-Präsident gegenüber der Weltöffentlichkeit:

„Dank diesem Satellitensystem gehören Naturkatastrophen der Vergangenheit an."
„Wir können unser Wetter kontrollieren."

„Das war keine Fehlfunktion", sagt die weibliche Hauptrolle Ute Fassbinder (Alexandra Maria Lara), woraufhin Jake Lawson (Gerard Butler) antwortet: *„Das war Absicht!"*.

Die Vorschau geht weiter mit dem folgenden Dialog, der ziemlich gut die derzeitige Denkweise von unabhängigen Forschern und Analytikern zusammenfasst, die seit Jahren darauf hinarbeiten, diese Programme zur Wettermanipulation als Technologien zur Kontrolle zu entlarven.

„Es kann weltweit zu katastrophalen Wetterereignisses kommen. Einen Geosturm!"

Um auf dem Thema als Fiktion deklarierter, gut dokumentierter Pläne zur Kontrolle der Weltbevölkerung mithilfe allmächtiger Regierungsprogramme aufzubauen, führt *Geostorm* sogar schwer bewaffnete UN-Truppen in blauen Helmen ins Feld, um der schwer angeschlagenen Zivilbevölkerung zu Hilfe zu kommen.

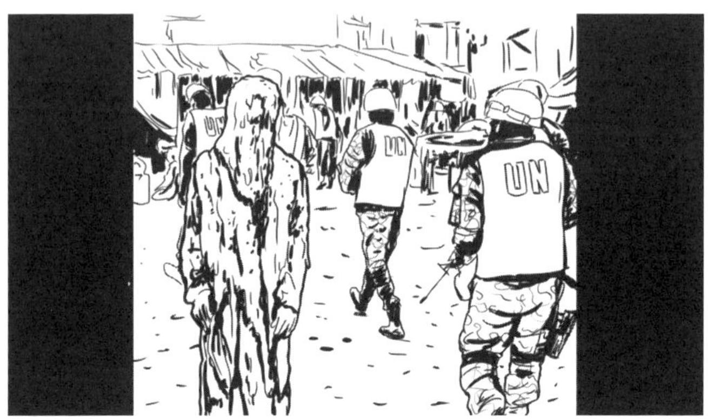

Abb. 283: Hat jemand Eis bestellt?

Medien setzen die Arbeit der Normalisierung von Wettermodifikationen durch Regierungen fort, indem sie sie als notwendiges Übel darstellen, in einer Zeit, in der die Menschen in Gefahr sind, von einem angeblich bedrohlichen Planeten vernichtet zu werden. Es geht um den auf höchstem Niveau ausgetragenen Kampf des Menschen gegen die Natur.

Natürlich ist alles nur Spaß und Spiel, nur Unterhaltung, bis man diesem Material mit den immer mehr zunehmenden öffentlichen Beweismitteln Paroli bietet, dass Systeme zur Wetterkontrolle dieser Art bereits entwickelt und in unserer heutigen Welt eingesetzt werden.

Sie werden über die Mainstream-Medien langsam der Öffentlichkeit vorgestellt, indem sie als nützliche Hilfsmittel dargestellt werden.

2013 bestätigte bei „CBS Morning" der Physiker Dr. Michio Kaku die Existenz des Plans, mit Billionen von Watt starken Lasern in den Himmel zu feuern, um das Wetter zu kontrollieren: https://www.youtube.com/watch?v=DIXQXb5iAg4

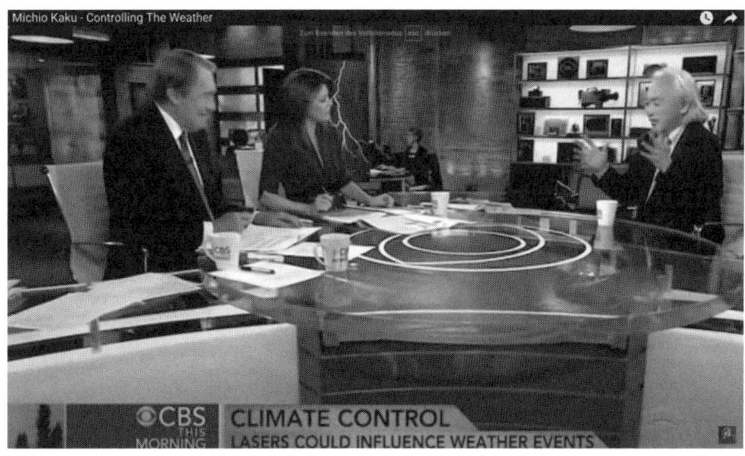

Abb. 284: Alle reden über das Wetter. Machen wir unser eigenes Wetter

Die US-Regierung baut einen Space Fence (Weltraumzaun) um die Erde, um den Planeten mit einer Anordnung von Satelliten zu umgeben, die dazu angelegt ist, die elektromagnetische Energie des Planeten zu manipulieren und alles zu überwachen. Die US Space Force erklärte das System am 28. März 2020 für betriebsbereit. (220)
Viele haben spekuliert, dass die verheerenden Superstürme im Jahr 2017 Harvey, Irma und Jose von dieser Art on Technologie beeinflusst waren.

General Electric war das erste Unternehmen, welches in den 1940ern auf dem Gebiet der Wettermodifikation Pionierarbeit leistete, indem sie erfolgreich einen Hurrikan „geimpft" haben, wodurch sie seinen Verlauf veränderten und eine große Zerstörung und der Ostküste der USA verursachten.

Seitdem hat die US-Regierung eine große Bandbreite an Technologien entwickelt, einschließlich HAARP, wovon weithin angenommen wird, dass es sich Skalartechnologie zunutze macht, um das globale Wetter zu manipulieren.

Das HAARP-Programm wurde von David Walker, Assistenzsekretär der Air Force für Wissenschaft, Technologie und Ingenieurwesen, vor dem Kongress 2014 zur Sprache gebracht (221) wirklich angelegt worden war, indem Energie in die Ionosphäre eingebracht wird, um die Regierung in die Lage zu versetzen, sie tatsächlich kontrollieren zu können… Walkers Aussage ist hier zu sehen: https://youtu.be/RX3IOHpe6sY

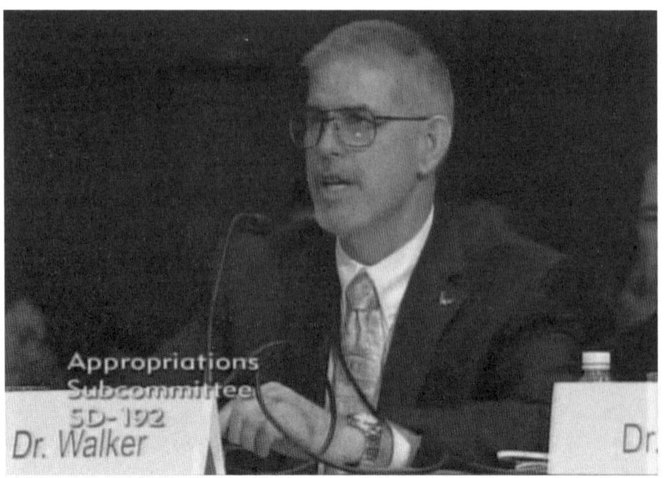

Abb. 285: Ich sag es Euch ins Gesicht und ihr glaubt, es wäre eine Verschwörungstheorie

Also, zurück zum Punkt dieses Filmberichts über *GeoStorm*. Der Film ist Teil der Rockefellers „Agenda 21", die kurz ausführlich und in acht Sprachen erklärt wird, auf den von Rockefellers installierten „Georgia Guidestones", welche am 06. Juli 2022 zum Teil von Unbekannten gesprengt wurden und anschließend von den örtlichen Behörden abgerissen wurden. Man könnte annehmen, dass a) jemand den Illuminati eins auswischen wollte oder die Illuminati wollen ihre Spuren der Entvölkerungsagenda verwischen.

Denn wer von den Schlafschafen bis heute nichts von dem Monument gehört hat, wird es in zehn Jahren bestimmt nicht interessieren.

Eines der Hauptziele dieser größeren Eine-Welt-Elite-Verschwörung ist nicht nur die Weltherrschaft und ein Eine-Welt-System, sondern eine Reduzierung der Bevölkerung – und nicht nur eine kleine Reduzierung, sondern eine große, im Grunde 90 Prozent von über 7 Milliarden Menschen auf dem Planeten Erde. Auf diese Weise können sie diese reduzierte menschliche Bevölkerung verwenden, um ihre satanische Version der Utopie zu beginnen.

Die tiefe Lüge in Filmen wie diesem ist, dass der Mensch bestimmen kann/wird, wie die Erde zu Ende geht … aber sie können es nicht, weil die Natur sie zurückhält, während sie zeigt, dass sie extrem böse sind und verhaftet werden müssen.

Dieser Film ist einer der klügsten Psy-Ops-Jobs überhaupt. Dieser Film wurde finanziert und gefördert von den höchsten der Neue Weltordnung-Elite und ihren geheimen Clubs. Dieser Film ist einer von ihnen, sollte anscheinend als Kult-Klassiker dienen und wegen dem Propagandaeffekt endlos wiederholt werden – zusammen mit seinen unzähligen Lügen. Sogar in diesem Film gibt man zu, CIA, FBI, CFR und hochrangige militärische Hilfe zu haben – sogar hochkarätige Geheimnisse angedeutet – bis ganz nach oben. Eine Art „Code" wird in diesem Film aus einem bestimmten Grund erwähnt – es ist ein Code, der entschlüsselt werden muss (achten Sie auf die Desinformation darüber). Es werden Namen fallen gelassen, was bedeutet, dass es tatsächliche Namen von Eliten, 666-Plänen und Plänen der Neuen Weltordnung gibt. Zum Beispiel wird „Project Zeus" genannt.

„In den späten 1970er Jahren begann das geheime National Reconnaissance Office (NRO), dass die Flotte der Geheimdienstsatelliten der Vereinigten Staaten entwickelte und betrieb, mit der Untersuchung einer streng geheimen Nutzlast, die in der Nutzlastbucht des Space Shuttles fliegen sollte. Die Nutzlast mit dem Namen ZEUS hätte ein Paar leistungsstarker Aufklärungskameras enthalten, die in der Lage wären, während eines Shuttle-Fluges große Teile der Sowjetunion zu beobachten. Eine Variante von ZEUS wäre ein wiederherstellbarer ‚Free-Flyer'-Satellit gewesen, der vom Shuttle ausgebracht und von einer späteren Shuttle-Mission zurückgeholt wurde. ZEUS war so geheim, dass nicht einmal seine Existenz bekannt wurde – schwärzer als schwarz, wie die Gespenster sagen würden. 2017 haben freigegebene Dokumente Licht auf diese streng geheime, fast völlig unbekannte Shuttle-Nutzlast geworfen." (222)

Mittlerweile ist das Programm eingestellt und durch andere Satelliten-Programme ersetzt worden.

Im Film werden auch tatsächliche Daten prognostiziert – 2019 und 2022. Auch die Rockefellers. Auf die UN wird ein paar Mal verwiesen, ebenso wie auf den kriminellen US-Kongress, ebenso wie auf die von den Illuminaten geführte „ISS" = Internationale Raumstation, betrieben von denen, die es sind, die gegen die Natur kämpfen und daran arbeiten, einen so großen Schwindel zu erzeugen, dass versucht wird, die ganze Welt zu täuschen.
Ein kurzer Schwenk zu ISS: Angeblich umkreist die internationale Raumstation die Erde nicht und soll einem Studio auf der Erde gefilmt werden. Es klingt wie eine abgeschwächte Form der Theorie, dass die Mondlandungen gefälscht wurden, indem einige Wahrheitssucher behaupten, Raumfahrt sei nicht möglich, und dass die NASA die Welt mit ihren täglichen Updates über die Aktivitäten der Astronauten in der Raumstation täuscht. Einige Wahrheitssucher behaupten auch, dass Weltraumreisen gar nicht möglich sind.

Als die Weltraumorganisation das 20-jährige Bestehen der Internationalen Raumstation ISS feierte, wurde in einem Video auf YouTube behauptet, dass uns Astronauten an Bord der ISS glauben machen wollen, dass sie in der Schwerelosigkeit schweben, indem sie an Drähten hängen.

Der Theorie zufolge soll es sich bei der ISS in Wirklichkeit um ein Flugzeug handeln, während die Weltraumspaziergänge in einem Wasserbecken gefilmt werden sollen. Die Theorie ist Teil einer immer mehr zunehmenden Behauptung, dass die Menschen die Raumfahrt erst noch beherrschen müssen, und dass das gesamte Videomaterial, einschließlich der ersten Mondlandung im Jahr 1969, gefälscht ist.

Der Videoausschnitt zeigt Astronauten, die in der Schwerelosigkeit schweben, aber der Sprecher des vom Kanal *Time to Unite* veröffentlichten Videos sagte, dass er nach seinen „Nachforschungen" zu dem Schluss gekommen sei, dass „die ISS ein Schwindel ist und alle bemannten Raumfahrten ein Schwindel sind…".

Dem Erzähler zufolge hängen Astronauten tatsächlich an Drähten in einer nachgebildeten ISS.

Er sagte: „Im Inneren (der ISS) gibt es ein paar Schwerelosigkeitstricks, mit denen sie es fälschen. Die erste ist eine komplette Attrappe in einem Flugzeug. Das Flugzeug macht ein paar Steig- und Sinkflüge, es führt eine nach oben gerichtete parabolische Flugbahn aus und das simuliert die Schwerelosigkeit. Die andere Hauptmethode, mit der sie die Schwerelosigkeit simulieren, ist das Aufhängen vor einem Bluescreen, und sie verwenden diesen Trick bei längeren Zeitabschnitten, Segmenten, die länger als 45 Sekunden sind, aber sie können sich nicht so viel bewegen, sie können im erweiterten Modus keine akrobatischen Saltos oder Rollen machen."

In einem Ausschnitt ist der pensionierte NASA-Astronaut Chris Hadfield – der ein rotes Oberteil trägt – dabei zu sehen, wie er sich in der ISS nach vorne beugt.

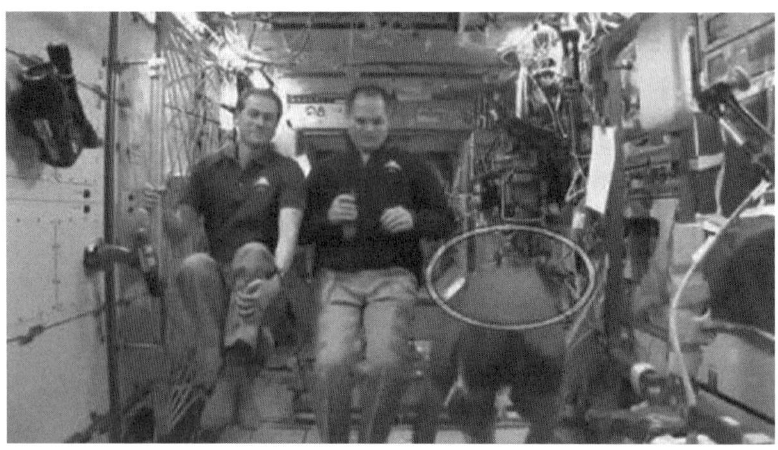

Abb. 286: Sehr verdächtig

Die Rückseite seines Hemdes scheint nach oben zu ragen, als ob sie an etwas befestigt ist. „Man sieht, dass an beiden Seiten des Gurtes Drähte angebracht sind, um ihn zu halten", fügte der Sprecher hinzu.

„Natürlich haben sie die unterstützenden Drähte mit einem Bildbearbeitungsprogramm retuschiert, sodass man sie nicht wirklich sehen kann."

Der UFO-Forscher Scott C. Waring, der sich auf seiner Website *ufosoghtingsdaily.com* auf Livestreams der NASA stützt, die von der ISS gefilmt wurden, hat sich ebenfalls mit der Theorie befasst. In einem erschienenen Beitrag schrieb er über die ISS-Schwindel-Theorie:

„Dieses Video wurde 2016 aufgenommen, aber wenn Sie sich die Tür genau anschauen, werden Sie sehen, dass diese Luke auf der Raumstation aus einem dünnen Plastik- oder zeltähnlichen Material besteht. Die Tür ist nicht luftdicht und auch keine echte Luke. Ich schaue es mir immer noch an, aber ich kann mir einfach nicht vorstellen, wie zum Teufel diese Luke den Weltraum draußen und die Luft drinnen behalten soll. Das ist wirklich irritierend."

Waring sagt damit aus, dass dies darauf hindeutet, dass sich die Raumstation eigentlich nicht wirklich im Weltraum befindet, sondern nur eine aufwändige Inszenierung ist.

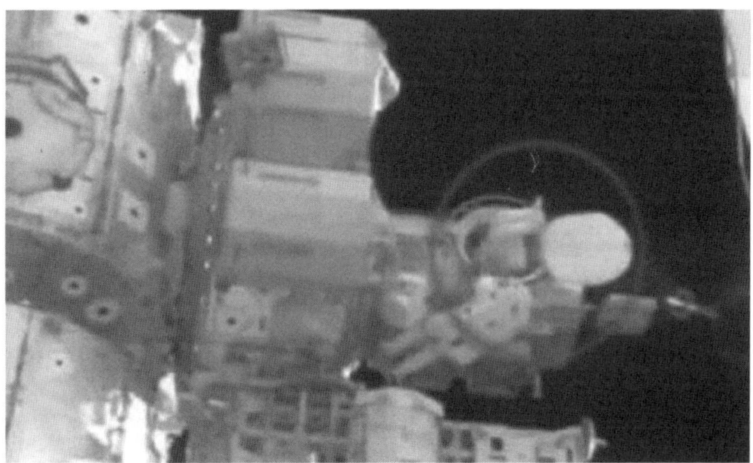

Abb. 287: Im Orbit? Wie kann diese dünne, wacklige Luke die Raumstation luftdicht verschließen?

Waring deutete sogar eine Art Vertuschung über den Schwindel an und behauptete, Google habe einen Tag, nachdem er Details der Theorie veröffentlicht hatte, seine Website vorübergehend vom Netz genommen.

Er fügte hinzu: *„Einen Tag nachdem dieser Beitrag erstellt wurde, verbannte Google meine Website. Google arbeitet eindeutig für die Regierung, um zu verhindern, dass viele Geheimnisse an die Öffentlichkeit gelangen."*

In einem Artikel über die ISS-Schwindel-Theorie schrieb die Website *Timetounite.com*: *„Die Internationale Raumstation ist, genau wie alles andere, was uns die NASA gebracht hat, ein Freimaurer-Schwindel, eine komplette Fingierung mit Spezialeffekten, Modellen, Wasserbecken, Schwerelosigkeitsflugzeugen und verschiedenen Kameratricks."*

Störungen in einem Video von Astronauten auf der Internationalen Raumstation ISS sollen ebenfalls beweisen, dass es sich um eine gefälschte Kulisse handelt, die auf der Erde gefilmt wird.

Ein Video, das im Internet kursiert, zeigt drei Astronauten, die während einer Live-Übertragung innerhalb der ISS sprechen. Als sich das Trio jedoch von den Zuschauern auf der Erde verabschiedet, verschwimmen die Konturen ihrer Körper, während der Hintergrund scheinbar gleich bleibt.

Dann wird die gesamte Übertragung auf mysteriöse Weise unterbrochen, wie Dailystar.co.uk berichtet. (223)

Anhänger der Theorie, die behaupten, dass die ISS nicht im Weltraum ist und das gesamte Material hier auf der Erde gefälscht wird, sagen, die Tatsache, dass die Übertragungsprobleme nur die Astronauten betreffen, beweise, dass sie in einen Hintergrund hineingeschnitten worden seien.

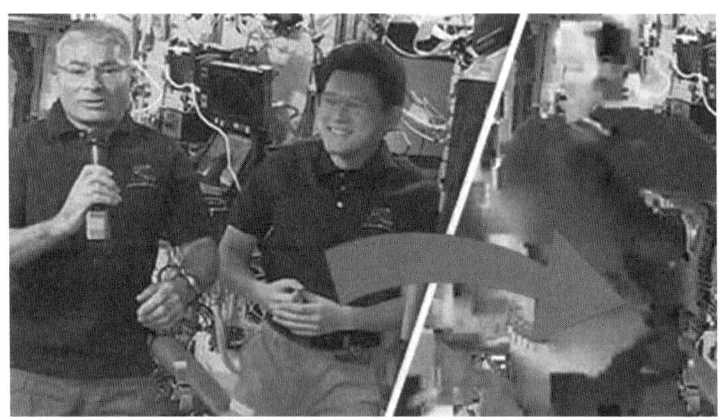

Abb. 288: Astronauten begannen im ISS-Filmmaterial digital zu verschwimmen

Tyler Glockner, der den YouTube-Kanal *secureteam10* betreibt, hat den Ausschnitt ebenfalls veröffentlicht. Er sagte:

„Diese kleine Panne am Ende hat eine seit Jahren bestehende Theorie zusätzlich angeheizt, dass die ISS nicht echt ist, und dass das, was wir in diesen Live-Übertragungen tatsächlich sehen, nichts anderes ist als Astronauten, die vor einem Bluescreen stehen. Viele Leute weisen darauf hin, dass am Ende des Clips nicht der gesamte Feed verschwindet, sondern nur die Astronauten. Einige sagen, dies sei ein Beweis dafür, dass zumindest einige dieser Live-Feeds vor einem Greenscreen gemacht werden. Warum sonst sollten nur die Astronauten verschwimmen, wenn alles andere in der Kabine unberührt bleibt?" (224)

Weiter mit *Geostorm*: Das ist also kein Film – es ist ein Propagandastück. Es soll auch das tun, was der Propagandafilm *Star Wars* getan hat – das Publikum zum „Wow" bringen und die bösen mörderischen Eliten mit ihrem Weltraumflügel des Militärs, der NASA, weiter Weltraumwaffen bauen lassen. Dieser Film ist auch eine Bedrohung – wie es die Mafia tut, von denen, die mit dem Wetter „Gott" spielen wollen, während sie es zerstören und uns predigen, dass wir ihren Befehlen zum „Klimawandel" gehorchen müssen. Hinweis: Al Gore, Bill Gates, Eckart von Hirschhausen und der Rest – sie lügen und sie wissen es. Dieser Film ist also Propaganda – finden Sie jedes Stück, das Sie finden können, und entlarven Sie es. Wetterwaffen werden in Echtzeit auf Menschen angewendet, und die Dämpfe, die in den USA, Europa und in den NATO-Ländern als chemische Spuren oder einfach „Chemtrails" bezeichnet werden, sind sehr real und lebensgefährlich. Die NWO-Elite übt seit 1945 – dem Zweiten Weltkrieg – die Manipulation des Wetters für verschiedene Zwecke. Ja, so lange.

Es ist wirklich einfache Wissenschaft – sie sind nur wirklich schlau und noch böser, nutzen ihre Klugheit, um zu morden und zu stehlen und werden dabei, so hoffen sie, nicht erwischt. Erinnern Sie sich an den „magischen" Nebel, der sich über Normandie, Frankreich, legte, der genügend Deckung bot, um die Invasion der US-Truppen und der „alliierten Streitkräfte" zu schützen und sie vor den deutschen Bombern und dem Militär zu schützen? Das wurde von Boeing eingesprüht und war früher öffentlich bekannt. Heutzutage ist es sehr schwierig, Informationen zu finden, aber jetzt sind die „Geoengineering"-Industrien eine Multi-Milliarden-Dollar-Industrie. Im Ernst, es ist so groß.

Die NWO-Eliten betreiben die Propagandamaschinen (alias „Nachrichten" – alle im Besitz von sechs internationalen Konzernen). Und diese „Nachrichten"-Agenturen bombardieren die Menschen in den USA (und der Welt) seit Dekaden mit außerirdischen Mythen und Lügen. Der CFR/CIA hat diese verlogenen Botschaften in die Filme und Fernsehsendungen gesteckt – als ob es „eine andere Dimension" gäbe … oder dass „Außerirdische" gekommen sind oder kommen werden oder helfen oder herrschen oder Massenmorde planen … Es geht immer weiter. Und dann gibt es noch die Mythen, um das vermeintliche „Reverse Engineering" voranzutreiben, das angeblich von „Alien-

Technologie" gelernt wurde. Alles von *X-Men*, *Star Trek*, *Terminator*, *Star Wars*, *Iron Man*, *Hulk*, *Spiderman*, *Avengers*, *Captain America*, *Guardians of the Galaxy*, *Pandora*, *Superman*, *Wonder Woman*, *Super Girl*, *Batman*, *Men in Black*, die *X-Akten* und *Justice League* (und das ist keine vollständige Liste) … all dies fördert mehr Kriege, die von bösen Hintermännern und Bankstern begonnen werden. Diese fördern das Wollen und Erhalten von „Macht" von jemand anderem als der Natur – was Dämonen/gefallene Engel hinterlässt. Das ist es. Es gibt keine „Aliens".

Die einzige eindringende Kraft aus dem „Weltraum" sind Satan und seine gefallenen Engel, die Dämonen. Das ist es. An der Lüge ist nichts anderes dran als CGI (Computer Graphics Imaging), Hologramme, Chemtrails und HAARP, militärische Skalarwaffen und lügende Mainstream-Nachrichten (einschließlich Fox, CNN, MSNBC, BBC, ARD, ZDF und der Rest des Fernsehens – Trash Anbieter von „Nachrichten". Und dann haben Sie natürlich die von Rockefeller kontrollierten „History Channel" und „Discovery Channel", die ihre Drehs dazugeben. Und natürlich *Disney* und *Universal* und *20th Century Fox* und *Pixar,* usw.

Je nach Betrachtungsweise könnte dieser Film zu keinem besseren - oder schlechteren - Zeitpunkt veröffentlicht werden. Nach den 2017er Hurrikanen Harvey, Irma und Jose, nach zwei massiven Erdbeben in Mexiko und inmitten einer zunehmenden vulkanischen Aktivität entlang des Pazifischen Feuerrings könnte ein Spielfilm über katastrophales Wetter einfach zu viel sein.

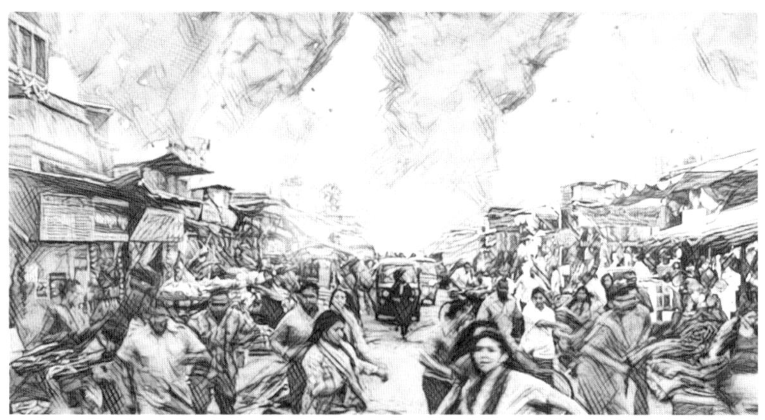

Abb. 289: Die Hölle auf Erden, ein beliebtes Motiv Hollywoods

Bewusstseinskontrolle ist ein sehr reales Merkmal unserer modernen Welt. Sie taucht in vielerlei Formen auf, und im Falle Hollywoods und der Unterhaltungsmedien zielt prophetische Programmierung darauf ab, kritisches Denken und Debatten über ein wichtiges Thema zu zerstreuen, vorrangig durch eine Vermischung von Tatsachen mit

Theorien, in einem Versuch, eine Idee als eine „Verschwörungstheorie" zu diskreditieren, einen negativ besetzten Begriff.

Die zugrundeliegende Idee besteht darin, die Leute davon zu überzeugen, dass manche Themen nicht ernstgenommen werden sollen. (225)

4.3 Sie leben: Ist eine Dokumentation! (1988)

„Sie gebrauchen ihre Zungen um zu betrügen, das Gift von Schlangen kommt über ihre Lippen. Ihre Münder sind voller Bitterkeit und Flüche. Und auf ihrem Weg stürzen sie die Welt in Elend und Unglück. Diese Teufel kennen keine Furcht vor Gott! Sie haben Herz und Verstand unserer politischen Führung an sich gerissen. Sie haben die Reichen und Mächtigen für sich eingespannt und uns haben sie geblendet, damit wir die Wahrheit nicht sehen. Der Geist von uns Menschen ist korrumpiert! Warum wohl predigen wir Gier? Wollt ihr's wissen? Außerhalb unserer Wahrnehmung lauern Kreaturen. Sie saugen uns aus! Wie eine Last legen sie sich über uns, von der Geburt bis zum Tod! Wir sind ihr Eigentum! Wir gehören ihnen! Sie besitzen uns! Sie kontrollieren uns! Sie sind unsere Herren! Wacht auf! Sie sind mitten unter Euch! Überall!"

Prediger (*Sie leben*)

Der Filmanalyst Rober W. Sullivan glaubt, wenn ein Auge im Dreieck im Hintergrund oder Vordergrund eines Films auftaucht, ist es höchstwahrscheinlich (nicht immer) aus sensationellen Gründen dort platziert; um die Leute glauben zu machen, dass es eine Illumanti-Luziferianische Verschwörung zur Gedankenkontrolle in Hollywood gibt. Das Posten von Blogs und Youtube-Videos über Gedankenkontrolle in Hollywood ist das, was die Filmindustrie will und sie will, dass Sie es glauben; um Leute dazu zu bringen, über einen Film zu sprechen, negativ oder positiv, ist Hollywoods großer Modus Operandi. Mit anderen Worten, sie wollen Kontroversen und je mehr desto besser; Hollywood will, dass der Schwanz mit dem Hund wedelt. Dieses Gefühl wurde am besten von Bela Lugosin (Martin Landau) zusammengefasst, als er 1994 in *Ed Wood* zu Ed Wood (Johnny Depp) sagte: „So etwas wie schlechte Presse gibt es nicht, Eddie." Stattdessen wird dieses Kapitel die Lehren der Illuminaten und Illuministen untersuchen, die im Kino enthalten sind. Aber zuerst etwas zur Geschichte der Illuminati und der Illuminati-ähnlichen Organisationen.

Die Illuminaten (alias bayerische Illuminaten) wurden am 1. Mai 1776 von Adam Weishaupt (1748-1830), Professor für Kirchenrecht an der Universität Ingolstadt, und seinem engen Vertrauten Xaver Zwack (1756-1843) gegründet, und ihre gesamte Infrastruktur wurde nach dem Vorbild der Gesellschaft Jesu gestaltet.

Dem endgültigen Verbot des Jesuitenordens (Gesellschaft Jesu) durch Papst Clemens XIV. (1705–1774) im Juli 1773 war eine Reihe repressiver Maßnahmen vorangegangen, die im Jahr 1759 mit der Vertreibung der Jesuiten aus Portugal und seinen Kolonien eingeleitet wurden. (226)

Kurz darauf treten Weishaupt und die Illuminaten auf, um dort weiterzumachen, wo die Jesuiten und die Gegenreformation aufgehört haben; über die Illuminaten schreibt Albert Mackey:

„Sein Gründer nannte ihn zunächst Orden der Perfektibilisten; aber später gab er ihm den Namen, unter dem es jetzt allgemein bekannt ist. Ihr erklärtes Ziel war es, durch die gegenseitige Unterstützung ihrer Mitglieder den höchstmöglichen Grad an Moral und Tugend zu erreichen und die Grundlage für die Reform der Welt durch die Vereinigung guter Männer zu legen, um dem Fortschritt des moralischen Bösen entgegenzuwirken.

Um dem Orden einen höheren Einfluss zu verleihen, verband Weishaupt ihn mit der Freimaurer-Institution, nach deren System von Graden, esoterischen Unterweisungen und geheimen Anerkennungsweisen er organisiert war. Es wurde daher von oberflächlichen Schriftstellern mit der Freimaurerei verwechselt, obwohl es nie als richtiger Freimaurer-Ritus angesehen werden konnte.

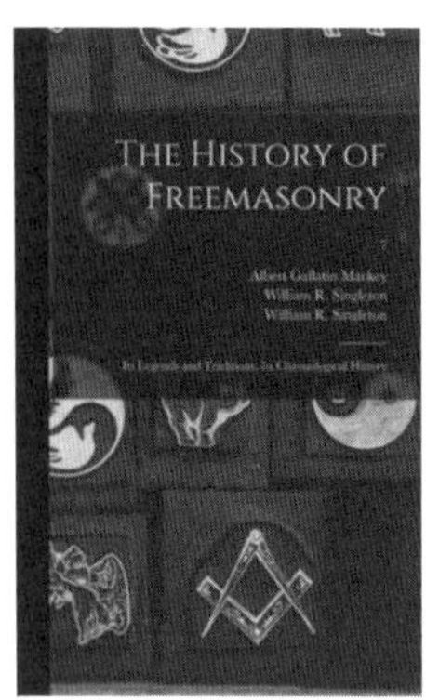

Abb. 290: Albert Mackey „Encyclopaedia of Freemasonry and Its Kindred Sciences“

Obwohl Weishaupt ein Reformator in der Religion und ein Liberaler in der Politik war, war er ursprünglich Jesuit gewesen; und er wandte daher beim Aufbau seiner Vereinigung die Klugheit und Feinheit an, die die Schüler von Loyola auszeichneten; und nachdem er 1777 in eine Münchner Loge eingeweiht worden war, entlehnte er auch die mystische Organisation, die der Freimaurerei eigentümlich war, zu deren Gebrauch. Bei dieser letzteren Aufgabe wurde er von Baron von Knigge, einem eifrigen und gut unterrichteten Freimaurer, der sich 1780 den Illuminaten anschloss, sehr unterstützt und bald zu einem Anführer, der die Kontrolle und Leitung des Ordens mit Weishaupt teilte. Das ursprüngliche Ziel des Illuminismus war zweifellos die Erhebung der menschlichen Rasse.“ (227)

Terry Melanson erklärt in seinem Buch „Perfectibilists“ weiter:

„Der Orden war geheim, hierarchisch und stark den Jesuiten nachempfunden. ‚Die Illuminaten nahmen zuerst den Namen Perfektionisten an‘ [d.h. Perfektibilisten; Ger. Perfectibilisten], schreibt der Historiker Friedrich Christoph Schlosser aus dem 19. Jahrhundert. Und ‚dem theologischen Schild der Jesuiten mit der Inschrift ‚Ausdehnung des Reiches Gottes‘ stellten sie einen philosophischen Standard entgegen, der mit den Worten ‚Vollkommenheit des Menschen‘ geschmückt war.‘ Perfektibilisten klangen jedoch bizarr und nicht mysteriös genug; Weishaupt änderte den Namen schnell in Orden der Illuminaten (Illuminatenorden) – gewählt vielleicht wegen des Bildes der Sonne, die Licht in äußere Kreise ausstrahlt. Der

Orden wurde daher in der Kommunikation zwischen den Mitgliedern immer als ein Kreis mit einem Punkt in der Mitte.“

Das Konzept der Vollkommenheit oder Vervollkommnungsfähigkeit des Menschen ist alt und hat in den letzten dreitausend Jahren eine Vielzahl von Anhängern gefunden. Weishaupt hätte sich bei der anfänglichen Benennung von jeder – eher einer Vielzahl – dieser Traditionen inspirieren lassen können. In Bezug auf Religion, Mystik und Okkultismus wurden Perfektibilisten mit Antinomismus in Verbindung gebracht, Sekten, die an den Lehren von Dionysius dem Areopagiten, den Hesychasten, den Jansenisten, den Fraticelli, den Brüdern des freien Geistes, den Wiedertäufern, den Quäkern, den Beghards, die Katharer oder Albigenser und die Familisten.“ (228)

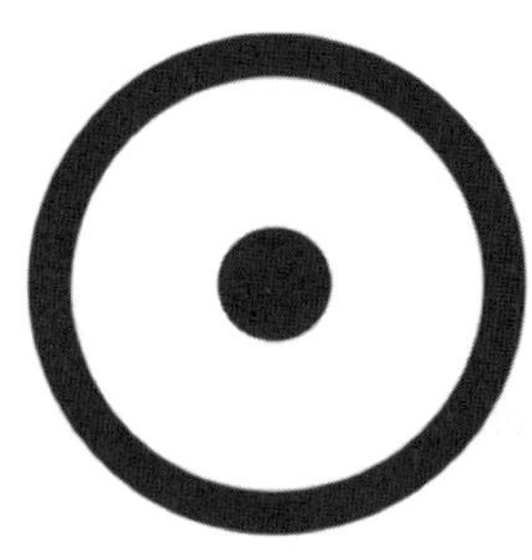

Abb. 291: Der Punkt innerhalb eines Kreises ist das Sonnensymbol der Illuminaten. Der Punkt ist die Sonne und der Kreis sind die umliegenden Häuser des Tierkreises

Wie die Freimaurer gingen die Illuminaten-Eingeweihten durch eine Reihe von Stufen oder Kreisen, um Licht oder Erleuchtung zu erhalten; Licht war jedoch in Wirklichkeit revolutionärer Eifer, symbolisiert durch Sonnenfeuer.

Mit anderen Worten, der Zweck des Aufstiegs in der Hierarchie der Illuministen bestand nicht so sehr darin, Weisheit zu erlangen; vielmehr ging es darum, den Eingeweihten zu einem treuen Diener auf einer universellen Mission zu machen: *„Wir können Menschen nicht so verwenden, wie sie sind, sondern beginnen, indem wir sie umgestalten.“* (229)

Die primitive Vision der Revolutionäre von der Welt als einem dualistischen Kampf zwischen den Kräften der Dunkelheit und des Lichts mag aus der neomanichäischen Sichtweise von Weishaupts Anhängern stammen, und ihre auserwählte Gruppe von „Erleuchteten“ war im Kampf mit „den Söhnen von Dunkelheit“, ihre kategorische Bezeichnung für alle außerhalb des Ordens.

Der innere Kreis der Illuminaten waren die Areopagiten, die eine Kerze anzündeten, die die solare Quelle der Erleuchtung symbolisierte. Der zoroastrisch-manichäische Feuerkult war zentral für die ansonsten eklektische Symbolik der Illuminaten; ihr Kalender basierte eher auf persischen als auf klassischen oder christlichen Modellen.

Wie die hohen Grade der Freimaurerei (Ritus der Vollkommenheit) scheinen die Illuminaten eine weitere List der Jesuiten-Gegenreformation zu sein, die geschaffen wurde, um die Freimaurerei heimlich zu infiltrieren, während sie exoterisch revolutionär und esoterisch reaktionär sind.

Die Jesuiten wurden beauftragt, die Gegenreformation zu führen, beginnend mit dem Konzil von Trient (1545-1563), wo sie unter anderem Spionage und Ausflüchte über Hermetik, Kabbala und Mystik, um Protestanten heimlich zu den heidnischen, neuplatonischen und christlichen Mysterien der römischen Kirche zu locken und zurückzuziehen.

Robert W. Sullivan schreibt in seinem Buch „Freemasonry and the Path to Babylon":

„Als symbolische Methode, die Ideen der Initiation in die materielle Kultur zu projizieren, ahmte der Illuminismus auch eine wichtige jesuitische Agenda der supranationalen römisch-katholischen Mission nach, um die weltliche und spirituelle Macht der Kirche wiederherzustellen, im Einklang mit der posttridentinischen lehramtlichen Theorie während einer Zeit der Not. Der subtile Einsatz von Kabalismus, Hermetik, Mystik und Okkultismus passte perfekt zum Triumphalismus der Gegenreformation der Jesuiten und spiegelt sich in Illuminatis revolutionärer, aber doppelzüngiger reaktionärer Agenda wider."

Mit der Unterdrückung der Jesuiten im Jahr 1773 taten die Illuminati genau das, es war ein Gegenreformationsfahrzeug der Jesuiten, das sie durch die Wirren der Französischen Revolution und der Ersten Republik Napoleons I. trug. Nachdem Napoleon 1815 bei Waterloo besiegt worden war, als die Illuminaten von den europäischen Geschichtsseiten verschwanden, wurden die Jesuiten, die Heilige Inquisition und der Kirchenstaat wiederhergestellt.

Obwohl die Illuminaten aus den Geschichtsbüchern verschwunden zu sein scheinen, behaupten viele, dass sie immer noch da sind, sich hinter Regierungen verstecken und für alle Kriege und Verschwörungen verantwortlich sind. Ob sie noch aktiv sind, hängt davon ab, wen sie fragen, aber ihr Einfluss ist unbestritten. Der Illuminismus überlebt in den „hohen" Graden der Freimaurerei, im revolutionären Feuer, das die amerikanische und französische Revolution entfachte, in den Lehren der Carbonari (Italienisch, Köhler) und in den Philosophien hinter den kommunistischen Revolutionen des 20. Jahrhunderts. In der Welt der Politik ist der Illuminismus die Verschmelzung von Zauberei mit Staatskunst, um die Gesellschaft wirtschaftlich, philosophisch, moralisch und religiös auf allen Ebenen zu verändern: lokal, staatlich und global; die erfolgreiche Transformation der letzteren führt zu einer Neuen Weltordnung.

Heute ist die angebliche Agenda der Illuminaten die eines globalen Marionettenmeisters, der die Weltherrschaft anstrebt; sie arbeiten hinter den Kulissen und versuchen, alle Religionen und Regierungen für eine dämonische Neue Weltordnung zu beenden. Diese Idee stammt aus den anti-illuministischen Werken „Proofs of a Conspiracy" (1797) von James Robison (1730-1805), Abbé Augustin Barruels (1741-1820) „Memoirs Illustrating the History of Jacobinism", die ebenfalls 1797 veröffentlicht wurden, Nesta Websters

(1876-1960) „Secret Societies and Subversive Movements" (1924) und Léo Taxils (bürgerlicher Name Marie Joseph Gabriel Antoine Jogand-Pagés, 1854-1907) „Les Mysteres de la Franc-Maçonnerie" („Geheimnisse der Freimaurerei"), erschienen 1885-1886; letzteres porträtierte Freimaurer und standardmäßig die Illuminaten als luziferische Teufelsanbeter. Obwohl Taxil zugab, dass die Arbeit ein Schwindel war, wurde der Schaden angerichtet und Gerüchte über Freimaurer und die böse Agenda der Illuminaten halten sich bis heute.

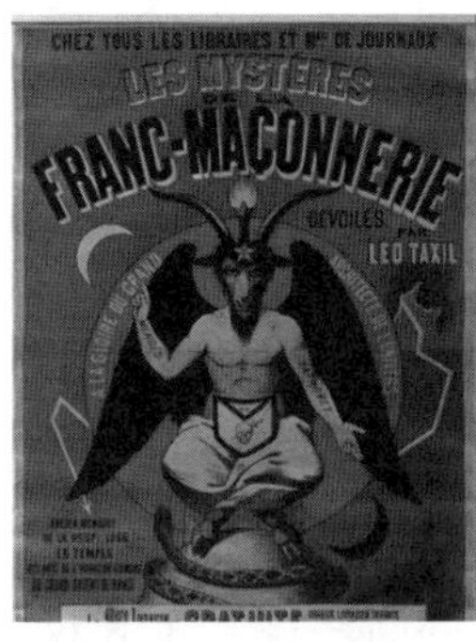

Abb. 292: „Les Mysteres de la Franc-Maçonnerie" von Léo Taxils

Was Barruel angeht, war er ein Jesuit und zeigte wahrscheinlich mit dem Finger von seiner eigenen Gesellschaft weg, indem er die Illuminaten als Anti-Jesuiten darstellte, obwohl sie es in Wirklichkeit nicht waren. Robinsons Arbeit hatte die größte Wirkung in den Vereinigten Staaten; bis zur Gründung der Anti-Freimaurer-Partei (der dritten Partei in den USA) im Jahr 1828. Die Illuminaten, globalistische Meister, die alle Regierungen steuern und hinter den Kulissen alle Fäden ziehen, werden oft in Filmen dargestellt.

Die Illuminaten treten 1979 in *Willkommen Mr. Chance* (*Being There*) – mit Peter Sellers und Shirley MacLaine – auf, als der Sarg des Milliardärs Ben Rand seiner letzten Ruhestätte geführt wird: eine pyramidenförmige Krypta mit einem alles sehenden Auge, das anzeigt, dass er Teil einer freimaurerischen, verborgenen Hand oder einer geheimen Kabalenregierung war. Während der Präsident (Jack Warden) ihn lobpreist, besprechen Rands Sargträger, die ebenfalls Teil dieser geheimen globalistischen Gruppe sind, wen sie als nächsten Präsidenten „auswählen" werden. Die geheime Clique in *Willkommen Mr. Chance* ähnelt eher geheimen globalistischen Gruppen wie Bilderberg, der Trilateralen Kommission, dem Council on Foreign Relations und Skull and Bones der Yale University (siehe den 2006er Film „Der gute Hirte" für Skull and Bones' Einfluss auf die Gründung der CIA) mehr als den Illuminaten.

Viele argumentieren jedoch und glauben, dass diese globalen Elitegruppen mit den Illuminaten verbunden oder zumindest von ihnen beeinflusst sind. Im Film leitet der James-Bond-Antagonist Ernst Stavro Blofeld eine Illuministen-Organisation namens SPECTRE: **SP**ecial **E**xecutive for **C**ounter **I**ntelligence, **R**evenge, **E**xtortion, die die globale Vorherrschaft über Ost und West anstrebt. Auch im Film interessieren sich die Illuminaten wie Weishaupt für das Okkulte; auf dem Bildschirm manifestieren sich die Menschen in ihrem Wunsch, mystische Artefakte zu erlangen, um ihre schändlichen Pläne und globalen Agenden voranzutreiben. Schließlich ist der Gebrauch von Sex und Sexmagie zur Erlangung einer höheren, mystischen Gottheit mit den Praktiken der Illuminaten verbunden, die scheinbar von den alchemistischen, kabbalistischen, tantrischen

Sexriten von Crowleys O.T.O. stammen; der 8. Grad des O.T.O. ist der perfekte Papst der Illuminaten und Epopt der Illuminaten.

Der Illuminist Franz Karl von Eckartschausen (1752-1803) war ein produktiver Autor über Kunst, Magie, Drama, Alchemie, Politik, Mystik, Wissenschaft, Religion und Geschichte und einer der empfohlenen Autoren für Illuminaten-Eingeweihte; es ist keine Überraschung, dass Eckertschausens letztes Werk, „The Cloud upon the Sanctuary", Crowleys größter früher Einfluss und der Anstoß für den Beginn einer magischen, mystischen Karriere war. Aber zuerst, um die Herren von Zeit und Raum zu werden, versuchen die Illuminaten ein uraltes, freimaurerisch nuanciertes Artefakt in die Hände zu bekommen, das als Dreieck bekannt ist – mehr dazu im Buch „Der Hollywood-Code" im Kapitel „Lara Croft". (230)

Kommen wir zum Film und dem Zusammenhang:

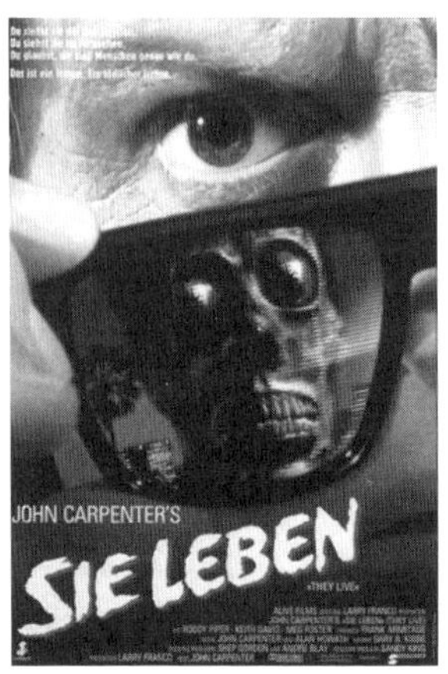

Abb. 293: „Du siehst sie auf den Straßen. Du siehst sie im Fernsehen. Du glaubst, sie sind Menschen wie du. Das ist ein Irrtum. Ein tödlicher Irrtum."

Sie leben ist ein amerikanischer Science-Fiction-Actionfilm aus dem Jahr 1988, der von John Carpenter geschrieben und inszeniert wurde und auf der Kurzgeschichte „Eight O'Clock in the Morning" von Ray Nelson aus dem Jahr 1963 basiert. Der Film mit Roddy Piper, Keith David und Meg Foster folgt einem unbenannten Streuner, der durch eine spezielle Sonnenbrille entdeckt, dass die herrschende Klasse Außerirdische sind, die ihr Aussehen verbergen und Menschen manipulieren, um sie zu konsumieren, zu züchten und sich dem Status quo unterschwellig mit Botschaften in den Massenmedien anzupassen.

Der Film war zum Zeitpunkt seiner Veröffentlichung ein kleiner Erfolg und debütierte auf Platz 1 der nordamerikanischen Kinokassen. Er erhielt zunächst negative Kritiken von Kritikern, die seinen sozialen Kommentar, seine Erzählung und seine Schauspielerei beschimpften; wie Carpenters andere Filme erlangte er jedoch später eine Kult-Anhängerschaft und erlebte eine deutlich günstigere kritische Rezeption. Es wird heute von vielen als weitgehend unterschätztes Werk angesehen. Der Film ist auch in die Populärkultur eingetreten und hat insbesondere die Straßenkunst (insbesondere die von Shepard Fairey) nachhaltig beeinflusst, während seine fast sechsminütige Straßenschlägerei zwischen den Protagonisten auf den Listen für die besten Kampfszenen aller Zeiten aufgetaucht ist. (231)

Sie leben präsentiert filmisch die Angst eines jeden Verschwörungstheoretikers: eine über dem Gesetz stehende, geheime herrschende Elite, die hypnotische Technologien und Geräte zur Gedankenkontrolle über die Massenmedien einsetzt, um die Menschheit in einem fortwährenden Zustand der Stasis, Apathie, Armut und Dummheit zu halten.

„Aufgrund eines Computerfehlers... des Lebensmittelprogrammes... ist bis auf Weiteres eingestellt. Zur Zeit werden keine Anmeldungen angenommen, alle Bewerber mit einem Einkommen bewerben sich bitte bei Schalter B. Danke."

Nur hier hat sich die wohlhabende, menschliche herrschende Klasse heimlich mit totenkopfgesichtigen Außerirdischen verbündet, die durch unterschwellige Werbung und ein außerirdisches Fernsehsignal dem Rest der Menschheit befehlen zu SCHLAFEN, GEHORCHEN, KONSUMIEREN, SIEH FERN, REPRODUZIEREN, ACHT STUNDEN ARBEITEN, ACHT STUNDEN SCHLAFEN, ACHT STUNDEN SPIELEN, und STELLE KEINE AUTORITÄTEN IN FRAGE. Ihre Pläne werden jedoch vereitelt, als ein Streuner, Nada, eine Sonnenbrille entdeckt, die die außerirdische Übertragung deaktiviert, was ihm ermöglicht, die Täuschung zu durchschauen und schließlich die globale Verschwörung aufzudecken.

Die Illuminaten von *Sie leben* sind Außerirdische, die die Ressourcen der Erde zu ihrem Vorteil nutzen, ohne dass der Rest von uns es weiß. Sie benutzen Gedankenkontrolle, um unseren göttlichen Funken auszulöschen, während sie uns zu wirtschaftlich deprimierten Sklaven machen. Währenddessen werden die global herrschenden Eliten zu Mittelsmännern reduziert, die den Außerirdischen dienen und es ihnen ermöglichen, die profanen Massen zu verdummen, damit sie ihre schändlichen Pläne ungesehen ausführen können. Solange die Außerirdischen Erfolg haben, werden die Reichen reicher und die Menschheit wird schließlich gedeihen, wenn auch in einem Zustand des totalen Verfalls und der Unwissenheit; mit anderen Worten, *Sie leben* ist Außerirdische-Illuminaten-Reaganomics. (232)

Carpenter hat gesagt, dass der politische Kommentar des Films von seiner Unzufriedenheit mit der Wirtschaftspolitik des damaligen US-Präsidenten Ronald Reagan und aus der zunehmenden Kommerzialisierung sowohl in der Populärkultur als auch in der Politik dieser Zeit herrührt.

Bei der Veröffentlichung des Films bemerkte er: *„Die Prämisse des Films ist, dass die ‚Reagan-Revolution' von Außerirdischen aus einer anderen Galaxie geführt wird. Freie Unternehmer aus dem Weltraum haben die Welt übernommen und nutzen die Erde aus, als wäre sie ein Dritter-Welt-Planet. Sobald sie alle unsere Ressourcen erschöpft haben, werden sie in eine andere Welt weiterziehen ... Ich fing wieder an, fernzusehen. Mir wurde schnell klar, dass alles, was wir sehen, dazu da ist, uns etwas zu verkaufen. ... Es geht darum, dass wir etwas kaufen sollen. Das Einzige, was sie tun wollen, ist unser Geld zu nehmen"*

Zu diesem Zweck betrachtete Carpenter Sonnenbrillen als das Werkzeug, um die Wahrheit zu sehen, die *„in Schwarz und Weiß zu sehen ist. Es ist, als ob die Außerirdischen uns eingefärbt hätten. Das bedeutet natürlich, dass Ted Turner wirklich ein Monster aus dem Weltraum ist."*

Der Regisseur kommentierte die außerirdische Bedrohung in einem Interview: *„Sie wollen alle unsere Geschäfte besitzen. Eine ‚Universal Studios' Führungskraft fragte mich: ‚Wo liegt darin die Bedrohung? Wir verkaufen uns alle jeden Tag.' Am Ende habe ich diesen Satz im Film verwendet."*

Die Aliens wurden absichtlich so gestaltet, dass sie wie Ghule aussehen, so Carpenter, der sagte: *„Die Kreaturen verderben uns, also sind sie selbst Verderbnisse von Menschen."*

Aber es ist noch nicht alles verloren: Eine Kirche dient als versteckte Basis, von der aus ein Ansager im Stil von Bill Cooper-Jordan Maxwell-David Icke die Übernahme durch die Außerirdischen und ihren Krieg gegen das Bewusstsein unterbricht. Die meisten Zuschauer sind jedoch desinteressiert und möchten unwissend bleiben, anstatt sich schmerzhaften Wahrheiten zu stellen.

Der Film beginnt mit der Präsentation des düsteren Mechanismus der spaltenden Kontrolle und Knechtschaft: oberflächliche Jobs, Armut, ein Quasi-Polizeistaat und Unterhaltungen, die das Streben nach Reichtum, Opulenz und allem, was damit einhergeht, preisen.

Die Außerirdischen haben unterschwellige Botschaften in die Werbung eingefügt, um die Menschheit zu versklaven. Die Anzeige, mit bloßem Auge gesehen, hat normalerweise etwas mit dem zugrunde liegenden Befehl zu tun, den sie verbirgt. Zum Beispiel ist die erste Werbetafel, die Nada sieht, für eine Computerfirma namens „Control Data", deren Slogan „Wir schaffen die transparente Computerumgebung" lautet und die versteckte Botschaft darunter lautet „GEHORCHE".

Control Data Corporation (CDC) war in den 1960er Jahren eines der größten Computerunternehmen (zusammen mit IBM und General Electric), und die Implikation ist, dass uns gesagt wird, wir sollen „GEHORCHEN", weil Informationen von Computern und den Konglomeraten, die sie kreieren, kontrolliert werden.

Die Menschheit wird dem Computer untertan sein, nicht umgekehrt; dies erinnert an das Albtraumszenario von *Terminator's* Skynet und antizipiert die computerisierte falsche Realität, das künstliche Bewusstsein von *Matrix*.

Als nächstes sieht Nada eine Plakatwand mit einer wunderschönen Frau im Bikini mit dem Slogan „Komm in die Karibik“ mit der versteckten Botschaft, die den ahnungslosen Betrachter dazu verleitet, „heirate und vermehre Dich“. Die Illuminaten verstehen unsere Schwäche und wissen, wie sie uns manipulieren können. Nada versteht das besser als jeder andere: Der erste Ort, an dem er angreift, ist eine Bank, die die allgegenwärtige Macht des Geldes symbolisiert (auf allen Geldscheinen steht „DIES IST DEIN GOTT!“). Die Methode der Autorität und Kontrolle der Außerirdischen, „die Wurzel allen Übels“, oder wie sein Freund Frank (Keith David) ihm sagt, „der das Geld hat, macht die Regeln…“. Es warnt uns, immer wachsam zu bleiben, uns vor einer überwachenden verborgenen Hand zu hüten und dass die Dinge möglicherweise nicht so sind, wie sie scheinen. Diese Maxime gilt auch für den Film selbst.

An der Oberfläche scheint *Sie leben* ein Science-Fiction-Thriller zu sein, aber in einem Tweet vom 27. September 2013 sagte der Filmstar „Rowdy“ Roddy Piper (@R_Roddy_Ppier), der Film sei in Wirklichkeit ein Dokumentarfilm.

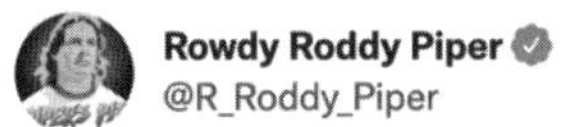

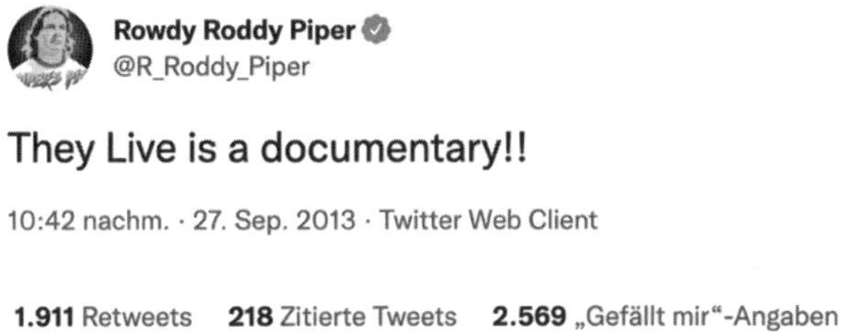

They Live is a documentary!!

10:42 nachm. · 27. Sep. 2013 · Twitter Web Client

1.911 Retweets **218** Zitierte Tweets **2.569** „Gefällt mir“-Angaben

Abb. 294: Tweet zur „Dokumentation“

Wenn wir Piper glauben, ist *Sie leben* eine kryptische Warnung über den Zustand der Menschheit und die Methoden, die verwendet werden, um uns auszubeuten. Wir sollten uns vor dem gezeigten und möglichen Dystopismus von *Soylent Green* (1973) und *Logan`s Run* (1976) in Acht nehmen.

Die Illuminaten beiseite gestellt; *Sie leben* enthält auch Elemente des Gnostizismus, der das Verhältnis von Illusion und Realität erforscht: Niemand weiß, wer ein Außerirdischer und wer ein Mensch ist, bis einzigartige Sonnenbrillen aufgesetzt werden, erst dann wird die manipulative List des Außerirdischen entlarvt: Nada, dessen Name auf Spanisch „nichts“ bedeutet, impliziert Valentinus’ Ablehnung des Materialismus und Basilides’ erkenntnistheoretische Negation von allem.

Das Nichts personifizieren bedeutet, dass Nada für Anti-Reichtum, Anti-Demiurg, Anti-Außerirdisch und Anti-Illumianten steht. Er rebelliert gegen sie, ihre Autorität, ihr Geld und ihre Macht; Nada will „nichts“ davon. Obwohl er versucht, optimistisch zu sein, leidet Nada unter der Melancholie von Manipulatoren: Er ist ein Fremder in einem fremden, materiellen-hylischen Land; ein düsterer Bote, der allein die außerirdische Bedrohung entdeckt hat, die die Bevölkerung kontrolliert. Wie alle Gnostiker und Retter, ist Nada bereit, den Märtyrertod zu erleiden, um der Menschheit Weisheit aus ihrem tiefen Schlaf zu erwecken. Carpenter verwendet auch eine Kirche, die ein Paradoxon schafft: exoterisch ein Ort friedlichen christlichen Gebets und Anbetung, ist sie in *Sie leben* das verborgene Hauptquartier des Außerirdischen Widerstands, ein Tempel, der valentinische Rebellion und Gnosis predigt. (233)

Kommen wir zu den Filmszenen:

Sind die Außerirdischen im Film eine fantasievolle Art, die Elite der Welt darzustellen, diejenigen, die heimlich die Welt regieren, die wir die Illuminaten nennen? Lassen Sie uns diesen Kultklassiker noch einmal besuchen und sehen, wie er die verborgene Herrschaft der Elite beschreibt.

Schon zu Beginn, als wir Nada mit seinem Rucksack durch Los Angeles laufen sehen, stellt der Film eine besondere Stimmung her: Irgendetwas stimmt nicht. Während Nada ein unbekümmerter Typ zu sein scheint, ist die Stadt nicht glücklich und nicht allzu freundlich zu unbekümmerten Typen. Im Gegenteil, es liegt ein drohendes Untergangsgefühl in der Luft: Armut grassiert, Hubschrauber fliegen durch die Stadt und Straßenprediger sprechen von seelenlosen Wesen, die die Welt beherrschen.

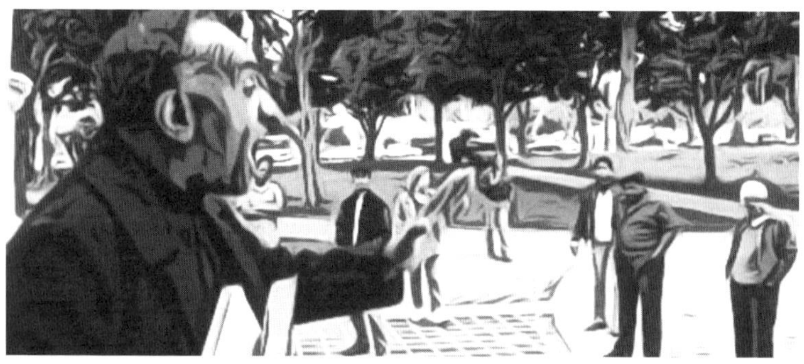

Abb. 295: Der Prediger sagt alles, doch sie wissen nichts

Ist die Beschreibung des Predigers der „Kreaturen" auf die Illuminaten/Schattenregierung anwendbar? Ich glaube schon.

Während wir Nadas ziellosem Driften durch die Stadt folgen, konzentriert sich die Kamera oft auf Menschen, die ausdruckslos auf Fernsehbildschirme starren und gedankenlos die vagen Botschaften aufsaugen, die sie vermitteln. Normale Menschen scheinen ihre Fernsehsendungen wirklich zu genießen ..., bis eine obskure Organisation den Äther hackt, um subversive Botschaften über die verborgenen Herrscher der Welt zu verbreiten.

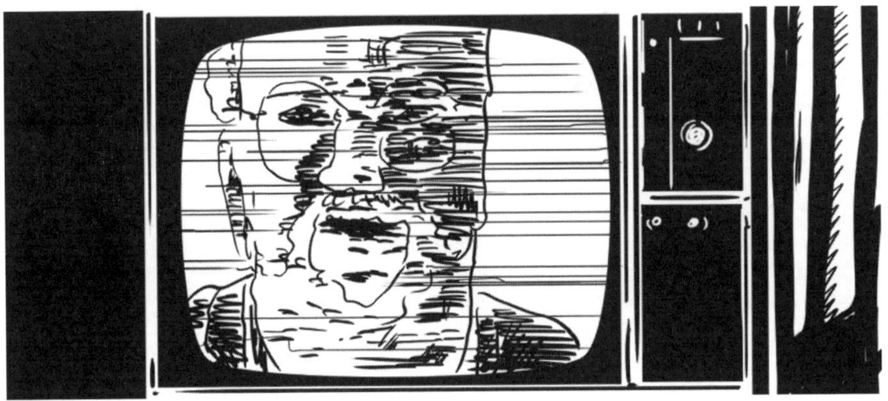

Abb. 296: *„Unsere Impulse werden von jemanden umgeleitet. Wir leben in einem künstlich erzeugten Bewusstseinszustand, vergleichbar mit Schlaf... Die Bewegung ist von einer kleinen Gruppe von Wissenschaftlern ins Leben gerufen worden, die durch einen Zufall entdeckten, dass wir von Signalen bestrahlt werden, die...der Anteil der armen Unterschicht...Rassengleichheit und Menschenrechte existieren nicht. Diese Leute haben eine repressive Gesellschaft geschaffen und wir, wir sind ihre ahnungslosen Komplizen. Ihre Fähigkeit zu herrschen beruht allein auf der Vernichtung des Bewusstseins...wir sind in eine Art Trance versetzt worden. Sie haben uns gleichgültig gemacht. Gegen uns selbst, gegenüber anderen. Alles, worauf wir fixiert sind, ist unserer eigener Vorteil! Wir... versucht eins zu begreifen... sie können sich in Sicherheit wiegen, solange sie unentdeckt bleiben, das ist ihre Strategie um zu überleben. Uns nur nicht aufbringen, uns lieber selbstsüchtig... und betäubt...“*

Kann die obige Aussage auf die Illuminaten oder besser die Schattenregierung angewendet werden? Ich glaube schon.

Nada erkennt, dass der Straßenprediger und der Mann im Fernsehen durch eine örtliche Kirche verbunden sind.

Als er sich in die Kirche schleicht, entdeckt er, dass es sich tatsächlich um das Hauptquartier einer Untergrundorganisation handelt.

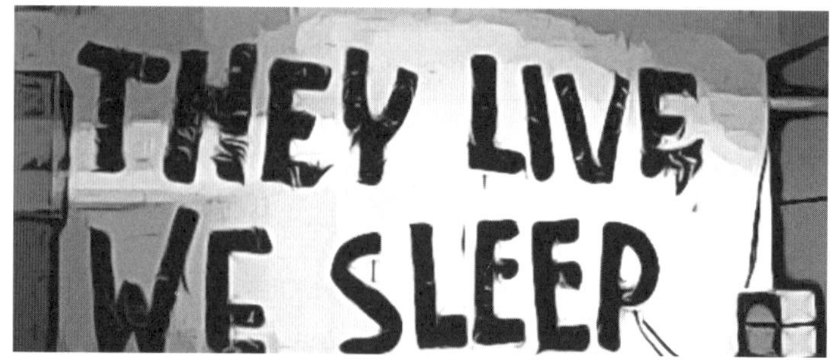

Abb. 297: An einer Wand in der Kirche steht „They Live We Sleep" (Sie leben Wir schlafen), ein Satz, der den grundlegenden Unterschied zwischen Elite und Masse beschreibt. Diejenigen, die an der Macht sind, kennen die Wahrheit über die Welt und besitzen die Mittel und die Macht, wirklich zu „leben". Der Rest der Bevölkerung wird sediert, verdummt und in einen zombieähnlichen Status manipuliert, damit er von den Herren so einfach wie möglich gehandhabt werden kann. Die Unwissenheit der Massen kommt einem Zustand endlosen Schlafs gleich

Nada erfährt, dass die rebellische Organisation versucht, Leute zu rekrutieren, um die Herrscher zu Fall zu bringen. Einige Tage später entdeckt Nada jedoch, was mit denen passiert, die sich gegen die Machthaber verschwören.

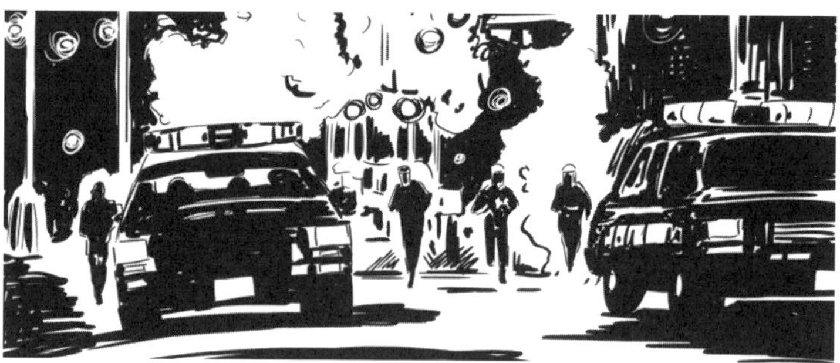

Abb. 298: Hubschrauber, Bulldozer und Polizisten in Kampfausrüstung überfallen den Ort, zerstören alles und nehmen die Mitglieder der Untergrundorganisation gewaltsam fest. So reagiert die Elite auf gegensätzliche Ansichten

Entschlossen, mehr zu erfahren, betritt Nada die Kirche erneut und findet ein paar interessante Dinge.

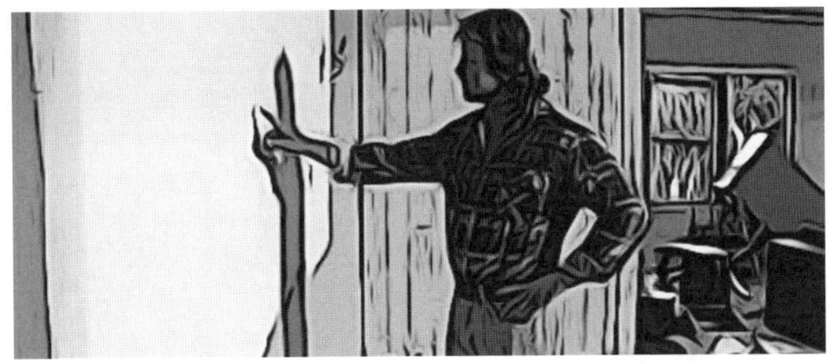

Abb. 299: Die Polizei hat „They Live We Sleep“ übermalt. Offensichtlich wollen „Sie“ nicht, dass diese Botschaft bekannt wird

Noch wichtiger ist, dass Nada eine Kiste voller Sonnenbrillen entdeckt, die es ihm ermöglicht, die Welt so zu sehen, wie sie ist. Zusätzlicher Bonus: Sie sehen auch ziemlich cool aus.

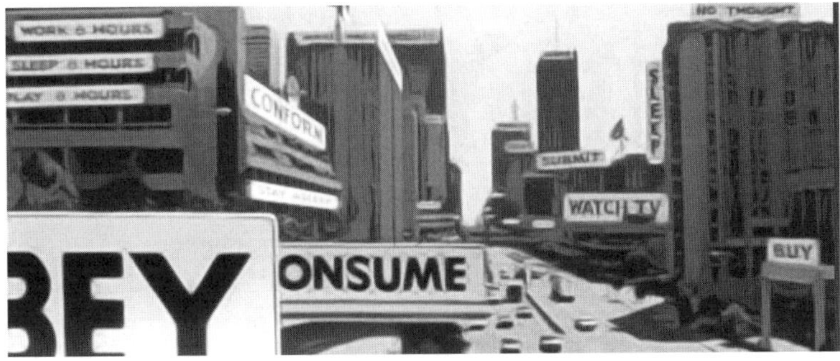

Abb. 300: Wenn er seine Sonnenbrille aufsetzt, sieht Nada durch den Schleier und die Spiegel, die von Werbung und Massenmedien projiziert werden. Er sieht nur den Kern ihrer Botschaft und den einzigen Grund, warum sie existieren

Egal, welches Magazin Nada aufschlägt, er sieht die gleichen unterschwelligen Botschaften, die viel über die wahre Funktion von „Promi“- und „Mode“-Magazinen aussagen. Trotz der Tatsache, dass sie alle unterschiedlich sind, dienen sie letztendlich alle demselben Zweck: Botschaften von der Elite an die Massen zu verstärken. Nada versteht auch schnell die Wahrheit über Geld.

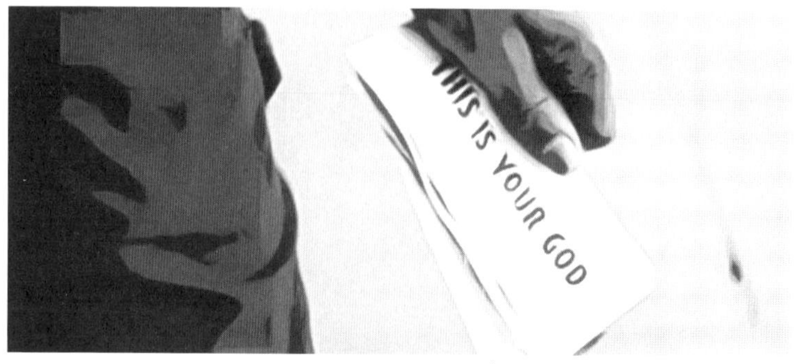

Abb. 301: „Das ist Euer Gott“

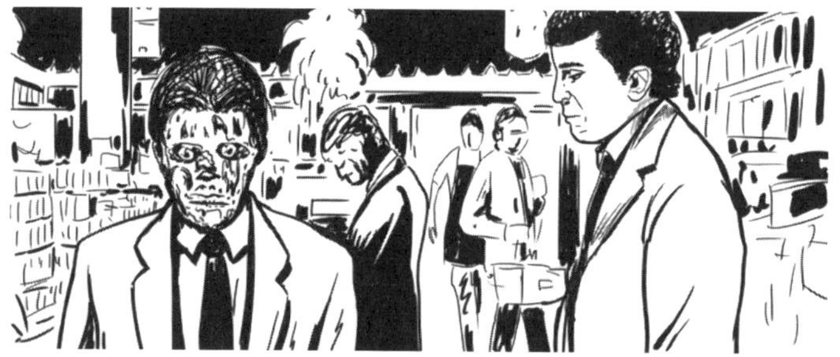

Abb. 302: Manche Menschen sind keine Menschen. Sie gehören einer anderen Rasse an, die die Gesellschaft infiltriert hat

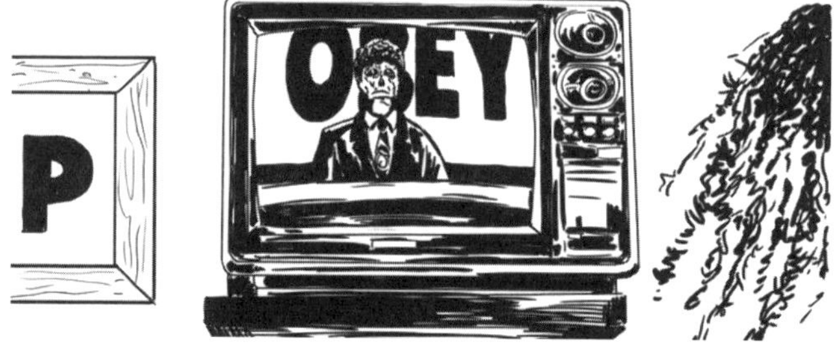

Abb. 303: Nada erkennt, dass sie überall sind und Machtpositionen innehaben, wie dieser Politiker, der im Fernsehen eine typische „Politiker“-Rede hält. Ist das eine Art, die Illuminaten darzustellen?

Nada und jeder in der Stadt wird ständig von fliegenden Überwachungskameras überwacht, die den neuen unbemannten Drohnen, die derzeit auf der ganzen Welt auftauchen, seltsam ähnlich sind.

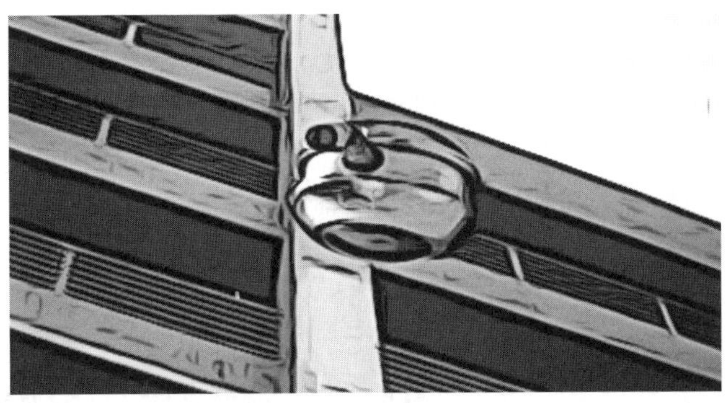

Abb. 304: Fliegende Überwachungskameras galten 1988 noch als Science-Fiction. Heute sind sie Realität. Drohnen

Als Nada die schockierende Wahrheit über die Welt erfährt, verspürt er das Bedürfnis, diese lebenswichtigen Informationen mit seinem Freund Frank Armitage zu teilen. Nada merkt jedoch schnell, dass einige Leute nichts davon hören wollen. Tatsächlich werden viele wütend und beleidigt bei der einfachen Erwähnung von etwas, das darauf anspielt.

Als Nada Frank trifft und ihn auffordert seine Sonnenbrille aufzusetzen, damit er sehen kann, was er sieht, lehnt Frank entschieden ab und nennt ihn einen *„verrückten Kerl"*. Nada antwortet mit einem anderen klassischen Satz: *„Entweder du siehst durch dieses Ding durch, oder Du frisst gleich die Mülltonne leer…"*.

Dann folgt eine der längsten Eins-gegen-Eins-Kampfszenen, die ich je gesehen habe (acht Minuten mit Schlägen und Tritten), eine Szene, die sich so in die Länge zieht, dass sie völlig absurd und sogar komisch wird.

Während die Szene lächerlich erscheinen mag, sagt sie etwas über die Schwierigkeit aus, normale, durchschnittliche Menschen dazu zu bringen, aus ihrer glückseligen Ignoranz aufzuwachen.

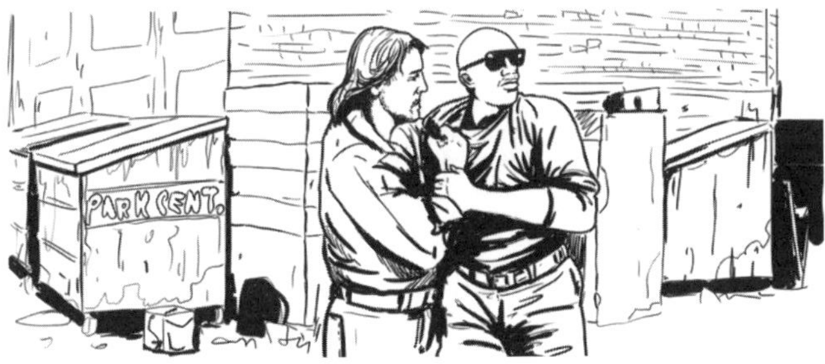

Abb. 305: Frank erkennt endlich die Wahrheit. Alles, was es brauchte, war, dass Nada ihn zu Tode prügelte, ihm die Sonnenbrille gegen seinen Willen ins Gesicht klebte und ihn zwang, sich umzusehen. Ja, andere Menschen von der Wahrheit zu überzeugen, kann eine schwierige Aufgabe sein

Die beiden Freunde werden dann zu einem geheimen Treffen der Untergrundorganisation eingeladen, die versucht, die Erde von den Außerirdischen zu befreien.

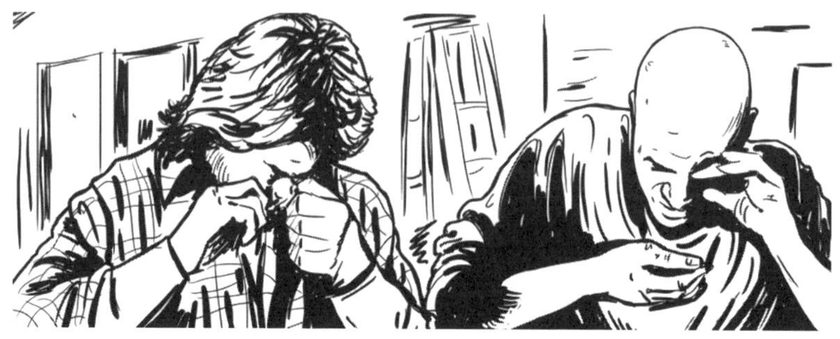

Abb. 306: Beim Treffen erhalten Nada und Frank Kontaktlinsen, die die Wahrheit erkennen. Die Sonnenbrille bereitete den Wahrheitssehern hässliche Kopfschmerzen, besonders wenn sie abgenommen wurden. Wenn man zum ersten Mal mit der Wahrheit konfrontiert wird, kann die Anpassung an die neue Realität in der Tat schwierig und sogar schmerzhaft sein. Nach einer Weile wird es jedoch zu einem nahtlosen Teil der Person. Ein bisschen wie das Tragen von Kontaktlinsen

Dann erfahren Nada und Frank, dass Menschen von den Außerirdischen im Austausch für Reichtum und Macht rekrutiert werden. Wie der Anführer der Untergrundorganisation sagt: *„Die Welt muss aufgeweckt werden…"*. Es ist ziemlich einfach, eine Korrelation zwischen dem Film und tatsächlichen Politikern und Prominenten herzustellen, die sich bereitwillig an die Illuminaten im Austausch für Reichtum, Macht und Berühmtheit verkaufen.

Die Zusammenkunft dauert jedoch nicht lange, da die Polizei in den Ort stürmt und alle dort erschießt. Sie werden von der Elite als „terroristische Organisation" bezeichnet. Nada und Frank schaffen es zu fliehen und finden sich versehentlich hinter den feindlichen Linien in der unterirdischen Basis des Außerirdischen wieder.

Während sie die unterirdische Basis der Außerirdischen erkunden, stoßen Nada und Frank auf eine Party, die von den Außerirdischen für menschliche Kollaborateure geschmissen wird, um ihnen für ihre „Partnerschaft" zu danken.

Obwohl Menschen niemals als gleichwertig mit den Außerirdischen angesehen werden, erhalten diejenigen, die sich an sie verkaufen, finanzielle Vorteile … ähnlich wie diejenigen, die nicht Teil der heutigen Elite sind, die sich dennoch verkaufen, um die Agenda der Neuen Weltordnung der Elite voranzutreiben.

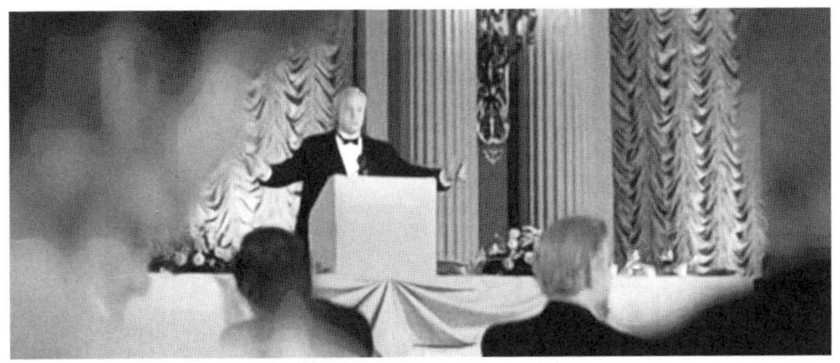

Abb. 307: „Unser Entwurf zeigt, dass bis zum Jahre 2025 nicht nur Amerika, sondern der ganze Planet unter dem Schutz und Einfluss dieser großartigen Allianz stehen wird. Die Gewinne waren beträchtlich, sowohl für uns als auch für sie. Die menschliche Machtelite"

Frank und Nada entdecken dann die Quelle der Gehirnwäschesignale der Außerirdischen: Ein Fernsehstudio. Die Außerirdischen nutzen das Netzwerk, um hypnotische und unterschwellige Signale an Menschen zu senden, die sie vor der Wahrheit über ihre Herrscher und die Welt blenden.

Die Botschaft, die hier vermittelt wird: Massenmedien sind das Lieblingswerkzeug der Elite, um die Massen zu indoktrinieren und in Knechtschaft zu halten.

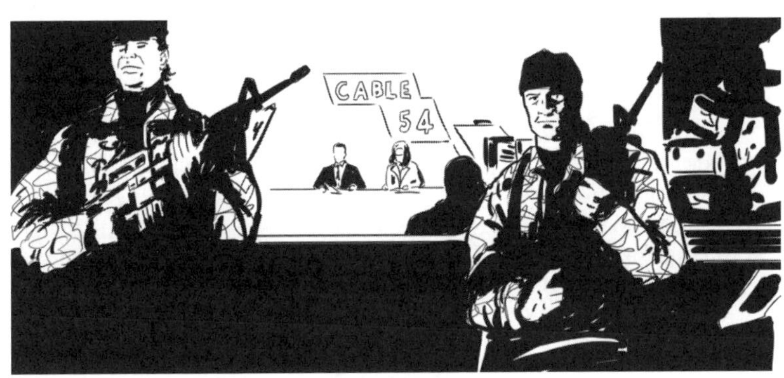

Abb. 308: Der Fernsehsender „Cable 54" wird von den Außerirdischen aka Illuminaten benutzt, um Menschen zu hypnotisieren. Ist das Science-Fiction? Wohl kaum

Nada erkennt, dass die einzige Möglichkeit, die Menschheit aus den Fängen der Außerirdischen zu retten, darin besteht, auf das Dach des Gebäudes des Fernsehsenders zu gehen und den als Satellitenschüssel getarnten Sender der unterschwelligen Botschaften auszuschalten. Tatsächlich wird es ohne von der Elite kontrollierte Massenmedien viel schwieriger sein, die Massen zu indoktrinieren. Nada und Frank begeben sich also in Richtung Dach, keine leichte Aufgabe.

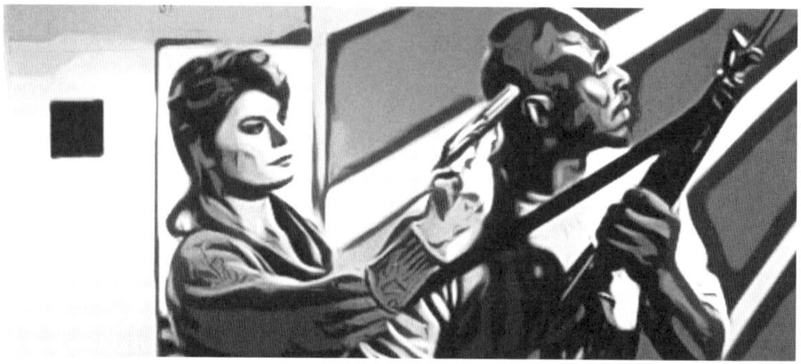

Abb. 309: Die Desinformationsagentin: Während diese Dame zunächst nett zu sein schien, versuchte sie, Nada während seiner Suche in die Irre zu führen, zu täuschen und sogar zu töten. Am Ende schießt sie seinem Kumpel Frank in den Kopf

Nada trifft Holly Thomspon, eine Managerin des „Cable 54"-Netzwerks, zu Beginn seines wilden Amoklaufs. Während Nada etwas verliebt in sie zu sein scheint, sorgt sie immer irgendwie für Ärger.

Während des Treffens der „terroristischen Organisation" infiltriert Holly die Gruppe, gibt sich als Sympathisantin aus und behauptet „Cabel 54" sei „sauber" und nicht die Quelle des Signals der Außerirdischen, was falsch und irreführend ist. Heutzutage wird Desinformation von der Elite weit verbreitet, um diejenigen zu verwirren und irrezuführen, die versuchen, die Wahrheit über die Welt herauszufinden.

Während Nada auf das Dach des Netzwerkgebäudes eilt, taucht Holly wieder auf und behauptet, dass sie ihm helfen will. Sie versucht jedoch einfach, ihn zu töten, bevor die Mission erfüllt ist. Sie ist daher ein weiterer Mensch, der an die Außerirdischen verkauft wurde, die dazu benutzt werden, nicht korrumpierte Menschen zu stören, die versuchen, sich selbst und andere zu befreien.

Nada schafft es, den Sender der Außerirdischen auszuschalten und die Menschheit zu retten. Dieser heldenhafte Schritt bringt ihn jedoch um, als ein Polizist in einem Hubschrauber ihn erschießt. Nada wird daher zum Helden schlechthin, der sein Leben für das Wohl der Menschheit opfert – ein Märtyrer für die menschliche Freiheit von seelenlosen Herrschern.

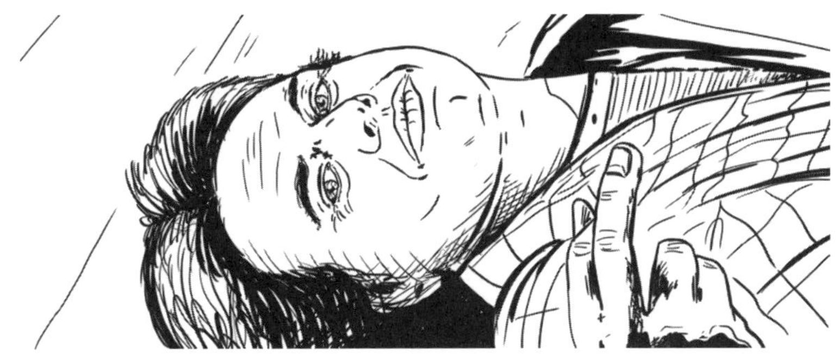

Abb. 310: Obwohl es ihn das Leben gekostet hat, bereut Nada es sichtlich nicht, die Außerirdischen der Welt ausgesetzt zu haben. Mit letzter Kraft überreicht Nada den Außerirdischen ein einzigartiges menschliches Abschiedsgeschenk: den Mittelfinger

Sobald die Satellitenschüssel der Außerirdischen ausgefallen ist, können die Massen die Welt so sehen, wie sie ist: Die hässlichen Gesichter der Außerirdischen sind der Welt ausgesetzt.

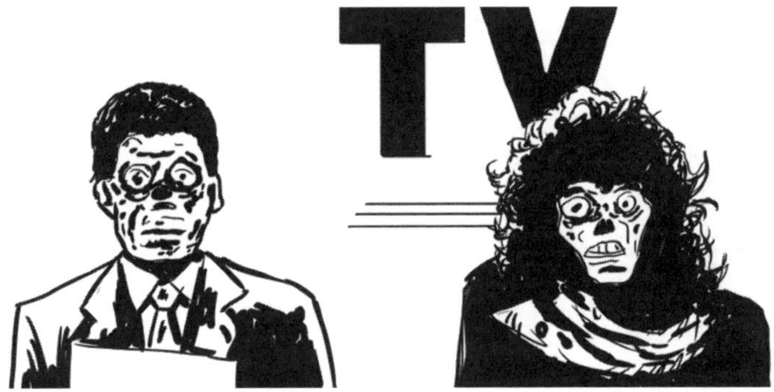

Abb. 311: Fernsehzuschauer auf der ganzen Welt erkennen jetzt, dass diejenigen, die die täglichen Nachrichten verbreiteten, auch diejenigen waren, die sie kontrollierten

Obwohl *Sie leben* normalerweise als „Science-Fiction-Film, der die Konsumkultur kritisiert", beschrieben wird, geht die Reichweite seiner Botschaft tatsächlich weit über die übliche „Konsum ist schlecht"-Erzählung hinaus. *Sie leben* kann in der Tat als eine Abhandlung über die gründliche und systematische Konditionierung der menschlichen Erfahrung interpretiert werden, damit eine verborgene Elite die Massen heimlich kontrollieren, manipulieren und ausbeuten kann.

Im Film werden die Herrscher als eine völlig andere Rasse dargestellt, die Menschen als minderwertig wahrnimmt – etwas, das leicht mit der Einstellung zu den Blutlinien der Illuminaten in Verbindung gebracht werden kann. Das Vorhandensein dieser starken Botschaften im Film ist einer der Gründe, warum *Sie leben* so etwas wie ein Kultklassiker wurde, obwohl er von Filmkritikern immer wieder massive Kritik erlebte. Im Laufe der Jahre wird die Botschaft des Films immer relevanter … und unglaublich realistisch.

Viele von denen, die die Wahrheit über die Welt suchen, erkennen, dass ihre Zügel von einer nicht gewählten Elite gehalten werden, einer Elite, die im Wesentlichen vor der Öffentlichkeit verborgen ist. Wie das Werbeplakat des Films sagt:

„Man sieht sie auf der Straße. Sie sehen sie im Fernsehen. Sie könnten diesen Herbst sogar für einen stimmen. Du denkst, sie sind Menschen wie du. Du liegst falsch. Total falsch.“

Hinter den Kulissen arbeitet diese geheime Elite ständig an der Schaffung eines globalen Systems, das ihren Interessen dient: einer Neuen Weltordnung, die von einer Weltregierung regiert wird. Wie ein menschlicher Mitarbeiter im Film sagt, um seinen Ausverkauf zu rechtfertigen:

„Es gibt keine Länder mehr. Keine Gutmenschen mehr. Sie leiten die ganze Show. Sie besitzen alles. Den ganzen Planeten!“

Um die Arbeit der Herrschenden zu erleichtern, werden die Massen im Dunkeln gehalten und durch das gefälschte Puppenspiel der Politik und die „kein unabhängiges Denken“-Programmierung der Massenmedien abgelenkt. Apathie, Ignoranz und Gleichgültigkeit sind die besten Freunde der Elite.

Trotz seiner unscheinbaren Spezialeffekte und seltsamen Dialoge gelingt es *Sie leben*, die Motive und Strategien der Weltelite auf eine Weise zu beschreiben, die für alle verständlich ist. Und das ist keine einfache Aufgabe.

Um jedoch die Botschaft des Films vollständig zu verstehen, muss man eine Sonnenbrille tragen, die die Wahrheit erkennt. Hast du deine an? (234)

4.4 Squid Game: Die unheilbare Krankheit der Elite (2021)

„Zuschauen macht nie so viel Spaß, wie selber mitzumachen."
Oh Il-nam (*Squid Game*)

Squid Game ist eine südkoreanische Survival-Drama-Fernsehserie, die von Hwang Dong-hyuk für Netflix erstellt wurde. Zur Besetzung gehören Lee Jung-jae, Park Hae-soo, Wi Ha-joon, HoYeon Jung, O Yeong-su, Heo Sung-tae, Anupam Tripathi und Kim Joo-ryoung.

Die Serie dreht sich um einen Wettbewerb, bei dem 456 Spieler, die alle hoch verschuldet sind, ihr Leben riskieren, um eine Reihe tödlicher Kinderspiele zu spielen, um die Chance auf einen Gewinn von 45,6 Milliarden ₩ (38 Millionen US- Dollar, 33 Millionen Euro oder 29 Millionen GB£ bei Ausstrahlung).

Der Titel der Serie stammt von einem gleichnamigen koreanischen Kinderspiel. Hwang hatte die Idee auf der Grundlage seiner eigenen wirtschaftlichen Kämpfe in jungen Jahren sowie der Klassenunterschiede in Südkorea und im Kapitalismus entwickelt. Obwohl er es ursprünglich 2009 geschrieben hatte, war er nicht in der Lage, eine Produktionsfirma zu finden, um die Idee zu finanzieren, bis *Netflix* um 2019 im Rahmen ihrer Bemühungen, ihr ausländisches Programmangebot zu erweitern, Interesse zeigte.

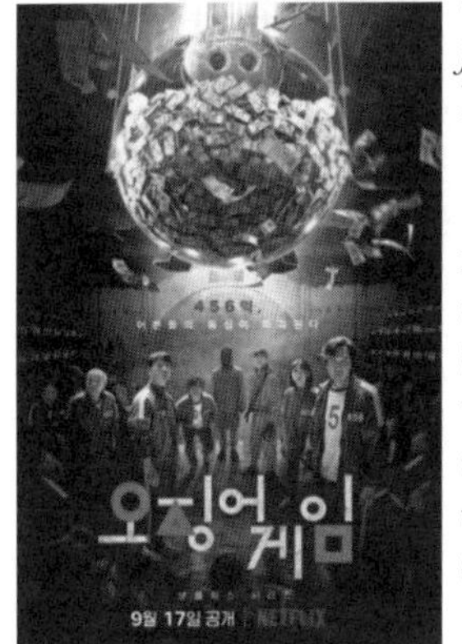

Abb. 312: Das Filmposter zu *Squid Game*

Squid Game wurde am 17. September 2021 weltweit veröffentlicht und erhielt viel Beifall und internationale Aufmerksamkeit. Es ist die meistgesehene Serie von *Netflix*, wurde in 94 Ländern zum meistgesehenen Programm und zog mehr als 142 Millionen Mitgliedshaushalte an und sammelte in den ersten vier Wochen nach dem Start 1,65 Milliarden Sehstunden und übertraf damit *Bridgerton* für den Titel der meistgesehenen Show.

Die Serie hat auch zahlreiche Auszeichnungen erhalten, darunter den Golden Globe Award als bester Nebendarsteller – Serie, Miniserie oder Fernsehfilm für O Yeong-su und den Screen Actors Guild Award für herausragende Leistungen eines männlichen Schauspielers in einer Dramaserie und hervorragende Leistung eines weiblichen Schauspielers in einer Dramaserie für Lee Jung-jae bzw. HoYeon Jung. (235)

In der *Netflix*-Serie *Squid Game* geht es um arme Menschen, die an schrecklichen Spielen teilnehmen, während Elite-„VIPs“ sich die Show zur Unterhaltung ansehen. Durch Botschaften und Symbolik enthüllt *Squid Game,* worum es wirklich geht: die unheilbare Krankheit der Elite.

Wenn Sie gerne zusehen, wie Menschen im Hinrichtungsstil getötet werden, Junge, dann habe ich die *Netflix*-Serie für Sie. Es heißt *Squid Game* und zeigt auch eine Gruppe von Leuten, die von hohen Plattformen fallen und auf dem Boden zermatschen. Tatsächlich werden Sie in *Squid Game* so viele brutale Todesfälle miterleben, dass Sie keine andere Wahl haben, als ihnen gegenüber desensibilisiert zu werden. Sogar die Charaktere in der Serie führen am Ende ganze Gespräche über ihre Kindheit, während anderen etwa drei Meter von ihnen entfernt ins Gesicht geschossen werden. Sie kümmern sich nicht mehr. Und du wirst es auch nicht. Und das ist irgendwie der Punkt.

Trotz der Tatsache, dass *Squid Game* ein extremes Maß an Blut und Gewalt aufweist, scheint das Marketing, das es umgibt, heimtückisch darauf ausgelegt zu sein, Kinder anzusprechen.

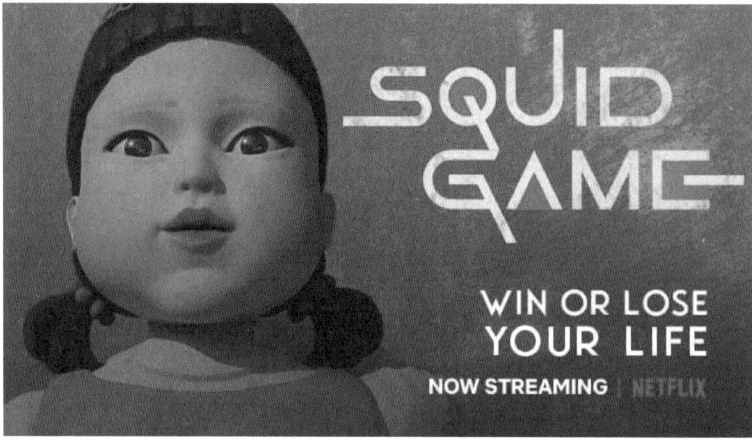

Abb. 313: Dies ist eines der Bilder, auf die man beim Surfen auf *Netflix* stoßen kann. Kinder könnten dieses Ding leicht mit einem Kinderfilm verwechseln und nichts hindert sie daran, ihn anzusehen

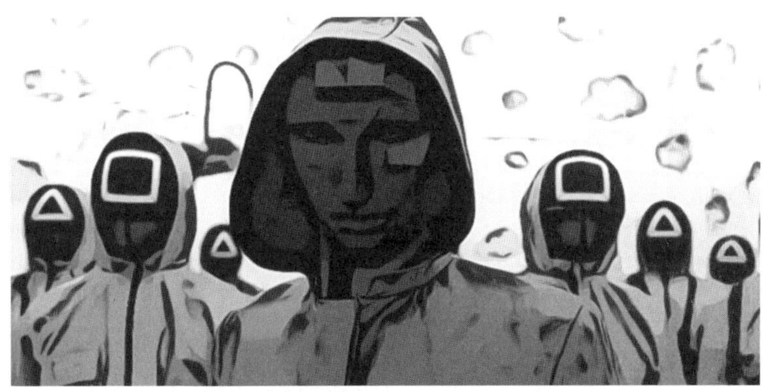

Abb. 314: Der Hauptschurke sieht aus, als käme er direkt aus einer Episode der mächtigen Morphium-Power Rangers. Seine Mitarbeiter sehen aus wie Knöpfe auf einem Playstation-Controller

Kurz gesagt, alles ist da, um Kinder in die Serie zu locken, um sie dann mit seltenen Gewaltszenen und psychopathischen Gedankenspielen zu traumatisieren.

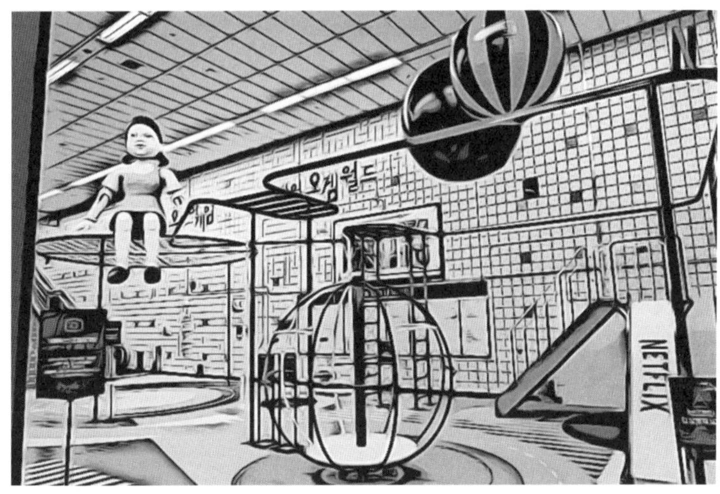

Abb. 315: Ein „Tintenfischspiel"-Spielplatz in einem Bahnhof in Südkorea. Es wird so genannt, weil die Markierungen wie ein Tintenfisch aussehen. In der Serie ist der Spielplatz der Ort, an dem Dutzende armer Menschen von Soldaten getötet werden, alles zur Unterhaltung der Elite. Die heutige Popkultur ist krank

Im Mittelpunkt von *Squid Game* stehen die uralten und unsterblichen „Legenden" von reichen Eliteleuten, die Bauern rekrutieren und sie zwingen, zu ihrer Unterhaltung tödliche Spiele zu spielen. Die Kurzgeschichte „The Most Dangerous Game" (1924) von Richard Connell handelt von einem russischen Aristokraten, der Menschen gefangen nimmt, sie in der Wildnis freilässt und sie zum Sport jagt; der Film *Surviving the Game – Tötet ihn* von 1994 handelt von einem Obdachlosen, dem ein „Job" angeboten wird, nur um an einem abgelegenen Ort zu landen und die Beute in einem Jagdspiel zu werden, das von reichen und mächtigen Leuten gespielt wird. In den letzten Jahren drehte sich die Handlung in *Die Tribute von Panem* um arme Menschen, die sich unter den wachsamen Augen der Elite gegenseitig umbringen.

Viele Legenden basieren auf wahren Begebenheiten. Und es gibt etwas an diesen „Elite-Spiele"-Geschichten, die wahr klingen. *Squid Game* greifte dieses Konzept auf, fügte Elemente der High-Tech-Dystopie hinzu und mischte eine ganze Menge okkulten Elite-Wahnsinn ein. Das Ergebnis scheint einen Nerv getroffen zu haben, denn *Squid Game* ist auf dem Weg, die größte *Netflix*-Serie der Geschichte zu werden.

Aber wie bei den meisten *Netflix*-Serien sind die Botschaften in *Squid Game* verdreht. Es geht um die Kultur des Todes, von der die Elite besessen ist, und darum, die Zuschauer zu einem Teil davon zu machen. Und durch subtile Symbolik können Sie die Philosophie der Elite miterleben. Hier ist ein Blick auf die Botschaften und die Symbolik in dieser Serie.

Zwei Kreise: Die Serie handelt von hoch verschuldeten Menschen, die angeworben werden, um ein „Spiel" zu spielen, bei dem der Gewinner einen riesigen Geldpreis erhält. Die Verlierer? Sie sterben auf schreckliche Weise. Wir erfahren schließlich, dass diese ganze Tortur von einer Gruppe reicher Eliteleute inszeniert wurde, die es genießen, elende Bauernfiguren zu sehen, die gedemütigt, infantilisiert und gezwungen werden, zu unmoralischen Tieren zu werden, um zu überleben.

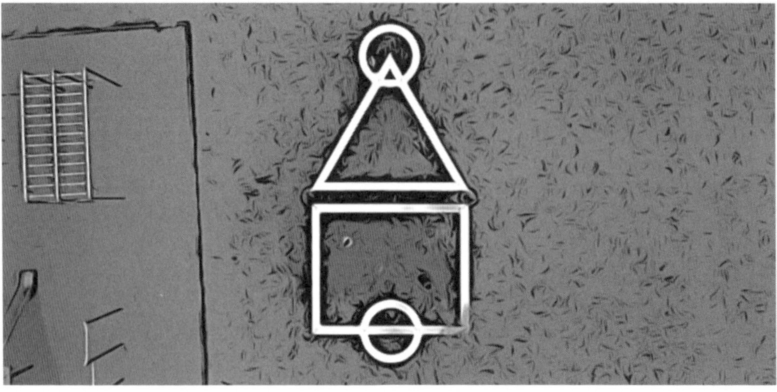

Abb. 316: Die Einführung der Serie zeigt eine Draufsicht auf Kinder, die auf einem Spielplatz *Squid Game* spielen

Der Umriss dieses Spiels ist auch das Hauptlogo der Serie. Der Grund: Es veranschaulicht perfekt die Kernphilosophie von *Squid Game* und damit auch die Elite. Das Rechteck repräsentiert die Massen. Der Kreis am unteren Rand steht für diejenigen, die arm und hoch verschuldet sind. Das Dreieck über dem Rechteck stellt die Elite dar, die über die Massen herrscht. Der obere Kreis repräsentiert die allmächtige okkulte Elite, die die Welt kontrolliert.

Das Kernthema dieser Serie wird bereits in den ersten Sekunden der ersten Folge treffend zusammengefasst.

Passenderweise erklärt der Erzähler, dass die Kinder, die *Squid Game* spielen, den Weg in den oberen Kreis finden müssen, um zu gewinnen. Wenn das passiert, sagt der Erzähler:

„Und in diesem Moment hatte ich das Gefühl, die ganze Welt würde mir gehören."

Zu Beginn der Serie steht der Hauptprotagonist namens Gi-hun eindeutig in der unteren Gesellschaftsschicht. Er stiehlt Geld von seiner Mutter und flieht vor den zwielichtigen Leuten, denen er Geld schuldet.

Dann bekommt Gi-hun seinen ersten Vorgeschmack auf die Elite-Krankheit. Während er auf die U-Bahn wartet, wird Gi-hun von einem mysteriösen Verkäufer angesprochen, der zufällig alles über ihn weiß. Er schlägt Gi-hun vor, ein Spiel zu spielen, bei dem er Geld gewinnen kann.

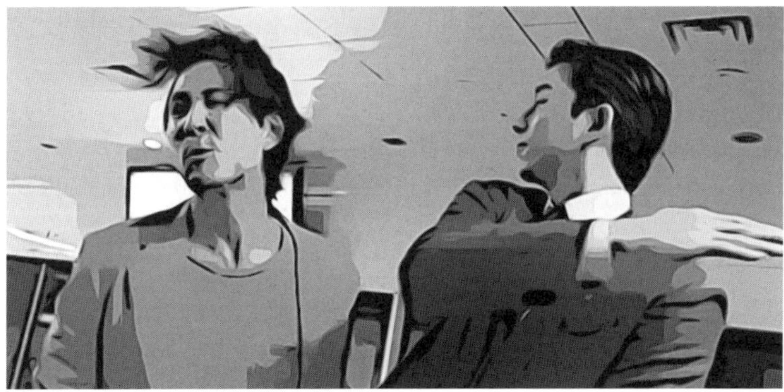

Abb. 317: Als der Verkäufer gewinnt, will er Gi-huns Geld nicht. Er will ihm ins Gesicht schlagen. Die Elite erfreut sich nicht an mehr Geld, sondern an sadistischen Nervenkitzeln, wie dem armen Kerl immer wieder ins Gesicht zu schlagen

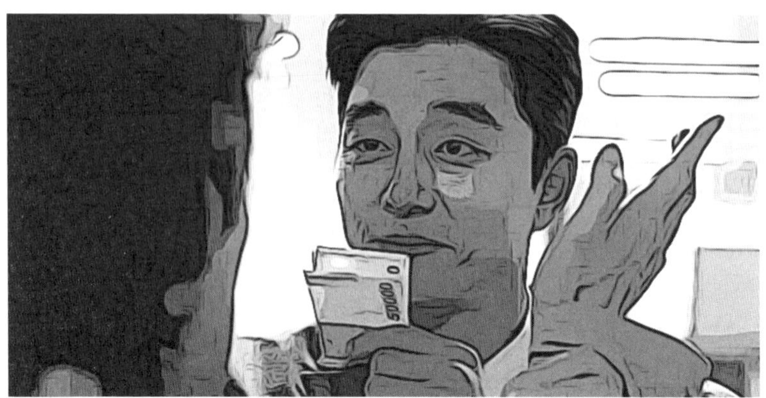

Abb. 318: Als Gi-hun endlich eine Runde gewinnt, kann er es kaum erwarten, dem Typen wieder ins Gesicht zu schlagen. Der Verkäufer hält ihn jedoch auf und zeigt ihm das Geld

Für einen Moment war Gi-hun das Geld egal, er wurde in den sadistischen Nervenkitzel der Elite verwickelt. Diese Szene lässt erahnen, was am Ende mit Gi-hun passieren wird. Nach diesem demütigenden Spiel schlägt der Verkäufer Gi-hun vor, an einem anderen Spiel teilzunehmen, bei dem er viel mehr Geld gewinnen kann.

Nachdem Gi-hun das Angebot angenommen hat, wird er von einem Auto abgeholt und in den Schlaf vergast. Er wacht in einem dystopischen Albtraum auf.

Mittlerweile hat dieser dystopische Wahnsinn Einzug in die Realität gehalten, wie *Spiegel Online* schreibt:

„Die bislang erfolgreichste Serie auf ‚Netflix', ‚Squid Game', hat nun auch die Schulhöfe in Deutschland erreicht. ‚Lehrerinnen und Lehrer haben berichtet, dass diese Serie auch an ihren Schulen nachgespielt wird', sagte die Präsidentin des Bayerischen Lehrer- und Lehrerinnenverbands (BLLV), Simone Fleischmann, der Nachrichtenagentur dpa. Zwar spielten Kinder und Jugendliche auch andere Serien oder Computerspiele immer wieder nach, das sei ganz normal. ‚Aber das hat schon eine neue Qualität, und es sorgt für Aufregungen.'

In Augsburg soll es wegen der Serie bereits zu Auseinandersetzungen unter Schülerinnen und Schülern gekommen sein, berichtet der Bayerische Rundfunk. ‚Wir beobachten, dass Kinder die Spiele aus der Serie nachspielen. Dabei werden dann Schüler geohrfeigt oder beschimpft', sagte Michaela Zipper, Medienpädagogische Beratung des Schulamts, dem Sender. Zudem sollen Einladungskarten für ‚Squid Game' an Grund- und Mittelschulen gefunden worden sein. Eine Schule in Berlin hat Eltern eigens vor der Serie gewarnt. In einem Infoschreiben der Grundschule in Berlin-Mitte wird deutlich gemacht, dass einige Kinder über die Serie sprechen, diese aber erst ab einem Alter von 16 Jahren freigegeben ist, berichtet die ‚Berliner Zeitung'. (236)

Squid Game = Gesellschaft, die von der Elite regiert wird: Die Spiele finden in einem riesigen Gelände statt, das auf einer abgelegenen Insel versteckt ist. In vielerlei Hinsicht ähnelt dieser Ort einer MKULTRA-Stätte, in der kranke Experimente stattfinden. In vielerlei Hinsicht ist das dystopische System, das sich innerhalb dieser Mauern abspielt, ein Mikrokosmos unserer modernen Gesellschaft.

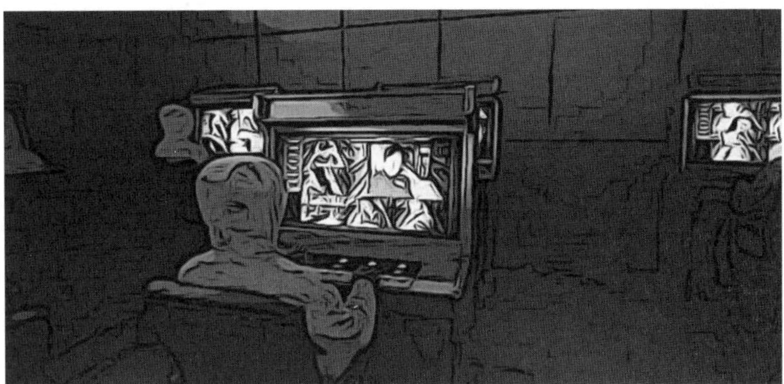

Abb. 319: Die Spieler sind auf eine Zahl reduziert und werden ständig überwacht

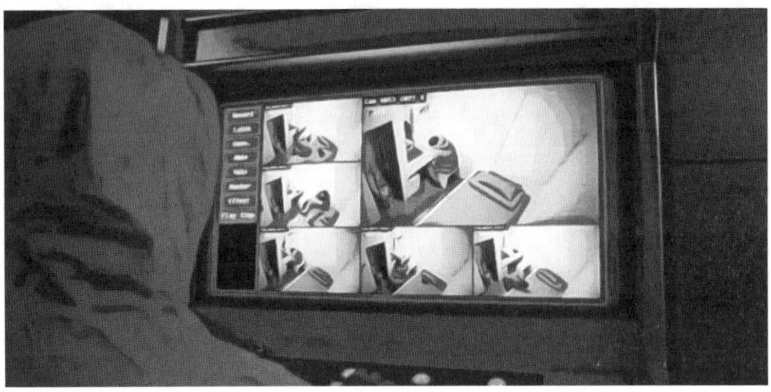

Abb. 320: Auch die Mitarbeiter, die die Regeln durchsetzen, werden streng überwacht

Die Spieler des Spiels werden ihres Besitzes und ihrer Würde beraubt und in einem lächerlichen Ausmaß bevormundet. Diese Spieler repräsentieren, wie die Elite die Massen wahrnimmt.

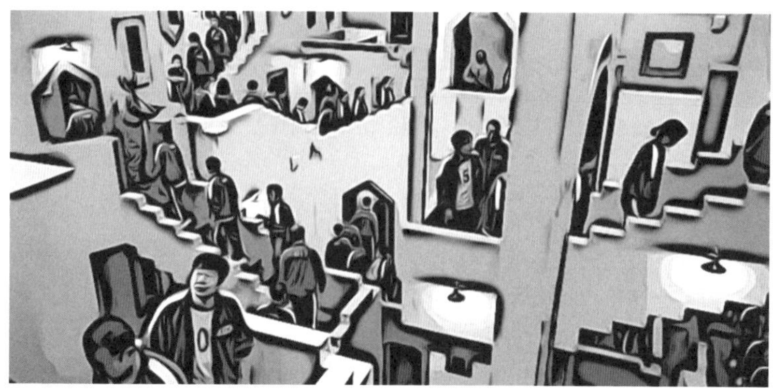

Abb. 321: Vor jedem Spiel werden die Spieler durch ein von MC Escher-Zeichnungen inspiriertes Treppenlabyrinth geführt. Dieser Ort vermittelt ein Gefühl der Verwirrung und Desorientierung, das den infantilen Zustand der Spieler fördert

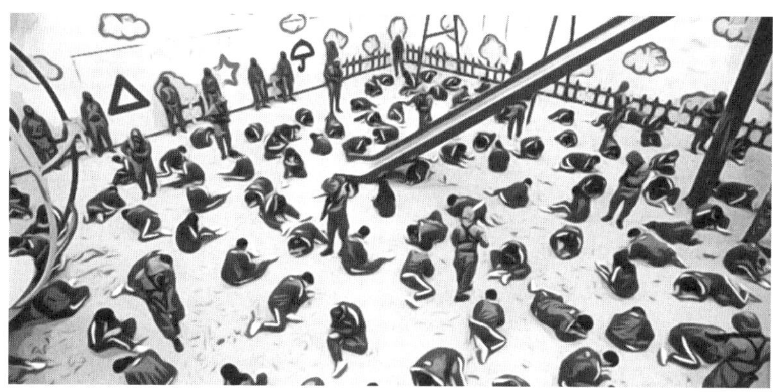

Abb. 322: Die Spiele finden auf bunten Spielplätzen statt, die wir natürlich mit dem Spaß und der Unschuld der Kindheit verbinden. Jeder „Spielplatz" wird jedoch zum Schauplatz brutaler Massenmorde, die von gesichtslosen Arbeitern durchgeführt werden. Sie hassen die Gesundheit der Kindheit. Sie wollen traurige, gebrochene Menschen

Irgendwann schließen sich die Spieler tatsächlich zusammen und fordern eine Abstimmung, um diesen Wahnsinn zu beenden.

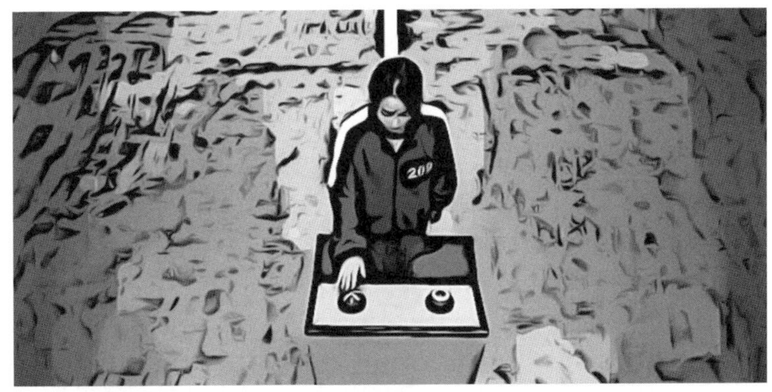

Abb. 323: Eine Regel erlaubt es den Spielern, abzustimmen, um das Spiel zu beenden

Die Spieler stimmen am Ende dafür, das Spiel zu beenden, und alle gehen nach Hause. Fast jeder erkennt jedoch, dass er viele Probleme hat, die nur mit Geld behoben werden können. Praktischerweise behalten die Organisatoren des Spiels diese Spieler im Auge und laden sie zurück. Die Folge: Die meisten kehren freiwillig ins Spiel zurück. Dieses Konzept ist für die okkulte Elite wichtig, da sie glauben, dass es sie von karmischen Gesetzen befreit sind.

Kurz gesagt: Der demokratische Prozess war eine Illusion. Die Elite manipulierte das System, um das gewünschte Ergebnis zu erzielen.

Wenn sie wieder im Spiel sind, löst sich die Solidarität zwischen den Spielern schnell auf. Um zu sehen, wie sich die Spieler gegenseitig anmachen, geben die Organisatoren ihnen absichtlich ein einzelnes Ei als Mahlzeit. Tatsächlich fangen die Spieler an, um die kostbaren Eier zu kämpfen. Dies spiegelt eine klassische Taktik der herrschenden Klasse wider: Indem die Ressourcen knapp werden, hören die Massen auf, sich auf die Herrschenden zu konzentrieren, und beginnen gegenseitig um Kleinigkeiten zu kämpfen.

Die nächsten Spiele sind speziell darauf ausgelegt, die Spieler gegeneinander auszuspielen. Zum Beispiel müssen die Spieler beim Murmelspiel Zweierteams bilden. Natürlich schließen sich die meisten Spieler mit der Person zusammen, die ihnen am nächsten steht. Ein Typ passt sogar zu seiner Frau. Dann erfahren sie, dass die beiden Spieler gegeneinander spielen müssen … und der Verlierer stirbt.

Gi-hun trickst diesen alten verwirrten Mann (der sein Freund war) aus, um das Spiel zu gewinnen. Er musste sich tief bücken, um zu überleben. Mehr über den alten Mann später.

Die Spieler erkennen auch, dass sie sich außerhalb der Spiele völlig ungestraft töten können. Dies führt zu Chaos und Morden, wenn sich die Spieler im Hauptbereich befinden.

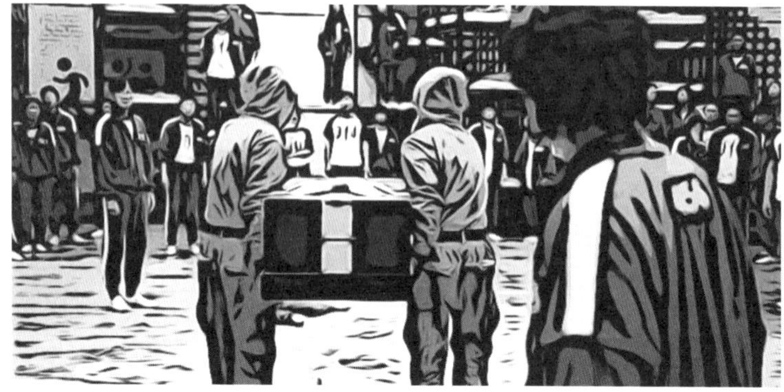

Abb. 324: Leichen werden in gruselige schwarze Kisten mit Schleifen gelegt. Ein Geschenk des Menschenopfers an die Elite

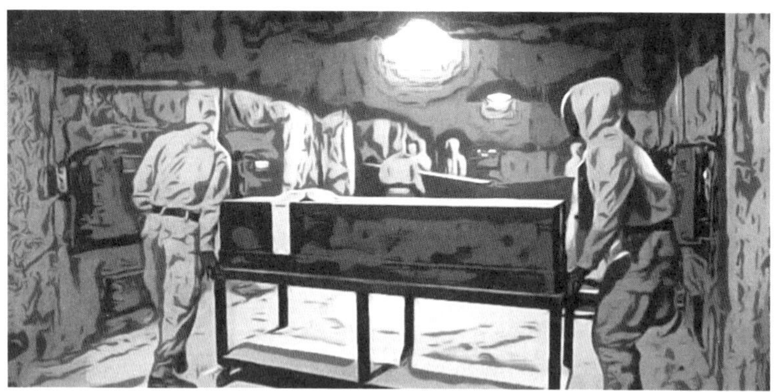

Abb. 325: Die Leichen werden in großtechnischen Anlagen verbrannt. Angesichts der Tatsache, dass die Elite von der globalen Entvölkerung besessen ist, ist jeder Tod ein „Geschenk"

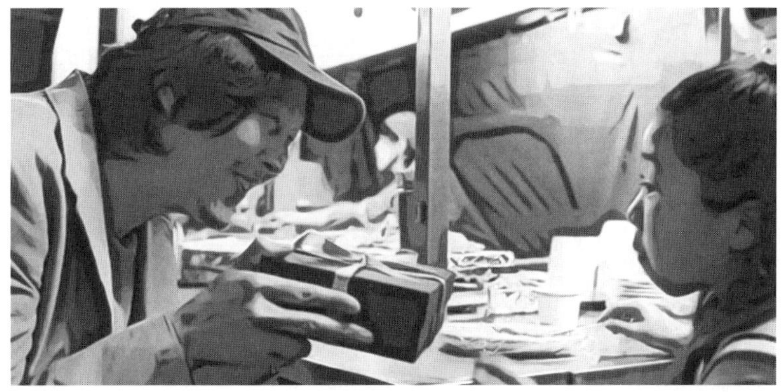

Abb. 326: In der ersten Folge macht Gi-hun seiner Tochter ein Geschenk, das wie die gruseligen Särge aussieht. Einer der vielen Vorahnungen in der Serie

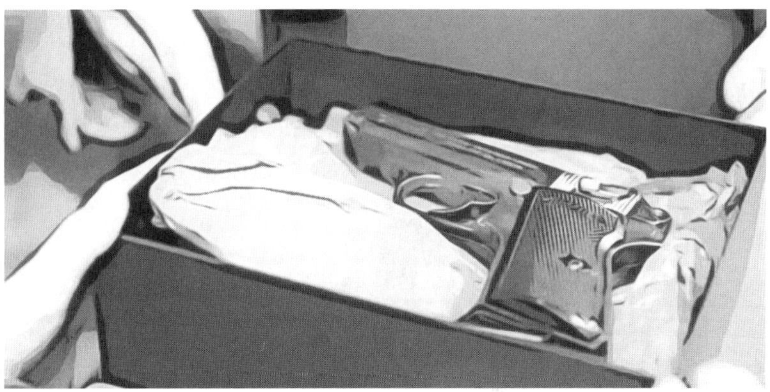

Abb. 327: Als sie die Schachtel öffnet, erkennen wir, dass es sich bei dem Geschenk um ein Feuerzeug in Pistolenform handelt

Diese Szene lässt die zahlreichen Todesfälle durch Schüsse erahnen, die bevorstehen. Außerdem entzündet die Waffe Feuer, das sich auf die verbrannten Leichen beziehen kann. Die Tatsache, dass Gi-hun seiner Tochter dieses Geschenk macht, steht im Einklang mit der allgemeinen Agenda, die Jugend der Krankheit der Elite auszusetzen.

Elite-Krankheit: Für die letzten drei Spiele begrüßen die Organisatoren VIPs – ultrareiche, elitäre Leute, die gekommen sind, um die Show persönlich zu sehen. Durch Symbolik zeigt die Serie, wer genau diese Menschen sind.

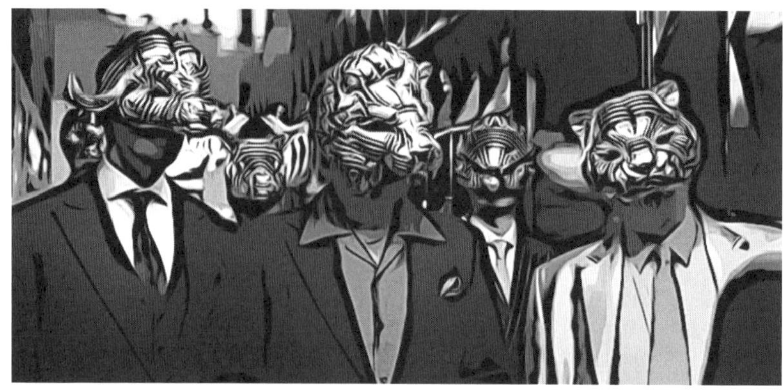

Abb. 328: Die VIPs laufen mit Tiermasken im Gesicht herum. Die okkulte Elite tut dies seit Jahrhunderten

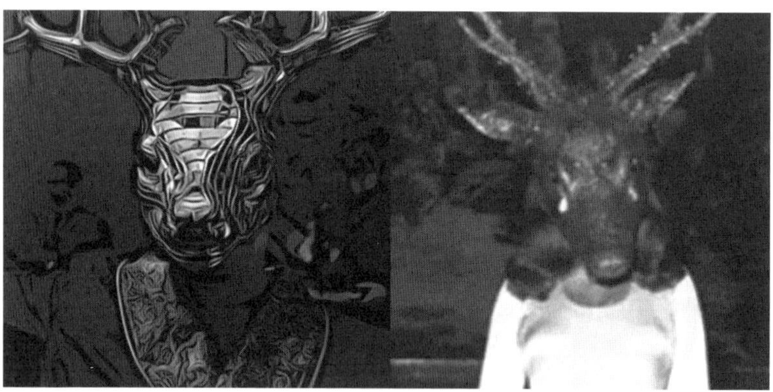

Abb. 329: Links: Einer der VIPs. Rechts: Helene de Rothschild bei einem okkulten Eliteball 1972 – mehr dazu im Buch „Der Hollywood-Code“

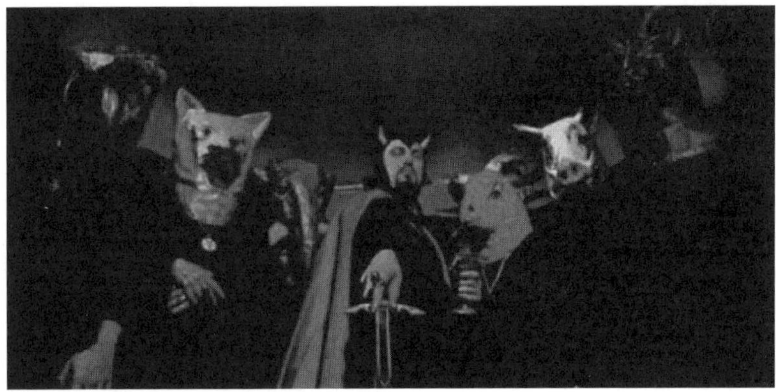

Abb. 330: Dieses Bild von der Website der Church of Satan zeigt eine Gruppe von Menschen, die Tiermasken tragen, die die Umarmung der animalischen Seite des Menschen symbolisieren

Passenderweise sind diese VIPs besessen von den beiden Kernelementen der tierischen Seite des Menschen: Lust und Blut.

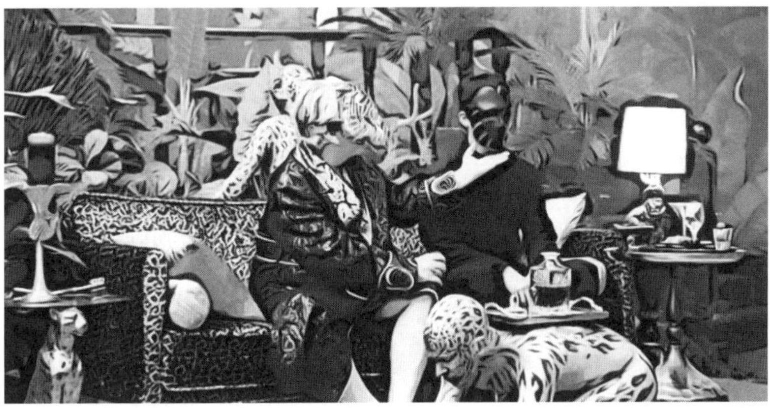

Abb. 331: Die Lounge, in der die VIPs sitzen und den Menschen beim Sterben zusehen, ist pure Dekadenz. Menschen werden als Möbel und Dekoration verwendet – eine andere Art, die Entmenschlichung der Massen darzustellen. Dieser VIP fühlt sich sofort vom Objekt/Subjekt angezogen und muss ihn sofort „haben"

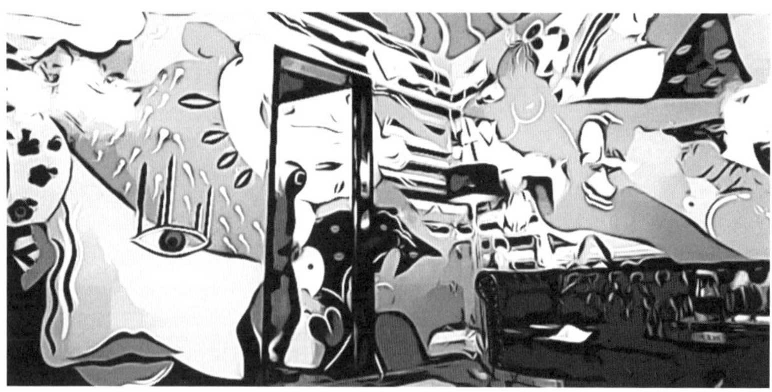

Abb. 332: Der VIP bringt den Diener in den VIP-Raum, um „zufrieden" zu sein. Dieser Raum ist mit Kunstwerken bedeckt, die den fortgeschrittenen Zustand der Perversion des VIPs widerspiegeln

Nach fünf Spielen sind nur noch drei Spieler übrig. Sie sind die „Elite"-Spieler. Folglich erhalten sie schicke Kleider und werden mit einem Festmahl verwöhnt. Keine gekochten Eier mehr für diese drei. Der Rahmen dieses Festes könnte nicht symbolischer sein.

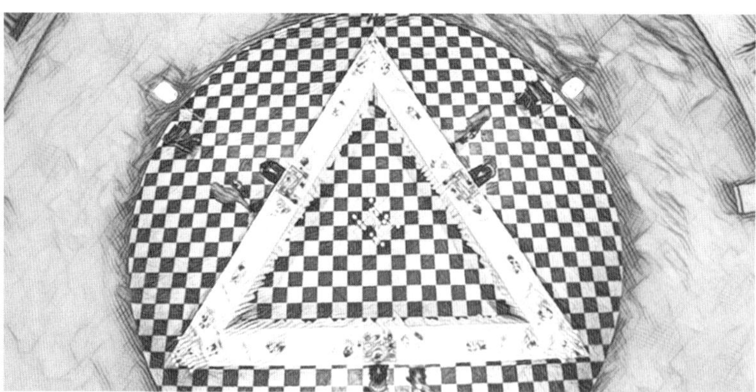

Abb. 333: Für das Festmahl werden die Tische in Form eines Dreiecks mit Licht in der Mitte aufgestellt. Dieses Dreieck wird auf einem Boden mit Schachbrettmuster platziert. Außerdem gibt es auf jeder Seite zwei „Lichtsäulen"

Das ist alles unverhohlene freimaurerische Symbolik.

Abb. 334: Klassische Freimaurersymbole: Das Dreieck mit dem alles sehenden Auge, der Schachbrettmusterboden und die Zwillingssäulen

Die Szene vermittelt die okkulte und rituelle Natur dieses Spiels. In der Freimaurerei ist der Schachbrettboden die transformative Oberfläche, auf der Rituale stattfinden. Das mächtigste Ritual von allen: Blutopfer. Und genau das wollen die VIPs sehen. (237)

Kurzer Einwurf, denn die realen VIPs bedienen sich ebenso bei den armen und hilflosen, wenn es um Organe geht, die Webseite *Recentr* berichtet (238):

„Eine der Nebenhandlungen der Show, bei der Menschen Organe entnommen und verkauft werden, erinnert hingegen an China. Chinas Kommunistische Partei entfernt jedes Jahr Herzen, Nieren, Lebern und Hornhäute von 100.000 Dissidenten und politischen Gefangenen.

Die internationale Gemeinschaft bleibt machtlos, weil die Weltgesundheitsorganisation gezwungen ist, die ‚unzureichenden und irreführenden' Krankenhausdaten der totalitären Nation zu akzeptieren.

Nur eine Woche vor der Veröffentlichung des ‚Netflix'-Hits bestritt Peking wütend die Existenz eines staatlich geförderten Organraubprogramms, nachdem das UN-Menschenrechtsbüro des Hohen Kommissars sagte, China ziele ‚auf bestimmte inhaftierte ethnische, sprachliche oder religiöse Minderheiten ab', um eine Milliarde Dollar pro Jahr einzustreichen.

Eine der auffälligen Besonderheiten des chinesischen Organtransplantationssystems besteht darin, dass Patienten mit dem nötigen Geld Operationen zu bestimmten Zeiten und an bestimmten Orten buchen können. In westlichen Ländern wird man hingegen auf eine Warteliste gesetzt und erfährt überraschend, wenn ein passendes Organ frei wird.

Peking ist in der Lage, ihre Menschenrechtsverletzungen zu vertuschen, indem es Transplantationsdaten nicht adäquat an die Weltgesundheitsorganisation meldet. Da es kein wirksames landesweites Organspende- oder Zuweisungssystem gibt, beziehen Krankenhäuser ihre Organquellen durch lokale Vermittler, unter anderem durch Beziehungen zu Gerichten, Haftzentren und Gefängnissen.

Edward McMillan-Scott, Vizepräsident des Europäischen Parlaments, sagte, er glaube, dass fast 400 Krankenhäuser in China am Handel mit Organtransplantationen beteiligt waren, wobei Websites Nierentransplantationen für 60.000 US-Dollar anpreisen."

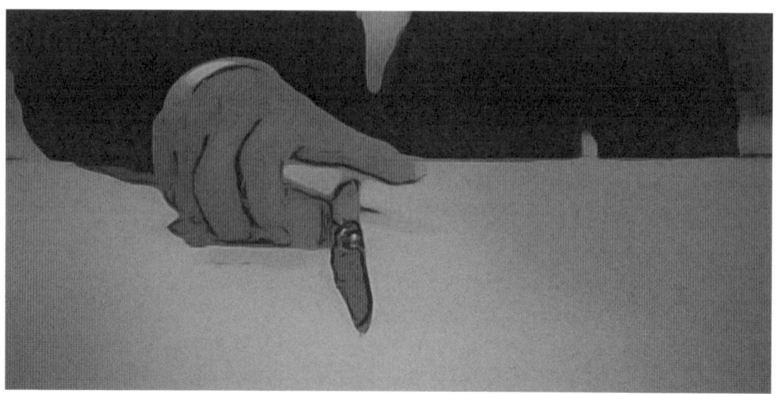

Abb. 335: Am Ende des Festmahls entfernen die Diener alles … bis auf die Steakmesser

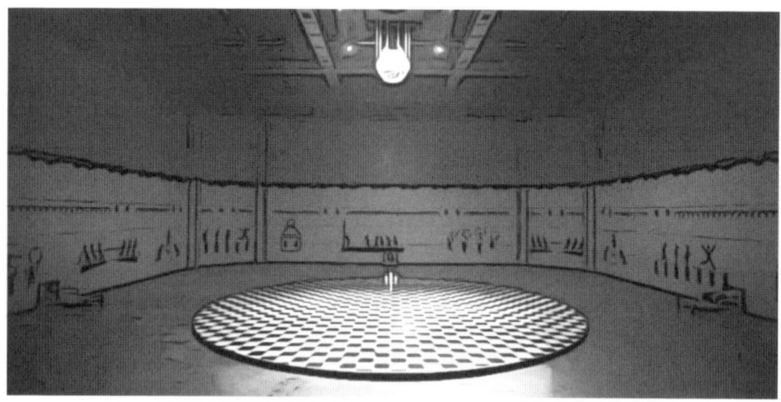

Abb. 336: Die drei verbleibenden Spieler sitzen auf ihren Betten auf dem rituellen Boden und halten ihre Messer. Beachten Sie auch, dass die Wände mit Bildern „geschmückt" sind, die die schrecklichen Spiele darstellen, die die Spieler durchmachen mussten. Das ist so, als würde *Netflix* „Unterhaltung" verwenden, um die Massen daran zu erinnern, wie sie von der Elite kontrolliert werden

Wie erwartet schneidet ein Spieler einem anderen Spieler, der stirbt, die Kehle durch. Das Blutopfer für die Elite ist vollendet.

Wenn man eine Menge Stiche vorspult, erfahren wir, dass Gi-hun letztendlich das Spiel gewinnt. Daher wird er mit einem Gegenwert von 38 Millionen Dollar auf seinem Bankkonto in die reale Welt zurückgeschickt.

Chillt er endlich und lebt es aus? Nö. Er ist im Grunde innerlich tot und verbringt etwa ein Jahr damit, herumzutrödeln. Dann erhält Gi-hun eine symbolische Einladung.

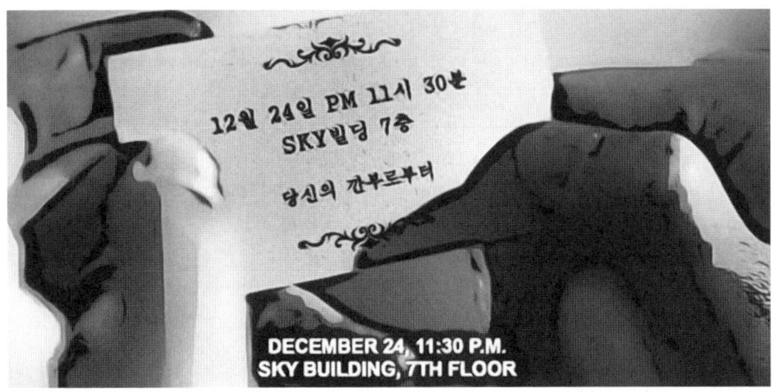

Abb. 337: Das Treffen findet 30 Minuten vor Weihnachten im 7. Stock eines Gebäudes namens „Sky" statt

In mehreren spirituellen Strömungen, einschließlich der Kabbala, bedeutet „7. Himmel" (was in einigen Sprachen wörtlich mit „7. Himmel" übersetzt wird) „der höchste Himmel, wo Gott und die erhabensten Engel wohnen".

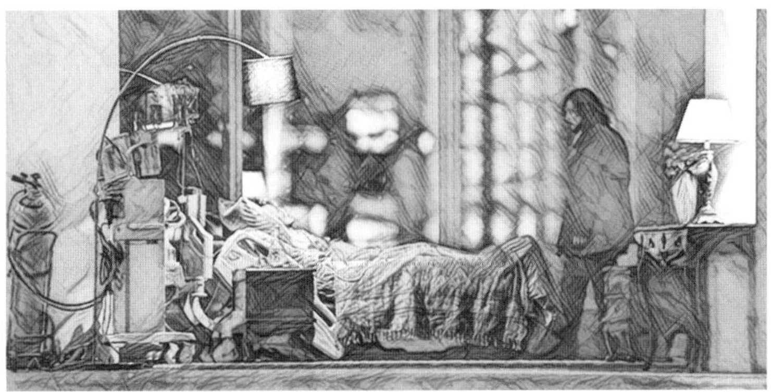

Abb. 338: Gi-hun findet den alten Mann aus dem Spiel auf seinem Sterbebett

In einem großen Handlungswechsel erfahren wir, dass der alte Mann tatsächlich superreich ist. Er ist auch der „Schöpfer" des Spiels. Als Gi-hun ihn fragt, warum er ein so schreckliches System geschaffen hat, antwortet er:

„Wenn man zu viel Geld hat, kann man so viel kaufen, essen und trinken wie man will. Aber irgendwann wird es langweilig. Und ab einem bestimmten Zeitpunkt fingen meine Klienten an, mir zu sagen, dass ihnen das Leben kein Spaß mehr macht. Deshalb haben wir uns alle zusammengesetzt und gegrübelt. Was könnte uns im Leben noch Spaß machen?"

Erklärt das, warum die Elite an solch extremen und verdorbenen Aktivitäten teilnimmt (z.B. die Epstein-Insel)? Jedenfalls reichte es diesem alten Mann nicht mehr, nur die Spiele zu sehen. Er wollte eigentlich ein Spieler im Spiel sein, um sich lebendig zu fühlen.

Wenn man sich die Serie noch einmal ansieht, stellt man fest, dass dieser alte Mann (alias Spieler 001) einen großen Einfluss auf das Spiel hatte (während er anscheinend auch immun dagegen war, getötet zu werden). Er war das Äquivalent einer Elitepflanze unter den Massen. Zum Beispiel hatte er die letzte und entscheidende Stimme während des demokratischen Prozesses. Außerdem stoppte er die Nacht der Morde, indem er schrie und die Mitarbeiter dazu veranlasste, herauszukommen und die Gewalt zu stoppen.

Gi-hun kehrt aus seinem Treffen im 7. Himmel als veränderter Mann zurück. Um diese tiefgreifende Veränderung widerzuspiegeln, färbt er sein Haar rot (die Farbe des Opfers und der Transformation in okkulten Kreisen). Dann beschließt er schließlich, in ein Flugzeug zu steigen und seine Tochter zu besuchen. Doch in letzter Sekunde dreht er um.

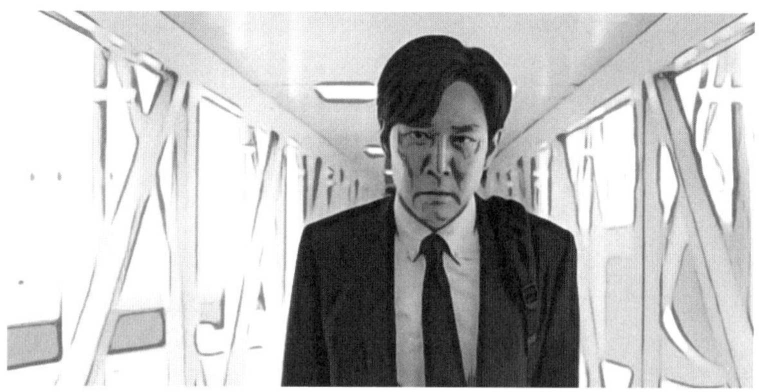

Abb. 339: Gi-hun will ins Spiel zurückkehren, weil „er wissen muss, wer dahintersteckt“

Anstatt also seine Tochter zu sehen und endlich Teil ihres Lebens zu sein, will Gi-hun zurück in den Wahnsinn. Das ist verrückt. Der wahre Grund, warum er zurück will: Er ist jetzt mit der Krankheit der Elite (repräsentiert durch seine roten Haare) infiziert. Er fühlt sich innerlich tot … es sei denn, er nimmt am extremen Nervenkitzel des Spiels teil. Der ultimative Beweis dafür ist die Tatsache:

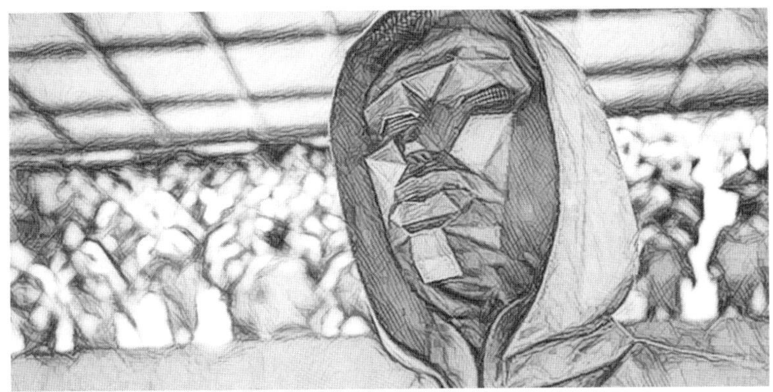

Abb. 340: Der Power Rangers-Typ, der den Themenspielplatz überwacht, er ist ein ehemaliger Gewinner. Er wurde auch infiziert und musste zurück

Kurz gesagt, das Ende ist nicht glücklich. Alle verlieren das Spiel. Außer die Elite.

Abschließend können wir feststellen, dass „Squid Game“ die Klassengesellschaft in Form einer abartigen Snuff-Party darstellt. Dabei ist die Serie mitnichten reine Fiktion. Snuff-Partys bzw. Filme gibt es auch in der Realität, vor allem in satanistischen Kreisen. Die Opfer sind, wie in der Serie, zumeist arme Habenichtse, vorzugsweise Obdachlose, die niemand vermisst. Allerdings können die im echten Leben keinen Hauptpreis gewinnen und somit in die reiche Oberschicht aufsteigen. (239)

Es ist ein unbestreitbarer Fakt, dass es an der Spitze der irdischen Machtpyramide von Psychopathen nur so wimmelt. Diese Individuen besitzen keinerlei Empathie und haben daher Null Mitleid mit anderen Menschen. Nun wäre es eine Sache, wenn sie aus pragmatischen Gründen andere über die Klinge springen lassen. Zum Beispiel hat die Rüstungsindustrie ein geschäftliches Interesse daran, dass immer irgendwo Krieg herrscht.

Doch mit dieser kalten Profitlogik und strategischem Machtkalkül ist es nicht getan. Es gibt noch andere Gründe für das Töten. Zum einem gibt es die rituelle Gewalt bis hin zu Menschenopfern. Wir kennen dies nicht nur aus dem Satanismus, sondern auch aus diversen antiken Kulturen, die derartiges vollkommen offen zelebrierten. Seien es nun die Phönizier und Karthager mit ihren Molochopferungen zu Ehren Baal Hammons oder die Menschenopfer der Maya zu Ehren Kukulkans.

Im Zentrum steht dabei der Glaube an grausame Gottheiten, die mit Menschenblut milde gestimmt werden müssen. Im Satanismus kommt der Irrglaube hinzu, mit der Energie der Opfer arbeiten zu können und damit Macht zu gewinnen. Neben diesen rituellen Opferungen gibt es allerdings noch so genannte Snuff-Partys, bei denen aus reinem Vergnügen Tiere und Menschen getötet werden.

Obwohl diese Partys insbesondere bei Satanisten beliebt sind, fehlt ihnen der rituelle Charakter einer schwarzen Messe. Wie bei einer Sex-Party steht das Vergnügen im Vordergrund, wobei Sex und Snuff durchaus kombiniert werden können.

Die Opfer stammen mutmaßlich zum Großteil aus dem internationalen Menschenhandel. Täglich werden tausende Menschen vom organisierten Verbrechen entführt, insbesondere Arme und Kinder. Den Menschenhändlern ist es dabei egal, ob ihre Opfer als Sklaven gehalten, als Zwangsprostituierte verkauft oder rituell getötet werden. Für sie ist es ein Geschäft, so wie der illegale Handel mit Drogen oder Waffen.

Zuweilen werden aber auch Obdachlose direkt von der Straße geerntet, um sie grausam zu töten. Cathy O'Brien berichtete von einem solchen Mord, der allerdings auf offener Straße stattfand. Dabei schnitt ein bekannter Country-Star einem Obdachlosen die Hände ab, einfach weil er es konnte und gerade Bock darauf hatte.

Der Grund, warum ausgerechnet Obdachlose gezielt ausgesucht werden, ist so einfach wie offensichtlich. Niemand vermisst diese Menschen und auch die Polizei interessiert sich nicht sonderlich dafür, ob ein Obdachloser nun ermordet oder von Ratten gefressen wurde.

So viel zu den Opfern. Wer aber sind nun die Täter? Wie bei den Sex-Partys handelt es sich um Politiker, Entertainer, Bankiers, Konzernmanager und Adelige. Mit anderen Worten: Die Elite. Während die Bunga-Bunga-Partys von Silvio Berlusconi und Peter Hartz inzwischen allseits bekannt sind und die Schlagzeilen dominieren, legt sich ein Mantel des Schweigens um die Snuff-Partys.

Immerhin ist es ein gewaltiger Unterschied, ob zügellos Nutten geballert oder Menschen ermordet werden. Das eine ist in den meisten Ländern legal, das andere dagegen strafbar. Dennoch dringen ab und zu Kommentare über Snuff-Partys nach außen. So gab der ehemalige Scorpions-Bassist Ralph Rieckermann, welcher von 1992 bis 2003 zur Band gehörte, offen zu, an Snuff-Partys teilgenommen zu haben.

Ja, es handelt sich um ein Mitglied der Scorpions, welche bereits mit ihrem Cover des 1976 erschienen Albums „Virgin Killer" auf sexuellen Kindesmissbrauch angespielt haben. Doch die Staatsanwaltschaft ermittelte weder in dem einen noch in dem anderen Fall.

Zwar distanzierte sich Rieckermann später in einer Videobotschaft von solchen Partys, jedoch widerrief er weder deren Existenz noch seine Teilnahme an einer solchen. Er wäre damit zumindest der unterlassenen Hilfeleistung schuldig sowie der Strafvereitelung, da er die Täter bis heute nicht namentlich genannt hat. Ausgesagt hat er lediglich, dass die Gäste solcher Partys bis zu 100.000 $ für ihre Teilnahme gezahlt haben. Es dürfte damit zumindest klar sein, dass sie zu den oberen 10% gehören.

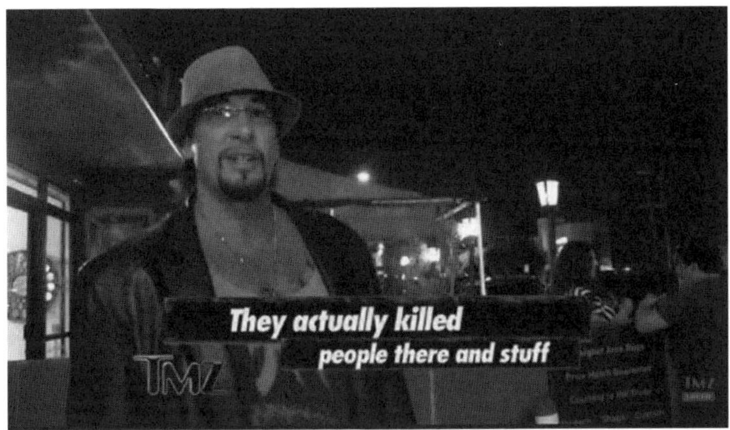

Abb. 341: Rieckermann erzählt es ohne mit der Wimper zu zucken, so ganz nebenei, hier ein Link: https://www.youtube.com/watch?v=bscbg-TB6fo

Mindestens ebenso skandalös wie Rieckermanns Aussagen, ist der Umgang des Entertainment-News-Portals TMZ mit dem Thema. Dieses hatte Rieckermann interviewt und daraus ein Fun-Video gemacht. Die Snuff-Partys wurden in dem Video mit dem Oktoberfest und anderen deutschen Traditionen verglichen, was einer absoluten Verharmlosung gleichkommt.

Obwohl die Verantwortlichen von TMZ selbst zugeben, dass der ehemalige Scorpions-Bassist nicht so aussieht, als würde er scherzen, machen sie selbst einen Riesenwitz daraus.

Wie an diesem Beispiel gut zu erkennen ist, werden die Snuff-Partys bestenfalls ins Lächerliche gezogen. In der Regel werden sie jedoch gänzlich vertuscht, da die Elite über das entsprechende Netzwerk verfügt, sich vor Strafverfolgung zu schützen.

Wesentlich präsenter ist dagegen das Thema der Snuff-Filme, was einen einfachen Grund hat. Während die Verantwortlichen die Beweise für Partymorde verschwinden lassen können, sind auf Video gebannte Morde an sich schon Beweise. Die Täter bleiben dabei meist maskiert, doch man würde sie wahrscheinlich so oder so schützen.

Es gibt zwei grundlegende Arten von Snuff-Filmen. Einerseits gibt es Videos, in denen Menschen auf brutale Weise getötet werden, andererseits gibt es Vergewaltigungsvideos, die mit dem Tod des Opfers enden. Es ist kaum zu glauben, dass die Snuff-Filmindustrie inzwischen ein Milliardengeschäft ist.

Dennoch gibt es fast gar keine Meldungen über Verhaftungen von Tätern. Im Gegensatz zu Kinderpornografie wird das Thema zudem auch von der Politik weitestgehend gemieden. (240)

Squid Game wurde aus mehreren Gründen zur größten Serie in der Geschichte von *Netflix*. Abgesehen von ihrer schockierenden Gewalt und packenden Geschichte untersucht die Serie verschiedene Themen wie Religion, menschliche Natur und die Fallstricke wirtschaftlicher Ungleichheiten.

Während mehrere Nachrichtenquellen *Squid Game* als „Kritik des Kapitalismus" interpretieren, scheinen sie das offensichtlichste und auffälligste Thema zu übersehen: Die Gesellschaft wird von einer kranken okkulten Elite regiert, die Freude daran hat, den Kapitalismus zu teilen, zu kontrollieren, zu entmenschlichen, zu infantilisieren, um so die Massen zu missbrauchen. Und diese Geschichte endet nicht damit, dass dieses Spiel heruntergefahren wird … sie endet damit, dass der Gewinner dorthin zurückkehrt.

In diesem Sinne erleben wir eine Form des Stockholm-Syndroms, bei dem sich Menschen, die missbraucht werden, am Ende mit ihren Tätern identifizieren. Und das ist sozusagen das Ziel der Serie: Die Zuschauer genießen es am Ende, diese kranke Form der Unterhaltung zu sehen, genauso wie die VIPs es genießen, zuzusehen, wie Menschen getötet werden. Dann fühlen sie sich innerlich tot. (241)

5 Hollywood sagte die Pandemie voraus

Wenn Sie bis zum jetzigen Zeitpunkt noch geglaubt haben, es handele sich hier um Filmanalysen, welche mit der Vergangenheit zu tun hätten und zum Glück doch irgendwie weit weg wären, so werden Sie im folgenden Kapitel eines gewissen Irrglaubens. Die vier Filmanalysen zu *Dead Zone*, *V wie Vendetta*, *Utopia* sowie *Songbird* belegen regelrecht, dass es sich bei der so genannten Corona-Pandemie eigentlich nur um eine Corona-PLANdemie handeln kann. Nicht zu vergessen sind bei diesem Spiel, wie auch in anderen Kontexten, natürlich die Simpsons.

Es wird deutlich, mit welcher Raffinesse hier vorgegangen wird und es stellt sich gleichermaßen die Frage, wie es eigentlich sein kann, dass man dieses dunkle Spiel noch so offen darlegt?! Nun, eine Erklärung liegt darin, dass bereits im Vorfeld eine gewisse Programmierung und damit Akzeptanz bei der Bevölkerung dafür geschaffen werden soll, was kommt. Und dann wird noch eines draufgesetzt (vgl. *Songbird*): Es wird suggeriert, man könne doch froh sein, dass es in der Realität nicht ganz so schlimm sei wie in *Songbird.* Womit allerdings wohl wenig gerechnet wird, ist die Tatsache, dass durch die Analyse dieser Filme deutlich wird, wie gearbeitet wird, und der Leser dadurch gewissermaßen sein Immunsystem stärken kann, um gegen diese Art der Manipulation innerlich gewappnet zu sein und damit über ein Schutzschild gegen Fremdsteuerung zu verfügen.

5.1 Dead Zone: Der unsichtbare Tod (2003)

„Was immer es ist, es hat seinen Ursprung in China"
Dr. Jim Pratt (*Dead Zone*)

„Der unsichtbare Tod": Eine Folge von „Dead Zone" aus dem Jahr 2003 sagte die genaue Kette von Ereignissen voraus, die zur Coronavirus-Pandemie führten.

The Dead Zone, auch bekannt als Stephen Kings „The Dead Zone" (in den USA), ist eine Science-Fiction-Drama-Fernsehserie mit Anthony Michael Hall als Johnny Smith, der entdeckt, dass er nach einem Koma übersinnliche Fähigkeiten hat. Die Show, die als „basierend auf Charakteren" aus Stephen Kings gleichnamigem Roman von 1979 bezeichnet wird, wurde erstmals 2002 ausgestrahlt und von *Lionsgate Television* und *Paramount Network Television* (später *CBS Paramount Network Television*) für das amerikanische TV-Netz produziert.

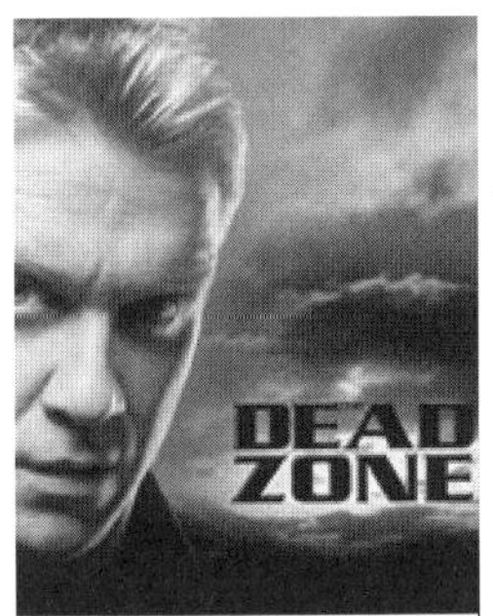

Abb. 342: Titelkarte für Dead Zone

Die Show wurde ursprünglich für *UPN* in Auftrag gegeben, aber das Netzwerk ließ die Show fallen und sie wurde von den USA übernommen. Die Serie wurde in den ersten fünf Staffeln in Vancouver, British Columbia, Kanada gedreht. Die sechste und letzte Staffel wurde als „Die Staffel, die alles verändert" angekündigt und die Produktion nach Montreal verlegt.

The Dead Zone sollte um eine siebte Staffel verlängert werden, aber aufgrund finanzieller Bedenken und der Angst vor niedrigen Einschaltquoten seitens der Produzenten wurde die Serie im Dezember 2007 mit einem großen Cliffhanger ohne Serienfinale abgesetzt. Es wurde gemunkelt, dass Syfy die Serie aufnehmen würde, nachdem sie von den USA abgesetzt wurde, aber keine weiteren Pläne wurden verwirklicht. (242)

Die Episode *Der unsichtbare Tod* der Fernsehsendung *Dead Zone* aus dem Jahr 2003 hat die Leute sich fragen lassen, ob Hollywood den Ausbruch des Coronavirus Jahre vorhergesagt hatte, bevor wir überhaupt die Vorstellung hatten, dass die tödliche Pandemie unser Leben auf den Kopf stellen würde.

In der Episode bekommt Johnny Smith, ein pensionierter Schullehrer, eine Vision von einer Gruppe von Kindern, die schwer krank werden, nachdem sie mit einem mysteriösen Virus infiziert wurden.

Er informiert den Sheriff der Stadt über das, was er gesehen hat, und bittet sie, das Schulgebäude unter Quarantäne zu stellen, da die Kinder krank werden.

Das Interessante an der Episode ist jedoch, wie sie die Kette von Ereignissen vorhergesagt hat, wie wir sie seit Anfang des Jahres gesehen haben, als Hunderte in China aufgrund des Virus zu sterben begannen.

Die Folge zeigt, dass der örtliche Gesundheitsinspektor, während er versucht herauszufinden, woher das Virus stammt, doch über China als Quelle spricht und Menschen kennt, die kürzlich dorthin gereist sind; er sieht dies als eine der Möglichkeiten an, wie das Virus übertragen worden sein könnte.

Es wird auch darüber gesprochen, wie die in den USA ansässigen Zentren für die Kontrolle und Prävention von Krankheiten, im Volksmund als CDC bekannt, angeblich Monate brauchen, um ein Heilmittel herauszufinden, geschweige denn um eruieren, woher das Virus stammt.

Die Folge betont auch die sofortigen Lockdowns, die von Ländern weltweit durchgesetzt wurden, um die Ausbreitung des Virus einzudämmen.

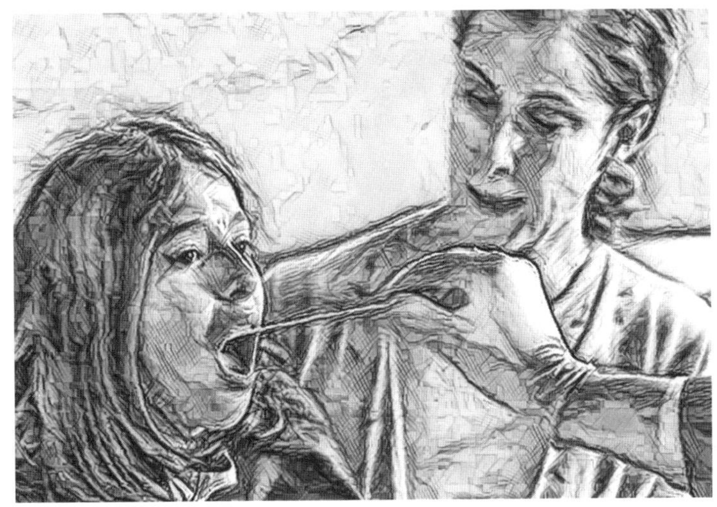

Abb. 343: 2003 haben sie es uns gezeigt und heute findet es die Mehrheit normal

Es gibt auch eine Diskussion über das Tragen von Masken, was aus politischen Gründen irgendwie als schlechte Idee angesehen wird.

In einer noch bizarreren Wendung der Ereignisse wird in der Episode auch vermutet, dass das Virus von einem Tier stammt, möglicherweise einem Stinktier (in unserem Fall ist es eine Fledermaus), es wird in der Luft übertragen und Hydroxychloroquin, das Anti-Malaria-Medikament, wird als mögliches Heilmittel für das Coronavirus angepriesen, sowohl in der Folge als auch in der realen Welt.

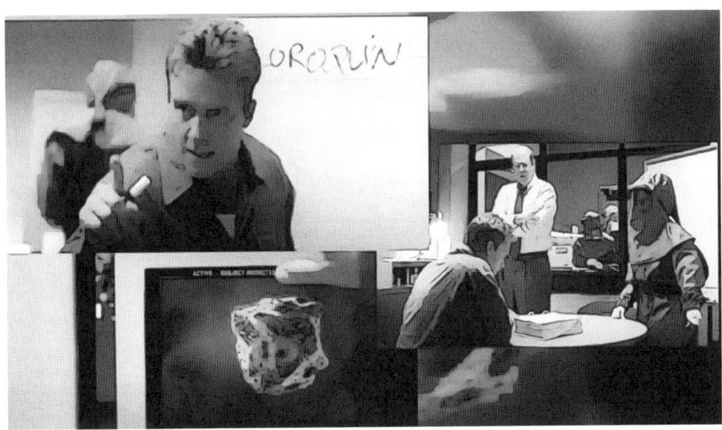

Abb. 344: Das ultimative Heilmittel?

Interessanterweise verursachte das Virus in der Episode auch hohes Fieber und Atemnot, aber im Gegensatz zum Coronavirus, gegen das wir gekämpft haben, beträgt die Inkubationszeit für dieses Virus nur 48 Stunden. (243)

„France24.com" schreibt:

„Das Team von FRANCE 24 Observers sprach mit der Person, die diese Folge von ‚Dead Zone' geschrieben hat. Ihr Name ist Jill Ellen Blotevogel und sie sagte, sie habe viel recherchiert, bevor sie die Episode schrieb:

‚Mein Ziel für die Handlung von ‚Dead Zone' war es, ein Heilmittel zu finden, das durch normale medizinische Forschung Wochen, Monate oder Jahre gedauert hätte – ein Ausreißer bzw. eine seltene Möglichkeit. Bei meinen Recherchen fand ich einen tatsächlichen Fall, bei dem jemand, der sowohl an Malaria als auch an einem Coronavirus litt, mit einem Malariamedikament behandelt wurde, das zufällig auch sein Virus abtötete. Es war ein sehr isolierter Fall, der mir eine interessante Lösung für meinen fiktiven Handlungsstrang gab.

Der Handlungsstrang, den Blotevogel geschrieben hat, ist angesichts des damaligen Kontexts nicht allzu überraschend. Zwischen 2002 und 2004 trat in der Provinz Guangdong, China, ein Coronavirus auf, das als Sars-Cov-1 (oft auch als SARS bezeichnet) bekannt ist. SARS tötete mindestens 774 Menschen, die meisten von ihnen in China, Hongkong oder Taiwan. Insgesamt wurden etwa 8.000 Fälle des Virus gemeldet. Online finden Sie mehrere Beispiele medizinischer Literatur, die darauf verweisen, dass einige Patienten positiv auf Chloroquin zu reagieren schienen.

Blotevogel hat diese Folge vor 17 Jahren geschrieben und sie sagt, sie habe keine Notizen mehr von ihren Recherchen. Sie erinnert sich auch nicht mehr an den Einzelfall, der der Episode zugrunde lag. Sie ist sich nicht sicher, in welchem Land es war." (244)

Verrückt, nicht wahr?

5.2 V wie Vendetta und die Simpsons: Das Corona-Virus-Endspiel (2005 und 1993)

„Bis 2020 wird es eine Eine-Welt-Regierung geben."
Ray Kurzweil (*„The Age of Intelligent Machines", 1990*)

Die Macher des Films sahen explizit voraus, was sich ab 2020 im Rahmen der Corona-Pandemie weltweit entfaltet.

Ein Teil dessen, was die faschistische Regierung von *V for Vendettas* Großbritannien der 1980er Jahre an der Macht hält, ist eine Pandemie.

Eine als St. Mary's Virus bekannte Krankheit hat Europa verwüstet und bis zum Beginn des Films über 100.000 Menschen getötet. Später wird bekannt, dass das Virus ein Akt der biologischen Kriegsführung von Creedy, dem Vorsitzenden der regierenden Nordfeuer-Partei, war, der dann einer Terroristengruppe angelastet wurde.

Das Ergebnis dieses Massakers und der anschließenden Panikmache war eine überwältigende Mehrheit im Parlament für Nordfeuer. Was Ähnliches haben wir in der Realität gesehen, als fast alle – außer einer Partei – die undemokratischen Corona-Maßnahmen im Bundestag mittrugen.

„Stellen Sie sich ein Virus vor, das furchtbarste Virus, das es gibt. Und jetzt stellen Sie sich vor, Sie und nur Sie hätten das Heilmittel dagegen… Wenn Ihr übergeordnetes Ziel Macht ist. Wie lässt sich so eine Waffe am Besten einsetzen?" so der unbekannte Obdachlose im Film.

Eine neu gewählte Regierung lechzt nach Macht und Kontrolle, entwickelt eine geheime Biowaffe und setzt sie gegen die eigene Bevölkerung ein, um totalitäre Maßnahmen und Regeln einzuführen, parallel werden die politischen Opponenten für den Einsatz des Virus als Biowaffe an den Pranger gestellt.

Die im fiktiven Film gezeigten Schlagzeilen in den Zeitungen erinnern frappierend an Nachrichten aus der realen Welt ab 2019.

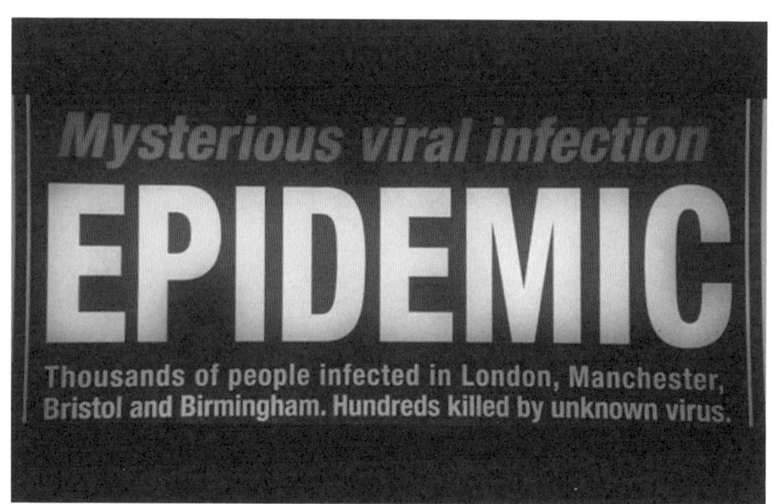

Abb. 345: „Mysteriöse virale Infektion. Epidemie. Tausende Menschen in London, Manchester, Bristol und Birmingham infiziert. Hunderte an einem unbekannten Virus gestorben"

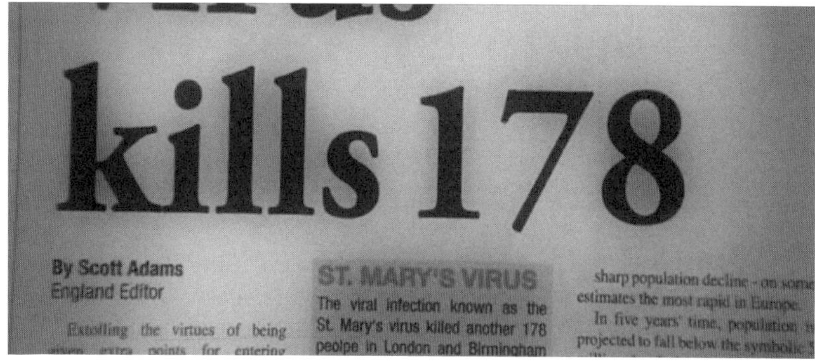

Abb. 346: „178 getötet"

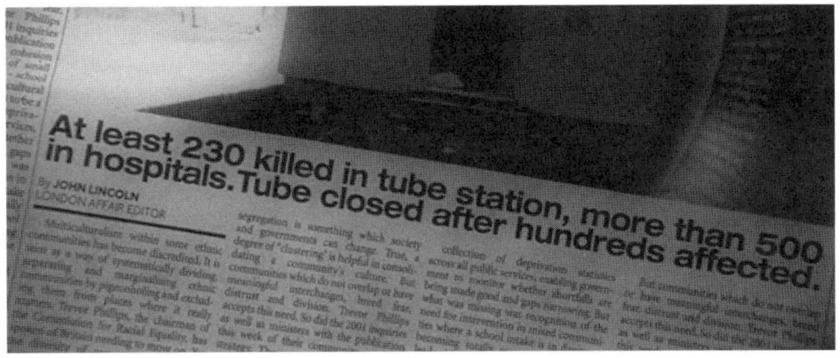

Abb. 347: „Mindestens 230 in U-Bahnstation getötet und mehr als 500 im Krankenhaus. U-Bahn geschlossen, nachdem Hunderte betroffen sind“

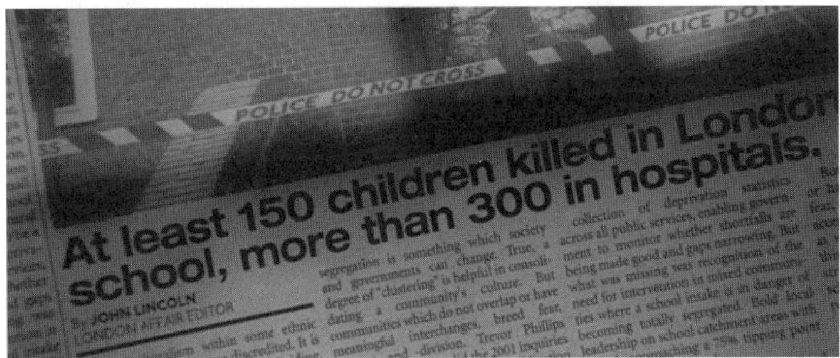

Abb. 348: „Mindestens 150 Kinder sind in Londoner Schulen gestorben, mehr als 300 im Krankenhaus“

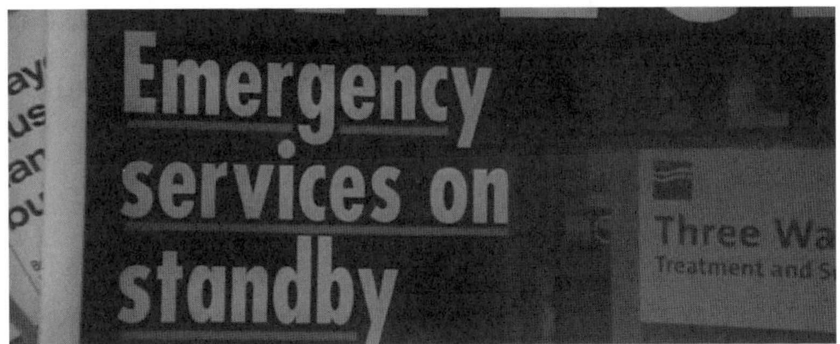

Abb. 349: „Notfall-System sind im Standby-Modus“

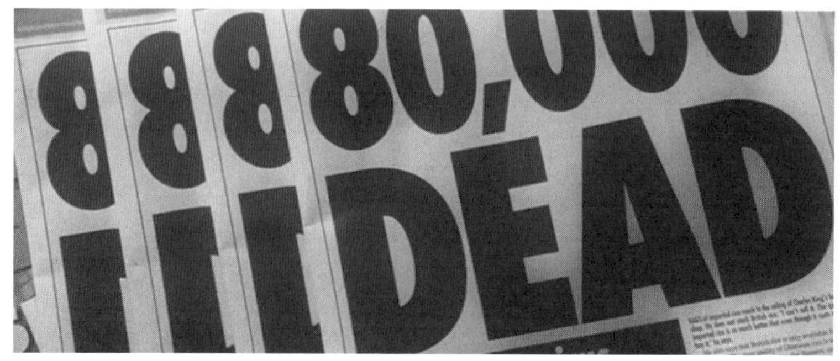

Abb. 350: „80.000 tot“

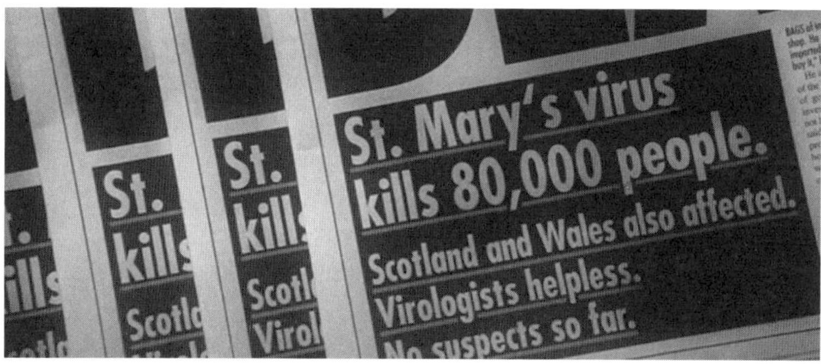

Abb. 351: „Das St. Mary`s Virus hat 80.000 Menschen getötet. Schottland und Wales sind auch betroffen. Virologen hilflos. Keine Verdächtigen bis jetzt“

Wir sehen, dass diese fiktive Diktatur nicht nur danach strebt, ihre Bevölkerung zu beherrschen und zu kontrollieren, sondern als Retter ihres eigenen Volkes angesehen wird, das sie verdummen, versklaven, einsperren und töten.

Die Autoren hatten eine tiefe historische Quelle, von der aus sie arbeiten konnten. Gerade im 20. Jahrhundert mit Monstern wie Hitler, Stalin Mao, Pol Pot und Kim Jong-un, die nicht nur danach trachten, das Leben und die Gedanken ihrer Untergebenen zu dominieren und zu kontrollieren, sondern die auch als die Retter der Welt angesehen werden wollen, von den gewöhnlichen Menschen, die ihre Sklaven sind.

Ein wütender Sutler spricht zu seinen Partei-Untergebenen:

„Heute Abend werde ich direkt mit diesen Leuten sprechen und ihnen die Situation vollkommen klar machen. Die Sicherheit dieser Nation hängt von der vollständigen und vollständigen Einhaltung ab. Was wir jetzt brauchen, ist eine klare Botschaft an die Menschen in diesem Land. Diese Botschaft muss in jeder Zeitung gelesen, in jedem Radiosender gehört, in jedem Fernsehen gesehen werden. Diese

Nachricht muss während der gesamten Verbindung widerhallen. Ich möchte, dass dieses Land erkennt, dass wir am Rande des Vergessens stehen. Ich möchte, dass jeder Mann, jede Frau und jedes Kind versteht, wie nahe wir dem Chaos sind. Ich möchte, dass sich alle daran erinnern, warum sie uns brauchen!"

In einer Szene schauen Senioren in einem Wohnheim gemeinsam die TV-Nachrichten. Die Nachrichtensprecherin sagt: „In den ehemaligen Vereinigen Staaten geht der Bürgerkrieg weiter, den Mittleren Westen zu zerstören." Ein anderer Nachrichtensprecher verkündet: „Wissenschaftler führen diese jüngste Wasserknappheit auf den Regenmangel der letzten zwei Jahre zurück. Ministeriumsbeamte rechnen mit steigenden Wassercouponpreisen." In einer anderen TV-Nachrichtensendung wird Folgendes eingeblendet: „Grippeimpfstoffhorter erwischt" und der Sprecher sagt: „Die Polizei hat neun Verdächtige festgenommen." In einem weiteren Clip: „Eine neue Meldung über die Vogelgrippe diesen Sommer." Eine weitere Sprecherin schließt den Reigen mit: „Außerhalb der Quarantänezone hat ein neuer Erreger in der Luft 27 Menschen getötet."

Natürlich haben in dem Film diejenigen, die die Biowaffe auf ihre Bevölkerung loslassen, die sie jagen, auch das Heilmittel. In einer weiteren Szene sehen wir einen Clip, wie das Heilmittel produziert wird.

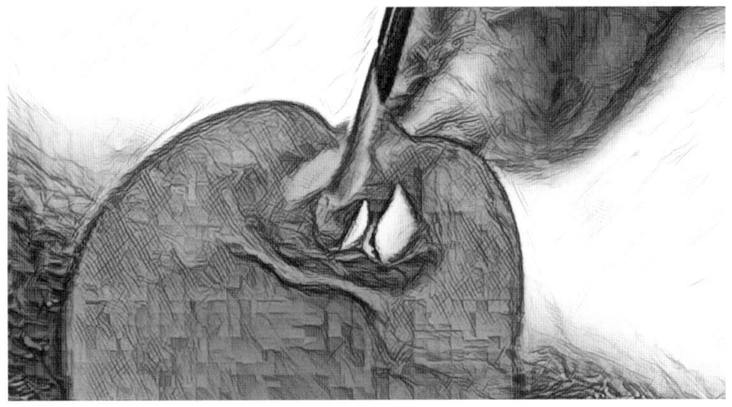

Abb. 352: Ein Experiment, eine Spritze und das menschliche Blut und schwupps, wir haben ein neues Virus

„Und dann, nicht lange nach der Wahl, siehe da, ein Wunder. Einige glaubten an das Wirken Gottes selbst, aber es handelte sich um einen Pharmakonzern, den gewisse Parteimitglieder kontrollierten, und der sie alle steinreich machte…, aber das Endergebnis, die Genialität des Plans, war die Angst. Angst wurde das ultimative Werkzeug dieser Regierung und nur durch sie ist es unserem Politiker gelungen, in das neu geschaffene Amt des Groß-Kanzlers befördert zu werden", so der vermeintliche Obdachlose weiter im Film.

In *V wie Vendetta* sehen wir wie Kunst, die das Leben imitiert, aber wenn Sie zum Jahr 2019 und dann 2020 vorspulen, ist es nicht die US-Regierung, die ihre Fingerabdrücke darauf hat, es ist die private globale Regierung und das Testgelände der Organisationen; der kommunste chinesische Superstaat.

Top-Wissenschaftler aus der ganzen Welt in den USA, Indien und Europa kamen früh heraus, dass dies eindeutig ein von Menschen gemachtes Coronavirus ist.

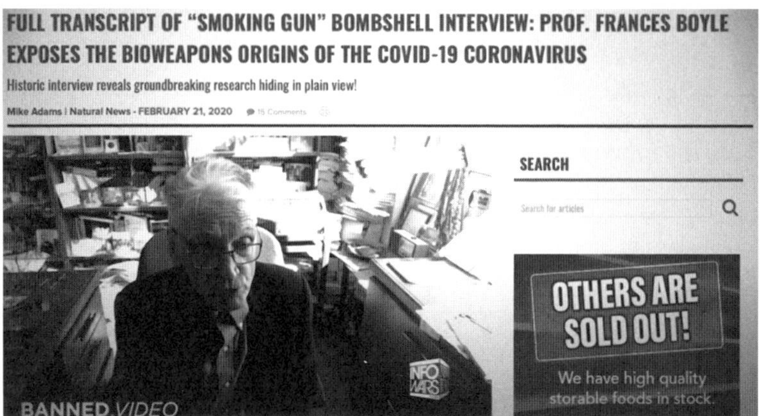
FULL TRANSCRIPT OF "SMOKING GUN" BOMBSHELL INTERVIEW: PROF. FRANCES BOYLE EXPOSES THE BIOWEAPONS ORIGINS OF THE COVID-19 CORONAVIRUS

Historic interview reveals groundbreaking research hiding in plain view!

Mike Adams | Natural News - FEBRUARY 21, 2020

Abb. 353: Screenshot vom Artikel, von Prof. Frances Boyle

Wie Professor Frances Boyle im Gespräch mit Alex bei Jones bei *Infowars* sagte: *„Dies ist eindeutig ein offensiver biologischer Kampfstoff.“*

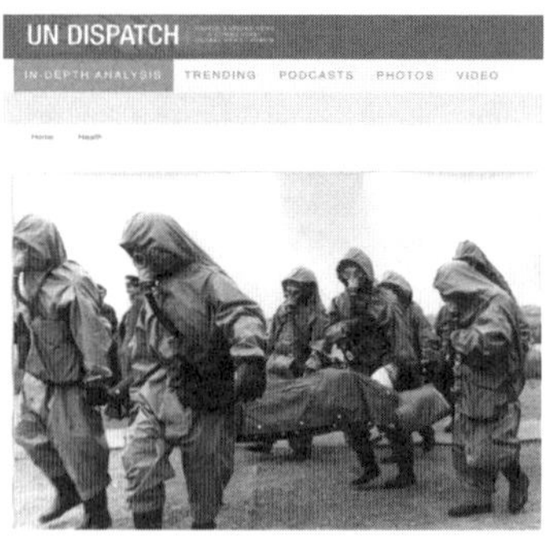
UN DISPATCH

IN-DEPTH ANALYSIS TRENDING PODCASTS PHOTOS VIDEO

The World Health Organization Wants You To Worry About "Disease X"

Abb. 354: Ein Bericht bei „UN Dispatch“: „Die Weltgesundheitsorganisation möchte, dass Sie sich Sorgen um ‚Krankheit X‘ machen.“ Wir sollen uns bereits 2018 sorgen, sie wollen uns Angst machen

Von Anfang an war das gesamte Event sorgfältig choreografiert. 2018 kündigte die WHO an, dass „Krankheit X“ bald auftreten werde und dass eine globale Regierung benötigt wird, um der internationalen Krise entgegenzuwirken, und dass grundlegende menschliche Freiheiten im Namen der globalen Gesundheit eingeschränkt werden; und als im Herbst 2019 die Melinda Gates Foundation das „Event 201“ durchführte, bei dessen Simulation 65 Millionen Menschen ein einem corona-ähnlichen Virus sterben, lautete natürlich die Antwort: Quarantäne-Lockdowns, Zwangsimpfungen, die Durchsetzung von Roboterdrohnen und natürlich die Weltregierung.

Das künstliche Virus wurde nicht nur entwickelt, um vier verschiedene Körperteile anzugreifen, einschließlich der männlichen Fruchtbarkeit und der Lunge; woher haben die Wachowski-Brüder die Idee für das Drehbuch?

In der Geschichte wies ein Bio-Angriff auf die Bevölkerung darauf hin, um sie zu versklaven. Sicherlich haben die Wachowski-Brüder einen lebendigen und reichhaltigen Film produziert, der ein Meisterwerk ist, aber sie waren nicht die ersten Menschen in Hollywood oder in der Populärkultur.

Bereits 1993 zeigten die *Simpsons*, die dafür bekannt sind, weitsichtig zu sein oder im Inneren zu sein, eine ganze Episode über eine kontrollierte Biowaffe. Dies bezieht sich auf Episode 21 der vierten Staffel der Serie mit dem Titel *Marge wird verhaftet.*

Zitat aus einer Szene: „*Wir sind hier, um uns die nächste Schein-Blödsinn-Krise auszudenken, um die Amerikaner dahin zurückzubringen, wo sie hingehören, in Dunkelkammern vor dem TV klebend, die zu verängstigt sind, um die Werbung zu überspringen.*“ Weiter ist die Rede davon, ein Virus zu haben, eine Pandemie, nicht nur im Sommer oder Winter, sondern das ganze Jahr.

Oder hier: „*Das kann keine erfundene Krankheit sein. Das Einzige, was man moralisch tun kann, ist, einen tödlichen Virus in die breite Öffentlichkeit zu bringen.*“

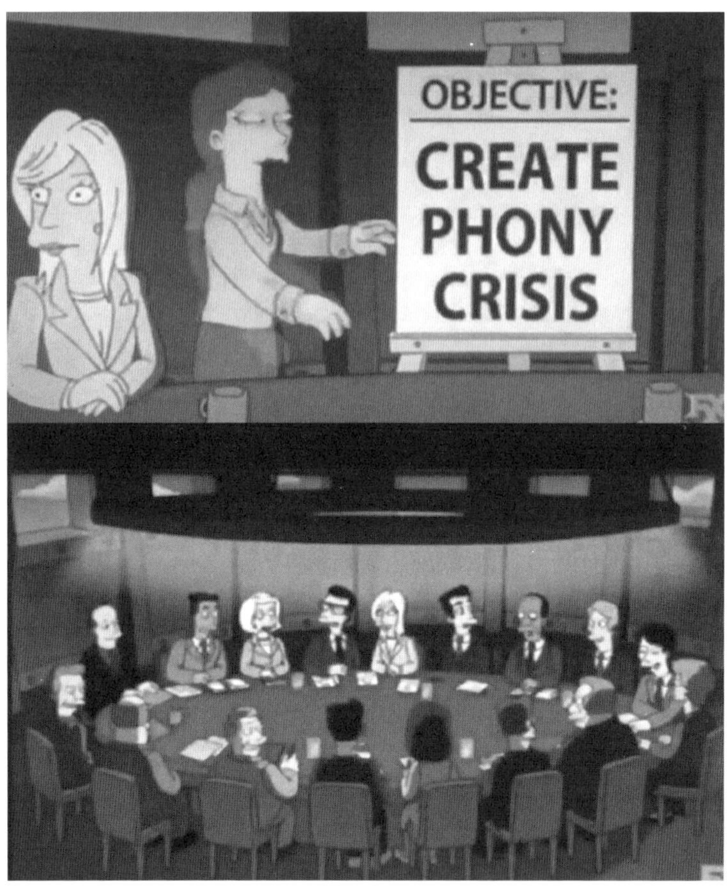

Abb. 355: Oben: Die nächste Fake-Krise. Unten: Hinter verschlossene Türen wird entschieden

Wie kommen die Filmemacher auf diese Ideen?

Die erste Adresse wäre der britische Ökonom Thomas Robert Malthus (1766-1834), er prägte den Begriff des Malthusianismus.

„Malthusianismus ist die Idee, dass das Bevölkerungswachstum potenziell exponentiell ist, während das Wachstum der Nahrungsversorgung oder anderer Ressourcen linear ist, was schließlich den Lebensstandard bis zu dem Punkt reduziert, an dem ein Bevölkerungssterben ausgelöst wird. Dieses Ereignis, genannt malthusianische Katastrophe, tritt auf, wenn das Bevölkerungswachstum die landwirtschaftliche Produktion übersteigt, was Hungersnöte oder Kriege verursacht und zu Armut und Entvölkerung führt. Eine solche Katastrophe hat unweigerlich die Wirkung, die Bevölkerung zu zwingen (ziemlich schnell,

aufgrund der potenziellen Schwere und unvorhersehbaren Ergebnisse der beteiligten mildernden Faktoren, im Vergleich zu den relativ langsamen Zeitskalen und gut verstandenen Prozessen, die ein unkontrolliertes Wachstum oder ein durch präventives Wachstum beeinträchtigtes Wachstum steuern), um sie auf ein niedrigeres, leichter tragbares Niveau zu „korrigieren". Malthusianismus wurde mit einer Vielzahl politischer und sozialer Bewegungen in Verbindung gebracht, bezieht sich aber fast immer auf Befürworter der Bevölkerungskontrolle." (245)

In einem Video bei *Infowars* (246) wird weiter behauptet, dass der Urvater der Eugenik Platon (428/427-348/347) sei. In seinem Buch „Der Staat" soll die Rede davon sein, die Armen in kompakte Städte zu treiben und Plagen über sie zu bringen. Stimmt das? Man könnte es annehmen.

Im Buch ist an zwei Stellen von einer Plage die Rede:

„Dürfen wir nicht sagen, dass dies das Dröhnen im Haus ist, wie das Dröhnen im Haus der Bienenwabe, und dass das eine die Pest der Stadt ist, wie das andere die Plage des Bienenstocks?"

„Diese beiden Klassen sind die Plagen jeder Stadt, in der sie erzeugt werden, was Schleim und Galle für den Körper sind. Und der gute Arzt und Gesetzgeber des Staates sollte, wie der weise Bienenmeister, sie auf Distanz halten und wenn möglich, verhindern, dass sie jemals hereinkommen; und ob sie irgendwie einen Weg gefunden haben, dann sollte er sie und ihre Zellen so schnell wie möglich ausschneiden lassen."

Die Webseite *ancient-origins.net* analysiert sehr tiefgreifend die Eugenik in der Antike:

„Die alten Griechen waren die ersten Philosophen, die Theorien zur Eugenik vorschlugen. In seinem legendären Werk ‚Der Staat' erwog Plato ein System ‚überlegter Paarungen', dass sicherstellen würde, dass die wünschenswertesten Eigenschaften und Merkmale in den Eliteklassen Athens verbleiben würden. Er argumentierte, dass Männer mit 25 und Frauen mit 20 im idealen Alter seien, um Nachkommen zu zeugen und die stetige Verbreitung der Aristokratie sicherzustellen.

Platon glaubte, dass die Ehe abgeschafft werden sollte und dass Adlige mit der größten Intelligenz und den besten körperlichen Formen die einzigen Männer und Frauen sein sollten, denen es gestattet sein sollte, sich fortzupflanzen. Er schlug vor, dass sich die Creme-de-la-Creme der Athener High Society auf speziell arrangierten Festivals treffen und vermischen sollte, bei denen potenzielle Partner vorübergehend heiraten und für die Dauer eines Monats zusammenleben würden. Begleitet von Poesie, Tanz und Musik würden die Paare zum alleinigen Zweck der Fortpflanzung zusammengebracht, bevor ihre Verbindungen legal aufgelöst und das Zölibat bis zum nächsten Fest wieder angenommen würden. Obwohl Eltern-Kind-Beziehungen verboten waren, waren Schwester-Bruder-Verbindungen erlaubt. Die Zahl der Ehen sollte vom Herrscher bestimmt werden, der das Auftreten von Kurzzeitheiraten entsprechend der Bevölkerungsgröße erhöhen oder verringern konnte. Andererseits hatten die unteren Klassen keine Begrenzung der Kinderzahl und konnten sich ohne Einschränkungen fortpflanzen.

Die ersten Heiratschancen würden in einem Lotteriesystem ausgelost, das manipuliert war, um die intellektuell Fähigsten und Attraktivsten zu bevorzugen, den überlegenen Stammgästen eingeräumt. Frauen von geschätzter Schönheit und Anmut und Männer, die sich im Kampf gut geschlagen hatten, waren die bevorzugten Kandidaten, während Jugendliche, die als minderwertig galten, absichtlich Pech bei der Auslosung hatten und immer ohne Partner ausgingen. Inoffizielle Beziehungen zwischen Frauen im Alter von 20 bis 40 und Männern im Alter von 25 bis 55, dem gebärfähigen Alter, wurden als illegal angesehen, da sie außerhalb der Zuständigkeit des Gesetzgebers begannen. Beziehungen zwischen Liebenden, die das gesetzliche Alter überschritten hatten, waren jedoch erlaubt.

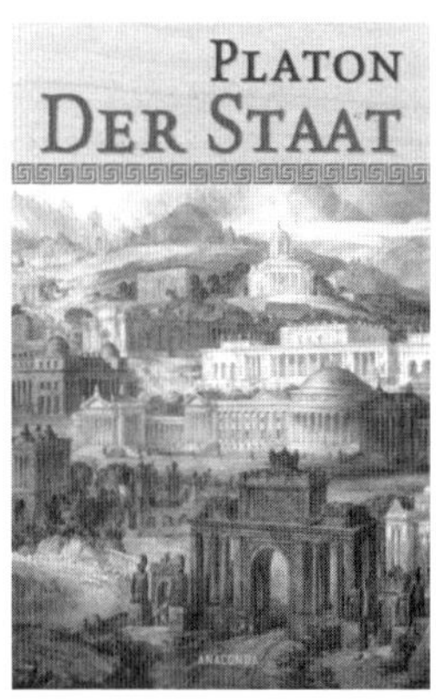

Abb. 356: Platons Werk „Der Staat"

Sobald ein Baby geboren wurde, riet Platon, es in eine spezielle Kinderstube zu bringen, um von Matronen aufgezogen zu werden, und dass das Familienleben mit all seinen Ablenkungen verboten werden sollte. Wenn das Baby defekt war, sollte es, in Platons Worten, ‚versteckt' werden. Obwohl der griechische Weise den Kindesmord nicht offen erwähnte, wurde er unheilvoll angedeutet.

Der griechische Gelehrte Aristoteles, ein Zeitgenosse Platons, äußerte einige Kritik. Er behauptete, dass die Gemeinschaft von Frauen und Kindern besser zu den unteren Klassen passen würde, die der Herrschaft gehorsamer wären und weniger wahrscheinlich rebellieren würden, wenn ihre familiären Bindungen schwächer wären. Außerdem sah er Probleme für den Fall voraus, dass minderwertige Kinder, die an die unteren Klassen abgegeben werden sollten, ihre wahre adelige Herkunft erfahren würden. Seiner Meinung nach sollten die Wächterklassen stattdessen monogame Paarungen annehmen, wobei Frauen idealerweise mit 18 und Männer mit 37 verheiratet werden. Schwangeren Frauen wurde außerdem geraten, jeden Tag zum Tempel von Ilithyia zu gehen, um sich zu bewegen, sich gesund zu ernähren und in Ruhe zu leben.

Schließlich sah er eine Gefahr in der ungenutzten Zucht der unteren Klassen, von der er glaubte, dass sie zu einer Zunahme der Kriminalität führen würde, und sah in ihrer potenziellen zahlenmäßigen Überlegenheit eine Bedrohung für die herrschende Elite, die im Falle einer Rebellion zahlenmäßig unterlegen wäre. Infolgedessen war er der Ansicht, dass Gesetze sanktioniert werden sollten, um ein ungehemmtes Bevölkerungswachstum zu verbieten. Frauen, die zu viele Kinder gebären, sollten ebenfalls abgetrieben werden, und alle behinderten oder missgebildeten Nachkommen sollten sofort getötet werden.

In Platons späterem Werk, den ‚Nomoi', änderte der Gelehrte, vielleicht als Reaktion auf Aristoteles' Entgegnung, seine Meinung zu mehreren Aspekten seiner Theorie. Er erkannte die Undurchführbarkeit des Hochzeitsfestes und bevorzugte stattdessen monogame Beziehungen, die von weisen Richtern genehmigt werden sollten. Männer ab 25 Jahren sollten ihre Heiratsanträge beim Staat stellen, und wenn sie angenommen wurden, waren sie verpflichtet, ihren Ehepartner vor dem 30. Lebensjahr zu heiraten. Jeder unverheiratete Mann über 35 Jahren aus der höchsten Klasse musste eine jährliche Strafe von 100 Drachmen zahlen. Von Jungvermählten wurde erwartet, dass sie die besten Kinder hervorbringen, und sie wurden jeweils für zehn Jahre zu einer Matrone ernannt, um die Geburt gesunder Babys zu überwachen. Um dies zu gewährleisten, sollten werdende Mütter jeden Tag 20 Minuten im Tempel von Ilithyia beten und heilige Riten durchführen, um die Göttin der Ehe zu besänftigen.

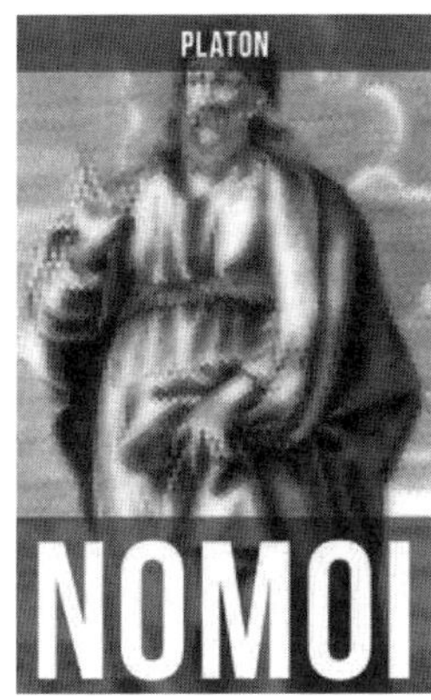

Abb. 357: Platons Buch „Nomoi/Gesetze"

Eines der berühmtesten Beispiele antiker Eugenik stammt von den Spartanern. Sie waren ein altes griechisches Volk, das im 4. Jahrhundert v. Chr. gegen die Perser kämpfte und die Prinzipien der Eugenik nutzten, um ihre Bürgerschaft zu den stärksten Kriegern, den klügsten Staatsmännern und den spirituell reinsten Priestern zu formen.

Für die Krieger wurden schwächere Mitglieder der spartanischen Aristokratie durch verschiedene Mittel aus dem Genpool entfernt und von der Zucht ausgeschlossen. Intensiver körperlicher Wettbewerb, der darauf abzielte, die kriegerischen und körperlichen Fähigkeiten der spartanischen Jugend zu testen, war eine übliche Methode, um Schwächlinge im Rudel zu identifizieren, die stigmatisiert und ihrer Rechte beraubt würden, sobald sie als minderwertig anerkannt würden. Wenn ein spartanischer Mann als unfähig zur Fortpflanzung angesehen wurde, litten auch seine Schwestern und es wurde ihnen in ähnlicher Weise verboten, Kinder zu bekommen.

Im Gegensatz dazu nahmen die mutigsten spartanischen Soldaten privilegierte Positionen in der Gesellschaft ein und durften sich sogar mit den Frauen anderer spartanischer Adliger an der Fortpflanzung beteiligen. Deformierte Kinder wurden kurz nach der Geburt sofort entsorgt, und selbst Kinder, die als hässlich oder unbeholfen angesehen wurden, ereilten das gleiche Schicksal, da die Spartaner davon besessen waren, ihre gute körperliche Form und Schönheit in ihren Adelsreihen zu bewahren. Infolgedessen war die Heirat mit Ausländern illegal, da die Spartaner die Vermischung von Fremdblut mit ihrem eigenen bedauerten.

Plutarch, eine Hauptquelle der spartanischen Gesellschaft, skizzierte dieses spartanische Erbrecht, das:

‚...verbot einem Nachkommen des Herakles, Kinder von einer fremden Frau zu zeugen, und ordnete an, dass jeder, der Sparta verlässt, um sich unter anderen Völkern niederzulassen, getötet werden sollte.'

Das spartanische Auswahlverfahren erwies sich jedoch als übermäßig exklusiv und löste im 3. Jahrhundert v. Chr. eine gefährliche Bevölkerungskrise aus. Zwischen 480 v. Chr. und Mitte des 3. Jahrhunderts v. Chr. fiel die Zahl der spartanischen Männer von 8000 auf 1000. König Agis IV. und später Kleomenes III. erkannten die existenzielle Bedrohung und versuchten, das Problem zu beheben, und obwohl sie widerstrebend die Anforderungen für zugelassene Kandidaten erweiterten, blieben ihre Lösungen als Teil des Hochadels von eugenischem Denken durchdrungen.

Der Plan von Agis IV. war es, die spartanische Aristokratie mit den überlegensten Mitgliedern der Periikoi, der unteren Klassen, und der Xenoi, Ausländer, zu ergänzen, um die sinkende Bevölkerung wiederzubeleben. Die schönsten Männer und bezauberndsten Frauen dieser traditionell marginalisierten Bevölkerungsgruppen erhielten einen Platz in der spartanischen Hierarchie. Agis' Lösung fand große Unterstützung und genoss die göttliche Zustimmung von Pasiphae, einer spartanischen Gottheit, sowie von Lykourgos, dem ursprünglichen spartanischen Gesetzgeber, der ebenfalls als Gott angesehen wurde.

Der Krieger-Staatsmann Leonidas, der selbst mit einer Perserin verheiratet war und ein halb ausländisches Kind hatte, wurde Agis' größter Kritiker und missbilligte den heuchlerischen Plan seines Führers, Ausländer in die Bürgerschaft aufzunehmen, und führte die Vertreibung von Ausländern im 4. Jahrhundert als Beweis dafür an, dass die Götter seinen Plan nicht mochten. Agis erwiderte und argumentierte, dass Lykourgos nie ein Problem mit der körperlichen Form von Ausländern hatte, sondern nur mit ihrem Verhalten:

‚Denn er hatte sie nicht ausgestoßen, weil er ihren physischen Körpern feindlich gesinnt war, sondern weil er ihren Lebensstil und ihre Lebensweise fürchtete.‘

Nach ihrer Konfrontation wurde Leonidas von Agis 'treuem Verbündeten Lysandros festgenommen, weil er einen ausländischen Ehepartner hatte. Leonidas konnte jedoch seine Macht wiedererlangen, ließ Agis 241 v. Chr. hinrichten und zwang seine gewinnende Witwe, seinen Sohn Kleomenes III zu heiraten, der die Politik von Agis fortsetzte. Kleomenes rekrutierte 4000 Mitglieder der Periikoi-Klasse und wählte sie nicht nach ihrer Intelligenz oder ihrem Reichtum aus, sondern nur nach ihrem guten Aussehen. Kleomenes war toleranter als sein Vater Leonidas und hatte eine gemäßigtere Haltung gegenüber der Aufnahme von Ausländern, indem er nur ‚den Mächtigsten‘ erlaubte, Mitglied der spartanischen Herrscherordnung zu werden. (247)

Woher kommen noch diese Eingebungen, die uns in der Popkultur gezeigt werden?

Aus dem „Club of Rome“ und öffentlichen Dokumenten 1972 in „Die Grenzen des Wachstums“ herausgegeben, die eine weltweite erzwungene Entvölkerung fordern, und natürlich haben wir Leute wie Prinz Philip. Im Vorwort zum Buch „If I were an Animal“ („Wenn ich ein Tier wäre“) schrieb er:

„Sollte ich einmal wiedergeboren werden, dann bitte als tödlicher Virus. So könnte ich meinen Teil beitragen, um das Problem der Überbevölkerung zu lösen.“

Stellen Sie sich Bill Gates und Ted Turner und Warren Buffet vor, wenn sie sich treffen und über Entvölkerung und Weltregierung diskutieren, während sie als wunderbar gute Menschen gefeiert werden.

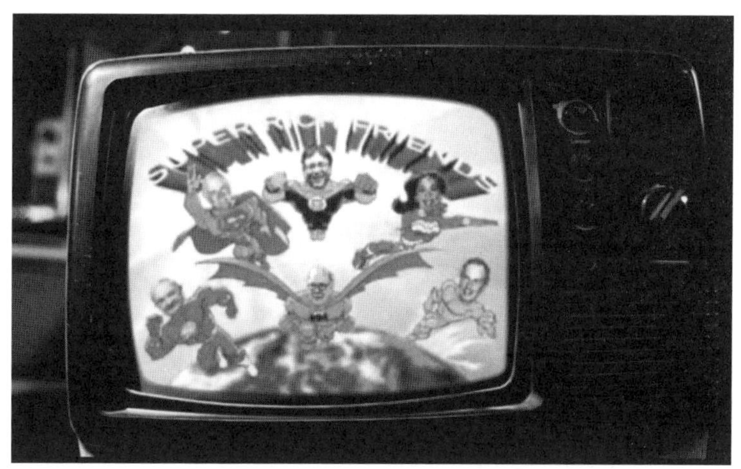

Abb.: 358 Die ganz persönlichen Erlöser im Mainstream

Bill Gates sagte 2010 bei einer *Ted.com*-Präsentation (248) vor dem Publikum:

„Wahrscheinlich muss eine dieser Zahlen ziemlich nahe an Null herankommen."

„Zuerst haben wir die Bevölkerung. Heute leben 6,8 Milliarden Menschen auf der Welt. Es geht auf etwa neun Milliarden zu. Wenn wir sehr erfolgreich mit neuen Impfstoffen, der Gesundheitsversorgung und Reproduktionsmedizin sind, könnten wir das wohl um 10% bis 15% senken, aber zur Zeit sehen wir eine Steigung um 1,3."

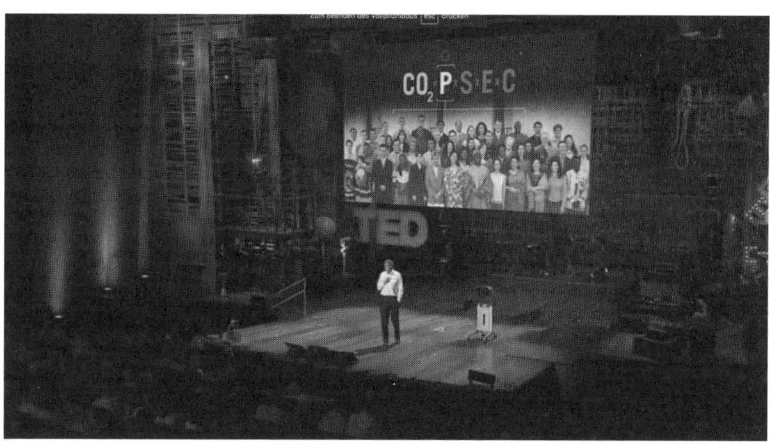

Abb. 359: „Ene mene miste, es rappelt in der Kiste, ene mene meck, und du bist weg"

Passend dazu titelte das „Time"-Magazin 2012: „How to die" („Wie man stirbt"). Oder „Newsweek": „The case for killing granny" („Der Fall für den Mord an Oma").

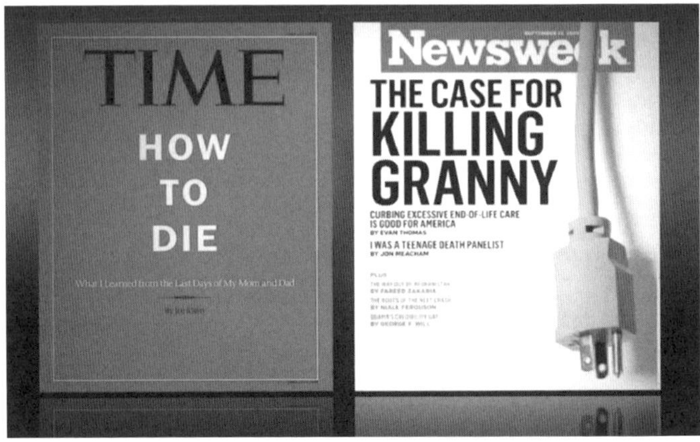

Abb. 360: Lasst uns sterben und töten. Wie krank muss man sein?

Gates folgt dem Stiftungsplan der „Rockefeller Stiftung" und der „Carnegie-Stiftung", der über 120 Jahre alt ist.

Jetzt heißt es „Lockstep" und sagt voraus, dass eine autoritäre Weltregierung aufstehen und die breite Öffentlichkeit im Namen von Sicherheit und Schutz vernichten wird.

Und jetzt sagen der ehemalige britische Premierminister Gordon Brown und andere offen, eine Weltregierung, eine Technokratie, eine autoritäre Herrschaft von Autokraten ist das Einzige, was die Menschheit und unsere wertvollen alten Menschen schützen wird, aber das sind die gleichen Personen, die sagen, wir sollte die alten Leute loswerden.

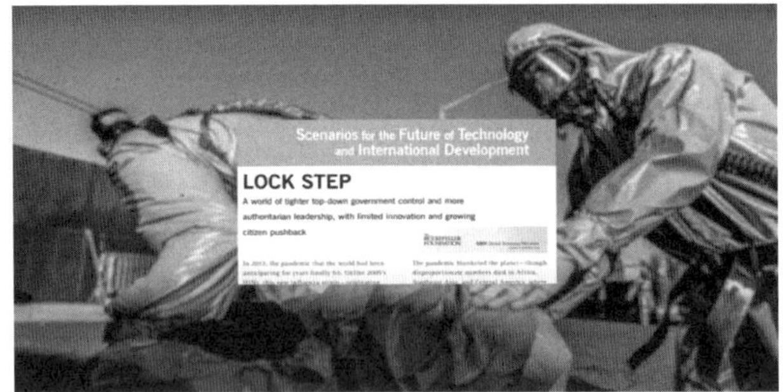

Abb. 361: Danke Rockefeller für diese Weitsicht

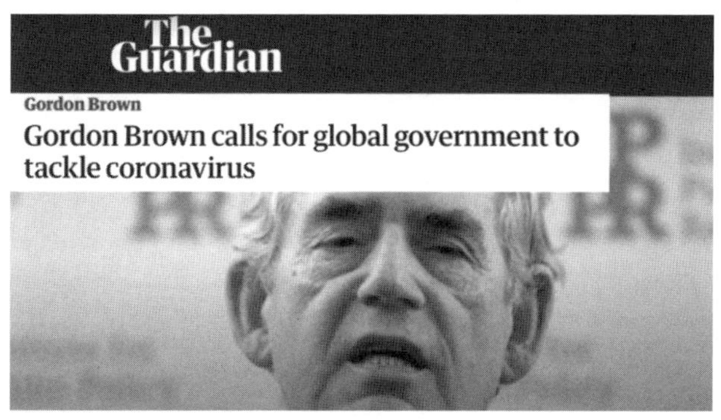

Abb. 362: Gordon Brown will eine Weltregierung um das Virus zu bewältigen

Es war Benjamin Franklin, der sagte:

„Diejenigen, die wesentliche Freiheit aufgeben würden, um ein wenig vorübergehende Sicherheit zu kaufen, verdienen weder Freiheit noch Sicherheit.“

Im Internet schwirrt jedoch dieses Zitat umher:

„Wer die Freiheit aufgibt, um Sicherheit zu gewinnen, wird am Ende beides verlieren.“

Wenn Sie keines von beiden bekommen, bedeutet es wiederum, dass Sie immer versklavt werden, wenn Sie sich wie ein Schaf verhalten, dann werden die Wölfe kommen. Wenn Sie studieren, wer diese ganze Pandemie-Hysterie betreibt, dann sind es die öffentlichen Eugeniker, die frei heraus sagen, dass sie die Weltbevölkerung auf mindestens 500 Millionen reduzieren wollen.

Diese Leute sind Hyper-Raubtiere und es dreht sich alles um rohe Macht und Kontrolle. Und sobald wir anfangen, diese Spinnen als das zu erkennen, was sie sind; nämlich gefährliche antimenschliche Autoritäre und keine Retter, desto eher können wir unsere Zivilisation umkehren.

Wenn Sie also diese unglaubliche Angst in den Medien sehen, ist dieser Virus eine echte Bio-Waffe. Denken Sie daran, dass das Endspiel hier ist, Sie in Ihren Häusern einzusperren und mit Drohnen zu überwachen, die Sie Ihr Haus nicht verlassen lassen, es sei denn, Sie haben die richtige App auf Ihrem Telefon: die absolute Big Brother-mäßige Künstliche-Intelligenz Versklavung.

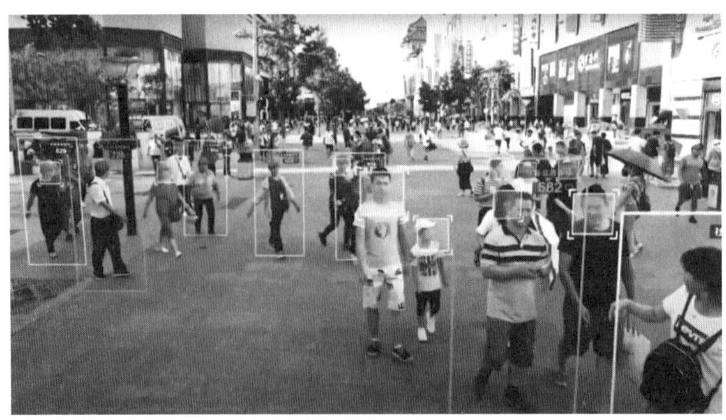

Abb. 363: Big Brother sieht alles

Die gute Nachricht ist, dass die Menschheit gerade jetzt mit der langsamen Erkenntnis der Tatsache erwacht, dass es die korrupten Unternehmen und großen globalistischen Institutionen sind, wie die WHO und die chinesischen Kommunisten, die all diese Biowaffenlabors der Stufe 4 haben, die genau die Krankheitserreger entwickeln, die die Menschheit jetzt plagen.

Das Leben ahmt die Kunst im Jahr 2020 nicht nach, die Wachowski-Brüder (transgender-gerecht der Agenda der Elite dienend, treten beide nun als Frauen auf) und viele andere wie Chris Carter (*Simpsons*) und die *X-Akten* haben Ihnen nur telegrafiert, was sie bei Elitetreffen auf der ganzen Welt erlebt haben.

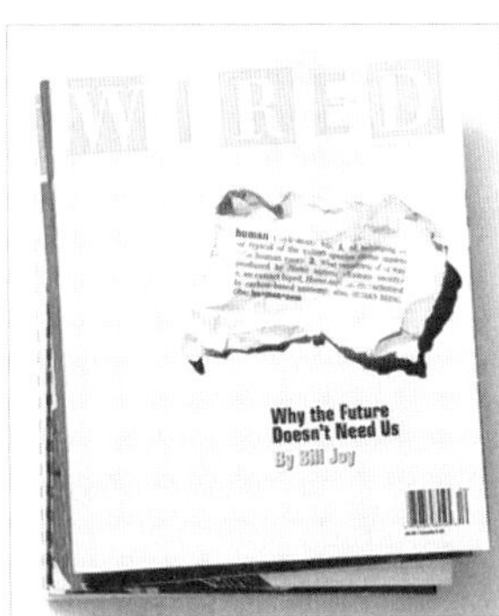

Abb. 364: „Warum die Zukunft uns nicht braucht" von Bill Joy

Bill Joy, einer der Mitbegründer von *Sun Microsystems* und ein bedeutender Milliardär, warnte die Welt in einem Artikel mit dem Titel: „Warum die Zukunft uns nicht braucht", dass er zu einem Elitetreffen der Top-Milliardäre in Silicon Valley gegangen sei und dass sie eine Konsensvereinbarung hatten, um eine Weltregierung einzuführen und die Mehrheit der Weltbevölkerung auszurotten.

Dies ist nur der Anfang, um Sie darin zu trainieren, eingesperrt zu werden, also sitzen Sie in der Zukunft, wenn die wirklich tödlichen Biowaffen freigesetzt werden und Milliarden zu sterben begannen, da und glauben, dass Regierungen und Unternehmen, Organisationen tatsächlich Ihre Erlöser sind und Sie behüten und beschützen werden, wenn es in Wahrheit Judas-Ziegen sind, die Dich zum Schlachten führen.

5.3 Wie die Serie Utopia das Jahr 2020 auf unheimliche Weise vorhersagte (2020)

„Wisst Ihr, wie viel Geld man machen kann mit präziser biologischer Kriegsführung?

(*Utopia*)

Utopia ist eine amerikanische Science-Fiction-Drama-Fernsehserie, die von Gillian Flynn aus der gleichnamigen britischen Originalserie von 2013 adaptiert wurde. Es wurde am 25. September 2020 im Streaming-Dienst *Amazon Prime Video* veröffentlicht. Im November 2020 wurde die Serie nach einer Staffel mit acht Folgen abgesetzt.

Eine Gruppe junger Erwachsener und ein Junge bekommen „Utopia", ein kultiges Underground-Comicbuch, in die Finger, dass sie nicht nur zur Zielscheibe einer zwielichtigen Organisation macht, sondern sie auch mit der gefährlichen Aufgabe belastet, die Welt zu retten.

Der Titelcomic ist der Abschluss von „Dystopia", von dem die Gruppenmitglieder Fans sind und glauben, dass er hellseherische Informationen über Krankheiten enthält, die die Welt bereits heimgesucht haben.

Die Comic-Fans entdecken eine globale Verschwörung. Das Comicbuch enthält Hinweise auf zukünftige Ereignisse, weil es von einem der Architekten eines Plans geschrieben wurde, der Umweltkatastrophen verhindern soll, wenn die Erdbevölkerung wächst und die Ressourcen erschöpft sind.

Der Plan besteht aus: (1) Überzeugung der Weltbevölkerung, dass ein tödliches neues Virus ausbricht, (2) einmal überzeugt von dem Narrativ der Scheinpandemie, der Öffentlichkeit die Schaffung eines neuen Impfstoffs anzukündigen, (3) Durch die Koordination zwischen globalen Eliten und Nichtregierungsorganisationen agieren die Regierungen schnell, um der Weltbevölkerung diesen „Impfstoff" zu injizieren. (4)

Sobald die Bevölkerung injiziert wurde, stellt sich heraus, dass der Impfstoff darauf ausgelegt ist, fast alle Menschen zu sterilisieren, die ihn erhalten, was dazu führt, dass die Weltbevölkerung von 7,8 Milliarden auf etwa 500 Millionen sinken soll und eine neue Ära des Überflusses einläutet.

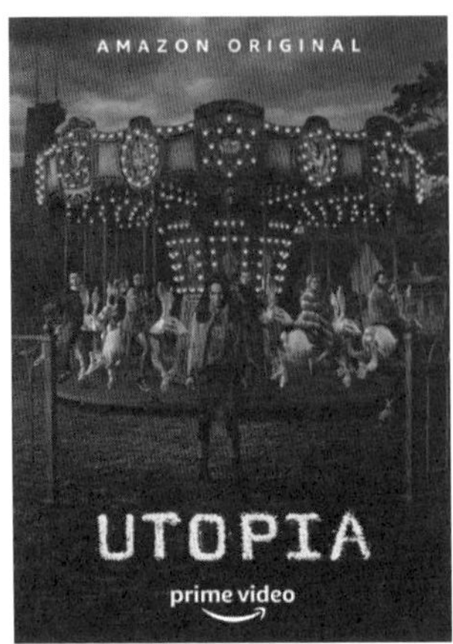

Abb. 365: Werbebild für *Utopia*

Utopia wurde am 19. April 2018 in Auftrag gegeben. Es wurden neun Folgen direkt zur Produktion bestellt. Es war ursprünglich bei HBO in Planung, mit David Fincher als Regisseur eingerichtet worden, wurde aber nach einem finanziellen Streit nie produziert.

Am 19. April 2018 wurde *Utopia* von *Amazon* zur Serie bestellt. Am 16. Oktober 2019 gab die Schöpferin der Show, Gillian Flynn, bekannt, dass die Dreharbeiten zur Serie abgeschlossen sind. (249)

Utopia inmitten einer Pandemie zu sehen, ist eine surreale Erfahrung. Das liegt daran, dass die Serie 2019 vor dem Aufkommen von COVID-19 gedreht wurde.

Trotz dieser Tatsache ist *Utopia* im Jahr 2020 umwerfend zeitgemäß (oder laut einigen unzeitgemäß), da sich seine Geschichte um eine Pandemie, einen Ansturm auf einen Impfstoff und eine massive Verschwörung eines großen Pharmaunternehmens dreht.

Die ruchlosen Pläne der Bösewichte werden jedoch von einer zusammengewürfelten Gruppe von Nerds vereitelt, die herausfanden, dass eine Underground-Graphic Novelle das Auftauchen mehrerer Viren durch rätselhafte Symbole vorhergesagt hat. Das Verblüffende an dieser Geschichte ist, dass die Serie selbst die COVID-19-Pandemie vorhergesagt zu haben scheint. Darüber hinaus zeigt *Utopia* ein System von gedankengesteuerten Sklaven, die Morde und Ereignisse unter falscher Flagge begehen, um die Agenda des Bösewichts voranzutreiben, kombiniert mit einer ganzen Menge Manipulationen und Vertuschungen der Massenmedien.

Die Serie ist so nah an unserer Realität im Jahr 2020, dass man nicht anders kann, als zu denken: Ist *Utopia* eine Art Warnung?

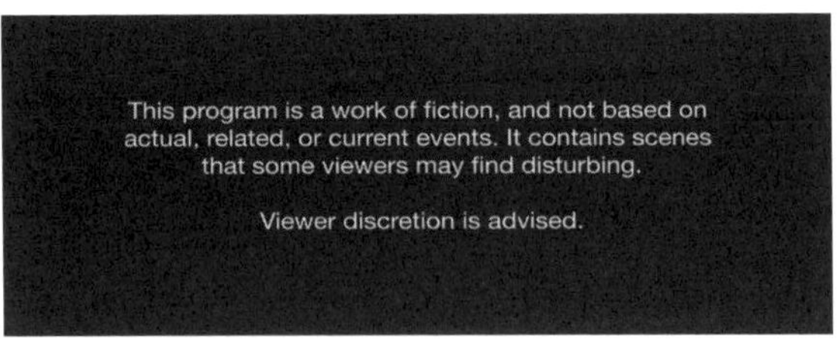

Abb. 366: Die Serie ist der Realität von 2020 so unheimlich nahe, dass jeder Episode ein Hinweis vorangestellt ist

Amazons *Utopia* basiert auf einer gleichnamigen britischen Serie aus dem Jahr 2013. Seine neue Iteration wurde jedoch mit einer großen Dosis okkulten Elite-Wahnsinns „aktualisiert".

Die meisten Kritiker der Massenmedien schätzten jedoch die Handlung dieser Serie nicht, in der „Verschwörungstheoretiker" die Helden sind. Einige nannten die Serie sogar „unverantwortlich". Hier sind einige Überschriften von *Utopia*- Rezensionen:

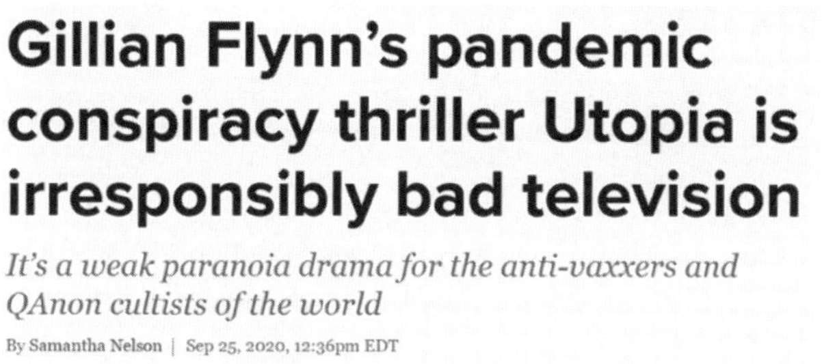

Gillian Flynn's pandemic conspiracy thriller Utopia is irresponsibly bad television

It's a weak paranoia drama for the anti-vaxxers and QAnon cultists of the world

By Samantha Nelson | Sep 25, 2020, 12:36pm EDT

Abb. 367: Eine eher nicht zustimmende Bewertung vom Online-Magazin „Polygon"

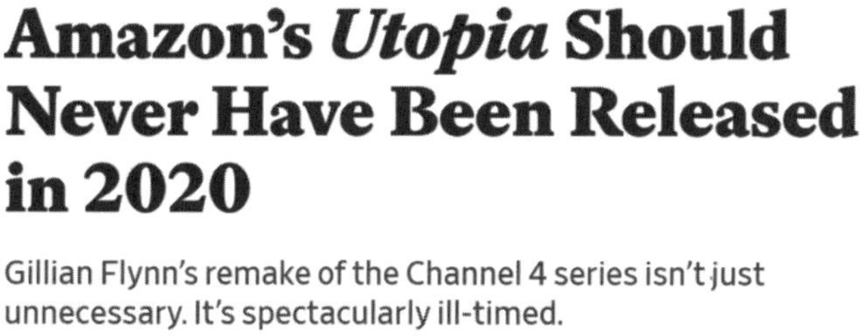

Amazon's *Utopia* Should Never Have Been Released in 2020

Gillian Flynn's remake of the Channel 4 series isn't just unnecessary. It's spectacularly ill-timed.

Abb. 368: Eine weitere wütende Bewertung vom „Slate"-Magazin

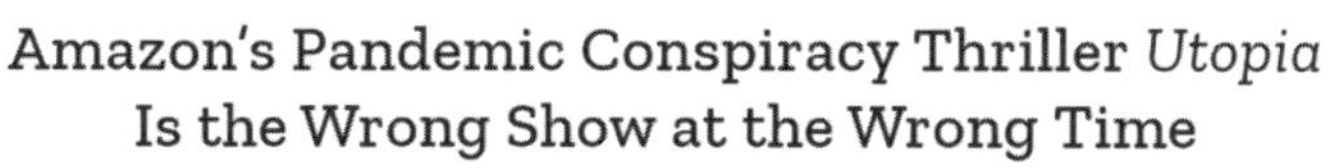

Amazon's Pandemic Conspiracy Thriller *Utopia* Is the Wrong Show at the Wrong Time

Abb. 369: Das „Time Magazine" möchte auch nicht, dass Sie sich die Serie ansehen

Was soll die Aufregung? Hier ist ein Blick auf die Serie. Durch Symbole vorhergesagte Viren…

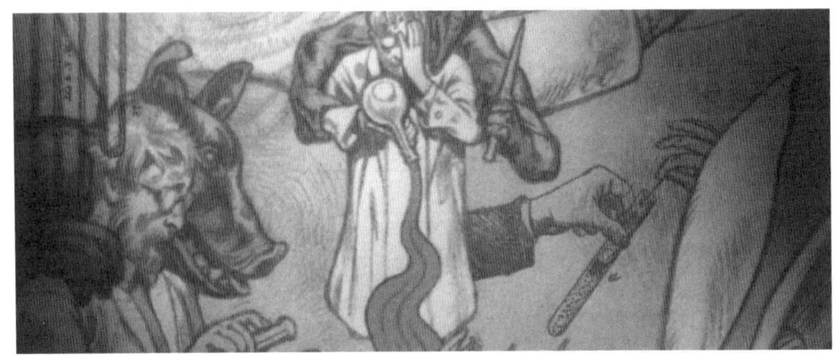

Abb. 370: Ein Wissenschaftler, der gezwungen ist, einen tödlichen Virus zu erschaffen … während er das Ein-Augen-Zeichen macht. Reiner okkulter Elite-Wahnsinn

Die Serie dreht sich um die rätselhafte Graphic Novelle mit den Titeln „Dystopia“ und „Utopia“, die aus hochsymbolischen Bildern bestehen, die Viren als Waffe und ein massives MKULTRA-System, das sie umgibt, beschreiben.

Während einige glauben, dass alles Fiktion ist, glauben „Verschwörungstheoretiker“ (ich mag diesen Ausdruck nicht), dass die Bücher tatsächlich reale Ereignisse vorhersagen. Ein Protagonist sagt:

„Dystopia kam 2014 raus und wenn Du clever bist, wenn Du sehr sehr clever bist, kannst Du studieren und all die Epidemnien dechiffrieren, die darin vorhergesagt wurden.“

Er fügt hinzu:

„Warum werden wir das Gefühl nicht los, dass das Ende der scheiß Welt bevor steht? Weil jemand der scheiß Welt ein Ende setzt.“

Nach der Analyse der Bücher sagt ein Protagonist:

„Wir werden das neue Zika-Fieber finden.“

Das klingt nach etwas, was die okkulte Elite tun würde. Passenderweise ist die in „Dystopia“ gefundene Symbolik voll von okkulter Elite-Symbolik.

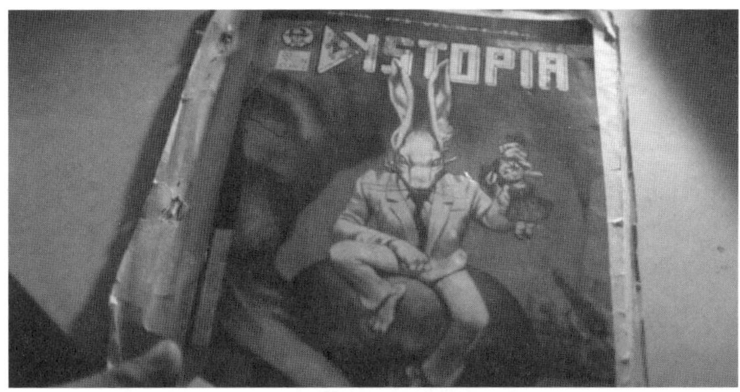

Abb. 371: Auf dem Cover von „Utopia" hält ein weißes Kaninchen eine Puppe (die eine MK-Sklavin namens Jessica Hyde darstellt – die Hauptfigur der Serie) mit einem bedeckten Auge. Das Ein-Auge-Zeichen bestätigt, dass dies alles okkulter Elite-Wahnsinn ist

In der Serie ist Mr. Rabbit der Spitzname, der verwendet wird, um den Hauptschurken zu beschreiben (der sich als CEO eines großen Pharmaunternehmens herausstellt). Er zwingt einen Wissenschaftler (der der Vater von Jessica Hyde ist), Viren zu erschaffen, um sein ultimatives Ziel zu erreichen: die massive Entvölkerung des Planeten.

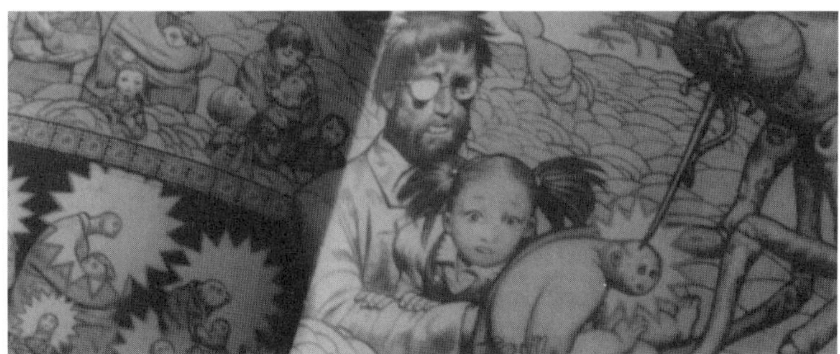

Abb. 372: Eine Seite in „Dystopia" impliziert, dass das Zika-Virus in einem Labor hergestellt und zur Waffe gemacht wurde. Die Brille des Wissenschaftlers = Ein-Augen-Zeichen

Einer der Nerds, die „Utopia" entschlüsseln, heißt Wilson Wilson. Sein Vater ist ein stereotyper „Verschwörungstheoretiker" und das Thema seiner Forschung ist ziemlich interessant.

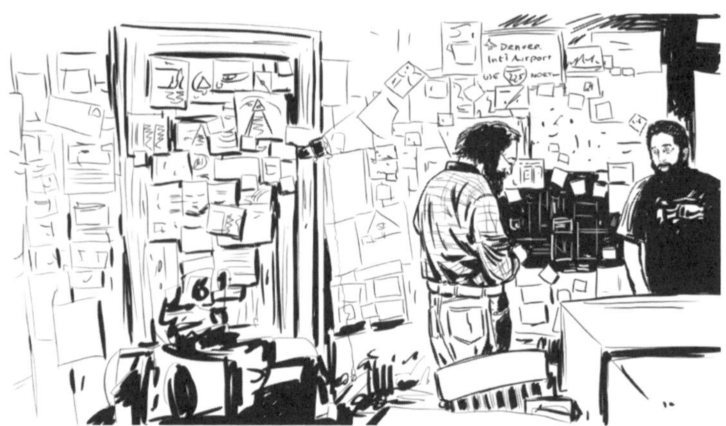

Abb. 373: Offenbar müssen alle „Verschwörungstheoretiker“ fieberhaft einen Haufen Zeug an die Wand kleben und mit Fäden verbinden. Einige Artikel an dieser Wand handeln von China und einer Neuen Weltordnung. China wird mehrmals in der Serie erwähnt, was ziemlich … prophetisch ist

Wenn Sie sich das obige Bild genau ansehen, erkennen Sie wahrscheinlich einige Elemente, die auch von mir behandelt wurden, wie z. B. den Denver International Airport (mehr in meinem Buch „DUMBs: Geheime Bunker, unterirdische Städte und Experimente: Was die Eliten verheimlichen“). Es gibt sogar Bilder von den verstörenden Wandmalereien des Flughafens, die im Jahr 2020 eine neue Bedeutung bekommen zu haben scheinen.

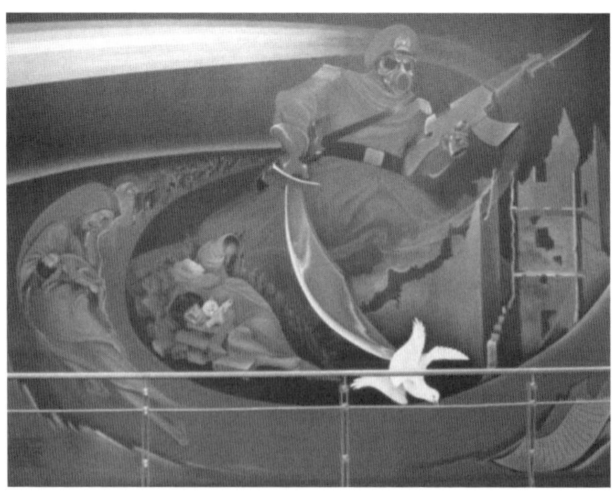

Abb. 374: Wilsons Vater hat ein Bild dieses DIA-Wandgemäldes aufgehängt, das eine gasmaskierte militaristische Figur neben einer Reihe weinender Mütter zeigt, die tote Babys halten. Dieses Wandgemälde lässt die Ereignisse der Serie etwas erahnen

Mr. Rabbit verfolgt und tötet aggressiv jeden, der sich seiner schändlichen Pläne bewusst ist. Wilson Wilson wird aufgespürt und gefoltert, um Informationen über „Utopia“ preiszugeben, indem … ihm mit einem Löffel eines seiner Augen ausgestochen wird.

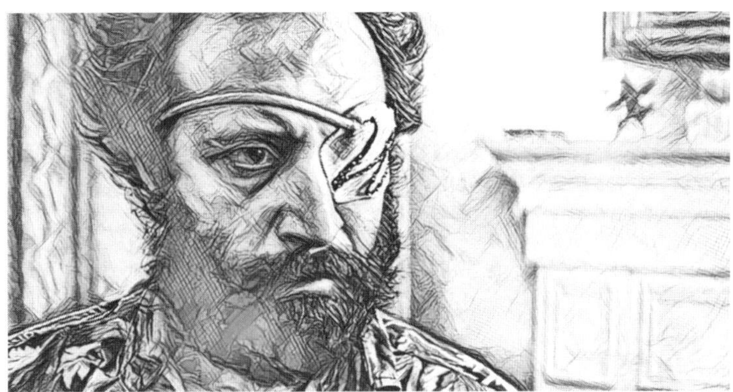

Abb. 375: Nachdem sein Auge ausgehöhlt wurde, trägt Wilson eine große Auswahl an Augenklappen, was ihn während der gesamten Serie zu einem wandelnden, sprechenden Ein-Augen-Zeichen macht

Unterdessen trifft eine Pandemie die Vereinigten Staaten. Die Erkrankten werden in von der Regierung geführten Einrichtungen zur Quarantäne gezwungen, was zu Protesten führt.

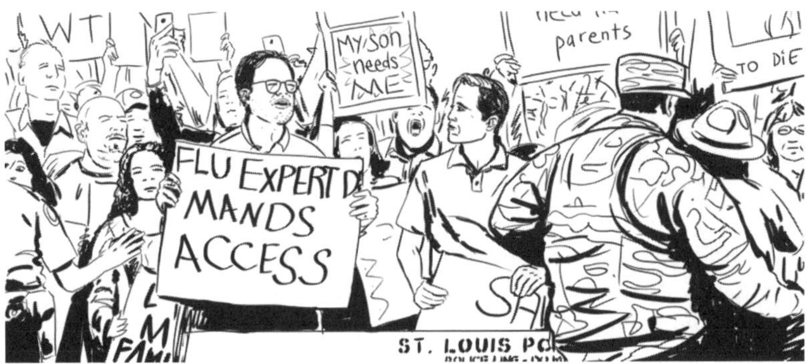

Abb. 376: Menschen, die gegen die obligatorische Quarantäne protestieren, darunter ein Wissenschaftler namens Michael Stearns (Rainn Wilson). Dieser Virologe wurde von Mr. Rabbit gründlich manipuliert, um das vertrauenswürdige Gesicht seines Impfstoffs zu werden. Werden echte Wissenschaftler von der Elite benutzt, um schändlichen Plänen ein „wissenschaftliches“ Gesicht zu verpassen?

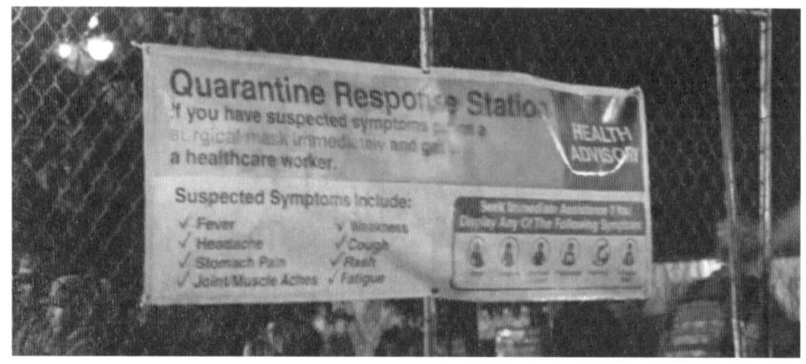

Abb. 377: Die Symptome des Stearns-Virus sind denen von COVID-19 ziemlich ähnlich

Als die Nerds nach Hinweisen suchen, treffen sie schließlich auf einen Mitarbeiter der Homeland Security. Sie sagt ihnen die Wahrheit über die bizarren Viren, die in den letzten Jahren aufgetaucht sind:

„Nach 9/11 wurde von uns eine Vielzahl von Wissenschaftlern rekrutiert, um der restlichen Welt auf dem Gebiet der biologischen Kriegsführung voraus zu sein."

Die weibliche Protagonistin erwidert:

„Indem sie Krankheiten erschaffen, die uns töten."

Die Agentin antwortet:

„Das ist das neue Wettrüsten. Wir wollten die Krankheiten nicht unbedingt nutzen, wir wollten nur mehr haben als die anderen. Was wir nicht wussten war, dass es innerhalb dieser Gruppe einige skrupellose Wissenschaftler gab. Sie benutzten unsere Einrichtungen und stahlen unsere Informationen und boten sie an. …"

„Wisst Ihr, wie viel Geld man machen kann mit präziser biologischer Kriegsführung? Einer Waffe, die tötet, ohne dass man sie zum Ursprung zurück verfolgen kann? Und man braucht nur auszuwählen, ethnische Zugehörigkeit oder ein Virus auf einer Oblate: Religionszugehörigkeit. Oder ein Virus in Tampons: Geschlechterzugehörigkeit. Das wollten sie perfektioniert und dem Meistbietenden für Milliarden von Dollar verkaufen."

Dann fügt sie hinzu:

„2002 hat Mr. Rabbit einer gewissen Gruppe in China zugesagt, sie zu beliefern, mit einem äußerst aggressiven Stamm der Schweinegrippe (SARS)."

Die Tatsache, dass die Serie China in den Mittelpunkt dieser Verschwörung stellt – vor dem Erscheinen von COVID-19 in China – ist ziemlich … prophetisch.

Inmitten dieser beängstigenden Pandemie triumphiert ein Pharmaunternehmen mit einem Impfstoff, der die Krankheit heilt: *Christie Labs*. Ist ein Pharmaunternehmen federführend in einer MKULTRA-Operation?

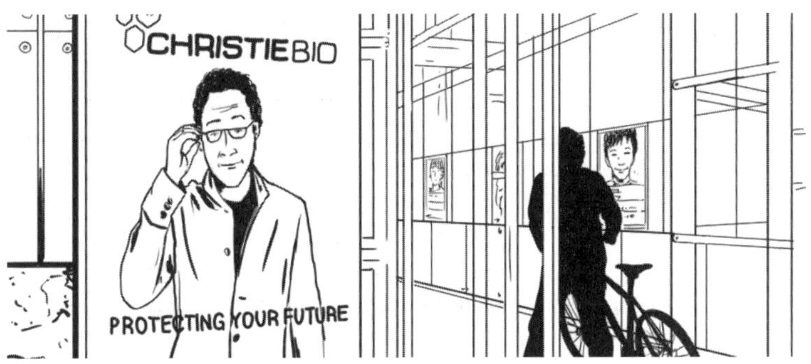

Abb. 378: Am Eingang von *Christie Labs* heißt der Leiter des Unternehmens die Menschen mit den Worten „Protecting Your Future" („Schutz für Ihre Zukunft") willkommen

Dieser Typ ist Mr. Rabbit. Wenn sie „Protecting Your Future" sagen, meinen sie Entvölkerung. Das ist das ultimative Ziel dieser Organisation. Und es ist bereit, jede verabscheuungswürdige Handlung auszuführen, um seine Ziele zu erreichen, einschließlich der Ausbeutung und Tötung von Kindern.

Tatsächlich leitet Mr. Rabbit eine umfassende MKULTRA-Operation, die Sklaven als Sündenböcke unter falscher Flagge, Laborratten und sogar Märtyrer einsetzt. Obwohl die Worte „Gedankenkontrolle" oder „MKULTRA" während der Serie nie verwendet werden, werden die intensive Symbolik und die sadistischen Taktiken der Monarch-Gedankenkontrolle in Utopia voll zur Geltung gebracht.

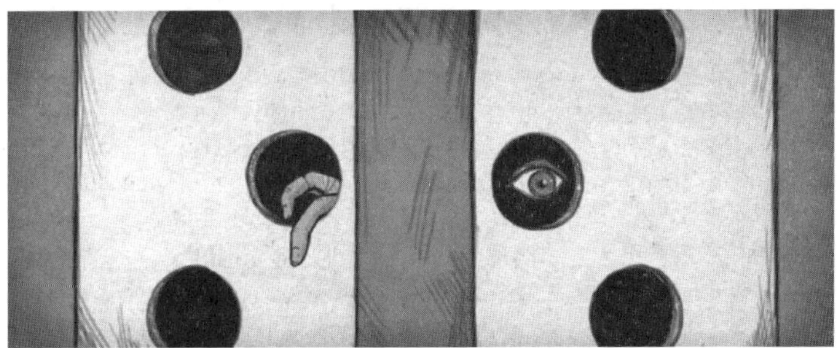

Abb. 379: Mr. Rabbit kauft Kinder aus armen Ländern, die in Kisten geliefert werden

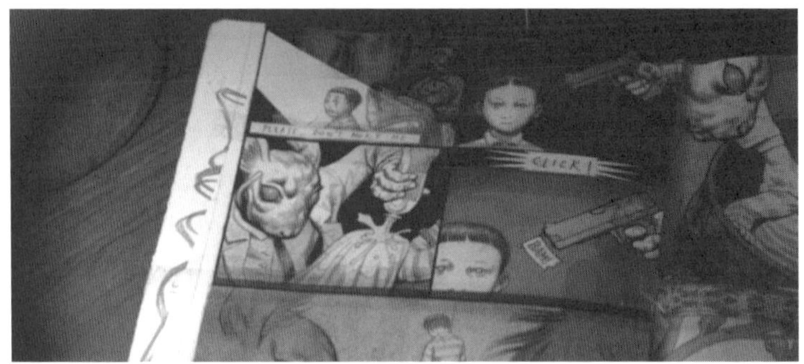

Abb. 380: Eine Seite in der Graphic Novelle beschreibt, wie Arby – ein kaltherziger Killer, der von Mr. Rabbit benutzt wurde – in seiner Kindheit „trainiert“ wurde. In der MKULTRA-Terminologie wurde er der Delta-Programmierung unterzogen

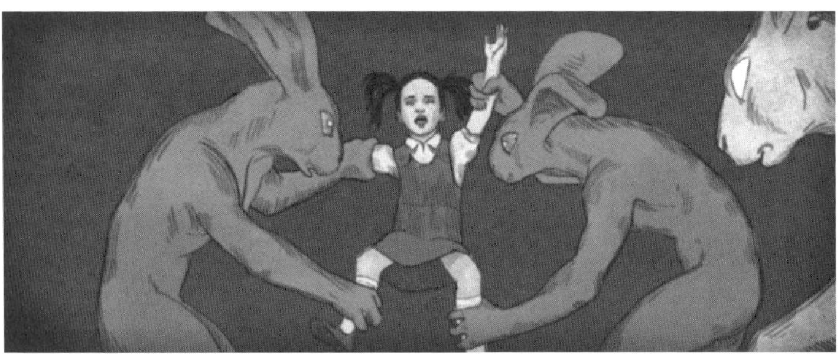

Abb. 381: Dieses Bild von Jessica Hyde spielt auf den Missbrauch durch böse Kaninchen (MK-Handler) an

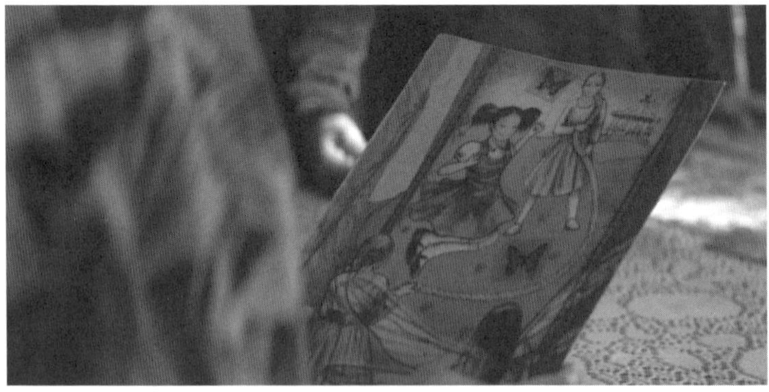

Abb. 382: Die Schmetterlinge auf diesem Bild von Jessica Hyde sind Verweise auf die Monarch-Programmierung

Die oben abgebildeten Zwillinge wurden von Mr. Rabbit verwendet, um seine Pandemie-Agenda voranzutreiben. Eine von ihnen war mit dem Virus infiziert und erhielt einen Impfstoff, der nicht wirkt. Sie wurde dann durch ihre gesunde Schwester ersetzt, was alle glauben ließ, dass der Impfstoff das Wundermittel ist, auf das alle gewartet haben.

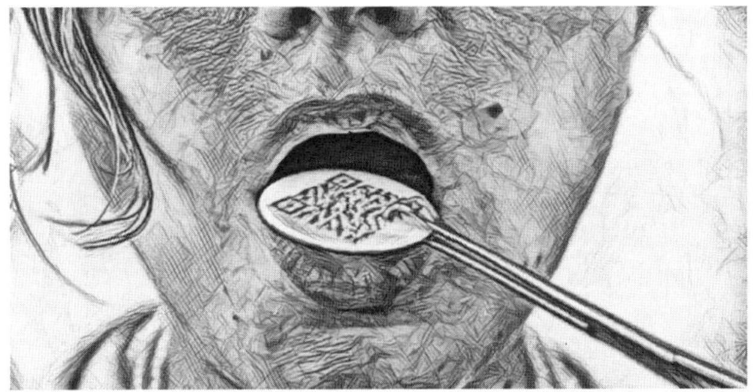

Abb. 383: Als sie aufhörte, nützlich zu sein, gab Mr. Rabbit dem kranken Mädchen eine vergiftete Oblate mit einem QR-Code, um ihr Leben schnell zu beenden (satanische Verfälschung der heiligen Kommunion). Sie war glücklich, die Waffel zu nehmen, weil sie einer Gehirnwäsche unterzogen wurde und dachte, dass es ihr „Zweck" sei, eine Märtyrerin zu sein

Die Assoziation zwischen Utopie und Gedankenkontrolle wird durch die ständigen Verweise der Serie auf „Alice im Wunderland" betont, das zufällig das wichtigste Programmierskript in MKULTRA ist. Natürlich ist Mr. Rabbit selbst ein Hinweis auf das weiße Kaninchen in „Alice im Wunderland", das Alice durch den Spiegel ins Wunderland führt (was der Code für Dissoziation ist – mehr dazu im Buch „Der Hollywood-Code"). Passenderweise heißt eine der Protagonistinnen der Serie Alice.

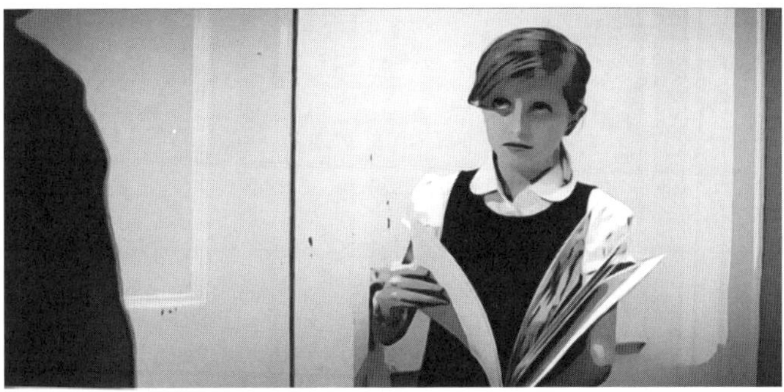

Abb. 384: Alice trägt fast immer ein Outfit, das den klassischen Darstellungen von „Alice im Wunderland" ähnelt

Wenn man aufmerksam genug ist, kann man während der gesamten Serie überall weiße Kaninchen entdecken – eine gruselige Erinnerung daran, dass die Handlungen von Mr. Rabbit (einem Vertreter der okkulten Elite) jeden betreffen.

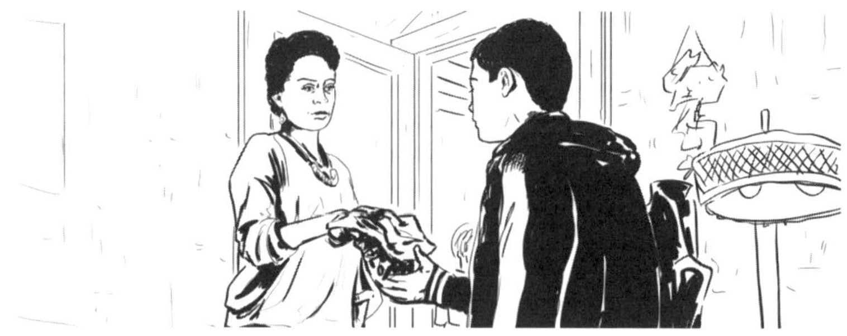

Abb. 385: Weiße Kaninchen an der Wand in Alices Haus

Kurz gesagt, durch Symbolik spielt die Serie auf die direkte Gedankenkontrolle von Sklaven durch MK-Programmierung und die Gedankenkontrolle der Massen durch Medienmanipulation an.

Und Junge, manipulieren sie! Während der gesamten Serie erfindet *Christie Labs* Fake-Geschichten, die von Fake-Personen (MK-Sklaven, die Rollen spielen) gespielt werden, um Erzählungen voranzutreiben.

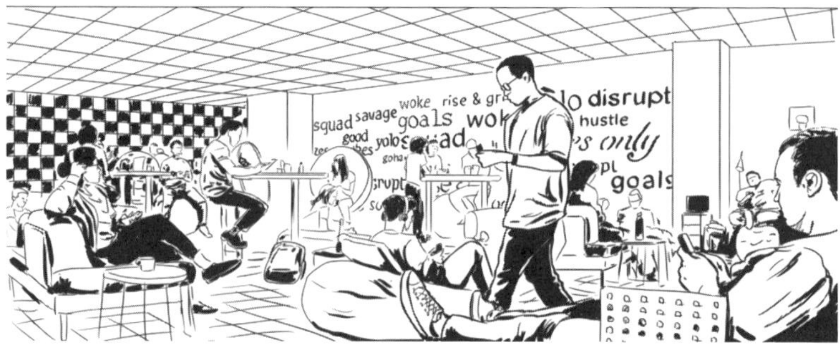

Abb. 386: Die Organisation nutzt „Troll-Farmen“, um soziale Medien mit spezifischen Narrativen zu überfluten. Sie glauben besser, dass dies im wirklichen Leben passiert. Jeden einzelnen Tag

Das Endspiel: In der letzten Folge steht die Bande Mr. Rabbit gegenüber, der seinen wahren Plan gesteht: Massive Entvölkerung durch Einbettung eines Omni-Virus in den Impfstoff, der die Menschen unfruchtbar macht.

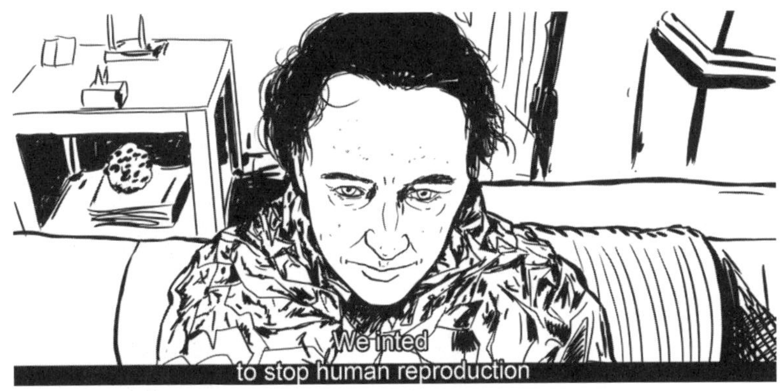

Abb. 387: Nachdem er von seinem eigenen verärgerten MK-Sklaven entführt und an die Bande ausgeliefert wurde, enthüllt Mr. Rabbit seinen Plan

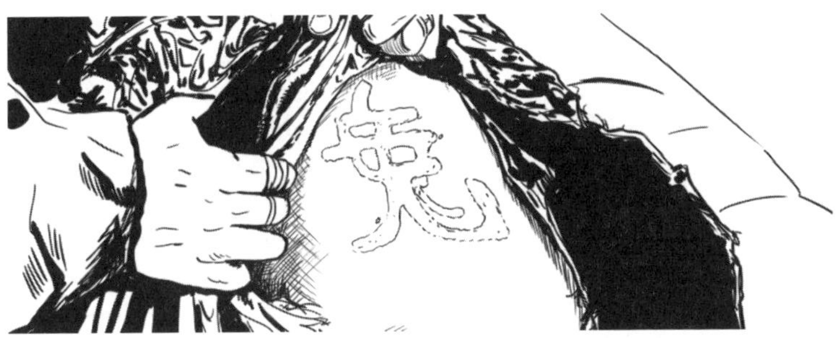

Abb. 388: Und sie fanden ein chinesisches Symbol auf seinem Körper, das bewies, dass er Mr. Rabbit war. Mehr COVID-19-China-Prophezeiung

Hier ist ein Teil des Dialogs:

„Sie haben eine Panik ausgelöst und jetzt betteln alle um den Impfstoff."

„Ja, und jetzt haben wir genau das, was wir wollten. Hunderte Millionen Amerikaner stehen brav Schlange und halten ihre Ärmchen hin und lassen sich unsere Schöpfung verabreichen (...) Wir wollen die menschliche Fortpflanzung für drei Generationen aussetzen. Das emsige endlose globale Baby-Fließband kommt abrupt zum Stehen."

„Sie sterilisieren die Menschen?"

„Aha, in den ersten fünf Jahren werden die Geburtsraten drastisch zurück gehen, wenn die heutigen Teenager Familien gründen wollen."

„Sie kontrollieren die Zukunft der menschlichen Zivilisation"

Dann hält Mr. Rabbit eine leidenschaftliche Rede über Entvölkerung.

„Vor hundert Jahren lag die globale Population bei 1,7 Milliarden. 2011 erreichte sie 7 Milliarden. Die Menschen leben zu lang, sterben seltener, ficken zu viel und scheißen aus Babys wie…

Globale Erwärmung, Massensterben der Arten, Wasser- und Nahrungsmangel. All diese Probleme kann man auf einen Faktor zurückführen: Überbevölkerung.

Bei 1,7 Milliarden können wir so dekadent, maßlos und scheiße sein wie wir wollen, wie. Bei zehn Milliarden müssen wir strategisch sein. Wir müssen bescheiden sein. Wir müssen selbstlos sein und wie ihr wisst, sind wir darin nicht so gut."

Christie spricht minutenlang über Entvölkerung und scheint Wilson Wilson, das wandelnde Ein-Augen-Zeichen, zu überzeugen.

Christies Rede scheint im Einklang mit den berüchtigten „Georgia Guidestones" zu stehen. Seine beiden ersten Gebote lauten:

1. Erhalte die Menschheit unter 500.000.000 in ständigem Gleichgewicht mit der Natur.

2. Lenken Sie die Fortpflanzung weise – verbessern Sie Fitness und Diversität.

Während einer Szene erläutert Mr. Rabbit allen um ihn herum:

„Wie viel Böses muss man tun, um Gutes zu bewirken."

Indirekt stellt er die Frage:

„Was hast du heute getan, um dir deinen Platz in dieser überfüllten Welt zu verdienen?"

Während es bei dieser Frage auf den ersten Blick darum geht, etwas Wertvolles im Leben zu tun, verstehen wir letztendlich, dass hinter dieser Frage eine ganze Philosophie steht: Mr. Rabbit glaubt, dass Menschen sich ihren Platz in der Welt verdienen sollten, indem sie ihren „Zweck" erfüllen. Seine MK-Sklaven sind darauf programmiert, nur für diesen Zweck zu leben. Diejenigen, die kein Ziel haben, sind entbehrlich. Und er will, dass diese Vision auf die Gesellschaft als Ganzes übertragen wird.

Die Bande stoppte jedoch alles. Sie infiltrierten *Christie Labs* und zerstörten ihren gesamten Vorrat an Impfstoffen, der bereit war, quer durch Amerika versandt zu werden.

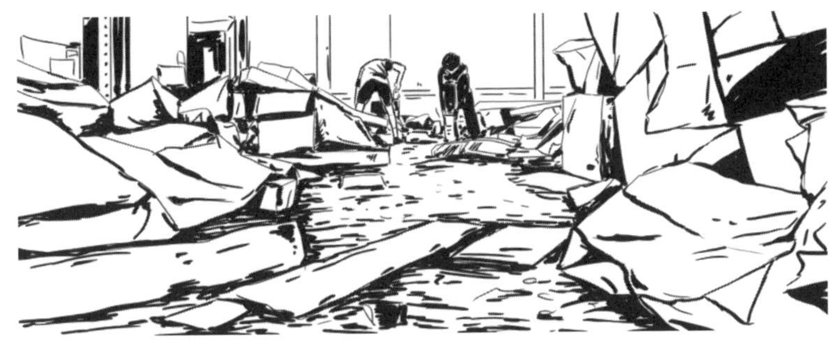

Abb. 389: Impfstoff zerstört. Die Kritiker stimmten der Serie deshalb nicht zu

Aber es ist noch nicht vorbei. Mr. Rabbit ist entkommen und scheint Wilson bekehrt zu haben. Aus meiner Erfahrung sagt diese Art von Serie jedoch, was sie in der ersten Staffel zu sagen hat.

Utopia wurde vor COVID-19 gedreht und prophezeite auf unheimliche Weise eine Pandemie und den Ansturm auf einen Impfstoff – Ereignisse, die sich nur Monate nach den Dreharbeiten im wirklichen Leben ereignen würden. Noch verblüffender ist, dass es in der Serie um eine Graphic Novelle geht, die eine Pandemie vorhergesagt hat, ... genauso, wie dies bei der Serie der Fall ist.

Man könnte also fragen: Ist *Utopia* ein Akt der Rebellion gegen die Elite? Nicht wirklich. Obwohl es die Zuschauer vor den schändlichen Plänen der Elite zu warnen scheint, lässt sich *Utopia* auch voll und ganz darauf ein. Zum Beispiel werden während der gesamten Serie Menschen auf alle möglichen grausamen Arten getötet, und diese Todesfälle werden mit einer kalten Gleichgültigkeit behandelt, die die Botschaft vermittelt, dass menschliches Leben keinen Wert hat.

Außerdem gibt es unerträgliche Folterszenen. Andere Szenen zeigen tote Kinder. Einem Kind wird sogar in den Kopf geschossen. In der letzten Folge wird Christies Plan, die menschliche Fortpflanzung für drei Generationen zu stoppen, auf überzeugende Weise präsentiert, mit wenig Widerlegung des Wahnsinns, in einer kinderlosen Gesellschaft zu leben.

Kurz gesagt, diese Serie spiegelt den kompletten Wahnsinn unserer Zeit wider. Die Elite glaubt, dass sie ihre schändlichen Pläne der Öffentlichkeit preisgeben muss, bevor sie in die Tat umgesetzt werden, um den Zorn der karmischen Gesetze zu vermeiden. Und vielleicht ist *Utopia* Teil dieser Bemühungen. Mit anderen Worten, das Kaninchenloch geht tief. (250)

5.4 Der Pandemie-Thriller Songbird ist reine vorhersagende Programmierung (2020)

„Lasst uns raus!!!“
(*Songbird*)

Songbird ist ein dystopischer Science-Fiction-Thriller aus dem Jahr 2020, der auf der COVID-19-Pandemie basiert. Regie führte Adam Mason, der zusammen mit Simon Boyes das Drehbuch schrieb, und produziert wurde von Michael Bay, Adam Goodman, Andrew Sugerman und Eben Davidson. Die Filmstars sind KJ Apa, Sofia Carson, Craig Robinson, Bradley Whitford, Peter Stormare, Alexandra Daddario, Paul Walter Hauser und Demi Moore.

Das Projekt wurde im Mai 2020 angekündigt, wobei die Drehbuchautoren Adam Mason und Simon Boyes im März auf die Idee gekommen waren, kurz nachdem die Pandemie die gesamte Filmproduktion eingestellt hatte. Die Besetzung kam im Juni hinzu und die Dreharbeiten fanden im Juli und August in Los Angeles statt. Es war der erste Film, der nach dem Lockdown produziert wurde.

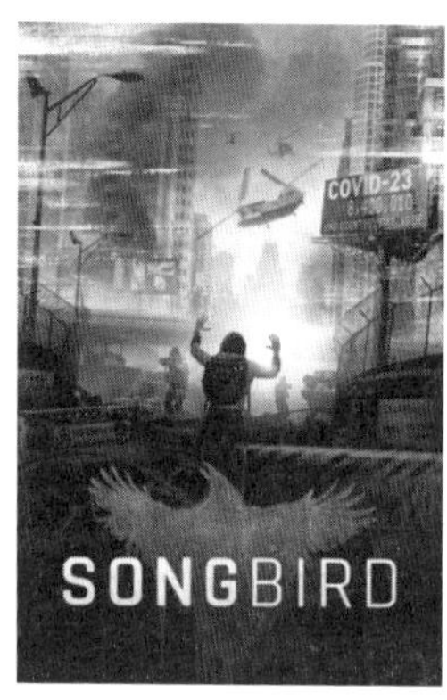

Abb. 390: Poster zum Film *Songbird*

Songbird wurde am 11. Dezember 2020 von *STX Films* über „Premium Video on Demand“ veröffentlicht. Der Film wurde mit überwältigender Mehrheit von Kritikern verrissen, die den Film als angstauslösende Propaganda betrachteten und sagten, er habe seine Prämisse nicht ausgenutzt, obwohl Stormares Leistung von einigen gelobt wurde. (251)

Der Film *Songbird*, der 2024 spielt, handelt von einem mutierten COVID-23, riesigen Quarantänelagern und einem Hightech-Polizeistaat, der Smartphones zur Kontrolle von Menschen einsetzt. Kann man das noch „Unterhaltung“ nennen?

Zum Zeitpunkt des Schreibens dieser Zeilen tritt die Welt in ihr drittes Jahr des „pandemischen Lebens“ ein, die durch verschiedene Grade von Abriegelungen, hartem Durchgreifen bei gesellschaftlichen Zusammenkünften, umfassenden Maskenmandaten, High-Tech-Überwachung und der Etablierung einer gesichtslosen Tyrannei auf der Grundlage von nicht evaluierten Statistiken und Zahlen gekennzeichnet sind.

Während die Menschen nach Möglichkeiten suchen, aus diesem alptraumhaften Szenario aufzuwachen, hatte Hollywood eine großartige Idee: Lasst uns einen Film über alles machen, was gerade passiert – aber schlimmer.

Der Film *Songbird* wird als „Pandemie-Thriller" definiert (gibt es irgendetwas „Aufregendes" an einer Pandemie?), der im Jahr 2024 spielt. Unter der Regie von Hollywood-Star-Regisseur Michael Bay (*Transformers*, *The Purge*, A Quiet Place) geht es in dem Film darum wie COVID-23 (eine Mutation von COVID-19) Amerika in einen dystopischen Albtraum verwandelt wird, komplett mit Quarantänelagern übersät. *Wikipedia* beschreibt die Prämisse des Films wie folgt:

„Im Jahr 2024 ist das SARS-CoV-2-Virus mutiert und die Welt befindet sich im vierten Pandemiejahr. Infizierte Amerikaner werden aus ihren Häusern geholt und in Quarantänelager namens Q-Zones gezwungen, wo sich einige gegen die brutalen Beschränkungen wehren. Ein Motorradkurier, Nico, der eine seltene Immunität hat, ist in einer Beziehung mit Sara, einer jungen Künstlerin, deren Lockdown ihnen körperlichen Kontakt verbietet. Als vermutet wird, dass Sara sich infiziert hat, rast Nico durch die leeren Straßen von Los Angeles, um sie zu retten."

Songbird wurde in Rekordzeit erstellt, gedreht und schnell veröffentlicht. Die Hauptproduktion begann am 8. Juli und endete am 3. August. Es war der erste Film, der während des COVID-19-Lockdowns in Los Angeles gedreht wurde. Die Dreharbeiten wurden zunächst von der SAG-AFTRA (The Screen Actors Guild) gestoppt, aber am Tag darauf wurde die Drehgenehmigung erteilt. Ich denke, sie haben verstanden, dass diese Erzählung so schnell wie möglich der Öffentlichkeit zugänglich gemacht werden musste.

Apropos Erzählungen: Der Film wurde in Zusammenarbeit mit einem Studio für digitale Inhalte mit dem treffenden Namen *Invisible Narratives* („Unsichtbare Erzählungen") erstellt. Das von Adam Goodman, dem ehemaligen Präsidenten von *Paramount Pictures* und *Dreamworks SKG*, gegründete Unternehmen beschreibt sich selbst als „disruptives Geschichtenerzählen, das die Kultur in Partnerschaft mit einflussreichen Menschen antreibt". Mit anderen Worten: Okkulte Elitepropaganda.

Auch der Slogan des Unternehmens ist äußerst passend, da er auch für die gesamte okkulte Elite gilt: „Hidden in plain sight" („Versteckt vor aller Augen").

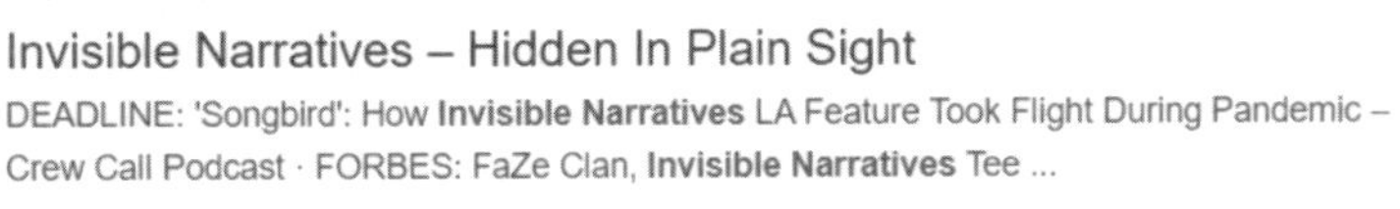

www.invisiblenarratives.com ▾

Invisible Narratives – Hidden In Plain Sight

DEADLINE: 'Songbird': How **Invisible Narratives** LA Feature Took Flight During Pandemic – Crew Call Podcast · FORBES: FaZe Clan, **Invisible Narratives** Tee ...

Abb. 391: Google-Suchergebnis für *Invisible Narratives* und seinen ominösen Slogan

Man muss sich nur den offiziellen Trailer von Songbird ansehen, um zu verstehen, worum es wirklich geht: Vorhersagende Programmierung. Hier ist ein Blick auf dieses Stück vermeintlicher „Unterhaltung".

Songbirds Trailer beginnt mit einer sehr ironischen Verwendung von Bob Marleys Song „Three Little Birds", in dem er wiederholt „every little thing is gonna be all right" „jedes kleine Ding wird wieder gut".

Ich bin mir ziemlich sicher, dass Marley die Verwendung seines Liedes in dem wahnsinnig bedrückenden Kontext des Films nicht genehmigt hätte.

Hollywood liebt es jedoch, gesunde und optimistische Inhalte mit seiner seelenzerstörenden Agenda von Angst und Dunkelheit zu vergiften, also bezahlte es für die Rechte des Songs, und das war das Ende.

Eines ist sicher, in *Songbird* ist nicht alles in Ordnung. Als das Lied für einen Moment stoppt, hören wir eine Ansage, die besagt:

„Die Ausgangssperre tritt jetzt in Kraft. Niemand darf seine Wohnung verlassen."

Wenn wir diese Worte hören, werden die Zuschauer mit einer Reihe verstörender Landschaften konfrontiert.

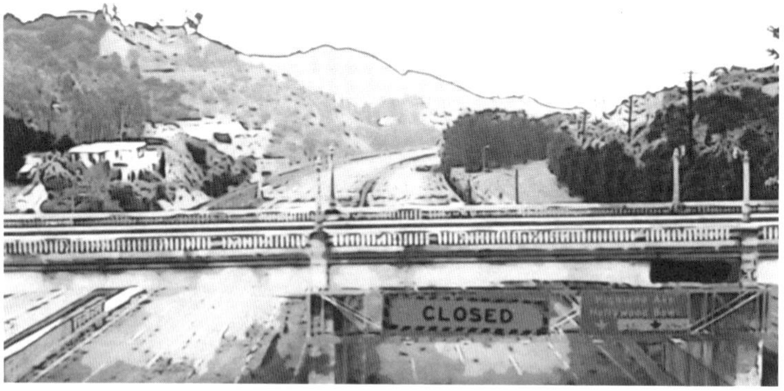

Abb. 392: Ganze Autobahnen sind gesperrt, weil es den Menschen verboten ist, überall hinzufahren

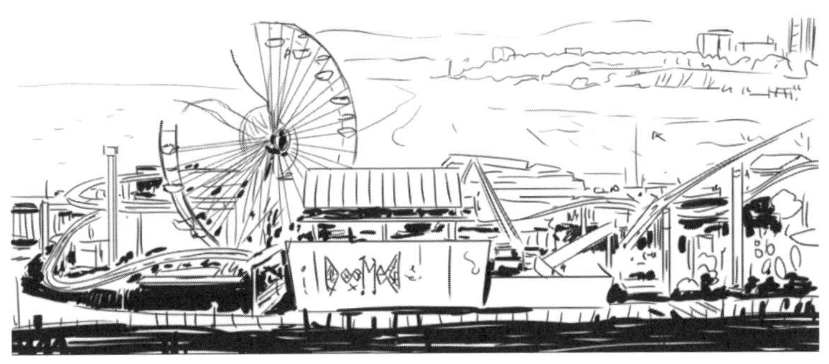

Abb. 393: Ein verlassener Vergnügungspark, auf dessen Wand die Worte „doomed“ gesprüht sind. Der Spaß ist tot

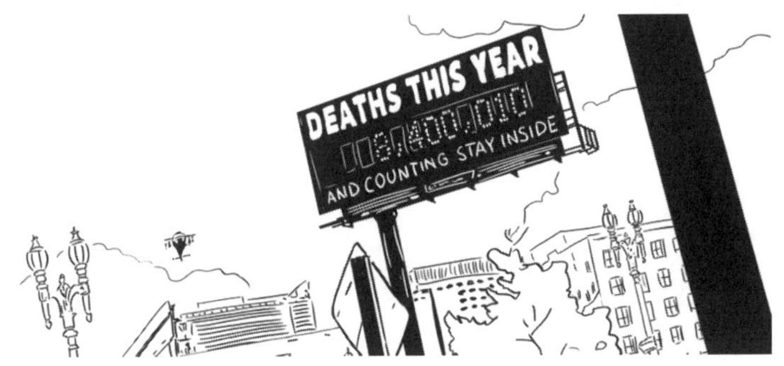

Abb. 394: Eine düstere Werbetafel, die über 8 Millionen Todesfälle im Jahr 2024 zeigt und den Menschen befiehlt, drinnen zu bleiben. Diese Art von Orwellschem Mist gibt es bereits jetzt

Dann hören wir einen Nachrichtensprecher, der über die „213. Woche des Lockdowns“ spricht, was bedeutet, dass der Lockdown von 2020 nie endete.

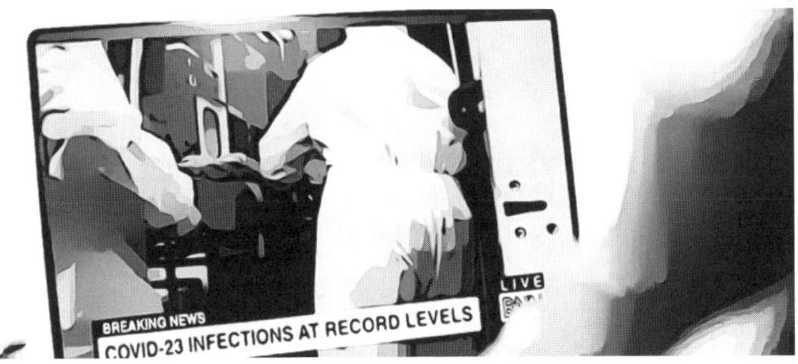

Abb. 395: Im Jahr 2024 werden die Menschen immer noch mit denselben Pandemienachrichten bombardiert, die wir gerade sehen

In diesem traurigen Kontext werden Millionen infizierter Amerikaner in Quarantänelagern festgehalten. Das gleiche Konzept von Quarantänelagern wurde auch in *Utopia* und *Contagion* (ein weiteres Stück vorausschauender Programmierung aus dem Jahr 2012 - siehe das Buch „Der Hollywood-Code") dargestellt.

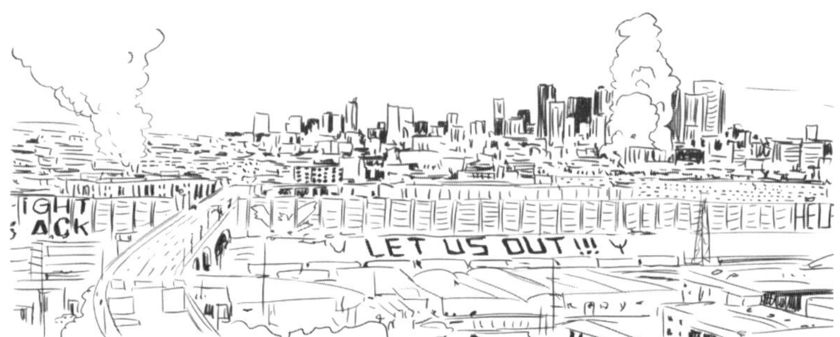

Abb. 396: Die Worte „Lasst uns raus!!!" und „Hilfe" implizieren stark, dass Menschen gegen ihren Willen unter schrecklichen Bedingungen festgehalten werden. Links steht: „Fight Back" („Wehrt euch")

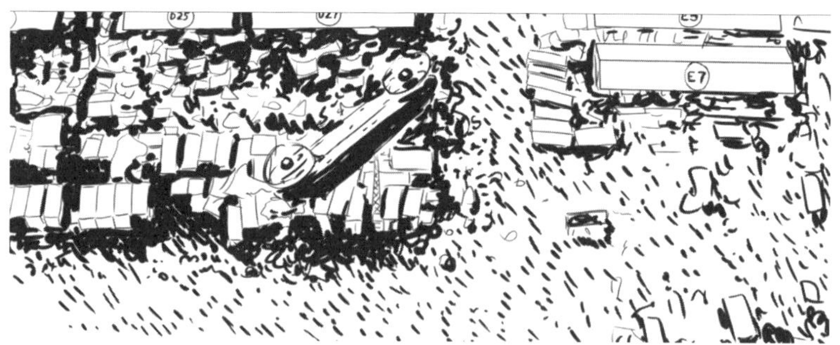

Abb. 397: In heruntergekommenen Lagern, die von schwebenden Hubschraubern überwacht werden, türmen sich Massen von Infizierten

Menschen, die nicht infiziert sind, leben in einem stark kontrollierten und endlosen Lockdown. Die Technologie, mit der Menschen kontrolliert werden, ist weit davon entfernt, „Science-Fiction" zu sein. Wir sind ungefähr bei 80 Prozent dort im wirklichen Leben.

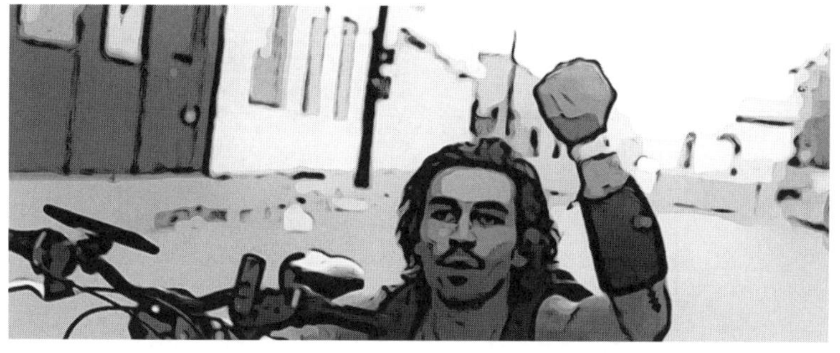

Abb. 398: Der Protagonist des Films zeigt ein Armband, das beweist, dass er immun gegen gasmaskierte Soldaten ist, die auf den Straßen patrouillieren

Das Konzept eines Immunitätsarmbandes wurde der breiten Masse bereits in dem oben erwähnten Film *Contagion* vorgestellt.

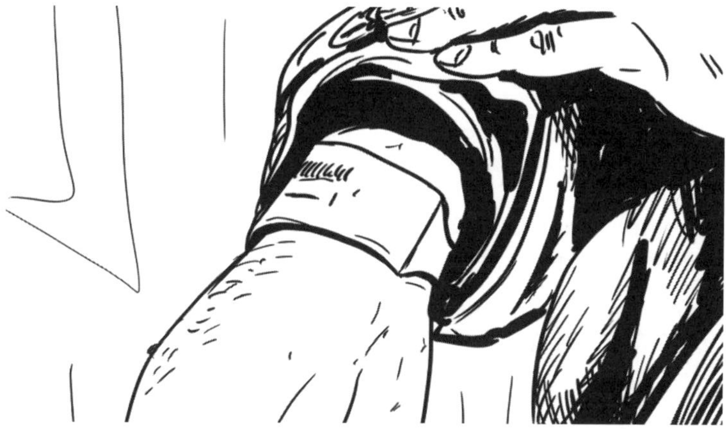

Abb. 399: Ein Screenshot aus dem Film *Contagion*. Personen, die den Impfstoff bekamen, erhielten Armbänder mit Barcodes, um öffentliche Räume zu betreten

Die Idee von „Immunitätspässen" oder „Immunitätsarmbändern" kursiert bereits im wirklichen Leben, und Filme wie *Contagion* und *Songbird* helfen dabei, sie für die Öffentlichkeit zu normalisieren.

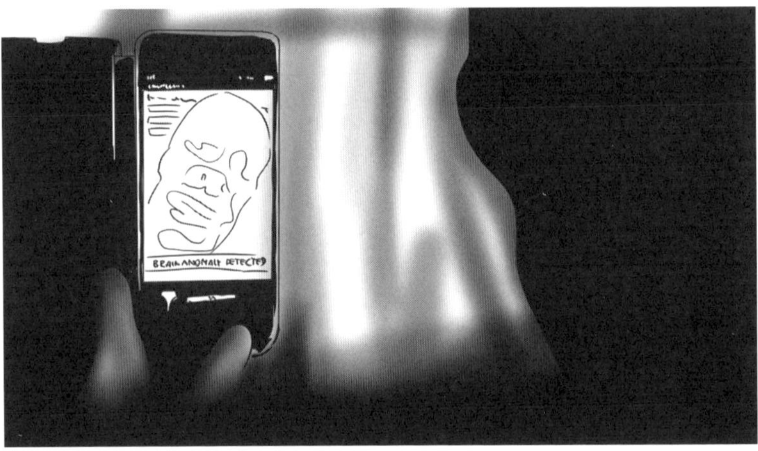

Abb. 400: Telefone werden verwendet, um Gesichter zu scannen und eine Infizierung zu erkennen

Im obigen Screenshot erkennt das Telefon eine Anomalie. Eine Siri-ähnliche Stimme sagt dann:

„Bewaffnete Wachen werden in Kürze bei Ihnen eintreffen. Versuchen Sie nicht Ihre Wohnung zu verlassen, sonst werden Sie festgenommen."

Ich denke, es ist an der Zeit, diese App zu deinstallieren und ihr eine schlechte Bewertung zu geben.

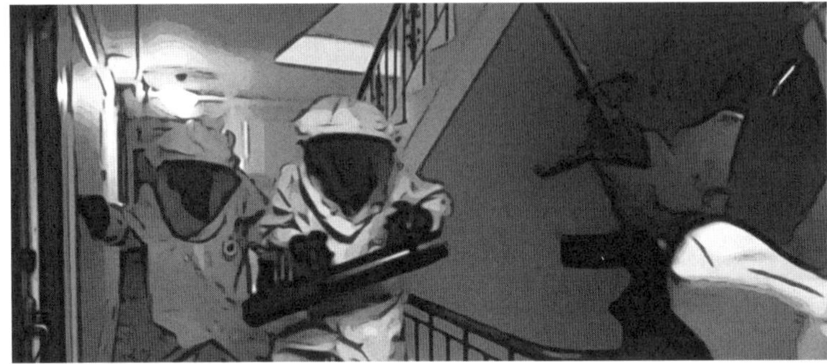

Abb. 401: Die Behörden stürmen in eine Wohnung, um einen Bürger gewaltsam in ein Quarantänelager zu deportieren

Unterhaltung? In Anbetracht der Tatsache, dass dieser Film in sehr naher Zukunft spielt, den Namen eines tatsächlichen Virus verwendet, der derzeit die ganze Welt zerstört, dass er an realen Orten (z. B. Santa Monica Pier) spielt und echte Regierungsorganisationen einbeziehen kann, nennen wir das immer noch „Unterhaltung"? Hier ist die offizielle Definition des Wortes:

1- der Akt der Unterhaltung; angenehme Beschäftigung für den Geist; Ablenkung; Unterhaltung

2 – etwas, das Vergnügen, Zerstreuung oder Unterhaltung bietet, insbesondere eine Aufführung irgendeiner Art.

Ich kann mir nicht vorstellen, dass jemand „Vergnügen, Ablenkung oder Unterhaltung" bekommt, wenn er sich eine noch schlimmere Version der aktuellen Pandemie ansieht. Wenn COVID-19 (und die damit verbundene Hysterie) eine Stichwunde in jemandes Magen war, ist *Songbird* das Äquivalent eines Hollywood-Dummkopfs, der mit seinem dicken, dicken Finger darauf stochert.

Man muss kein „Verschwörungstheoretiker" sein, um zu erkennen, dass an dieser Erzählung im heutigen Kontext etwas nicht stimmt. Hier ist ein Auszug aus einem „Cinema Blend"-Artikel über S*ongbird*:

„In einem anderen Kontext sieht ‚Songbird' unterhaltsam aus, aber es sieht nicht so aus, als würde es ein wertvolles Gespräch eröffnen. Es sieht so aus, als ob es nur existieren würde, um einer bereits traumatisierenden kollektiven Erfahrung, die wir alle noch täglich verarbeiten, Extreme und Schockwerte hinzuzufügen. Es ist weder kreativ noch interessant, dass jemand zwei Jahre in die Zukunft springt und dabei die aktuellen Ereignisse als Bezugspunkt verwendet. Es ist gnadenlos und kalt. Stellen Sie sich buchstäblich jedes andere traumatisierende Weltereignis vor, das dies tut, während wir mittendrin sind. Wenn wir mitten im Zweiten Weltkrieg wären, glauben Sie, wir würden einen imaginären Umstand sehen wollen, in dem es schlimmer wird? Nein, deshalb wurden damals Musicals und Zeichentrickfilme super populär." (252)

Die Wahrheit ist, dass *Songbird* nicht zu unserer Unterhaltung geschaffen wurde. Es geht darum, Ideen und Konzepte in unsere kollektiven Köpfe zu pflanzen. Es geht darum, neue Ebenen von Tyrannei und Hysterie zu normalisieren, indem sie als logische Weiterentwicklung des aktuellen Kontexts präsentiert werden. Kurz gesagt, es geht um Vorhersagende Programmierung. Allan Watts definierte „Vorhersagende Programmierung" ursprünglich wie folgt:

„Vorhersagende Programmierung ist eine subtile Form der psychologischen Konditionierung, die von den Medien bereitgestellt wird, um die Öffentlichkeit mit geplanten gesellschaftlichen Veränderungen vertraut zu machen, die von unseren Führern umgesetzt werden sollen. Wenn diese Änderungen durchgesetzt werden, wird die Öffentlichkeit bereits mit ihnen vertraut sein und sie als natürliche Fortschritte akzeptieren, wodurch mögliche öffentliche Widerstände und Aufregung verringert werden."

Deshalb gibt es solche Filme. Auch wenn das wirkliche Leben nicht den Wahnsinn von *Songbird* erreicht (hoffen wir es), schaffen solche Filme Präzedenzfälle in unserem kollektiven Unterbewusstsein. Wenn der Öffentlichkeit neue Beschränkungen vorgestellt werden, werden die Leute sagen, „zumindest ist es nicht so schlimm wie in Songbird".

Kurz gesagt, keiner von uns muss sich diese als Film getarnte Gehirnwäsche ansehen. Und wir alle müssen sicherstellen, dass nichts von seinem Wahnsinn ins wirkliche Leben sickert. (253)

Der „Wochenblick" merkt an:

„Linke Medienmacher schimpften bereits im November 2020 vor der Veröffentlichung von ‚Songbird', dass der Film mit aktuellen Ängsten von Menschen spiele und pietätlos sei. ‚The Guardian' kritisierte die im Film gezeigten Quarantänelager und die Säuberungspolizei. ‚Die Huffington Post' ärgerte sich, dass der Film Verschwörungstheorien anheize.

Film-Pandemie ist echt und führt Unterschied vor Augen

Die linken Medien wüten und zerpflücken den Film in der Luft, da er die Diskrepanz einer echten Pandemie und der Realität deutlich macht. Verschwörungstheorien über angebliche Pandemien kommen im Film gar nicht erst auf, da jeder die Pandemie auf der Straße sieht und nicht nur in den Medien hört. Im Film existiert eine für jeden sichtbare Gefahr. In der Realität kennt bis heute hingegen kaum jemand einen, der an Covid verstorben ist, jedenfalls nicht annähernd vergleichbar mit den Todeszahlen im Film.

Widerstand trotz Pandemie

Was linken Medienmachern sicher auch ein Dorn im Auge ist, ist die Vernetzung untereinander, um den Staat auszutricksen. Trotz Pandemie gibt es Widerstand in der Bevölkerung, die sich gegen den autoritären Staat wehrt, der die Grundrechte eingeschränkt hat und jeden in Quarantänelager bringt, wenn Verdacht auf das Virus besteht. Wenn jeder das macht, was er am besten kann, ist Widerstand möglich, erst recht, wenn man sich untereinander vernetzt und gegenseitig hilft. Es gibt immer Hoffnung. Das ist der Tenor des Films, über den die regierungstreuen Medien so ärgern." (254)

Fazit

„Ich sage immer die Wahrheit. Selbst wenn ich lüge!"

Tony Montana (*Scarface*)

So wie alle Bücher eine Einleitung und einen Schluss haben, haben auch alle Filme einen Anfang und ein Ende. Man kann manchmal hoffen, dass die Geschichte in einer Fortsetzung oder einem Prequel fortgesetzt wird. Das ist der Fall, wenn der Film ein finanzieller Erfolg ist, aber wenn er eine wirtschaftliche Enttäuschung ist, werden Fortsetzungen selten gemacht, und wenn, dann ist es normalerweise eine „Direct-to-Video"-Veröffentlichung. Es gibt einige Filme, die Megahits an den Kinokassen sind, aber eine Fortsetzung wäre unmöglich, wie *Titanic* von 1997. Es bedarf eines Wunders, um Jack Dawson (Leonardo DiCaprio) aus den Tiefen des Nordatlantiks wiederzubeleben.

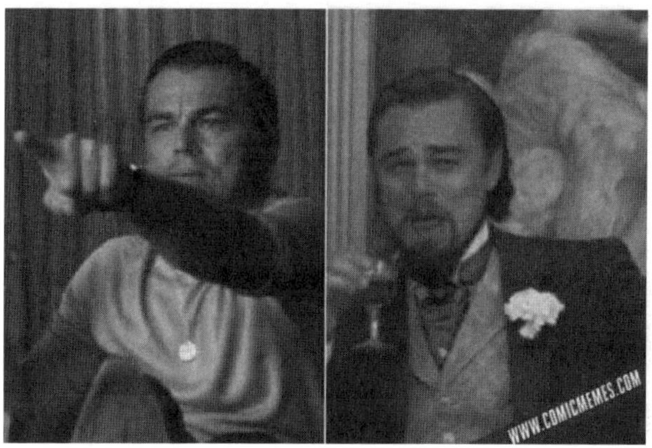

Abb. 402: Wenn Leonardo DiCaprio ins Internet geht, sieht er, dass er mehr als 90 Prozent der Memes ausmacht

Das ausgerechnet eine Hollywood-Marionette und Mega-Heuchler wie DiCaprio in unzähligen Memes im Internet von sogenannten „Aufgewachten" oder „Anons" verwendet wird, um auf Missstände hinzuweisen ist recht skurril. DiCaprio ist garantiert eine Figur, für deren Filme ich keine Werbung machen will, geschweige denn lustig belehrt werden möchte, dass müsste der Inhalte schon eigenständig bewerkstelligen können, ansonsten spiele ich mit diesen Memes die Karte der Filmemacher.

Von *Der Exorzist* und den satanischen Inhalten von *V wie Vendetta*, von der ägyptischen Mythologie in *Star Wars* bis zu Joseph Campbells Monomythos, von *Sie Leben* bis zu einem angreifenden Hasen, der eine dunkle Höhle vor eindringenden Arthurianischen Rittern bewacht, von Katniss Everdeen bis Ellen Ripley, von einer Alien-Agenda-Realität bis hin zu einer prophetischen Fiktion, die Wirklichkeit wird, hat dieses Buch viele der verborgenen Bilder enthüllt, die in populären Filmen enthalten sind.

Wie die Fiktion mit der Realität verschmolzen werden soll, sieht man an *Squid Game*. Die Fiktion will *Netflix* nun zur Realität machen. Im Juni 2022 kündigte das Streamingunternehmen neben der zweiten Staffel auch eine auf der Serie basierende Reality-Show an: 456 echte Menschen sollen um einen Gewinn von 4,56 Millionen Dollar kämpfen. Über eine Website kann man sich jetzt schon für den Wettbewerb anmelden. Jede Person ab 21, welche die englische Sprache beherrscht, kann sich mit Videos und Bildern bewerben. Anfang 2023 sollen die Dreharbeiten starten. „Jetzt haben Sie die Chance, am größten sozialen Experiment von *Netflix* teilzunehmen!", wirbt das Unternehmen. Wirklich? Am größten Sozialexperiment oder doch eher am größten Goldregen für *Netflix*? Von der ersten Staffel hat *Netflix* massiv profitiert: Laut der Nachrichtenagentur *Bloomberg* spielte *Squid Game* bisher fast 900 Millionen Dollar ein – bei Produktionskosten von nur 21,4 Millionen Dollar. Im Gegensatz zur Serie sterben diejenigen, die ausscheiden natürlich nicht, stattdessen sterben Sie geistig vor der Flimmerkiste.

Doch nicht alle scheinen der Verzauberung Hollywoods uns seiner Diener zu erliegen. Der Streamingdienst *Netflix* hat erstmals seit mehr als zehn Jahren einen Rückgang seiner Abonnenten-Zahl verzeichnet. In seiner veröffentlichten Geschäftsbilanz des ersten Quartals 2022 gab das US-Unternehmen die weltweite Zahl seiner Abonnenten mit 221,6 Millionen an. Das waren 200.000 weniger als zum Ende des vergangenen Jahres.

Elon Musk hat versucht zu erklären, warum *Netflix* Abonnenten verloren hat. Musk kommentierte per Tweet politisch ziemlich inkorrekt, woran es seiner Meinung nach liegt: „The woke mind virus is making Netflix unwatchable" („Der Virus des woken Gedankenguts macht Netflix unanschaubar") – und löste seinerseits eine sehr „woke" Diskussion aus. Musk wandte sich in dem Tweet gegen all die tugendprozenden Besserwisser, die ständig mit erhobenem Zeigefinger auf angebliche Missstände hinweisen und sich in ihrem belehrenden Gehabe als bessere Menschen ansehen und andere ausgrenzen. Ist *Netflix* also ein Opfer der Political Correctness geworden, von dem sich immer mehr Menschen abwenden - so wie Elon Musk?

Der Begriff „woke" lässt sich kaum übersetzen, er ist längst auch im deutschen Sprachraum zu einem Kampfbegriff geworden. Wörtlich bedeutet „woke" übersetzt „aufgewacht" oder „erwacht". Ursprünglich kam der Begriff im Zuge der Black-Lives-Matter-

Bewegung in den USA wieder auf als Selbstbeschreibung von Gruppen, die auf Ungleichbehandlungen und Diskriminierung von Minderheiten hinwiesen. Damit verbunden wird oft der Vorwurf, dass diese Gruppe, andere nicht woke Menschen aus dem öffentlichen Diskurs drängen will, was wiederum als „Cancel Culture" bezeichnet wird.

Elon Musk hatte schon vor einem Jahr über die „Woke-Bewegung" kritisiert. In einem Tweet schrieb er im März 2021: „Woketopia. Der Kampf um die moralische Überlegenheit ist das neue Spiel".

Längst ist das Wissen im Mainstream angekommen, dass Serien und Filme durchaus prophetisch sind und die Bevölkerung auf zukünftige Ereignisse vorbereiten sollen, wie hier in einem Artikel bei *Der Zeit*:

„Fernsehen bereitet vor, zumindest wenn man die richtigen Serien guckt. Jetzt gerade gilt das ganz besonders: Alles, was wichtig ist, scheint bereits vorproduziert worden zu sein. Zu jeder großen Verschwörungstheorie gibt es nicht nur den passenden Telegram-Kanal und das angemessen durchgeknallte Maskottchen, sondern auch eine Fernsehserie. Tödliche 5G-Frequenzen, Regierungen, die Teile ihrer Bevölkerung opfern, und größenwahnsinnige Impfmilliardäre gehören 2020 ebenso selbstverständlich zum TV-Personal wie geschiedene Tatort-Kommissare und Teenager auf der Suche nach ihrem Platz im Leben. Ist das Zufall – oder steckt doch mehr dahinter?" …

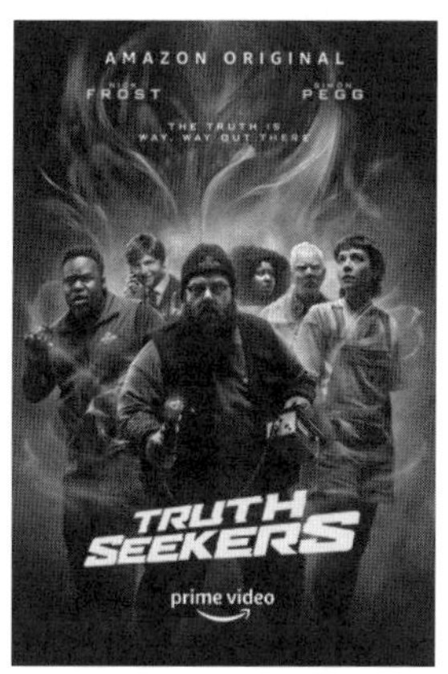

Abb. 403: Wallpaper zu *Truth Seekers*

„Ende Oktober 2020 debütierten mit ‚Truth Seekers' und ‚Utopia' zwei Serien auf Amazon Prime, die sich neben groß angelegten Weltverschwörungen auch mit Fragen der Herdenimmunität und -mentalität beschäftigen. Schon im Juli verfolgte man auf ZDFneo die Pandemieserie ‚Sløborn' mit flauem Gefühl im Magen: Das dänisch-deutsche Projekt beschrieb nicht nur den weltweiten Ausbruch einer tödlichen Abwandlung der Vogelgrippe, sondern auch jene Art von Regierungsverschwörung, gegen die im echten Leben derzeit auf sogenannten Anti-Corona-Demos demonstriert wird. …

Alle drei Serien wurden bereits vor Ausbruch der Pandemie abgedreht, nur ‚Sløborn' ist durch kleine Tricks in der Postproduktion noch näher als ursprünglich geplant an die Realität herangerückt. …

Während auf der titelstiftenden Nordseeinsel das Virus wütet, schwingt sich die schwangere Schülerin und Erlösungsfigur Evelin (Emily Kusche) zur Vorkämpferin gegen eine Regierung auf, die als gesichtslose höhere Macht agiert und die Inselbewohner opfert, um die Pandemie einzudämmen. …

Das ‚Sløborn'-Personal teilt sich in gängige Sympathie- und Schurkenkategorien des Katastrophenfilms ein. Obwohl das Ausmaß der vermuteten Verschwörung unklar bleibt, ist völlig klar, auf wessen

Seite sich das Publikum schlagen soll. Vertreter von Behörden und Staatsmacht agieren kaltherzig, die Bewohnerinnen von ‚Sløborn' überwiegend mitfühlend. Die beiden englischsprachigen Serien bemühen hingegen den Typus des Nerds als Heldenfigur. In ‚Truth Seekers' kümmert sich der cable guy Gus Roberts (gespielt von Nick Frost, der die Serie gemeinsam mit Simon Pegg auch geschrieben hat) darum, das britische Hinterland mit dem neuen Mobilfunkstandard 6G zu versorgen. Zugleich dokumentiert er für die wenigen Follower seines YouTube-Kanals vermeintliche paranormale Aktivitäten…

Mit zwei Mistreitenden gründet Roberts schließlich die ‚Truth Seekers', eine Art Feierabendversion der Ghostbusters. Gemeinsam stoßen sie auf eine Verschwörung, die nur noch am Rande mit übernatürlichen Wesen zu tun hat. Der Pseudowissenschaftler Dr. Peter Toynbee (Julian Barratt) nutzt die neuen 6G-Frequenzen für seinen ganz persönlichen Brexit. Er und seine Anhänger wollen sich ein Dasein ohne Tod ermöglichen. Für ihr ewiges Leben müssen andere Menschen geopfert werden …

„Wäre 2020 ein normal verkorkstes Jahr, müsste man gar nicht über die aktuellen Implikationen von ‚Truth Seekers' und ‚Utopia' nachdenken. Beide wären ganz normale Verschwörungsserien. Durch die besondere Verkorksung dieses Jahres ergibt sich jedoch eine merkwürdige Situation. Die Sympathieträger beider Serien kämpfen gegen höhere Mächte und vermeintlich naive Bevölkerungsschichten – und sind dabei explizit als letzte Bastionen von Durchblick und Gerechtigkeitssinn angelegt. …

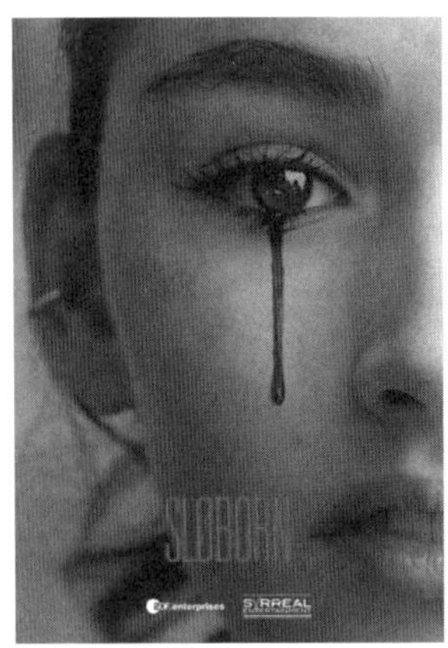

Abb.: 404 Poster zu *Sløborn*

Um die drohende Katastrophe in ‚Truth Seekers' abzuwenden, führt etwa der Chef des WLAN-Manns Roberts kurzerhand einen neuen 8G-Mobilfunkstandard ein. Es sei immer ratsam, den Kundinnen und Kunden um mindestens 2G voraus zu sein, bemerkt er trocken. …

Diese Art von Humor erlaubt sich ‚Sløborn' nicht. Der Ton von Alvarts Serie ist bedeutungsschwer, der Wille zum großen Sittengemälde in jeder Szene offensichtlich. Spätestens als die Bundeswehr einmarschiert, folgen viele Inselbewohner dem Beispiel der jungen Evelin und proben einen Aufstand der Rechtschaffenen gegen die Regierung." (255)

In einem anderen Mainstream-Artikel setzt sich die „Frankfurter Allgemeine Zeitung" mit einer prophetischen Serie auseinander:

„Die 2019 erschienene britische Serie ‚Years and Years' sah alles voraus, den Krieg in der Ukraine, Putins Terror und den Aufstieg einer Populistin. …

Die Veröffentlichung der BBC-Serie ‚Years and Years' liegt in unseren Köpfen schon so lange zurück, dass sie vor lauter Weltgeschehen beinahe vergessen wäre. 2019 war das, vor der Pandemie. Sie erzählt die Geschichte einer katastrophalen globalen Abwärtsspirale, entstand ohne Kenntnis einer Seuche, wegen derer die Menschen im Krankenhaus um ihr Leben ringen, monatelang zu Hause sitzen oder ihre Jobs verlieren. …

Die Serie ist verstörend und aktuell. In großen Zeitsprüngen geht es auf eine Zukunft nach dem Brexit zu…

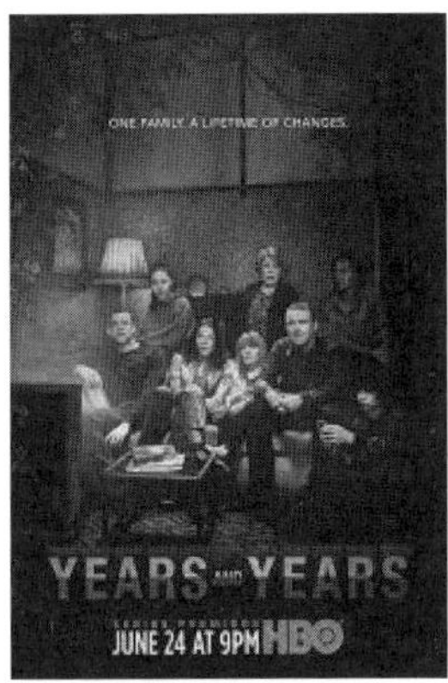

Abb. 405: Wallpaper zu *Years and Years*

Zwischen 2019 bis 2034 geht es in ,Years and Years' immer weiter bergab. In der Ukraine übernimmt eine von Russland gestützte Militärregierung die Macht….

In einem Interview mit ,The Verge' beschreibt Davies, er habe die Idee für sein Drama über das Abgleiten der Zivilisation schon lange gehabt, bevor es Realität wurde, noch vor Trump und dem Brexit, die ihm den letzten Anstoß gaben. ,Ich habe das nicht erfunden', sagte Davies. Und seine Ko-Produzentin Nicola Shindler gab ein Jahr nach der Produktion zu Protokoll: ,Die Welt war nicht annähernd so wahnsinnig, wie sie jetzt ist.'" (256)

Genau das ist dermaßen perfide und Sie können das seit Jahren beobachten: Wie in anderen Zeiten wird alles gesagt, gezeigt, dargelegt, gar publiziert und angekündigt - aber die Menschen wollen es nicht wahrhaben, oder (wie heute) sie wurden dermaßen subtil eingeframed, dass ein Fragezeichen bereits als das gedeutet wird, mit dem sie perfekt geframed wurden, z.B. Kritik ist gleich Verschwörungstheorie, rechts, Verfassungskritik statt Regierungskritik, und letztlich so etwas wie: „Sei doch nicht so negativ", oder „carpe diem" etc., all dies auch Argumente (neben vielen anderen), die ebenfalls eingespeist wurden, ohne dass sich dessen die meisten bewusst würden, was natürlich genau so gewollt ist.

Im Grunde also „perfekte" Fremdsteuerung, deshalb auch alles zeigen. Wir sind vorbereitet und jeder hätte die Chance gehabt, seine Augen zu öffnen, von daher gilt es sich da von weiteren „Schuldgefühlen" zu lösen, es wurde getan, was möglich war.

Wie Sie lesen können, sind prophetische Filme und Serien keine Erfindung dieses Buches, sondern seit Jahren gang und gäbe in den Kinosälen oder Streaming-Diensten. Sie sagen es uns durch Filme!

Dieser Autor hofft nun, dass der Leser dieses Buches nun in der Lage sein wird, okkulte Ikonen und versteckte Symbolik in kommenden Filmen zu entdecken, einschließlich Filmen, die dieser Autor in diesem Wälzer nicht analysiert hat.

Machen Sie keinen Fehler, versteckte Themen und verborgene esoterische Bilder sind in diese Filme eingebettet. Manchmal werden sie absichtlich dort platziert, manchmal erscheinen sie über Carl Jungs kollektiven unbewussten psychologischen Mechanismus, aber oft findet eine mystische Synthese statt, die das Bewusste mit dem Unbewussten und das Beabsichtigte mit dem Unbeabsichtigten verbindet.

Die verborgene Bildsprache wird so zu einem integralen Bestandteil des Films, unabhängig von der Gesamtgestaltung des Filmemachers. Mit anderen Worten, die latenten Bilder und Themen, die in diesen Filmen zu finden sind, sind für die Handlung und die Charaktere genauso wichtig, weil sie ihre parallele zugrunde liegende Geschichte enthüllen.

Diese okkulte Unterströmung oder Geschichte ist, wenn nicht sogar kritischer als das, was auf der Oberfläche des Films erscheint, da sie die wahren mythologischen und archetypischen Symbole, Metaphern und okkulten Allegorien enthüllt und bewahrt, die einem Film Leben einhauchen.

Selbst wenn die Schattenregierung alle Fäden in der Hand hält, die Machthaber und die gesteuerte Opposition der Erlöser lenkt, muss uns bewusst werden das wir in einem Theater sitzen, ob vor der Leinwand/TV oder in der Realität, wir müssen begreifen das es die Regisseure Hollywoods gibt, die uns eine Scheinwelt aufoktoriren wollen und auf der anderen Seite die tatsächliche Welt, in welcher WIR der Regisseur sind.

Mit offenen Augen alles sehen!

Die Zeichentrickfigur Porky Pig, gesprochen von den Freimaurern Mel Blanc (1908-1989), sagt gerne: „D-d-d-das wars` Leute.“

Aber das ist nicht das Ende, sondern erst der Anfang. Trotz der Tatsache, dass Sie dieses Buch zu Ende gelesen haben, sollten Sie wissen, dass noch mehr auf dem Weg ist; dieser Autor hat bereits begonnen, an seiner Fortsetzung zu arbeiten.

Über den Autor

Nikolas Milan Pravda wurde 1974 in der CSSR geboren und emigrierte 1982 mit seinen Eltern und Brüdern in die BRD. Von 1996 bis 2011 arbeitete er zunächst im Marketing- und Consulting-Bereich für renommierte Unternehmen im Sport-, Entertainment- und Konsumbereich, bevor er ab 2010 ehrenamtlich soziale Einrichtungen betreute.

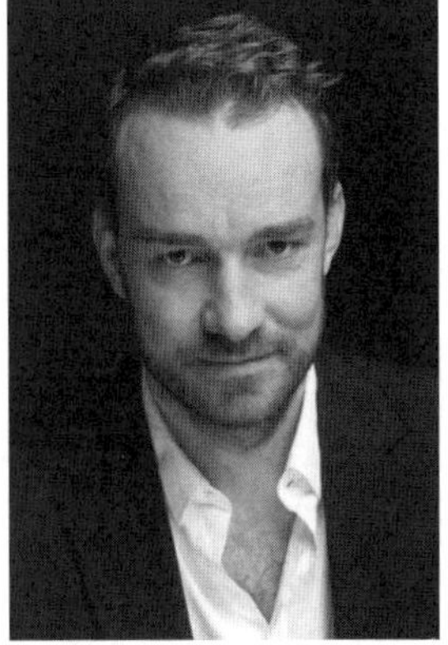

Seit 2012 ist Nikolas Pravda Betreiber des Blogs *www.pravda-tv.com* und unterstützt soziale Projekte.

Im Juni 2018 erschien sein erstes Buch „Illuminatenblut – Die okkulten Rituale der Elite" im Amadeus Verlag. Im April 2020 erschien das Buch „Der Hollywood-Code: Kult, Satanismus und Symbolik: Wie Filme und Stars die Menschheit manipulieren", im Dezember 2020 „Der Musik-Code: Frequenzen, Agenden und Geheimdienste: Zwischen Bewusstsein und Sex, Drugs & Mind Control", im Mai 2021 „DUMBs: Geheime Bunker, unterirdische Städte und Experimente: Was die Eliten verheimlichen" und im März 2022 „Die moderne Musik-Verschwörung: Popstars, Hits und Videoclips – für die perfekte Gehirnwäsche" bei Apricus Ltd.

Kontakt: info@pravda-tv.com

Dieses Buch entstand unter finanzieller Beteiligung von diversen Investoren.

Wenn Sie Interesse an einer finanziellen Beteiligung und Rendite haben, dann schicken Sie uns eine E-Mail an info@pravda-tv.com

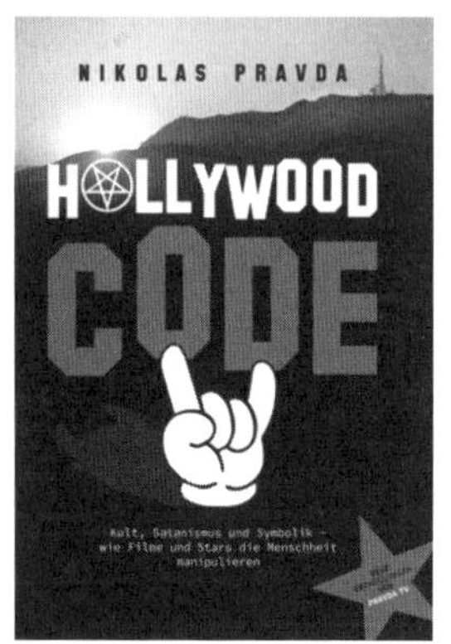

EIN DETAILLIERTER BLICK HINTER DEN SCHLEIER DER SUBTILEN MANIPULATION DURCH DIE (ALB)TRAUM-FABRIK

Filme sind moderne Märchen, Legenden die uns in eine Phantasiewelt entführen, emotional berühren und in manchen Fällen erziehen und aufwecken sollen. Es liegt einzig und allein am jeweiligen Betrachter, ob er die bewegten Bilder mit wachen oder schlafenden Augen wahrnimmt. Genau hier setzt dieses Buch an. Wir nehmen Sie mit auf eine Reise, die Ihnen zeigen wird, wie Geheimdienste, ja gar Militärs Einfluss nehmen auf Hollywood-Produktionen.

Bereits in frühen Filmklassikern wie Metropolis oder der Zauberer von Oz wurde mit okkulter Symbolik und ägyptischer Mythologie gearbeitet, die auf verborgenes Wissen und Rituale von Geheimgesellschaften wie Freimaurern und Illuminati verweisen. Indem wir den roten Faden aufnehmen und weiterverfolgen, erfahren Sie bei diesem Trip durch die Filmhistorie, wie Astrotheologie und Esoterik in Blockbustern wie Star Wars, Zurück in die Zukunft, James Bond, Matrix und Harry Potter integriert und verwendet werden.

Selbst so vermeintlich harmlose Unterhaltungsfilme wie die des Disney-Konzerns, sind in Wahrheit gespickt mit okkulten Symbolen und krankhaften sexuellen Anspielungen, die in Kinderfilmen eigentlich nichts zu suchen haben, wenn es dabei in erster Linie um das Kindeswohl gehen soll.

Als beispielhaft dafür, welche Zukunft die Machteliten stattdessen in Form des sogenannten „Tiefen Staates“ für die Menschheit vorgesehen haben, sei an dieser Stelle noch auf die propagandistischen Avengers-Machwerke hingewiesen, die voller Verweise auf in der Realität betriebene Agenden wie Künstliche Intelligenz und Transhumanismus bis hin zu milliardenfacher Entvölkerung sind.

Letztendlich ist somit auch im Kino nichts, wie es scheint, denn hinter dem Schein verbergen sich Codes und Agenden, welche die Produzenten und Regisseure bewusst in die Filme integriert haben, mit dem Ziel, sich in unseren Köpfen festsetzen und unser Unterbewusstsein zu manipulieren, damit das Publikum kritiklos und passiv ihre Pläne für die Menschheit hinnimmt.

Mit diesem Buch bekommen Sie daher als filminteressierter Leser einen Leitfaden an die Hand, um besser durch die manipulative Bildmatrix navigieren und selbst entscheiden zu können, was Sie sowohl Ihren eigenen Augen und Ohren sowie Ihrem Gehirn und Herzen antun wollen als auch denen Ihrer Kinder und Enkelkinder.

Wir wünschen Ihnen spannende Einblicke hinter die Kulissen der einflussreichen Filmindustrie, die Sie in die Lage versetzen, selbstbestimmte Entscheidungen darüber zu treffen, welche Filme Sie künftig entweder einschläfern oder aufwecken!

Bonusmaterial: Die Rache der 12 Monkeys, Contagion und Coronavirus, oder wie aus Fiktion Realität wird

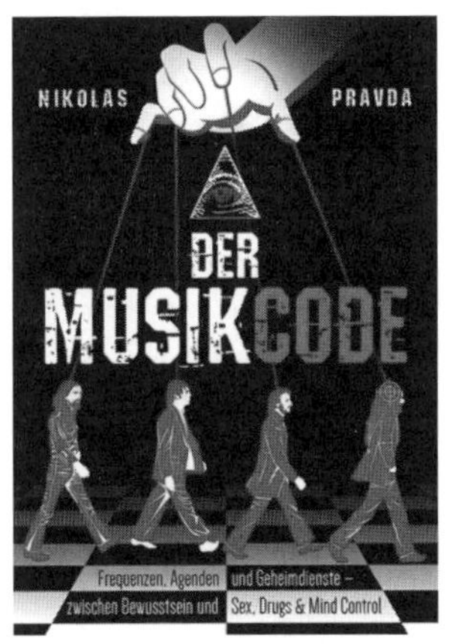

EIN FUNDIERTER ÜBERBLICK ÜBER DIE BEEINFLUSSUNG VON KÖRPER UND GEIST DURCH MUSIK UND FREQUENZEN

Die allermeisten Menschen mögen Musik und können dadurch auf seelischer, emotionaler und geistiger Ebene zutiefst berührt werden, sodass Musik ebenso Ausdruck größter Freude, Trauer oder Wut sein kann. Angenehme und harmonische Klänge können heilen, unangenehme und disharmonische aber auch krank machen.

Das vorliegende Buch soll daher zu einem kritischeren Umgang mit Musik anregen und ein Bewusstsein für deren vielfältige Einflüsse auf Körper und Geist schaffen.

In praktisch allen Lebenslagen sind wir mal mehr, mal weniger harmonischen Klängen und Frequenzen ausgesetzt, zumal wir die Ohren nicht einfach schließen können, wie die Augen.

Die wenigsten Menschen sind sich der Tatsache bewusst, dass ein Großteil der Musik durch Geheimgesellschaften, Militär und Geheimdienste in einer Weise beeinflusst ist, durch die das Publikum – insbesondere in Verbindung mit Drogen, unterschwelligen Botschaften und Bewusstseinskontrolle – zugunsten ihrer jeweiligen Agenda manipuliert werden soll.

Angefangen von der Prägung klassischer Komponisten wie Mozart, Beethoven und Wagner durch Freimaurer und Illuminaten, spannt das Buch einen großen historischen Bogen über die allgemeinen Einflüsse der Nationalsozialisten, Rockefellers und Militärs auf den Umgang mit Musik und Frequenzen; Aldous Huxleys, des Tavistock-Instituts und des Schwarzen Adels auf die sog. „britische Invasion" in Form von Bands wie den Beatles und Rolling Stones; der CIA und ihres MKULTRA-Programms sowie von Drogen wie LSD auf die Hippie-Bewegung; den mysteriösen Zusammenhängen zwischen den Beatles und den Manson-Morden sowie letzteren mit dem Mord an John Lennon; bis hin zum Zusammenhang zwischen der Entwicklung der MKULTRA-Gedankenkontrolle durch Josef Mengele mit deren Weiterentwicklung in Form der Monarch-Gedankenkontrolle bei aktuellen US-amerikanischen Popstars.

Als Zugabe ist ein Kapitel über aktuelle Ereignisse im Zusammenhang mit der Corona-Krise angefügt, wozu etwa Veranstaltungen wie „One World: Together at Home" mit Lady Gaga oder öffentliche Auftritte Madonnas zur Unterstützung der weltweiten Anti-Corona-Maßnahmen gehören, und woran deutlich wird, wie sehr die damit massiv vorangetriebene Agenda in Form der Neuen Weltordnung von solchen Popstars propagiert wird.

Durch eine detaillierte Analyse der im Hintergrund wirkenden Programme und Strippenzieher wird enthüllt, dass sogenannte „Genies" und „Popstars" häufig nichts weiter sind als fremdbestimmte Marionetten, um deren künstlerische Freiheit es kaum besser bestellt ist als um die Meinungsfreiheit in den mittlerweile stark zensierten sozialen Medien und Mainstream-Medien.

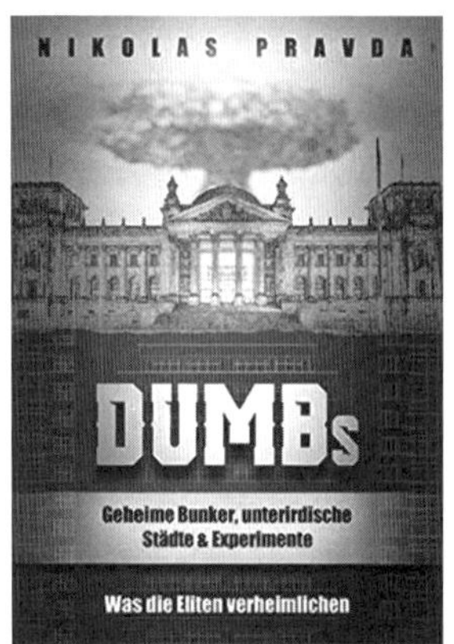

EINE TIEFERGEHENDE ANALYSE VON UNTERIRDISCHEN ANLAGEN UND EXPERIMENTEN DIE WIR UNS KAUM VORSTELLEN KÖNNEN
DUMBs

(„Deep Underground Military Bases") sind den meisten Menschen unbekannt, kein Wunder, denn sie liegen verborgen in tausend Metern Tiefe und beherbergen Hochtechnologie, die wir nur aus Science-Fiction-Filmen kennen.

Dieses Buch ist ein Reiseführer beginnend in der Vergangenheit der Menschheit, denn nicht nur die Erde erschuf natürliche Höhlen und Tunnel, sondern bereits unsere Vorfahren gruben ganze Städte mit einer Infrastruktur, die bis heute die Wissenschaftler vor ein Rätsel stellt. Angefangen in Amerika, über Asien, oder Ägypten, bis nach Österreich, denn dort gibt es unterirdische Gänge, die offensichtlich mit der Präzision heutiger Maschinen gefräst wurden. Selbst in einer Höhle in China finden sich Steinwände, die geschnitten sind, als ob es bereits vor Äonen Lasertechnik gab.

Die modernen DUMBs sind teilweise als Top Secret eingestuft, bei manchen handelt es sich um in der Öffentlichkeit bekannte Militärbasen, Regierungszentralen oder Flughäfen, welche jedoch ihre eigentlichen Geheimnisse im Inneren, in mehrere Stockwerke tiefen Anlagen verbergen, die mit Tunneln verbunden sind – nicht nur unter den USA, sondern auch in Russland und Deutschland. Mancher hat schon von der Area 51, und Fort Detrick – dem angeblichen Ursprungsort des Coronavirus' – in den USA gehört, oder von Pine Gap in Australien, doch nur wenige wissen von den DUMBs unter Washington DC, Stuttgart und Berlin.

Mutige Whistleblower gaben ihr Leben, andere werden bedroht, zum Schweigen gebracht, oder suchen den Schutz der Öffentlichkeit, um die vertuschten Projekte der Kabale ans Licht der Welt zu bringen – wie die Experimente im Montauk-Projekt, die vermeintlich weltweit aus Bunkern und Tunneln geretteten Kinder oder die Klon-Basen der Illuminati, die auf Bestellung Präsidenten, Popstars oder Hollywood-Schauspieler reproduzieren. Das Militär und die Wissenschaft gehen Hand in Hand, um die Öffentlichkeit im Glauben zu lassen, dass das weltweite HAARP-Netzwerk rein zur Erforschung unseres Planeten im Betrieb ist, doch die Anlagen in den USA, Russland und Europa haben tatsächlich einen düsteren und dystopischen Kern.

Es gibt nicht nur Städte, Bunker und Tunnel im Untergrund die militärischen und/oder wissenschaftlichen Zwecken dienen, nein, die Superreichen, die selbsternannte Elite bauen seit Jahrzehnten individuelle Verstecke, da sie offenbar alle über Geheimwissen verfügen, demzufolge die Erde von einer globalen Katastrophe heimgesucht werden wird. Begleiten Sie uns auf die Reise zum Mittelpunkt der DUMBs und zu den geheimen Orten verborgener Experimente!

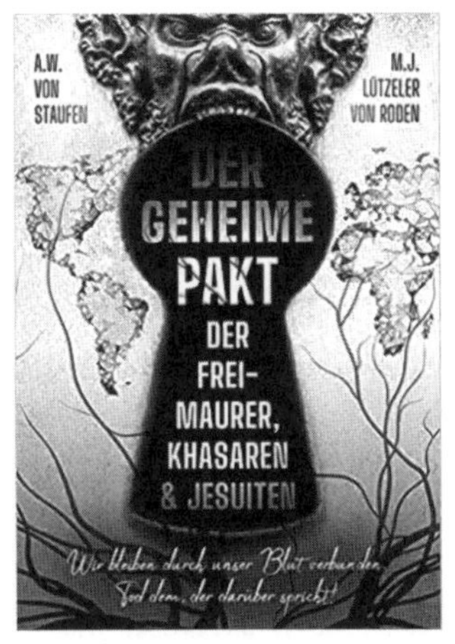

ENTHÜLLUNGEN ÜBER DIE MACHT DER GEHEIMBÜNDE, WIE DIESE DIE MENSCHHEIT SEIT JAHRHUNDERTEN PERFIDE UND VERBORGEN LENKEN

Der Insider Alfred von Staufen und sein Redaktions-Team haben nach jahrelanger Recherche brisante Informationen zusammengetragen, die unser Weltbild ins Wanken bringen.

In diesem Werk wird fundiert dargelegt, wie verschiedene Geheimbünde und Blutlinien mit einem „geheimen Pakt“ omnipräsente Illusionen erschaffen haben, wie die Fälschung unserer Geschichte, die Existenz ganzer Kulturen und die Gesellschaft wie wir sie heute zu kennen glauben.

Ihre Organisationen verwenden zahlreiche Methoden, um die Manipulation der Menschheit still und heimlich zu implementieren. Sie benutzen die Medien und Prominente, damit ihre weitreichenden Pläne eine akzeptable Basis bei der Mehrzahl der Menschen finden.

Stichworte wie Agenda 2030 oder die Neue Weltordnung klingen wie platte Verschwörungstheorien, doch die vorliegenden Beweise sind erdrückend. Sie zeigen eindeutig, dass es nicht allein um ein Ziel in ferner Zukunft geht, sondern auch um den gegenwärtigen Weg, die Menschheit nach einem von den vermeintlichen Herrschern gewünschten Bild zu formen.

Lernen Sie die wahre Historie der Familie Rothschild kennen, welche Rolle die Pyramide der Macht spielt und warum der Tiefe Staat seine Operationen gegen die Menschheit ausführt!

Anhand von Beispielen aus der Vergangenheit, wie den Kreuzzügen der Templer, dem Schwur der Jesuiten, den Fragen, wer die Revolutionen in Frankreich und Russland steuerte, wer den 1. und den 2. Weltkrieg anzettelte und wer sein Wirken mithilfe einer Pandemie forcierte, wird klar:

Nichts ist wie es scheint. Politiker und andere Berühmtheiten aus Fernsehen und Sport mit Dreck am Stecken gehören entweder zum Establishment oder dienen einem bestimmten Zweck und werden deshalb geschützt. Missbrauch, Pädophilie und Einschüchterung bis hin zum rituellen Mord gehören zum Repertoire der Verschwörer in den Logen.

Die nicht unabhängige Denkfabrik Leopoldina diktiert heute das Leben in Deutschland und der Welt. Ihren Ursprung findet sie in einem dubiosen Wanderzirkus und wird zu einem wundersamen Erlöser für die Regierung in der Neuzeit.

Von Staufen beschreibt persönliche Erlebnisse und Erfahrungen, er deutet seinen familiären Hintergrund an und zeigt, obwohl oder gerade weil er die Vorfahren in einer Linie mit den Monarchien sieht, Möglichkeiten auf, der Täuschung durch angebliche Retter und Gruppen zu widerstehen – denn die gewollte Opposition ist nur Teil des Systems. Genau aus diesen Gründen ist die Majorität in einer „Blase“ gefangen und weiß nicht wie kafkaesk die Wahrheit in manchen Bereichen ist. Wir sollten wieder Einigkeit praktizieren und uns auf das Einssein konzentrieren. Dieses Buch macht den Anfang!

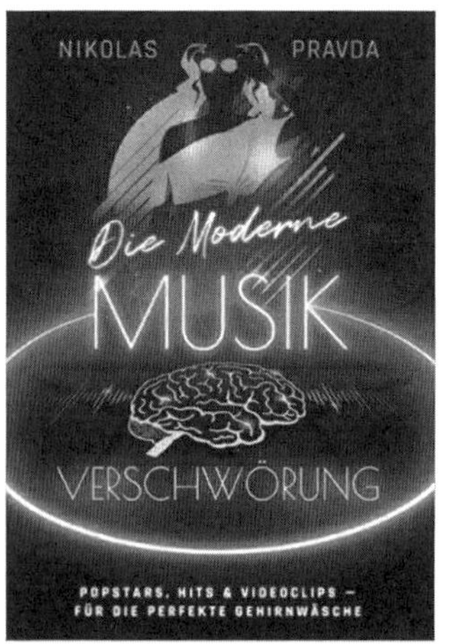

WIE WIR ALLE VON DER MUSIKINDUSTRIE UND DEREN SINGENDEN UND TANZENDEN „PUPPEN“ MANIPULIERT WERDEN

Die moderne Musik und die Popstars, die in ihren Videoclips auftreten, erreichen mit ihren Messages Millionen von Fans auf der ganzen Welt, von Kindern über Jugendliche bis hin zu Erwachsenen. Was in vielen Fällen auf den ersten Blick wie witzige künstlerische Kreativität, jugendliche Provokation oder stylische Ausdrucksweise erscheinen mag, ist vielmehr eine ausgeklügelte Symbolik, die offen aber auch verborgen in den Videos eingebaut ist, getragen von destruktiv wirkenden Textpassagen.

Transportiert werden diese abartigen und satanischen Elemente von TV-Sendern, Youtube-Kanälen, Sozialen Medien, auf großen Bühnen wie Preisverleihungen, Galas sowie gigantischen Shows wie dem Superbowl und landen direkt in den Gehirnen der schlafenden Konsumenten.

Doch nicht nur die breite Masse wird gehirngewaschen, sehr viele moderne Popstars stehen unter der Kontrolle von mächtigen Figuren im Hintergrund der okkulten Musikindustrie. Einige der „Künstler“ zeigen sogar öffentlich ihre Zugehörigkeit zu Geheimgesellschaften wie den Illuminati und Freimaurern.

Die produzierten Stars sind komplett fabrizierte Marketingprodukte. Sie sind nicht nur gecastete Schauspieler mit bestellten Songs, sondern ebenso unwissende Opfer von MKULTRA-Programmen, die bereits vor vielen Jahren ausgiebig getestet wurden.

In diesem Buch enthüllen wir was Popstars wie Madonna, Britney Spears, Christina Aguilera, Lady Gaga, Katy Perry, Miley Cyrus, Rihanna, Taylor Swift, Beyoncé, Billie Eilish, Justin Bieber, Eminem, Jay-Z, Kanye West, Justin Timberlake und Busta Rhymes in ihren rituellen Darbietungen wirklich ausdrücken wollen. Die Palette reicht von Pädophilie, Hexerei bis zur Präsentation der Neuen Weltordnung.

Komplettiert wird die Übersicht im Buch mit den dystopischen Visionen des Weltwirtschafsforums (WEF), welche Art von Welt nach der Corona-Pandemie für uns bereitsteht, während die Popstars bei der MET Gala den Wahnsinn der Elite öffentlich zelebrieren.

Final schreiben wir über Musiker, die das Impf-Narrativ anpreisen, wie „Die Ärzte“, Westernhagen, Neil Young und „Die Toten Hosen“, mit freundlicher Unterstützung der Massenmedien oder es kritisieren wie Eric Clapton oder Nena, die dafür medial bestraft werden.

Die im vorliegenden Buch aufgedeckte Agenda der Musikindustrie, deren Marionetten und deren „Kunstwerke“, soll Ihnen helfen zu entscheiden, was Sie und ihre Kinder hören und sehen wollen. Schützen Sie Geist und Herz, denn: Wer die falsche Musik hört, wird zu einer falschen Person!

Das ultimative Nachschlagewerk mit über 600 Bildern aus Videoclips, Presse und Sozialen Medien.

Quellenverzeichnis

(1) Mircea Eliade „The Sacred and the Profane"
(2) https://www.ummto.dz/dspace/bitstream/handle/ummto/5404/Mas.%20Ang.%20164.pdf?sequence=1
(3) Mark Dice „The Illuminati in Hollywood"
(4) https://en.wikipedia.org/wiki/The_Godfather
(5) https://en.wikipedia.org/wiki/The_Godfather_Part_II
(6) https://en.wikipedia.org/wiki/The_Godfather_Part_III
(7) Jay Dyer, „Esoteric Hollwood 2"
(8) Gonzales, Servando: „Psychological Warfare and the New World Order" (Spooks Books, Sept. 2010
(9) Jay Dyer, „Esoteric Hollwood 2"
(10) http://adelaidescreenwriter.blogspot.com/2011/10/symbolism-oranges-and-godfather.html
(11) https://movies.stackexchange.com/questions/67749/were-oranges-an-intentional-use-of-symbolism-by-filmmakers
(12) Jay Dyer, „Esoteric Hollwood 2"
(13) fatima.org/essentials/facts/consecra.asp
(14) Jay Dyer, „Esoteric Hollwood 2"
(15) Carroll Quigley „Tragödie und Hoffnung"
(16) Jay Dyer, „Esoteric Hollwood 2"
(17) http://jewishencyclopedia.com/articles/12909-rothschild
(18) Jay Dyer, „Esoteric Hollwood 2"
(19) Gus Russo, „Supermob: How Kidney Korshak and His Associates Became America`s Hidden Power Brokers
(20) Jay Dyer, „Esoteric Hollwood 2"
(21) Gus Russo, „Supermob: How Kidney Korshak and His Associates Became America`s Hidden Power Brokers
(22) https://www.sparknotes.com/film/godfather/symbols
(23) https://www.sparknotes.com/film/godfather/motifs/
(24) https://en.wikipedia.org/wiki/The_Goonies
(25) Jay Dyer „Esoteric Hollywood 2"
(26) John Coleman „Conspirators Hierarchy: The Story of the Committee of 300"
(27) Fritz Springmeier „Bloodlines of the Illuminati"
(28) Jay Dyer „Esoteric Hollywood 2"
(29) Fritz Springmeier „Bloodlines of the Illuminati"
(30) Jay Dyer „Esoteric Hollywood 2"
(31) https://en.wikipedia.org/wiki/The_Lost_Boys
(32) Malachi Martin „Keys of this Blood: Pope John Paul II Versus Russia and the West for Control of the New World Order"
(33) Jay Dyer: „Esoteric Hollywood 2"

(34) Robert Sullivan: „Cinema Symbolism“
(35) https://www.bundesregierung.de/breg-de/suche/bundesweite-notbremse 1888982#:~:text=Infektionsschutzgesetz%20Das%20regelt%20die%20bundeseinheitliche,ist%20nun%20in%20Kraft%20getreten
(36) Robert Sullivan: „Cinema Symbolism“
(37) https://www.deutschlandfunkkultur.de/kuenstliche intelligenz-das-maerchen-vom-computer-gott-100.html
(38) https://www.powells.com/book/behold-a-pale-horse 9780929385228
(39) Robert Sullivan: „Cinema Symbolism“
(40) https://en.wikipedia.org/wiki/The_Lone_Gunmen
(41) https://de.wikipedia.org/wiki/Die_einsamen_Sch%C3%BCtze
(42) Robert Sullivan „Cinema Symbolism 2“
(43) https://www.inlingua-edinburgh.co.uk/de/bonfire-night-in-edinburgh/
(44) Robert Sullivan „Cinema Symbolism 2“
(45) Alexander Edward P., „Museum Masters: Their Museums and Their Influence“
(46) Robert Sullivan „Cinema Symbolism 2“
(47) Paul Foster Case, „The True and Invisible Rosicrucian Order“
(48) Robert Sullivan „Cinema Symbolism 2“
(49) Carl G. Jung: „Collected Works, Alchemical Studies“
(50) Robert Sullivan „Cinema Symbolism 2“
(51) Albert Pike, „Morals and Dogma of the Ancient and Accepted Scottish Rite of Freemasonary“
(52) Paul Foster Case: „The True and Invisible Rosicrucian Order“
(53) Robert Sullivan „Cinema Symbolism 2“
(54) Jay Dyer: „Esoteric Hollywood 2“
(55) Webster Tarpley: „Synthetic Terror“
(56) Jay Dyer: „Esoteric Hollywood 2“
(57) https:/www.pravda-tv.com/2013/11/abfall-anonymous
(58) https://www.pravda-tv.com/2015/12/hinter-der-maske-zunehmende-kritik-an-anonymous-wegen-kooperation-mit-fbi-videos
(59) Jay Dyer: „Esoteric Hollywood 2“
(60) https://en.wikipedia.org/wiki/The_Hunger_Games_(film_series)
(61) https://vigilantcitizen.com/moviesandtv/the-hunger-games-a-glimpse-at-the-new-world-order/
(62) http://throughancienteyes.blogspot.com/2013/11/catching-fire-cult-programming-young.html
(63) https://www.eea.europa.eu/data-and-maps/figures/twelve-european-transnational-regions-as
(64) http://throughancienteyes.blogspot.com/2013/11/catching-fire-cult-programming-young.html
(65) https://newspunch.com/let-the-hunger-games-begin-dystopian-fiction-comparisons-as-joe-biden-calls-for-unity/

(66) https://www.rt.com/usa/513164-biden-inauguration-hunger-games/
(67) https://newspunch.com/let-the-hunger-games-begin-dystopian-fiction-comparisons-as-joe-biden-calls-for-unity/
(68) https://vigilantcitizen.com/moviesandtv/the-hunger-games-a-glimpse-at-the-new-world-order/
(69) http://throughancienteyes.blogspot.com/2013/11/catching-fire-cult-programming-young.html
(70) https://www.pravda-tv.com/2021/02/produzent-von-hunger-games-entlarvt-alles-ueber-hollywood-paedophile-und-die-globalen-netzwerke-video
(71) Orson Welles and Peter Bogdanovich „This is Orson Welles"
(72) Robert Sullivan „Cinema Symbolism"
(73) „Los Angeles Times" *The Cosby Show Was Profound, Influential and Indispensable*, 1992)
(74) *Joshua Meyrowitz „Questioning the Media"*
(75) „History of British Film (Volume 4): The History of the British Film" 1918-1929 edited by Rachel Low
(76) Mark Dice „Hollywood Propaganda"
(77) https://en.wikipedia.org/wiki/Monty_Python_and_the_Holy_Grail
(78) Robert Sullivan „Cinema Symbolism"
(79) https://en.wikipedia.org/wiki/Time_Bandits
(80) Jay Dyer: „Esoteric Hollywood 2"
(81) Robert Sullivan: „Cinema Symbolism"
(82) https://en.wikipedia.org/wiki/The_Exorcist
(83) Robert Macoy „A Dictionary of Freemasonry"
(84) Ellen Rosemary Guiley „The Encyclopedia of Witches and Witchcraft"
(85)Douglas Hill und Pat Williams „The Supernatural"
(86) Robert Sullivan „Cinema Symbolism"
(87) https://en.wikipedia.org/wiki/Poltergeist_(1982_film)
(88) Jay Dyer: „Esoteric Hollywood 2"
(89) https://vigilantcitizen.com/moviesandtv/the-unbelievably-dark-story-behind-poltergeist-and-its-young-star-heather-orourke/
(90) https://www.polygon.com/2020/10/3/21497819/scariest-pg-movies-poltergeist-scenes-clown-tree-pool-skeletons
(91) https://www.imdb.com/title/tt0084516/trivia
(92) https://www.imdb.com/title/tt0084516/trivia
(93) https://vigilantcitizen.com/moviesandtv/the-unbelievably-dark-story-behind-poltergeist-and-its-young-star-heather-orourke/
(94) https://vigilantcitizen.com/moviesandtv/the-unbelievably-dark-story-behind-poltergeist-and-its-young-star-heather-orourke/
(95) Jay Dyer: „Esoteric Hollywood"
(96) https://www.latimes.com/archives/la-xpm-1986-12-03-mn-453-story.html
(97) https://www.imdb.com/title/tt0084516/trivia
(98) https://apnews.com/article/355ac4e0f2b6bd8109f766de6ec0dfb8

(99) https://www.crazydaysandnights.net/2017/11/todays-blind-items-molesters-killed-her.html
(100) https://www.crazydaysandnights.net/2020/11/four-for-friday-tomb.html
(101) https://vigilantcitizen.com/moviesandtv/the-unbelievably-dark-story-behind-poltergeist-and-its-young-star-heather-orourke/
(102) https://www.pravda-tv.com/2020/06/wurde-ein-kinder-star-durch-den-elitaeren-hollywood-paedophilenring-getoetet/
(103) Richard Gallagher: „ As a Psychiatrist I Diagnose Mental Illness. Also, I Help Spot Demonic Possession", The Washington Post, 2016
(104) *Sean Hutchinsons: „20 Things You Might Not Know About Ghostbusters" MentalFloss.com, Juli 2016*
(105) Jay Dyer „Esoteric Hollywood 2"
(106) Robert Sullivan: „Cinema Symbolsim"
(107) https://en.wikipedia.org/wiki/Doctor_Strange_(2016_film)
(108) https://jaysanalysis.com/2019/11/25/doctor-strange-2016-revelation-of-the-illuminist-method/
(109) https://en.wikipedia.org/wiki/Star_Wars:_The_Rise_of_Skywalker
(110) Robert Sullivan „Cinema Symbolism 3"
(111) https://www.cheatsheet.com/entertainment/star-wars-the-secret-symbolism-in-the-rise-of-skywalker.html/
(112) http://batshitcave.blogspot.com/2020/05/the-rise-of-skywalker-pt-ii-whats-point.html
(113) „Baphomet: The Temple Mystery Unveiled"
(114) https://dictionary.com
(115) https://starwars.fandom.com/wiki/Sith_Citadel
(116) http://batshitcave.blogspot.com/2020/05/the-rise-of-skywalker-pt-ii-whats-point.html
(117) https://emissaries.org/the-pyramid-and-the-capstone/
(118) http://babynamespedia.com
(119) http://batshitcave.blogspot.com/2020/05/the-rise-of-skywalker-pt-ii-whats-point.html
(120) https://www.discovermagazine.com/health/clonings-long-legacy-and-why-itll-never-be-used-on-humans
(121) http://batshitcave.blogspot.com/2020/05/the-rise-of-skywalker-pt-ii-whats-point.html
(122) http://dictionary.com
(123) http://batshitcave.blogspot.com/2020/05/the-rise-of-skywalker-pt-ii-whats-point.html
(124) https://en.wikipedia.org/wiki/Rogue_One
(125) Robert Sullivan „Cinema Symbolism 3"
(126) https://thefilmitself.com/film-analysis/star-wars-a-rogue-one-analysis/
(127) https://en.wikipedia.org/wiki/Stranger_Things

(128) https://vigilantcitizen.com/moviesandtv/true-story-hidden-symbolism-behind-stranger-things/
(129) https://www.hollywoodreporter.com/movies/movie-features/behind-hollywoods-closed-doors-a-912169/
(130) https://jaysanalysis.com/2016/07/24/stranger-things-jay-dyers-esoteric-analysis/
(131) Dudley Young, „Origins of the Sacred: The Ecstasies of Love and War“
(132) https://jaysanalysis.com/2016/07/24/stranger-things-jay-dyers-esoteric-analysis/
(133) https://vigilantcitizen.com/moviesandtv/true-story-hidden-symbolism-behind-stranger-things/
(134) https://vigilantcitizen.com/moviesandtv/true-story-hidden-symbolism-behind-stranger-things/
(135) https://en.wikipedia.org/wiki/Demogorgon
(136) https://en.wikipedia.org/wiki/Demogorgon
(137) https://vigilantcitizen.com/moviesandtv/true-story-hidden-symbolism-behind-stranger-things/
(138) https://jaysanalysis.com/2016/07/24/stranger-things-jay-dyers-esoteric-analysis/
(139) https://vigilantcitizen.com/moviesandtv/true-story-hidden-symbolism-behind-stranger-things/
(140) Fritz Springmeier „The Illuminati Formula to Create a Mind Control Slave“
(141) Ron Patton „Mind Control“
(142) Fritz Springmeier „The Illuminati Formula to Create a Mind Control Slave“
(143) https://jaysanalysis.com/2016/07/24/stranger-things-jay-dyers-esoteric-analysis/
(144) https://vigilantcitizen.com/moviesandtv/true-story-hidden-symbolism-behind-stranger-things/
(145) https://jaysanalysis.com/2016/07/24/stranger-things-jay-dyers-esoteric-analysis/
(146) https://vigilantcitizen.com/moviesandtv/true-story-hidden-symbolism-behind-stranger-things/
(147) https://en.wikipedia.org/wiki/Moonfall_(film)
(148) https://de.stolenhistory.net/threads/die-natur-des-mondes.201/
(149) https://news.sky.com/story/moonfall-a-new-halle-berry-film-explores-moon-conspiracy-theories-but-why-are-some-people-so-determined-not-to-believe-12532749
(150) https://www.reuters.com/article/uk-brazil-environment-dicaprio-idUKKBN1Y32H9
(151) Jay Dyer „Esoteric Hollywood“
(152) https://www.dw.com/de/als-marsianer-die-usa-angriffen-das-h%C3%B6rspiel-krieg-der-welten-von-orson-welles/a-46067169
(153) Jay Dyer „Esoteric Hollywood“

(154) Jay Dyer „Esoteric Hollywood"
(155) https://souloftheeast.org/2015/09/11/scientism-materialism-atheism/
(156) https://www.pravda-tv.com/2019/07/h-g-wells-sagt-einen-dritten-weltkrieg-und-eine-neue-weltordnung-bis-2036-voraus-videos/
(157) Jay Dyer „Esoteric Hollywood"
(158) https://www.globalresearch.ca/early-psychological-warfare-research-and-the-rockefeller-foundation/30594
(159) https://en.wikipedia.org/wiki/E.T._the_Extra-Terrestrial
(160) https://jaysanalysis.com/2013/07/22/e-t-the-extra-terrestrial-esoteric-analysis/
(161) https://en.wikipedia.org/wiki/Close_Encounters_of_the_Third_Kind
(162) Jay Dyer „Esoteric Hollywood"
(163) https://portfire.org/2018/10/09/33-the-magic-number/
(164) Jay Dyer „Esoteric Hollywood"
(165) „Ships and the Sea." Evening Post. 27 March 1926. Web http://paperspast.natlib.govt.nz/cgi-bin/paperspast? a=d&d=EP19260327.2.161
(166) Jay Dyer „Esoteric Hollywood"
(167) Jacques Vallée. „Forbidden Science", San Francisco: Documatica Research, 2010, pg. 81, 241, 251
(168) Collins, Phillip and Paul, "Alien Smokescreen." ConspiracyArchive. 17 June, 2007. Web: http://www.conspiracyarchive.com/2014/09/21/alien-smokescreen/
(169) Collins, Phillip and Paul, "Alien Smokescreen." ConspiracyArchive. 17 June, 2007. Web: http://www.conspiracyarchive.com/2014/09/21/alien-smokescreen/
(170) Carroll Quigley „Tragödie und Hoffnung: Eine Geschichte der Welt in unserer Zeit"
(171) Kim Zetter, „Devil's Mountain: NSA's Abandoned Cold War Listening Post." Wired. October 3, 2011. Web: http://www.wired.com/2011/10/teufelsberg/
(172) Jay Dyer „Esoteric Hollywood"
(173) bis (175) https://www.empireonline.com/movies/reviews/empire-essay-close-encounters-third-kind-review/
(176) https://en.wikipedia.org/wiki/Alien_(film)
(177) http://alienexplorations.blogspot.com/1979/03/hr-gigers-crowley.html
(178) https://en.wikipedia.org/wiki/Aliens_(film)
(179) https://www.washingtonpost.com/opinions/25-years-later-remembering-how-top-gun-changed-americas-feelings-about-war/2011/08/15/gIQAU6qJgJ_story.html
(180) https://www.washingtonpost.com/opinions/25-years-later-remembering-how-top-gun-changed-americas-feelings-about-war/2011/08/15/gIQAU6qJgJ_story.html
(181) Jay Dyer „Esoteric Hollywood"
(182) https://www.eonline.com/photos/4873/bad-timing-alert-movies-with-pr-nightmares
(183) Jay Dyer „Esoteric Hollywood 2"
(184) https://en.wikipedia.org/wiki/Alien_3
(185) https://archive.nerdist.com/the-religious-symbolism-of-the-alien-series/

(186) https://ew.com/movies/2019/04/02/alien-eggs-behind-the-scenes-roger-christian/
(187) https://avp.fandom.com/wiki/Ovomorph_(Egg)
(188) https://ew.com/movies/2019/04/02/alien-eggs-behind-the-scenes-roger-christian/
(189) https://en.wikipedia.org/wiki/Star_Trek
(190) https://www.pravda-tv.com/2019/09/beamte-sich-star-trek-autor-gene-roddenberry-in-die-zukunft-oder-schrieb-er-ueber-eine-technologie-die-bereits-existierte-videos/
(191) https://www.gaia.com/article/star-trek-predictive-programming-rand-corp-previews-the-future
(192) https://www.lewrockwell.com/2013/01/jurriaan-maessen/captain-kirks-predecessor-star-trek-was-rand-corporation-predictive-programming/
(193) http://trekweb.com/articles/2013/01/16/Rare-1965-Interview-with-Star-Trek-First-Captain-Actor-Jeffrey-Hunter.shtml
(194) http://www.trekplace.com/harveyplynnjr.html
(195) https://www.rand.org/about/faq.html
(196) http://www.oocities.org/capitolhill/8425/philanth.htm
(197) https://www.lewrockwell.com/2013/01/jurriaan-maessen/captain-kirks-predecessor-star-trek-was-rand-corporation-predictive-programming/
(198) https://en.wikipedia.org/wiki/Star_Trek_Into_Darkness
(199) https://jaysanalysis.com/2013/09/14/star-trek-into-darkness-esoteric-analysis/
(200) https://en.wikipedia.org/wiki/Star_Trek_Beyond
(201) https://secretsun.blogspot.com/2013/06/secret-star-trek-part-2-unknown-nine.html
(202) https://jaysanalysis.com/2016/07/31/star-trek-beyond-distinctions-sjws-in-space/
(203) https://en.wikipedia.org/wiki/Vulcan_salute
(204) https://www.youtube.com/watch?v=DyiWkWcR86I#t=39
(205) https://www.texemarrs.com/012006/occult_magic_of_jewish_cabala.htm
(206) https://www.henrymakow.com/churchill_was_a_judas.html?_ga=2.63604783.1069622345.1647446262-888393844.1635068978
(207) https://www.pravda-tv.com/2017/09/freimaurer-das-v-fuer-victory-zeichen/
(208) http://seraphimre.blogspot.com/2015/02/jonathan-cahns-mystical-hand-symbol-mr.html
(209) https://www.pravda-tv.com/2018/06/illuminati-party-durchgesickertes-foto-des-als-satan-verkleideten-barack-obama-wird-viraler-hit-videos/
(210) https://www.youtube.com/watch?v=YOz89ZnuLH4
(211) https://www.henrymakow.com/2015/03/Vulcan-Sign-is-Pure-Satanism.html
(212) https://en.wikipedia.org/wiki/Arrival_(film
(213) https://jaysanalysis.com/2018/08/18/arrival-2016-the-films-secret-meaning-explained/

(214) https://thesymbolicworld.com/articles/arrival-exodus-the-sci-fi-films-hidden-framework/
(215) https://en.wikipedia.org/wiki/Idiocracy
(216) https://theweek.com/state-of-the-union/1010745/were-not-quite-an-idiocracy-but-presidential-speeches-are-getting-dumber
(217) https://www.derstandard.at/consent/tcf/story/2000081382792/wie-und-warum-sich-die-intelligenz-der-norweger-veraendert-hat
(218) https://en.wikipedia.org/wiki/Geostorm
(219) http://www.wakingtimes.com/2017/09/14/high-ranking-cia-agent-blows-whistle-deep-state-shadow-government/
(220) https://spacenews.com/space-fence-surveillance-radar-site-declared-operational/
(221) https://www.govinfo.gov/content/pkg/CHRG-113shrg49104598/html/CHRG-113shrg49104598.htm), der zugab, die Ionosphäre zu manipulieren, und wozu HAARP (Quelle: http://www.europarl.europa.eu/sides/getDoc.do?pubRef=-//EP//TEXT+REPORT+A4-1999-0005+0+DOC+XML+V0//DE
(222) https://www.thespacereview.com/article/3160/1
(223) https://www.dailystar.co.uk/news/weird-news/673838/ISS-fake-conspiracy-theory-NASA-cover-up-space-glitch-astronaut-video
(224) https://www.pravda-tv.com/2019/02/iss-schwindel-versteckte-draehte-instabile-luken-und-seltsame-panne-bei-live-uebertragung-videos/
(225) https://www.pravda-tv.com/2017/10/geostorm-hollywood-stellt-einer-verdummten-oeffentlichkeit-den-einsatz-des-wetters-als-waffe-vor-videos/
(226) http://ieg-ego.eu/de/threads/europaeische-medien/europaeische-medienereignisse/christine-vogel-aufhebung-der-gesellschaft-jesu-1758-1773#:~:text=Dem%20endg%C3%BCltigen%20Verbot%20des%20Jesuitenordens,und%20seinen%20Kolonien%20eingeleitet%20wurden
(227) Albert Mackey „Encyclopaedia of Freemasonry and Its Kindred Sciences“
(228) Terry Melanson „Perfectibilists“
(229) Letter of Weishaupt to Zwack, March 10, 1778, quoted in James H. Billington`s „Fire in the Minds of Men”
(230) Robert Sullivan „Cinema Symbolism“
(231) https://en.wikipedia.org/wiki/They_Live
(232) Robert Sullivan „Cinema Symbolism“
(233) Robert Sullivan „Cinema Symbolism 2“
(234) https://vigilantcitizen.com/moviesandtv/they-live-the-weird-movie-with-a-powerful-message/
(235) https://en.wikipedia.org/wiki/Squid_Game
(236) https://www.spiegel.de/panorama/bildung/squid-game-schuelerinnen-und-schueler-ahmen-spiele-aus-netflix-serie-nach-und-ohrfeigen-sich-a-de7013bb-d2ec-4304-8fbb-2d3519732234

(237) https://vigilantcitizen.com/moviesandtv/squid-game-the-meaning-of-its-messages-and-symbolism/
(238) http://recentr.com/2021/10/18/wie-in-squid-game-china-stiehlt-organe-von-100-000-haeftlingen-pro-jahr/
(239) https://vigilantcitizen.com/moviesandtv/squid-game-the-meaning-of-its-messages-and-symbolism
(240) https://www.pravda-tv.com/2019/02/snuff-partys-der-eliten-die-freude-am-toeten-videos/
(241) https://vigilantcitizen.com/moviesandtv/squid-game-the-meaning-of-its-messages-and-symbolism
(242) https://en.wikipedia.org/wiki/The_Dead_Zone_(TV_series)
(243) https://www.geo.tv/latest/287270-a-2003-episode-of-dead-zone-predicted-the-exact-chain-of-events-leading-to-coronavirus
(244) https://observers.france24.com/en/20200612-did-american-tv-series-2003-really-predict-covid-19-pandemic
(245) https://en.wikipedia.org/wiki/Malthusianism#:~:text=Malthusianism%20is%20the%20idea%20that,triggering%20a%20population%20die%20off
(246) https://banned.video/watch?id=5e8594c54392020055e38fac
(247) https://www.ancient-origins.net/history-important-events/eugenics-origins-0016858
(248) https://www.ted.com/talks/bill_gates_innovating_to_zero?language=de
(249) https://en.wikipedia.org/wiki/Utopia_(2020_TV_series)
(250) https://vigilantcitizen.com/moviesandtv/a-pandemic-a-vaccine-and-mind-control-the-prophetic-messages-of-the-series-utopia/
(251) https://en.wikipedia.org/wiki/Songbird_(2020_film)
(252) *https://www.cinemablend.com/news/2558241/michael-bays-pandemic-movie-is-it-too-soon*
(253) https://vigilantcitizen.com/moviesandtv/the-pandemic-thriller-moviesongbird-will-be-pure-predicting-programming/
(254) https://www.wochenblick.at/corona/songbird-katastrophenfilm-ueber-corona-laesst-linke-medien-wueten/
(255) https://www.zeit.de/kultur/film/2020-11/verschwoerungstheorien-serien-truthseekers-utopia-amazon-prime-coronavirus
(256) https://www.faz.net/aktuell/feuilleton/medien/serien/serie-years-and-years-sah-2019-die-heutige-weltlage-voraus-17975402.html?premium

Bildquellen

(1) https://en.wikipedia.org/wiki/Bohemian_Grove#/media/File:Harvey_Hancock_at_Bohemian_Grove_1967.jpeg
(2) bis (8) Eigene Skizzen
(9) https://toritto.files.wordpress.com/2018/09/ambrosiano1.jpg und https://www.goodreads.com/book/show/27798183-crime
(10) https://www.nytimes.com/2013/03/13/world/europe/vatican-pope-selection-conclave.html
(11) https://www.filmaffinity.com/au/film402178.html
(12) Bildkomposition
(13) https://www.amazon.com/Supermob-Korshak-Criminal-Associates-Americas/dp/B001FA23R2
(14) Bildkomposition
(15) https://www.belloflostsouls.net/wp-content/uploads/2019/10/Mouse-Trap-86.jpg
(16) https://filmsvibez.com/products/the-goonies-poster
(17) https://jaysanalysis.com/2016/06/04/lost-boys-1987-revelation-of-satanic-ritual-abuse-2/
(18) Bildanpassung
(19) bis (21) Eigene Skizzen
(22) https://www.amazon.com/Lost-Boys-Movie-Poster-Regular/dp/B09FLY5SNB
(23) https://xfilesposterproject.tumblr.com/post/151769240600/the-x-files-fight-the-future-happy-1013
(24) https://www.amazon.com/Behold-Pale-Horse-audiobook/dp/B07FPV6CCR
(25) https://en.wikipedia.org/wiki/The_Lone_Gunmen#/media/File:Lonegun.jpg
(26) Bildkomposition
(27) https://picclick.co.uk/Old-Postcard-Ashmoleam-Museum-Guy-Fawkes-Lantern-394087893726.html?refresh=1
(28) und (29) Eigene Skizzen
(30) https://en.wikipedia.org/wiki/V_for_Vendetta#/media/File:V_for_vendettax.jpg
(31) Bildanpassung
(32) https:/www.pravda-tv.com/2013/11/abfall-anonymous
(33) Eigene Skizze
(34) https://www.ubuy.gt/en/product/1CYSSPM4-24x36-the-hunger-games-movie-poster-poster-print-24x36
(35) bis (37) Eigene Skizzen
(38) Eigene Skizze und https://en.wikipedia.org/wiki/Nuremberg_rallies#/media/File:Bundesarchiv_Bild_102-04062A,_N%C3%BCrnberg,_Reichsparteitag,_SA-_und_SS-Appell.jpg
(39) Bildkomposition
(40) Bildkomposition

(41) https://www.eea.europa.eu/data-and-maps/figures/twelve-european-transnational-regions-as
(42) http://throughancienteyes.blogspot.com/2013/11/catching-fire-cult-programming-young.html
(43) bis (47) Bildkomposition
(48) https://www.unmultimedia.org/s/photo/detail/798/0798461.html
(49) bis (50) Bildkomposition
(51) http://throughancienteyes.blogspot.com/2013/11/catching-fire-cult-programming-young.html
(52) https://twitter.com/thehungergames/status/1351976521213251587
(53) https://twitter.com/libertarianblue/status/1351988537797865472
(54) https://twitter.com/adrianosevic/status/1351982371244007430
(55) https://twitter.com/AmerMilNews/status/1451631677629927425?ref_src=twsrc%5Etfw
(56) https://vigilantcitizen.com/moviesandtv/the-hunger-games-a-glimpse-at-the-new-world-order/
(57) https://www.amazon.com/Childs-Voice-Joey-Burke/dp/B07HQYW4QY
(58) https://www.pravda-tv.com/2021/02/produzent-von-hunger-games-entlarvt-alles-ueber-hollywood-paedophile-und-die-globalen-netzwerke-video
(59) und (60) Bildkomposition
(61) https://www.pinterest.de/pin/843650942672666686/
(62) bis (64) Eigene Skizze
(65) https://www.odt.co.nz/news/dunedin/%E2%80%98time-bandits%E2%80%99-tv-sequel-filming-rumours
(66) bis (69) Eigene Skizze
(70) https://www.posters.cz/plakaty/vymitac-dabla-v56452
(71) https://cs.wikipedia.org/wiki/Athanasius_Kircher#/media/Soubor:Athanasius_Kircher.jpg
(72) bis (77) Eigene Skizze
(78) https://www.polygon.com/2020/10/3/21497819/scariest-pg-movies-poltergeist-scenes-clown-tree-pool-skeletons
(79) https://www.amazon.com/Poltergeist-Kitchen/dp/B002S6SWT0
(80) Eigene Skizze
(81) https://www.pinterest.de/pin/259238522270229373/
(82) bis (89) Eigene Skizze
(90) https://www.latimes.com/archives/la-xpm-1986-12-03-mn-453-story.html
(91) https://www.pinterest.de/pin/391320655093282801/
(92) https://vigilantcitizen.com/moviesandtv/the-unbelievably-dark-story-behind-poltergeist-and-its-young-star-heather-orourke/
(93) https://www.pravda-tv.com/2020/06/wurde-ein-kinder-star-durch-den-elitaeren-hollywood-paedophilenring-getoetet/
(94) https://www.amazon.co.uk/Ghostbusters-Classic-Vintage-Poster-

Glossy/dp/B085XNV9PN
(95) bis (101) Eigene Skizze
(102) https://www.amazon.com/DOCTOR-STRANGE-ORIGINAL-BENEDICT-CUMBERBATCH/dp/B00SHZJR0E
(103) Eigene Skizze
(104) https://jaimegervais.com/projects/yGwlK
(105) https://www.amazon.de/G%C3%B6del-Escher-Bach-Endloses-Geflochtenes/dp/3423300175
(106) Eigene Skizze und https://medium.com/@artinxontect.org/michelangelo-piet%C3%A0-analysing-michelangelos-vatican-piet%C3%A0-statue-64b683e55040
(107) und (108) https://www.cheatsheet.com/entertainment/star-wars-the-secret-symbolism-in-the-rise-of-skywalker.html/
(109) bis (116) Eigene Skizze
(117) bis (125) http://batshitcave.blogspot.com/2020/05/the-rise-of-skywalker-pt-ii-whats-point.html
(126) bis (130) Eigene Skizze
(131) http://batshitcave.blogspot.com/2020/05/the-rise-of-skywalker-pt-ii-whats-point.html
(132) https://en.wikipedia.org/wiki/Eye_of_Providence
(133) und (134) Eigene Skizze
(135) http://batshitcave.blogspot.com/2020/05/the-rise-of-skywalker-pt-ii-whats-point.html
(136) bis (154) Eigene Skizze
(155) bis (157) http://batshitcave.blogspot.com/2020/05/the-rise-of-skywalker-pt-ii-whats-point.html
(158) bis (164) Eigene Skizze
(165) https://www.amazon.com/Der-Heros-in-tausend-Gestalten/dp/3458357734
(166) Eigene Skizze
(167) https://www.posters.cz/plakaty/rogue-one-star-wars-story-one-sheet-v35686
(168) https://www.amazon.com/Trends-International-Poster-Stranger-Things-One/dp/B078HGYH1N
(169) bis (177) Eigene Skizze
(178) https://vigilantcitizen.com/moviesandtv/true-story-hidden-symbolism-behind-stranger-things/
(179) bis (192) Eigene Skizze
(193) https://www.amazon.com/Who-Built-Moon-Christopher-Knight/dp/1842931636
(194) https://medium.com/the-treatise/artificial-moon-877ff7df0c35
(195) https://www.imdb.com/title/tt5834426/
(196) https://www.imdb.com/title/tt11286314/
(197) https://www.dailymail.co.uk/tvshowbiz/article-10382825/Dont-look-Leonardo-DiCaprio-eco-hypocrite-110million-yacht.html

(198) https://twitter.com/jshield/status/1175144937530298369
(199) https://www.kopp-verlag.de/a/kommt-die-klima-diktatur-
(200) https://comicbookplus.com/?dlid=68582
(201) https://www.dw.com/en/the-radio-drama-that-shocked-america-80-years-ago-and-the-modern-birth-of-fake-news/a-46052965
(202) https://www.reflex.cz/
(203) https://www.hipcomic.com/listing/famous-fantastic-mysteries-pulp-july-1951-war-of-the-worlds-hg-wells-fn/2034794
(204) https://www.amazon.de/Die-letzte-Generation-Arthur-Clarke/dp/3453875346
(205) https://www.youtube.com/watch?v=atwfWEKz00U
(206) https://www.pravda-tv.com/2019/07/h-g-wells-sagt-einen-dritten-weltkrieg-und-eine-neue-weltordnung-bis-2036-voraus-videos/
(207) https://www.amazon.com/Invasion-Mars-Study-Psychology-Panic/dp/1412804701
(208) https://originalvintagemovieposters.com/e-t-the-extraterrestrial-6959/
(209) und (210) Bildzitat: Screenshot aus dem Film
(211) https://en.wikipedia.org/wiki/Key_of_Solomon#/media/File:Aemethms.gif
(212) bis (214) Eigene Skizze
(215) Bildzitat: Screenshot aus dem Film
(216) und (217) Eigene Skizze
(218) https://cinephiliabeyond.org/arthur-c-clarkes-2001-a-space-odyssey-diary/
(219) https://www.amazon.com/Close-Encounters-Third-Kind-Poster/dp/B07DKZ9XWH
(220) und (221) Bildzitat: Screenshot aus dem Film
(222) und (223) Eigene Skizze
(224) Jay Dyer „Esoteric Hollywood"
(225) Bildzitat: Screenshot aus dem Film
(226) Eigene Skizze
(227) https://en.wikipedia.org/wiki/The_Simulacra#/media/File:TheSimulacra(1stEd).jpg
(228) bis (231) Eigene Skizze
(232) https://www.amazon.com/Alien-Movie-Poster-24-x36/dp/B00J91YNCW
(233) https://www.amazon.ca/Giger-Crowley-Poster-Offset-Lithograph/dp/B07GMVVRLG
(234) https://www.amazon.de/Nostromo-Joseph-Conrad/dp/B000G2BCS6
(235) bis (236) Eigene Skizze
(237) https://www.digitalspy.com/movies/a792025/alien-movies-ranked/
(238) https://www.amazon.com/Poster-Vintage-Restaurant-Decoration-Inches/dp/B08R8RTR93
(239) bis (241) Eigene Skizze
(242) http://www.gasolinealleyantiques.com/celebrity/movieposters.htm
(243) bis (245) Eigene Skizze

(246) https://www.pinterest.de/pin/94083079688062239/
(247) Eigene Skizze
(248) https://www.amazon.ca/Wreck-Titan-Futility-Morgan-Robertson/dp/1519682484
(249) https://memory-alpha.fandom.com/wiki/Jeffrey_Hunter
(250) https://www.mobygames.com/game/deus-ex-human-revolution/cover-art/gameCoverId,240004/
(251) https://www.posters.cz/plakaty/star-trek-into-darkness-v19616
(252) Eigene Skizze
(253) https://shop.startrek.com/products/star-trek-xiii-beyond-movie-premium-satin-poster
(254) https://trekmovie.com/2021/03/20/city-of-boston-honors-a-star-trek-legend-by-declaring-march-26-leonard-nimoy-day/
(255) https://secretsun.blogspot.com/2013/06/secret-star-trek-part-2-unknown-nine.html
(256) https://www.wadeburleson.org/2015/02/spock-hand-signal-for-life-and.html
(257) https://www.youtube.com/watch?v=DyiWkWcR86I#t=39
(258) https://www.thesun.co.uk/news/11021434/sir-winston-churchills-speach-ve-day/ und Bildkomposition
(259) https://www.pravda-tv.com/2017/09/freimaurer-das-v-fuer-victory-zeichen/
(260) https://abcnews.go.com/blogs/politics/2012/04/courting-nerd-vote-obama-flashes-star-trek-salute-with-nichelle-nichols
(261) https://twitter.com/twpundit/status/1011066633270517761
(262) https://www.amazon.com/Rise-Vulcans-History-Bushs-Cabinet/dp/0143034898
(263) https://www.amazon.com/ARRIVAL-POSTER-ORIGINAL-JEREMY-RENNER/dp/B014P3KQX8
(264) Eigene Skizze
(265) https://www.holyart.co.uk/religious-items/sacred-icons/rumanian-hand-painted-icons/christ-the-pantocrator-icon-open-book-gold-background?gclid=CjwKCAjwoMSWBhAdEiwAVJ2ndiU9ZJgvRkTdA2fLfMFsGVQliN7Vn6PoF1Epgx_wI_2xq56Q5Xdp2hoCh4kQAvD_BwE
(266) Bildanpassung
(267) und (268) Eigene Skizze
(269) https://en.wikipedia.org/wiki/Idiocracy
(270) und (271) Eigene Skizze
(272) https://theweek.com/state-of-the-union/1010745/were-not-quite-an-idiocracy-but-presidential-speeches-are-getting-dumber
(273) https://www.reddit.com/r/science/comments/8r3vnq/researchers_analyzed_730000_iq_test_results_from/
(274) https://www.weltbild.de/artikel/ebook/digitale-demenz_17583345-1

(275) https://www.weltbild.at/artikel/buch/etwas-mehr-hirn-bitte_19967960-1
(276) bis (280) Eigene Skizze
(281) https://www.amazon.de/Poster-Geostorm-Movie-70-45/dp/B0765B6BQY
(282) und (283) Eigene Skizze
(284) https://www.youtube.com/watch?v=DIXQXb5iAg4
(285) https://youtu.be/RX3IOHpe6sY
(286) bis (288) https://www.pravda-tv.com/2019/02/iss-schwindel-versteckte-draehte-instabile-luken-und-seltsame-panne-bei-live-uebertragung-videos/
(289) Eigene Skizze
(290) https://www.nejlevnejsi-knihy.cz/kniha/the-history-of-freemasonry-its-legends-and-traditions-its-chronological-history-7_37429838.html?utm_source=google&utm_medium=surfaces&utm_campaign=shopping%20feed&utm_content=free%20google%20shopping%20clicks%20600-900k&gclid=CjwKCAjwoMSWBhAdEiwAVJ2ndiAP2W8NbLTij1uu35qfbQAeLuTWNpP7orx6r5tPpoNid1-mVPoqYxoCr_QQAvD_BwE
(291) Bildkomposition
(292) https://www.amazon.co.uk/myst%C3%A8res-franc-ma%C3%A7onnerie-d%C3%A9voil%C3%A9s-par-Taxil/dp/2351201523
(293) https://www.filmposter-archiv.de/filmplakat.php?id=457
(294) https://twitter.com/R_Roddy_Piper/status/383693269068050432
(295) bis (311) Eigene Skizze
(312) https://www.hancinema.net/korean_drama_Squid_Game-picture_1366766.html
(313) https://www.spot.ph/newsfeatures/the-latest-news-features/fyi-this-squid-game-inspired-tv-segment-is-now-airing-here-s-what-we-know-so-far-adv-con
(314) bis (328) Eigene Skizze
(329) Bildkomposition
(330) https://vigilantcitizen.com/moviesandtv/squid-game-the-meaning-of-its-messages-and-symbolism/
(331) bis (333) Eigene Skizze
(334) https://vigilantcitizen.com/moviesandtv/squid-game-the-meaning-of-its-messages-and-symbolism/
(335) und (336) Eigene Skizze
(337) Bildzitat: Screenshot
(338) bis (340) Eigene Skizze
(341) https://www.youtube.com/watch?v=bscbg-TB6fo
(342) https://en.wikipedia.org/wiki/The_Dead_Zone_%28TV_series%29#/media/File:The_Dead_Zone_TV2.jpg
(343) Eigene Skizze
(344) Bildkomposition
(345) bis (351) Bildzitat: Screenshot
(352) Eigene Skizze

(353) https://banned.video/watch?id=5e8594c54392020055e38fac
(354) https://www.undispatch.com/world-health-organization-wants-worry-disease-x/
(355) https://banned.video/watch?id=5e8594c54392020055e38fac
(356) https://www.megaknihy.cz/platon/5273518-der-staat.html?utm_si=RFlidjRT-ZUc2TlRJM016VXhPRFV5TnpNMU1UZz0=
(357) https://www.thalia.de/shop/home/artikeldetails/A1052803332
(358) https://banned.video/watch?id=5e8594c54392020055e38fac
(359) https://www.ted.com/talks/bill_gates_innovating_to_zero?language=de
(360) bis (364) https://banned.video/watch?id=5e8594c54392020055e38fac
(365) https://www.behance.net/gallery/106050743/Utopia-Amazon-Prime-Keyart?lo-cale=cs_CZ
(366) Bildzitat: Screenshot
(367) https://www.polygon.com/2020/9/25/21456060/utopia-review-gillian-flynn-amazon-studios-pandemic-conspiracy-thriller-john-cusack
(368) https://slate.com/culture/2020/09/utopia-amazon-series-remake-gillian-flynn-spoilers-uh-oh.html
(369) https://time.com/5890480/utopia-review-amazon/
(370) bis (372) Bildzitat: Screenshot
(373) Eigene Skizze
(374) https://designyoutrust.com/2020/03/whats-up-with-the-creepy-apocalyptic-paintings-in-denver-international-airport/
(375) und (376) Bildzitat. Screenshot
(377) Bildzitat: Screenshot
(378) Eigene Skizze
(379) bis (382) Bildzitat Screenshot
(383) bis (389) Eigene Skizze
(390) https://latenightstreaming.com/cs-cz/film/songbird
(391) https://google.com
(392) bis (401) Eigene Skizze
(402) Bildkomposition
(403) https://www.cinematerial.com/tv/truth-seekers-i7907922/p/kemwmfra
(404) https://www.csfd.cz/film/833038-sloborn/galerie/
(405) https://www.domestika.org/en/projects/1416963-hbo-years-and-years-ani-mated-key-art